第三

A History of the Third Reich

郑寅达 陈旸 著

帝国史

江苏人民出版社

图书在版编目(CIP)数据

第三帝国史/郑寅达,陈旸著. -- 南京:江苏人民出版社,2020.6

ISBN 978 - 7 - 214 - 23871 - 9

Ⅰ. ①第… Ⅱ. ①郑… ②陈… Ⅲ. ①德意志第三帝国—史料 Ⅳ. ①K516.44

中国版本图书馆 CIP 数据核字(2020)第 050356 号

书　　　名	第三帝国史
著　　　者	郑寅达　陈　旸
策　　　划	王保顶
责 任 编 辑	卞清波　史雪莲　康海源
装 帧 设 计	陈威伸
责 任 监 制	王　娟
出 版 发 行	江苏人民出版社
出版社地址	南京市湖南路 1 号 A 楼,邮编:210009
出版社网址	http://www.jspph.com
照　　　排	江苏凤凰制版有限公司
印　　　刷	江苏凤凰新华印务集团有限公司
开　　　本	718 毫米×1000 毫米　1/16
印　　　张	44.75　插页 4
字　　　数	670 千字
版　　　次	2020 年 6 月第 1 版　2020 年 6 月第 1 次印刷
标 准 书 号	ISBN 978 - 7 - 214 - 23871 - 9
定　　　价	168.00 元

(江苏人民出版社图书凡印装错误可向承印厂调换)

前　言

　　说起第三帝国,人们自然会想起一本脍炙人口的书:美国作家威廉·夏伊勒撰写的《第三帝国的兴亡——纳粹德国史》。这本书确实让人印象深刻。如果用精炼的语言来概括其特点,可以使用这四句短语:

　　　　希特勒的采访者;

　　　　纳粹暴行的目睹者;

　　　　历时十年的探究写作;

　　　　曾居美国畅销书榜首。

　　特雷沃-罗珀是英国牛津大学的著名史学家,蜚声国际史学界,其研究重点,除了英国近代史,就是纳粹德国史。他给这本书的评价也不低:它是20世纪最黑暗之夜中的光明,是希特勒纳粹德国令人战栗的故事最杰出的研究成果;活着的证人与史实结为一体。

　　确实,威廉·夏伊勒在写作第三帝国历史方面具有独特的优势。当希特勒以德国为舞台,在那里精心表演的时候,他以记者的身份在那里生活,有机会阅读德国的报纸,倾听纳粹头目的广播演说,目睹街头的社会百态,甚至还亲自采访希特勒本人。战后,他花了十年时间,查阅相关档案,成就了这本巨著。在书的框架结构和文笔方面,由于他是一名记者,他写的作品,就是给普通百姓阅读的,所以,他的写作,始终心中记挂着读者。他的作品,文笔优美,通俗易懂,吸引了无数的读者。

这本书在中国的命运也不差。经过老一代翻译家的精心中文意译,译文同样漂亮易懂。再加上初版的时间,国内正处于山雨欲来风满楼之时,民众对外部世界了解较少,一本印有"内部发行字样"的书,往往是非"内部"读者热切搜寻的对象。国内不少年长者对纳粹德国的了解,就是从阅读这本书开始的。

《第三帝国的兴亡》英文版出版于1960年,第二年,英国学者A.J.P.泰勒出版了《第二次世界大战的起源》一书,对当时流行于各国史坛的学术观点提出了全面挑战。这本书的问世,犹如试爆了一颗核弹,引发了国际二战史学界的一场大地震。包括特雷沃-罗珀在内的史学大家纷纷应战,支持或半支持泰勒的学者也介入其中。围绕着第二次世界大战起源问题,形成了"正统学派"(the orthodox school)和"修正学派"(the revisionist school)之间的一场大论战。

很快,这场论战产生了"溢出"效应。既然第二次世界大战的爆发,不能仅仅归因于法西斯,归因于希特勒、墨索里尼等个人,那么在研究法西斯和第三帝国时,也不应该绝对化,预先给它们贴上"恶魔"的标签。其实,不少影视作品在对希特勒作好莱坞式的夸张演绎,尤其是把他演成一个举止怪异的小丑时,实质上是在不自觉地贬损当时的德国民众,指责他们是容易受骗上当的群氓。因为正是他们,先把选票投给了"小丑"领导的政党,把他捧上台,以后又自觉地充当了"小丑"的顺民。作为"溢出"效应,从20世纪60年代中期起,国际学术界开始把法西斯问题作为一个学术问题,从具体的史料出发,进行实证研究。进入80年代后,研究工作出现新的高潮,学者们将研究成果进行一定的抽象,上升到理论,并展开比较研究和综合研究。近年来,国外学界出现了不少对纳粹德国各个不同领域的专门研究成果,推动研究工作不断细化和深化。

一般来说,我国学术界在世界历史研究方面,总是落后于西方国家。然而在法西斯问题的研究上,情况有些特殊。20世纪80年代中期,中国社会科学院世界历史研究所所长朱庭光研究员,决定把法西斯问题作为一个重点课题,列为所里的研究方向之一。在队伍组织方面,他认为应该发挥国情优势,"开门研究",在全国范围内组织研究力量,进行集体攻关,并且聘请我国世界史学界学术领头人齐世荣教授作全程指导。第一个子课题,是法西斯思潮、运动与夺权问题研究。第一项研究成果《法西斯新论》如期问世,获得学界好评。研究团队受到鼓舞,随即申请第二个子课题,这就是国家社科基金重点项目"法西斯体制研究"。这时候,不少人都表示担心:西方国家出于种种原因,还没有这方面的研究成果,我们的研究工作将面临较大的困难。所幸的是,经过努力,《法西斯体制研究》一书于 1995 年由上海人民出版社出版。在法西斯体制研究方面,中国学者颇有点实现了"弯道超车"的自豪感。

然而,在重大研究成果问世的同时,研究队伍也在悄悄地发生变化。经过十余年的奋斗,大部分研究人员都先后离开了研究舞台。我是其中最年轻的,有幸能够坚守阵地,但只能孤军作战。所幸的是,我们的研究经历和研究成果,吸引了到华东师范大学历史系来攻读硕士博士学位的年轻学子,他们愿意站在前辈的肩膀上,抓起接力棒,继续进行科研攻关。他们的研究课题如下:

冲锋队在纳粹运动中地位的演变,研究者:张婷梅

冲锋队参谋长恩斯特·罗姆研究,研究者:蒋鹏飞

德国布吕宁政府内外政策探析(1930—1932 年),研究者:张靓

纳粹德国"企业共同体"模式劳资关系研究,研究者:邓白桦

纳粹德国农业政策研究,研究者:陈旸

纳粹德国少儿政策研究,研究者:陈旸

纳粹德国妇女政策研究,研究者:韩昕旸

纳粹德国劳动者保护政策研究,研究者:项洋

德国大学与纳粹政权,研究者:李敏

希特勒青年团的起源与发展(1926—1945),研究者:刘志明

纳粹德国境外德意志人政策研究,研究者:张凌峻

纳粹德国时期的苏台德问题研究,研究者:刘飞

1919—1934 年期间德国与但泽问题研究,研究者:金二威

1939—1941 年德意日苏四国联合构想始末,研究者:李倩夏

从普德学派军事思想看德国闪击战战法的形成与内涵,研究者:谢思远

一个独特的反纳粹团体——克莱骚团体的抵抗运动及其对德国和欧洲的影响,研究者:牛亚林

所有这些课题,都顺利完成。其中不少论文,在答辩时获得评委一致好评。这些研究成果,有效地充实了我国的第三帝国史和法西斯问题研究的成果库,提升了我国在这些问题上的研究水平和在国际上的发言权。其中陈旸和邓白桦两位学者的"纳粹德国农业政策研究"和"纳粹德国'企业共同体'模式劳资关系研究",都是由中德双方导师联合指导的。他们在研究过程中,到德国留学 1—2 年,得到德方导师 Gerhard Schildt 教授的精心指导,Schildt 教授有时甚至拿出自己珍藏的资料供他们使用。可以说,在有关纳粹德国农业与企业的问题上,我国的研究成果在国际上是领先的。这次奉献给读者的这本书,使用了上述所有课题研究中的不少成果,在此对研究者一并表示感谢!

第三帝国留给世人的谜团很多,在短期内难以尽数解析,希望能看到更多的学者加入研究队伍,更多的研究成果问世!

作　者

2020 年 2 月

目　录

第一章　希特勒上台执政

暴力夺权还是挤占国会？

第一节　纳粹党诞生

在第三帝国的形成过程中,1933 年 1 月希特勒上台执政,就任德意志共和国总理,是个重要的时间节点。然而,德意志共和国实行议会民主制度,任何人要想上台执政,必须通过政党进入议会。因此,纳粹第三帝国的历史必须从纳粹党的诞生写起。

德国纳粹党的前身是德意志工人党。

1918 年 3 月,巴伐利亚邦首府慕尼黑机车厂机工安东·德莱克斯勒(Anton Drexler,1884—1942)以本厂同事为主要成员,成立了一个名叫"争取和平独立工人委员会"(Freien Arbeiterausschuss für einen guten Frieden,简称"独立工人委员会")的团体。德莱克斯勒是个技术工人,早年曾当过咖啡馆乐手和锁匠。他醉心于小资产阶级社会主义的幻想,但又具有极端民族主义思想和反犹情绪。他对马克思主义不感兴趣,指责其社会主义学说没有在理论上解答民众关心的民族问题。除此之外,他最大的兴趣是要"拯救"熟练工人,认为技术工人不属于无产者,应该把他们从无产者的行列中分离出来,列入中产阶级的范畴。独立工人委员会拥有三四十名成员,其主要诉求,一是要把犹太人和外国人排除出德国社会,二是鼓吹通过建立一个超阶级的社会来拯救工人群众。

1918 年 10 月,德莱克斯勒又同报社体育专栏记者卡尔·哈勒(Karl Harrer,1890—1926)一起,组建了"政治工人集团"(Politischer Arbeiterzirkel),由哈勒担任主席。这是个半秘密性的清谈组织,人数受到严格控制。虽然成员们频繁聚会讨论时局,但在这些聚会中,大多是由哈勒作长篇发言,之后其他人围绕该主题议论一番。这种聚会形式颇有学术讲座或学术研讨会的风范,然而作为一个政治组织,严重制约了其对外影响力,社会上知者微乎其微。

不久,德莱克斯勒感到政治工人集团这种活动方式最终会一事无成,遂要求以该集团的政治观点为基础,正式组建政党,以便吸引更多的成员为实现其政治理想而斗争。崇尚半密谋性活动方式的哈勒反对这一主张,但是多数成员支持德莱克斯勒的意见。1919 年 1 月 5 日,独立工人委员会和政治工人集团合并,成立了"德意志工人党"(Deutsche Arbeiterpartei),以"卐"作为标识,由哈勒和德莱克斯勒分别担任第一、第二主席。随后,又组成了由两名主席、两名书记和两名司库组成的领导委员会,实行集体领导。

卐,德文称"带钩十字"(Hakenkreuz)。该符号出自梵文,原义"致福"和"包罗万象",最早出现在公元前 4000 年左右生活在今伊朗境内的居民生产的陶器上,以后又作为吉祥符号或太阳的象征(日轮)出现在世界各地不同的文化中。在早期日耳曼人的图腾性标志中,也有类似的符号。1910 年左右,不少德意志人采用卐标记来象征"高贵的雅利安人种"。以后希特勒也作过类似的解释,称"黑色的卐象征争取雅利安人胜利的斗争使命"和"永恒的反犹斗争"。

德意志工人党没有正式的纲领,但是德莱克斯勒在几次讲话中宣布过它的目标和方针,其主要内容是:

> 德意志工人党是一个由一切脑力和体力劳动的民族同志组成的社会主义组织,它只能由德意志领袖领导,他们置一切私利目标于不顾,把民族的需求作为最高纲领使命。

> 德意志工人党希望德意志工人成为贵族。熟练工人及本地工人有权成为中等阶层成员。……只要大资本不对工人进行肆无忌惮的剥

削，使工人能过一种体面的生活，它必须作为面包与工作的施与者受到保护。

德意志工人党认为，德意志经济生活的社会化意味着德意志国民经济的崩溃……所以不应称作社会化，而应称作由德意志工人参加分红。

德意志工人党全力反对高利贷者和乘机抬高物价者。

熟练工人不应感到自己是无产者，而应是与中等阶层具有相同地位的国家公民……提高手工业者的地位，应该以大资本为代价，扩大和巩固中等阶层。[①]

此外，还鼓吹反对马克思主义的国际主义学说，反对犹太人，要求结束阶级斗争等等。

显而易见，这是一个具有浓厚的民族主义倾向、追求小资产阶级社会主义空想的熟练工人政治组织，它旨在建立一个维护小资产阶级和熟练工人利益的、德意志化的无阶级社会。

当时，在德国产生这样的组织，并不令人奇怪。工业经济的快速发展，猛烈地冲击着德意志社会，贫富差距拉大，中产阶级地位不稳。人口的国际流动加速，工资要求较低的流动人群，压低了经济发达地区的较高工资水平。处于末期的第一次世界大战，更是把原有的社会矛盾推向极端。不少人感到西方制度的末日已经来临，民众需要行动起来，寻找新的社会制度。在德意志人占主导地位的奥匈帝国，此时纳粹运动发展得更快。1918 年春天，该地原有的"德意志工人党"[②]重新恢复活动，并把党名改成"德意志民族社会主义工人党"（Deutsche Nationalsozialistische Arbeiterpartei），也以卐作为党徽。同年 8 月，该党在维也纳举行会议，通过新的党纲。新党纲除

[①] Werner Maser, *Der Sturm auf die Republik，Frühgeschichte der NSDAP.* Frankfut：Ullstein Buchverlage，1981，S. 150 - 151.

[②] 该党成立于 1903 年 11 月，由奥匈帝国境内波希米亚地区的德意志工人组成，直接动因是应对捷克移民的竞争压力。该党自称是"自由主义的民族主义政党"，提出了一些含混的政治要求，以图克服"当今社会无法维持的状况"，并保障"工人社会地位上升"。这些要求包括：实行普遍而平等的选举，实现言论、出版、集会和结社自由，扩大政治上自治的范围，同各种反动倾向，如封建的、教会的和资本主义的特权以及一切外来的民族势力作斗争。

了声明自己"不是一个狭隘的阶级政党,要保卫一切正直地从事生产的劳动者的利益"外,还适应大战后期各国民众革命情绪高涨的背景,增添了小资产阶级"社会主义"的要求,如由国家或省区接管一切有损公共福利的资本主义大企业,公用事业中的雇员有权分享利润,消除犹太银行对经济生活的箝制作用并建立人民的国家银行等。然而该党好景不长。第一次世界大战结束后,奥匈帝国瓦解,该党也相应地分成三个部分,即奥地利、捷克斯洛伐克和波兰上西里西亚部分。原先统一的政党被迫分离后,彼此感到不太适应,为了协调和统一各国的纳粹运动,这三个分支组织又联合组成"德意志民族社会主义运动国际局",并敦促德国的类似组织参加活动。

该局对德国组织的关注正好与希特勒加盟德国党的事件相重合,德国的德意志工人党很快发生重大变化。

阿道夫·希特勒(Adolf Hitler,1889—1945)是德意志人,但不是德国人。1889年4月20日,他出生在奥地利一个叫布劳瑙(Braunau)的城镇,该镇位于德奥边境的因河(Inn)河畔,距维也纳80多千米。他父亲是奥地利海关的小官吏,一直希望儿子能承继父业,成为一名公务员。希特勒三岁时,因为父亲调迁到德国的巴伐利亚州工作,曾随全家搬迁到该邦的帕绍市(Passauer)生活,直到六岁回国。三年的德国生活以及与德国儿童们的共同玩耍,给他留下了美好的印象。

希特勒在小学里是一名优秀学生,三年级期末考试时,12门课程都得了"1"分(1分为最高分)。他也参加过学生唱诗班,在活动过程中深深地为宗教节日所激动,以至于萌发过当牧师的愿望。有时候他放学回家后,把女佣人做饭时用的大围裙当作法衣披在身上,爬到餐厅的高靠背椅上,发表言辞热烈的稚嫩"演说"。

四年制小学毕业后,希特勒被父亲送到林茨市(Linz)读中学。此时他明显地跟不上其他学生,常常因为数学和自然课不及格而补考,有时甚至留级。学习上的挫折影响到性格,他开始落落寡合,离群索居,把自己关在房间里,读闲书,画图画。但是,他对历史课却很感兴趣,其历史老师是一名德意志民族主义者,配着幻灯片的古代日耳曼人的故事使得希特勒及不少同学都激动不已。希特勒从小受父亲的影响,具有德意志民族主义的情结,中学历史课程更强化了这种思想。在中学里，他和其他同学一样，成了德意志民族主义者，他们厌恶甚至痛恨奥匈帝国的多民族架构，主张奥地利抛弃非德意志人居住区，重新回归德意志队伍，与以普鲁士为首的德国合并，组成大德意志国，称雄于世界民族之林。

希特勒一直幻想成为一名艺术家或者建筑师，有一段时间曾经沉湎于绘画和音乐，对于林茨市上演的歌剧几乎场场不落。18 岁去报考维也纳美术学院，结果由于不擅长画人物而落榜。美术学院院长建议他去报考建筑学院，他也愿意，但由于没有高中文凭而受阻。一再受挫后，他因担心丢脸而不愿意返回家乡，独自留在维也纳，闭门谢客，埋头读书，听听歌剧或在街头闲逛，给家乡人造成正在维也纳"深造"的错觉。

希特勒 13 岁丧父，19 岁丧母，从此失去家庭依靠，只能利用父母的剩余积蓄和微薄的孤儿抚养费作为补充性生活来源，过起半流浪的生活，最落魄时甚至住进了流浪者收容所。以后靠着同难友合作，绘制和出售素描、水彩画及卡片等，才住进了单身汉公寓。

希特勒在公寓里经常阅读杂志，这些杂志多半是神学、色情和种族主义的混合物，强调金发碧眼的雅利安人是优秀人种，鼓吹排犹思想。这使希特勒原有的民族主义思想同种族主义结合起来，从种族学的角度来解释反犹主义。同时，坎坷的生活经历使他更加热衷于政治问题。他关注维也纳各个政党的活动情况，阅读各种书籍，参加各种政治性集会，并把公寓的阅览室变成一个政论俱乐部，经常同那些不得志的小市民展开辩论。在争辩中，从小性格内向的希特勒，口头表达能力大有长进。

据希特勒自己说，就是在维也纳生活的六年中，他形成了自己的世界观。其主要内容是种族主义、反犹主义、民族复仇和民族沙文主义、社会达尔文主义、专制主义、反马克思主义和超阶级的种族共同体思想。

由于看不惯维也纳民族杂居的现象，1913 年停止领取孤儿抚养金后，他立即离开维也纳，前往德国，在第一站慕尼黑就停留下来。在那里，他继续以画画为生，同时像个隐士似的杜门谢客，一头扎进从图书馆借回的一摞摞书籍中，以图证实其世界观的正确性。

第一次世界大战爆发后，希特勒欣喜万分，感到为德皇、为德意志民族效力的机会来了，此前曾在奥匈帝国逃避军役的他决心加入德国陆军。作为民族沙文主义者，他在军队里奋力为德皇卖命，从不要求休假，也不同其他士兵一起抱怨战壕里的艰苦和单调。在等待战斗任务的时光里，他常常离群而坐，抱头沉思，有时也借机画些水彩写生画。由于表现出色，入伍当年年底，他就获得一枚二级铁十字奖章。1918 年 6 月，他作为传令兵，一人俘获了四名法国士兵，又破格获得一枚通常只授给军官的一级铁十字奖章。

第一次世界大战临近结束时，希特勒中了英军施放的毒气，双目暂时失明，住在医院里。当十一月革命推翻德皇的消息传来后，他非常伤心，痛哭了一场。他固执地断定，德国失败是背后中了卖国贼的暗箭，这些卖国贼就是信奉马克思主义的革命分子。因此，他决定改而从政，当一名政治家，这样既可以直接打压革命分子，又能寻机实现自己的政治抱负。

正巧，受凡尔赛体系束缚、被迫裁军的德国陆军当局，为了保证将要裁至 10 万人的军队的可靠性，同时对形形色色的工人组织实施监控，开始挑选并培训政治上可靠的士兵来充当密探。希特勒符合条件，首轮即入选。在这一群体内，希特勒有系统地聆听右翼政治课程，训练在大庭广众下大声演讲的勇气和技巧，从政能力得到大幅度提升。

1919 年 9 月，巴伐利亚陆军政治部委派希特勒去调查德意志工人党的活动情况，希特勒与纳粹党的前身就此完成链接。在该党的一次会议上，一名持分离主义观点的教授站起来发言，鼓吹巴伐利亚应该脱离德国，与奥地利联合，组成新的国家实体。信奉大德意志主义的希特勒几乎出自本能地站了起来，对这名教授展开了批判性发言。他以"干练的口才和精辟的论点"讲了 15 分钟，使教授"像一条落水狗般地离开了会场"。当希特勒以胜利者的心态也离开会场时，一直在为德意志工人党寻找领袖式人物的德莱克斯勒感到自己实现了夙愿。他赶紧跟了出来，把自己写的一本薄薄的自传体小册子《我的政治觉悟》塞进希特勒的手中，并邀请他入党，进入领导委员会。希特勒经过数天的思考后，决定加入这个默默无闻的小党，利用它作为实现自己政治抱负的工具。他向军内上司请示，获得批准。因为军官们认为，"如果把军官渗透进这个政治组织，作为军方的代理人，控制它，对国防军来说是有价值的"，这样能"把工人阶级吸引到民族主义事业上来"。①

希特勒很快摆脱军方的控制，同时利用自己成为该党领导委员会第七名成员的有利条件，推动该党就党名、党纲和其他方面实施改造。

1924 年 2 月 24 日，希特勒在一个近 2000 人出席的集会上，宣布将党名改成"民族社会主义德意志工人党"（Nationalsozialistische Deutsche Arbeiterpartei）。该党名的德文缩写为 Nazipartei，中译"纳粹党"。

在原党名前加上"民族社会主义"一词，无疑同前述民族社会主义运动国际局的努力有关。但是关于该词的含义，纳粹运动内部却有着不同的解释。

在党名中，德国和其他党都使用了 Nationalsozialistische 一词，但是在实际宣传中，原奥匈帝国各党强调其所信奉的是 nationaler Sozialismus（民族的社会主义），而德国党强调的是 Nationalsozialismus（民族社会主义）。两者有什么差别呢？1923 年德国党机关报《人民观察家报》曾发表文章，在承认两者具有同一性的前提下，说明了它们之间的差异：前者意味着"强调民族主义的马克思主义"（这是该报使用的概念，实际上是民族主义加小资产阶级社会主义），而后者强调两个概念不可分割，代表着一种新的社会制度。② 据德国作家海因茨·赫内介绍，这种社会制度是"一个没有阶级和犹太人的世界，一个据说是德国特有的国家和社会制度，他们有时把这一制度叫做'德意志社会的'，有时叫做'民族社会的'，偶尔也已经有称之为'民族社会主义的'"③。

然而德国党内也有人持与奥匈党相同的看法。以后成为德国党内"北方派"头领的施特拉瑟兄弟就持这种看法。他们认为，"民族社会主义"分成两个部分，应该认真对待和强调其中的"社会主义"部分。1920 年 10 月，弟弟奥托·施特拉瑟（Otto Strasser，1897—1974）在同希特勒辩论时曾说：

① John Wheeler-Bennett, *The Nemesis of Power*：*the German Army in Politics*，1918 - 1945. Hampshire：Palgrave Macmillan，2005，p. 157.

② Robert Wistrich, *Who's Who in Nazi Germany*. New York：Macmillan Publishing Co.，Inc.，1981，pp. 303 - 304.

③〔联邦德国〕海因茨·赫内：《德国通向希特勒独裁之路》，张翼翼、任军译，宋钟璜校，商务印书馆1987 年版，第 58 页。

"民族社会主义是由两个词汇组成的,其重点是'社会主义'一词。……根据德文的语法,组合词的第一个词是第二个词(即主要概念)的修饰词。"哥哥格雷戈尔·施特拉瑟(Gregor Strasser,1892—1934)则表示:"我们举起右手抓住民族主义,其不幸是与资本主义结盟;我们举起左手抓住社会主义,其不幸是同国际主义联合。"①

希特勒又有自己的看法。1922年7月28日,他在一次演讲中说道:"任何人只要准备以民族事业为己任,再没有高出民族利益之上的理想;任何人只要了解我国伟大的国歌《德意志高于一切》的意思是,在自己心目中世界上再没有东西高于德国、德国人民和德国土地,这样的人就是社会主义者。"②显然,希特勒所解释的社会主义,实际上是国家主义加极权主义,而且所谓"社会主义"只是"民族主义"的从属和补充。如果说持前面两种观点的人确确实实是在追求实际上属于空想的小资产阶级社会主义的话,希特勒则是在使用偷梁换柱的手法,企图利用当时普遍的反资本主义情绪,把社会主义旗号作为资本主义的对立面提出来,以网罗更多的支持者。

除了更改党名外,希特勒还意识到法西斯政党需要一种鲜明的标志和风格,用来鼓动和吸引广大群众。不久,纳粹党打出了党旗。党旗为红底白圆心,中间嵌个黑色的"卐"。这个图案,此前曾经出现在德国的一种明信片上,下面的文字是"雅利安人的太阳照红了德意志大地",但是纳粹党没有采纳这种解释。希特勒在《我的奋斗》一书中解释说:"黑色代表为战争失败而悲伤,红色象征我们这个运动的社会思想,白色象征民族主义思想,卐象征争取雅利安人胜利的斗争使命。"另外,党旗使用的三种颜色——黑、白、红,是原德意志帝国国旗的颜色,表示纳粹党是帝国事业的继承者,而反对以黑、红、金三色为国旗的魏玛共和国。

在1924年2月24日的群众集会上,希特勒还公布了党纲,即《二十五点纲领》(25 - Punkte Programm)。纲领全文如下:

---

① Patrick Moreau，*Nationalsozialismus vom Links*. Stuttgart：Fischer Taschenbuch verlag，1984，S. 16.
② [英]艾伦·布洛克:《大独裁者希特勒(暴政研究)》(上下册),朱立人、黄鹂、黄佩铨译,朱立人校,北京出版社1986年版,第60页。

1. 我们要求一切德意志人在民族自决权的基础上联合成为一个大德意志国。

2. 我们要求德意志民族对其他民族享有平等权利,我们要求废除凡尔赛和约和圣日耳曼和约。

3. 我们要求得到领土和土地(殖民地)来养活我国人民和迁移我国过剩的人口。

4. 只有本民族同志才能成为公民。不分职业如何,凡是具有德意志血统的人才能成为本民族同志。犹太人不能成为本民族同志。

5. 非公民只能作为客人居住在德国,应受治于有关外国人的法律。

6. 只有公民才享有决定国家领导和法律的权利。因此我们要求任何公职,不管何等种类,不管是国家、州或区一级,都应由公民来担任。

我们反对无视品格和才能,按党派观点窃踞职位这种腐败的议会做法。

7. 我们要求国家首先提供就业和生活的可能性。如果不能养活全国居民时,就应把外国人(非公民)驱逐出境。

8. 阻止非德意志人迁入境内。我们要求迫使1914年8月2日以来迁入德国的非德意志人立即离开德国。

9. 一切公民享有同等权利、负有同等义务。

10. 每个公民的首要义务必须是从事脑力劳动或体力劳动。个人活动不得违背全体利益,而需受全体的制约并对所有的人都有利。因此我们要求:

11. 取缔不劳而获的收入,打碎利息奴役制。

12. 鉴于每次战争给人民带来生命财产的巨大牺牲,必须把个人发战争财当作对人民的罪行,因此我们要求没收一切战争利润。

13. 我们要求对所有(到目前为止)已经组合起来的企业(托拉斯)实行国有化。

14. 我们要求参加大企业的分红。

15. 我们要求大大提高老年人的福利。

16. 我们要求建立和维护一个健康的中产阶级。我们要求立即将大百货公司充公,廉价租赁给小工商者,要求在国家和各州区收购货物时特别照顾小工商者。

17. 我们要求实现一种适合我国需要的土地改革,要求制定一项为了公益而无代价地没收土地的法令,要求废除地租,要求制止一切土地投机倒把。

18. 我们要求对损坏公益的行为作坚决斗争。对卑鄙的民族罪犯、高利贷者、走私犯等应处以死刑,不必考虑其职业和种族。

19. 我们要求用德国的教权取代为唯物主义世界秩序服务的罗马教权。

20. 为了使每个能干而勤奋的德国人受到高等教育进而走上领导岗位,国家应大力发展全部国民教育事业。一切学校的教学计划必须符合实际生活的要求。通过在学校中教授国民学来树立国家思想。我们要求不分等级和职业,由国家出钱培养具有特殊天赋的穷人孩子。

21. 国家保护母亲和儿童,禁止雇佣童工,用法律规定体育义务,实现体格锻炼,大力支持各种青年体育协会,以此提高国民健康水平。

22. 我们要求取缔雇佣军并建立国民军。

23. 我们要求在法律上抵制报刊故意地制造和传播政治谣言。为了建立德国自己的报刊,我们要求:

a. 德文报纸的编辑和撰稿人都应是本民族同志。

b. 非德文报纸的出版需要获得国家的特别批准。它们不准用德文印刷。

c. 非德国人不准在财经上参与和影响德国报纸,我们要求惩罚违法者,关闭这类报社,并立即把参与的非德国人驱逐出境。取缔违反公益的报纸。

我们要求以法律的形式抵制对我国国民生活产生腐蚀影响的文艺流派,要求取缔一切违反上述要求的文艺演出。

24. 我们要求国内实行一切宗教信仰自由,宗教信仰不得危害国家存在或违反德意志种族的风俗道德。

本党持积极的基督教立场，但并不公开声明自己受某种宗教信仰的约束。本党反对国内外犹太人的唯物主义精神，深信我国人民不断康复应从内部建立在下列基础上：

25. 为贯彻上述一切，我们要求建立强大的中央集权。中央国会及其一切机构拥有绝对权威。

党的领袖们保证，为坚决实现上述各点必要时献出自己的生命。①

该纲领是一个大杂烩，但除要求建立强势政府外，主要渗透着两方面的内容，一是德意志的民族沙文主义，二是小资产阶级的社会改革要求。就德意志民族沙文主义来说，纲领又具有两层含义。其一为建立"民族国家"的要求，具体体现在第 4、6、7、8 条；其二为打破凡尔赛体系的束缚，实行对外扩张的要求，具体体现在第 1、3 条。社会改革要求体现在第 11、12、13、14、16、17、18 条。这些条款有着强烈的反对垄断资本和大地主的倾向，但又要求保存私有制，属于一种带有封建色彩的小资产阶级社会主义或自耕农式的社会主义的空想。

纳粹党的领导体制，初期仍沿用德意志工人党的做法，由七人组成的"领导委员会"实行集体领导制，德莱克斯勒任主席，希特勒是第七名委员，分管宣传和组织工作。

1920 年底，纳粹党用 6 万马克收买了一家名为《慕尼黑观察家报》（Münchener Beobachter）的反犹小报，改名为《人民观察家报》（Völkischer Beobachter），作为党报。该报初期每周出版 2 期，1923 年 2 月改为日报，日发行量约 7000 份。

1919 年秋，德意志工人党只有 55 名党员。1922 年初，纳粹党发展到6000 名党员，到 1923 年 11 月，增至 5.5 万名。②

纳粹党建党初期，纳粹运动中还有一个重要的组织——冲锋队。这个

---

① Christian Zentner und Friedemann Bedürftig, *Das Grosse Lexikon Des Dritten Reiches*. München: Südwest Verlag, 1985, S. 437-438.
② 朱庭光主编：《法西斯新论》，重庆出版社 1991 年版，第 188 页。

问题将在本章的第三节中叙述。

建党初期的德国纳粹党,主要代表了中下层民众的利益与呼声,它是一个小资产阶级政党。它的阶级属性主要表现在以下一些方面。

第一,统计资料表明,20 世纪 20 年代德国纳粹党的社会成分,是以小资产阶级为主体的中下层民众。1920—1921 年,慕尼黑地区的纳粹党员中,工人占 28.6%,小商人、手工业者、农民、低级职员和公务员、大学生等占 67.9%,工厂主、企业经理和上层官吏仅占 3.4%。从全国范围来说,1923 年秋全部党员中,工人占 35.5%,小资产阶级分子占 59%,工厂主等占 5.5%。即使在大区领袖一级的干部中,1925—1928 年,工厂主和上层官吏等也只占 27.8%,小资产阶级分子却占 66.7%,工人占 5.5%。[1]当然,判断一个政党属于什么性质,主要应该分析它的政纲和实际行动代表了哪个阶级的利益,但是,党员的社会成分对于一个政党的性质不是没有影响的,特别是当这些人没有放弃自己的阶级要求,并把这个党看作是自身利益的代表者时。

第二,从《二十五点纲领》来看,社会改革的要求无疑反映了小资产阶级的愿望,那么民族沙文主义的内容呢? 应该看到,由于德国历史发展的特点,以及一次大战后所处的国际地位,几乎整个民族都或多或少具有民族复仇主义情绪。对中下层民众来说,战败和赔偿的沉重负担大部分转嫁到他们身上,裁军使大量军人退伍复员,滑入社会底层,在这种情况下,他们自然会把各种失望和痛苦统统归结于民族的失败,进而提出民族沙文主义的要求。当然,垄断资产阶级和容克军国主义势力是这股社会思潮的中坚,而且争夺原料来源、销售市场和殖民地的经济动因比上述意识情感方面的动因更为持久和理性化,但是并不排除其他社会阶层在一段时间内可能更为狂热。

第三,从党的领导集团来看,希特勒早在入党前就形成了其世界观,他具有根深蒂固的民族沙文主义、种族主义、社会达尔文主义和反共偏见,对纳粹党的小资产阶级社会改革要求兴趣不大,但是,当时该党还是实行集体

---

[1] Michael Kater, *The Nazi Party: A Social Profile of Members and Leaders*, 1919 - 1945. Oxford: B. Blackwell, 1985, pp. 242, 256.

领导制,希特勒不过是领导委员会的第七名成员。对于主席德莱克斯勒和其他领导成员来说,他们尽管也具有反犹思想和民族沙文主义情绪,但更主要的是追求小资产阶级的社会主义。作为整体来看,还不能说纳粹党的领导权已经掌握在资产阶级代理人手中。

第四,从该党在当时德国政治斗争中所起的实际作用来看,它处处与代表资产阶级利益的魏玛共和国政府为敌,立志要推翻它。

至于希特勒全盘控制后的纳粹党,其阶级属性是否就毫无疑义,这是摆在我国学者面前的一个新课题。相信随着研究工作的深化,学界一定能对此做出更为科学的回答。

纳粹党的领导体制,在1921年7月发生了变化,从集体领导制陡然改变成个人独裁制。

希特勒进入党的领导集团后,逐渐对其他领导成员发号施令,并常常独断专行,引起众人的愤恨和不满。1921年6月,德莱克斯勒等人趁他离开慕尼黑前往柏林之机,试图夺回领导权,并保证纳粹党沿着原来的方向发展。希特勒发现自己的地位受到威胁,立即返回慕尼黑,采取突然袭击的方式予以反击。他利用自己在纳粹党内已经取得的优势,于7月11日声明退党。三天后,他又提出重进领导委员会的条件:当党的唯一领袖,拥有独裁权力,取消领导委员会,六年内不同其他团体商谈结盟事宜。

一开始,委员会其他成员感到愤怒,甚至起草了一份抨击性声明,印成小册子散发,其中指责希特勒具有"权力欲和个人野心","目的完全是利用民族社会主义党作为跳板,来实现他自己不道德的目的,并篡夺领导权,以便利用这个绝好时机,迫使党走上另外一条轨道"。然而几天后,德莱克斯勒等人主动妥协,同意了希特勒的要求。

1921年7月29日,纳粹党举行特别会议。会议就希特勒的要求进行表决,结果543票赞成,1票反对。根据投票结果,希特勒担任党的主席,并拥有独裁权力,党的领导委员会被取消。失败受辱的德莱克斯勒"升任"名誉主席。当天晚上,纳粹党内出现了一个新的称呼:元首[1]。这是希特勒的支

---

[1] 德文 Führer,原意"领袖",但是作为对希特勒的称呼,长期来多译为"元首"。

持者发出的声音。8 月 4 日,希特勒的心腹迪特利希·埃卡特(Dietrich Eckart,1868—1923)在《人民观察家报》上发表文章,正式称颂希特勒为"元首"。这样,"元首"作为对希特勒的称呼,逐渐在纳粹党内流行开来。

　　希特勒则趁此机会在党内确立"领袖原则",独揽一切大权。"领袖原则"(Führerprinzip,亦译"元首制")是"元首"的伴生物,它包含两项基本内容,一项是"权威原则",另一项是"总体原则"。所谓"权威原则",就是规定党内全部权威高度集中,只有元首一个人拥有全部权威,他是绝对正确和万能的,他的权威不存在法律和政治方面的任何限制;其他人在不同领域或地区所行使的任何权威,都渊源于元首的权威;由元首任命的每个官员,有责任绝对服从元首的意志,执行元首的决定,但同时又在受命主管的领域或地区内以同样不受限制的方式行使权威,当然,这种权威也包含对下属负责,履行关怀义务。所谓"总体原则",就是元首及其下属的权威,遍及于公共生活和私人生活的各个领域,控制着党内(掌权后扩展至国内)每一个人,消灭一切不愿意承认元首权威的机构、团体和个人。

第二节 "向柏林进军"

　　组建政党就是为了执政或参与执政,纳粹党也不例外,而且执政之心更加迫切。但是,究竟是走非法的暴力夺权之路,还是通过合法的议会斗争,获取更多的议会席位,从而逐步进入政府?

　　在纳粹党成立初期,世界范围的法西斯运动中,走政权之路的榜样只有一个,那就是意大利法西斯。1922 年秋,墨索里尼以暴力为基础,在大肆镇压社会党人、逐个夺取地方政权的基础上,"向罗马进军",担任了内阁首相,随后又以手中的权力与法西斯暴力为基础,通过各种手段,将多党联合政府执政的国家改造成法西斯独裁国家。当时还仰慕墨索里尼的希特勒,准备把这条道路复制到德国。

　　1923 年,德国陷于一片混乱之中,给希特勒提供了可乘之机。那年 1 月,法国借口德国蓄意不履行赔偿义务,联合比利时,调集 10 万人马,出兵占领了垂涎已久的德国鲁尔区,挑起了"鲁尔危机"。

德方随即采取"消极抵抗"政策，停止偿付任何赔款和实物，号召各工矿企业抵制法国占领当局的各项措施，同时有意无意地滥发纸币，使危机前就已经很严重的通货膨胀达到不可收拾的地步。在此期间，全国的印钞机隆隆开动，就这样还不能满足需要，只能在前一年印制的货币上加盖增值符号，如原1000马克的纸币打上红印，改作10亿马克，巴伐利亚州立银行甚至把几周前才发行的5亿马克的钞票盖上"200亿马克"的红印。第一次世界大战以前，4.2马克即可兑换1美元，但1922年8月就变成1000马克兑1美元，到1923年底，4.2万亿马克才能兑到1美元。而且，在1923年，货币贬值速度之快，达到令人惊讶的程度。如果有人领到工资去购物，错过了一班电车，就会损失约3/4的价值。人们进入餐馆吃饭，点好菜后即要求付款，以免吃完时餐费成倍增加。

这样，全国经济陷于混乱，失业人数激增，人民生活极端困苦，社会动荡不安。巴伐利亚长期以来一直有脱离德国的想法，不少人认为，所谓德国其实就是普鲁士的扩大，他们希望巴伐利亚独立建国，复辟维特尔斯巴赫（Wittelsbach）王朝，或者同奥地利合并。就像当地报纸经常说的那样："只有巴伐利亚会危及德国的议会制共和国。"①在鲁尔危机中，巴伐利亚当局决定趁乱行动，实现夙愿。巴伐利亚驻军首领奥托·冯·洛索夫（Otto von Lossow，1868—1938）明确说出了这一意图。他在1923年11月8日那天的集会上表示："对付当前危机的可能方法，一是向柏林进军，宣布全国的独裁统治；二是以巴伐利亚为基础与柏林政府周旋；三是宣布巴伐利亚从国家中独立出来。"②谁知，"螳螂捕蝉，黄雀在后"，纳粹党反对巴伐利亚的分离主张，但又要把政变的领导权夺过来，由纳粹分子控制巴伐利亚全州，然后以巴伐利亚为基地，"向柏林进军"，在全国范围建立纳粹统治。

从1923年2月起，纳粹党就积极活动，同其他右翼团体先后结成"祖国战斗团体工作联盟"和"德国人战斗联盟"，都由希特勒任首领。"祖国战斗

---

① Harold J., Gordon. Jr., *Hitler and the Beer Hall Putsch*, Princeton：Princeton University Press，1972，p.27.

② ［美］克劳斯·P.费舍尔：《纳粹德国——一部新的历史》，余江涛译，译林出版社2016年版，第161页。

团体工作联盟"曾经决定在 5 月 1 日发动武装政变,后因军方反对未敢实施。《人民观察家报》则连篇累牍地发表反对政府的煽动性文章。

1923 年 10 月,柏林的全国政府下令巴伐利亚州政府取缔《人民观察家报》。巴伐利亚当局违抗这一命令。相反,为了拉拢民间右翼势力,增强自己的实力,他们还着手同希特勒合作。但是希特勒厌恶分离主义,向往建立"大德意志国",同时感到在全国范围建立纳粹统治的时机已经来临。

11 月 8 日晚,巴伐利亚行政长官古斯塔夫·冯·卡尔(Gustav von Kahr,1862—1934)、驻军首领洛索夫和州警察局长汉斯·冯·赛塞尔(Hans Ritter von Seißer,1874—1973),应慕尼黑一些团体之请,出席在东南郊贝格勃劳凯勒啤酒馆(Bürgerbräukeller)举行的一次 3000 人集会,卡尔将在集会上发表施政讲演。就在两天前,即 11 月 6 日,卡尔就代表这三位长官向巴伐利亚各爱国组织的领导人明确表示,准备成立一个独立于中央政府的民族主义政府,但同时绝不容忍其他组织采取独立行动,并准备用武力压制所有暴力行动。①希特勒决定利用这次啤酒馆集会发动"啤酒馆政变"(Beer Hall Putsch,或 Hitlerputsch)。8 日晚 9 时不到,卡尔正在啤酒馆的讲台上发表演说,希特勒率领数百名武装的冲锋队员破门而入,挥舞着手枪登上讲台,宣布"国民革命已经开始"。不久,他向集会者宣布推翻共和国政府,在慕尼黑成立全国临时政府,由自己任政府首脑,鲁登道夫任全军总司令,洛索夫任国防部长,赛塞尔任全国警察局长,卡尔任巴伐利亚执政官,并声称临时政府将向罪恶的渊薮柏林进军,"拯救德国人民"。

卡尔等三人一开始不肯就范,后来在鲁登道夫将军的劝说下,勉强同意合作。埃里希·冯·鲁登道夫(Erich von Ludendorff,1865—1937)在第一次世界大战期间曾经担任德军军需总监,为总参谋长兴登堡(Paul von Hindenburg,1847—1934)的副手,具有较高的知名度。他一心想在德国建立军人专制政权,逐渐与希特勒合流。关于这次暴动,希特勒事先并没有告诉他,他也颇为不满,但是当希特勒专门派人去邀请时,他还是中途加入了进去。

---

① Eleanor Hancock, *Ernst Röhm: Hitler's SA Chief of Staff*, New York: Palgrave Macmillan, 2008, p. 62.

参与政变的，还有一个人物，本书以后还会谈及，他叫恩斯特·罗姆
（Ernst Röhm，1887—1934）。罗姆在政变中负责率领队伍占领巴伐利亚驻
军总部。此项行动进展顺利，整座大楼很快处于纳粹分子控制之下。冲锋
队员还占领了慕尼黑的电话局和安全部门。11月8日晚上10时余，自以为
已经获胜的希特勒来到陆军总部大楼，兴奋地与罗姆拥抱，高叫："工作已经
完成了，我们有一个崭新的国民政府了！"①

其实，纳粹党对这次政变组织得并不周密，卡尔等三人当晚就趁着混乱
逃离啤酒馆，回到驻地后，立即组织反击。卡尔一方面把州政府迁往雷根斯
堡（Regensburg），以防不测，另一方面在慕尼黑四处张贴告示，宣布三人"在
枪口威胁之下被迫发表的声明一概无效"，并勒令取缔纳粹党及其他两个右
翼团体。第二天凌晨，巴伐利亚陆军和警察全线出动，控制市内主要据点，
并包围了陆军总部大楼。

希特勒很快陷入困境，无奈之下只好采取最后一着：当天中午，他和鲁
登道夫一起，率领约3000名下属，游行走向市中心。他们以为靠着鲁登道
夫的声望，可以使沿途的军警调转枪口，加入他们的队伍，然后一举占领整
个慕尼黑。但是，队伍走到陆军总部大楼附近时，遭到武装警察的断然反
击。鲁登道夫昂首向前，被当场逮捕，希特勒等人在混战中逃散，不久陆续
归案。陆军总部大楼内外发生了小规模的枪战，罗姆率众略作抵抗后，也于
当天下午1点30分缴械投降。

"啤酒馆政变"是纳粹党成立以后第一次较大规模的夺权尝试，但遭遇
惨败。为什么一年以前，墨索里尼在意大利取得了成功，而力图复制这一经
验的希特勒却失败了呢？简而言之，1923年不是1922年，德国不是意大
利。一年时间，在历史长河中微不足道，但是放到一次大战结束不久的极度
动荡时期，统治集团对国家的掌控能力就会提高不少。德国在历史发展中
已经形成了自己的传统，重秩序守纪律，通过暴动、政变等手段夺取政权的
空间比较小。具体而言，当时纳粹党的规模和影响比较小，政变缺乏群众基

---

① Otis C. Mitchell, *Hitler's Stormtroopers and the Attack on the German Republic*, 1919 - 1933.
Jefferson, N. C.: McFarland Company, 2008, p. 72.

础;而德国统治集团希望维持原有政体,因为对内能够维持民主统治形式,对外无力打破原有的国际秩序,还需要外国资本给予"输血";国内两大权势集团垄断资产阶级和国防军,对纳粹党的政治态度又不甚了解,没有理由支持这一尝试。

翌年 2 月,特别法庭对发动政变的 10 名主要人物进行公开审讯。希特勒抓住这一机会进一步扩大个人影响。他通过喋喋不休的争辩,不仅把公众的注意力从鲁登道夫转到自己身上,还把纳粹党和自己的影响从巴伐利亚扩大到全国。法庭判决结果,鲁登道夫无罪释放,罗姆监禁 1 年 3 个月;希特勒则监禁 5 年,关押地点在兰茨贝格的看管监狱。①

希特勒在服刑期间,痛定思痛,总结政变失败的教训,终于看清了国内外形势的真谛,并据此确定了政治斗争的新方针。1924 年春夏,他对前去探监的党徒表示:"当我重新进行积极工作的时候,必须贯彻新的政策。我们不再以武装政变的方法夺取政权,而是全力以赴地进入国会去反对天主教的和马克思主义的代表。假如能够靠投票而不是枪击去消灭他们,至少是能够得到他们的宪法保护的。"希特勒认为纳粹党在德国必须放弃暴力夺权的错误选择,走合法斗争的道路。一方面要继续扩大群众基础,"捏着鼻子进国会",争取获得更多的选票和议席,另一方面要全力争取得到权势集团的支持,在两者的共同支撑下合法上台执政。德国的权势集团就是垄断资产阶级、军官团和容克贵族。如果说此前希特勒对如何处理同上层人士的关系想法尚不明确,还想以群众性的暴动作为夺权手段的话,那么此后在中下层民众和上层人士两者不可兼得时,对谁取谁舍他已经有了基本的决断。同时,法西斯"合法入阁"方针的确立,是对意大利模式的一种修改,这既顺应了战后革命高潮过后西方国家普遍进入稳定阶段的时段变化,也符合一向倾向于走稳定合法道路的德国国情。

同时,希特勒根据当时政治运动的领袖们普遍拥有自身著作的实际情况,克服自己学历层次较低(仅拥有初中文凭)的困难,着手写作思辨性著作。他全面总结了自己的世界观和政治主张,以口授的形式形成自己的著

---

① 看管监狱是对政治犯等进行非侮辱性监禁的监狱,此处犯人的名誉不因服刑而受影响。

作《我的奋斗》(*Mein Kampf*)。该书原名《四年来同谎言、愚蠢和胆怯的斗争》，出版商担心书名累赘会影响销路，建议改名。该书臃肿冗长，分上下两卷共 27 章，内容除少量自传性叙述外，涉及内政外交、政治军事、文学艺术诸问题，喋喋不休地鼓吹种族主义、民族沙文主义、社会达尔文主义、领袖原则和生存空间论，叫嚣要东进征服社会主义苏联，西击打败宿敌法国。纳粹党执政后，《我的奋斗》成了纳粹德国的"圣经"，至 1940 年在德国共售出 600 万册，还被译成 11 种文字，向国外发行。

第三节　纳粹党内两派争斗

"啤酒馆政变"的失败，标志着希特勒的政治决策能力还不够成熟。同时他在一年多的时间里身陷囹圄，活动范围大受影响。各种因素叠加，使党内的其他力量迅速崛起，力图把纳粹运动引入自己感到较为理想的方向。党内斗争因此而尖锐起来。

希特勒入狱后，被取缔的纳粹党分裂成若干集团，其中比较大的有两个，一个是反犹主义者尤利乌斯·施特赖歇尔(Julius Streicher，旧译"施特莱彻"，1885—1946)领导的"大德意志民族共同体"(Grossdeutsche Volksgemeinschaft)，另一个是施特拉瑟兄弟领导的"大德意志民族社会主义自由运动"(Nationalsozialistische Freiheitsbewegung Grossdeutschlands)。

施特拉瑟兄弟的政治追求与希特勒不同，他们更加注重党纲中的小资产阶级社会改革要求。

他们两人世界观的形成，同样与家庭环境有关。其父亲彼得·施特拉瑟(Peter Strasser)是温特海姆初级法院的评议员，对亚当·斯密、瓦格纳和李斯特的国民经济学说颇感兴趣，热衷于寻求社会公正和改善小资产者生活条件的新途径。他曾在工作之余写过一本小册子，名为《世纪之交的"新"制度》，提倡一种民族主义的和基督教的社会主义制度，以此作为摆脱资本主义危机的途径。

兄长格雷戈尔·施特拉瑟是位出色的组织家和宣传家。大学求学期间主攻药物学，第一次世界大战期间入伍，战场上表现出色，获得一级、二级铁十字奖章各一枚,并从一名普通士兵提升为中尉军官。战后退役,在慕尼黑附近的兰茨胡特镇(Landshut)开了一家药房。他向往用德国式的社会主义来拯救祖国,组建了名为"下巴伐利亚突击大队"(Sturmbataillon Niederbayern)的准军事团体。1920年初,他第一次与希特勒接触。尽管双方有很多不同见解,但他崇拜希特勒的政治领导才能,随即率领其组织加入纳粹党,担任该党第一个大区——下巴伐利亚大区的领导人和该区冲锋队领袖。"啤酒馆政变"失败后他也被捕入狱,被判处一年半徒刑。但判决后才几个星期,1924年5月,他因当选巴伐利亚州议员(以后又当选国会议员直至1932年12月),获释出狱。

弟弟奥托·施特拉瑟的思想更为激进。他曾在大学里攻读法律和经济学,第一次世界大战期间入伍,两次负伤,升至中尉军官。战后曾加入志愿兵团反对巴伐利亚苏维埃共和国,但又于1919年底加入德国社会民主党,担任该党机关报《前进报》(Vorwärts)的编辑。四个月后因不满该党领导人同国防军合作而退党。1920年10月,他出席德国独立社会民主党的哈勒代表大会,在听完共产国际主席季诺维也夫长达数小时的报告后,对苏俄的社会主义革命也不感兴趣。以后曾帮助范·登·布鲁克(Arthur Moeller van den Bruck,1876—1925)撰写《第三帝国》一书。经过1923年德国的经济危机,他看到小资产阶级遭受沉重打击,最终形成了其激进的民族社会主义观念,并于1925年加入纳粹党。他认为,"为了拯救德国,必须借助一种革新的、以基督教和革命的民族社会主义为基础的共同观念,把农民、工人和士兵联合起来,在保守革命的旗帜下进行斗争",除"民族社会主义思想外,再没有其他的思想能够革新国家"。他还认为,民族社会主义分为两个部分,应该认真对待和强调其中的社会主义部分。

在兄弟两人中,奥托的思想较深刻,理论叙述能力也较强,他常常为哥哥起草讲稿和文件,但因为以格雷戈尔的名义发表,所以名声远不及哥哥大。

格雷戈尔作为国会议员,享有火车免费乘车证,有权在公共场所发表演说。他利用这些有利条件,出狱后频繁奔波于工人阶级比较集中的德国北部,进行游说和宣传,在这一地区影响很大。这样,纳粹党内逐渐形成了"北方派"，由于这一派认真对待党纲中的社会改革要求，也被称作"激进派""社会主义派"或"左派"。

初期，北方派内有一名重要的成员，即约瑟夫·戈培尔（Joseph Goebbels，1897—1945）。他出身于职员家庭，小时候患小儿麻痹症，病后左腿萎缩，第一次世界大战期间未能如愿入伍，心中郁郁不乐。战争后期进入大学求学，先后在几所大学攻读哲学、历史和文学专业，1921年获得哲学博士学位。在大学期间，他曾受自由派学者的影响，立志做一名自由派作家和诗人，毕业后写了一部小说和两个剧本，但无人愿意出版。他因此而再次感到命运不公，并且认为这是犹太出版商从中作梗的结果。1922年他加入纳粹党，因为同施特拉瑟兄弟的政治主张相仿，受到后者的重用，成为格雷戈尔的秘书。

与北方派相对应的是"慕尼黑派"，又称"主流派""保守派"或"右派"。其中影响较大的成员有以下几位。

阿尔弗雷德·罗森贝格（Alfred Rosenberg，1893—1946），1893年生于爱沙尼亚的塔林，是德意志人。早年在俄国的大学求学，因仇视俄国十月社会主义革命，1918年底移居慕尼黑，从事报业工作。他具有强烈的反犹和反共思想，信奉种族主义文化观，经常在报刊上发表有关文章。1919年初加入德意志工人党，成为党的理论权威。希特勒吹捧他是新种族主义世界观的先知者，并于1923年任命他担任党报《人民观察家报》的主编。

鲁道夫·赫斯（Rudolf Heß，1894—1987），出身于商人家庭。一次大战期间曾与希特勒在同一团队服役，获得二级铁十字奖章。战后到慕尼黑大学学习历史、国民经济学和地理政治学，与地理政治学创始人豪斯霍弗尔关系密切，毕业论文的题目是《领导德国恢复昔日光荣地位的人必须是何许人》。他在文章中认为，这个人必须是独裁者，具有铁腕手段，应该来自大众，但又超群拔俗，像一切伟人一样，在流血面前毫不畏惧，必要时甚至不惜践踏自己的友人。1920年他加入纳粹党，逐渐把希特勒看作是自己理想中的领袖。

赫尔曼·戈林（Hermann Göring，1893—1946），1893年生于巴伐利亚高官家庭，其父亲曾经担任过德属西南非洲殖民地总督。他在一次大战期间曾经担任德国著名的"里希特霍芬战斗机大队"最后一任队长,以击落 22 架敌机的骄人战绩成为王牌飞行员。战后长期在航空业供职,1921 年曾进入慕尼黑大学攻读政治学专业。1922 年秋因崇拜希特勒加入纳粹党,成为希特勒联络上层社会的主要中介人。

1924 年 12 月 20 日,希特勒假释出狱。他向政府保证恪守法律,请求撤销对纳粹党的取缔令,获得批准,纳粹党由此可以恢复原来的名称和组织架构。1925 年 2 月 27 日,该党举行重建大会,希特勒在南德以慕尼黑为中心恢复了原有的势力。但是他认识到,要想把纳粹运动真正扩展到全国,必须在北方,尤其是工人阶级的堡垒——柏林获得立足之地。他深知格雷戈尔·施特拉瑟的组织才能和在北方的影响,而自己非但没有免费乘车证,不久又被禁止发表公开演说。为了避免分裂,保持纳粹党在北德的力量,同年 3 月初,希特勒被迫同意格雷戈尔·施特拉瑟继续在北德从事活动,准许那里的民族社会主义组织保持组织上和政治上的独立性。

施特拉瑟兄弟利用这一条件,继续扩大在西北部地区的活动。格雷戈尔坐着火车,一周内在莱茵兰、汉诺威、萨克森和普鲁士的一个又一个大市镇发表数次演说。他还抓紧时间在那里组建纳粹党的地方机构,指派地区领导人,在不长的时间里建立了九个大区组织。奥托入党后,发挥自己的特长,从事理论宣传工作。他们创办了自己的机关刊物《民族社会主义信札》(*Nationaler Sozialist Briefe*)半月刊,供北德的大区区长们阅读。不久又购买一家陷于困境的出版社,改名"战斗出版社"(Kampf-Verlag),每天出版五种纳粹主义报刊,其中《萨克森观察家报》的发行量最大,达 5 万份。

施特拉瑟兄弟还着手拟制新的党纲。他们认为,希特勒派过分注重党纲的民族主义内容,无视社会主义条文,这不符合民族社会主义的原意。同时,《二十五点纲领》中提出的要求太笼统,在北德具体的经济和社会条件下,既不利于争取中小资产阶级,也不能在工人中扎根,很难推动民族社会主义运动。于是,格雷戈尔委托奥托拟定一份革新的纳粹党党纲。

1925 年 9—10 月,施特拉瑟兄弟的新党纲基本成形。新党纲草案对"社会主义"的含义作了一定程度的解释,对《二十五点纲领》作了补充,声明对私有财产进行限制,提出了纳粹党尚未充分陈述的经济要求。

在农业方面,纲领草案规定,全国的土地形式上属于民族的财产,农民的全部土地转变成不能出售的"世袭采邑",限制私有财产,重新分配土地,成立合作社。对于《二十五点纲领》第 17 点提出的土地改革要求,具体规定 2.55 平方千米以上的大庄园,分成 127.5—510 平方米的农民庄园,内部实行合作制,原庄园上的德籍农业工人每人可获得 5.1 平方米的"封地"。

工业方面,纲领草案提出,努力使大企业国有化,工人应参与企业的行政管理和财产占有。对于《二十五点纲领》第 14 点中"要求参加大企业的分红",明确规定一切重要的工业部门应改为股份公司。企业主仅保留 49％的股份,其余 51％归民众所有,其中 10％归企业职工,30％为国家财产,11％由教区和行政区分配。在非重要工业部门中,企业主可保留 51％的股份。对于较小的企业,工人、国家和行政区都无权提出占有要求。

商业方面,纲领草案除赞成《二十五点纲领》第 16 点要求"将大百货公司充公"之外,还倡议建立中世纪行会模式的强制手工业者协会和工厂联合会,保护小资本不受大资本的竞争威胁。

在党的组织原则方面,纲领草案主张废除"领袖原则",改为由精英人士推举各级领导人。

在外交方面,纲领草案主张推行独立政策。重申废除凡尔赛体系,要求恢复 1914 年的边界,合并奥地利等德意志人占多数的地区,建立大德意志国。认为"德意志欧洲中心国"应在苏联和其他盟国的支持下,"在反对西方国家的解放战争中诞生"[1]。

新党纲同《二十五点纲领》相比,强化和深化了小资产阶级社会主义的改革要求,淡化了民族沙文主义的色彩,更多地反映了中下层民众的利益和心声。在当时德国阶级斗争的局面中,这些反对大资本、主张废除地租的小资产阶级激进要求,具有某种进步意义。但是很明显,由于小资产阶级不是新的生产方式的代表者,北方派的纲领同样不代表未来,反而更加突出地反映出前资本主义时期旧式手工业者、独立小农和小商人这一类小生产者的

---

[1] Reinhard Kühnl, *Zur Programmatik der Nationalsozialistischen Linken: Das Strasser-Programm von 1925/26.* In: Vierteljahreshefte für Zeitgeschichte 14 (1966). S. 328 - 329.

落后意识和要求,因此也只能是一种脱离实际的乌托邦空想。

随着北方派力量的增强,他们试图削弱以至取代希特勒对党的控制,把党的重心由南方移到北方,以便把整个纳粹党的发展方向扭转过来。

1925 年 9 月,格雷戈尔·施特拉瑟在哈根市(Hagen)召开北德纳粹党大会,宣布成立纳粹党西北部工作联合会。会后不久,公布了纳粹党的革新党纲,以供讨论。

同年 11 月 20 日,施特拉瑟兄弟在北方的汉诺威(Hannover)召开北德纳粹党大区领导人会议。与会者共 25 人,希特勒没有出席,指派党内元老戈特弗里德·弗德尔(Gottfried Feder,1883—1941)作为代表参加。戈培尔不同意弗德尔与会,声色俱厉地表示"我们这里根本不需要奸细"。最后经过表决,只有半数多一点的人同意弗德尔参加会议。

汉诺威会议重点讨论了两个问题。一是审议施特拉瑟兄弟的革新党纲。大部分人对此表示赞同。弗德尔以希特勒的名义提出反对,这时,戈培尔一跃而起,高声叫道:"在这种情况下,我要求把这个小资产阶级分子阿道夫·希特勒开除出纳粹党!"另一个与会者贝恩哈德·鲁斯特(Bernhard Rust,1883—1945)也表示:"民族社会主义者是自由和民主的人,他们没有自以为一贯绝对正确的人。"最后,除弗德尔和另一名代表罗伯特·莱伊(Robert Ley,1890—1945)之外,其余 23 名与会者都赞同革新党纲,决定用它来代替《二十五点纲领》。

另一个问题是关于剥夺王公贵族财产的提案。在十一月革命的过程中,政府没收了原王公贵族的财产,但给予了他们一些经济补偿。20 年代中期,德国政治气候逐渐右偏,这些遗老遗少借口共和国宪法保护私有财产,趁机要求发还全部的旧有产业,连被废黜的威廉二世皇帝也跟着起哄,要求政府发给他每年 125 万马克的养老金。这时,德国共产党站在抑制封建势力、维护人民利益的最前列,它利用《魏玛宪法》赋予人民的权力,提议就是否无偿剥夺王公贵族的财产问题举行全国公民投票,让人民来进行裁决。希特勒既不希望得罪有产阶级,也不愿意同共产党站在一边,所以坚决反对共产党的提案。北方派从打击大地主大资产阶级、维护中下层民众利益的角度出发,赞成这一提案。汉诺威会议经过激烈的辩论,以绝对多数的优势决定抵制希特勒的意见，支持德共的提案。

汉诺威会议是纳粹党内两派之间一次重大的较量，小资产阶级社会主义派试图扭转党的发展方向，一时间似乎取得了胜利。在纳粹党的政治倾向演变过程中，出现了一个中断，甚至可以说逆转。

希特勒立即开始实施反击。为求必胜，他作了精心策划。首先，反击会议的时间选在 1926 年 2 月 4 日（周四），避开了休息日，这样，大部分以工薪为生的北德地区大区领袖就不能与会。而南德地区的大区领袖，早已被希特勒确定为有薪俸的专职干部。其次，会议的地点定在南部的班贝格（Bamberg）。对北德人来说，这既要支付一定的旅费，又来不及在会议结束后当天赶回家，以便第二天上班。而希特勒则增派了不少本派的基层干部出席会议。这样，在通称"班贝格会议"的南、北德全党领袖会议上，北方派只有格雷戈尔·施特拉瑟和戈培尔两人出席，大部分与会者都是慕尼黑派的成员。

班贝格会议上爆发了激烈的辩论，争辩的内容涉及党纲、王公财产的公民投票、党的夺权策略等十余个问题。希特勒利用自己的领袖地位和会议多数，很快就控制住局面。经过一天的交锋，会议否决了施特拉瑟兄弟拟订的革新党纲，通过了反对剥夺王公财产的提案，并确认了希特勒的领袖地位。

班贝格会议是纳粹党发展史上一个重要里程碑，以希特勒为首的狂热民族扩张主义者扭转劣势，压倒小资产阶级社会主义派，使纳粹党最终走上右翼发展道路。

班贝格会议之后，希特勒利用自己掌握的主动权，全面出击，巩固和加强对纳粹党的控制。

他看重戈培尔的能量和价值，首先着手拉拢他。1926 年 3 月，他邀请戈培尔前往慕尼黑，参观党的总部，并单独密谈三小时，详述自己的观点。两人多次出席群众集会，希特勒在演说中称呼戈培尔是党的重要领导人，戈培尔则为"这位伟大人物的政治天才"所折服，从此成为希特勒的狂热信徒，死心塌地地跟随他，直至死亡。不久，希特勒精明地安排戈培尔回到北德，担任柏林大区的领袖，在北方派的核心地区埋下一颗地雷。

　　他还着手束缚格雷戈尔·施特拉瑟的手脚。1926 年 5 月,希特勒任命格雷戈尔为党的宣传领袖,并建议他放弃药房,到慕尼黑党总部工作。后者接受了宣传领袖的职务,但拒绝前往慕尼黑。以后希特勒多次发出邀请。1928 年 1 月,格雷戈尔·施特拉瑟改变了主意,他错误地认为,希特勒具有可塑性,他的右翼倾向是受了周围人士的影响,如果自己到希特勒身边工作,有可能争取他放弃那种"尚未固定的、保守的亲资本主义政策",因此接受了希特勒的建议,到慕尼黑供职。格雷戈尔·施特拉瑟的举动,并没有起到影响和制约希特勒的作用,反而削弱了北方派的力量。以后,北方派的实际领导人成了奥托·施特拉瑟。

　　鉴于修改党纲已经成为党内反对派改变党的发展方向的抓手,1926 年 5 月 22 日,希特勒在慕尼黑党员大会上宣布了一项原则:党的《二十五点纲领》永远不能修改。他解释说:该纲领"是我们的信仰和意识形态的基础,对它进行篡改,就是背叛对我们的思想怀着信仰死去的人们"。此举的目的在于防止党纲向"左"偏移。但实际上希特勒自己对党纲也是不满意的,为了不违背上述"原则",以后他采取了重新解释有关条款的办法。如 1928 年 4 月,他为了获得大地主大资产阶级的支持,以党的名义发表声明,重新解释关于"土地改革"的第 17 点,强调纳粹党维护私有财产,土改主要针对犹太人的投机公司,"无偿没收"必须限于法律许可的范围之内。

　　希特勒在慕尼黑大会上还强化了党内领导体制的"领袖原则",规定:全国各地的党务管理工作均由位于慕尼黑的党总部领导;北德的大区领袖不再由格雷戈尔·施特拉瑟任命,改由希特勒直接任命;对希特勒的政治领导权,只能由全国党员大会提出异议;谁要对抗慕尼黑的决定,便是自动退党。

　　为了加强党总部的力量,希特勒设立了"全国指导处"(Reichsleitung),作为直属于元首的中央领导机构。"全国指导处"的成员各分管诸如宣传、组织、青年等一个方面的事务,成为该领域的"全国领袖"(Reichsleiter)。以后,他又把总部机关划分成两条系统。第一条系统由格雷戈尔·施特拉瑟主管,包含三个部门,即外交、新闻、渗透活动及建立党的基层组织,该系统的主要任务是破坏社会秩序,攻击现政权。1931 年初,他下令建立第二条系统,即在纳粹党全国指导处内设立"第二组织部",由康斯坦丁·希尔(Konstantin Hierl,

1875—1945)主管,下辖农业、工业、科技、司法、国民经济、种族与文化、内政、劳工等部门,负责构筑未来的执政机器,培训未来的国家官员。

希特勒还着手整顿和发展党的地方组织。凡有纳粹党员的地方,他都参照行政区划,逐级建立党的地区(Landes,以后逐渐取消)、大区(Gau)、分区(Kreis)、分部(Ortsgruppen)、支部(Zellen)和小组(Block),各设一领袖。这个步骤,直接为纳粹党统治国家提供了基础条件。

他还大量增设党的外围组织,以网罗各个阶层的人士,扩大纳粹党的影响。从1926年起,先后组建了希特勒青年团(Hitlerjugend)、民族社会主义教师联盟(Nationalsozialistische Lehrerbund,缩写NSLB)、民族社会主义德意志法学家联盟(Bund Nationalsozialistischer Deutscher Juristen,缩写BNSDJ)、民族社会主义德意志医生联盟(Nationalsozialistischer Deutscher Ärztebund,缩写NSDÄB)等组织。

希特勒的上述措施,不仅强化了自己对纳粹党的实际控制,固化了纳粹党的发展方向,而且为日后该党获取政权做好了一定的准备。在这一阶段,纳粹党的党员人数增长较快,1926年为4.9万,1927年增至7.2万,1928年进一步发展到10.8万,1929年猛增至17.8万。同时,由于纳粹党在这一时期的宣传重点,淡化"社会主义",强化民族复仇主义,因此所吸收的成员中,民族主义的情绪普遍较重。这些党员以后成为重点依靠对象。但是,在国会选举方面,纳粹党的成绩不佳,因为当时整个西方世界处于稳定发展阶段。它在1924年12月第三届国会选举中得票3%,获14个议席,其中一个议席给了鲁登道夫。1928年5月第四届国会选举中得票降至2.6%,获12个议席,鲁登道夫随之落选。①

1929年开始的世界经济大危机给纳粹党提供了很大的活动空间。希特勒为了争取更多的群众,加强了煽动性的"社会主义"宣传,由此党内热衷于小资产阶级社会主义要求的人再度活跃起来。当这些活动没有影响到同权势集团交往时,希特勒就把它们作为欺骗性宣传的重要组成部分加以利

---

① [联邦德国]卡尔·迪特利希·埃尔德曼:《德意志史·第四卷:世界大战时期(1914—1950)》(下册),华明等译,商务印书馆1986年版,第398—401页。

用,但是一旦影响到这种交往,特别是影响到党的发展前途时,他就坚决加以制止,并趁机排斥异己。这样,导致党内矛盾再度尖锐起来。

1929年秋,纳粹党在反对新的德国赔偿计划——《杨格计划》问题上,与右翼保守政党结成联盟。同年12月,它又在图林根州的州议会选举中获得11.3％的选票,在此基础上同资产阶级政党一起组织联合政府。这些行动明显地暴露出该党的右倾发展趋向,因而遭到施特拉瑟兄弟的反对。格雷戈尔在纳粹党会议上告诫希特勒:纳粹党如此与反动派沆瀣一气,同资本家、容克、旧将领和高级官吏密切合作,会失去群众的支持。奥托则惊呼:希特勒已经背叛了社会主义!"如此下去,民族社会主义的性质和任务……是否还能够维持?"一部分冲锋队员也认为"阿道夫背叛了我们无产者"。

1930年4月,萨克森州的工会组织举行罢工,奥托·施特拉瑟不顾希特勒的反对,在自己控制的报刊上全力支持。蒂森(Fritz Thyssen,1873—1951)等资本家向希特勒发出警告,以停止资助相威胁。5月21日,希特勒赶到柏林,在两天内同奥托展开长达7个多小时的争论。奥托指责希特勒"为了用合法手段执政并同资产阶级右翼政党进行新的合作,企图扼杀社会革命",并要求纳粹党坚持实行工业国有化的方针。希特勒一面高叫,"我是个社会主义者……过去我是一个普通的工人。我不会让我的司机吃得比我坏。你所了解的社会主义不过是马克思主义";一面强调,"大批工人需要的不过是面包和马戏,他们根本不懂得什么理想","除去种族革命,再没有别的什么革命,不可能有政治、经济或社会的革命"。针对奥托关于工业国有化的要求,希特勒轻蔑地表示:"民主已经把世界化为废墟,然而你还想把它扩展到经济领域中去。这会是德国经济的毁灭……资本家通过他们的能力发迹、繁荣到顶点,并且根据这种选择——这仅仅再次证明他们是高等种族——他们拥有领导权。现在,你想让一个无能的政府委员会或者劳资协议会——它们什么也不懂——拥有发言权;没有一个领袖会容忍经济生活中出现这种事。"①他明确肯定了垄断资本的私有权。

①Jeremy Noakes and Geoffrey Pridham (ed.), *Documents on Nazism,1919-1945*. London:Jonathan Cape Ltd., 1974, pp. 99-100.

　　在此期间，戈培尔秉承希特勒的旨意，先后在《进攻报》上发表四篇文章，指责奥托·施特拉瑟"只在书桌旁拼凑革命理论，不考虑现实的可能性"，是"膨胀的激进主义精神病患者，手持匕首在大街上疾走"，并号召"开除所有追随者，结束这种路线"。希特勒一面以国会议员之职和18万马克的金钱引诱奥托，要求他放弃自己的主张，一面大力清除其追随者。1930年7月，奥托·施特拉瑟拒绝了希特勒的利诱，联合26名北方派领导人集体退党，并呼吁整个党内的"社会主义者离开纳粹党！"

　　了解奥托在退党后的行动，也许有助于全面深入地理解纳粹运动的全貌。他在退党后六个星期，即联合退党的左翼分子，成立了纳粹运动分裂组织，名为"革命的民族社会主义者战斗同盟"（Kampfgemeinschaft Revolutionärer Nationalsozialisten，缩写KGRNS），简称"黑色阵线"（Schwarze Front）。该组织出版名为《德国革命》（*The German Revolution*）的双周刊，并设计了盟旗。旗帜以黑色为基调，中间饰以红色的宝剑和铁锤，两者交叉，形成"╳"形图案。"黑色阵线"声称自己坚持民族社会主义原则，但反对希特勒对纳粹党的独裁领导。尽管根据奥托的说法，该组织拥有近万名成员，但实际上并未对纳粹党的主体组织构成大的威胁。随着希特勒在德国执政，尤其是"长刀之夜"清洗冲锋队后，奥托等人的处境越来越困难，被迫走上流亡之路。流亡的第一站是奥地利，1935年进入捷克斯洛伐克。在这个过程中，奥托发挥自己的特长，不断出版小册子，既披露事件的真相，又阐述自己的政治主张，仅1936年一年，就出版了《希特勒往何处去？》《德意志社会主义的重建》《论欧洲联盟》三本小册子。捷克危机发生后，奥托先后前往瑞士和法国。法国败降后，他又借道葡萄牙前往百慕大，并于1941年进入加拿大，成为著名的"渥太华囚徒"（Prisoner of Ottawa）。因为就在这时，戈培尔发表公开演讲，宣布奥托·施特拉瑟是纳粹党人的"头号公敌"，并悬赏50万美元取其首级。此举迫使奥托四处隐匿，甚至到过南极洲的克拉伦斯岛。在此期间，他开始信奉"社会连带主义"（solidarism），该理论强调利害相关的社会组织要以社会成员的相互依存为基础，在此基础上构筑一个超越资本主义和共产主义的第三种社会形态。在这种社会中，将充满着民族的社会主义、基督教精神和非集中化的欧洲主义。

纳粹政权覆亡后,奥托申请回国。由于是纳粹运动的主要领导人之一,他先后遭到同盟国和联邦德国政府的拒绝。他只得退而求其次,经常写作关于第三帝国和纳粹领导人的文章,刊登在英国、美国、加拿大的报纸上。1955 年,经联邦德国相关法庭裁决,他终于获准回国,定居在慕尼黑。然而他坚持继续从事新纳粹"事业",1956 年组建了新纳粹组织"德意志社会联盟"(Deutsch-Soziale Union),以"民族主义和社会主义"为努力目标,强调所谓"革命的"民族社会主义。1974 年,他死于慕尼黑。

1932 年期间,格雷戈尔·施特拉瑟与希特勒之间的矛盾也尖锐起来。格雷戈尔自 1926 年起担任纳粹党全国宣传领袖,1932 年又兼任全国组织领袖,成为纳粹党内地位仅次于希特勒的第二号人物。班贝格会议之后,他一直没有放弃自己的政治主张,直到 1932 年 5 月,他还在国会演说中站在小资产阶级的立场上反对资本主义制度,表示"为了获得他们自己的生存权",人民要求"同黄金、世界经济、唯物主义这些恶魔断绝关系,同输出统计和银行利率的思想习惯断绝关系……恢复正当劳动的正当报酬"。但是,1929 年底以后,随着纳粹党在各个方面取得一定的进展,他对如何处理同旧势力的关系问题有了新的看法,认为在坚持民族社会主义原则的前提下,同保守势力结盟比举行暴力革命"更为可靠"。在这种思想的指导下,当1930 年其弟弟奥托同希特勒发生冲突时,他反而批评奥托的行动,表示"社会主义不可能由宣布过激的理论词句加以推进,而是有朝一日通过某一民族社会主义的劳动部长颁布必要的法律来实现"。

1932 年 11 月,纳粹党在国会选举中得票数下降,通过这一现象,格雷戈尔认为希特勒的"合法路线"已经陷于破产,如果纳粹党进一步向右偏转,广大党员将会投奔共产党。因此,他主张纳粹党"应原则上改变路线","回到原来革命的民族社会主义路线上来","避免下降为一种反犹主义的经济党"。他还主张,使纳粹党免于瓦解的另一途径是争取尽快执政,在不可能单独执政的情况下,参与组阁也比在野强。当时希特勒既坚持要自任总理,更拒绝改变纳粹党的既定方针。1932 年 12 月 7 日,两人在党的领袖会议上展开了一场激烈的争论,希特勒指责格雷戈尔的行为是彻头彻尾的背叛,格雷戈尔宣称希特勒的计划是"很可耻的",将使纳粹党陷入绝境。翌日,格雷戈尔宣布辞去党内一切职务，前往意大利"疗养"。希特勒趁机取消党内"组织领袖"一职，改设"中央政治委员会"（Politische Zentralkommission），由自己的私人秘书鲁道夫·赫斯执掌。[①] 这样，纳粹党内以施特拉瑟兄弟为首的反对派就此消散。

在纳粹党内左、右两翼的斗争中，最终以希特勒为首的右翼势力战胜了左翼。这一结果令人深思。从个人学历水平来看，希特勒只是个初中毕业生，而施特拉瑟兄弟都拥有大学本科文凭，其重要干将戈培尔甚至拥有博士学位。论军功荣誉，希特勒获得过二级与一级铁十字奖章，后者一般不授给下士，但这两个荣誉格雷戈尔·施特拉瑟也有。论组织能力，格雷戈尔可是带着一个团队加盟纳粹党的，而希特勒，此前人生的大部分时间都落落寡合，连朋友也没有几个。如果我们只是把视线局限在德国纳粹党，就不得不承认希特勒是人间奸雄，他对党内格局的分析和对策的制定，自有其过人之处。然而，当我们把视线转向其他国家时，会发现同样的现象。在日本军内"革新派"中，代表中上层利益的统制派战胜了代表中下层利益的皇道派，1936年"二二六"事变后，皇道派彻底失败，离开了历史舞台。在意大利，法西斯头目墨索里尼起先从"左"的角度攻击现存社会，但败给了社会党，之后改而右转，取得成功，把意大利引上了法西斯之路。在世界历史中，普遍出现了法西斯右翼战胜法西斯左翼的现象。问题可能出在极端民族主义上。法西斯左派主张他们的"社会主义"，但同时又反对国际主义，甚至在理论上坚持社会主义只能在民族范围内实施、不可能越出民族范围的观点，但最后被极端民族主义击倒。可见，极端民族主义是一种非理性的思潮，很容易走向灾难。在极端民族主义的旗号下，可以否认民主，实施独裁，可以淡化社会主义，可以越出国界，践踏别国国土。

第四节 两刃利剑冲锋队

冲锋队在纳粹夺权斗争中起过独特的作用，然而希特勒就任总理后一

---

① Christian Zentner und Friedemann Bedürftig, *Das Grosse Lexikon Des Dritten Reiches*. S. 251.

年半,其又遭到了血腥清洗,地位一落千丈。冲锋队在不少人的心目中成为一个谜团。它是一个什么性质的组织? 它同纳粹党之间是什么关系?

冲锋队的前身在纳粹运动兴起之同时产生,它是同慕尼黑的啤酒馆文化有关的。魏玛共和国确立了议会民主体制,政党要赢取选票,离不开发表演说。而发表演说的理想场合,除了小广场,就是啤酒馆。慕尼黑有不少大型啤酒馆,能容纳数千人。尤其是安放了原木长条凳桌的平民啤酒馆,是下层民众乐于聚会的地方,人声嘈杂,十分热闹。在政治骚动的年代,不少政党都把目光转向那里,安排能说会道者前往演讲,吸引光顾啤酒馆的民众注意。当不同党派的演说者推销各自的意识形态,并公开对不同政见出言不逊时,骚乱与斗殴随即爆发,啤酒杯、椅子和其他一切随手可及的物品都可以成为武器。[①]在这种情况下,不少演说者在光顾啤酒馆时,都会带着一批人,无冲突时用来捧场,遭袭击时大打出手。德意志工人党及更具有暴力倾向的纳粹党在这种政治惯例中尤为起劲。1919 年,德意志工人党即开始使用领宾员和会议防卫员,专门用于维护会场秩序,保护本党集会不受外人袭击。[②]1920 年 2 月,纳粹党改名的当月,非正式的领宾队和防卫队改组成纳粹运动中的“纠察队”(Ordnertruppen),由钟表匠埃米尔·莫里斯(Emil Maurice,1897—1972)任队长。该组织有时也被称作“会场防卫队”(Saalschutzabteilung)。为了淡化其政治色彩以便于生存,1921 年 8 月,在希特勒的直接干预下,它又改名为纳粹党的“体育运动队”(Turn-und Sportabteilung)。

“冲锋队”作为专用名词并非纳粹党的首创。其德文原文为 Sturmabteilung,Sturm 一词的原意是风暴、狂风,转义为猛攻、冲击、冲锋。因此,冲锋队也被译为挺进队、突击队。该名词的直接来源是第一次世界大战早期,即 1915 年 3 月,西线德军指挥部为实施渗透战术,调集精干兵将,组建名为“冲锋队”的特种机动部队。直到 1918 年,这种部队仍然活跃在德

---

① Otis C. Mitchell, *Hitler's Stormtroopers and the Attack on the German Republic*,1919–1933. p. 43.

② Bruce Campbell,*The SA Generals and the Rise of Nazism*. Lexington:University Press of Kentucky,1998,p. 19.

军战场上。纳粹党的"体育运动队"里有不少军迷，甚至还有少量的退伍军人，他们很不屑于"体育运动队"这个怪名字，于是从 1921 年 9 月起非正式地称呼自己的组织为"冲锋队"。同年 11 月 4 日，慕尼黑的"宫廷啤酒馆"（Hofbräuhaus）发生了一场日后纳粹党吹嘘不已的械斗，据纳粹分子自称，43 名冲锋队员顶住了 800 名红色反对者的进攻，保住了据点。[1] 纳粹党在媒体里不断神化这个故事，称其为"（宫廷）啤酒馆大战"（Saalschlacht）。作为副产品，这个故事的主角——冲锋队也名声大振。于是，冲锋队成了这个组织的正式名称。

冲锋队的诞生，固化了当时德国政治生活中防卫组织同政党组织形成紧密程度不等的联盟关系的格局。这种组合从右到左分别是：钢盔团（Stahlhelm）与民族人民党和人民党；冲锋队与纳粹党；黑-红-金国旗社（Reichsbanner Schwarz-Rot-Got，简称 Reichsbanner）与社会民主党；红色前线战士联盟（Rotfrontkämpferbund）与共产党。

纳粹党的武斗组织改名为冲锋队，引起了军方人士的兴趣。魏玛共和国的重要州——普鲁士，具有浓厚的军国主义传统。普鲁士邦国的几代开国君主，都重点抓了两支队伍，一支是官僚体系，另一支是军队，尤其是其中的军官团。普鲁士在统一德国的过程中，把这个传统推向了整个德国。不少年轻人向往军队，渴望以军人的身份建功立业，为自身赢取光辉的前程。第一次世界大战把大量的青年吸收进军队，然而，《凡尔赛条约》迫使德国大量裁军。从战争期间的庞大兵力削减到仅仅十万官兵，无数军人只能无奈地退伍。然而，长期残酷的战壕生活使他们无法适应战后的普通生活。他们只能四处搜寻与自己有着共同经历和困窘境遇的人，聚集在一起，寻找各种得以让自己重温战争生活的机会。各种老兵协会、军人社团星星点点，遍布全国。战争经历被神化，"亡命军人"及老兵协会吸引着愤懑、绝望的青年。在战后初期，政府把镇压革命力量放在首要位置，因而放任右翼退伍军人加入各种白色"志愿兵团"（Freikorps，一译"自由团"），用以对抗红色革命。这些志愿兵团由职业军官领导，纠集一批亡命军人、退伍老兵、好斗青

---

[1] Bruce Campbell, *The SA Generals and the Rise of Nazism*, p. 184.

年,并打出煽情的口号——"来自国内外的敌人正在烧毁我们的房屋。救救我们,以德国同志情谊和忠诚的名义,赋予我们保卫民族的力量"[1]。但随着革命高潮的消退,志愿兵团逐渐失去方向。冲锋队的崛起与"战绩",再次勾起他们的兴趣。

军人染指的第一个表现,是志愿兵团派出军官充实冲锋队的领导层,如钟表匠莫里斯被年轻的前海军军官汉斯·乌尔里希·克林泽希(Hans Ulrich Klintzsch,1898—1959)取代,以便把冲锋队打造成一个具备军队特点的准军事组织。第二个表现,是更多的退伍军人加入冲锋队,使后者在人员结构上发生变化。仅以纽伦堡(Nürnberg)地区为例,1922—1923年,51名冲锋队领导人和普通成员中,37.3%的人有军役记录,而没有战争经历的青年只占19.6%。[2]

在冲锋队军事化的过程中,罗姆起了很大的作用。他出身于慕尼黑一个铁路官员的家庭,较早进入军界。他19岁入伍,两年后即进入军官阶层。第一次世界大战爆发后,他随部队进入西线与法军交战,多次立下卓著战功。在1914年9月的战斗中,罗姆所在的步兵团展开了与法军的恶战。他在此次战斗中受了重伤,被削去鼻子的上部,"整个脸部变形了,原来是圆乎乎的和有形的脸庞,现在按上了塑料鼻子,鼻子上部略有摇晃,鼻子下部有小硬块,脸上有一处明显的伤疤——整形手术严重地影响了他往后的生活,伤口也时常溃烂"[3]。在1916年6月的凡尔登战役中,罗姆所在的连队被打散了。"十来个人簇拥在罗姆周围,进攻并占领了许多条法军防线,俘虏了2名法军军官和65名士兵。"不过在此战役中,罗姆和其他士兵均严重负伤,罗姆伤势严重,"肺部附近被击中,肩部洞穿"。靠着战友的拼死相救,才得以保全性命。由此,他不仅获得了一级铁十字奖章和巴伐利亚的最高军内奖章——奥登奖章,还成为兵士中间活着的传奇英雄。[4] 大战结束后,罗

① Theodore Abel, *Why Hitler Came into Power*: *An Answer Based on the Original Life Stories of Six Hundred of His Followers*. Cambridge, Mass.: Harvard University Press, 1986, p. 39.
② Eric G. Reiche, *The Development of the SA in Nürnberg*, *1922–1934*. Cambridge: Cambridge University press, 1986, p. 26.
③ Eleanor Hancock, *Ernst Röhm*: *Hitler's SA Chief of Staff*. p. 19.
④ Eleanor Hancock, *Ernst Röhm*: *Hitler's SA Chief of Staff*. p. 21.

姆继续留在军内，但是其志向已经发生较大变化。他认为，德国战败和爆发革命这些事实，证明了政治的重要性。作为个人，如果仅仅把注意力局限于军事，是难以有所作为的。因而，他对激进主义政治团体和准军事组织给予较大的关注，并借助于曾一度管理州内①驻军武器库的有利条件，非法向准军事组织提供武器，由此，成了激进主义团体的争取和依靠对象。罗姆与纳粹运动发生关系的时间比较早。1919年，当纳粹党还处于德意志工人党阶段时，他就入了党。随着希特勒入围，他们两人很快成为政治盟友和私人密友。

在罗姆等人的推动下，冲锋队的功能和目标升级了，不再满足于维持会场纪律，而是向新的使命推进——"部分出于纳粹党领导人的设想，部分出于当时政治环境的考虑，冲锋队成了当时独立存在的几种政治系统的混合体，不纯粹是政党特点，也不纯粹是（独立于政党的）秘密准军事组织的特点，而是两者兼而有之"②。也就是说，冲锋队实现了军事组织形式与政治行为的结合，成为一个半隶属于政党半独立的准军事组织。

冲锋队开始独立地走上街头，以集体游行的方式展示自己。1922年8月，它参加了由众多准军事组织和老兵协会发起的慕尼黑游行集会。此后，身着制服的冲锋队员排列出声势浩大的游行队伍，成为慕尼黑街头反复上演的景观之一。同年10月，冲锋队战斗历史上又一个神话产生了。14—15日，希特勒率领800名冲锋队员乘火车前往巴伐利亚东北部的科堡（Coburg）参加右翼组织的爱国游行。科堡是一个工业化城市，因而是社会民主党等左翼力量占优势的地方，右翼力量选择这里举行爱国游行本来就是一种挑衅。希特勒和冲锋队不顾当局禁止进城游行的告诫，"他爱捣乱的同伙引发了街头暴乱，清除了街头的反对者，简直就是在围攻这个城市。这种显示威风的行动似乎使希特勒大胆地相信：他能够向巴伐利亚政府挑战而不会受到什么惩罚"。在科堡的经历是冲锋队第一次走出慕尼黑的大众游行，而且是在左翼的地盘，此事使得冲锋队和纳粹党声名大噪。很多年以

---

① 根据《魏玛宪法》规定，德国原先的邦（Staat）改为州（Land）。
② Bruce Campbell，*The SA Generals and the Rise of Nazism*．p. 21.

后,这些冲锋队成员在相聚时仍会相互问询:"那时你在科堡吗?"[1]

尽管希特勒作为纳粹党元首参加了科堡游行,罗姆与希特勒的私交很不错,但是两人对冲锋队的定位是不同的。希特勒尽管在内心深处排斥政党政治,但在时代的逼迫下,看到了政党在夺权斗争中的特殊作用,因此要求以纳粹党作为纳粹运动的核心。对他来说,居第一位的是党而不是军队,冲锋队不是伪装的黑色武装,而是一把政治利器。然而对包括罗姆在内的其他人来说,在德国这样的国度内,军队的作用是高于政党的,政治领袖个人依靠军队的支持,就能够夺取并掌握政权。更何况当时德国处于凡尔赛体系的束缚下,建立秘密的武装力量是占主导地位的事情,而冲锋队由于同国防军有着更紧密的关联,"将成为德国解放事业战斗力量中更为有效的一员"。他们乐于看到冲锋队被允许和国防军一起携带武器,接受军事指令并使用武器,甚至在采取行动等特殊情况下,纳粹党的地方领导人也要自觉地听命于当地的冲锋队。[2] 以后,这两种观点的分歧甚至上升为这样一个问题:在纳粹运动中,究竟是以冲锋队为主,纳粹党和希特勒成为冲锋队的"鼓手"即政治宣传员,还是以纳粹党为主,冲锋队仅仅是纳粹党的助手。

然而在 1923 年,随着德国陷入全面动荡,纳粹运动以半武装夺取政权为主要任务,两种观点的分歧被掩盖了。冲锋队积极地投身于"啤酒馆政变",罗姆承担了占领并坚守国防军巴伐利亚州总部的重任。

经过政变失败的打击,罗姆的思想有所松动,放弃了武装夺权的意图。1924 年 4 月他提前出狱,次月当选巴伐利亚州议员。他接受希特勒的委托重建冲锋队,确定"褐衫"为冲锋队制服,并宣布要把冲锋队打造成"纳粹党的战斗部队"[3]。然而在实际行动中,他仍然关注于联合各种右翼准军事团体,着力于组建"战旗团"(Frontbann)组织,只是应者寥寥,很不景气。为了摆脱经济窘境,他前往玻利维亚担任政府的军事顾问,帮助训练玻方军队。

1925 年初希特勒出狱后,在重建纳粹党的同时也关注冲锋队的建设。

[1] Otis C. Mitchell, *Hitler's Stormtroopers and the Attack on the German Republic*, 1919 – 1933. p. 54.
[2] Eric G. Reiche, *The Development of the SA in Nürnberg*, 1922 – 1934. p. 39.
[3] Eleanor Hancock, *Ernst Röhm: Hitler's SA Chief of Staff*. p. 73.

他任命弗兰茨·冯·普费弗尔(Franz von Pfeffer,1888—1968)为冲锋队领袖,并专门就冲锋队定位问题写了一封信,其中表示:

> 必须对冲锋队进行训练,这种训练不是以军事为基础,而是根据党的需要。
>
> 就对冲锋队进行体格训练而言,重点不是军事训练,而在于体育运动。
>
> 冲锋队的组织、队服和装备都要相应地落实,但它不是按照旧军队的模式,而是要适应它的任务。
>
> 冲锋队无需秘密地集合,而要在光天化日之下游行,开辟各种活动的道路,以彻底消除冲锋队是一个"秘密组织"的种种传说。……必须从建立之时起,向队员灌输运动的伟大理想,从一开始就以代表这种理想的任务训练他们,使其达到眼界开阔……反对现存国家的斗争将是超出一种报复和阴谋的小范围之上,成为消灭马克思主义及其教条和幕后操纵者的一种思想意识的伟大战争。[1]

此后,希特勒又明确规定:冲锋队的成员必须同时又是纳粹党党员,不允许同时参加其他政治或准军事组织;其他组织的成员,作为个人可以在脱离原组织后加入冲锋队,但不得集体加入;冲锋队不得与其他准军事组织联合或合并。他以这些举措来保证冲锋队只能成为纳粹党羽翼之下的附属机构。在以后的运作过程中,希特勒还剥夺了冲锋队的财权,规定它们不能自行募集金钱,所需经费由同级的党部领袖下拨。

普费弗尔是参加过一次大战的退役军官,拥有军事经验和组织才能,同时拥有一般军人所欠缺的政治嗅觉,清楚地看到旧式的军人暴动不可能取得成功。他反对纯军事化的组织,主张建立一个精英化、有高度纪律性、拥有强烈意识形态信仰的冲锋队。他在任期间的最大贡献,是确定了冲锋队的基本组织架构。冲锋队的基层单位是小队(Schar),由 3 到 13 人组成,主要依靠邻里之间的熟人关系建立。这样,任何有人的地方都存在建立一支

---

[1] Jeremy Noakes and Geoffrey Pridham (ed.), *Documents on Nazism*, 1919-1945. p. 86.

小队的可能,使得冲锋队具备较强的"繁殖"能力。小队如同一个细胞,细胞的规模扩大到一定程度就可以分裂出多个同一性质的细胞。然后以小队(Schar) 一中队(Trupp)一突击队(Sturm)一旗队(Standarte)一旅队(Brigade)一中央领导机构,这种层层递升形式搭建出整个冲锋队的大厦。每一个上级单位都由几个下级单位组成,每一层级的单位数目增加到一定程度就可以组建为更高一级的单位。一般情况下,5—8 个小队组成一个中队,2—4 个中队组成一个突击队,2—5 个突击队组成一个旗队,2—5 个旗队组成一个上级单位。[①]当时,"旅队"这个单位没有真正落实,而是以区队(Gausturm)替代,最初共有 19 个区队。区队长由普费弗尔直接任命,区队以下的领导人选由地方自行决定。总体来说,冲锋队内部的上下级关系类似于中世纪的"采邑制",每个层级都拥有半自治的权力。

世界经济大危机期间,德国的失业人数飙升,最严重时达到八百多万。在冲锋队的人员构成中,下层民众尤其是失业工人的比重一直比纳粹党的高,冲锋队因而成为集聚落魄民众的天然"洼地"。在这一过程中,"冲锋队之家"(Sturmabteilunghaus)起了不小的作用。

冲锋队之家最早出现在 1927 年纳粹党党代会期间,供参加游行集会的队员解决餐饮问题之用。此后普费弗尔命令各地冲锋队在组织大规模游行活动期间自行建造食堂。1930 年开始,从首都到边陲小镇,各地普遍出现了大小不等的类似空间及相应机构。规模大的可以容纳几百人,小的数十人。如 1930 年马格德堡(Magdeburg)设立的冲锋队之家可以供 30 人住宿和 250 人同时就餐。[②]该机构多租用废弃货仓或类似的空置建筑物,所需食物和家具来自运动内部的富裕者和纳粹同情者的捐赠。失业或贫困的冲锋队员每月只需交纳 10 马克左右,就可以在里面吃住,交不起费用者可以免费吃住,条件是为纳粹运动多干活。冲锋队之家内部还设有就业服务机构,为失业者兜揽一些临时短工。这些入住者要承担起安保、制作或维修家具、

① Richard Bessel, *Political Violence and the Rise of Nazism*: *the Storm Troopers in Eastern Germany*, *1925 - 1934*. New Haven: Yale Univ. Press, 1984, p. 163.

② Dirk Schumann, *Political Violence in the Weimar Republic*, *1918 - 1933*: *Battle for the Streets and Fears of Civil War*. New York: Berghahn Books, 2009, p. 227.

安置新来者等职责。弱势群体在那里不仅找到了躲避经济危机的港湾，还拥有了并肩作战的难友，能有效排解失业和贫穷带来的消沉，满足危机期间对行动的渴望。根据规定，寄宿者必须随时待命，参加游行、打斗、分发传单、保护机构和领导人安全等活动。

　　一名入住者的回忆有助于理解当时的实情："由于失业，冲锋队员只好呆在据点里。……在这里，我们感受到了真正的兄弟般的情谊……每个人都为它出一份力。一个为失业者煮饭的食堂建起来了。能够睡觉和取暖的房间也建起来了。白天，我们到各村庄散发传单，晚上保护村里的会议，从一场选举战斗到下一场，占领一个又一个小镇……1932 年，冲锋队遭禁，我们所有的东西都被拿走了。我们流入街头，无处可去。"①

　　在各种因素的推动下，冲锋队的规模急剧膨胀。1929 年 8 月约 3 万人，1930 年 11 月约 6 万，1931 年 9 月约 17 万，同年 12 月约 25 万，1932 年 1 月迅速上升到 29 万多，8 月又飙升到 44.5 万。②冲锋队成为纳粹运动中一柄锋利的长剑。其锋利的特征来自草根性和"行动主义"（Aktivismus）及"激进主义"（Radikalismus）的理念。

　　然而，这柄利剑是两面有刃的。刃的一面砍向魏玛体制，表现在有效地扩大了纳粹运动的规模与影响。然而在这一面里，随着冲锋队规模扩大，泥沙俱下，各类道德败坏者，如小偷、罪犯、流氓、恶棍、酒鬼、皮条客等，也混入其间。刃的另一面却指向纳粹党，尤其是党内的既得利益者，客观上与党内激进派形成遥相呼应的效果。

　　在纳粹党向国家权力发起冲击时，冲锋队不论在竞选宣传还是街头械斗中，都名副其实地充当着"冲锋"的急先锋。当希特勒前往各地展开竞选演说时，当地的冲锋队承担了一切保卫和呼应工作：摩托车队为希特勒的座车护卫开道；大批队员在会场上迎接希特勒到来，接受其检阅，并高呼"万岁"；演讲结束后护卫其返回机场。为实施纳粹党确立的"饱和宣传"策略，冲锋队员除了必须穿着整齐、挨家挨户拉选票外，还根据命令组队"乡村旅

① Peter H. Merkl, *The Making of a Stormtrooper*. Princeton：Princeton Univ. Press，1980，p. 202.
② Conan Fischer, *Stormtroopers：A Social，Economic，and Ideological Analysis，1929 - 35*. Providence：George Allen & Unwin，1983，p. 5.

行"，把纳粹的宣传触角伸向每一处穷乡僻壤。如 1930 年 7 月，波美拉尼亚（Pommern）600 名来自各小镇的冲锋队员步行 100 公里到一个指定镇集合。1931 年 10 月，数百名来自东普鲁士的冲锋队员穿越数省参加不伦瑞克（Braunschweig）的群众游行。1932 年，波美拉尼亚和西里西亚（Schlesien）建立了由失业冲锋队员组成的乡村宣传队，到达一个又一个村庄，"他们成了纳粹运动不辞辛劳的驮马"。①在争夺街道和宣传场所的械斗中，冲锋队员的伤亡数明显高于纳粹党员。

然而在分享"战利品"时，冲锋队的草根性使得其干部较难进入国会议员的候选名单。由于冲锋队不得自行筹款，财务由纳粹党地区领袖掌管，冲锋队员经常抱怨经费上受到歧视，抱怨自己成了纳粹运动的炮灰。这样，冲锋队再次成为纳粹运动内部的麻烦所在。不过此时冲锋队的诉求更多地代表了中下层民众的要求，与 20 年代中期有所不同。当时，很多冲锋队员不满于希特勒投靠权势集团的行为，抱怨党的地区领袖们以每月 2000—5000 马克的收入过着优裕的生活，而冲锋队员只能一边忍饥挨饿，一边在街头从事打斗或游行，为纳粹运动造势。东部尤其是柏林地区的冲锋队组织在愤怒中把矛头指向了当地的纳粹党大区领袖戈培尔。

1930 年 8 月，由沃尔特·施滕纳斯（Walther Stennes，1895—?）任队长②的柏林冲锋队提出七点要求，呼吁希特勒放弃"合法"路线，以暴力行动实现真正的"社会主义"，要求提名冲锋队领袖为国会议员的候选人，缩小纳粹党大区领袖的权力，并为冲锋队维持集会秩序的行动支付报酬。当这些要求遭到拒绝后，该队马上作出反应。8 月 29 日夜里，柏林冲锋队员组队采取行动，强行进入纳粹党柏林大区指导处大楼，砸坏了大部分办公用具。翌日，戈培尔在柏林体育馆的竞选大会上发表演讲，负责造势和守卫任务的

---

① Allen，William Sheridan，*The Nazi Seizure of Power：The Experience of a Single German Town*，*1922 - 1945*. London：Penguin Books，1984，p.77.

② 此人当时兼任全国东部地区冲锋队领袖的副手。东部地区除领导柏林冲锋队外，还领导包括东普鲁士、但泽、波美拉尼亚、梅克伦堡、马格德堡-安哈特、勃兰登堡-厄尔斯特伯格、西里西亚等地的冲锋队组织。

冲锋队员中途拂袖而去。①希特勒闻讯后，亲自赶到柏林处理危机。他首先利用自己在纳粹运动中的个人威望和在党内的权力，用安抚手段平息事态。随后于9月2日撤换扎洛蒙，由自己亲自担任"冲锋队最高领袖"，并规定全体冲锋队员必须进行宣誓，无条件效忠其个人。而冲锋队的日常工作，则交给奥托·瓦格纳（Otto Wagener，1888—1971）主持。

希特勒还着手暂时强化冲锋队的军事性质，用以转移其政治兴趣。为此，他专门打电话到玻利维亚，明确向罗姆表示"我需要你"。罗姆本来也有回国之意，接到电话后很快成行。1930年11月6日，罗姆回到慕尼黑，在火车站受到希特勒等人的热情欢迎，《人民观察家报》也专门刊文，盛赞老战士的回归。11月30日，希特勒在慕尼黑召开冲锋队领袖会议，表达了要任命罗姆担任冲锋队参谋长的意图。北德地区的冲锋队领袖们以罗姆存在同性恋问题为理由提出反对意见，但希特勒表示，冲锋队并不是"教育上流阶层子女的学校，而是战斗者的处所"。1931年1月，希特勒正式任命罗姆为冲锋队参谋长，隶属于冲锋队全国最高领袖的领导。

罗姆到任后，果然不负希特勒所望，立即按照自己固有的理念，模仿德国陆军，改组冲锋队，以加强其准军事特质。在全国总部一级，分别设立了总参谋部、司令部和训练学院；总部以下，逐级设置各类地区组织，分总队（Obergruppe）、支队（Gruppe）、区队（Untergruppe）、旗队（Standarte）、突击大队（Sturmbann）、突击队（Sturm）、中队（Trupp）和小队（Schar），共八级。各级头领一般都由退役军官担任。罗姆本人的声望和工作热情，使大量的青年涌入冲锋队，冲锋队的规模再一次迅速膨胀，到1932年底，成员数达到42.7万。

然而，柏林冲锋队的问题一时还是难以缓解，施滕纳斯的反对声调越来越高。他在纳粹党柏林地区报刊上发表文章，呼吁放弃议会选举，采取暴力性的"革命"行动。希特勒亲自向施滕纳斯发出警告："我们有更重要的事情要冲锋队去做，那就是建立第三帝国。我们遵守宪法也能实现自己的目标，

① Richard Bessel，*Political Violence and the Rise of Nazism：the Storm Troopers in Eastern Germany，1925-1934*，p. 56.

宪法规定了掌握政权的权利,具体采取什么方式由我们自己决定。"①然而,施滕纳斯等人还是于 1931 年 4 月 1 日再次起事。他们纠合了勃兰登堡(Brandenburg)、西里西亚、波美拉尼亚和梅克伦堡(Mecklenburg)地区的冲锋队领袖,发动第二次叛乱。不久,德国北部和东部其他地区的冲锋队组织也起而呼应。起事者谴责希特勒的"合法"夺权路线,指责他任人唯亲,要求澄清民族社会主义理论,并宣布废黜希特勒的领袖地位。

希特勒立即在《人民观察家报》和《抨击》等刊物上发表文章,抨击施滕纳斯一伙是钻进纳粹党内的"沙龙布尔什维主义②和沙龙社会主义的小丑","将一系列严格说来是属于共产党不断煽动所需要的概念引进冲锋队内",并要求广大的冲锋队员保持对纳粹运动的忠诚。同时他调动党卫队平息叛乱。希特勒的行动得到国防军领导层的赞扬。

但是,冲锋队之剑的两刃还在继续发威。

第五节　　在政坛阴谋中挤进政府

"啤酒馆政变"失败后,希特勒放弃了非法夺权的选择,但是竞选之路很不顺利。从魏玛共和国建立直到 1932 年,13 年里的国会第一大党都是社会民主党。纳粹党从 1924 年 5 月开始参加竞选,连续三届,呈现逐届下滑、一届不如一届的惨状。1924 年 5 月的选举,它以"德意志人民自由党"(Deutschvölkisch Freiheitspartei)的名义参选,获得 6.5% 的选票,得国会 32席;同年 12 月选举,它以"民族社会主义自由运动"(Nationalsozialistische Freiheitsbewegung)的名义参选,获得 3% 的选票,得 14 席;1928 年 5 月的选举,它终于能够以自己的原党名参选,但结果更惨,获得 2.6% 的选票,得 12席。经济大危机爆发后,纳粹党的竞选之路终于出现转机。1930 年 9 月的国会选举,纳粹党一举跃升至第二大党,获得18.3% 的选票,得 107 席,少于

---

① Thomas D. Grant, *Stormtroopers and Crisis in the Nazi Movement : Activism, Ideology and Dissolution*, London & New York: Routledge, 2004, p.104.

② "布尔维主义"和"布尔什维克主义",德语原文是一样的,在一般情况下,本书使用"布尔什维主义",但引用中译本时,为遵译本,使用"布尔什维克主义"。意思相同,仅表述略有区别。

社会民主党的143席。1932年7月的选举,纳粹党彻底翻身,达到魏玛民主体制中竞选的最高成绩,获得37.4％的选票,得230席。而社会民主党仅获21.6％的选票,得133席,降为国会第二大党。[①]如果在纯粹的民主体制中,根据选举结果,希特勒应该在1930年担任副总理,在1932年担任总理。但是魏玛共和国实行的是总统-议会二元体制,总统有权决定总理、副总理的具体人选。而总统的选择既取决于个人的好恶,又同权势集团的倾向性意见有关。

希特勒不是没有看到这些,但是他无力改变总统的看法。兴登堡总统既厌恶纳粹党尤其是冲锋队的草根性,认为这些人吵吵嚷嚷,素养很低,又低估希特勒的执政能力。纳粹党成为第二大党后,他约见了希特勒,结果印象较差,认为希特勒在国家机构中的职位,最高不能超过邮政局长。如果让希特勒担任总理,国家将很快陷入内战。

对于权势集团,希特勒在"啤酒馆政变"失败后就有了基本决断,但具体实施起来,起效非常缓慢。

德国作为一个现代国家,垄断资本集团在经济和政治生活中起着很大的作用。但是一次大战结束以后,资产阶级内部不同的利益集团,由于所处的地位不同,对内政外交具体方针的要求也有所差异。当时在全国起重要作用的是两大垄断集团。一个以加工工业和输出工业为主,其核心人物包括当时最大的输出商和制铁工业家奥托·沃尔夫(Otto Wolff,1881—1940)、西门子电气公司所有人卡尔·弗里德里希·冯·西门子(Carl Friedrich von Siemens,1872—1941)、德国工业协会第一主席及法本工业公司监事会主席卡尔·杜伊斯贝格(Carl Duisberg,1861—1935)等。另一个由鲁尔区的重工业巨头组成,其首脑人物包括著名的煤钢大王埃米尔·基尔道夫(Emil Kirdorf,1847—1938)、联合钢铁公司总裁弗里茨·蒂森(Fritz Thyssen,1873—1951)等人。前一个集团所处的地位比较有利,而且同国际资本特别是英国和比利时的资本家有着广泛的联系,因而对内拥护魏玛共

---

① 详情参见[联邦德国]卡尔·迪特利希·埃尔德曼:《德意志史·第四卷:世界大战时期(1914—1950)》(下册),第398—400页。

和国,对外主张接近西方国家。后一集团是德国财政资本中最具有沙文主义和复仇主义要求的派系,其利益因《凡尔赛条约》丧失了阿尔萨斯-洛林(Alsace-Lorraine)、上西里西亚等主要工业原料基地而受到较大损害,所以一开始就公开反对《凡尔赛条约》和赔偿义务,要求立即着手全面武装德国。

希特勒同资本集团的接触,就是从这里打开缺口的。早在 1921 年,他就在汉堡(Hamburg)民族俱乐部向资本家作过一次演讲,但效果不佳,除了吸引住个别中小企业主外,没有受到普遍重视,因为不少听客对纳粹党的"社会主义"要求心存疑虑。但希特勒通过这些感兴趣的企业主,结识了鲁登道夫和蒂森等大人物,后者于 1923 年向纳粹党捐赠 10 万马克。

"啤酒馆政变"失败后,希特勒决定走合法斗争的道路。他出狱后,一方面力拨纳粹党的发展方向,另一方面加紧同垄断资本家接触。1926 年 2 月,希特勒第二次在汉堡民族俱乐部发表秘密演说,随后三次在埃森(Essen)、一次在柯尼希斯温特(Königswinter)作长篇发言,并周游鲁尔和莱茵地区。1927 年 6 月 4 日,希特勒在慕尼黑同基尔道夫进行了长达四个半小时的密谈,事后基尔道夫要求希特勒把自己的政见整理成小册子,定名为《重新崛起之路》(Der Weg zum Wiederaufstieg),在资本家中间广为散发。希特勒在这次密谈中主要强调武力扩张、独裁统治和民族沙文主义。他特别对纳粹的"社会主义"作了解释,说这是一种仅限于向民众提供衣食娱乐的社会政策,目的在于争取工人,建立起一个消除阶级对立的民族共同体,为工业家带来更多的利润,它并不触动私人财产,与经济和政治决策无关。通过希特勒的努力,纳粹党把自己的触角伸进了企业和政治两界的上层,从主要局限在南德巴伐利亚地区扩展到整个德国,把以前那种带有个别性质的、不稳固的联系与资助关系,发展成经常的联系和定期的资助。不过,当时纳粹党还不是垄断资产阶级的主要资助对象和政治代表,从全国范围来说,工业界的政治基金大部分给了其他政党。

经济大危机期间,垄断资产阶级在内政外交方面的基本态度发生了变化。一方面,由于美、英、法等既得利益国家组建起区域性经济和货币集团,堵住了德国经济向外渗透的缝隙,德国外贸量一落千丈,危机进一步深化。另一方面,民众要求变革的愿望日益强烈,社会政治秩序激烈动荡。在这种背景下，他们希望找到一把双刃剑，对外能迅速调整国际格局，使德国摆脱凡尔赛体系的束缚，并进而夺取势力范围，对内能控制中下层民众，稳定社会秩序。

就在这段时间里，鲁尔工业集团逐渐把希特勒确定为自己的政治代理人。1930年11月27日，蒂森在德国工业联合会委员会会议上，第一次公开呼吁发挥纳粹党的领导作用。不久，基尔道夫利用自己在矿山联盟中的地位，作出一项决定，规定莱茵-威斯特伐利亚（Rhine-Westphalian）煤矿辛迪加所属的企业，自1931年1月1日起，每售出一吨煤就提取5芬尼①资助纳粹党。在他们的影响下，越来越多的资本家开始支持纳粹党，其中包括国家银行前行长雅尔马·沙赫特（Hjalmar Schacht，1877—1970）和德国金融界著名报纸柏林《交易所报》经济编辑瓦尔特·冯克（Walther Funk，1890—1960）等，形成了以鲁尔区重工业巨头为核心的"纳粹工业集团"。同年秋，化工巨头威廉·凯普勒（Wilhelm Keppler，1882—1960）联合愿意帮助纳粹党夺取政权的资本家，组建了"凯普勒集团"（Keppler-Gruppe），从经济和政治上策划扶助纳粹党上台执政。

然而，前一个资本集团仍然反对纳粹党，该集团在国内的影响远超"纳粹工业集团"。但不幸的是，随着危机进一步深化，该集团内部围绕应付危机的决策问题产生新的分化，就是这一分化给了希特勒可乘之机。1931年冬，德国的高失业率已经成为直接威胁统治的严重社会问题。古斯塔夫·克虏伯·冯·博伦（Gustav Krupp von Bohlen，1870—1950）、奥托·沃尔夫等人支持全德工会联合会提出的发展公共事业以解决就业问题的建议，在前一个资本集团内部分化出"左翼凯恩斯主义"（Linke Keynesianische）集团。杜伊斯贝格、西门子等人反对这一做法，主张鼓励私人企业扩大生产，使其自发地繁荣市场，形成了"右翼凯恩斯主义"（Rechte Keynesianische）集团。

垄断资本集团重新分化组合，使希特勒争取他们支持的进程大为加快。据纳粹党新闻发布官奥托·迪特里希回忆，"在继后的几个月中，他走遍整

---

① 1马克＝100芬尼。

个德国,同杰出的人物私下会谈。选择的约会地点,不是在柏林就是在各州,不是在凯撒霍夫饭店就是在某个偏僻的森林空地。保守秘密是绝对必要的,绝不能让报界有捣乱的机会。否则就会影响到会谈的成功"[1]。同时,希特勒接受沙赫特的建议,由资本家所信任的冯克取代党内元老弗德尔担任自己的经济顾问,1931 年 12 月,又以大资本家凯普勒取代冯克。

1931 年 10 月,纳粹党同民族人民党等其他右翼政党和组织在哈尔茨堡温泉城举行"全国反对派大会",会议要求布吕宁(Heinrich Brüning,1885—1970)政府辞职,组建右派政府。会议结成了"哈尔茨堡阵线"(Harzburger Front),尽管不久就解体,但是希特勒据此进一步加强了同资产阶级右翼的联系,扩大了纳粹党在政治舞台上的影响。

1932 年 1 月,希特勒为了争取更多的资本家,接受蒂森的建议,取代冯克,亲自到杜塞尔多夫(Düsseldorf)工业家俱乐部,向 300 多名资本家及其代表作演讲。他精心准备了演说内容,从分析个人之间存在差异入手,强调保存私有制的合理性,歌颂独裁制,鼓吹"优等种族"有权奴役"劣等种族";他指责布尔什维主义已经控制了苏联,并"将逐渐震撼整个世界,把它化为废墟",声称如果不尽早让纳粹党上台执政,共产党将赢得 50% 的德国民众,然后把德国推入灾难;他还保证掌权后要扩充军事力量,训练 800 万后备军,使德国摆脱《凡尔赛条约》的束缚,夺取新的生存空间。[2] 由于许多与会者是第一次见到希特勒,演说开始时会场气氛冷淡,很多人沉默寡言。但当希特勒讲了不到一个小时的时候,他的听众便全神贯注,两个半小时的演说结束后,与会者全体起立,向希特勒致以热烈的掌声。尽管大部分与会者没有当即作出实质性的承诺,但是他们已经开始把希特勒看作今后运筹中的一个重要筹码。奥托·迪特里希曾在《跟随希特勒十二年》一书中指出:"1932 年 1 月 27 日将永远是德国纳粹党历史上值得纪念的一天。这一天,

---

[1] Alan Bullock, *Hitler: A Study in Tyranny*. Harmondsworth: Penguin Books Ltd., 1962, p. 167.

[2] Eberhard Czichon, *Wer verhalf Hitler zur Macht?: Zum Anteil der deutschen Industrie an der Zerstörung der Weimarer Republik*. Köln: Böhlau, 1978, S. 15.

希特勒成功地在德国西部工业巨头中间打开了缺口。"①

德国另一个重要的权势集团是军官团,这是一支从普鲁士王国时期起就长期得宠的力量。

纳粹党与国防军之间本来就有着不解之缘。希特勒政治生涯的第一步,就是作为国防军的政治调查员迈出的。大部分冲锋队员和一部分纳粹党员,也曾经是退伍军人。更主要的是,在仇视《凡尔赛条约》、鼓吹扩军备战、崇尚武力和民族扩张政策等政治主张上,两者是完全一致的。

但是,国防军军官团大多具有上层社会地位(尽管经过 20 世纪 20 年代民主化进程的更换,但 1932 年仍有 23.8％的军官出身贵族世家,其他多为军人世家和资产阶级家庭),通常站在代表传统、保守和正统的势力一边。而纳粹党从成立的那天起就把矛头指向合法政府,使用的手段是煽动街头暴乱,甚至政变。其成员大多出身低下,举止粗鲁,致使国防军在很长一段时间里对之表示蔑视,甚至心存疑义。

1923 年希特勒发动"啤酒馆政变"时,国防军作为整体来说,非但没有支持纳粹党,反而持坚决反对的态度。国防部长奥托·格斯勒(Otto Geßler,1875—1955)因《人民观察家报》攻击政府而下令将其取缔,巴伐利亚驻军首领洛索夫对希特勒的游说反应冷淡,陆军首领汉斯·冯·泽克特(Hans von Seeckt,1866—1936)则命令洛索夫镇压暴乱。当洛索夫跟随卡尔,拒绝执行国防部的命令时,国防部解除了洛索夫的职务。《人民观察家报》则对泽克特和格斯勒发起恶毒攻击。

此后,纳粹党与国防军的关系一直不佳。希特勒尽管很希望得到国防军的支持,但是出于控制冲锋队的目的,禁止冲锋队与陆军发生联系。国防部则不准陆军招募纳粹党员,或者雇佣他们在军火站和补给站工作,"因为该党给自己确定的目标就是推翻立宪制的德意志国家"。

20 年代末至 30 年代初,国防军和冲锋队曾在东部边境地区有过密切的合作,那是因为国防军感到东部地区兵力不足,难以有效地保卫边境安全,利用了从右翼到左翼各种政党的防卫组织,其中包括社会民主党的"国

---

① Otto Dietrich, *Mit Hitler in die Macht*. Franz Eher Verlag, 1934, S. 14.

旗社",来增强防御能力。就是在这段时期里,希特勒于 1929 年 3 月就纳粹主义与军队的关系发表讲话,抱怨德国陆军没有像意大利陆军一样,同法西斯运动实行合作。

然而希特勒清楚地看到,纳粹党要在德国执政,没有国防军的支持就绝无可能。他要寻找机会向国防军全面表态,争取得到它的支持。1930 年春,乌尔姆(Ulm)卫戍部队三名中尉军官,因在军内从事纳粹主义宣传并发展纳粹势力而被捕,并被提交莱比锡(Leipzig)最高法院受审。希特勒抓住这个机会,在 9 月份举行的审讯中亲自出庭作证,把法庭变成向全国发布信息的舞台。他在法庭辩护中表示:纳粹党保证陆军在国内拥有不可取代的地位,"任何想要取代陆军的尝试都是发神经病";纳粹党一定使用合法手段获取政权,党内的"革命"分子已经被开除,以后也将在党内无立足之地;纳粹党成立冲锋队是为了保护党的集会,应付左翼分子的挑衅,绝没有一点军事性质和取代陆军的意思。①

希特勒表态以后,一部分军官,如参谋部军官阿尔弗雷德·约德尔(Alfred Jodl,1890—1946)、乌尔姆第五炮兵团团长路德维希·贝克(Ludwig Beck,1880—1944)等,公开拥护纳粹党。在他们的影响下,波茨坦骑兵团和西里西亚第三炮兵团等团队也开始转向。对大部分青年军官来说,除了因希特勒作出保证而感到宽慰外,纳粹党关于扩军备战的许诺使他们看到了晋升的希望。1931 年 1 月,军队废止了关于不得雇佣纳粹党人在军火库和补给站工作以及不准纳粹党人加入陆军的禁令。②

资本集团和国防军态度的逐渐变化,为纳粹党上台执政提供了可能性。然而,人们很难精确地估计,如果没有出现政坛阴谋,就凭着权势集团对纳粹党态度的变化,何时能影响到兴登堡的决断,推动他心甘情愿地任命希特勒担任总理。

但是,当时德国会出现政坛阴谋,却不是偶然的。这不仅仅是因为西方的政坛容易出现阴谋,而且是同国会-总统二元制结构直接相关联的。当纳

---

① Matthew Cooper, *The German Army,1933 – 1945*. London:Zebra,1978,p. 9.
② Robert J. O'Neill, *The German Army and the Nazi Party,1933 – 1939*. New York:Heineman,1966, p. 4.

粹党成了国会第一大党，而总统却不愿意任命其党魁担任总理，必然会出现实际担任总理者无法取得国会多数支持的事实。总理不能得到国会的支持，就只能摆脱国会，依靠总统的支持来执政，即形成"总统内阁"。"总统内阁"是宪法允许的，却不是执政的常态，而是属于"非常时期"的产物。兴登堡根子里是位君主主义者，但作为共和国的合法总统，又时刻提醒自己要遵从共和国宪法，尽量减少使用非常权力的机会。这种复杂的逻辑关系本身就是政坛阴谋的温床。

颇受争议的冲锋队在 1932 年春天又一次成为政坛关注的焦点。3 月 13 日是全国总统选举的投票日。冲锋队参谋长罗姆声称已得到消息，说社会民主党的护卫组织"国旗社"将使用暴力来阻止希特勒竞选总统。他借此下达命令，要冲锋队在突击地点集合，处于"紧急戒备状态"。同时，冲锋队内开始流传"政变"这个字眼。四天后，3 月 17 日，普鲁士警察搜查柏林的纳粹党大区办事处和冲锋队中心，找到了一些有关冲锋队准备在希特勒当选总统后采取暴力行动的材料。普鲁士和巴伐利亚等州的政府根据这些情况，请求全国政府对冲锋队采取行动。布吕宁总理和国防部长兼内政部长威廉·格罗纳（Wilhelm Groener，1867—1939）接受请求，下令取缔冲锋队，以消除内战的危险。这一行动得到兴登堡总统的认可，他再度当选总统后即签署《保障国家权威性的总统法令》，宣布取缔冲锋队。

格罗纳查禁冲锋队的行动引起了大部分高级军官的反对，他们担心此举会破坏国防军利用冲锋队防守东部边界的计划。库特·冯·施莱歇尔（Kurt von Schleicher，1882—1934）作为该轮德国政坛阴谋的中心人物之一，逐渐浮出了水面。此人出生于军人世家，长期在军中供职，曾经同兴登堡总统的儿子奥斯卡·冯·兴登堡（Oskar von Hindenburg，1883—1960）在同一个团队服役，又同包括泽克特、格斯勒（前国防部长）等在内的军中高层人物有私交，成为军人干政的合适人物。他呼吁兴登堡收回总统法令，或者对等地取缔国旗社。尽管兴登堡于 5 月 3 日签署了《保障国家权威性的第二号总统法令》，规定全国一切武装政治团体都要置于内政部长的监督之下，从而在很大程度上制约了国旗社的行动，但是施莱歇尔等国防部官员仍然以辞职相威胁，迫使格罗纳于 5 月 13 日辞职。总理布吕宁邀请施莱歇尔出任国防部长,后者对布吕宁的政策措施不满,自己又怀有政治野心,便回答说:"我愿出任,但不是在你的政府中。"

此时,布吕宁政府正处在政坛危机之中。随着农业危机日益严重,政府试图解决这一问题,不料招来更大的麻烦。5 月 20 日,政府拟订了一项垦殖法令,打算强制购买不再具有偿还能力的东部庄园,向迁移到此处的农民提供土地。这一措施招致大庄园主的极度不满,他们纷纷向本身拥有东普鲁士庄园的兴登堡总统提出"请愿",指责布吕宁"已经完全倒向农业布尔什维主义"[1],要求更换政府。这时,施莱歇尔要操纵德国政局的野心日益膨胀。他制定了一个所谓的"驯服"方案,准备对冲锋队开禁,邀请纳粹党参加政府,以此来扩大政府的国会基础;同时把冲锋队、国旗社和其他准军事组织合并,组成一支由国防军控制的民兵部队。与此同时,他希望选择一位个性较弱的总理在前台执政,便于自己实施幕后操纵,因此竭力劝说兴登堡总统撤换布吕宁。

在各种因素的作用下,5 月 20 日,布吕宁被迫辞职。6 月 1 日,兴登堡任命由施莱歇尔推荐的巴本担任总理。施莱歇尔出任国防部长。

弗兰茨·冯·巴本(Franz von Papen,1879—1969)出身天主教贵族兼大资本家家庭,曾在总参谋部任职。其党派背景比较微妙。他早在 1920 年就参加了天主教中央党(Deutsche Zentrumspartei),党龄颇长,但由于参加了推翻本党提名的总理布吕宁的幕后活动,又不遵守该党领袖的旨意,因此被迫脱党。巴本内阁从一开始就没有国会多数的支持,因此还是属于总统制政府。该政府上台之初,经济上基本沿用传统的"增收节支"政策,但是从1932 年 8 月份起,开始放弃紧缩政策,试图用"引爆政策"来刺激经济复苏,如向增加劳工雇佣数额的企业发放"税收有价证券",资本家可以用此充当税款,并通过分配国家任务和削减企业税收来刺激私人经济,间接解决劳工就业问题。这些措施从长远来看,也许能够缓解经济危机,但是它们首先使资本家得利,因而引起工人的强烈反对。

同时,巴本履行事先同纳粹党达成的协议,下令解散国会,对冲锋队开

---

① [联邦德国]海因茨·赫内:《德国通向希特勒独裁之路》,第 135 页。

禁,并宣布于 7 月 31 日举行新的国会选举。

纳粹党紧紧抓住这一机会,展开了更大规模的竞选活动。希特勒乘坐飞机,15 天内到 50 个城市发表演讲。解禁不久的冲锋队以十倍的疯狂对政敌制造流血事件,企图控制全部适合从事宣传和演讲的场所。

国会选举投票结果公布后,纳粹党一跃成为国会第一大党。希特勒以此为资本,要求像 1922 年的墨索里尼一样,担任政府总理,并由其他纳粹党人执掌内政、农业、教育、司法和航空五个部。兴登堡不希望在他的总统任期内爆发全国内战,在德国历史上遗臭万年,遂拒绝了希特勒的要求。他提议希特勒与巴本一起组织联合政府,在巴本手下当副总理,但遭到希特勒的拒绝。

纳粹党旋即与仇视巴本的中央党联合。8 月 30 日,两党议员一起选举纳粹党人赫尔曼·戈林担任国会议长,使巴本得不到国会多数的支持。而兴登堡总统不断提醒巴本,要尽早恢复依赖国会执政的常态。巴本无奈,准备再次解散国会,同时打算违反宪法的有关条款,推迟举行新的大选,让政府在没有国会制约的情况下行使类似独裁的权力。这种意在抛弃议会民主制的做法遭到共产党人的反对,他们向国会提出一份议案,表示不信任巴本政府,要求取消一切"紧急法令"。纳粹党为了搞垮巴本政府,立即表示附议。结果,该议案以 512 票赞成、42 票反对、5 票弃权获得通过。然而,巴本抢先做了一个不光彩的举动,他在议案生效之前先宣布解散国会,使政府免于倒台,而国会必须重组。新的国会选举定于 11 月 6 日举行,这已经是 1932 年进行的第四轮全国性选举了。

大部分资本家从巴本政府的政策措施中获得利益,因而积极行动起来。他们拟出一份号召书,呼吁选民把选票投给支持巴本政府的政党,这份号召书得到 339 名"举足轻重的"资本家的签名。11 月的选举中,共产党的得票数进一步上升,获得 16.9％的议席,而纳粹党的得票率仅为 33.1％,尽管仍然保持国会第一大党的地位,但是比起 7 月份的选举来,少得了 200 多万张选票。

纳粹党之所以会失利,是有很多原因的。首先,经济危机期间希特勒加紧同垄断资本家勾搭,这方面的消息不断被披露,一些群众由此看出纳粹党的宣传中包含着欺骗的成分。其次,一部分资本家也减少了对纳粹党的资助。同年 11 月初,共产党领导柏林交通工人举行罢工,一部分纳粹党员由于不满现状也积极参加。戈培尔从内心来说反对这次罢工,但是他在日记中写道:"事实上,我们没有选择的余地。如果我们逃避这次罢工,我们在工人阶级中的地位就会动摇。在这里,再一次出现了向公众证明的重大机会,证明我们在政治方面采取的方针是出于对人民的真正同情。出于这个原因,纳粹党有意避免采取旧的资产阶级方法。"由于戈培尔作为纳粹党宣传领袖支持了这次罢工,一些资本家不愿解囊资助纳粹党,这在一定程度上影响了它的竞选能力。再次,随着纳粹党实力增长,其党徒的暴行也日益增多,民众对此感到不安。1932 年 8 月 9 日深夜,一伙冲锋队员在上西里西亚一个矿工村袭击一名睡梦中的共产党员,竟然当着受害者的母亲,把他活活踩死。凶手被法院判处死刑,然而希特勒竟然向他们发去下述电报:"同志们! 鉴于这次令人气愤的血腥判决,我谨向你们表示我的无限忠诚。从现在起,你们的获释是一个涉及我们荣誉的问题。"这一事件使一部分民众离开纳粹党。①

这时,"纳粹工业集团"也在积极行动。从 1932 年 6 月起,凯普勒组织一部分资本家,以"商讨就业和财政问题"为名,在每月的第一个周三定期聚会,策划扶助纳粹党上台。纳粹党在 11 月选举中失利后,该集团极为不安,加快了扶植希特勒的步伐。11 月中旬,资本家的代表沙赫特、埃里希·黑克尔(Erich Heckel,1883—1970)、凯普勒与党卫队领袖海因里希·希姆莱(Heinrich Himmler,1900—1945)一起,拟制了一封致兴登堡总统的请愿书,信中要求任命希特勒担任总理,表示只要"委任全国最大集团的领袖负责领导一个由具有实际能力和个人才干的人士组成的总统制内阁,就可消除一切群众运动所必然带有的弱点和缺陷,并且把至今仍在袖手旁观的千百万人吸引进来,变成积极的力量"②。该请愿书完稿后,由凯普勒转发给

---

① Walther Hofer, *Der Nationalsozialismus*:*Dokumente 1933 - 1945*. Frankfurt/M. :Fischer Taschenbuch Verlag,2004,S. 24 - 25.

② Eberhard Czichon, *Wer verhalf Hitler zur Macht?*:*Zum Anteil der deutschen Industrie an der Zerstörung der Weimarer Republik*. S. 18.

约 50 名大小资本家，征集他们的签名。最后，沙赫特、库特·冯·施罗德（Kurt von Schröder，1889—1966）、蒂森等 20 人在上面签了名，其余 30 人不愿签名。联合钢铁公司高管阿尔贝特·弗格勒（Albert Vögler，1877—1945）出于"不想在政治上出头露面的原因"没有签名，但表示赞同其中的内容。11 月 19 日，请愿书在政府危机中正式呈交给兴登堡总统。

1932 年 11 月国会选举，巴本政府仍然得不到国会多数的支持。巴本把目光转向第一大党纳粹党，亲自写信给希特勒，要求他入阁担任副总理。希特勒断然拒绝了这一邀请，并且声称，由于巴本政府的政策措施不当，已经把群众赶向布尔什维主义，导致共产党的选票上升，纳粹党不会向这种政府妥协。

这时，巴本的推荐人施莱歇尔也对巴本日益不满。他感到巴本已经把自己甩在一边，而且意在摆脱国会，实施个人独裁统治。施莱歇尔认为此举必然导致国内政局动荡，最后要么纳粹党上台，要么共产党获取政权。他希望在德国出现一个受国防军支持的总统制政府，但是这个政府又必须拥有一定的社会基础，构成这一社会基础的，最好是一条横贯所有政党并且集合了全国一切社会政治力量的"横向阵线"。于是，他力促巴本辞职。11 月 17 日，巴本在各种压力下提出内阁辞呈，被兴登堡总统接受。

11 月 19 日，兴登堡根据部分资本家的请求，召见希特勒。兴登堡的态度比以前大有好转，但是在实质性问题上还是不愿作出让步。他提出，如果希特勒能够提出一个具体的执政纲领，并且得到国会多数的支持，就能够担任总理，否则只能屈居副总理。他拒绝授权希特勒组织总统制政府。事后兴登堡这样评论希特勒："他会精彩地演说，但并不信守他承诺的事情。我无论如何不会把国家政权交给他；我不愿实行党的专政，也不会把德国作为试验品移交给希特勒。"[1]希特勒难以接受兴登堡提出的条件，因为他得不到国会绝对多数的支持。当时，第五大党民族人民党已经拒绝同他合作，第四大党中央党虽然同意给予支持，但先决条件是不实行独裁统治，第二大党社会民主党和第三大党共产党都不会支持他。纳粹党尽管是第一大党，党

---

[1] Walther Hofer，*Der Nationalsozialismus*：*Dokumente 1933 - 1945*. S. 25.

内又实行"领袖原则",因而能够控制住全部的纳粹党议员,但是毕竟只占有33.1%的议席。这样,希特勒担任总理的愿望还是没能实现。

12月1日晚,兴登堡同时召见巴本和施莱歇尔,商讨组阁事宜。他要求两人分别提出执政方案,然后根据方案来作裁决。巴本提出的方案是:关闭国会半年,依靠国防军和总统的全权实行独裁统治,随后重新制定宪法。施莱歇尔不反对实施独裁统治,但认为这种统治必须拥有一定的社会基础。事先,他已经同格雷戈尔·施特拉瑟和部分右翼社会民主党人打过交道,估计除了能得到一部分社会民主党议员的支持,还能获得纳粹党施特拉瑟派60—100名议员的赞同票,这样,他就能赢得国会的多数票。面对这两种方案,兴登堡决定委托巴本再次组阁。

然而施莱歇尔已决计亲自上台执政。在第二天晚上举行的内阁会议上,他宣布陆军不再支持巴本。同时他联合几乎全部的内阁成员,表示不信任巴本。兴登堡无奈,转而任命施莱歇尔组阁。

施莱歇尔以资本家"左翼凯恩斯集团"为执政后盾,基本上留用原巴本政府的阁员,组成总统制政府。为了实现"横向阵线",他很快把格雷戈尔·施特拉瑟请到家中,要求他出任副总理兼普鲁士州总理。当格雷戈尔准备回去请示希特勒时,抢先得到消息的巴本办公室又抢先把经过歪曲加工的消息传给希特勒,这样就进一步加剧了纳粹党领导层内部的矛盾。随着格雷戈尔在纳粹党内斗争中失败,施莱歇尔组织"横向阵线"作为执政基础的计划很快夭折。

施莱歇尔试图消除前两届政府在社会政策方面的缺陷,用以拉拢群众,扩大统治基础。他声称自己既不赞成资本主义,也不拥护社会主义,只希望成为一名"关心社会问题"的军人政治家。他就任总理不久,向全国作了一次广播演说,宣布"本政府的纲领集中到一点,就是创造就业"。施莱歇尔政府在经济上采取了一系列讨好下层民众的措施,例如,下令不增加新的税收并控制物价,取消巴本政府关于削减工资和救济金的规定,在东部地区实行补贴无地农民定居的庞大计划,准备耗资5亿马克,发行特别期票,用以扩充劳动就业岗位。在政治上,他试图通过"工会轴心"来扩大社会基础,即打算邀请各种派系色彩的工会和团体的领袖,其中包括社会民主党影响下的全德工会联合会、基督教工会、纳粹党的冲锋队等，来担任政府部长，形成拟议中的"横向阵线"。为此，他也同罗姆保持接触，引起希特勒的警觉。在外交上，他打算同苏联举行谈判，延长1926年的《德苏友好和中立条约》，扩大两国的贸易关系。

但是，施莱歇尔在政界的根基不深，就任总理后，既没有能够在政治上层集团和垄断资本集团中建立起稳固的基础，也来不及以其社会政策拉拢到工人和下层民众的广泛支持。相反，他的某些干预经济的措施，虽然还来不及见效，却引起了"巴本派系"垄断资本集团的恐惧，该集团认为其政策具有一种"布尔什维克的危险"。西门子甚至表示：与布尔什维克的危险相比，希特勒只能算小巫见大巫。这一点给了希特勒可乘之机，使之可以借此机会进一步争取垄断资本集团的支持。例如，杜伊斯贝格在1932年7月时，曾经当着蒂森的面，拒绝付给纳粹党任何竞选费用，这时却同意向纳粹党资助10万马克。支持巴本的资本家集团正是在这种恐惧心理的支配下，迅速向"纳粹工业集团"靠拢，同意让希特勒上台执政。大庄园主为了维护自身的利益，也反对施莱歇尔。

进入1933年后，统治集团内部的斗争进入了白热化状态，政坛阴谋层出不穷，人事格局一日三变。

巴本被施莱歇尔赶下台后，一直伺机实施报复。1933年1月4日，他经科隆银行家库特·冯·施罗德男爵牵线，与希特勒举行会晤，商讨倒阁事宜。在会晤中，巴本提议两人合作搞垮施莱歇尔政府，在未来的政府中，由自己担任总理，希特勒担任副总理，或者干脆成立两人地位平等的"双头政权"。希特勒仍然坚持由自己独自担任总理。①这次会晤尽管没有达成协议，但是架起了巴本与希特勒之间的联系桥梁，为日后两者合作搞垮施莱歇尔政府奠定了基础。

第二天，柏林一些报纸用大字标题刊载了这次会谈的消息，使巴本和希特勒都感到颇为难堪。巴本赶紧发表讲话，否认会谈有任何针对施莱歇尔政府的内容。然而，1月9日那天，施莱歇尔的朋友把一名摄影师在施罗德

---

① Jeremy Noakes and Geoffrey Pridham (ed.), *Documents on Nazism*, 1919-1945. p.147.

家门口偷拍到的照片交给了施莱歇尔,照片上分别留下了希特勒和巴本心怀鬼胎、鬼鬼祟祟的模样。同时,《每日评论报》也发表了一篇关于1月4日会谈的深度报道。施莱歇尔大为震惊,他一方面恳请兴登堡发话,禁止巴本继续同希特勒举行谈判,另一方面直接与巴本交涉,向他发出警告。巴本竭力否认有关会晤的"谣言",同时提醒施莱歇尔,与希特勒这位元首保持良好的联系也符合政府的利益。当天晚上,两人发表了一项官方通告:"会谈……表明新闻界从这次[巴本—希特勒]会晤得出的关于总理和冯·巴本先生之间存在矛盾的论断是完全没有根据的。"

然而,此时希特勒的策略确实发生了变化。他在无法通过选举获得国会绝对多数,又不能实行暴力夺权的情况下,决定在一定程度上改变以前一直坚持的"要么全部,要么没有"的夺权策略,准备以暂时性的让步换取及早合法上台,以便以总理的职位为据点,利用主要执政党的有利地位,展开新一轮的夺权行动。而巴本则利用自己还没有搬出总理官邸的有利条件,尽快把这一信息传递给兴登堡总统。他在结束同施莱歇尔的交涉后,立即穿过毗邻的花园,悄悄地去见兴登堡。他解释说,希特勒已经放弃了单独领导政府的要求,并且愿意同巴本及其他民族政治家一起,组成一个没有政党约束的政府。兴登堡对此很感兴趣,并请巴本"亲自并严格保密地"同希特勒保持接触。

1月10日和18日,巴本和希特勒又举行会晤,但都没有取得实质性进展。22日,他们两人与兴登堡总统的儿子奥斯卡·冯·兴登堡及总统府国务秘书奥托·迈斯纳(Otto Meißner,1880—1953),以及戈林、约阿希姆·冯·里宾特洛甫(Joachim von Ribbentrop,1893—1946)等人,一起举行协商,但是依然没有取得成效。

这时,民族人民党主席阿尔弗雷德·胡根贝格(Alfred Hugenberg,1865—1951)也加入了倒阁的行列。1932年12月,胡根贝格曾经向希特勒表示,愿意支持希特勒出任总理,但希望自己能担任经济部长和农业部长。后来,由于希特勒未能当上总理,此事就此搁浅。1933年1月中旬,他又向施莱歇尔表示,愿意进入施莱歇尔内阁,担任经济与农业部长,但是遭到施莱歇尔拒绝。胡根贝格就此强烈反对施莱歇尔内阁。1月17日,他会见了希特勒。22日晚上，民族人民党和纳粹党的代表在里宾特洛甫的家里举行两党谈判。

此时，国防军领导集团内部也发生了有利于希特勒的变化。

自从1932年5月格罗纳被迫辞去国防部长职务后，国防军领导层内部的意见分歧就进一步公开化。以陆军总司令库特·冯·哈默施坦因-埃克沃德（Kurt von Hammerstein-Equord，1878—1943）为代表的一批军官反对纳粹党单独执政，施莱歇尔从不同的利益和角度出发，也持同样的观点。从1932年末至1933年初，两人的关系日益密切，经常在一起商讨政府总理的人选问题，结成了一股势力。然而，尽管他们都不希望纳粹党单独执政，但同时又很担心纳粹党与共产党联合起来反对政府，引起国内政局动荡，招致波兰向德国发动"预防性进攻"。他们认为，一旦巴本和胡根贝格联合执政，必然会导致内乱。1933年1月下旬，哈默施坦因等人数次向兴登堡陈述意见，重点是反对再次任命巴本担任总理。在当时德国政治斗争的特定条件下，他们的行动客观上有利于希特勒上台。

但是，以驻防东普鲁士的第一军区司令维尔纳·冯·勃洛姆贝格（Werner von Blomberg，1878—1946）及其参谋长瓦尔特·冯·莱希瑙（Walter von Reichenau，1884—1942）为代表的另一派，则极力主张任命希特勒担任总理。勃洛姆贝格曾于20年代末担任相当于总参谋部的"军队管理局"局长，30年代初又兼任出席日内瓦世界裁军会议的德国代表团首席军事顾问，在军内拥有一定的地位。1933年1月下旬，他们两人受召与兴登堡一起商讨组阁事宜。勃洛姆贝格以国防军不足以同冲锋队和党卫队相抗衡为理由，要求组建以希特勒为总理的"民族阵线政府"。

根据预定计划，新国会将于1月31日召开会议。施莱歇尔预计自己得不到国会多数的支持，就在1月23日进见总统，要求再次解散国会，并推迟几个月举行新的选举，以便自己能在一段时间内摆脱国会的制约。兴登堡要求他履行上台前许下的诺言，设法获得国会多数的支持。施莱歇尔顿时陷入困境。

施莱歇尔离开不久，巴本求见兴登堡。他建议总统委任希特勒担任总统制政府的总理，暂时延缓府院之争。兴登堡断然回答"不"。

一时，德国政坛陷入困境。兴登堡既不支持施莱歇尔继续留任，也不愿意委希特勒以重任。他尽管瞩目于巴本，巴本本人也有在希特勒或者胡根贝格的支持下担任总理的愿望，但是第一种选择遭到希特勒拒绝，而第二种选择又遇到军方反对。

第二天，1 月 24 日下午，巴本、戈林和另一名纳粹党人威廉·弗里克（Wilhelm Frick，1877—1946）在里宾特洛甫家中喝茶。其中一人提出一个设想，即建议希特勒放弃总统制政府的想法，领导一个"民族集中政府"，在副总理巴本的支持下建立起一条包括全部右翼政党的阵线，再在这条阵线的支持下解散国会，通过新的大选获得多数议席。该设想很快得到其他三人的赞同。有人认为，这一设想非常重要，以至于可以看作是日后第三帝国的胚胎和起点。25 日晚，奥斯卡·冯·兴登堡经人劝说，也表示支持这一设想。

希特勒在下属的劝说下，再次同胡根贝格交涉。由于胡根贝格提出较高的要求，对话在争吵中结束。

1 月 28 日，施莱歇尔在窘迫中再次晋见兴登堡，请求解散国会。兴登堡明确拒绝，施莱歇尔被迫辞职。当时，他曾不满地对兴登堡说："我承认您有权撤我的职。但是我不承认您有背着您所任命的总理去与另外一个人结盟的权利。这是背信弃义。"兴登堡平静地回答说："亲爱的青年朋友，我不久就要上天了。我可以在天堂上观察我做得对不对。"

当天中午，兴登堡召见巴本，委托他主持组建新政府的工作。他还示意巴本，他已同意"民族集中政府"的设想，但前提是保守分子在未来的内阁中应将希特勒等纳粹党人牢牢地控制住。同时，兴登堡为了阻止施莱歇尔连任国防部长，也考虑到牵制未来的总理，抢先在 1 月 29 日任命施莱歇尔的老对头、自己心目中"举止可爱、不问政治的炽烈的军人"勃洛姆贝格担任国防部长。这一举措客观上进一步加强了军内亲纳粹派的地位。

巴本接受兴登堡的委托后，立即展开紧张的幕后组阁活动。经过讨价还价，胡根贝格同意参加政府。纳粹党除了希特勒外，另有两名成员入阁。保守分子在内阁中占了优势。然而直到 29 日晚上，一个最关键的问题还是没有解决：这一内阁到底是希特勒-巴本内阁，还是巴本-胡根贝格内阁？

施莱歇尔风闻兴登堡已经委托巴本组阁，认为此举必将引起全国内战。29 日，国防军高级将领聚集在哈默施坦因的办公室里，讨论如何改变这一局面。莱希瑙提出一个惊人的主意，他说："这也许果真是逮捕陆军元帅（指兴登堡）的时候了。"这时，军官餐厅里开始流传起"政变"这个字眼。当天下午，施莱歇尔派遣哈默施坦因同希特勒接触，建议组建希特勒-施莱歇尔联合内阁。希特勒对此不置可否。晚上，施莱歇尔和哈默施坦因迫不及待，又向希特勒和戈培尔发出建议，要求尽快采取行动，逮捕正在向兴登堡总统施加影响的"兴登堡集团"的成员。他们所指的成员，包括巴本、奥斯卡·冯·兴登堡和迈斯纳。

希特勒抓住时机，迅即把这一具有爆炸性的消息通报给兴登堡集团。兴登堡总统和巴本原先还在犹豫不决，得到有关政变的各种消息后，迅速打定主意，同意任命希特勒担任总理。

1933 年 1 月 30 日中午，德国总统府公布一份《国家公报》，宣布"总统已任命阿道夫·希特勒先生为总理"。

希特勒就任德国总理并不表明德国已经建立了纳粹专政，但这是通向纳粹专政极为关键的一步。

第二章　德国的纳粹化

第一节　纳粹党的改造蓝图

希特勒担任德国总理，为德国走上灾难之路打开了大门。纳粹党是怀着改造德国和世界的雄心登上执政舞台的，就像希特勒曾经说过的那样："民族社会主义的历史任务是创造新国家"，"要把国家放在我们认为是正确的模子里加以铸造"。[①]

纳粹党从成立之时起，就对魏玛共和国充满仇恨，一有机会就展开猛烈抨击。希特勒咒骂魏玛议会民主制"已成为德意志民族的祸根"，声称"今日西方的民主主义，是马克思主义的前驱，唯有从根本上肃清德国现行的全部制度，才能获得挽救之道"。[②]

除了一般的谩骂，纳粹分子还注重从理论上揭示民主制度的祸害。民主制度的基础是社会和政治结构的多元性，但希特勒认为，正是这种所谓的多元性，造成了民族和国家的分裂。他在《我的奋斗》一书中提出，三权分立

[①] 1930 年 9 月 25 日为三名因在军中从事纳粹主义宣传而受审的军官辩护时所说，见［联邦德国］卡尔·迪特利希·埃尔德曼《德意志史·第四卷：世界大战时期（1914—1950）》（上册），高年生等译，商务印书馆 1986 年版，第 425 页。

[②] Adolf Hitler，*Mein Kampf：der Fahrplan eines Welteroberers：Geschichte，Auszüge，Kommentare.* Bechtle，1976，S. 345.

制度造成国家权力实体向三种政治势力分裂，即总统是"有权威的行政部门的代表"，国会是"马克思主义的傀儡"，法院是"市民自由思想的门卫"，分别成了对立的政治势力的代办机构。

希特勒把民主制度视为腐蚀民族的祸根，指责民主制度是以愚蠢无能的大多数人这一数量优势，来压制少数精英人士的质量优势，把整个民族的价值降低到平庸者的水准。他说："当一个民族的总是占少数的有能力的智者，被视为不过和其他的人具有同样的价值时，那时，天才、能力和个性就会慢慢屈从于多数，于是这种过程就被妄称为人民的统治。这不是人民的统治，实际是愚昧、平庸、冷漠、怯懦、虚弱和不足的统治。人民统治的真义是指一个民族应该被它的最有能力的个人、那些生来就适于统治的人所统治和率领，而不是指应该让必然不谙这些任务的偶占多数的人去治理生活的一切领域。"①

纳粹分子指责议会民主制度造成国内政治生活中无人负责的现象。希特勒在《我的奋斗》一书中说："国会决定国事，如果其结果是灾难性的，没有一个个人能对之负责，也没有一个个人能作出解释。一届政府严重失策，最后仅仅以辞职告终，能够说它是对之负责吗？改变各政党的联盟关系，甚至解散议会，能说这就是负责吗？所谓民众的多数，其本身就变化多端，能让它对一切事情都负责任吗？"希特勒认为，在议会制度中，政治领袖的工作重点不可能放在战略性的决策和关键时刻当机立断上，而不得不纠缠于使一群庸人能同意其提议的政治技巧中。②虽然希特勒认为取消议会是不大可能的，但他强调议会应恢复"Rat"一词的古义，即仅仅成为领袖的顾问。议会可以分设若干专门委员会，在此之上设立参议院来进行协调，但"参议院和国会均无决议权……人人虽然都可以拥有顾问权，但决策必须出于一人"③。

---

① 1982 年 1 月 27 日在杜塞尔多夫工业界俱乐部的讲话，见 Jeremy Noakes and Geoffrey Pridham (ed.), *Documents on Nazism*, 1919 - 1945. p. 124.

② Adolf Hitler, *Mein Kampf : der Fahrplan eines Welteroberers : Geschichte, Auszüge, Kommentare.* S. 34.

③ Adolf Hitler, *Mein Kampf : der Fahrplan eines Welteroberers : Geschichte, Auszüge, Kommentare.* S. 187.

　　希特勒还抨击多党议会民主制度会造成社会上的低效和腐败现象。他在《我的奋斗》下卷第一章《世界观和政党》中，集中攻击了魏玛共和国的议会制度，把议员比作噬嚼国家生命枝条的毛虫：每逢大选来临，便离开国会这一共同的巨头蛹壳，化成飞蛾轻快地扇动翅膀飞向国民，拼凑起竞选委员会，向选民历数自己所作的巨大工作，指责其他党派心怀叵测和不通情理，同时根据选民的心态和要求，随意地制定新的纲领，以最大限度地骗取选票。大选一过，这些"德高望重"的"民众代理人"又重新变成议会毛虫，继续噬嚼国家生命的枝条，把自己养得又肥又胖，等待数年后又变成闪闪发光的飞蛾。

　　纳粹党的宣传，还把民主制度同犹太人问题结合起来，称民主主义是犹太人征服世界阴谋中的一个重要武器。他们胡诌，由于犹太人是劣等种族，所以首先在各国国内为民主平等而战，这样才能为其生存斗争提供一种确保成功的基础，然后以选民的数量为后盾，建立起软弱无能的议会制度，以便实现自己的最终目标。按希特勒的说法，犹太人的最终目标是以群体独裁取代民主制度，建立起犹太人的世界统治。①由于希特勒把共产主义运动也说成是犹太人"世界阴谋"的一部分，因此在他的言论中，民主主义也成为共产主义运动的序曲。

　　那么，纳粹分子要建立怎样的体制呢？

　　关于体制与理念之间的关系，希特勒的论述前后矛盾，其总的目的是强化个人的独裁统治。他曾经把理论家与政治家作了区别，认为"一个运动的理论家，必须确定它的目标，政治家必须为达到这些目标而奋斗。因此，前者的思想由永恒的真理指导，后者的行动在很大程度上是依靠重要的现实。前者的伟大在于他的思想在理论上的绝对正确性，而后者的伟大在于对现实恰如其分的认识，以及有意义的利用，为此理论家的目标应当成为他的指导原则。……这样，真理的追求者必须成为人民灵魂的专家，他必须源于永

---

① Adolf Hitler, *Mein Kampf*: *der Fahrplan eines Welteroberers*: *Geschichte*, *Auszüge*, *Kommentare*. S. 347.

恒的真理王国和小人物可能有的理想，并使其具体化"①。他把理论家和政治家作了比较，赋予后者更伟大的意义："每个世界观，尽管它可能千百次是正确的，并对人类具有最高的价值，可事实上对详细制定一个国家的生活却并不重要，除非它的原则已成为斗争运动的旗帜……把以内涵丰富的世界观为基础的、最精确的理想概念转变为有明确限制的、严格组织起来的精神和意志力统一的信徒和战士的政治团体，是最重要的成就，因为这思想之所以可能成功，完全取决于其幸运的决断力。"②但是在另外的地方，他又表示："如果政权不是建立在坚实、理智的基础之上，它将是摇摆不定和不可靠的，它缺乏在盲目信仰某种世界观基础之上的稳定性。"③当然，希特勒最为得意的"发现"，是"理论家和政治家融为一体，在人类长时期的生活中可能是偶然发生的"，甚至是罕见的，而他确信，自己就是这样一个结合体的化身。④

　　作为国家体制的理论基础，在纳粹运动中，很重要的就是希特勒的"世界观"（Weltanschauung）。"世界观"一词是希特勒喜欢使用的词汇之一，然而对于希特勒有无真正意义上的世界观，国际学术界充满着争议。海格·格雷比（Helga Grebing，1930—2017）是较早涉足这个问题的学者，她喜欢给希特勒的"世界观"一词打上引号，认为它什么也不是，而只是：对权力的渴望和对统治的欲望——目标是整个世界；破坏癖——目标是每个秩序；憎恨——目标是被认为高傲的犹太人；征服——在国家永久法律的保护下。⑤马丁·布朗赞特（Martin Broszat，1926—1989）基本上同意格雷比的看法，但注意到希特勒在欧洲东部推行了一以贯之的地区政策，并认为反犹主义可能是希特勒建立在其"世界观"基础之上的唯一信念，"它没有受到机会主

①　Eberhard Jäckel，*Hitler's World View*：*A Blueprint for Power*. Cambridge：Harvard University Press，1981，p. 14.

②　Adolf Hitler，*Mein Kampf*：*der Fahrplan eines Welteroberers*：*Geschichte*，*Auszüge*，*Kommentare*. S. 418f.

③　Adolf Hitler，*Mein Kampf*：*der Fahrplan eines Welteroberers*：*Geschichte*，*Auszüge*，*Kommentare*. S. 188.

④　Eberhard Jäckel，*Hitler's World View*：*A Blueprint for Power*. p. 13.

⑤　Helga Grebing，*Der Nationalsozialismus*. München：Gunter Olzog Verlag，1959，S. 43.

义的操纵"。①然而从 1963 年开始，恩斯特·诺尔特（Ernst Nolte，1923—2016）在研究法西斯主义时，就试图在历史事件中描绘出希特勒的世界观，并取得很大的进展。他认为，"从整体上看，希特勒的世界观形成了一种观念化的模式，尽管它有缺陷，可是在逻辑上的一致性却是惊人的"。在此基础上，他提出了两个关于希特勒世界观的问题：第一，在整个世界为了疯狂的政客们那嘶哑的声音能安静下来而被迫进行战争以后，在希特勒死后许多年是否还会允许他"发言"呢？第二，从不是思想的思想中形成一种思想的模式是否有价值，会不会引起误解，希特勒的"思想"是不是普通的缺乏独创性和规律性词句的汇集？②而联邦德国学者艾伯哈特·耶克尔（Eberhard Jäckel，1929—2017）则坚持认为希特勒具有明显的、拥有内在一致性的世界观，而且在希特勒的有生之年，这个世界观还在不断发展。他为此出版了《希特勒的世界观——争夺霸权的蓝图》一书。

其实，如果不把"世界观"这一概念提到非凡的高度，应该说世界上不少人都具有自己的世界观。尤其是希特勒之类者，尽管早年属于草根阶层，但自从立志从政以后，不仅孜孜追求党政大权，而且在权力范围内大动干戈，先后对纳粹党、德国、欧洲占领区实施全方位的改造，所到之处都留下了深深的印痕。其人其事，乃至纳粹党与纳粹政权，不可能没有"世界观"，或者说理论基础。

纳粹主义的理论基础是具有种族含义的"民族共同体"（Volksgemeinschaft）理论。"民族共同体"概念的内涵与纳粹党早期鼓吹的"民族社会主义"（Nationalsozialismus）概念有重合之处。两者都强调要建立一个排除犹太人、内部没有阶级对抗的德意志社会或"民族社会"，强调德意志民族内部的利益一致性，要求各阶层人士注重民族的整体利益，淡化或者主动调节内部矛盾，同舟共济，以复兴德意志民族。两者的史观基础都以种族斗争为世界历史的主线，强调地球上人类赖以生存的空间是有限的，而各个种族自我保存和自我繁衍的欲望却是无限的，如此就导致了激烈的生存竞争。严格的

① Martin Broszat, *Der Nationalsozialismus*: *Weltanschauung*, *Programm und Wirklichkeit*. Stuttgart: Klett-Cotta, 1960, S. 35.
② Ernst Nolte, *Der Fachismus in seiner Epoche*. München: Deutsche Verlags-Anstalt, 1963, S. 54f.

必然法则是强者胜弱者灭，这就是一部血与火的世界史。希特勒认为，各个民族（种族）之间有高下、强弱、优劣之分，这是"自然赋予"的，然而却不是一成不变的。如果优等种族没有意识到自己的血统价值，不注意自保，去信奉削弱民族力量的三种人类罪恶——国际主义、民主主义、和平主义，而不是信奉与之相反的、加强民族力量的三个要素——种族价值、个体价值、自我保护的魄力与动力，该民族就会因血统的混杂而导致人种水平下降，最终丧失强者的地位。因此，各个民族客观上就是各个命运共同体，必须同舟共济，在激烈的生存斗争中求胜求强。他认为，雅利安-北欧日耳曼人是一切高级人类的创始者，是文明的创造者和维护者，是上苍赋予"主宰权力"的种族，但如果不注意自保，则会丧失优势地位。

在国家观上，纳粹主义与意大利流派的法西斯主义略有不同。后者强调"国家至上"，如墨索里尼在为《意大利百科全书》撰写的"法西斯主义"条目中所写的："对于法西斯主义来说，国家是绝对的，个人和集团只有置身于国家之中才是可以想象的。"在另外的地方，他又说："国家是无数生存个人的总合体，不是各党派用来达到自己目标的工具，而是一个活的有机体，它包含了无穷的后代，个人不过是其中暂时过渡的分子。"①而纳粹主义则强调，国家是手段而不是目的，"国家虽然是形成人类高等文化的基础，但不是创造文化的原动力，能创造文化的是赋有天才的种族"。1933年7月10日，希特勒在接见《纽约时报》记者时表示，"民族"不仅赋予个人的生命以意义和目标，还提供了判断所有其他制度和主张的标准。"政党、国家、军队、经济结构、司法机构都是次要的，它们不过是保护'民族'的工具。如果它们完成了这个任务，它们就是正确有用的。在它们不能胜任这个任务时，它们是有害的，要么加以改革，要么弃之一旁，用更好的工具取而代之。"②

为了完成保种保族的重任，希特勒声称纳粹党要建立一种新型的国家，它既不是议会民主制，也不是君主制，而是"民族的领袖国家"（der nationale Führerstaat）、日耳曼国家（der germanische Staat）或"人民国家"（Volksstaat）。

---

① 朱庭光主编：《法西斯体制研究》，上海人民出版社1995年版，第321—322页。
② ［英］艾伦·布洛克：《大独裁者希特勒（暴政研究）》，第405页。

这种国家必须有能力通过各种手段保护民众,从本民族中挑选出最有种族价值的精英并将他们保护起来,以确保一个民族的内部力量。更重要的是,它有能力培养本民族的理想情操,提高文化素养,从而将整个民族引向更高的自由王国,在人类中占有统治地位。[①] 在纳粹党的宣传中,这种新型的国家已经远远超越了传统的国家概念。希特勒曾经对其下属赫尔曼·劳施宁(Hermann Rauschning,1887—1982)[②]说:“国家概念已变得没有意义。不能用有历史渊源的各族人民所居住的国家疆界这个词语来看待新秩序,而要用超越这一疆界的种族这一词语……法国本着国家的概念把它的伟大革命推向边界以外;民族社会主义将本着种族的概念把它的革命推向国外,并彻底改造世界。”[③]

这种新型的国家,从本质上来说是“一元”的。纳粹党的宣传口号“一个国家,一个民族,一个领袖”(Ein Reich, Ein Volk, Ein Führer),在一定程度上反映了这种一元性追求。这种一元化的国家,在权力结构上以领袖独揽全权取代三权分立,以最高领导人的终身制取代有限任期制;在决策程序上以个人专断取代集体原则和多数原则;在人事任免上以上级任命制取代民主选举制;在国家行政管理上以强化的中央集权制取代中央与地方的分权原则。在纳粹党的改造蓝图中,全国的党、政、军大权,立法、司法、行政大权,全部应该集中到希特勒一人手中。按纳粹德国法学家汉斯·弗兰克(Hans Frank,1900—1946)博士的说法,“元首的意志就是我们的宪法”[④]。而纳粹德国总理府部务主任温斯泰因(Wienstein)则于 1936 年 12 月 15 日公开声称:“如今的政府不是原来意义上的内阁,在那里所有决议必须获得多数阁员的同意,如今的政府是元首的顾问团,成员们可以向元首兼总理提建议,但必须支持他作出的决定。”[⑤]政府官员和军人都向希特勒个人而不是宪法或国家宣誓效忠。1934 年 9 月 7 日,纳粹党在庆祝一体化胜利的纽伦堡党代会上,宣布了这样的口号:“希特勒就是德国,德国就是希特勒。”

---

① Eberhard Jäckel, *Hitler's World View: A Blueprint for Power*. p. 77.
② 此人在 1933—1934 年期间以纳粹党员身份担任但泽自由市政府主席,但 1935 年逃离德国。
③ [英]艾伦·布洛克:《大独裁者希特勒(暴政研究)》,第 402—403 页。
④ [英]艾伦·布洛克:《大独裁者希特勒(暴政研究)》,第 406 页。
⑤ Martin Broszat, *The Hitler State: The Foundation and Development of the Internal Structure of the Third Reich*. New York: Longman,1981,p. 282.

第二节　1933 年 3 月国会选举

　　然而,希特勒就任总理之初,现实情况离纳粹党的目标距离甚远。当时,魏玛民主体制虽然处于解体阶段,但是其权力机构依然存在。在形式上,德国仍然是一个议会制共和国,《魏玛宪法》不仅没有失效,而且是希特勒执政的依据。希特勒必须承认《魏玛宪法》的有效性,按照宪法规定的程序来行使自己的权力,实现自己的理想。更为重要的是,当时纳粹党并没有在德国政治生活中占据绝对的优势地位。该党尽管是国会第一大党,但仅占据其中 33.1% 的席位,希特勒只能在纳粹党-民族人民党联盟的党派基础上,领导一个"民族团结政府"。

　　对于纳粹党和其领袖希特勒,权势集团是不放心的。曾经在"啤酒馆政变"中被用作旗帜的鲁登道夫,这时反而表现出更大的担忧。他于 1933 年 1 月 31 日致电兴登堡总统,表示:"您任命希特勒当总理,等于是把我们神圣的德意志祖国交给了一个有史以来最大的煽动家。我向您预示,这个邪恶的家伙会把我们的国家拖入深渊,会给我们的民族带来不可估量的恐惧。子孙后代会在您的坟墓前咒骂您的。"[①]然而兴登堡集团不为所动,他们有自己的考虑。他们任命希特勒为总理,吸收有限的纳粹党人入阁,既是为了利用其所拥有的群众基础以稳定政局,度过严重的统治危机,同时也是以分享政权为诱饵,控制希特勒,将纳粹党纳入传统的政治轨道。为了防止希特勒胡作非为,权势集团在他周围设置了不少栅栏。新内阁的大多数部长是由巴本和兴登堡选定的,希特勒本人甚至不认识其中最主要的几位。其中,国防部长勃洛姆贝格和外交部长康斯坦丁·冯·牛赖特(Konstantin von Neurath,1873—1956)是兴登堡特意指定的,不乏制约希特勒的含义。民族人民党主席胡根贝格身兼经济部长、农业部长、普鲁士经济部长、普鲁士农业部长四职,一时享有经济"独裁者"的美称。巴本作为希特勒-巴本内阁的副总理,更是权势集团制衡希特勒的重要棋子。他是德国的核心州——普

---

① [美]时代生活编辑部编:《第三帝国:权力风云》,张显奎译,海南出版社 2000 年版,第 167 页。

鲁士州(占据全国面积约 2/5)的"国家专员"(Reichskommissar)①,控制着普鲁士州的行政系统和警察力量。劳动部长由钢盔团领袖弗兰茨·泽尔德特(Franz Seldte,1882—1947)担任。其他的财政、司法和交通邮电部长,都是前巴本"贵族内阁"的阁员。各部的国务秘书(即副部长)中,纳粹党员只有 1 人,即冯克任国务秘书兼新闻首席代表。连民族人民党员也只有 2 人,其余皆为上届巴本内阁的成员。更为重要的是,根据希特勒执政前各方的约定,兴登堡总统不会单独接见希特勒,后者只有在副总理(巴本)陪同和在场的情况下,方可向总统汇报工作并听取指示。只有纳粹党人的部长是希

表 2-1　1933 年 1 月 30 日上台执政的希特勒-巴本"民族团结政府"组成情况②

职务	姓名	党派	任职年月
总理	希特勒	纳粹党	1933.1.30—1945.4.30
副总理	巴本	黑白红选举集团	1933.1.30—1934.7.30
外交部长	牛赖特	无党派	1933.1.30—1938.2.4
内政部长	威廉·弗里克	纳粹党	1933.1.30—1943.8.20
财政部长	施威林·冯·克罗西克	无党派	1932.6.2—1945.4.30
经济部长	胡根贝格	民族人民党	1933.1.30—1933.6.29
劳动部长	泽尔德特	钢盔团,1933 年 4 月 27 日起纳粹党	1933.1.30—1945.4.30
司法部长	弗兰茨·居特纳	民族人民党	1933.2.1—1941.1.29
国防部长	勃洛姆贝格	无党派	1933.1.30—1938.2.4
邮政与交通部长	吕本纳赫	无党派	1933.1.30—1937.2.2
农业部长	胡根贝格	民族人民党	1933.1.30—1933.6.29
不管部长	戈林	纳粹党	1933.1.30—1933.5.5

---

① 该职位是 1932 年 7 月 20 日巴本发动"巴本政变"后,为攫取对普鲁士州的控制权而设置,拥有原属于州政府总理的大部分权力。希特勒担任总理后继续保留,并于 1933 年 2 月进一步扩大权限。同年 3 月上中旬,该职位推广到其他各州。同年 4 月 7 日,改为国家驻各州的"总督"。详情见本章第六节。

② Walther Hofer, *Der Nationalsozialismus:Dokumente 1933-1945*. S. 26.

特勒本人指定的,但是,在为数 12 人的内阁中,除总理希特勒外,只有 2 名纳粹党人部长,即内政部长弗里克和航空委员兼不管部长戈林(1933 年 5 月 5 日改任新设立的航空部部长)。

与前几届政府不同,希特勒没有从总统那里获得随时颁布"紧急法令"维持统治的权力,相反,兴登堡要求希特勒政府必须获得国会多数的支持,否则将重蹈前几届内阁的覆辙,由总统下令解散。

德国权势集团对上述安排十分满意。他们认为,传统势力与纳粹党之间,在建立一个专制的民族主义国家、排除马克思主义与和平主义的左派、加强扩军、重新推行对外扩张的强权政治方面,有着共同的目标。通过组建"民族团结政府",既排斥了民主派和进步势力,又能利用纳粹党所拥有的群众基础为自己服务,稳定政局,度过危机。同时,还能在内阁中分享权力,使纳粹党遵循他们的轨道,防止其越轨行动。巴本曾经得意地对周围人说:"希特勒是我们雇来的。……兴登堡信任我。用不了两个月,我们就能把希特勒远远挤进角落,让他去吱吱呀呀叫唤!"①当年 1 月底至 2 月初,《法兰克福报》也曾评论说:"从内阁的组成情况看,希特勒先生不得不接受较大的限制","很明显,政府是围着胡根贝格转,不是围着总理转"。②普鲁士财政部长曾经自信地对一位奥地利来访者说:只要"讲求实际的、可敬的"诸如施维林·冯·克罗西克伯爵(Johann Graf Schwerin von Krosigk,1887—1977)等人仍留在内阁,纳粹便无成功的可能;对戈林、戈培尔一类丑角的激烈言论不必认真相信,因为"实际主事的是保守派,希特勒只能靠边站"③。

希特勒在无力实行暴力夺权,又不能通过选举获得国会绝对多数的情况下,在一定程度上改变以前一直坚持的"要么全部,要么没有"的夺权策略,以暂时性的让步换取及早挤进政府,其目的就是以总理的职位为据点,利用主要执政党的有利地位,展开新一轮的夺权行动,以尽早夺取独裁大权,在全国建立起纳粹极权统治。他曾经对一名纳粹同党说:"反动派以为他们已经把我控制住。他们打算给我设置圈套,设置很多圈套。但我们不

---

① John Toland, *Adolf Hitler*. New York: Doubleday, 1976, p. 293.

② John Toland, *Adolf Hitler*. p. 294.

③ John Toland, *Adolf Hitler*. p. 303.

会等到他们行动的时候。我们是残酷无情的。我没有资产阶级的种种顾虑！他们认为我没有教养，是个野蛮人。是的，我们是野蛮人！我们想当野蛮人。那是一个光荣的称号。"①然而，在魏玛体制还未彻底粉碎之前，这个自称的"野蛮人"还是绕不过国会这个关卡。希特勒必须获得国会绝对多数的支持。这样做，一方面是为了实现兴登堡总统提出的关于内阁必须获得国会多数支持的先决条件，更主要的，是为了在国会中顺利地通过实施极权统治的法律，以"合法"的程序建立起法西斯独裁统治。他选择了重新举行大选的办法来达到目的，指望借助国家机器获取更多的选票，除了给自己罩上一道民主合法的光环，还能借此打破政府中保守势力对他的约束。

1933 年 1 月 30 日上午，希特勒趁新内阁的全体成员在总统办公处等待委任之机，向部分阁员透露：他将尽快解散国会，举行新的大选。胡根贝格本来就对希特勒担任总理很不服气，这时又担心希特勒别有所图，因而断然拒绝这一设想，并当即同希特勒顶撞起来。希特勒再三说明这样做的好处，并保证不管选举结果如何，政府的组成不会发生任何变化。胡根贝格继续争吵不休，只是由于兴登堡催促按时举行政府宣誓仪式，争论才暂时中断。

当天下午 5 时，希特勒主持其第一次内阁会议。戈林在会上接过上午希特勒提出的话题，再次提议解散国会。胡根贝格担心纳粹党可能在选举中赢得绝对多数，摆脱内阁保守派伙伴的牵制，因而再次强烈反对。巴本也主张暂时维持现状。胡根贝格还提出一个替代方案，建议禁止共产党活动，剥夺共产党人的议席，使右翼政党自然而然地取得国会多数。希特勒尽管对共产党充满仇恨，但他不愿意因为采纳这一方案而放弃重新选举。他表示，根据自己的经验，"禁止政党是没有意义的。禁止那站在德共背后的六百万人是绝对不可能的"②，同时还可能引起社会民主党发动总罢工。他再次重申，不管选举结果如何，联合政府的组成将不会改变。会议结束后，内政部长弗里克即对外宣布，称内阁已否决了一项取缔共产党的命令，并且不

① ［美］时代生活编辑部编：《第三帝国：权力风云》，第 168 页。
② 意指德国共产党在 1932 年 11 月的国会选举中获得的 600 万张选票。见［联邦德国］海因茨·赫内：《德国通向希特勒独裁之路》，第 234 页。

会侵犯言论和出版自由。①

其实，当天中午时分，希特勒就派戈林去同天主教中央党领袖交涉，了解该党的意向。中央党要求派员入阁。但希特勒对此毫无兴趣，因为一旦该党入阁，联合政府就能拥有国会绝对多数，因而就没有必要举行新的国会选举，而中央党也会就此以功臣自居，成为制约自己行动的障碍。但他在内阁会议上隐瞒真相，仅表示自己愿意亲自同中央党领袖举行谈判，如果谈判无果，就安排举行大选。

翌日，希特勒与天主教中央党领袖路德维希·卡斯（Ludwig Kaas，1881—1952）主教举行会谈。希特勒要卡斯提出一张问题清单作为谈判的基础，卡斯照办，并要求希特勒遵循《魏玛宪法》实施统治。紧接着，希特勒召开第二次内阁会议，欺骗内阁成员，称中央党提出了非分的要求，没有可能与它达成协议，唯一的办法就是立即解散国会。随后，他紧逼内阁成员表态。巴本的态度模棱两可，胡根贝格陷于孤立，只得让步。其他非纳粹党成员从自身利益出发，认为只有通过国会重新选举，才能保证联合内阁获得多数支持，因而表示赞成。希特勒以"庄严的保证"安抚他们说，不管选举结果如何，内阁的组成绝对不变。②接着，他建议内阁向总统提议解散国会，重新举行选举。

2月1日，兴登堡总统正式签署命令，宣布解散国会。内阁把新国会的选举日定在3月5日。中央党向兴登堡总统提出申诉，表示自己是愿意入阁的，但谈判进程被希特勒人为地中止。兴登堡表示此时为时已晚，因为命令已经正式发布。戈培尔对新的选举充满信心，在日记中踌躇满志地写道：这一次不会有什么失误了，"现在斗争容易了，因为我们能够利用国家的一切手段。电台和报纸都可供我们使用。我们将创造出一部宣传鼓动的杰作。这一次甚至也不缺经费"③。

希特勒出任总理不到两天，便摆脱政治对手的阻挠，达到了解散国会、

---

① ［奥地利］尤利乌斯·布劳恩塔尔：《国际史》第二卷，杨寿国、孙秀民、汤成永、桂乾元译，上海译文出版社1986年版，第451页。

② Jeremy Noakes and Geoffrey Pridham（ed.），*Documents on Nazism*，1919-1945．p.158.

③ ［英］艾伦·布洛克：《大独裁者希特勒（暴政研究）》，第254页。

重新选举的目的。这就表明，保守派想限制希特勒和纳粹党、倚恃国会多数破坏其行动的计划是行不通的。胡根贝格比内阁其他成员更早一些意识到这一点，他在政府宣誓就职的第二天就表示："我昨天做了一件一生中最大的蠢事。我同世界历史上最大的蛊惑人心者结了盟。"①

希特勒则牢牢抓住国会重新选举的机会，为德国的全面"一体化"铺垫道路。1月31日，即就任总理的第二天，他向全国发表广播演说，发布了题为《向德国民众呼吁》的第一个政府文告。在演说中，他把德国所面临的失业、贫穷和困苦都归结为第一次世界大战的后果，而这场大战是德国不希望爆发，对之也没有罪责的。他强调纳粹主义者是一支团结向上、与魏玛共和国邪恶势力作斗争的新生力量，并承诺新政府将重振德意志民族中的团结合作精神，承认基督教为民族道德精神的基石，并祈求上帝保佑他的政府。他把攻击矛头指向马克思主义，称社会民主党在14年中，把德国农民置于毁灭的境地，并使数百万工人失业。他把"制止共产主义对德国的渗透，说成是经济重新高涨的先决条件"，并承诺新政府只需要四年时间来同时实施两个四年计划，即"拯救德国农民以维持国民营养及生活资源计划"和"大力消灭失业以拯救德国工人计划"，即可彻底消灭失业，将农民救出苦海。②此后几周，他乘坐飞机穿越德国各地，要传达的意图，就是他有一次对内阁成员们所说的，"向马克思主义进攻"。

除此之外，希特勒把工作重点放在两支力量上，即国防军和垄断资本家。他要利用担任政府总理的有利地位，重点出击，争取获得它们的支持，为未来的行动扫清道路。

1933年2月3日晚上，希特勒接受国防部长勃洛姆贝格的邀请，前往陆军总司令哈默施坦因-埃克沃德家中，参加各军区、各集团军和舰队司令们的聚会。晚餐之后，希特勒站起来发表为时两小时的演说。他在讲话中陈述了新政府的内外政策，许诺要恢复义务兵役制，扩大国防军，对内全面改变政策，批判和平主义，彻底根除马克思主义和民主的毒瘤，建立强硬的极

---

① ［联邦德国］海因茨·赫内：《德国通向希特勒独裁之路》，第235页。
② Jeremy Noakes and Geoffrey Pridham (ed.)，*Documents on Nazism*，1919−1945. p. 164.

权主义秩序,对外废除《凡尔赛条约》,获得完全平等的军备权,赢得更大的生存空间。他还吹捧"国防军是国家最重要的、最具有社会主义性质的组成部分",保证尊重其"非政治性和超党派性"的独立地位,不同冲锋队合并,同时要求军队保持非政治、超党派的态度,"内部斗争不是军队的事,而是纳粹组织的事"。①他实际上是以承诺维护国防军的独立地位为诱饵,争取军方在纳粹党打击政敌时采取中立态度。高级军官们在聚会开始时态度呆板冷淡,希特勒则"到处笨拙地鞠躬,表现得很尴尬",然而演说开始后不久,不少人就听得津津有味,最后全力转向纳粹党。当时在座的海军司令埃里希·雷德尔(Erich Raeder,1876—1960)海军上将,在战后纽伦堡国际军事法庭受审时,供认他对于希特勒展示的扩军前景感到极为高兴。国防部长勃洛姆贝格尽管肩负着制约希特勒的使命,但也在其回忆录中承认,希特勒上台执政,打开了"一个使将来有无穷机会的活动余地"。而希特勒则让这位主张在普遍征兵基础上建立庞大军队和实施总体战战略的国防部长,放手策划和实施扩军工作,并于1933年秋天提升他为陆军上将。②

　　同年2月20日,希特勒经沙赫特牵线,在戈林的国会办公室会见25名重要的大资本家,共同讨论国内政治问题,与会人员包括法本工业公司高管格奥尔格·冯·施尼茨勒(Georg von Schnitzler,1884—1962)、克虏伯股份有限公司高管古斯塔夫·克虏伯·冯·博伦、联合钢铁公司高管阿尔贝特·弗格勒、埃森工业公司高管冯·勒文费尔德(von Löwenfeld)、法本工业公司的下属集团——奥古斯特·维多利亚矿业联合公司高管施泰因(Stein)等。③希特勒在会上作了长篇演说,声称私人企业在民主时代里是不可能维持的,许诺要取消议会制,恢复国防军原有的地位,结束"党派争吵",解散工会,同形形色色的马克思主义作斗争,建立一个不搞"社会主义"实践、优先扩充军备的专制国家。最后他表示:"我们现在面临最后一次选举。根据情况,选举可以中止,倒退则是不再可能的。不管怎样,如果选举程序

---

① Roberick Stackelberg & Sally A. Winkle, *The Nazi Germany Sourcebook*: *An Anthology of Texts*. London: Routledge, 2002, p.129.

② 朱庭光主编:《法西斯体制研究》,第76页。

③ Jeremy Noakes and Geoffrey Pridham (ed.), *Documents on Nazism*, 1919-1945. p.166.

不能作出决定,那么就得用别的手段来作出决定。"戈林唯恐资本家们没有听懂,以其一贯的粗鲁直率态度作了补充,他说:纳粹党在刚刚开始的竞选中势必要"担负最大量的工作",因而"其他不处于政治斗争中的集团至少应该为此作出所需要的财务上的捐献。……如果工业界知道 3 月 5 日的选举极可能是十年内,甚至预计是在百年内最后一次的选举",他们对这样一种捐献将会感到"更易于接受"。①德国垄断资本集团内部,原先对纳粹党的态度有所差异,其中的"左翼凯恩斯主义"集团在 1932 年的政坛危机中支持施莱歇尔。随着希特勒就任总理,不少资本家开始转变态度,而希特勒的讲话,则进一步加快了这一进程。古斯塔夫·克虏伯公开在会上对希特勒的讲话表示感谢,并预先为"政治上强大、独立的国家"感到高兴,认为经济和原材料加工业终究会在这个国家里再度繁荣起来。②当希特勒和戈林准备离开房间时,沙赫特大声说道:"先生们,那么现在就解囊吧!"资本家们交头接耳,窃窃私语。古斯塔夫·克虏伯代表整个鲁尔地区的企业家捐助 100 万马克,法本工业公司认捐了 40 万马克,其他人也作了认捐,总数达 300 万马克。这笔钱将由联合内阁中各党派分享,但纳粹党将获得最大的份额。

为了更有效地控制竞选舞台,戈林利用自己担任普鲁士州内政部长的有利条件,于 2 月 17 日颁布一项命令,指示各警察局不得对纳粹党及其联盟政党(即"民族联盟")的下属组织采取任何敌视态度,更不得造成对它们实施侦察的错觉,"无论如何必须避免做出敌视冲锋队、党卫队和钢盔团的任何事情,因为这些组织拥有最重要的建设性的民族主义分子",同时敦促警察要无情地对付"敌视国家的组织"的活动,甚至可以无所顾忌地开枪对付所谓的"共产主义恐怖活动"。他在命令中说:"谁恪守工作职责,谁服从我的命令,谁能最坚决地反对国家的敌人,谁能在受到攻击时毫无顾忌地使用武器,谁就肯定能得到我的保护和支持。相反,谁在争执中畏缩不前,或对使用自己的权力优柔寡断,或对周围的一切麻木不仁,那么我就会立即把这种人清除出去……现在,从警察手枪枪膛里射出的每一颗子弹都等于我

---

① [联邦德国]海因茨·赫内:《德国通向希特勒独裁之路》,第 243 页。

② William Manchester, *The Arms of Krupp: The Rise and Fall of the Industrial Dynasty That Armed Germany at War*. New York: Bantam, 2003, p. 364.

射出的子弹。如果有人说这是谋杀，那么我就是主谋，因为这一切都是按我的命令去做的。"①该命令俗称为"开枪命令"。五天后，他又借口正规警察的来源已经枯竭，从冲锋队、党卫队和钢盔团中征召了 5 万名成员进入"辅助警察部队"，其中 2.5 万人来自冲锋队，1.5 万人来自党卫队，1 万人来自钢盔团，这些人在原来的制服上佩戴白色袖章，上面写着"辅助警察"字样。他们经过宣誓，走上岗位。②如此，纳粹分子就能以国家机器成员的身份来对付政敌。

纳粹党利用募集到的竞选资金和希特勒担任总理的有利条件，开展了空前规模的竞选攻势。一批受过特别训练的纳粹宣传员组成宣传队，到全国各地实施宣传鼓动。他们所到之处，广播车队隆隆驶过，飞机把数百万张传单撒向穷乡僻壤，集会、游行经常出现，各种招贴画铺天盖地，使用旗帜、花环和大标语的"象征性宣传"随处可见。中央政府责令广播电台必须转播所有内阁成员的重大竞选演说，希特勒和戈培尔利用这一现代化工具，充分发挥自己的演说才能，把煽动性的竞选演讲直接推向全国民众。冲锋队员、党卫队员和已经成为"辅助警察"的同伴一起，集中力量破坏其他政党的竞选集会，他们撕毁对手的标语，冲砸其他党派的报社，殴打演讲者。仅据官方人士承认，在竞选运动中遇害的人士就达 51 名，另有几百人受伤。

当时，经济危机仍在延续，民众还是处在无奈和彷徨之中。德国学者鲁道夫·菲尔豪斯曾经写道，"对饥饿、对无法挽回的贫困化以及（特别在中等阶层中）对'无产者化'的恐惧，对内战和革命、对捉摸不定的前途以及对在困苦的压力下法律和道德动摇的恐惧"，在很多人的心里，在难以计数的人们的心里升起了一种愿望，把希望寄托在一个看来非凡的人物身上，必要时甚至容忍违背传统的道义。③希特勒审时度势，把前政府的一切失误和德国遇到的困难一股脑儿推向社会民主党和中央党。他在竞选演说中说："在 14 年中，现在已被推翻的制度累积了一个错误又一个错误，一个幻想又一个幻想……我向德国人民要求，在你们已经给了别人 14 年之后，你们也应

---

① Jeremy Noakes and Geoffrey Pridham (ed.), *Documents on Nazism*, 1919–1945. p. 169.
② 该轮辅助警察，由于冲锋队同希特勒的矛盾渐趋激化，于 1933 年 8 月解散。
③ ［联邦德国］海因茨·赫内：《德国通向希特勒独裁之路》，第 246—247 页。

该给我们 4 年时间。"但是,他不愿谈论新政府的任何纲领:"今天,如果向我们要这个运动的纲领,那么我们可以用几句非常一般的话来概述:纲领是没有用处的,人的目的起决定性作用……因此我们纲领的首要一点是:破除一切幻想!""我所要求的是公平合理的:我们只要 4 年,然后别人可以作出他们的判决。我不会逃到外国去。我不会设法逃避判决。"①

表 2 - 2　1933 年 3 月 5 日国会选举结果②

政　　　党	得票率(%)	所得议席数(个)
纳粹党	43.9	288
社会民主党	18.3	120
共产党	12.3	81
天主教中央党	11.2	73
民族人民党(包括黑白红战斗阵线的小党派)	8.0	52
巴伐利亚人民党	2.7	19
人民党	1.1	2
基督教社会人民服务会	1.0	4
国家党(1930 年由民主党改名而来)	0.9	5
农民党	0.3	2
农民和葡萄种植者联合会	0.2	1
德意志汉诺威党	0.1	
		议席总数:647

纳粹党为获取选举胜利使出了全身解数,戈培尔甚至将大选日称为"民族觉醒日",规定全国放假半天,以鼓励更多的选民走进投票站。在大选的前一天,3 月 4 日,希特勒在柯尼斯堡(Königsberg)发表一个被称作"民族觉醒日演说"的高调竞选演讲,把竞选活动推向高峰。当希特勒最后激励德国人民"再一次高傲地昂起你们的头"时,当地教堂的钟声齐鸣,全国各地的山顶上都燃起被戈培尔称作"自由之火"的篝火,冲锋队员穿着军靴,在每个城

---

① 〔英〕艾伦·布洛克:《大独裁者希特勒(暴政研究)》,第 254—255 页。
② 资料来自〔联邦德国〕卡尔·迪特利希·埃尔德曼:《德意志史·第四卷:世界大战时期(1914—1950)》(下册),第 398—401 页。

镇的街道上发出行进时震耳的脚步声。经过纳粹党的多方努力,选民参加投票的比例达到空前的高度,为88.8％(在此前的国会选举中,投票率最高的是1932年7月的选举,为84.1％,其次是建国前夕的国民议会选举,为83％,最低的是1928年5月的选举,仅达75.6％)。然而选举的结果却并未使纳粹党如愿以偿。在这次选举中,该党的得票率为43.9％,尽管比1932年11月6日的选举结果高出10.8个百分点,但还未取得国会绝对多数。社会民主党和共产党的得票数有所下降,但仍占总票数的18.3％和12.3％,其中社会民主党只比1932年11月的选举少得1个席位。其他政党,除人民党的席位骤降至2席,中央党的席位增加3席外,大多同以前持平。

第三节　国会纵火案

希特勒要把魏玛民主体制改造成纳粹独裁体制,有两个步骤至关重要,一是废除议会民主政体的基石——人民群众的基本民主权利,二是镇压共产党。

反对马克思主义和共产党,原本就是纳粹主义理论的基本要点,也是纳粹党成立以来持之以恒的行为。但这时希特勒的动机中,又增添了新的因素。其一,在经济大危机期间的历次国会选举中,共产党是唯一一个得票数不断上升的政党,其得票率从1928年5月的10.6％,上升到1930年9月的13.1％、1932年7月的14.5％、1932年11月的16.9％,只是在希特勒上台后的1933年3月5日,由于纳粹党的残酷镇压,才微降至12.3％。而纳粹党尽管在1932年7月以前得票率急剧上升,远远超过共产党,但在同年11月的选举中下降了4.3个百分点。共产党成为希特勒心目中强有力的竞争对手。其二,在希特勒受命组阁的当天,只有共产党号召举行总罢工。共产党指出,"实行公开法西斯专政的新内阁"是"对劳动人民、德国工人阶级的最蛮横的、最赤裸裸的宣战",它要求各个党派影响下的工人群众,包括基督教工人、自由工会会员和无组织的工人,立即共同抵抗法西斯专制,在企业和机构内组织斗争,通过群众示威、罢工、政治总罢工来挫败法西斯反动派的计划。①尽管社会民主党执行委员会强调要"牢牢地站在宪法和法制的基础上","将挑起斗争的责任仅仅留给对手",因而没有接受共产党的建议,但柏林、汉堡、慕尼黑、莱比锡等十余个城市还是举行了联合示威集会。其三,在纳粹当局还未掌握国会 2/3 多数的情况下,取消共产党拥有的席位,也能达到控制国会的目的。

普鲁士州的政治警察早在希特勒就任国家总理之前,就编制过一份"预防性拘留"的人员名单,里面有共产党人,也有纳粹党的官员和活动家。但希特勒上台后,即把纳粹党人和右翼政客的名字从名单中抹掉,增添了共产党人、社会民主党人、其他左翼分子、自由主义者和天主教活动家。②政治警察头目鲁道夫·狄尔斯(Rudolf Diels,1900—1957)原打算在 1933 年 1 月30 日(即希特勒就任总理那天)就逮捕名单上的人,但受当天内阁会议的影响,未能成功。如前所述,胡根贝格在那次会议上建议禁止共产党活动,但希特勒和戈林担心由此会给社会民主党人以口实,同意参加联合总罢工,所以坚决反对。他要用更为巧妙的方法达到同样的目的,如有可能,则将废除人民群众的基本民主权利与镇压共产党这两个步骤结合在一起。

1933 年 2 月 2 日,希特勒就任总理后第四天,普鲁士政治警察在柏林搜查了德共中央委员会办事处——卡尔·李卜克内西大楼,遭到类似袭击的还有共产党在全国的地区领导办事处。此外,普鲁士、安哈尔特、不伦瑞克、梅克伦堡、奥尔登堡和图林根等州还禁止共产党人举行示威活动。

当天,希特勒主持内阁会议,讨论前几届政府已经初步拟就的"紧急法令",并把定稿呈交兴登堡总统。2 月 4 日,兴登堡颁布了这项名为《关于保护德国人民的总统法令》。该法令涉及集会、示威游行和散发印刷品等各种活动,它授予国家机构较大的权力,禁止在所谓"至关重要的"企业里举行罢工和各种政治集会与游行,并在"可能对公众安全有直接危险"的情况下,没

---

① [民主德国]洛塔尔·贝托尔特等编写:《德国工人运动史大事记·第二卷:从 1917 年至 1945 年》,孙魁、赖升禄、胡慧琴、李俊聪译,孙魁校,人民出版社 1986 年版,第 326—327 页。

② [日]桧山良昭:《希特勒的阴谋——国会纵火案内幕》,王泰平译,工人出版社 1985 年版,第232 页。

收并在限定时间内禁止"其内容涉及危害公众安全和秩序"的印刷品。[①]这项法令的颁布,使希特勒政府能够广泛地限制其他党派的宣传活动,也破坏了民主体制的言论自由原则。在具体的实施过程中,政府把主要打击矛头指向工人政党。共产党的集会遭禁止,其报刊被查封。社会民主党的集会,不是被禁止就是遭到冲锋队的破坏,其主要报刊一次又一次被勒令停刊,甚至其机关报《前进报》(Vorwärts)也由于发表竞选号召被停刊三天。

在国会纵火案(Der Reichstagsbrand)发生的四天前,1933 年 2 月 23 日,政府当局占领并关闭了卡尔·李卜克内西大楼,没收了共产党存放在那里的全部竞选材料,共产党被迫将办事处迁往国会大厦内的共产党国会党团办公室。与此同时,德共中央机关报《红旗报》(Die Rote Fahne)的编辑部和印刷厂也遭到查抄。

国会纵火案发生当天,2 月 27 日晚上,近万名工人在柏林体育宫大会堂集会,纪念马克思逝世 50 周年,以回应希特勒关于要同"马克思主义者决一死战"的声明。集会以大合唱为起点,但当主旨纪念发言刚刚开始时,到场监督的政府官员就在抗议的怒吼声中勒令大会终止,并驱散与会者。

同日晚上 9 时过后,国会大厦突然起火,引爆了耸人听闻的"国会纵火案"。当时,有个神学院学生回家经过国会大厦,忽然听到里面有打碎玻璃的响声,接着便见到一个人影,手中打着火把。他赶紧跑去报警,在大厦的西北角遇到一名警察,该警察只是呆呆地看着火苗往上窜,几分钟后才去找消防队。10 时许,第一队消防车赶到,这时,大厦的议会大厅已是烈火熊熊。

事发当时,副总理巴本正在离国会大厦不远的贵族俱乐部里款待兴登堡总统,而希特勒在郊外戈培尔的家中,吃完便餐后听着音乐。纳粹党对外新闻部部长恩斯特·汉弗斯坦格尔(Ernst Hanfstaengl,1887—1975)给戈培尔打电话,告知国会大厦着火。由于汉弗斯坦格尔平时爱开玩笑,戈培尔在日记中称,当时以为他一定又在搞恶作剧,所以没有向希特勒提起。过了

①[民主德国]洛塔尔·贝托尔特等编写:《德国工人运动史大事记·第二卷:从 1917 年至 1945 年》,第 329 页。

一会,戈培尔打了几个电话了解此事,都得到了肯定的答复。他与希特勒快速坐进大"奔驰车",以时速 90 多公里(60 哩)的速度直奔国会大厦。戈林、内政部长弗里克、柏林冲锋队长沃尔夫·冯·黑尔多夫(Wolf von Helldorf,1896—1944)伯爵随后到达,①戈林是从普鲁士州内政部办公室直接赶来的,他对希特勒讲的第一句话就是:"这是共产党干的。着火前 20 分钟光景,一批共产党的代表还在国会大厦内。我们扣押了一个纵火者。"被纳粹当局扣押的是一名荷兰人,名叫马里努斯·范·德·卢贝(Marinus van der Lubbe,1909—1934)。国会大厦着火时他正精神亢奋,"眼睛里闪动着胜利的光芒",光着上身奔跑于建筑物内部各个房间之间。

希特勒巡视一周后,走向议长办公室。他倚着石栏,俯瞰着这场浩劫,似乎被烈火吸引住了。戈林向闻讯赶来的官员和要人大叫:"这是共产党起义的开端。我们一分钟也不能坐待。我们要毫不留情地对付他们。共产党干部一经查获,当场格杀勿论。今天晚上就要把共产党议员统统绞死……"希特勒打断了他的话:"给他们一点颜色瞧瞧!谁敢阻挡我们就把他打倒!"由于激动,他涨红了脸,"德国人民长期以来太软弱了。当官的共产党人个个都得枪毙。当议员的共产党人今晚通通得吊死。共产党的朋友们要全部关起来。这也适用于社会民主党和国家的蛀虫!"他还对外国记者表示:"这是上帝的旨意,现在谁也无法阻挠我们用铁拳消灭共产党人了!"

当天晚上,官方报社忙着写报道。初稿只有 20 行字,其中提到一名纵火者在现场被逮捕。戈林草草瞄上一眼便喊道:"全是胡说八道!作为警事报告,这也许是不错的,但它不是我心目中的公报,一点也不是!"他抓起一枝红蓝铅笔,把 100 磅引火材料改成 1000 磅。报道的作者反驳说,一个人是扛不动这么重东西的。戈林反唇相讥道:"没有什么不可能的。为什么要说只有一个人?有 10 个甚至 20 个人呢!你难道不明白正在发生的事情吗?这是共产党起义的信号!"

翌日上午 10 时,普鲁士内政部新闻局举行内外记者招待会,正式发布关于纵火案的公报。内称:

---

① Jeremy Noakes and Geoffrey Pridham (ed.),*Documents on Nazism*,*1919 - 1945*.p. 172.

关于国会大厦发生火灾一事，侦查的结果，有下面几点已经弄清楚了。即燃料至少是由六个人带进去的；另外，在这么大的建筑物里撒燃料，并同时放火，至少需要十个人。

纵火犯对诺大建筑物的内部情况了如指掌，这一事实说明犯人是长期能自由出入国会大厦的人。从而，我们有理由怀疑，以种种借口在国会大厦开会到最后的共产党议员是罪犯。

他们既熟悉国会大厦的内情，又非常了解执勤情况。警察之所以除了一个荷兰共产党员之外，谁也没抓到，正是这个缘故。因为这个荷兰共产党员不知道国会大厦的详情，所以，犯罪后没有跑出去。

……

有消息误报称，议员托尔格勒向警察局自首了。实际上是他觉得逃不掉了，才到警察厅来申请通行证。他的申请被驳回，并被逮捕了。

而在此之前约半小时，一份由戈培尔起草、经纳粹党宣传部门官员发布的公报，则明确宣布"范·德·卢贝已经主动供认，他是根据同案犯——共产党议员恩斯特·托尔格勒的指示纵火的。有人目击现在下落不明的托尔格勒，夜里10时许，同共产党员凯念一起，偷偷地进了国会大厦"①。

也是在同一天，普鲁士州政府发表一项长篇声明，宣称它所搜获的德国共产党文件证明，德共"要焚毁政府大厦、博物馆、宅邸、重要工厂……要把妇女儿童送到恐怖团体面前处死……焚毁国会是流血暴动和内战的信号……已经确定，今天要在德国全国对个人，对私有财产，对和平居民的生活采取恐怖行动，发生全面内战"②。州政府承诺会发表这些"证明共产党阴谋的文件"，然而直至纳粹政权覆亡，这个诺言也没有兑现。

希特勒政府趁机掀起镇压热潮。纵火案发生当天晚上，仅柏林一地就有1500多人遭逮捕，全国各地的人数合计达到1万多，其中包括共产党员、社会民主党员和民主主义者。据记载，"在三月间的那些日子里，所有的冲

---

① ［日］桧山良昭：《希特勒的阴谋——国会纵火案内幕》，第48—50页。
② ［美］威廉·夏伊勒：《第三帝国的兴亡——纳粹德国史》，董乐山、李天爵、李家儒、陈传昌译，生活·读书·新知三联书店1974年版，第278页。

锋队员都在无日无夜地追捕敌人,他们清楚地知道自己应该怎样干。冲锋队中队对共产党地区进行了清剿。他们不仅知道敌人住在何处,甚至知道隐藏和碰头地点。在这种情况下,共产党员自不必说,明火执仗反对希特勒运动的人,全都面临着危险"①。根据普鲁士州政府的命令,普鲁士州内共产党主办的全部刊物停刊四个月,全部的社会民主党刊物停刊两周。据估计,到 4 月底,被拘留的人数达到约 2.5 万。案子发生的第二天,德共议会党团主席恩斯特·托尔格勒(Ernst Torgler,1893—1963)为了粉碎纳粹当局的谎言,主动向警察局投案;3 月 3 日,德共主席恩斯特·台尔曼(Ernst Thälmann,1886—1944)被捕;3 月 9 日,纳粹当局又以"纵火犯同伙"的罪名逮捕了侨居德国的共产国际西欧局领导人、保加利亚共产党领袖格奥尔基·季米特洛夫(Georgi M. Dimitrov,1882—1949)等人。

同年 9 月,德国最高法院在莱比锡开庭,审讯季米特洛夫等人。季米特洛夫在毫无心理准备的情况下,克服由于同外界隔绝而缺乏必要信息的困难,依靠必胜的信念,仅利用控方的起诉材料和证词,抓住其漏洞,反守为攻,变法庭为控诉法西斯的讲坛,在法庭上慷慨陈词,揭露法西斯主义的反动本质和血腥暴行。当时,不少德国共产党人奋起抗辩,德共中央委员会新闻处驳斥了关于在卡尔·李卜克内西大楼内发现共产党政变计划的谎言,明确声明"暗杀个人、纵火、破坏活动以及诸如此类的办法根本不在共产主义运动策略手段考虑范围之内",指出只有纳粹党在这场挑衅中得到了政治好处。②同时,西方民主国家和德国国内的非纳粹人士也对纳粹当局的说法提出质疑。1933 年 4 月 27 日,英国《曼彻斯特卫报》(The Manchester Guardian)刊登了一篇据称是德国保守派政治家撰写的文章,题目为《国会纵火案真相》。文章指出国会纵火案的策划者是戈林和戈培尔,称纳粹当局的目的有二,一是借此摆脱兴登堡总统、国防军和民族人民党的制约,争得自主权,二是消灭潜在的政敌——左翼势力。文章还指出,在国会大厦与国会议长官邸之间有一条运送取暖用煤的地下通道,可供纳粹纵火队使用。

---

① ［日］桧山良昭:《希特勒的阴谋——国会纵火案内幕》,第 41—42 页。
② ［民主德国］洛塔尔·贝托尔特等编写:《德国工人运动史大事记·第二卷:从 1917 年至 1945 年》,第 334—335 页。

文章发表后十天,5月7日,时年43岁的民族人民党国会党团前主席恩斯特·奥伯福伦(Ernst Oberfohren,1881—1933)在家中非正常死亡。不久,一个小道消息传开,称《国会纵火案真相》的作者就是奥伯福伦,由此,该文在民间被称作《奥伯福伦备忘录》。几天后,又一个小道消息传开,称奥伯福伦根本不是自杀,而是因那篇"备忘录"的缘故被纳粹分子杀害。[1]一时间世界舆论哗然。同年8月底,巴黎的书店开始出售一本题为《关于希特勒恐怖的褐皮书》,其中以证言和新闻报道的形式揭露纳粹当局对政敌进行迫害和镇压的实况,收录的文章中包括上述《国会纵火案真相》。该书一上市立即成为法国的畅销书,随之被译成英语和俄语。此外,伦敦、巴黎、索菲亚、哥本哈根、布鲁塞尔、鹿特丹、纽约、马德里、斯德哥尔摩、布拉格、日内瓦、东京,纷纷出现了要求释放无罪者的集会和游行。在各种因素的推动下,德国法庭只能将范·德·卢贝一人判处死刑,被迫宣布季米特洛夫等其他被告无罪。

然而,对纳粹"一体化"进程来说,更重要的步骤是希特勒趁机彻底废除了《魏玛宪法》赋予公民的基本权利,从而抽掉了法治国家的基础。2月28日,他以独断专行的方式主持内阁会议,向部长们表示:"目前的危机迫使我们要毫不留情地同共产党算账,而且不要依靠法律。"他建议内阁通过一项保护国家不遭"赤"害的紧急法令,但这项法令听起来必须纯属防御性质的,似乎旨在保护德国人民。然而,当内政部长弗里克将法令草案宣读后,与会者发现一个民主社会所能给予民众的权利大部分被取消了。但是,除巴本对维护各州的主权问题提出一点修改意见外,其他人并未提出异议。当晚,希特勒和巴本一起晋见兴登堡。希特勒表示,为了镇压红色革命,有必要制定这项法令。巴本未发表意见。兴登堡当场签署。翌日中午12时30分,法令正式颁布。

该法令的正式名称为《总统关于保护人民和国家的命令》(*Verordnung des Reichspräsidenten zum Schutz von Volk und Staat*),简称"国会纵火案法令"。不久以后,人们逐渐感觉到,这项法令实际上成了第三帝国的基本

---

[1]［日］桧山良昭:《希特勒的阴谋——国会纵火案内幕》,第176—182页。

法。法令主要内容如下：

> 根据宪法第48条第二款规定的权限，作为防止共产党以暴力危害国家的预防措施，特规定如下：
>
> （一）在新法令颁布前，停止执行宪法第114条、第115条、第117条、第118条、第123条、第124条和第153条。从而，要在规定的法律限度之内，限制个人自由和表达意见的自由，包括出版自由；限制集会和结社自由；对邮件、电报、电话实行检查；对搜查住宅发给许可证；发出没收以及限制财产的命令。
>
> （二）中央政府在必要时可接管德意志各州的全部权力，以恢复那里的公共安全和秩序。①

该法令的要害之处有两个，一是抽掉了法治国家的基础，从而为纳粹专制的出现铺垫了道路，二是强化了中央政府对州政府的干涉权，从而为消灭联邦制创造了条件。

那么，希特勒据以破坏宪法的国会纵火案到底是怎么发生的呢？这个问题至今仍然是个谜团。

纳粹当局指控共产党制造了国会纵火事件，说该事件是共产国际和德国共产党有计划的行动，是共产党举行全国暴动的信号。按照这种说法，希特勒执政后，德国共产党一直号召群众起来抗拒纳粹党。2月21日，该党报纸《红色战士联盟》又煽动"青年无产者"去解除党卫队和冲锋队的武装，说"在未来的红军中，每个同志都是指挥官！这是我们向苏联红军战士所作的誓言。无论是机枪、手枪还是监狱，都破坏不了我们的斗争。我们是明天的主人！"几天以后，另一份共产党报纸《红色水手》公开号召采取暴力行动："工人们，进入工事吧！朝着胜利前进！子弹上膛！拉开手榴弹的导火索！"2月23日，戈林下令警察查抄卡尔·李卜克内西大楼内的德共中央办事处。据官方公报说，警察抄到了共产党策划发动武装起义的文件。②25日，普鲁士州内政部以这些文件透露了"武装起义计划"为由，向民众发出"武装

---

① Walther Hofer, *Der Nationalsozialismus: Dokumente 1933 - 1945*. S. 55.
② John Toland, *Adolf Hitler*. p. 297.

起义迫在眉睫"的警告。同日,柏林连续出现三宗企图向公共建筑物纵火的案件,即范·德·卢贝先后向诺凯伦区(Neukölln)福利局、市政厅和旧皇宫(一说市参事会)放过火,但火势都未得蔓延。27日晚,国会大厦起火。

按纳粹当局的说法,范·德·卢贝本身是共产党员,曾经担任过荷兰共产党的地方组织领袖,纵火前在柏林同多名共产党人接触,案发当天被捕时裤兜里藏着德国共产党发行的题为《阶级斗争》的传单,接受质询时情绪激动地高喊:"这是信号! 这是革命的烽火!"另外,事发当天,国会大厦的共产党国会党团办公室较为繁忙,托尔格勒等两名共产党议员是最晚离开国会大厦的人。

戈林改写过的政府公报,称纵火的引火材料有450多千克(1000磅),那么,范·德·卢贝一人怎么扛得动这么重的东西呢? 戈林同样把注意力集中到地下通道上,认为共产党人可以经由这条地道悄无声息地进入国会大厦。他指派了一名侍卫和三名警察去搜索这条通道,但是没有发现任何迹象。

纳粹党人的诬陷,随着"国会纵火案审判"的终结而真相大白。在纳粹党已经上台执政的德国,法庭在事实面前也不得不宣布涉嫌的共产党领袖无罪。案发当时,范·德·卢贝早已退出共产党,案发前也未有真正的共产党员(包括纳粹公报中提到的托尔格勒)同其接触。季米特洛夫正是利用这些事实,在法庭上一再要求传唤范·德·卢贝的接触者出庭作证,然而法官不敢应答,很快使控方陷入被动地位。至于共产党国会党团的繁忙和托尔格勒回家较晚,是因为当时德共中央委员会办事处已经迁入国会大厦办公,当时又同其他各政党一样,忙于部署竞选活动。第二次世界大战结束以后,国际史学家们分析了有关的内部资料,进一步了解到,德共领导机构在希特勒上台后不久,已经放弃了举行起义的任何想法,同时开始作重新部署,使党能适应在希特勒政权下从事地下活动。2月下旬的革命号召纯属宣传口号。①

普遍的看法认为,是纳粹当局一手策划制造了纵火事件。当时,希特勒

---

① [联邦德国]海因茨·林内:《德国通向希特勒独裁之路》,第250页。

为了达到自己的目的,需要制造一个耸人听闻的事件。不久,纳粹当局截获了一个情报,得知荷兰的一个极左组织"荷兰国际共产主义集团",应德国的类似组织"工人总同盟"的请求,将派人到德国支援工作,帮助印制和散发小册子。来者正是范·德·卢贝,此人从小失去父母,曾在砖瓦厂当学徒,由于长期同苛性石灰打交道,双眼受到严重损害,处于半瞎状态。他性格偏执,行动迟缓。原本是一名加尔文教徒,后加入荷兰共产党,但不久就反对苏联和共产国际,于 1929 年退出共产党,加入了极左组织"国际共产主义集团"。经济大危机期间,他行为激进,撰写小册子攻击资本主义,在集会上发表演讲,鼓动民众举行游行示威。他受指派来到德国后,狂热地希望把德国从法西斯的威胁下挽救出来,但在参加了德国社会民主党和共产党的示威游行后,断然认定这两个政党已在竞选中丧失了勇气,因此急需一个惊人事件来唤醒它们。他希望,在欧洲资本主义的中心柏林,如果有一幢政府大楼燃起熊熊大火,将会鼓舞麻木不仁的德国群众起来造反,并进一步引发欧洲革命。他感到自己应受命去点燃这把火,不料柏林"工人总同盟"的领袖阿尔赫列特·瓦伊特兰对此反应冷淡,并打消了同卢贝合作的念头。而冲锋队在截获这一情报后,将计就计,从波茨坦地区选出一个名叫"克劳塞"的成员,化名"弗兰茨·瓦钦斯基(Franz Watschinski)",一身工人打扮,在半路上迎接卢贝。两人如知己相逢,谈得很投机。在"瓦钦斯基"等三名冒充共产党人的冲锋队员鼓动下,卢贝决心"向公共建筑物放火",来反抗资本主义。2 月 25 日,卢贝向福利局等处放火,未造成声势。然后他把目标转向国会大厦,得到"瓦钦斯基"的鼓励。2 月 27 日那天,他穿着破旧,头戴一顶鸭舌帽,身穿一条过短的裤子,自认为符合政治家的形象。他在一家小店购买了四根炭精棒①和火柴,随后徘徊于大厦周围。当天,柏林冲锋队队长卡尔·恩斯特(Karl Ernst,1904—1934)带领一小队冲锋队员,通过戈林官邸连接国会大厦地下室的上述通道潜入国会大厦,在各处洒上汽油和易燃化学品,正在这时,卢贝手里拿着炭精棒跑了过来。不一会儿,大火熊熊燃起。事后,希特勒为了灭口,趁着 1934 年 6 月底清洗冲锋队的机会,派人把恩斯

---

① 一种由木屑和石脑油制成的引火材料,用于点燃煤炭。

特打死。①"瓦钦斯基"在事后不见踪影,但在"长刀之夜"的清洗名单中,有"克劳塞"的名字。在战后纽伦堡审判中,曾任德国陆军参谋长的弗兰茨·哈尔德(Franz Halder,1884—1972)供认,在1942年希特勒生日的午宴上,当谈到国会大厦的艺术价值时,戈林大声喊道:"唯一真正熟悉国会的人,就是我,是我放火把它点着的!"②

这种说法的唯一漏洞,是国会大厦起火时,从希特勒、戈林、戈培尔等人的第一反应来看,似乎他们事先并不知晓此事。然而,法西斯头目善于伪装和演戏,他们做了很多背信弃义、当众说谎的坏事,难保不会在这一天集体演戏。希特勒在《我的奋斗》一书中说过:"群众都会撒谎。然而,他们只会撒小谎。因此,他们互相提防着不要被小谎所骗。"深谙此道的人会特别关注细节上的掩饰。

1959—1960年,以联邦德国为代表,出现了范·德·卢贝的"单独犯罪"说。弗里茨·托比斯(Fritz Tobias,1912—2011)撰写的《国会纵火案》(Reichstagbrand)一书于1962年出版,此书也持这种观点。《明镜》(Der Spiegel)连载文章的作者认为,卢贝纵火本身并无复杂的背景,其目的就是要以此举唤起民众的反抗。卢贝在纵火前遇到的"瓦钦斯基",与本案并无关联。卢贝破窗进入国会大厦后,用纵火物、窗帘、桌布和毛巾各处点火,最后脱掉全部上衣作为火把,在亢奋中飞奔着到处引火。大火刚起燃时,希特勒、戈培尔、戈林等人并不知道,也没有在意,但随后就决定嫁祸于共产党,并趁机取消人权。③那么,范·德·卢贝一个人如何能够在短时间内引燃这么大规模的火势?该作者认为主要是议会大厅里的通风条件较好,助长了火势,所谓现场有其他人带进燃料的说法,不过是为了呼应纳粹头目指责其他共产党员配合卢贝纵火的说法。1970年2月,由联邦德国、法国、瑞士、南斯拉夫等国的优秀史学家组成的"关于第二次世界大战的原因和结果的欧洲研究委员会",委托柏林工科大学热化学研究所重新研究国会大厦议会厅的火灾。该研究所的研究结论是:"根据此项研究得出结论,下述情况是

① 参见[日]桧山良昭:《希特勒的阴谋——国会纵火案内幕》,第240页。
② 朱忠武等:《德国现代史 1918—1945》,山东大学出版社1986年版,第224—225页。
③ 参见 John Toland, *Adolf Hitler*. pp. 296-303.

毋庸置疑的,即在极短的时间里,如无相当数量的燃料,是不可能使整个议会大厅化成火海的。"①

第四节   强行通过"授权法"

在政治体制方面,希特勒的目标是建立"领袖国家",实施个人独裁。然而,这一目标不可能一蹴而就,希特勒选择了一个中间跳板,即通过"授权法"把立法权从国会转入内阁。《魏玛宪法》的制定者为了使国家具有一定的应变能力,设计在国家处于危急状态时,内阁可以获得立法权,但前提是获得国会 2/3 多数票的赞同。1923 年德国陷于内外交困时,古斯塔夫·斯特雷泽曼(Gustav Stresemann,1878—1929)政府曾依靠"授权法"这一特殊权力,较为顺利地渡过了危机。希特勒决定利用这一先例,把德国引上独裁之路。

在 3 月 5 日(即国会选举的当天)的内阁会议上,希特勒提出"授权法"草案,要求新一届国会通过法令,授予希特勒政府为时四年的全权。他试图强逼内阁一致通过该法案,并以内阁名义提交国会审议通过。巴本和胡根贝格担心这样做会导致希特勒个人专权,对此提出异议。巴本提议,为了防止因为通过"授权法案"而出现擅自改变宪法的现象,应将本届国会改名为"国民大会",并"制定一部新的国家基本法"。戈林赤膊上阵,断然拒绝说:"绝不考虑这一建议!"②

3 月 15 日,内阁会议再次讨论该问题。胡根贝格试图以兴登堡的力量来制约希特勒,遂要求增加总统对政府颁布法令的参与权和监督权。当时,总统府国务秘书奥托·梅斯纳早已把赌注投向纳粹党,当即反对说:"总统没有必要参与",而且总统本人"也没有要求这样做!"③

在巴本和胡根贝格的意见被拒绝之后,内阁中其他部长们认为,通过该法案将会加强内阁的权力,因而没有人再提反对意见。3 月 20 日上午,"授

---

① [日]桧山良昭:《希特勒的阴谋——国会纵火案内幕》,第 207 页。
② 朱庭光主编:《法西斯新论》,第 222 页。
③ 朱庭光主编:《法西斯新论》,第 222 页。

权法"草案在内阁会议上未加修改即获得通过。随后希特勒以内阁的名义向国会提交该议案。

为了取得国会 2/3 多数票的赞同，希特勒采取了一系列措施。

国会纵火案发生后，希特勒大肆镇压共产党，但是一直没有宣布共产党为非法，原因是担心共产党的选民会把选票转投给社会民主党。在 3 月 5 日的选举中，共产党尽管比上次选举少得 19 个议席，但还是占据了 81 个席位。选举结束后，尘埃落定，希特勒政府违反法律，于 3 月 9 日正式宣布取消共产党人占据的全部议席，并下令逮捕一些共产党议员。3 月 14 日，内政部长弗里克又就此发表声明，称"3 月 21 日国会开会的时候，我们将在集中营里教育他们进行有益的劳动。我们自会懂得使不堪造就的下流人们长久无害"[①]。通过这些举动，希特勒把国会总议席从 647 席减至 566 席，纳粹党所占据的 288 个议席，在总议席中的比例可以从 43.9％上升到 50.9％。

与此同时，戈林利用他掌管普鲁士州警察的权力，对 20 多名社会民主党议员（尽管他们享有议员的豁免权）实行"保护性拘留"，削弱该党在国会中的影响。[②]社会民主党国会党团遭受到"最强大的压力"，要求它或者不参加会议，或者在投票表决时投弃权票。纳粹党徒还有意散布流言说，如果社会民主党人胆敢投反对票，就将统统被逮捕，"随后反革命法庭开始工作"。

对其他政党，希特勒采取了威胁和利诱并重的办法。他声称，所有投票赞成"授权法案"的政党，将联合组成一个工作委员会——"精英小国会"，政府根据"授权法"颁布任何法令时，事先均会听取"小国会"的意见。投反对票的政党无权进入"小国会"。

中央党占有 73 个议席，是继纳粹党、社会民主党、共产党之后的国会第四大党，希特勒专门做了它的工作。前总理布吕宁是中央党领导人之一，他反对通过"授权法案"，曾于 1933 年 3 月 3 日发表演说，声称中央党将反对任何推翻宪法的尝试，要求调查可疑的国会纵火案，并呼吁兴登堡总统"保护被压迫者抵抗压迫者"。3 月 20 日，希特勒有意避开布吕宁，同该党主席

① ［民主德国］维纳·洛赫：《德国史》，北京大学历史系世界近现代史教研室译，生活·读书·新知三联书店 1976 年版，第890 页。
② ［奥地利］尤利乌斯·布劳恩塔尔：《国际史》第二卷，第 455 页。

路德维希·卡斯(Ludwig Kaas,1881—1952)主教和亚当·施特格瓦尔德(Adam Stegerwald,1874—1945)等人举行会谈。[1]卡斯主教等人认为,他们实际上已经无法阻止"授权法案"获得通过,但如果他们支持了希特勒,后者就会尊重中央党的完整和天主教在德国的利益,并且恢复被 2 月 28 日的法令终止的基本权利。卡斯主教急切地提出"应该尽快回到宪法规定的基础上来"[2]。希特勒口头上答应这些条件,甚至同意将它们变成书面的形式。而戈林则赤裸裸地威胁道:"如果不赞成'授权法',将把中央党官员从所有机构中清除!"中央党国会党团内部就此展开激烈的讨论。布吕宁称希特勒的提议是"有史以来向国会提出的最荒谬的要求",然而,更多的人相信希特勒关于尊重宗教的承诺,并担心如果投了反对票,党内的许多公务员会遭到解雇,由此削弱对政府政策的影响力。卡斯主张,可以通过参加政府来控制纳粹主义,通过日常政治事务消磨掉纳粹党的火药味。最后的表决结果,10 人主张投反对票,其他都主张投赞成票。根据惯例,中央党议员应一致投赞成票。

　　1933 年 3 月 21 日是新国会开幕的日子,希特勒借此机会大做文章,以显示其尊重传统,将延续俾斯麦的事业,对内团结全国民众,对外提高德国的国际地位。他以国会大厦遭焚烧为契机,把开幕仪式安排在柏林西南郊的波茨坦卫戍区加里森教堂内进行,这里不仅是普鲁士主义的圣地,有弗里德里希大王(Friedrich der Große,1712—1786)的王宫和墓地,还是俾斯麦第一届帝国议会的开幕处。这一天被定为"波茨坦日"(Tag von Potsdam)。那天,纳粹当局刻意制造纳粹新人与普鲁士传统紧密结合的象征。穿着灰色制服的国防军仪仗队站在一边,穿着褐色制服的冲锋队员站在另一边,全城上空飘扬着纳粹卐字旗和德意志帝国的黑白红三色旗,这两种旗帜已经被确定为"新德国"的官方旗帜,取代了魏玛共和国的黑红金三色国旗。出席仪式的不仅有当时活跃在政治舞台上的"新"人,也有旧帝国的皇亲国戚

---

① 朱庭光主编:《法西斯新论》,第 223 页。

② Hans-Ulrich Wehler, *Deutsche Gesellschaftgeschichte*, *Vom Beginn des Ersten Weltkriegs bis yur Gründung der beiden deutschen Staaten 1914 – 1949*, München: Verlag C. H. Beck, 2003, Band 4, S. 809.

和年迈的将军们，后者穿着缀满金饰、挂满勋章的制服，形成一道闪亮的海洋。

上午，波茨坦的圣尼古拉教堂举行宗教仪式作为"波茨坦日"的庆典开端，牧师作了题为《假如上帝与我们同在，谁会反对我们？》的宗教演讲。该教堂属于新教，但来自中央党的天主教代表团也应邀出席。会场上专门为希特勒留了一个位子，但是他并未出席。他在戈培尔陪同下，专程前往纳粹烈士墓，举行献花圈仪式。

中午，国会开幕仪式在加里森教堂举行。兴登堡总统身穿华丽的老式陆军元帅服，胸佩黑鹰绶章，手执元帅节杖，庄重地走向贵宾席。途中，他虔诚地向皇家包厢里的前皇太子夫妇和威廉二世的空座位鞠躬，并举起手杖行礼。被废黜的皇帝正在荷兰的居所里收听电台转播。希特勒身穿双排扣黑色燕尾服，显得笨拙而不自在。他虔诚地同兴登堡握手，并作深度鞠躬，略显谄媚地表示："我们认为有您支持德国的振兴，这是一件幸事。"会场内是震耳的管风琴乐声，先后回荡着《永远行使着忠诚和尊严》的传统德意志赞美诗和《让我们一齐感谢上帝》流行赞美诗的旋律，会场外是嘹亮的军号声和礼炮轰鸣声，一派新旧交融、民族团结的景象。兴登堡总统作了一个简短的演说，劝说国会议员支持新政府。随后，希特勒作了主题演讲。他提醒全国听众不要忘记魏玛共和国那段令人感到耻辱的岁月，同时宣布自他担任总理后，一个不同凡响的国家新生过程已经开始。演说结束后，希特勒走下讲台，到兴登堡面前深深鞠躬，同他紧紧地握手。这时，戈培尔布置的照相机、电影机、录音机同时开动，把象征新德国和老德国团结的握手场面记录下来，向国内外传播。通过这一番表演，不少原先的反对者开始相信希特勒的友善意图，认为他对兴登堡总统毕恭毕敬，一定会遵循普鲁士的传统。

两天后，3月23日，国会将表决"授权法案"。这次，舞台移到了柏林市内的克罗尔歌剧院（Krolloper）。武装的党卫队员和五大三粗的冲锋队员随处可见，他们或者在场外实行封锁，或者在场内走廊上游弋，齐声喊着"我们要求授权法——否则当心挨揍！"厅外广场上挤满了胸佩卍字徽的年轻人，他们用审视的目光盯着每一位入场的议员。议员们已难以维持自己的尊严，只能在推推搡搡中被赶进会场。由于共产党议员已被赶走，不肯屈服的社会民主党议员成为纳粹分子的主要攻击对象。社会民主党议员尤利乌斯·勒伯尔（Julius Leber，1891—1945）在赶赴会场的途中被戴上手铐带走，其余的成员为防不测，集体排成紧密的队伍前往。他们"穿过广场上拥挤的人群，冲锋队留出一条狭窄的通道"，他们只能在辱骂叫喊和威胁声中进入会场，刚一就座，"就被腰佩手枪的担任巡逻的党卫队员围住"①，他们目露凶光地沿着墙壁围成一个半圆形。其他政党也未能幸免，中央党议员也是在"中央党的猪"的辱骂声中进场的。

会场内，主席台上悬挂着一面大卐字旗，各处还有不少卐字装饰，用以提醒议员们注意，谁才是德国的主人。纳粹党议员全部身着褐色制服，希特勒也重新穿上了褐衫。

然而希特勒在演说中，措辞极其谨慎，调子非常温和。他立誓要尊重私人财产和个人的积极性，保证援助农民和中产阶级，许诺要消灭失业。他还承诺尊重各州和各种教派的自主权，保证总统的地位和权力，保证国会和参议院的存在，同英国、法国，甚至苏联讲和。当时有人评论说，这个演说"贯穿了许多和解的、民族的和基督教的语调"。希特勒要求国会批准"授权法案"，以便给他一定的权力来达到这些目标。他保证"只在执行极其必要的措施非动用不可时"才会使用这项权力。然而，在演说快要结束时，他改变了语调，暗示说，即使国会不同意，他也要推行这项法律。他提醒议员们要么合作，要么遭受苦果——"在冲突与和平之间作出抉择"。

与会的议员中，只有社会民主党人公开站了出来。该党主席奥托·韦尔斯（Otto Wels，1873—1939）在发言中说："在社会民主党经历了最近一个时期的迫害以后，谁也无法要求或者希望它对这里的'授权法案'投赞成票。……自从德国有国会以来，选举产生的人民代表对公共事务的监督在目前这种程度上和由于新的'授权法'在更为严重的程度上被取消，是从来没有过的。政府拥有如此无限的权力，不仅必然要造成严重的后果，而且使人民失去任何的活动自由。"他强调，"3月5日的选举结果使执政党获得了多数席位，因而有可能严格按照宪法条文和精神执政……我们正视目前强

① ［奥地利］尤利乌斯·布劳恩塔尔：《国际史》第二卷，第455页。

权政治在实施统治这一事实,但人民的法治觉悟同样也是一种政治力量,而我们是不会停止呼吁这种法治觉悟的"。他并不是一名能言善辩的演说家。当发言刚开始时,会场外面的冲锋队员齐声高喊"不通过授权法案,当心枪炮和谋杀",鼓噪声淹没了他的讲话声,但他的声音越来越响,语调越来越雄辩有力,压住了鼓噪声。最后他庄严地声明:"魏玛宪法不是社会主义的宪法,但是,我们信守其中所确立的关于法治国家、平等和社会权利的原则。在这有着历史意义的时刻,我们德国社会民主党人庄严声明要维护人道和正义、自由和社会主义的原则。任何'授权法'都不能给予你们摧毁永恒的、坚不可摧的思想的权力。"①

韦尔斯刚一讲完,希特勒一下子站了起来,甩开试图阻止他的巴本,冲到台上。他的手直接指向韦尔斯,进行了一次蛮横无礼的反驳。他吼叫道:"我不要你们的赞成票。德国会得到自由,但不是通过你们。别误以为我们是资产阶级。德国的命运将会上升!而你们的命运将会下降。你们的丧钟已经敲响!"②

在投票时,社会民主党94名议员集体投了反对票。中央党直至投票当天还未收到希特勒的书面承诺,一度感到进退两难。纳粹党部长弗里克以个人名义向卡斯主教保证,说书面承诺正在邮寄途中,由此,中央党集体投了赞成票。然而,该信件却从未到达收信人的手中。

最后,"授权法案"以444票对94票获得通过。翌日,兴登堡总统签字,《授权法》(*Ermächtigungsgesetz*)正式生效。纳粹党的《人民观察家报》欢呼道:"这是一个历史性的日子!议会制在新德国面前投降了!伟大的创举开始了!第三帝国的日子来到了!"③

《授权法》的正式名称是《消除人民与国家痛苦法》(*Gesetz zur Behebung der Not von Volk und Reich*),共分五条。其内容为:

> 第一条,国家法律除由宪法规定的程序外,也可由中央政府制定;

① Reinhard Kühnl, *Der deutsche Faschismus in Quellen und Dokumente*. Köln: Böhlau, 1978, S. 235 – 236.
② [美] 时代生活编辑部编:《第三帝国:权力风云》,第188—189页。
③ [联邦德国] 海因茨·赫内:《德国通向希特勒独裁之路》,第300页。

第二条,中央政府所制定的国家法律,如果不以国会和联邦参议院的组织本身为对象,可以同宪法相异;

第三条,中央政府制定的国家法律,由内阁总理签发;

第四条,中央政府和外国订立涉及国家立法事务的条约,不必得到立法机关的同意。中央政府有权发布必要的命令,以实施此等条约;

第五条,本法令自公布之日起生效,于 1937 年 4 月 1 日失效;[1]倘现届政府被另一政府接替,本法令即失去效力。[2]

"授权法"使希特勒政府摆脱了议会的制约,拥有了独裁权力。它实际上取代魏玛宪法,成为纳粹德国的基本法。它也是德国"一体化"进程中的重要里程碑。

而希特勒承诺的所谓"精英小国会",实际上成为一场骗局。在 3 月 24 日"授权法"生效当天,希特勒即在内阁会议上声明,他不想让这个小国会对政府的决定发生任何影响,小国会于何时召开应由内阁自己作出决定。该"精英小国会"除了在 1933 年 4 月初开过一次会议,未起过任何作用。

第五节　确立一党制

法西斯国家在权力结构上实行个人独裁,但是法西斯政党在实现和维护这种权力结构方面,起着特殊的作用。按纳粹党自己的说法,它是一个特殊的政党,集合了整个民族的精华,代表着整个民族的利益,又是民族社会主义世界观的载体,希特勒依靠这样的党,就能对整个民族实行有效的保护。而其他各种政党只是分别代表一部分国民的意志和利益,它们的存在有碍于实现"一个国家、一个民族、一个领袖"的理想目标。希特勒在实施"一体化"的过程中,处心积虑地要取消其他政党。

德国共产党是希特勒政府的重点打击对象。希特勒上台之初,德国共产党约有 30 万名党员,他们成立了 2210 个工厂支部,6000 个街道支部和

---

[1] 该"授权法"曾三次延期:1937 年 4 月 1 日延长至 1941 年 4 月 1 日;1939 年延长至 1943 年 5 月 10 日;1943 年再次延长,直至 1945 年 5 月纳粹政权覆亡。

[2] Walther Hofer, *Der Nationalsozialismus Dokumente*, *1933 - 1945*. S. 58.

6500 个地方小组。由于经济大危机,德共在工厂企业中的影响有所下降。危机爆发前,48%的党员在工厂工作,至 1932 年,比重降到 11%。①1933 年 1 月 30 日希特勒担任总理当天,德共中央号召在全国组织总罢工,然而由于社会民主党领导机构持反对态度,而德共将近 90%的成员不在企业中,因而全国统一总罢工的设想未能实现。尽管如此,当天下午和晚上,全国不少城市还是出现了声势浩大的工人群众自发示威游行。②在对待社会民主党的态度上,德共继续遵循共产国际"六大"的决议精神,谴责该党为"褐色凶杀浪潮的帮凶",其领袖们系"无产阶级不共戴天的敌人"。③

如前所述,在国会纵火案发生前后,政府已经采取了一系列措施镇压共产党,在 1933 年 3 月 9—14 日,实际上已经取缔了共产党。同年 3 月 31 日,希特勒借压缩各州权力的机会,进一步在地方层面打压共产党。他援引《授权法》,颁布《各州与国家一体化法令》(*Vorläufiges Gesetz zur Gleichschaltung der Länder mit dem Reich*),以各级地方议会的组成要与国会保持一致为理由,规定"州、省和地方代表机构中的共产党议员的席位无效"。5 月 26 日,政府又颁布《关于没收德国共产党财产的法令》,确认没收共产党及其附属组织财产的合法性。

德国社会民主党当时拥有约 100 万名党员,成了希特勒的第二打击对象。该党领导机构看到了希特勒政府是"封建的、大资本主义的和大农业的联合",是"反动的大资本主义和大农业的集中"④,但是认为希特勒担任总理并不意味着纳粹党夺取了政权,因为希特勒政府并不是纳粹的一党政府,而是民族人民党和纳粹党的联合政府,纳粹党在 12 名政府成员中只占了 3 名,其他 9 名是保守派成员。⑤他们认为,希特勒是通过合法途径上台的,与此前的巴本政府和施莱歇尔政府没有本质区别,是一个符合宪法的保守政

① [德]瓦·巴特尔:《法西斯专政时期的德国(1933—1945)》,肖辉英、朱忠武译,谷凤鸣校,中国社会科学出版社 1979 年版,第 32 页。
② [奥地利]尤利乌斯·布劳恩塔尔:《国际史》第二卷,第 450 页。
③ [奥地利]尤利乌斯·布劳恩塔尔:《国际史》第二卷,第 464 页。
④ 曹长盛主编:《两次世界大战之间的德国社会民主党(1914—1945)》,北京大学出版社 1988 年版,第 226 页。
⑤ [奥地利]尤利乌斯·布劳恩塔尔:《国际史》第二卷,第 451 页。

府。而且，参加联合政府的人分别来自不同的阶级和阶层，代表着不同阶级和阶层的利益，彼此存在着利益上的冲突，这种冲突使得该政府处于动荡之中，即使没有外部打击，也会由于内部矛盾的尖锐和激化而垮台。[①]他们还认为，纳粹运动获得巨大发展、赢得大批的追随者，其原因是希特勒许诺给他们工作和面包，将他们从经济危机的困境中拯救出来，而事实上，政府不可能缓和经济危机所造成的社会贫困，因而这些追随者会因为失望而离开。他们根据这种假设进一步预测，认为 3 月 5 日的国会选举将造成执政党失败，希特勒会由于赢不到国会多数席位而下台，兴登堡总统会根据宪法解散政府，将军们也会站在民主力量一边，为保卫魏玛共和国而积极参与政治斗争。他们认为，法西斯主义是反动势力的"最后一张牌"，它"不会取胜"，然后工人阶级的时机就会到来。1933 年 2 月 7 日，社会民主党机关报《前进报》甚至乐观地宣布："柏林不是罗马。希特勒不等于墨索里尼。柏林决不会成为法西斯主义者帝国的首都。柏林永远是红色的！"[②]

社会民主党领袖进而认为，由于希特勒政府是合法上台的，希特勒已经握着兴登堡总统的手发誓忠于《魏玛宪法》，因此社会民主党也必须在宪法的框架内展开斗争，就如 1933 年 1 月 30 日《前进报》（晚刊）所说："面对这个政府的政变威胁，社会民主党和整个钢铁阵线的双脚牢牢地站在宪法和法律的基础上，它不会背离这个基础。"[③]它这样做的实际目的，就如该党领袖之一鲁道夫·布赖特沙伊德（Rudolf Breitscheid, 1874—1944）所说的，"为宪法遭破坏的时刻做准备"，"准备好就是一切"，"适合于这一决定性时刻的是做好准备，适合于这一决定性时刻的是积聚力量，过早的行动只能延长威权思想的寿命"，做准备旨在迎接希特勒政府垮台后必然到来的"劳动人民政府"。

在实际行动中，他们极力反对社会民主党党员和全德工会联合会会员利用示威游行、政治集会和总罢工等议会外措施反对希特勒政府。即使在反对通过《授权法》的投票活动中，韦尔斯主席在发表态度强硬的演说时，仍

---

① 曹长盛主编：《两次世界大战之间的德国社会民主党(1914—1945)》，第 228 页。
② ［奥地利］尤利乌斯·布劳恩塔尔：《国际史》第二卷，第 456、451 页。
③ 转引自［奥地利］尤利乌斯·布劳恩塔尔：《国际史》第二卷，第 452 页。

然暗示社会民主党将以合法反对派的身份进行非暴力的、以法律为依据的抵抗，同时表示支持希特勒政府争取让德国获得国际上"平等权利"的努力。[1]

而希特勒政府仍然把打击矛头指向社会民主党。早在2月4日紧急法令颁布后，政府便经常勒令该党的主要报刊停刊，甚至其机关报《前进报》也由于发表该党的竞选号召而被迫停刊三天。该党的集会，不是被禁止就是遭到冲锋队破坏。国会纵火案发生后，社会民主党虽然还能在国会中进行有限的活动，但日益遭到政府的打压。

在国会表决通过《授权法》之后，该党为了能够合法地存在下去，进一步火烛小心，采取了容忍和退让的政策。1933年3月17日和18日，"社会主义工人国际"（即第二国际）执行委员会在德国社会民主党代表没有在场的情况下，先后通过和发表题为《工人阶级统一战线》及《同法西斯主义作斗争》的决议。前一个决议针对共产国际的做法（反对与第二国际直接进行谈判，但要求各国共产党停止攻击社会民主党，可以考虑达成两党协议），提出反建议，即继续要求共产国际考虑两个国际组织举行谈判的建议，并要求第二国际所属各政党在两个国际组织没有举行正式谈判之前，不要参加任何单独谈判。[2]后一个决议阐述了第二国际对德国政治状况的态度。文件强烈抗议德国法西斯政府采取恐怖措施迫害共产党人和社会民主党人，呼吁参加第二国际的工人政党与德国工人阶级团结起来，共同反对法西斯主义。德国社会民主党为了防止希特勒政府借机制造麻烦，就以自己不同意这两项决议为由，于3月20日宣布退出第二国际。30日，该党主席韦尔斯又宣布退出第二国际执行委员会。同时，该党执行委员会还派代表就社会民主党报刊复刊问题同戈林举行谈判。戈林提出，只有外国社会民主党的报刊停止报道德国政府迫害反法西斯主义者的恐怖行为，社会民主党的报刊才能复刊。为此，该党领袖韦尔斯、弗里德里希·斯坦普菲尔（Friedrich Stampfer，1874—1957）等人分别前往捷克斯洛伐克、丹麦、英国、法国、荷

[1] ［民主德国］洛塔尔·贝托尔特等编写：《德国工人运动史大事记·第二卷：从1917年至1945年》，第337页。
[2] ［奥地利］尤利乌斯·布劳恩塔尔：《国际史》第二卷，第465页。

兰、奥地利和瑞士等国进行游说,试图说服这些国家的社会民主党,对德国的法西斯恐怖活动作所谓实事求是的报道。[1]

4月26日,德国社会民主党在柏林召开全国代表会议,会上一致通过关于党的政策的决议,执行委员会的大多数委员继续当选。新选出的中央机构旋即作出规定,再次重申党"继续在法律允许的范围内开展活动"。与此同时,该党开始作两手准备,委派韦尔斯和其他五名执委会成员流亡境外,在当时尚属法国管辖的萨尔布吕肯(Saarbrücken)组织流亡领导机构,以应付党组织万一被取缔后的困难局面。

希特勒政府一如既往实施打击,进入4月份后力度不断加强。政府不仅查封了该党的大部分报刊,还接管了其属下的全部印刷厂。5月2日,政府取缔全部工会组织,冲锋队员占领了工会大厦。5月10日,戈林指派警察占领社会民主党办公大楼,没收了它和国旗社的全部财产并封闭其新闻机构。此时,社会民主党领导机构内出现意见分歧。流亡国外的社会民主党人放弃了幻想,要求开展反法西斯抵抗斗争,以免进一步丧失威信,并失去其他国家工人政党的支持。留在国内的领袖们则延续原有的政策和措施。

5月17日,国会举行会议,希特勒在会上发表对外政策声明。他声称冲锋队和党卫队没有军事性质,要求修改《凡尔赛条约》,"争取德国人民在世界上的平等权利"[2]。最后,他提出一项名为《和平决议》的文件要求国会批准。社会民主党原拥有119个议席,但只有65人出席会议,其他人或者已被关押在集中营或监狱(18人),或者流亡国外,或者没有出席。文件未经辩论便付诸表决,社会民主党人投了赞成票。该党国会党团在声明中为自己的行为辩解说:"社会民主党议员同意5月17日的国会决议,并不意味着对希特勒政府投信任票,而是同意德国的和平外交政策。"然而实际上,社会民主党议员的这一举动给了国内外舆论界一种假象,似乎全体德国民众

---

[1] 曹长盛主编:《两次世界大战之间的德国社会民主党(1914—1945)》,第234页。

[2] [民主德国]洛塔尔·贝托尔特等编写:《德国工人运动史大事记·第二卷:从1917年至1945年》,第343页。

都一致拥护希特勒的外交政策,同时也为希特勒宣传其外交政策提供了依据。①

流亡的领袖们力主议员们投反对票,但未能奏效,于是,流亡派与国内派之间的分歧加大。5 月 21 日,流亡执委会在与来自柏林的两名执委会成员商议后,决定转移到布拉格,在那里出版《新前进报》(*Neuer Vorwärts*),并鼓励国内组织展开非法活动。以尤利乌斯·勒伯尔为首的留守领袖断然拒绝该决定,并于 6 月 19 日在柏林召开全国代表会议,参加者包括境内执委会成员、国会党团领袖、州议会党团领袖、部分区委书记。会议选举了以勒伯尔为首的新的执委会。为了向希特勒政府表示自己的"善意",犹太裔成员全部被剔出中央委员会。会议决议声明:"在柏林新选出的党的执委会独自负责党的领导工作,那些流亡国外的党员同志不能为党发表任何声明。对于他们所发表的一切言论,党明确声明不负任何责任。"②社会民主党领导集团的分裂进一步削弱了该党的抵抗能力。

就在勒伯尔等人力图同抵抗派撇清关系、向政府表示妥协之意时,政府却继续发动进攻。1933 年 6 月 22 日,内政部长弗里克正式发布命令,宣布社会民主党是一个危害国家和人民的政党,"不能要求得到与人们给予共产党所不同的待遇",要求"各州政府根据总统 1933 年 2 月 28 日签署的《关于保护人民和国家的命令》,采取反对社会民主党的必要措施,特别应立即禁止所有今天仍为国会和地方代表机构成员的德国社会民主党党员继续行使其代表权"。③根据这项命令,德国境内的社会民主党及其辅助组织和后备组织全部被取缔,报刊被查封,全部财产(含自由工会的财产)被没收。由此,德国社会民主党短暂的分裂状态也告结束。同年 7 月 7 日,该党在国会、州议会、市政厅和各种代表机构中的代表资格全部被废除。在短短的几个月内,近 3 000 名社会民主党干部遭逮捕。

纳粹党紧接着把矛头指向资产阶级政党,德意志民族人民党(Deutschnationale Volkspartei)是希特勒联合政府中的盟友,没有该党的支

---

① 曹长盛主编:《两次世界大战之间的德国社会民主党(1914—1945)》,第 236 页。
② 曹长盛主编:《两次世界大战之间的德国社会民主党(1914—1945)》,第 237 页。
③ Walther Hofer, *Der Nationalsozialismus Dokumente*,1933 –1945. S. 60.

持,希特勒不可能迅速组成政府并获得国会批准。尽管如此,它也逃脱不了解散的下场。4月底开始,纳粹党对它的攻击日益激烈,并胁迫其党员加入纳粹党。5月3日,胡根贝格将党名改为"德意志民族阵线"(Deutschnationale Front),也无济于事。6月21日,它在全国各地的办事处被警察和冲锋队占领。6月29日,胡根贝格被迫退出政府,其担任的经济部长职务由无党派人士库特·施密特(Kurt Schmitt,1886—1950)接任,粮食部长职务由纳粹党人瓦尔特·达雷(Walter Darré,1895—1953)接任。同一天,希特勒强迫胡根贝格签署关于"德意志民族阵线"自行解散的决议。之后,其议员进入纳粹党国会党团。

6月28日,德意志国家党(Deutsche Staatspartei,1930年由民主党更名而来)的国会领袖在很不情愿的情况下,发表一项仅有三行字的声明,宣布该党"自行解散"。

7月4日,德意志人民党(Deutsche Volkspartei)自行解散,其领导人爱德华·丁格尔戴(Eduard Dingeldey,1886—1942)向当局写了一封献媚信,保证其党员将在新国家中守法效劳。

天主教政党方面,首先遭殃的是巴伐利亚人民党(Bayerische Volkspartei)。6月22日,当局借口该党与奥地利基督教社会党合作,从事密谋活动,对其采取行动,占领了办公处,逮捕其领袖。7月4日,该党宣布解散。中央党内部的年轻一代强烈要求其领袖们奋起反抗,布吕宁也不愿意让党"自行解散"①,但眼看大势所趋,为了保住党员们在政府中的工作岗位,被迫于7月5日宣布解散政党。该党议员被允许列席纳粹党国会党团的会议。从1933年7月8日起,巴本作为希特勒政府的代表,与梵蒂冈国务大臣巴西利主教(Eugenio Maria Giuseppe Giovanni Pacelli,1876—1958,以后升任罗马教皇庇护十二世)进行谈判,双方于7月20日签订《国家宗教协议》(*Unterzeichnung des Konkordats zwischen Vatikan und Reich*)。在协议中,梵蒂冈表示注意到民族社会主义是非基督教的和抵制教会的,同意不让天主教神职人员参政,解散政党和诸如基督教工会等团体,德国政府则

---

① Jeremy Noakes and Geoffrey Pridham(ed.),*Documents on Nazism*,*1919-1945*. pp. 197-198.

同意保证天主教的自由，保证教会自我管理的权利。①

　　取缔政党的工作还延伸到相关团体。内阁劳动部长弗兰茨·泽尔德特是钢盔团团长，希特勒利用自己的总理职位不断向其施压，1933年4月27日，泽尔德特加入纳粹党并解除其副手特奥多尔·杜斯特堡（Theodor Duesterberg，1875—1950）的职务。同年底，钢盔团并入冲锋队，但在其中保留原有建制。1935年11月，该组织正式被解散。当时还残存着的"志愿兵团"则借1933年11月9日纪念"啤酒馆政变"十周年的机会，正式予以解散。那天在慕尼黑举行了纪念仪式，希特勒亲自向纳粹运动的烈士墓敬献花圈，挽联上写着"藐视一切，你们获得了胜利"。仪式上一一呼喊各"志愿兵团"的名称，其中包括波罗的海志愿兵团、西里西亚志愿兵团、埃尔哈特旅、希特勒突击队、罗斯巴赫突击队等。各"志愿兵团"高声回答"有"，同时交出自己污迹斑斑、破破烂烂的旗帜。这些旗帜庄严地存放在由冲锋队仪仗队守卫的褐色大厦的门厅内，被供奉在祭坛上。

　　1933年7月14日，希特勒政府凭借《授权法》，颁布《禁止组织新政党法》（*Gesetz gegen die Neubildung von Parteien*），规定：

　　　　1. 民族社会主义德意志工人党是德国的唯一政党；

　　　　2. 凡维持另一政党的组织机构或组织新政党者，如其罪行不触犯其他规定而须受更大的惩罚外，将处以三年以下的徒刑，或六个月至三年的劳役。②

　　同年12月1日，希特勒政府又颁布《党和国家统一法》（*Gesetz zur Sicherung der Einheit von Partei und Staat*），进一步确立了纳粹党在国家中的地位。该法规定：

　　　　1. 在民族社会主义革命胜利之后，民族社会主义德意志工人党是德意志国家理念的体现者，与国家不可分割地联系着。

　　　　它是公法意义上的社团。

---

① Jeremy Noakes and Geoffrey Pridham（ed.），*Documents on Nazism*，*1919－1945*．pp. 199－200．
② Walther Hofer，*Der Nationalsozialismus Dokumente*，*1933－1945*．S. 62．

2. 元首代表和冲锋队参谋长将成为内阁成员,以保证党和冲锋队的办公室与公权力紧密合作。

3. 民族社会主义德意志工人党与冲锋队(包括它们的下属组织)成员作为民族社会主义国家的领导和推动力量,将对元首、人民和国家承担更大的责任。

如果他们损害了所负责任,将由党和国家实施特别审判。

元首将扩充相关规则,以便适用于其他组织的成员。[1]

上述两项法令,以法律形式确立了一党制,保证了纳粹党凌驾于国家政府机关之上并不受国家法律制约的地位。

第六节　单一制中央集权国家的建立

在德国历史发展进程中,一直存在着国内的权力分散和权力集中两种不同的要求。神圣罗马帝国时期,皇权并不强大,地方势力拥有较大的实权。个别有为的皇帝,如"红胡子"巴巴罗萨(Barbarossa)等,曾试图削弱诸侯的力量,强化帝权,但都未能经受住历史的考验,固化成为体制机制。在欧洲民族国家形成与发展的进程中,德意志在统一事业和现代化方面都落后了,于是产生了建立民族国家的强烈紧迫感。自神圣罗马帝国解体后,德国的国家发展进程,与大小德意志之争、国家结构的松紧之争紧密纠结在一起。以普鲁士为核心的"小德意志"之路,使得德国的国家结构由邦联发展到联邦。魏玛共和国建立之时,宪法初稿曾经确立了单一制中央集权国家的架构,然而遭到以巴伐利亚、巴登和符腾堡等南德诸邦为代表的联邦主义势力的反对,最后还是回归到联邦制。经过 20 年代部分州的自愿合并,到1933 年 1 月,全国存在 17 个州。

联邦制与纳粹主义的极权要求是格格不入的,纳粹主义鼓吹"一元",要求整个德意志民族听命于一人,中央集权制才是最好的选择。根据纳粹主义理论,国家是保种保族的工具,为了达到保存和发展优秀的德意志种族的

---

[1] Walther Hofer, *Der Nationalsozialismus Dokumente*, 1933 – 1945. S. 63.

目的,就必须实行中央集权制,领袖的绝对权威也要穿越"州"的自主权这一历史遗留下来的壁障,深入到德国的每一个基层单位。

1932 年 7 月,时任总理的巴本发动"巴本政变",以"国家专员"的身份接管普鲁士州总理的大权,这一做法为希特勒变更国家结构的行动打开了大门。在 1933 年 1 月底的组阁谈判中,希特勒坚持让戈林兼任普鲁士州的内政部长,掌管了占全国领土面积 2/5、控制首都柏林的最重要州的警察力量。戈林就任这个职务后,不负希特勒所望。他利用自己同希特勒的特殊关系,完全不把顶头上司、"国家专员"巴本放在眼中,在权力范围内大动干戈。他致力于使普鲁士的警察纳粹化,让 14 名警察主管退休,开除了许多下属官员,大量安插纳粹党徒。就如他在题为"德国复兴"的文件中所写:"对我至关紧要的首先是把警察这个机构牢牢掌握在自己手中。为此,我初步进行了全面的变革。我撤换了 32 名警察局长中的 22 人,接着又在以后的一个月中连续撤换了几百名高级警官和数千名所长。我任命新的人员接替他们的职务。这些人全部来自庞大的冲锋队和党卫队的后备队。"①

由于受到《魏玛宪法》的制约,"巴本政变"后的普鲁士州政府还是拥有一定的权力,包括其在全国参议院中较强的代表权。1933 年 2 月 6 日,时任普鲁士"国家专员"的巴本又一次采取行动,以兴登堡总统签署的"紧急命令"为令牌,要求布劳恩(社会民主党人)政府交出全部权力。他成功了,但对国家的联邦体制又实施了一次打击。

巴伐利亚州的离心倾向一向比较强烈,1923 年时,正是这一倾向给纳粹党发动"啤酒馆政变"提供了机遇。自希特勒上台后,那里又出现了在州内恢复君主政体,甚至脱离联邦的议论,州政府总理、巴伐利亚人民党人海因里希·黑尔德(Heinrich Held,1868—1938)甚至扬言,称他将逮捕敢于踏上巴伐利亚土地的"国家专员"。纳粹党赶紧把矛头指向那里。3 月 9 日中午,冲锋队参谋长罗姆、巴伐利亚大区领袖阿道夫·瓦格纳(Adolf Wagner,1890—1944)和纳粹党国会议员弗兰茨·里特尔·冯·埃普(Franz Ritter

①［英］罗杰·曼维尔:《赫尔曼·戈林》,钟璜、钱秀文、王敏、李兰琴译,群众出版社 1986 年版,第 38 页。

von Epp,1868—1946)将军奉希特勒和内政部长之命,在少数冲锋队员的协助下,径直大步走进州总理黑尔德的办公室,要求他立即把权力交给"国家专员"埃普。黑尔德致电国家政府,提出抗议,但得到的答复是埃普已经被任命为"国家专员",有权控制州政府。[①]黑尔德向兴登堡总统求救,但后者的答复是:以后要提意见和建议,应该直接呈送给希特勒。黑尔德召开州政府会议商讨对策,但大批冲锋队员和党卫队员聚集在街道上,随时准备采取行动。无奈之下,黑尔德暂时逃往瑞士,不久又秘密回国,过起了东躲西藏的生活。埃普接管了巴伐利亚州政权,很快成立由纳粹党人组成的新政府。

3月9日当天,希特勒飞赴慕尼黑。他趾高气昂地说:"在德国,最贴我心的城市就是慕尼黑,作为一个青年,一个军人,一个政治家,我是在这里发迹的。"他向当地纳粹头目发出指示,即使要以吸收非党人士参政为代价,也要建立一个稳固的政权。"先生们,你们的任务",他说,"是艰巨的,但是,中央政权不得再受巴伐利亚的特别运动或分裂分子骚乱的干扰。这对国家的政治安定是很重要的。我必须完成俾斯麦的未竟事业:只有对全国的利益有用,州才成其为州。"[②]

在此后的一周内,希特勒使用同样的手段,指派在各州的纳粹党大区领袖和党内高级人士担任"国家专员",接管了除普鲁士外其他各州的政府权力。各地的冲锋队员冲进市政机关和警察局,挂起纳粹党旗庆祝胜利。

同年3月31日,希特勒援引《授权法》,但又违背在表决那天所作的关于不会使用该法破坏各州自治地位的承诺,以所谓地方与中央"一体化"(Gleichschaltung)为借口,颁布《各州与国家一体化法令》。法令规定解散除普鲁士以外的各州原议会,毋需举行新的选举,即根据3月5日国会选举的结果,以同样的席位分配比例组织新的州议会,共产党的席位一律空缺。法令还授权各州政府可颁布法令并整顿各州的行政机构,毋需征得州议会的批准。[③]

---

① Eleanor Hancock, *Ernst Röhm: Hitler's SA Chief of Staff*. p. 125.

② John Toland, *Adolf Hitler*. p. 305.

③ Bracher/Funke/Jacobsen(Hrsg.), *Nationalsozialistische Diktatur, 1933 - 1945*. Bonn: Droste Verlag Gmbrl., 1986, S. 806.

4 月 7 日，希特勒又颁布《各州与国家一体化的第二个法令》(*Gesetz zur Gleichschaltung der Länder mit dem Reich*，简称《总督法》)，任命中央政府派驻各州的"国家专员"为各州的总督(Reichsstatthalter)[1]，负责监督国家总理提出的方针政策在各州的贯彻执行；规定总督有权解散州议会，任免州政府，颁布州法令。[2]

对于普鲁士州，由于对手是巴本，希特勒亲自出场，采取特殊的措施。他宣布自任普鲁士州总督，免去巴本所担任的驻普鲁士"国家专员"之职，4 月 11 日又安排戈林接任巴本的州总理一职。[3] 1935 年，驻普鲁士总督一职改由戈林接任。

关于总督的地位与作用，希特勒在 1934 年 3 月的一次讲话中作了明确解释："（总督）不是各州的行政长官，他们执行国家最高领导的意志；他们的委任不是来自各州，而是来自国家。他们不代表各州与国家相对，而是代表国家与各州相对……民族社会主义的历史任务是创造新国家，而不是保存德国各州。"[4] 1935 年 1 月颁布的《德国总督法》(*Reichsstatthaltergesetz*)则以法律的形式规定：总督是各自管辖区内"德国政府的常驻代表"。[5]

各州州长的职位，由于没有太大的实权，竟然出人意外地得到保留。内政部长弗里克为了提高行政管理效率，曾经建议将总督与州长的职位合并，但一直没有得到希特勒的答复。[6] 只有在黑森和萨克森两个州，这两个职位由同一人担任。

1934 年 1 月 30 日，国会和参议院通过《国家重建法》(*Gesetz über den Neubau des Reichs*)，正式在德国确立中央集权的单一制国家结构。该法共

---

① Statthalter des Reiches 一职最早设立于 1879 年至 1918 年的阿尔萨斯-洛林地区，用于帝国政府强化控制新的占领地区。Reichsstatthalter 一职旧译"邦（州）长"或"邦（州）行政长官"，由于该官员是全国政府派驻各州的统治者，根据德文原意和中文表达习惯，似应译成"总督"。

② Bracher/Funke/Jacobsen(Hrsg.)，*Nationalsozialistische Diktatur*，1933－1945．S．806．

③ J. Noakes and G. Pridham，*Nazism*，1919－1945：*A Documentary Reader*．Vol．2：*State*，*Economy and Society*，1933－39．Exeter：University of Exeter，1984，p．225．

④ ［英］艾伦·布洛克：《大独裁者希特勒（暴政研究）》，第 268 页。

⑤ ［英］阿诺德·托因比、维罗尼卡·M. 托因比合编：《希特勒的欧洲》，孙基亚译，上海译文出版社1980 年版，第 4 页。

⑥ ［德］克劳斯·费舍尔：《纳粹德国：一部新的历史》，萧韶工作室译，江苏人民出版社 2005 年版，第408 页。

六款：

第一款　废除各州的议会；

第二款　a. 各州的最高权力转归中央；

　　　　b. 州政府成为全国政府的下属机构；

第三款　各州总督受国家内政部长管辖；

第四款　州政府可以颁布新的法律；

第五款　由国家内政部长发布实施本法律的法律与行政细则；

第六款　本法律自颁布之日起生效。①

实际上，当局对该法的第四款并不满意，因为该款使各州有可能"自行其是"。很快，政府又利用该法第五款，发布一项命令，规定没有国家有关部长的许可，各州不准颁布任何地方法令。②

该法的第三款也曾经引起总督们的不满，他们绕过弗里克直接向希特勒表达自己的想法，不愿由此被降低为内政部的代表，从而丧失独立自主的权力。其实希特勒也不愿出现内政部长实际控制各州总督的局面，但又难以从法理上厘清这种关系，因此只是模糊作答：他什么时候也不想卷入内政部长与国家委任的总督之间有关法律解释的争议当中，除非涉及政治上的重大问题。③实际上，这个问题在纳粹统治时期一直没有得到解决，但指挥各州总督的实际权力，一直掌握在希特勒手中。

随着各州主权的丧失，由各州代表组成的全国参议院已失去存在的必要。1934 年 2 月 14 日，希特勒颁布《全国参议院废止法》(Gesetz über die Aufhebung des Reichsrats)，正式解散了该机构。④

在废除联邦制的同时，政府还曾企图实施州的"标准化"，即缩小各州之间面积的差距。在德国原来的版图上，各州的面积相差十分悬殊。普鲁士的面积几占全国面积的 2/5，巴伐利亚拥有 700 万人口，萨克森拥有 500 万

---

① Walther Hofer，*Der Nationalsozialismus Dokumente*，1933－1945．S. 65.

② ［英］阿诺德·托因比、维罗尼卡·M. 托因比合编：《希特勒的欧洲》，第 4 页。

③ ［德］克劳斯·费舍尔：《纳粹德国：一部新的历史》，第 408 页。

④ Walther Hofer，*Der Nationalsozialismus Dokumente*，1933－1945．S. 65.

人口,而一些小州却仅有 20 万—30 万人口。1933 年希特勒任命各州总督时,对人口不足 200 万的小州采取两个州合并为一个行政单位的做法。对于面积特别大的普鲁士州,从 1934 年起逐步将州政府的重要部门,如内政部、经济部、农业部、劳动部等,并入全国政府中相应的部,实际上取消了普鲁士州一级的行政机构,由中央政府直接领导原普鲁士州的各省。这样,由纳粹党大区领袖担任省长的普鲁士各省,实际上与其他同样由大区领袖担任总督的各小州处于同等地位。

表 2-3 纳粹德国州总督一览

所管辖的州	办公地	总督人选
巴登 (1940—1945 年为巴登-阿尔萨斯)	卡尔斯鲁厄	罗伯特·海因里希·瓦格纳
巴伐利亚	慕尼黑	弗兰茨·里特·冯·埃普
不伦瑞克/安哈尔特	德骚	威廉·弗里德里希·勒普(1933—35) 弗里茨·绍克尔(1935—37) 鲁道夫·约尔丹(1937—45)
汉堡	汉堡	卡尔·考夫曼
黑森	达姆斯塔特	雅可布·施普兰格尔
利珀/绍姆堡-利珀	代特莫尔德	阿尔弗莱德·梅耶尔
梅克伦堡-施威林/吕贝克/梅克伦堡-斯特雷立茨 (1934—1937 年为梅克伦堡/吕贝克,1937—1945 年为梅克伦堡)	施威林	弗里德里希·希尔德布兰德
奥尔登堡/不来梅	奥尔登堡	卡尔·勒文(1933—42) 保罗·韦格纳(1942—45)
普鲁士	柏林	阿道夫·希特勒(1933—35) 赫尔曼·戈林(1935—45,执行)
萨克森	德累斯顿	马丁·穆奇曼
图林根	魏玛	弗里茨·绍克尔
符腾堡	斯图加特	威廉·穆尔

德国长期以来存在"地方自治"的古老传统,市长和乡镇长对市参议会和乡镇议会负责,保持一定的地方自治权。1935 年 1 月 30 日,纳粹政府颁

布《乡镇法》(*Gemeindeordnung*),把国家一体化运动贯彻到基层政权组织,彻底废除地方自治的传统。该法规定:把"领袖原则"推广到乡镇的行政管理;人口 10 万以上的城市由全国内政部长任命其市长,柏林与汉堡的市长由希特勒直接任命;人口 10 万以下的乡镇由州总督任命其乡镇长和乡镇议员。市参议会和乡镇议会完全失去原来的地方自治的作用。①

经过这番变更,德国便从一个联邦制国家完全过渡到中央集权的单一制国家。在《国家重建法》颁布后,内政部长弗里克得意地宣称:"几个世纪来古老的梦想已经实现。德国不再是一个软弱的联邦制国家,它已经成为一个由强大民族组成的中央集权国家。"②到 1935 年底,随着德国国内"一体化"工作基本完成,希特勒把更多的注意力转向毁约扩军,于是下令暂时搁置有关宪政和领土改革的事务。

第七节　清洗冲锋队

1934 年 6 月 30 日,纳粹统治集团内部发生了令局外人瞠目的清洗冲锋队事件,该事件俗称"长刀之夜"(Nacht der langen Messer),也称"蜂鸟行动"(Operation Hummingbird)或"罗姆政变"(Röhm-Putsch)。在该事件中,两刃利剑冲锋队遭到致命打压,其参谋长罗姆被枪杀。事件结束后,包括国防军在内的权势集团对希特勒政府深表满意,希特勒趁着兴登堡总统去世的机会,再次实施重大的国家体制变革,取消总统职位,自任国家"元首",纳粹体制正式确立。

"长刀之夜"事件的发生,原因是多方面的。它既同长期以来纳粹党与冲锋队在纳粹运动中各自的定位及相互关系有关,又是希特勒政府在国内各利益集团发生利益冲撞时的一次无奈表态,也反映了纳粹党在 1933 年 1 月 30 日前后从"造反党"到执政党的角色转变。

希特勒就任总理后,参加或支持纳粹运动的中下层民众在"胜利"的激励下,以为纳粹党真的要实行"社会主义"。他们要求希特勒政府采取行动,

---

① Klaus Hildebrand, *The Third Reich*. London: George Allen & Unwin, 1984, p. 8.
② 朱庭光主编:《法西斯体制研究》,第 126 页。

予他们参加"纳粹革命"所应得的报偿。纳粹党内反映小资产阶级利益和情绪的人士，也纷纷提出相应的建议。党内元老弗德尔认为，纳粹党执政后，就应该开始实施《二十五点纲领》的经济条款，以及关于国有化、分红制、取消不劳而获的收入和"废除利息奴役制"等诺言。纳粹农民领袖瓦尔特·达雷建议大幅度降低农民债务的资本价值，把利率降低到 2%。纳粹党经济处处长奥托·瓦格纳（Otto Wagner，1877—1962）被任命为国家经济专员后，也要求接管全国的大百货公司、统一价格商店和消费合作社。1933 年 4 月 1 日，瓦格纳前往垄断资本组织"德意志工业全国联合会"（Reichsverband der deutschen Industrie，缩写 RdI）办公室，要求联合会的秘书长辞职，因为在他的领导下，联合会"对纳粹革命没有保持足够的重视，并像以前一样地活动"。他还勒令联合会的两名犹太理事辞职，代之以纳粹党徒。①

　　冲锋队继续充当争夺统治特权的急先锋。随着希特勒上台执政，其控权意识与其人员规模同步膨胀。1933 年 1 月以后，冲锋队在吸收大批"识时务"的新成员并合并钢盔团等老牌准军事组织的基础上，规模从原先的40 万成员急剧扩大到 250 万，至 1934 年 5 月，甚至膨胀到 400 万。队员们在反犹主义、反资本主义和反马克思主义的口号下，掀起了抵制大商号、交易所和消费合作社的运动。其中一支冲锋队在法兰克福交易所门前游行，要求交易所理事会全体辞职。一名冲锋队员甚至要求德累斯顿银行董事会吸收他为成员，否则就要集合冲锋队处于紧急待命状态。1933 年 3 月，罗姆宣告以自己的名义任命地方冲锋队领导人担任"特派专员"和"特派专员副手"，负责保持各地冲锋队与政府机关的联系，监督各地政治组织和军事团体尤其是冲锋队的纪律问题，确保中央政府的指令在各地被贯彻执行。②然而比起冲锋队庞大的规模和成员们高昂的期望值来，其分享到的果实极其有限。所谓的"特派专员"，其实仅仅是虚职。在各地政府机关的抵制下，他们无权干预地方官员的任免，无权干预企业生产，也不允许担任地方社团

① J. Noakes and G. Pridham，*Nazism，1919 - 1945：A Documentary Reader. Vol. 2：State，Economy and Society，1933—39*. p. 309.
② J. Noakes and G. Pridham，*Nazism，1919 - 1945：A Documentary Reader. Vol. 2：State，Economy and Society，1933—39*. p. 223.

的临时领导人。更有甚者,在全国就业形势逐渐好转的背景下,不少冲锋队老战士反而找不到工作,因为不少企业不愿意雇佣长期在街头冲锋陷阵而疏于本职工作的冲锋队员。如在纽伦堡,冲锋队中近一半的失业队员在1934年初仍然没有找到工作。①从全国范围看,1933年底,冲锋队中仍然有近100万多年失业的贫困人口,至1934年初,由于大批人员涌入,冲锋队的失业人口超过200万。②充满失落感的冲锋队员对局势的发展充满怨恨。1933年3月,汉堡一冲锋队员写道:"我们都认为选举之后新政府的措施将立足于反对金融资本。我们都认为巴本、兴登堡、泽尔德特将在3月6日被剔除出内阁。资本主义德国带给我们饥饿和痛苦,我们想要一个自由的社会主义的德国……我们号召同资本主义体制作斗争。"③他们以更激进的姿态要求纳粹"革命"继续发展。

　　希特勒面临这股浪潮的冲击,为了维护政权的群众基础,尽量在宣传上对中下层民众实施安抚。1933年5月,希特勒和纳粹劳工领袖莱伊先后向工人发表讲话,表示要保护工人免遭资本主义的剥削,扩大工人的权利。但是,在涉及中下层民众和垄断资本之间利益分配的实际问题上,尤其是当两者不能兼顾时,希特勒基本上维护了后者的利益。1933年3月10日,希特勒面对冲锋队的暴力狂潮,在国内保守势力和外国舆论的压力下,委婉地呼吁冲锋队约束暴力行为:"个人肆无忌惮的行为,正在危害我们的党,这些行为与民族革命的伟大事业毫无关系,但能破坏和诋毁运动的成就。……冲锋队和党卫队,你们自己必须立即阻止肇事者……恶意骚扰个人、妨碍与干扰经济生活的行为原则上必须停止。"④同时,政府颁布相关法令,限制百货公司,保护零售商店(详情参见本书第四章第四节)。1933年7月,随着纳粹"一体化"工作初见成效,希特勒多次发表讲话,要求纳粹革命告一段落,转入对"千百万人进行教育"的新阶段。

---

① Eric G. Reiche, *The Development of the SA in Nürnbern*, 1922–1934. Cambridge: Cambridge University Press, 1986, p. 215.
② Conan Fisher, *Stormtrooper: A Social, Economic and Ideological Analysis*, 1929–35. p. 48.
③ Conan Fisher, *Stormtrooper: A Social, Economic and Ideological Analysis*, 1929–35. p. 193.
④ Jeremy Noakes and Geoffrey Pridham (ed.), *Documents on Nazism*, 1919–1945. p. 183.

　　中下层民众对此强烈不满，1933 年夏天开始，纳粹党内出现了一个口号，即要求实行"第二次革命"。该口号的含义是：纳粹党获取政权是"第一次革命"或"民族革命"，紧接着应该实行"第二次革命"或"社会革命"，接管大企业，整顿政府机关，用暴力手段打击垄断资产阶级和旧官僚机构，完全控制德国的政治经济机器。很显然，这一主张是纳粹党内激进派的政治经济要求在新形势下的延续。冲锋队由于其成员结构的特点，成了呼喊这一口号的中坚力量。1933 年 6 月，罗姆在报刊上发表文章，表示从 1933 年 1 月 30 日到 3 月 21 日之间所取得的成就，并不代表纳粹革命已经结束，妥协势力在革命道路上浅尝辄止，恰好让那些怯懦的资产阶级分享了革命果实，"冲锋队和党卫队不能容忍德国革命陷入沉睡，或者在半路上被非战斗者背叛……事实上这正是停止民族革命、开启民族社会主义革命的时刻……不管他们喜欢与否，我们要继续战斗——如果他们最终理解这是什么，我们就同他们站在一起；如果他们不愿意，就不理睬他们；必要的时候，以他们为敌"①。1934 年，柏林、汉堡等八个城市都发生了冲锋队骚动，要求希特勒兑现关于社会问题的诺言。

　　希特勒明确反对"第二次革命"的要求。1933 年 7 月 6 日，他在全国总督会议上宣布："革命不是永恒的状态……必须引导高涨的革命热情，使之成为社会发展进化的温床，当前最重要的事情是对民众实施民族社会主义理论的教育。"②他甚至威胁说："我将毫不留情地镇压任何想搅乱现存秩序的企图，我要对付那所谓的第二次革命，因为它只会导致混乱。"③纳粹党其他领导人也鹦鹉学舌般地跟上。据《德意志报》(Deutsche Zeitung)报道，戈林在普鲁士枢密院声称："如果元首要发动第二次革命，如果他要的话，我们明天就会走上街头，但如果他不要的话，我们就要镇压每一个胆敢违犯元首的意志而进行第二次革命的人。"几天后，赫斯也警告纳粹党员要警惕那些煽动闹事的人，称他们企图"挑拨公民相互对立，并以'第二次革命'的美名

① Jeremy Noakes and Geoffrey Pridham (ed.)，Documents on Nazism，1919 – 1945. p. 202.
② Jeremy Noakes and Geoffrey Pridham (ed.)，Documents on Nazism，1919 – 1945. p. 204.
③ ［美］时代生活编辑部编：《第三帝国：权力风云》，第 199 页。

来掩盖这种犯罪行为"①。同年8月,内政部长弗里克对冲锋队采取实质性的限制措施,解散"辅助警察",并宣布关闭冲锋队辖下的集中营。10月6日,弗里克又禁止冲锋队采取任何未经授权的干预和打击行动,并宣布要惩治冲锋队的暴力犯罪行为。

罗姆不愿彻底退却。1933年11月5日,他向1.5万名冲锋队员发表讲话,表示:"最近常听说冲锋队已经失去了存在的理由……如果德国新的统治者忘记了曾经是谁把他们放在今天如此惬意的位置上,那么,近两百万冲锋队员将会提醒他们。"②他在私人小圈子里甚至发牢骚说:"阿道夫腐败了。他背叛了我们所有的人。他只同反革命分子交往。"

与此同时,冲锋队与国防军的关系也逐步恶化。希特勒对国防军军官团非常重视,把它看作实施对外扩张的主要工具。他执政后多次表示尊重其"非政治性和超党派性"的独立地位,并一直不插手其内部事务。与此相对应,国防部长勃洛姆贝格则在坚持国防军的独立地位、不允许纳粹党直接插手军内事务和不准许军官加入纳粹党的前提下,同纳粹党全面合作。然而,冲锋队的规模急剧膨胀,自罗姆担任参谋长后,其军事潜质也进一步加强。冲锋队既羡慕国防军的声望和地位,又不满其政治上对纳粹"革命"的保留态度,罗姆在个人野心驱使下,希望以冲锋队取代国防军。

1933年2月,冲锋队和国防军围绕青年组织的管理权问题,首次展开争夺,后在希特勒的干预下各自作了让步。同年8月,冲突再起,罗姆提出以冲锋队为基础,组建新的"人民军"(Volksarmee),把国防军降到掌管士兵训练事务的地位。1934年2月,罗姆的要求再次加码,在内阁会议上提议成立新的政府部,负责领导国防军、冲锋队、党卫队和其他退伍军人团体等所有武装组织,并暗示要自任部长。他在私下里经常表示:"灰色的礁石一定要被褐色的潮汐淹没。"③在内阁会议上,罗姆经常与勃洛姆贝格发生激烈争吵。3月间,勃洛姆贝格向希特勒抱怨说,冲锋队正在用重机枪秘密武

---

① Walter Bartel, *Deutschland in der Zeit der Faschistischen Diktatur, 1933 – 1945*. Volk und Wissen Volkseigener Verlag Berlin, 1956, S. 65.
② Nikolai Tolstoy, *Night of the Long Knives*. New York: Ballantine Books, 1972, p. 85.
③ 国防军的制服为灰色,冲锋队的制服为褐色。

装一支大规模的特别警卫队,这不仅是对陆军的威胁,也影响到国防军主持下的秘密扩军工作。

中下层民众的支持是希特勒上台执政的重要筹码,冲锋队更是他攫取政权的重要工具。面临同垄断资产阶级和国防军的冲突,希特勒试图在不损害同后两者进一步合作的前提下,以一定的让步来平息由冲锋队所反映的中下层民众的不满情绪。

1933 年 12 月 1 日,政府颁布《党和国家统一法》,任命罗姆为政府不管部长。1934 年初,希特勒致信罗姆,从头到尾使用"你"这个亲密称呼。信中颂扬冲锋队在确保"纳粹革命"胜利和纳粹国家及人民的生存方面作出了不可磨灭的贡献。同年 2 月,政府又颁布《关于国家运动战士供应法》,规定在政治斗争中患病或受伤的纳粹党员或冲锋队员,享受第一次世界大战受伤人员的待遇,能获得国家的抚恤金或补助金。6 月 4 日,希特勒又与罗姆作了长达四个多小时的私人谈话,希望缓解相互间的矛盾。

但是,希特勒很清楚,无论是对内巩固自己的地位,还是对外侵略扩张,夺取世界霸权,都必须取得垄断资本和国防军两者的全力支持。尤其是,按照魏玛宪法所设立的总统职位,尽管由于 1933 年 3 月《授权法》的通过而地位遭削,但还拥有解除总理职务的残存权力。希特勒稍有不慎,还是有被解职的可能。而当时兴登堡已是 85 岁高龄,健康状况每况愈下,希特勒希望在兴登堡死后,把这个职位也收入囊中。这一举措需要获得权势集团的容忍和支持。

1934 年 2 月 28 日,希特勒在军官团的压力下,召开国防军、冲锋队和党卫队的高层会议。他对国防军和冲锋队的角色作了明确划分:国防军将代表德国对外作战;冲锋队将帮助保卫疆界,并在体育运动的掩饰下对未来的战士实施初级军事训练,而在其他情况下,只能从事内部政治事务。会议的最后阶段,由罗姆和国防部长勃洛姆贝格共同签署一项体现希特勒讲话精神的协议:冲锋队将在国防军指挥下负责新兵入伍前和老兵退役后的军事训练。随后,罗姆邀请与会者共进其所称的"和解早餐"。然而当希特勒和将军们离开后,罗姆开始大发脾气,称其根本不想签署那份协议。他还把希特勒称作"一个无知的下士",说自己"不忠心,迫切需要去度假"。事后,未来的冲锋队领袖维克托·卢策(Viktor Lutze,1890—1943)打小报告,将这些话都告诉了希特勒。

罗姆继续承受着自上而下和自下而上的双重压力。普通的冲锋队员对既得利益群体的仇视随着长久失业和贫困而加深,他们比罗姆更难理解妥协的政治技巧。罗姆从自己的野心出发,沿着此前的惯性继续向前走,既致力于安抚队员,又希望以此迫使希特勒作出让步。他给冲锋队增添武器,加强军事训练,举行盛大游行,甚至建立了自己的对外办公室,在那里举行记者招待会,设宴款待外交人员。

军官团的受威胁感又一次增强。勃洛姆贝格以进一步向希特勒效忠来维护军方的利益。1934 年 2 月 25 日,国防部发布命令,在传统的雄鹰军徽上增添"卐"符号,形成雄鹰双爪紧紧抓住纳粹党徽的图案,规定新标徽必须佩戴在军服右胸和军帽上。4 月 11 日,希特勒与勃洛姆贝格及陆、海军总司令一起乘坐"德意志号"巡洋舰,前往东普鲁士视察春季演习,期间双方达成"德意志号协议",即军方同意希特勒继承兴登堡的职位,希特勒则要压制冲锋队的呼声,并保证陆军继续成为国家唯一的武装力量。同年 4 月 20 日是希特勒的 45 岁生日,勃洛姆贝格趁此机会发表一篇纪念文章,喋喋不休地颂扬希特勒。他还把希特勒的旧军服收藏在慕尼黑的兵营里作为纪念物。

1934 年 6 月,冲锋队与其他各种势力之间的矛盾进一步激化,垄断资本集团和总统府对此感到不安。兴登堡对副总理说:"巴本,事态正越变越坏。请把它们清理一下。"6 月 17 日,巴本在政治顾问的协助下,在马尔堡(Marburg)大学发表公开演说,对纳粹党的一些做法和"第二次革命"的要求发起猛烈攻击。他说:"自私自利分子、道德匮乏、谎言、野蛮和傲慢正以革命为幌子在德国蔓延……我们搞反马克思主义革命的目的,难道是为了实行马克思主义纲领吗? ……一个国家的人民,若要名垂史册,它就承受不起发生在下边的永无休止的叛乱。在某个时候运动就得停止,坚实的社会结构才能出现。"他还说:"凡是不负责地玩弄这种思想的人不应忘记:第二次革命浪潮之后可能有第三次革命浪潮,扬言要使用断头台的人也许是它的第一个牺牲者。"[1]

---

① Walther Hofer, *Der Nationalsozialismus Dokumente*, 1933 - 1945. S. 68 - 69.

针对巴本的演说，纳粹党采取了一定的反击措施。戈培尔扣审了刊登这篇演说的《法兰克福日报》(Frankfurter Zeitung)，并禁止电台重播演说录音。希特勒则于当天下午发表反击性演说，谴责"自以为靠几句话就能够使一个国家人民生活的复兴大业停顿下来的侏儒"①。然而希特勒很清楚地知道，当时还不能同权势集团翻脸。两天后，即 6 月 19 日，当巴本向希特勒交涉，抗议戈培尔对其演说实施检查，并威胁要退出政府时，希特勒的态度有所软化，答应两人一起去看望病重的兴登堡。6 月 21 日，希特勒独自飞往诺伊德克(Neudeck)晋见兴登堡，后者委托勃洛姆贝格负责接待。尽管天气炎热，勃洛姆贝格还是身穿全套制服，正襟危坐，全然没有了平日的友善态度。他硬邦邦地告诉希特勒，总统的意思是：如果希特勒不能保持纪律和秩序，他将颁布戒严令，让军队来管理这个国家。当希特勒获准在勃洛姆贝格陪同下见到兴登堡时，总统在短短的几分钟里证实了这一点。

这时，罗姆及冲锋队同权势集团之间的矛盾已发展到不可调和的程度，或者说，垄断资本集团和国防军已经不能再容忍纳粹党内的小资产阶级社会主义的呼声。在纳粹党内，戈林和希姆莱从各自的利益出发，也希望搬掉罗姆这块绊脚石，压制冲锋队，故而多次向希特勒揭示所谓罗姆要发动政变的阴谋。面对这一局面，希特勒决定利用先前已经派人搜集和整理的有关罗姆的"黑材料"，一石多鸟，处决罗姆，清洗冲锋队，压制"第二次革命"的要求，为国家体制的"一体化"进程划上句号。

6 月 21 日晚上，希特勒即着手布置力量。戈林奉命留在柏林，希姆莱被派往巴伐利亚，准备制止所谓的政变。国防军不愿弄脏自己的手，但采取了呼应和鼓励的举措。6 月 25 日，陆军总司令命令陆军处于戒备状态，取消一切休假，规定军人不得离营外出。28 日，全国军官联合会宣布开除罗姆出会。29 日，勃洛姆贝格在纳粹党报上发表署名文章，表示"陆军……站在阿道夫·希特勒的背后……他始终是我们中间的一分子"。11 天前还在批评"第二次革命"的巴本，也于 6 月 28 日在举行于柏林的外国商会会议上，保证人民对希特勒的无限忠诚。

---

① 指巴本，因其个子较矮小。

　　6月30日凌晨2时,希特勒在戈培尔等人陪伴下,以罗姆准备在柏林和慕尼黑发动政变为由,登上容-52型飞机前往慕尼黑,开始了逮捕和处决行动。4时许,一行人乘坐一长列汽车离开慕尼黑,前往罗姆等人正在度假的旅游小城——维西城(Wiessee)。希特勒在下属护卫下冲进房间,把罗姆痛骂一通后,将其押解到慕尼黑处决。戈林在柏林、希姆莱在慕尼黑也同时行动。全国共有多少人遇害,至今说法不一。其中数量最大的,为约1070人遇害,1120人遭逮捕。希特勒趁机排除政敌,被杀者包括:前总理施莱歇尔及其夫人;施莱歇尔的助手、谍报局前局长斐迪南·冯·布雷多(Ferdinand von Bredow,1884—1934)少将;格雷戈尔·施特拉瑟;天主教反对派领袖们;巴本的两名助手;1923年镇压过"啤酒馆暴动"的古斯塔夫·冯·卡尔。巴本尽管保住了性命,但被撤销了副总理的职务(该职位就此取消),更遑论制衡希特勒了。

　　6月30日晚,希特勒飞返柏林,7月1日下午,在总统府花园里举行茶会,招待内阁成员和党内领袖们,其中一些人还带来了妻子和孩子。希特勒一面友好地与大家寒暄,包括以叔伯般的慈祥同孩子们打招呼,一面抽空通过电话指挥杀戮事宜。当天,勃洛姆贝格以军队的名义向希特勒表示感谢,声称愿报之以"奉献与忠诚"①。翌日,兴登堡总统致电希特勒,感谢其"及时扑灭叛国阴谋并拯救德意志民族免于大难的坚决行动"。勃洛姆贝格在7月3日的内阁会议上,再次代表国防军,对希特勒如此神速地粉碎叛国阴谋表示祝贺。在全体阁员一致同意下,内阁颁布了一项只有一句话的命令,称"为镇压严重叛国行为而在6月30日、7月1日和2日所采取的措施是合法的,系保卫国家的紧急措施"②。

　　7月13日,希特勒出现在国会议员面前,对"长刀之夜"的行动作解释。他在透露了罗姆等人的"劣迹"后,表示:"如果有人责备我,问我为什么不通过正常的法庭来处置这些罪犯,那么我只能说,在这个时刻,我要对德国人民的命运负责,因此我成了德国人民的最高法官。"他进一步威胁说:"将来

---

① Jeremy Noakes and Geoffrey Pridham (ed.), *Documents on Nazism*, *1919-1945*. p. 216.

② Walther Hofer, *Der Nationalsozialismus Dokumente*, *1933-1945*. S. 71.

人人都必须知道，如果有人竟敢举起手来打击国家，那么他的下场肯定是死路一条。"①

半个多月后，1934年8月2日上午9时，兴登堡躺在一张斯巴达式的铁床上，手捧《圣经》，口中念叨着"我的皇上，我的祖国"，安然去世。尽管其遗愿是在德国恢复君主立宪制，但希特勒还是按照自己的计划实施纳粹式的变革。兴登堡逝世三个小时后，媒体公布了前一天晚上由内阁通过的《德国国家元首法》(Gesetz über das Staatsoberhaupt des Deutschen Reichs)。法令规定：

> 1. 总统职位与总理职位合并。总统的职权由元首兼总理阿道夫·希特勒执掌。他可以选择自己的助手。
> 2. 该法令自冯·兴登堡总统去世之日起生效。②

希特勒的"元首"称呼，原先主要在纳粹运动内部使用，因为他是纳粹党和纳粹运动的元首。作为国家领导人，其称呼为"总理"。但自《德国国家元首法》生效后，其在党外的称呼也改为"元首兼总理"，简称"元首"。至此，希特勒从党的元首变成了党和国家的元首，并因接管总统职权而拥有武装力量最高统帅权。由此，纳粹统治体制基本形成。

8月20日，希特勒要求武装力量全体官兵宣誓效忠，效忠对象既不是国家，也不是宪法，而是其个人。在同一个通告中，还公布了自1933年10月起国家政府官员的效忠誓词。

官员的誓词如下："我宣誓：我将忠诚并服从于德意志国家和人民的元首阿道夫·希特勒，尊重法律，谨慎履职。愿上帝保佑我。"

军人的誓词如下："我在上帝面前作此神圣的宣誓：我将无条件服从德意志国家和人民的元首、武装力量最高统帅阿道夫·希特勒；作为一名勇敢的军人，愿意在任何时候为履行此誓言不惜牺牲生命。"③

清洗冲锋队这一事件标志着纳粹党完成了从"造反党"到执政党的转

---

① Jeremy Noakes and Geoffrey Pridham (ed.), *Documents on Nazism*, 1919–1945. pp. 217–218.
② Walther Hofer, *Der Nationalsozialismus Dokumente 1933–1945*. S. 72.
③ Walther Hofer, *Der Nationalsozialismus Dokumente 1933–1945*. S. 72.

变,这对真心追求纳粹主义变革精神的人来说是一个重大的打击。据统计,到 1935 年,1933 年之前的纳粹党干部中已有近 1/5 退出该党,以至于在 1936 年元旦那天,希特勒呼吁纳粹党员应该继续保持"革命热情"①。

在"长刀之夜"的第一天,冲锋队即由卢策任参谋长。遭到清洗后的冲锋队,发生了很多变化。其一,规模急剧缩小,从 1934 年 5 月约 400 万成员,减到同年 9 月的 260 万,再减到 1935 年 10 月的 160 万和 1938 年 4 月的 120 万。②其二,当局注重强化队员的意识形态教育工作。清洗工作还未全部结束,1934 年 7 月 6 日,卢策即在报刊上发表文章,声称要把冲锋队塑造成"民族社会主义运动一个政治可靠的工具"。同年 10 月 17 日,《冲锋队员报》(Der Stürmer)再次强调:"1933 年夺权之后,运动的发展吸引很多人加入褐色队伍,但他们并不符合为元首思想而战斗的要求。个体多样性所造成的令人无法忍受的情况导致有必要进行一场清理。"③系统化的意识形态再教育工作开始于 1934 年 8 月,任务落实到每一个突击队,由政治可靠的专门人员从事教育工作。再教育使用的主要教材是《冲锋队员报》,要求每一个成员都经常阅读这份报纸。其三,冲锋队在纳粹运动中的地位急剧下降,尤其是 1934 年 7 月 20 日,希特勒下令提升党卫队的地位,使之成为脱离冲锋队管辖的独立组织后。尽管冲锋队还在继续从事青年入伍前和军人退役后的军事训练工作,尤其是在国家举行大规模的政治集会时,冲锋队都能充当仪仗队,活跃在公众的视线范围内,但这样做无非是在承继历史的惯性,一方面显示纳粹运动的浩大声势,另一方面试图让人触景生情,回忆起纳粹运动"战斗时期"的峥嵘岁月。但冲锋队的实际政治地位,则发生了很大的变化。早在 1933 年底,冲锋队为了解决队员的就业问题,就设立了技能培训公司和培训车间,为失业队员提供技术培训,以提升他们的就业率。冲锋队遭清洗后,这方面的工作进一步扩大。1934 年,它设立"公益营地"以进一步满足就业需求。如柏林冲锋队于 1935 年 10 月在泰戈尔(Tegel)公益营地组织了一个培训项目,全国各地的失业队员都可以参加,他们可以

---

① [美]时代生活编辑部:《第三帝国:新秩序》,张显奎译,海南出版社 2001 年版,第 48 页。
② Eleanor Hancock, *Ernst Röhm: Hitler's SA Chief of Staff*. p. 165.
③ Conan Fisher, *Stormtrooper: A Social, Economic and Ideological Analysis*, 1929-35. p. 160.

在当地政府、企业和医院的行政岗位上实习 6 个月。①

随着第二次世界大战日益迫近,希特勒于 1939 年 1 月作出决定,将入伍前和退伍后的军事训练作为所有男性公民的义务,并把大部分的训练任务交给冲锋队。冲锋队的军事特性在世界大战的推动下,终于合法地得以实现。

---

① Conan Fisher, *Stormtrooper: A Social , Economic and Ideological Analysis* , 1929 – 35, p. 131.

第三章　极权主义政治体制

第一节　领袖原则与领袖国家

　　纳粹德国的政治体制是与民主体制相对立的极权制。然而国际学术界对于纳粹德国时期处于统治机器顶端的势力是一元还是多元,是有不同意见的。20世纪60年代和70年代初期,一部分西方学者对希特勒在纳粹德国的绝对统治地位提出质疑,认为当时统治德国的是各个不同的集团,而不是希特勒个人。持这类观点的学者,有的提出了"二元国家"论,即认为纳粹德国是由纳粹党和纳粹国家共同实行统治的,有的则在"二元"之外加上"领袖"这一元,成为"党—国家—领袖"三头结构。[①]

　　其实,纳粹体制既不是产生于废墟之上,也不是运行于真空之中,其产生和运行都要受到诸多因素的制约。随着资本主义的发展,资产阶级民主思想、现代政党制度和代议制度在主要资本主义国家已经成熟,希特勒不可能按照中世纪的专制统治模式来建立纳粹制度。而且,希特勒本身就是以纳粹党这一现代政党为基础,通过"合法"手段和竞选活动,在具有群众性的现代政治运动中上台执政的。他一方面要排除其他政党,另一方面又要依恃纳粹党及其控制下的团体,统治全国并控制广大民众。此外,纳粹政治体

---

① 朱庭光主编:《法西斯体制研究》,第105页。

制并不是在彻底摧毁魏玛共和国的废墟上建立起来的,而是在希特勒就任国家总理后,通过"一体化"逐步演变而来。《魏玛宪法》并未正式废除,原体制中的机构大多没有取消。希特勒并不愿意在纳粹政治结构的问题上花费过多的时间和精力。相反,为了达到"分而治之"的目的,他甚至有意让党政之间,以及各种政权机构之间,出现纵横关系和职权界限模糊不清的现象。

然而,纳粹政治体制的内核和主要标志,是希特勒个人对国家实行独裁统治,将国家一切权力集中于最高领袖(元首),以"领袖原则"作为独裁统治的理论依据。无论整个统治机器的运作,内外事务的决策,法律政令的存废修订,以至机构设置和人事任免,大小事项均需听命于希特勒的个人意志。德国学者塞巴斯蒂安·哈夫讷(Sebastian Haffner,1907—1999)在《解读希特勒》一书中,从另一个侧面表达了同样的观点。他认为,希特勒在从政期间,故意把一切都建立在其个人的不可替代性上。在他一手操作下,纳粹德国没有宪法,没有王朝,没有一个真正担负国家重任的政党(纳粹党只是希特勒个人夺权的工具),也没有安排接班人。"他为了个人的极权与不可替代性,有意识地摧毁了国家的功能。"①

纳粹德国的政权结构具有一定的独特性。就其内在实质来说,线条比较简单。根据"领袖原则",希特勒作为纳粹党和国家的领袖,高踞于整个统治机器的顶端;各个部门和各级地区的领袖们,成为该部门和地区的独裁者,形成大大小小的独裁王国,交叉构成网络状的统治"塔身";丧失基本民主权利的广大民众,处于宝塔的底层。然而,从具体的表现形式来看,由于纳粹政治体制在形成和运行过程中受到诸多因素的制约,原魏玛民主体制中的许多机构被保留下来,虽然其中若干机构的内涵被改变。同时,根据纳粹理论和实际统治的需要,又增设了一大批新的机构。如此,新旧机构的运行机制以及它们之间的关系,呈现一种错综复杂的状态,以至于很难对纳粹德国的政治管理体制作图解式的描述。②

一元性国家的理论支柱是"领袖原则"(Führerprinzip)。Führer 一词的

---

① [德]塞巴斯蒂安·哈夫讷:《解读希特勒》,景德祥译,中国青年出版社 2005 年版,第 78—79 页。
② Norman Rich, *Hitler's War Aims: Ideology, the Nazi State, and the Course of Expansion*. New York: Andre Deutsch, 1973, p. 12.

原意为"领袖",但作为希特勒的专称,一般中译成"元首"。因此,Führerprinzip一词,曾经被译成"元首原则"或"元首制"。然而,由于该原则不仅应用于希特勒,也应用于各级领导机构,因而以译成"领袖原则"为好。该原则首先于1921年7月由希特勒在纳粹党内确立,他逐渐被称作党的元首。1933年希特勒就任总理后,逐渐推行于国家管理和社会生活的各个方面。1934年8月1日,内阁通过《德国国家元首法》,希特勒于8月2日兴登堡总统去世后担任国家元首,"领袖原则"成为纳粹体制的重要基石。①

"领袖原则"的思想渊源是尼采的"超人哲学"②。"超人哲学"无限夸大人类个体之间在智力、体力和能力方面的差异,认为在物竞天择、优胜劣汰的进化过程中,必然形成两类人,一类是"超人",一类是庸人。当个别人物具有超等潜能,完全掌握自我,摆脱了基督教的"畜类道德"或"奴隶道德",能够创造自身价值时,他就成了"超人"。这种人是历史的创造者,有权奴役群众,而大多数民众只是奴隶和畜群,是"超人"实现权力意志的工具。③

希特勒把"超人哲学"运用到政治领域,提出由民族精英进行统治的"领袖原则"。他认为,如同种族与种族之间不可能平等一样,某一种族内部的个体之间也是不平等的。他在《第二本书》中写道:大多数人从来就不会有创造性成就,从来就不会对人类有所发现,唯独个别人是人类进步的创造者。一旦一个民族引入了当今西方观念中的民主,那就不仅会损害个体的重要性,而且会妨碍个性价值发挥其作用,阻止了创造者的活动和发展,消除了产生一个强有力的领导者的可能性,结果一个民族的强有力的力量源泉就被阻塞了。④希特勒明确表示,"人民国家"要以"大自然的等级思想"为

---

① J. Noakes and G. Pridham, *Nazism, 1919 - 1945: A Documentary Reader. Vol. 2: State, Economy and Society, 1933 - 39*. pp. 198 - 199.

② 关于纳粹主义与尼采哲学的关系,学术界存在不同的看法。有人强调"尼采哲学是法西斯主义的思想先驱",但也有人倾向于否定两者的关系。笔者认为,尼采哲学对希特勒的思想和法西斯主义的形成,确有明显而巨大的影响,但不能简单地把尼采评价为法西斯主义的思想先驱。

③ Louis L. Snyder, *Encyclopedia of The Third Reich*. New York: McGraw-Hill Book Company, 1976, pp. 249 - 250.

④ Adolf Hitler, *Hitlers Zweites Buch: Ein Dokument aus dem Jahr 1928*. Stuttgart: Deutsche Verlags - Anstalt, 1961, S. 78.

基础，①强调"人民统治的真义是指一个民族应被它的最有能力的个人、那些生来适于统治的人所统治和率领，而不是指应让必然不谙这些任务的偶占多数的人去治理生活的一切领域"②。

在希特勒的言论中，"领袖原则"与"民族共同体"思想是紧密相连的。他强调，领袖是民族共同体的人格代表和中心。既然领袖与民族之间存在着种族血统上的一致性，存在着人格上结合的基础，领袖是民族利益及意志的代表者，是保持民族团结的维系者，他们就有权对全民族实行绝对统治。③而分别代表一部分国民意志和利益的一般政党，也就没有存在的必要。在这一基础上，纳粹分子提出了"一个国家，一个民族，一个领袖"（Ein Reich，Ein Volk，Ein Führer）的口号，于是"人民国家"就变成了"民族的领袖国家"（der nationale Führerstaat）。由此，也形成了纳粹专制体制不同于其他专制体制的特色，即强调领袖的权威来自民众（Volk）。1934 年 8 月，希特勒公开宣称："一切国家权力必须来自民众并且由民众通过自由和秘密的选举批准。"④ 1936 年，希特勒在重新武装莱因区以后的国会选举中又公开声称：在德国，"政府受到全体民众的信任。我关心民众。15 年来，我和这个运动一起逐步上升。我不是被任何人强加给德国人民的。我来自民众，生活在民众之中，并回到民众中去。足以自豪的是，世上没有任何政治家比我更有权利说他是本国人民的代表"⑤。希特勒曾经把纳粹德国同威廉二世的德意志第二帝国进行比较。他虽然称赞君主制度能使国家领导权臻于稳固，但认为其弊端是使民众迷信"政出于上"，对政治生活持冷漠态度。⑥他说："在德意志帝国时代，领袖们没有扎根于民众之中，那是个阶级国家。"在纳粹党的宣传中，他们的领袖并非君主，而是大众中有领导才能

① Adolf Hitler，*Mein Kampf*．Translated by Ralph Manheim，Boston，1971，p. 229．

② Adolf Hitler，*My New Order*．New York：Reynal & Hitchcock，1941，pp. 593．

③ George L. Mosse，*The Crisis of German Ideology：Intellectual Origins of The Third Reich*．Schocken Books Inc.，New York，1981，p. 285．

④ ［联邦德国］卡尔·迪特利希·埃尔德曼：《德意志史·第四卷：世界大战时期（1914—1950）》（下册），第 425 页。

⑤ ［英］艾伦·布洛克：《大独裁者希特勒（暴政研究）》，第 407 页。

⑥ Adolf Hitler，*Mein Kampf*．Translated by Ralph Manheim，Boston，1971，p. 118．

并且能够获得大众支持的人。①

　　同时,希特勒在领袖与民族共同体有机结合的理论基础上,利用古代日耳曼人实行军事民主制的事实,推出了古为今用的"日耳曼民主"概念。在"日耳曼民主"中,纳粹党的元首根据结社法,由全体党员大会选举产生,之后永不改选;②国家元首通过举行点缀性的公民复决使其决策得到民众的"批准";其他各级头目均由上级任命并授以全权。希特勒认为,"日耳曼民主"是建立在选举领袖和领袖权威基础上的民主。③

　　"超人哲学"与"领袖扎根于民众"两者结合,形成了纳粹"领袖原则"的实施准则,即绝对责任与绝对权威的无条件结合。希特勒说:"每个领袖对下必须有权威,对上必须负责任","决不能实行多数决定的制度,只能由负责的人作出决定","只有他才有权威,才有指挥权力","这一原则是绝对责任与绝对权威的无条件结合,它将会逐渐培养出一批在今天这种不负责任的议会制度时代根本不能想象的领袖人才"。④按照纳粹主义的理论,所谓"对上必须负责任"的"上",就是体现在元首个人身上的使命。希特勒在1938年2月20日的国会演说中曾经明确表示:"有责任担当民众领袖的人,是不对议会惯用的法律或个别的民主观念负责的,他只对所负的使命负责。谁要是妨碍这种使命,谁就是民族的敌人。"⑤

　　"领袖原则"在具体实施中,包含三层含义:第一,纳粹党和国家的最高领导人"元首"享有无限的全权和权威,按照希特勒在《我的奋斗》中所说,"事无巨细,元首具有绝对权威,并负完全责任";第二,元首的意志以及他以任何方式表达的意图,不仅可以取消或修改现行法律,而且必须不折不扣地贯彻到整个社会生活的一切领域,传达到全党全国的每一级机构以至每一个人;第三,纳粹党的分支组织和附属协会各设一"全国领袖"

---

① Hans-Ulrich Thamer, Das Dritte Reich. *Interpretation, Kontroversen und Probleme des aktuellen Forschungsstandes*. In: Karl adietrich Bracher (Hrsg.), Deutschland 1933 – 1945. Bonn 1993, S. 523.

② Jeremy Noakes and Geoffrey Pridham (ed.), *Documents on Nazism, 1919 – 1945*. p. 45.

③ Adolf Hitler, *Mein Kampf*. Translated by Ralph Manheim, p. 38.

④ Adolf Hitler, *Mein Kampf*. Translated by Ralph Manheim, pp. 670 – 671.

⑤ Adolf Hitler, *My New Order*. p. 431.

(Reichsführer)，连同纳粹党的地区组织领袖(Leiter)，都由元首任命并对其负责，在本领域或本地区行使绝对权力，各级政府部门的首脑也由上级机关的首脑任命并对其负责，在本组织系统内行使绝对权力，这种绝对权力包括对下属负责，履行关怀义务。①这种关怀义务同绝对权威是紧密联系在一起的，犹如硬币的两面。

从以三权分立为基础的魏玛共和国，过渡到希特勒个人独裁的"领袖国家"，1933 年 3 月 23 日国会通过的《授权法》是一个重要的开端，它使原先的议会立法过渡到了以"内阁立法"为表现形式的内阁独裁。由于《授权法》被三次延长，因此在纳粹政权存在期间一直有效。

希特勒在摆脱了议会对内阁的制约后，进一步采取各种措施，来实现绝对控制内阁的目的。

措施之一是加快内阁成员"纳粹化"的进程。他增设了许多新的部，任命纳粹党徒担任部长。1933 年 3 月增设国民教育与宣传部，由纳粹宣传领袖戈培尔任部长；同年 4 月增设航空部，由戈林任部长；1934 年 5 月增设科学、教育和国民教育部，由纳粹党徒贝恩哈德·鲁斯特任部长；同年 7 月增设林业部，由戈林兼任部长；1935 年 7 月增设宗教部，由纳粹党徒汉斯·克尔(Hanns Kerrl，1887—1941)任部长。如此快速、大量地增设新的政府部门，还不能令希特勒满意。作为补充措施，他先后把纳粹党徒戈林、罗姆、汉斯·克尔、汉斯·弗兰克(Hans Frank，1900—1946)作为"不管部长"拉进内阁。每逢原有的部长退出内阁，他就以纳粹党徒取而代之。如瓦尔特·达雷取代胡根贝格担任粮食与农业部长，威廉·奥内佐尔格(Wilhelm Ohnesorge，1872—1962)取代冯·埃尔茨-吕本纳赫(Paul Freiherr von Eltz-Rübenach，1875—1943)男爵担任邮政部长，而后者的交通部长职位则由尤利乌斯·多尔普米勒(Julius Dorpmüller，1869—1945)接任。到 1938 年，只有财政部因专业性太强，仍由无党派专家冯·克罗西克伯爵执掌，司法部因顾虑到"司法独立"原则的残余，仍由右翼保守人士弗兰茨·居特纳

---

① Hans-Ulrich Thamer，Das Dritte Reich. *Interpretation，Kontroversen und Probleme des aktuellen Forschungsstandes*. In：Karl adietrich Bracher (Hrsg.)，Deutschland 1933 - 1945. Bonn 1993，S. 525.

(Franz Gürtner,1881—1941)任部长。1942 年 8 月,连居特纳也被纳粹党徒奥托·格奥尔格·蒂拉克(Otto Georg Thierack,1889—1946)接替。原先纳粹党人在内阁中居少数的局面被彻底改变,阁员作为纳粹党员,还受到党内上下级关系的束缚。

措施之二是把"领袖原则"引入内阁。根据《魏玛宪法》有关条款的规定,德国内阁应该在总理主持下实行"集体原则"和"多数原则"。但希特勒巩固地位后,就把这些原则弃之一旁。1933 年 7 月 20 日修改了政府议事规则,规定立法工作毋需经过部长之间的口头讨论,只需将相关草案经由相关部长传阅后即可定稿。[①] 1933 年 10 月 17 日起,内阁部长的誓词也从魏玛时期的"忠于宪法和法律",改为"忠于德意志民族和人民的元首"。1936 年 12 月 15 日,德国总理府主任助理、部务主任温斯泰因(Wienstein)在波恩行政管理学院的演讲中,对德国"政府"的含义作了新的解释:"今天的全国政府已不是原来意义上的内阁,在那里所有的决议都必须以多数原则为基础来制定;如今的政府是元首的顾问团,它向元首兼国家总理提建议并支持他作出的决定。"[②]

措施之三是在实际工作中不断降低内阁的地位和作用。希特勒政府举行内阁会议的频率越来越低。1933 年 2—3 月,平均每两天举行 1 次内阁会议,两个月内共举行 31 次会议。同年 4—5 月,减少到每 4 天 1 次,两个月内共举行 16 次会议。1933 年 6 月到 1934 年 3 月,10 个月内仅举行过 29 次内阁会议。1934 年 4 月到 12 月,9 个月内举行的内阁会议减至 13 次。从 1935 年起,内阁例会被取消,仅在有事之时临时召集。这一年全年仅举行过 12 次内阁会议,1936 年减至 4 次,1937 年为 7 次。1938 年 2 月 5 日,举行了纳粹德国时期最后一次内阁会议,此后直至纳粹政权覆亡,7 年多时间没有举行过内阁会议。作为一种替代物,1937—1938 年,设立了一个被

---

① J. Noakes and G. Pridham, *Nazism, 1919 - 1945 : A Documentary Reader. Vol. 2 : State, Economy and Society, 1933 - 39.* p. 213.

② Martin Broszat, *The Hitler State : The Foundation and Development of the Internal Structure of The Third Reich.* p. 282.

称为"小内阁"的国务秘书机构以处理专门性的事务。①不论是正规的内阁会议，还是"小内阁"会议，表决程序从希特勒就任总理时起就取消了。各种以内阁名义发布的法律法令，或者由希特勒与党内顾问协商产生，或者是希特勒同有关的政府部长一起商议起草。

1938年2月4日，希特勒采取了意在独揽大权的一次重大行动。他撤销了内阁的军事部（国防部从1935年5月起改称军事部，详情见第九章第三节），亲自接管勃洛姆贝格的军事部长和武装部队总司令的职权；同时，以忠顺于他的纳粹党徒约阿希姆·冯·里宾特洛甫取代牛赖特任外交部长，任命冯克接替同他意见相左的沙赫特为经济部长。第二天，纳粹党报刊登大字标题："一切权力高度集中于元首手中！"②

随着第二次世界大战的临近和爆发，希特勒借口战争需要，继续策划加强集权。1938年草拟了一部新的《国防法》，规定在发生战争时，将组建一个"三人枢密院"，集中相关权力，这三人分别是全国行政系统的全权代表弗里克、经济方面的全权代表沙赫特（以后被冯克取代）和武装部队最高统帅部长官凯特尔。然而，该枢密院除了发布过一些不重要的命令外，始终没有开过会，更遑论起重要作用。在进攻波兰前两天，希特勒又将"三人枢密院"撤销，代之以"德国内阁国防委员会"。该机构是当时由戈林主持的德国国防委员会的"常设委员会"，声称有权发布"具有法律效力的命令"，是特地为了"在当前国际紧张局势下"确保"行政与经济方面的统一指挥"而建立的，③然而其命运也与内阁一样，很快就失去作用。在纳粹体制下，只有希特勒一个人拥有最高权力。

希特勒为了有效行使独裁权力，设有三个办公厅：总理办公厅，由汉斯·海因里希·拉莫尔斯（Hans Heinrich Lammers，1879—1962）主管，以后，随着希特勒在巴伐利亚上萨尔茨堡的时间越来越多，总理办公厅在那里也设立了一个特别办公处；总统办公厅，由奥托·迈斯纳主管；元首办公厅，

---

① J. Noakes and G. Pridham，*Nazism，1919 - 1945*：*A Documentary Reader. Vol. 2*：*State，Economy and Society*，*1933 - 39*，p. 214.
② ［美］威廉·夏伊勒：《第三帝国的兴亡——纳粹德国史》，第449页。
③ ［英］阿诺德·托因比、维罗尼卡·M.托因比合编：《希特勒的欧洲》上册，第5—6页。

由菲利普·布勒(Philipp Bouhler,1899—1945)主管,内设第一至第五中央办公室,分别主管私人事务、政府和政党事务、党内赦免、社会经济事务、内部事务及人事管理。那时,除了一些特许的纳粹党徒,就是内阁部长们也很少能直接见到希特勒。他们只能通过这些办公厅,或由自己的国务秘书通过"小内阁"去同希特勒联系。到了第二次世界大战期间,希特勒与各部门头目之间的直接接触日益减少,他往往通过各类副官同他们联系。在希特勒的周围,除了其私人"小圈子","常驻客"中包括陆军联络副官、海军联络副官和戈林的联络副官。戈培尔和里宾特洛甫的出现频率也较高。①部长们互相之间则不许交换意见,他们常常是从报纸或广播中得知"德国政府"作出的决定或颁布的法令。整个纳粹德国,只有元首一人掌握着所有的统治机构,看到整个蓝图,行使着绝对的权力。

希特勒在口授《我的奋斗》一书时,曾经设计过议会的地位。他说,要取消议会是不大可能的,但是议会应恢复 Rat 一词的古义,即成为元首的"顾问"。议会可以分设若干专门委员会,在此之上设立参议院来进行协调,"但参议院和国会均无决议权……人人虽然都可以拥有顾问权,但决策必须出于一人"②。在纳粹体制中,国会并没有取消,但已经完全失去原有的地位和作用。

在德国实施"一党制"以后,1933 年 10 月 14 日,希特勒宣布解散同年 3 月 5 日在多党制条件下选出的国会,进行新的大选。此举的目标,是排除其他政党的议员,实现国会的彻底"纳粹化"。同时,他又借此机会宣布德国退出国际联盟,预定在举行国会大选的同时实施全民公决,让民众就德国退出世界裁军会议和国际联盟一事表态。这样,他就巧妙地将内政的变动与对外的民族主义诉求结合起来,希冀两者互相促进,减少阻力,加快进程。

1933 年 11 月 11 日是第一次世界大战停战 15 周年纪念日。翌日,在一党制的背景下,按照纳粹党一手提出的候选人名单,举行了新的国会选举。希特勒一如既往,向国民发起宣传攻势。他在布雷斯劳(Breslau)的大型集

---

① J. Noakes and G. Pridham, *Nazism, 1919 - 1945: A Documentary Reader. Vol. 2: State, Economy and Society, 1933 - 39.* p. 197.

② Adolf Hitler, *Mein Kampf.* Translated by Ralph Manheim, Boston, 1971, p. 187.

会上大声疾呼："瞧着吧，这一天将作为'解放日'载入我们民族的史册。它将这样记载：'在某年的 11 月 11 日，德国人民正式失去了荣誉；在 15 年之后的 11 月 12 日，德国人民又重新获得了荣誉。'"①他还说服兴登堡总统对全国发表讲话，表示支持政府。

由于是一党制框架下的国会选举，结果是没有悬念的。661 名候选人全部当选，他们都由纳粹当局圈定，其中绝大多数是纳粹党员。当局所关注的，其实只是民众的参选率和当选者的得票率。在纳粹政权的初期和中期，民众对当局有很高的期望值和满意度，纳粹运动的草根性又构成了事实上的"互相监视网"，正在快速崛起的党卫队（尤其是其保安处）和正在形成中的盖世太保也加紧构筑监控网络，这些因素都有利于纳粹当局。但当局为了提高保险系数，还是采用了不少手段。如为了提高民众的参选率，在每次大选和公民投票中，当局都专门制作了大而醒目的徽章，参加过投票的选民可获得一枚，按规定必须佩戴在上衣的翻领上。相关工作人员看到未佩戴徽章者，即会强制将其带到投票站参加投票。为了提高赞成率，相关部门在民众中制造恐怖气氛，包括用脱脂牛奶在选票背面编上号码，事后惩罚投反对票或弃权票者等。②

1936 年 3 月和 1938 年 4 月，纳粹当局如法炮制，又搞过两场选举闹剧，结果大致相同。

已交出立法权又由纳粹党徒组成的国会，在纳粹政治结构中只是点缀"民众意志"的装饰品和希特勒公布政策意图的讲台。从 1933 年 3 月到 1939 年 9 月欧战爆发，德国国会一共举行过 12 次会议，"橡皮图章"式地通过了四项法令。其中一项是 1934 年 1 月 30 日的《国家重建法》，另外是 1935 年 9 月 15 日的三项反犹《纽伦堡法》。这些"立法"都是按照希特勒的意旨起草制定的，国会根本没有进行辩论和表决。事实上，国会除在 1934 年 8 月 6 日集会举行兴登堡总统追悼会之外，其余的集会都是聆听希特勒发表声明和演说。在这些声明和演说中，1934 年 7 月 13 日的演说是关于

① ［美］时代生活编辑部编：《第三帝国：权力风云》，第 196 页。
② Jeremy Noakes and Geoffrey Pridham (ed.), *Documents on Nazism*, 1919–1945. p.595.

"罗姆暴动"的,其余都是关于对外政策和行动的。民众称国会是"接收希特勒声明的响板"(即扩音传声筒)和"昂贵的合唱团",其主要任务就是高唱国歌《德意志高于一切》和纳粹党党歌,不需要进行讨论和表决。1942年4月26日,国会举行最后一次集会,同意希特勒关于"元首不受现有法律规定约束"的声明,确认希特勒为德国的最高法官。

为了弥合"人民国家""日耳曼民主"的标签与代议机构实际上被废除这两者之间的矛盾,希特勒采取以公民投票批准政府决策的形式来体现"国家权力来自民众"和"领袖扎根于民众之中"的精神,以便吸引群众支持纳粹政权。这样的公民投票共举行过三次。第一次发生在1933年11月12日,与国会选举同时进行,内容是批准政府作出退出世界裁军会议和国际联盟的决定。由于这次投票包含了国会选举和公民投票两项内容,希特勒的演说内容也相应地有所扩展。他声称只要所有的德国人"像一个人一样"团结起来,德国就可以获得同其他国家一样的平等权利。他甚至呼吁:"接受我当你们的元首吧!我不属于任何阶级或团体,我只属于你们!"根据纳粹当局官方公布的数据,96%的公民参加了这次投票,其中95%投了赞成票。在公民投票顺利取胜的激励下,内阁很快通过希特勒提出的《党和国家统一法》,确立了纳粹党的领导地位。第二次公民投票举行于1934年8月19日,内容是批准将总统和总理的职位合二为一。纳粹当局鼓动兴登堡总统的儿子向全国发表广播讲话,敦促全体德国人"投票赞成把我父亲的职位移交给元首"①。据官方宣称,95%的公民参加了这次投票,其中90%投赞成票。第三次公民投票举行于1938年4月10日,即德奥合并之后与国会选举同时进行,内容为批准德奥合并。官方公布拥护合并的选民占99.7%。

公民投票原是西方国家在政局发生变化或决定国家重大问题时,由全体公民通过直接投票来表达意愿的一种方式,也是统治集团了解民意的重要途径。然而纳粹德国举行的公民投票,却不能完全反映民意。首先,从法理上看,纳粹德国的三次公民投票都属于"公民复决"类型,对当局的决策几

①〔美〕罗伯特·埃德温·赫泽斯坦:《纳粹德国的兴亡》上册,楼玲令译,中国社会科学出版社、海南出版社2005年版,第49页。

无影响;同时,它们又属于"有条件的或非强制性的",即某项决定是否需要提交公民复决,全由希特勒个人决定,而希特勒则选择民众爱国热情高涨之时,同其某项外交行动联系起来举行投票,以造成全民拥护的假象。其次,从操作层面上看,纳粹分子在公民投票过程中使用了很多不体面甚至卑劣的手段。德国社会民主党流亡执委会(SOPADE)对举行于1934年8月18日的公民投票曾有过一个较为系统的揭露,具体内容如下。

公民投票前:

1. 无所不在的宣传压力:只有一个答案——是;每一个橱窗每一辆车上都挂着希特勒的画像;高音喇叭不停地播放着广播演说。

2. 道德压力:那些投反对票的人被说成是卖国贼、恶棍和民族复兴的破坏者。

公民投票过程中:

1. 身着制服的冲锋队员和纳粹党员在投票站随处可见,尽管他们没有采取行动,但恐怖气氛已经造成。

2. 在很多投票站里没有秘密写票点,有些站里即使有,也无法使用,因为它们设置在远处的角落里,冲锋队员挡着路,或者路上贴着标语——"每个德国人都公开地投票,谁想秘密写票?""只有卖国贼才会到那里去"。

3. 在不少地方,发出的选票上,已经在"赞同"处打上了记号。

4. 各种团体的老会员们列队前往投票站,全都公开地投票。

5. 鼓励不符合选民条件的人前往投票:在慕尼黑,人们可以以"自己的名誉担保"参加投票;在帕拉梯纳特(Palatinate),人们可以为朋友和熟人投票。劳动营的成员可以列队参加投票,毋需核对身份。

计票过程中:

1. 多数情况下计票只在冲锋队员和纳粹党员在场时进行。

2. 无效票一般算作赞成票。空白票由统计员在"赞成"处打上记号。

3. 反对票"在一定数量内"被换上赞成票,有时由于操作人员热情过高,超出了合理范围,以至于造成选票总数多于选民人数的现象。

　　4. 官方公布的结果明显不符合实际情况(因为在选民很少的地
方,一批社会民主党同志互相发誓要投反对票,但结果中没有反映出
来),或者干脆不公布结果。①

　　此外,盖世太保自己的材料也证实了纳粹官方公布的投票结果并不真
实。在1934年8月的公民投票中,据盖世太保的内部报告称,在普鲁士州
约有1/4或更多的公民投反对票,②而在官方的公报里,全国有90%的人投
赞同票。

　　在"领袖国家"里,希特勒才是权与法的最高主宰者。就如纳粹德国国
家法理论家恩斯特·鲁道夫·胡贝尔(Ernst Rudolf Huber,1903—1990)所
说:"元首的职位结合了国家的所有神圣权力;国家的一切公权力如同纳粹
运动一样,都来自'元首权力'。如果我们希望正确地解释'人民国家'的政
治权力,我们就不应该谈'国家权力',而应该谈'元首权力'。因为给予作为
民族共同体意愿实施者的元首的,不是作为政治权力源泉的非人格化实
体——国家,而是政治权力本身。元首权力是包罗万象和总体性的;它兼备
了创造性政治活动的一切方法;它覆盖了国民生活的各个领域;它网罗了忠
诚并服从于元首的每一位民族同志。元首权力不受防护机制和控制机制的
限制,不受自在的防护范围的限制,不受既有的个人权利的限制,它是自由、
独立、排他和不受限制的。"③希特勒个人独裁的绝对权威,依靠20世纪的
现代技术和现代政治手段,甚至超过历史上的封建专制皇帝。对元首的个
人崇拜笼罩整个德国,高抬右臂口呼"万岁——希特勒!"成了人们通行的致
礼式。一切公文和信函,都以"万岁——希特勒!"作为落款。在校的学生要
学习颂扬希特勒的诗文并为之祈祷。"我的元首"成为人们对希特勒的标准
称呼。"希特勒就是德国,德国就是希特勒!"成为普遍的口号。

---

① J. Noakes and G. Pridham,*Nazism,1919 - 1945:A Documentary Reader. Vol. 2:State,
　Economy and Society*,1933 - 39. p. 594.
② 朱庭光主编:《法西斯体制研究》,第110页。
③ J. Noakes and G. Pridham,*Nazism,1919 - 1945:A Documentary Reader. Vol. 2:State,
　Economy and Society*,1933 - 39. p. 199.

第二节　党国一体

纳粹德国是"领袖国家"，希特勒处于操控一切事务的顶端位置，纳粹党和纳粹国家其实都只是希特勒实施个人极权统治的工具。然而在纳粹的宣传中，纳粹党是民族社会主义世界观的载体和纳粹运动的核心，是一个组织严密、思想一致的战斗团体，集中了德意志民族的精华，代表着全民族的利益。在魏玛体制的政党政治框架中，希特勒倚靠这个党获取了政权，逐渐组建起纳粹国家。在这个新的国家里，他也完全可以利用这个党去控制整个国家。

然而，由于实施了一党专制，在纳粹国家里就出现了纳粹党与纳粹国家的关系问题。在这个问题上，纳粹头目在公开宣传中前后提法并不完全一致，甚至出现若干互相矛盾的现象。

希特勒在写作《我的奋斗》一书时，把国家比作一个容器，其存放物是兼具种族含义的民族。然而，民族的利益并不是由国家来表达，而是由民族的领袖来代言。他将运用他的政党作为引导国家向着正确方向前进的主要工具，该党是国家机器的控制器，一旦政府官员表现出不适合执行源自党的意识形态目标的特殊政策时，它也是一个替代物。[1] 1934 年 9 月纳粹党党代会上，希特勒明确宣布："党是指挥国家的。不是国家指挥我们，而是我们指挥国家。"[2]

然而在另外的场合，希特勒又把纳粹党和政府的关系描绘成：纳粹党决定方针和目标，由国家执行；[3]纳粹党重点负责塑造民众的心灵，实施国民教育。[4] 1933 年春，纳粹党全国组织领袖罗伯特·莱伊以希特勒的名义向党的大区领袖发布命令，肯定纳粹党控制政府机关的意愿，但制止基层党组

---

① Adolf Hitler, *Mein Kampf*. Translated by Ralph Manheim, Boston, 1971, p. 201.

② Adolf Hitler, *My New Order*. New York, 1941, p. 290.

③ ［联邦德国］卡尔·迪特利希·埃尔德曼：《德意志史·第四卷：世界大战时期(1914—1950)》(上册)，第 440 页。

④ Norman Rich, *Hitler's War Aims：Ideology, the Nazi State, and the Course of Expansion*. p. 23.

织直接干预基层政府机构的人事任免事务,规定只有大区领袖才有权表达这种意愿。[1]同年 7 月 6 日,希特勒对各州总督发表讲话,明确规定:"任何党组织都不得代行政府的职权,撤换或任命官员,这是全国政府的职责。"[2]1934 年 2 月 2 日,他在纳粹党大区领袖会议上把纳粹党的主要任务限制在以下三条之内:"一、使民众接受已设计好的政府政策措施;二、帮助贯彻代表整个民族的政府所制定的政策措施;三、通过一切可能的途径支持政府。"[3]在 1933 年 9 月 28 日对各州总督的讲话中,希特勒甚至表示,打算通过"一体化"运动,把纳粹党逐渐并入国家机关,为此将设立"民族社会主义运动上议院"和政府的"冲锋队部"。一些西方学者认为,希特勒在执政后仍把纳粹党中央机关留在慕尼黑,而不迁往首都柏林,目的就在于把纳粹党和国家机关分割开来,使政府不受干预。[4]

其实,纳粹德国"党国一体"的特征还是比较明显的。但是,希特勒在推行一党专制的过程中,受到了诸多因素的制约。传统的军官团以及诸如司法界等某些系统的政府官僚集团,在一定程度上实行抵制。纳粹党内也存在着权力之争和派系之争。希特勒为了巩固自己在党内的地位,有时需要用政府机构的力量来平衡党内某些机构的实力。尤其是冲锋队提出实行"第二次革命"要求期间,希特勒为了平息这股浪潮,在一定程度上贬抑纳粹党的作用。然而到了 1935 年秋,"第二次革命"的呼声早已销声匿迹,冲锋队也已驯服,他就敢于在那年的纽伦堡党代会上公开警告政府公务员们:如果他们在执行纳粹党的政策,尤其是在对付反对派方面不能表现出足够干劲的话,纳粹党将接管他们的职权,不论在何种领域。[5]到了 1938 年,希特勒认为已经达到了"党国一体"的目标,遂得意地声称:"民族社会主义革命

---

[1] Martin Broszat, *The Hitler State*: *The Foundation and Development of the Internal Structure of The Third Reich*. pp. 197 - 198.

[2] [英]艾伦·布洛克:《大独裁者希特勒(暴政研究)》,第 227 页。

[3] Martin Broszat, *The Hitler State*: *The Foundation and Development of the Internal Structure of The Third Reich*. p. 207.

[4] Martin Broszat, *The Hitler State*: *The Foundation and Development of the Internal Structure of The Third Reich*. p. 209.

[5] J. Noakes and G. Pridham, *Nazism*, *1919 - 1945*: *A Documentary Reader*. *Vol. 2*: *State*, *Economy and Society*, *1933 - 39*. pp. 236 - 237.

的最大保证在于纳粹党对国家及其一切机构和组织有了绝对控制。"①纳粹党国会议员、法学家汉斯·弗兰克曾经勾勒过希特勒改造国家的进程：希特勒首先是纳粹党的元首，他的意愿就是党的信条和纪律，他早已绝对控制了党；1933 年 1 月 30 日的国家受到法制和权势集团的制约，这一国家对他来说是生疏的，他的意愿在那里还不能成为法律；希特勒坚信自己已经成功地改造了纳粹党，该党的组织形式是最适合于他的；最后，希特勒并没有让纳粹党受到国家的影响，成为一个法制化的、专家治理的、互相制衡的实体，相反，他的目标是改造国家，让国家按照纳粹党的模式运行，让自己像指挥党那样地指挥国家。②

随着希特勒独裁地位的增强，纳粹党在德国统治体制中的地位进一步加强，真正实现了"党国一体"。在德国实施向外扩张后，占领区的实际控制权大多由纳粹党的有关机构执掌。

"党国一体"的外在表现形式，最早反映在希特勒就任总理不久，1933年 3 月，政府就取缔魏玛共和国的黑红金三色国旗，代之以纳粹党党旗和原来德意志帝国的黑白红三色国旗。同时将纳粹党党歌《霍尔斯特·威塞尔之歌》定为同原国歌并列的第二国歌。③ 1935 年 9 月 15 日，又将纳粹党党旗定为代表德国的唯一旗帜。

比这些外在表现形式更重要的，是纳粹党对各级政权机构的实际干预和控制。

在国家（Reich）一级，由于作为纳粹党元首的希特勒担任了政府总理，1934 年 8 月起又成为国家元首，这既保证了纳粹党对全国政权的绝对控制，也使得国家一级的党政关系比地方各级略显简单。

纳粹党中央机构是"全国指导处"（Reichsleitung），由 18 名领导成员组成。④除元首办公厅主任菲利普·布勒、司库弗兰茨·克萨韦尔·施瓦茨

① Norman Rich, *Hitler's War Aims：Ideology, the Nazi State, and the Course of Expansion.* p. 30.

② J. Noakes and G. Pridham, *Nazism, 1919－1945：A Documentary Reader. Vol. 2：State, Economy and Society, 1933－39.* p. 201.

③ Louis L. Snyder, *Encyclopedia of The Third Reich.* p. 171.

④ Christian Zentner und Friedemann Bedürftig, *Das Grosse Lexikon Des Dritten Reiches.* S. 408.

(Franz Xaver Schwarz,1875—1947)，以及后文要提到的鲁道夫·赫斯
(Rudolf Heß,1894—1987)之外，其中全国宣传领袖戈培尔，自 1933 年 3 月
15 日起任新设立的内阁国民教育与宣传部长；全国农民领袖瓦尔特·达
雷，自 1933 年 6 月起接任政府粮食与农业部长；全国新闻出版领袖马克
斯·阿曼(Max Amann,1891—1957)虽因政府内没有相应的部，未直接出
任内阁部长，但实际上独掌全国新闻出版大权。纳粹党全国指导处的其他
成员，或通过出任政府不管部长，或对相关部门进行干预和渗透，直接或间
接地影响着政府政策。

对于一些纳粹党一时还难以严加控制的政府部门，希特勒采取设置直
属于自己的对口平行机构来实施干预。外交部内传统力量比较强大，在
1938 年 2 月以前一直由无党派人士冯·牛赖特执掌。尽管纳粹党全国指
导处内设有以阿尔弗雷德·罗森贝格为首的"外交政策办公室"，希特勒仍
感到难以直接控制国家的外交事务，遂于 1933 年春起用心腹里宾特洛甫作
为主要的外交助手，并在外交部的街对面，原普鲁士外交处所在地，设立规
模庞大的"里宾特洛甫办公室"(Dienststelle Ribbentrop)，直接插手外交事
务。1938 年 2 月，希特勒借故将牛赖特解职，直接任命里宾特洛甫为外交
部长，该办公室才撤销。

结果，纳粹党占据的内阁部长职位，1933 年 1 月仅占总数 11 个中的 3
个，到 1938 年 2 月，在总数 19 个岗位中只有财政部长和司法部长不是纳粹
党人。担任司法部长的右翼保守势力代表人物弗兰茨·居特纳于 1941 年
死后，该职位也由纳粹党人占据。

表 3-1　希特勒政府成员变动情况

职　　务	姓　　名	党派	任　　期
总理	阿道夫·希特勒	纳粹党	1933.1.30—1945.4.30
副总理	弗兰茨·巴本	无党派	1933.1.30—1934.7.30（此后不设置）
国防部长（1935.5.21 起改称军事部长）	维尔纳·冯·勃洛姆贝格	无党派	1933.1.30—1938.2.4（此后不设置）

续表

职　务	姓　名	党派	任　期
外交部长	康斯坦丁·冯·牛赖特	无党派	1933.1.30—1938.2.4
	约阿希姆·冯·里宾特洛甫	纳粹党	1938.2.4—1945.4.30
内政部长	威廉·弗里克	纳粹党	1933.1.30—1943.8.20
	海因里希·希姆莱	纳粹党	1943.8.20—1945.4.30
司法部长	弗兰茨·居特纳	民族人民党（1933.6起为无党派）	1933.2.1—1941.1.29
	奥托·格奥尔格·蒂拉克	纳粹党	1942.8.20—1945.4.30
财政部长	施威林·冯·克罗西克	无党派	1933.1.30—1945.4.30
经济部长	阿尔弗雷德·胡根贝格	民族人民党	1933.1.30—6.29
	库特·施密特	无党派	1933.6.29—1934.7.30
	雅尔马·沙赫特（代理）	无党派	1934.7.30—1937.11.26
	赫尔曼·戈林（代理）	纳粹党	1937.11.26—1938.1.15
	瓦尔特·冯克	纳粹党	1938.1.15—1945.4.30
劳动部长	弗朗茨·泽尔德特	钢盔团（1933.4.27加入纳粹党）	1933.1.30—1945.4.30
邮政部长	保罗·冯·吕本纳赫	无党派	1933.1.30—1937.2.2
	威廉·奥内佐尔格	纳粹党	1937.2.2—1945.4.30
交通部长	保罗·冯·吕本纳赫	无党派	1933.1.30—1937.2.2
	尤利乌斯·多尔普米勒	纳粹党	1937.2.2—1945.4.30
航空部长	赫尔曼·戈林	纳粹党	1933.5.5—1945.4.24
粮食与农业部长	阿尔弗雷德·胡根贝格	民族人民党	1933.1.30—6.29
	瓦尔特·达雷	纳粹党	1933.6.29—1945.4.30
林业部长	赫尔曼·戈林	纳粹党	1934.7.3—1945.4.24
国民教育与宣传部长	约瑟夫·戈培尔	纳粹党	1933.3.13—1945.4.30
科学、教育与国民教育部长	贝恩哈尔德·鲁斯特	纳粹党	1934.5.1—1945.4.30

职　务	姓　名	党派	任　期
宗教部长	汉斯·克尔	纳粹党	1935.7.16—1941.12.13
	赫尔曼·穆斯(代理)	纳粹党	1942.1.16—1945.4.30
军备与军需部长 (1943.9.2 起改称 战时生产部长)	弗里茨·托特	纳粹党	1940.3.17—1942.2.8
	阿尔贝特·施佩尔	纳粹党	1942.2.9—1945.4.30
东方占领区 事务部长	阿尔弗雷德·罗森贝格	纳粹党	1941.7.17—1945.4.30
不管部长	赫尔曼·戈林	纳粹党	1933.1.30—5.5
	恩斯特·罗姆	纳粹党	1933.12.1—1934.6.30
	鲁道夫·赫斯	纳粹党	1933.12.1—1941.5.10
	汉斯·克尔	纳粹党	1934.6.16—1935.7.16
	汉斯·弗兰克	纳粹党	1934.12.19—1945.4.30
	雅尔马·沙赫特	无党派	1937.11.26—1943.1.21
	奥托·迈斯纳 (兼总统办公厅主任)	纳粹党	1937.12.1—1945.4.30
	康斯坦丁·冯·牛赖特 (兼顾问团主席)	无党派	1938.2.5—1945.4.30
	威廉·弗里克	纳粹党	1943.8.20—1945.4.30
	阿图尔·赛斯-因夸特	纳粹党	1939.51—1945.4.30
总理办公厅主任 (1937.11.26 起 为部长)	汉斯·海因里希·拉莫尔斯	纳粹党	1933.1.30—1945.4.30
纳粹党办公厅主任 (1941.5.29 起 为部长)	马丁·博尔曼	纳粹党	1941.5.29—1945.4.30

　　在地方各级政权机构的党政关系中，"州"一级的情况较为复杂。

　　纳粹党地方组织原先分为六个级别：地区(Landes)、大区(Gau)、分区(Kreis)、分部(Ortsgruppen)、支部(Zellen)、小组(Block)。地区的领袖称"地区总监"(Landesinspekteur)，每一个地区约辖 4 个大区，全国共设 9 个地区。但地区这一级组织存在的时间并不长，不久便被撤销。大区由大区领袖(Gauleiter)执掌,其管辖范围除在普鲁士和巴伐利亚之外,大致同"州"的面积相当。普鲁士由于面积较大,州内设有纳粹党的 24 个大区,而其行政区划是 12 个省。巴伐利亚州内有纳粹党的 6 个大区。全国的纳粹党大区数目,1935 年是 35 个,1936 年为 36 个,以后随着德国实施对外扩张,增加到 1940 年的 41 个。①

　　1933 年,德国从复合制联邦国家改组成单一制中央集权国家,希特勒在这一过程中把以纳粹党大区领袖为主的党徒安插到州总督的位置上,②在普鲁士和巴伐利亚,则安插到省长(Oberpräsident)的位置上。普鲁士州政府的实权本来就控制在戈林手中,1933 年 7 月 8 日颁布的《普鲁士州顾问法令》又规定,州内所有的纳粹党大区领袖均成为州政府的"顾问"。在实际运行中,这些大区领袖同省长们结成联盟,形成一种新的权力中心。③巴伐利亚州的总督和政府首脑由纳粹党全国指导处成员弗兰茨·冯·埃普担任,该州的 6 名大区领袖,两人分别担任州政府内政部长和文化部长,两人从 1934 年起成为所在省的省长,另外一人担任萨尔区专员,只有一人未担任政府要职。1938 年德奥合并后,奥地利总督由新设立的纳粹党"西部边区"(Westmark)大区领袖约瑟夫·比尔克尔(Josef Bürckel,1840—1944)担任。1940 年,德国将奥地利划分成 7 个行政大区,总督均由纳粹党大区领袖兼任。大战期间,希特勒把包括侵吞的新疆域在内的全国领土,划分成 18 个国防区(Wehrkreise),各区专员有权掌管区内与国防问题相关的一切事务,也全部由纳粹党大区领袖担任。

　　由于纳粹政治体制是在魏玛共和国的基础上演变而来,因而在不少州里,就产生了总督和政府首脑之间争夺实际控制权的冲突。在普鲁士州,这种冲突发生在省长和省政府首脑(Regierungspräsidenten)之间。对这种冲突,可以从两个角度去解读。一方面,它反映了中央与地方之间的矛盾,因为总督是国家总理派驻各州的代表,更多地代表中央的利益,而州政府在一

---

① Christian Zentner und Friedemann Bedürftig, *Das Grosse Lexikon Des Dritten Reiches*. S. 408.

② Christian Zentner und Friedemann Bedürftig, *Das Grosse Lexikon Des Dritten Reiches*. S. 203.

③ Martin Broszat, *The Hitler State : The Foundation and Development of the Internal Structure of The Third Reich*. p. 109.

定程度上还残留着复合制联邦国家框架下的痕迹,容易被看作地方利益的维护者;另一方面,它也反映了党政之间的矛盾,因为大区领袖—总督(在普鲁士州为"大区领袖—省长")属于党的系统,而州(或普鲁士州的省)政府首脑则属于政府系统。1933 年秋发生在黑森州大区领袖、总督雅可布·施普兰格尔(Jakob Sprenger,1884—1945)和黑森州政府总理阿瑟·维尔纳(Arthur Werner,1877—1967)教授之间的冲突就是一个例证。当时,施普兰格尔准备去度假,遂任命了一名代表替他处理事务。维尔纳认为,此举是反常的,因为只有州总理才能在度假时由国务秘书代理他的工作,其他人是没有资格这样做的。他借机要求严格划清总督、州总理、国务秘书之间的职权界限,不得随意突破。他甚至反话正说,在一次会议上向希特勒提议,要求把州内的所有权力转移到总督手中。希特勒拒绝了他的提议,认为这样做违背了《各州与国家一体化的第二个法令》(简称《总督法》)的精神。而总督施普兰格尔在争论中一再提到希特勒强调过的口号——"革命已经结束,演化正在起步",而要求修改法令正是革命的表现。他强调总督是州总理的上司,改变魏玛时期的惯例正是"演化"的体现,纳粹党对政治问题负责,州政府只是负责管理工作。他明确声称:"假如这里发生意见分歧,只有一个人能够作出决定,那就是我,大区领袖。"他甚至提出,在作出了决定以后,任何人要同中央政府及希特勒联系,必须得到大区领袖兼总督的同意。最后,大区领袖兼总督取得了胜利。施普兰格尔获胜后,立即免去维尔纳的职务,并将黑森州总理的职位与总督合并。[①]

德国政府的行政系统,州和省以下是县(Kreis),[②]绝大部分县长由纳粹党分区领袖(Kreisleiter)担任。其下是纳粹党的分部领袖(Ortsgruppenleiter),一般兼任镇长。纳粹党的基层组织支部,或设在企业一级,或管辖 4—5 个街区,支部领袖(Zellenleiter)一般也掌握该地区的行政权力。支部以下分若干小组,由小组督察员(Blockwart)领导。这些小组督察员每人监管大约 40—60 户家庭,他为每个家庭建立资料卡,上面记载

---

① J. Noakes and G. Pridham, *Nazism, 1919 - 1945: A Documentary Reader. Vol. 2: State, Economy and Society, 1933 - 39*. pp. 249 - 250.

② Kreis 在党的系统是"分区"。

着每个家庭的情况,如参加社团组织的人数、向纳粹党捐赠的钱款数以及家庭内部存在的问题等。由于德国的公务员制度比较成熟,行政官员的入门线较高,中层以上的行政岗位都被能力较强者占据。而纳粹党徒与他们相比,往往政治热情有余而行政能力不足。因此,越到下层,纳粹党徒取代行政官员的障碍越小。尤其是街区管理员(即纳粹党的小组督察员)一级,工作繁重而社会地位不高,一般只有那些找不到其他工作的人才肯担当。纳粹党一名中层官员曾经叫苦说:"我们没有合适的人来做这项极其重要而又非常艰难的工作。大多数都是年老的人,身体有缺陷的人,智力比较低下、不够机灵活跃的人。"①从另一方面来说,这些人尽管搜集了堆积如山的资料,但对纳粹党来说真正有利用价值的不多。

纳粹党控制政府机构的另一个重要手段,是控制政府官员和公务员队伍。1933 年 4 月 7 日,当局颁布了《重设公职人员法》(*Gesetz zur Wiederherstellung des Berufsbeamtentums*)。当时,希特勒尚未获得独裁大权,多党制还未取消,再加上时任全国内政部长的弗里克和普鲁士州内政部长的戈林,尽管两人都是纳粹党官员,但是从自己的职务本位出发,也希望保持行政系统的稳定,避免出现大的动荡,因此该法令的打击面不是太大。法令一方面旨在恢复德意志第二帝国时期的职业官吏制度,规定 1918 年 11 月 9 日以后任职的官吏,如果不符合任职标准,将被免职,另一方面,把共产党员、社会民主党员和犹太人(1914 年 8 月 1 日前任职者或参加第一次世界大战者除外)作为清洗对象。该法令实施后,普鲁士州受到的影响最大,1663 名行政官员和公务员中,28％出于各种原因被免职。而在其他州,被免职者仅为9.5％。②但是该法令的隐性效应不可低估,它使政府官员和公务员人人自危,自觉地靠拢正在日益控制国家的纳粹党。

纳粹党执政后,不少人见风使舵,开始投靠纳粹党,尤其是 1933 年 3 月 5 日国会选举后,随着纳粹党所获选票进一步上升,更多的人涌入纳粹党,使党员人数从 1933 年 1 月的约 85 万猛增到 4 月的 160 万。以后,党员人

---

① [美]时代生活编辑部编:《第三帝国:新秩序》,第 47 页。
② J. Noakes and G. Pridham, *Nazism*, *1919 - 1945*: *A Documentary Reader*. *Vol. 2*: *State*, *Economy and Society*, *1933 - 39*. pp. 223 - 225.

数以更猛的势头膨胀。

表 3 - 2　1930 年 9 月—1935 年 1 月纳粹党党员数量①

统计时间	党员数	新增(1930 年为已有)人数占 1935 年总数的比例(％)
1930 年 9 月 30 日	129 563	5.2
1933 年 1 月 30 日	849 009	28.9
1935 年 1 月 1 日	2 493 890	65.9

　　随着纳粹党规模扩大和希特勒控制力增强,1937 年 1 月 26 日,纳粹当局颁布了《文职人员法》(Beamtengesetz)。该法令规定此后政府官员必须由纳粹党员担任,任职者不仅必须宣誓效忠希特勒个人,还要在思想上真正信奉纳粹主义,无条件地支持纳粹党的政治目标。②法令颁布后,大批纳粹党员进入政府机关,原有的文职官员也纷纷加入纳粹党,致使文职人员中纳粹党员比重越来越高,从 1933 年的 1/5 猛增到 1935 年的 3/5。1937 年,普鲁士州官员中的纳粹党员比重达到 4/5。1939 年后,纳粹党党籍成为进入官员队伍的先决条件。③但是与此同时,公务员们则普遍抱怨新入行者的业务素质太差,严重影响了行政效率。

　　1933 年 1—3 月以后纳粹党党员人数的剧增,降低了党员的整体质量和他们在民众中的形象,不少民众称 1933 年 3 月前后入党的人为"三月殉道者"(Märzgefallene),更多的人称他们为"三月紫罗兰"(Märzveilchen)。④为此,1933 年 5 月希特勒下令减缓党员发展速度,6 月又规定新党员必须有两年候补期。但这些措施都无济于事,党员规模仍急剧扩大,1935 年达 250 万,1945 年达到 850 万,⑤约占全国成人总数的 1/5。为了保证各级政权掌握在纳粹骨干分子手中,希特勒于 1935 年下令,在基层政府官员中,1930

---

① Jeremy Noakes and Geoffrey Pridham (ed.), *Documents on Nazism*, *1919 - 1945*. p. 111.

② Norman Rich, *Hitler's War Aims*: *Ideology*, *the Nazi State*, *and the Course of Expansion*. pp. 42 - 43.

③ Richard Grunberger, *A Social History of The Third Reich*. Clays Ltd. England,1971, pp. 82 - 83.

④ Louis L. Snyder, *Encyclopedia of The Third Reich*. p. 223.

⑤ Christian Zentner und Friedemann Bedürftig, *Das Grosse Lexikon Des Dritten Reiches*. S. 409.

年 9 月以前入党的纳粹党员至少要占 10%。①据纳粹党自身的统计,1935 年全国 2 228 名市长中,老党员占 1 049 名,新党员占 694 名,无党派人士占 485 名,三者比例为 47∶31∶22。同一年在 689 名地方政府参赞中,三者人数分别为 198、235 和 250 名,比例为 29∶34∶37。到 1941 年,普鲁士以外的 304 名地方政府参赞中,无党派人士只有 11 名,老党员 42 名,其余都是纳粹新党员。在普鲁士州的地方政府参赞中,无党派人士也只有 11 名,其余半数以上(152 名)是 1933 年 1 月 30 日以后加入纳粹党的。②

　　纳粹党还对整个公务员队伍实行严密控制。它除了规定所有公务员必须加入纳粹党的下属组织——德意志公务员联盟(Deutscher Beamtenbund),还窃听文职人员的电话,跟踪他们的亲戚朋友,调查他们以往的政治态度,核查他们的婚姻状况及履行优生计划的情况。内政部还反复强调,每个公务员不仅必须订阅纳粹党党报,还要为该报扩大读者面。

　　在"以党干政"的过程中,纳粹党设在慕尼黑的赫斯办公室(即元首代表办公室)起着特别的作用,该机构不仅领导着被称为"政治组织"(Politische Organisation,简称 PO)的纳粹党组织系统,还以其特有的方式干预着国家的行政事务。鲁道夫·赫斯于 1925—1932 年任希特勒的秘书,1933 年 4 月 21 日被任命为"纳粹党元首希特勒的代表"(Stellvertreter Hitlers als Parteiführer),简称"元首代表"(Stellvertreter des Führer),负责"在所有涉及党的领导地位方面,以希特勒的名义作出决定"。③早在 1932 年 12 月纳粹党全国组织领袖格雷戈尔·施特拉瑟因政见分歧辞职时,希特勒为了尽快弥合由此造成的党内管理系统的纰漏,并防止再次出现足以危及自己独裁地位的角色,一方面任命罗伯特·莱伊接任纳粹党全国组织领袖,负责管理纳粹党的组织系统,另一方面组建了新的机构,即纳粹党政治中央委员会(Polititsche Zentralkommison),由赫斯担任主席。该委员会在赫斯担任元

---

① Richard Grunberger, *A Social History of The Third Reich*. p. 170.

② Martin Broszat, *The Hitler State*: *The Foundation and Development of the Internal Structure of The Third Reich*. p. 243.

③ J. Noakes and G. Pridham, *Nazism, 1919-1945*: *A Documentary Reader. Vol. 2*: *State, Economy and Society*, *1933-39*. pp. 228-239.

首代表后,改称"元首代表办公室"。

在初期的运行中,莱伊企图恢复先前格雷戈尔·施特拉瑟在党内的地位,以全国组织领袖的身份管理党的系统,但遭到赫斯和诸多大区领袖的抵制,尤其是 1933 年 6 月 27 日起赫斯获准能出席内阁会议、同年 12 月 1 日成为政府不管部长后,赫斯办公室的地位进一步上升。而不少大区领袖自恃是希特勒的"老战友",公然声称只会服从直接发自希特勒的命令,并在希特勒的容忍下,把自己的管辖范围安排得宛如自治王国,个别的甚至要求辖区内的教堂始终以齐鸣的钟声欢迎自己的到来,连希特勒也戏称他们为"大区伯爵",①中央机构的官员只能无奈地称他们为"小希特勒"。

为了加快以党干政的进程,希特勒于 1934 年 7 月 27 日颁布命令,进一步提升赫斯办公室的地位。其中规定:

> 元首代表赫斯部长将参与所有政府部门的法律起草工作;提交给其他相关部长的立法文件,必须同时递送给元首代表;由其他相关部长亲自参与起草的文件也是如此;必须让元首代表赫斯部长有机会对相关文件提出建议;赫斯所派出的专家代表可以以赫斯的名义参与工作。②

1935 年 9 月 24 日,希特勒再次发布命令,给予赫斯参与政府官员提名与审批工作的权限。命令规定:

> 元首代表必须参与官员的任命工作;参与形式为元首代表收到拟任命官员的详细材料,并有足够的时间发表看法。③

在实际运行中,赫斯办公室一般都要同相关的大区领袖联系,以保证任职者在政治上绝对可靠。

参与政府立法和行政官员的任命工作,使赫斯办公室的工作量大增,急

---

① 伯爵在法兰克王国时期为自主权较大的地方行政长官。

② J. Noakes and G. Pridham, *Nazism, 1919 - 1945: A Documentary Reader. Vol. 2: State, Economy and Society*, 1933 -39. p. 239.

③ J. Noakes and G. Pridham, *Nazism, 1919 - 1945: A Documentary Reader. Vol. 2: State, Economy and Society*, 1933 -39. p. 240.

需大量懂行的工作人员。1933 年 7 月 1 日起成为赫斯助手的马丁·博尔曼(Martin Bormann,1900—1945)趁机崛起,利用自己所具备的管理能力,充分扩大赫斯办公室的权限,并以赫斯为跳板,向希特勒的"个人小圈子"靠拢。到 1934 年底,赫斯在博尔曼协助下,建立了自己的控制架构。总部位于慕尼黑的赫斯办公室以两个处为支柱。即,第二处"纳粹党内部事务处",处长为黑尔穆斯·弗里德里希(Hellmuth Friedrich);第三处"国家事务处",处长先后为瓦尔特·桑迈尔(Walter Sommer,1903—?)和格哈德·克劳珀(Gerhard Kloper,1941 年起任职),负责处理党政关系,即代表纳粹党干预国政。

1934 年 10 月 25 日,当赫斯还在组建自己的统治架构时,就向全党发布一个指令,要求纳粹党的各级官员在自己的具体指挥下,全面干预行政事务。指令指出:

> 纳粹党所遵循的政治路线源自元首希特勒,他授权赫斯确保该路线在全党不折不扣地得以履行;元首代表、大区领袖和党的各级官员必须确保各级行政机构的政治路线,元首代表重点负责中央政府和那些包含一个以上大区的州(普鲁士和巴伐利亚),大区领袖重点负责大区内的行政系统;纳粹党全国组织领袖属下的专家,包括纳粹党全国指导处成员,冲锋队、党卫队和希特勒青年团等组织的领袖,如需干预国政,要获得相关官员(即赫斯——引者)的同意。①

指令的最后一点,意在蚕食莱伊的权限,并取得了成功。后者虽身为纳粹党全国组织领袖,并且编制过一本题为《组织》、厚达六百多页的手册,其中详细说明了纳粹党每个分支机构、办公室、级别、制服、徽章等具体内容,但是在以党干政甚至管理党的干部方面,已无甚实权,他的工作重点逐渐转向组建纳粹培训基地。赫斯在扩大控制权限方面,遇到的主要障碍是大区领袖,他们成功地抵制了先后来自莱伊和赫斯的强化控制的愿望。

1941 年 5 月赫斯私自飞往英国后,"元首代表"一职被取消,赫斯办公

---

① J. Noakes and G. Pridham, *Nazism, 1919 - 1945: A Documentary Reader. Vol. 2: State, Economy and Society*, 1933 - 39. p. 241.

室改组成"党务办公厅"(Parteikanzlei),由马丁·博尔曼任主任。从名称上看,党务办公厅的权限应该小于元首代表办公室,其实却不尽然。当时希特勒的独裁地位已经相当稳固,在实施以党干政方面更加肆无忌惮。他把赫斯拥有的全部职权都授予博尔曼(包括把博尔曼提升为纳粹党全国指导处成员),并于1942年1月16日规定,纳粹党与国家机构之间必须通过博尔曼才能进行联系,中央和地方的行政长官(包括各部部长),都必须通过博尔曼向他呈报公务。随着德国不断向外扩张,占领区的控制权主要由党的机构掌握,控制东部占领区的特别权力也授给党务办公厅。加上博尔曼本人善于揽权,1943年起兼任"元首秘书",权力进一步增大。就连赫斯时期难以解决的大区领袖闹独立现象,在博尔曼时期也得到缓解。他一方面提升大区领袖代表的作用,同时大量派出党务办公厅的工作人员担任大区领袖的下属,借此直接同他们保持联系。等到原有的大区领袖年老退休后,大多由第二处的官员们接替。

第三节　司法纳粹化

司法系统在一个国家的政治变动中大多具有滞后性,第一次世界大战前在德意志帝国母体里形成的法官队伍,在魏玛共和国时期变动不大。魏玛时期全国法官的人数在8 000名至10 000名之间波动,他们属于文官系列,但地位低于行政系列的官员。他们的收入适中,升迁的机会也很少,综合社会地位远不如英国的同行。因而,攻读法律专业的优秀学生,首选的职业是行政官员,也有不少人去当私人律师。多数法官对民主政体有反感,法官队伍成为右翼保守势力的堡垒。他们的所作所为,被认为是魏玛共和国政治生活中最黑暗的一页,并成为促使魏玛民主体制覆亡的助力。基于历史的原因,法官队伍作为整体,并没有形成一个强有力的独立职业团体,矢志维护法律的尊严,甚至在必要时对抗政府。然而作为个体,法官们还是受到西方国家普遍流行的"司法独立原则"的影响,力图排除政治压力对审判程序和判决结果的影响。1932年,德国一流法学家、社会民主党人古斯塔夫·拉德布鲁赫(Gustav Radbruch,1878—1949)曾宣称:"法官的职责就是使法律得到贯彻,把自己的法律感情献给有权威的法令,只问什么是合乎法律的,决不问这是否也是公平合理的。"当时德国法院流行一句名言:"立法者是独断独行的,除去他自己在宪法或其他法律中所订立的约束外不受任何其他约束。"①一般情况下,法官一旦被任命,便终身任职,不能被免职或调任他用。这一现状对纳粹当局的"一体化"意图是一个很大的障碍。

纳粹党的最终目标是建立一个纳粹主义原则高于法治的"领袖国家",具有相对稳定性的法律条文对实现这个目标是一种障碍。因而,就如纳粹当局没有公开废除《魏玛宪法》,而是采用各种手段将其实际上化为乌有一样,他们对具体的法律体系也使用了同样的办法。

在宣传上,希特勒和其他纳粹头目都否认传统的法律理念,鼓吹"领袖原则"是纳粹权威概念的基础,也高于传统的法律理念,因为元首希特勒作为命运指定来领导德国的人物,他表达了全民族的意愿,任何具体的法律条文都可能制约他的行动自由,尤其是那些由迂腐并受到自由主义毒害的法律专家们制定的条文。1928 年,希特勒在一次会上说:"这个世界上只有一种法律,即置身于自身力量基础上的法律。"纳粹当局把法律和法律体系纯粹看作是达到自身目的的武器。1934 年,民族社会主义法律工作者联盟主席汉斯·弗兰克在专业杂志上写道:"在民族社会主义的国家里,法律只能是维护安全、促进民族共同体发展的工具。评判个人的法律也只能以他对民族共同体的价值为依据。"而内政部长弗里克的话则更为直白:"一切对民族有利的东西都是合法的,一切损害民族的东西都是非法的。"②

在纳粹的宣传中,这种民族利益是远远高于个人权利的。1933 年 3 月,希特勒在提交《授权法》的国会演说中曾经表示:"'法律面前人人平等'的理论不能用来扩大那些人的平等,他们以民主原则为借口,把自己的自由置于民族的自由之上。政府将通过参与组建民族阵线来对抗漠视民族利益、不支持政府的危险,以保证所有民族成员在法律面前的平等地位。我们

---

① [联邦德国]卡尔·迪特利希·埃尔德曼:《德意志史·第四卷:世界大战时期(1914—1950)》(上册),第 421—422 页。

② J. Noakes and G. Pridham, *Nazism, 1919 - 1945: A Documentary Reader. Vol. 2: State, Economy and Society, 1933 - 39.* pp. 471 - 474.

的法律体系必须用以保护我们的民族共同体……民族而不是个人应成为法律体系的核心。"如果说希特勒在公开言论中还必须有所顾忌，不能把自己抬得过高，那么其御用文人则可以无所顾忌说出当局的真实意图。基尔大学法理学教授恩斯特·鲁道夫·胡贝尔（Ernst Rudolf Huber，1903—1990）曾经表示："法律本身只是公共秩序的一种表达，这种公共秩序由元首提供，供民众生存之用。'元首法律'使民族公共生活的不成文原则具体化。因而，不可能以更高的法律概念来估量元首的法律，因为每一项元首法律都是法律的民族概念的直接表达。"就连政治倾向不那么明显的学究式律师海因里希·斯托尔（Heinrich Stoll，1891—1937）也曾在 1933 年的《德意志法学报》撰文称："如果在一场军事行动中更换了军事指挥官，那么原有的军事指令和整个行动路线可以保留，但它们会由于来自新领导的简短而目标明确的指令而获得全新的意义。德国的法理学家在私法领域也处于同样的位置上。民法典的条款仍然有效，但它们通过伟大运动关于'核心法的概念'而具有了新的方向。"[1]

　　希特勒政府对司法系统的整肃，首先从律师队伍开始。魏玛共和国时期，律师属于自由职业者，一旦通过资格考试，即可开业，在法庭上为当事人辩护，一般情况下不会屈从于政府。希特勒曾经把所有的律师都看作"反对他的政权的捣乱分子"[2]。他就任总理后，律师的独立地位很快遭到侵蚀。1933 年 4 月 7 日，政府颁布关于实施律师准入制度的法令，规定同日颁布的《重设公职人员法》（Gesetz zur Wiederherstellung des Berufsbeamtentums）同样适用于律师。如此，律师纳入了公务员系列，在一定程度上受到政府的约束。同时在律师的管理方面，魏玛时期一般由地区性的同业公会实行自我管理，1933 年建立了"全国律师公会"，其官员都由司法部长根据同全国法律界领袖协商的结果任命，全国的律师都必须加入该公会。公会致力于保证律师们按照"民族社会主义国家的期望"行事，并通过"荣誉法庭"维持纪律。同年 10 月，当局组织了一万多名律师在莱比锡最高法院前举行宣誓

---

① J. Noakes and G. Pridham, *Nazism, 1919 - 1945: A Documentary Reader. Vol. 2: State, Economy and Society, 1933 -39.* pp. 475 - 476, 485.

② ［英］阿诺德·托因比、维罗尼卡·M. 托因比合编：《希特勒的欧洲》，第 31 页。

仪式。律师向希特勒敬礼,公开宣誓:"以德国人民的灵魂宣誓,作为德国法律界的人士",他们将追随"元首的事业奋斗,直到生命的终点"。1937年11月1日,"荣誉法庭"处罚了一名拒绝行纳粹问候礼(即向前伸出右手,口呼"希特勒万岁!")的律师,认为这种行为会引起社会不安,降低法律界人士在民众心目中的地位,应该予以严厉的惩罚。对于不参加国会大选投票和公民投票的律师,也给予除业处理。1939年1月4日,当局颁布《关于法官、公诉人、公证人和律师准入制度的法令》,规定对包括律师在内的法界人士实施强制性培训,培训课程的主要内容为:德意志历史;对德意志人的文化发展起过积极影响的民族的历史,其中主要是希腊和罗马的历史;纳粹主义及其意识形态基础;关于血统与土壤关系的理论;关于种族与民族性关系的理论;关于德意志共同体的生活;德意志民族的伟大人物。[1]

对法官和公诉人的控制措施几乎同时展开。早在1928年,纳粹党即组建过"民族社会主义德意志法学家联盟",由汉斯·弗兰克任主席,1930年拥有成员233名,1932年猛增至1374人。希特勒执政后,开始着手以该组织作为控制司法系统的工具。为了吸收更多的法官和律师参加,1934年曾淡化其意识形态限定,将名称改为"德意志法律阵线"(Deutsche Rechtfront),翌年成员数达到82 807人。然而1936年再次改名,恢复意识形态限定,淡化种族概念,称"民族社会主义法律工作者联盟"(Nationalsozialistischer Rechtswahrerbund,缩写NSRB)。[2]为了打破法学实证论的传统影响,纳粹当局在1935年颁布关于修改刑法的法令,规定法官审判时可以根据刑事法典所包含的"原则"和民众的"普遍情绪"来进行,从而为抛弃强调一切依据法律的法治打开了大门。

1933年4月7日颁布的《重设公职人员法》废弃了关于法官不能因政治原因被免职或降级的原则,从而抽去了司法独立原则赖以生存的基础,尽管实际上受影响的法官是很少的,因为绝大多数法官在政治上属于右翼。1935年的法令将纳粹党通过"元首代表办公室"主持任命文职人员的做法

---

① J. Noakes and G. Pridham, *Nazism, 1919 - 1945: A Documentary Reader. Vol. 2: State, Economy and Society, 1933 - 39*. pp. 477 - 478.

② Christian Zentner und Friedemann Bedürftig, *Das Grosse Lexikon Des Dritten Reiches*. S. 410.

推广到法官队伍,从而使当局能够从源头上保证法官队伍的政治倾向。1936 年秋,当局把在莱比锡举行过的法官宣誓仪式强行推行到全国各地,迫使各地的法官穿着饰有卐和雄鹰标志的法袍,举臂行纳粹礼,宣誓效忠于希特勒个人。1937 年 1 月 26 日颁布了新的《文职人员法》(*Beamtengestz*),其中第 71 款规定,文职人员"如果不能保证他们在任何时候都会支持民族社会主义国家",将被强制退休。当时希特勒经人劝说,在第 171 款中对此作了限定,规定第 71 款不能应用于正在审理案件的法官,但一年半后,即 1938 年 7 月 12 日,就通过总理办公厅主任拉莫尔斯向司法部长递送秘密备忘录的形式取消了这一保留。此外,从 1937 年起,法官在办案中的自主地位也愈益受到侵蚀。审理任务的分派,不再由庭长根据与各部门负责人及资深法官商议的结果作出决定,而是由庭长根据司法部的命令,以司法部代表的身份行事出决定。与此相对应,公诉人在审判过程中的地位则进一步上升,根据新的《文职人员法》的规定,公诉人归入了政府官员类别,结果是审判案件中宣布无罪释放的比重急剧下降,从 1932 年占案件总数的 13%,下降至 1940 年第二季度的 7%。[1] 而死刑的适用范围则扩大,从 1933 年只有 3 种罪可以被判处死刑,到 1946 年增至 46 种罪行。公诉人接管了法官的一些职责,如审查被告人写的信件(甚至写给辩护律师的信件)、授权监狱探视、处理上诉请愿等。1939 年,在最高法院内设立了"特别处",规定首席公诉人可以将某些案件直接提交该处审理,从而越过了低级法院。他也可以将其他法院(下文将要提到的"人民法庭"除外)已经审理完毕的案件在一年内提交该处重新审理,作出最后判决。[2]此举提升了首席公诉人的地位,使他们实际上能够决定受审者的刑期。在不少案例中,公诉人实际上拥有双权,既定罪(通常都是有罪)又判刑。

纳粹当局还告诫法官们要明确自己的职责。1936 年 1 月 14 日,由法学杂志社编辑卡尔·埃卡德(karl Eckhard)教授撰写,但以汉斯·弗兰克博士名义发表的文章称:"法官不能以国家权力的代表自居,凌驾于公民之上,他

---

[1] J. Noakes and G. Pridham, *Nazism, 1919 – 1945: A Documentary Reader. Vol. 2: State, Economy and Society, 1933 – 39.* p. 485.

[2] Richard Grunberger, *A Social History of The Third Reich.* England: Clays Ltd., 1971, p. 158.

们只是德意志民族共同体的一员。把法律提升到高于民族共同体的地位、推广所谓的普世价值，这些都不是法官的职责。法官的任务是维护民族共同体的秩序，清除危险因子，惩罚一切破坏性活动，仲裁共同体成员中的纷争……法官无权审视由元首作出的，并以法律或法令的形式公布的决定，他们还应该坚决执行元首作出的任何其他决定，这些决定明白无误地表达了新法规的意图。"①

修正法律的行动也在悄然进行。1937年，德国最高法院作出裁定，即使在家庭内部，或者在私人间发誓保密的情况下发生的批评政府的行为，也是可以起诉的。公民只有在保证不被人偷听的自言自语中，以及在肯定不会被其他人看到的日记中，才能表达不满之情。② 欧战爆发后，后一保留条款也被取消。

然而从总体上看，纳粹党控制司法系统的效果不如其他领域。1933年后法官队伍更换的速度，比其他部门缓慢得多，直到1939年，还有约2/3的法官是希特勒执政前任命的。律师队伍更换的比例更低。新《文职人员法》达到了控制文职人员的目的，却未能大批量地更换法官。在希特勒执政初期，部分律师甚至认为德国仍然是一个法治国家，在推行法治方面比魏玛共和国有过之而无不及，"它保证了领袖们的每一个意图都以法律的形式表达出来，满足了民众对法制保障的心理需求"③。连"民族社会主义法律工作者联盟"都没有成为俯首帖耳的驯服工具，反而经常要求保持司法的独立性。④其主席汉斯·弗兰克甚至提出以恢复日耳曼法律观为基础的民族权威的法治国家观点。⑤作为司法行政最高机构的国家司法部，一直掌握在非纳粹党人弗兰茨·居特纳手中，而他的助理汉斯·冯·多纳尼（Hans von

① J. Noakes and G. Pridham, *Nazism, 1919 - 1945: A Documentary Reader. Vol. 2: State, Economy and Society, 1933 - 39.* p. 486.
② Wallace R. Deuel, *People Under Hitler.* Harcourt, Brace, New York, 1942, p. 148.
③ Rolf Dahrendorf, *Gesselschaft und Demokratie in Deutschland.* Piper Verlag, Munich, 1965, S. 275.
④ Martin Broszat, *The Hitler State: The Foundation and Development of the Internal Structure of The Third Reich.* p. 338.
⑤ ［联邦德国］卡尔·迪特利希·埃尔德曼：《德意志史·第四卷：世界大战时期（1914—1950）》（上册），第421页。

Dohnanyi,1902—1945)竟是反纳粹抵抗运动的中坚人物之一。"长刀之夜"事件发生后,居特纳虽然对希特勒表示支持,但公开要求此后能以正常的法律程序处理此类事件。他还反对希特勒对案件审判工作的干预,尤其不愿把法院判决后的犯人移交给盖世太保或其他警察部门。大学里培养青年律师的方法和内容也不完全符合纳粹主义的原则。1935 年,霍恩施泰因集中营(KZ Hohnstein)的数名纳粹官员因残酷虐待囚禁者,曾被法院判刑,最后只能由希特勒出面将他们赦免。①纳粹当局的意愿不能在每个案件的审判中得到贯彻,以至于纳粹报刊,尤其是党卫队机关报《黑色军团报》(Das Schwarze Korps),在 1938—1939 年曾大肆攻击司法系统和法院对某些案件的判决。②

希特勒政府力图缩小传统司法机构行使职责的范围。早在 1933 年 12 月 1 日颁布的《党和国家统一法》中,就规定纳粹党、冲锋队和党卫队成员犯法不再由法院审理,而由纳粹党的特别机关审理。例如,纳粹党在大区一级设置了"党内法庭"(Parteigerichte),任务是保证纳粹党维持北欧-日耳曼种族的纯洁性,镇压犹太人、共产党人和自由主义者等"国家的敌人",有权用解职、降低社会地位和监禁等手段威胁和惩处党员。此外,劳动服役队员和军人也被划为特殊人群,由专门的机构来处理他们的事务。同时,当局还设立各种新的审理机构来处理特定的事务,其中包括政治犯罪、世袭农庄、劳工纠纷和强制绝育等。1935 年又由布雷斯劳(Breslau)检察院出面,规定各级法院无权裁决政府的行动是否合乎宪法。③在缩小传统法院管辖范围方面,最突出的事例是组建"特别法庭"和"人民法庭"。

特别法庭(Sondergericht)根据 1933 年 3 月 21 日的法令设立,设置于各州的高等法院之内,主要负责审理"阴险地攻击政府"的政治案件。1943 年全国司法部长蒂拉克写给科隆州高级法院的一封信中称,该法庭是国家

---

① [民主德国]P. A. 施泰尼格尔编:《纽伦堡审判》上卷,王昭仁、宋钟璜、关山、肖辉英、李兰琴、李国林译,王昭仁校,商务印书馆 1985 年版,第 138 页。

② Martin Broszat,*The Hitler State*:*The Foundation and Development of the Internal Structure of The Third Reich*. p. 339.

③ Bracher & Funke & Jacobsen(Hrsg.),*Nationalsozialistische Diktatur*,*1933 - 1945*. S. 445.

领导人处决政治犯的一件锋利武器,因为它判决的对象是根据新的立法而被指控的人。①特别法庭由三名"必须是可靠的纳粹党员"的法官组成,不设陪审团,废止预审制,限制被告提出申诉的权利。被告可以聘请辩护律师,但人选要得到纳粹党官员的认可。至于某一案件是由普通法院抑或特别法庭审理,由公诉人决定。根据 1938 年 11 月 20 日颁布的法令,特别法庭审理的案件范围进一步扩大,除政治事件外还有权审理刑事案件。②德国新教"明认信仰教会"领袖马丁·尼穆勒(Martin Niemöller,1892—1984)牧师因为反对教会纳粹化,曾于 1938 年 3 月在特别法庭受审。法庭指责他"滥用讲坛"和在教堂里收集捐款,判处他 7 个月徒刑和 2000 马克罚款。以后他长期被关在集中营,直到纳粹政权灭亡。③

人民法庭(Volksgericht)也是一种专门法院。它于 1934 年 4 月 24 日设立,设于柏林法院内,主要审理反对纳粹政权和纳粹思想的案件。从同年 7 月 14 日起,它取代审理政治案件的最高机构——德国国家法院。人民法庭由 2 名职业法官和 5 名纳粹党、党卫队和武装部队官员组成。1942 年以前由奥托·格奥尔格·蒂拉克任庭长,以后由罗兰德·弗赖斯勒(Roland Freisler,1893—1945)接任。它基本上实行秘密审讯。审讯时,法官席背后放置的不是国徽和国旗,而是弗里德里希大王和希特勒的半身像及纳粹党党旗。辩护律师都是"合格的"纳粹党人。审判过程类似于战时的临时军法审判,被告大多被判以死刑。著名的慕尼黑大学舒尔兄妹的反纳粹案和 1944 年 7 月 20 日谋刺希特勒案,都是由该法庭审判的。

1941 年 1 月居特纳去世,随后的变动引发了 1942 年德国司法领域的一场危机,按照汉斯·弗兰克的说法,这场争论使司法危机不仅成为"法律的危机,而且也成为国家的危机"④。一些狂热的纳粹头目希望利用居特纳

---

① [德]古德龙·施瓦茨:《纳粹集中营》,樊哲、刘洪普、杨书琪、周曦译,刘洪普校,军事科学出版社 1992 年版,第 19 页。

② Martin Broszat, *The Hitler State：The Foundation and Development of the Internal Structure of The Third Reich*. p. 339.

③ Louis L. Snyder, *Encyclopedia of The Third Reich*. pp. 248 - 249.

④ Frank's Abschließende Betrachtungen.《纽伦堡国际军事法庭》第 29 卷,第 555 页。转引自[英]阿诺德·托因比、维罗尼卡·M. 托因比合编:《希特勒的欧洲》,第 29 页。

去世的机会实施司法改革,将司法系统全盘纳粹化。人民法庭庭长蒂拉克主张法官应变成"不是监察官员而是国家元首的直接助理"。党卫队全国领袖希姆莱则声称,自己的行为是否"破坏了某一项法律条款",他并不在乎。他向希特勒提议,应撤销司法部,其中民法的执行划归内政部管辖,刑法的执行划归警察部门管辖。但是,当时担任德国法学院院长和民族社会主义法律工作者联盟主席的汉斯·弗兰克,在相当一部分地方司法长官的支持下,要求保留一定程度的法制统治。他们认为,如果平民没有法律保障,任何政治制度都不会长此稳定,甚至连纳粹国家也必须是一个法治国家。①

希特勒尽管正在忙于指挥战事,但面临危机,还是分出精力直接干预此事,并开始关注各级法院的审判工作。1942 年 4 月 26 日,他突然召集国会开会(它也成为纳粹德国最后一次国会会议),并在会上警告法官们:如果他们在工作中表现出不理解当前的需要的行为,那么不管他们"既得的权利"如何,都将一概予以撤职。也就是在这次会议上,希特勒正式获得德国最高法官的地位,有权"不受现行法律条文的任何约束",把他认为不称职守的大小官员全部撤职。②之后,政府公布了全体法官都必须遵守的"普遍方针"。同年 7 月 22 日,戈培尔在一次讲话中声称:"法官是不能罢免的这种意见……来自一个敌视德国人民的外国知识界",在民族社会主义制度下,人们希望法官"在工作中少依据法律,多依据这一基本观点:罪犯应从社会中清除出去"。③

汉斯·弗兰克还是不肯让步,1942 年 6—7 月,他向柏林、维也纳、慕尼黑和海德堡等大学发表了一系列惊人的坦率演说,猛烈地谴责支持"警察国家的理想"而压制"德国人由来已久的对法律的尊重"的行为。他还设法晋见希特勒本人,以便指出政府政策所包含的种种危险,但一直未能如愿。相反,希特勒通过行动明确表明了自己的态度。同年 8 月 22 日,他任命忠实

---

① [英]阿诺德·托因比、维罗尼卡·M. 托因比合编:《希特勒的欧洲》,第 29—31 页。
② [民主德国]洛塔尔·贝托尔特等编写:《德国工人运动史大事记·第二卷:从 1917 年至 1945 年》,第 471 页。
③ [英]阿诺德·托因比、维罗尼卡·M. 托因比合编:《希特勒的欧洲》,第 33 页。

执行其意旨的蒂拉克为司法部长,并发布一道命令,委托蒂拉克遵照他的
"训令和指示",授权他"不受现行法律的约束",同博尔曼和拉莫尔斯一起
"建立起民族社会主义的司法制度"。同时,希特勒采取各种措施清肃弗兰
克在党和国家法律事务方面的影响。考虑到"外交政策方面的原因",他认
为不便把弗兰克的国家不管部长和波兰总督的职务撤掉,但弗兰克在司法
系统的一切职务都被免去,德国法学院院长和民族社会主义法律工作者联
盟主席的职务由蒂拉克接任,弗兰克任处长的"纳粹党法律处"被解散,该处
设在各地的办事机构遭关闭。当局还禁止他发表演说和出版以往的演
说稿。

　　司法界对希特勒的这一系列举措还是作出了一些反应。据盖世太保和
党卫队保安处的汇报材料称,"这些措施遭到司法界猛烈的反对。同过去盛
行的关于地方官独立的概念彻底决裂……据说在一定程度上受到地方官深
为不满的批评。据说,在某些情况下,这甚至引起对民族社会主义国家公开
加以指责"①。党外的报纸继续发出一些克制性的呼声,重复着弗兰克为
"法律保障"和"法律感情"提出的要求,最后,连戈培尔也不得不下令,禁止
报刊进一步发表贬抑律师的言论。而蒂拉克作为新任司法部长,也发现要
建立起希特勒所指望的"民族社会主义司法制度"并不容易。他继续努力,
力图使希特勒满意。他设法使法官们更为彻底地从属于司法部,从而促使
司法部门纳粹化,同时打算简化刑事裁判程序。他甚至于 1942 年 9 月 18
日同希姆莱达成一项协议,承诺尽力使司法工作同保安警察和党卫队保安
处的活动更为一致。然而包括希特勒在内的激进派对他仍感不满,据戈培
尔称,结果人们发觉他并不是一个"理想的司法部长"。司法系统的这种僵
持状态一直持续到纳粹政权灭亡,纳粹党只得通过办公厅 III‑C 组组长赫
伯特·克勒姆(Herbert Klemm,1903—?)接替蒂拉克的助手担任司法部国
务秘书,并以组长的身份处理党对"不满意的"法院判决所提出的控诉,以间
接干预法院的审判工作。

---

① [英]阿诺德·托因比、维罗尼卡·M. 托因比合编:《希特勒的欧洲》,第 34 页。

第四节　党卫队与党卫队保安处

党卫队是纳粹德国体制中的一个怪胎,其诞生之初,不过是一个卫兵组织,然而到鼎盛时期,就成为一个多功能组织,其势力渗透到政、军、财、文各领域,甚至组建起自己的武装力量,直接参加世界大战,成为纳粹党的主要情报、恐怖和军事组织,也是纳粹德国的主要标志物之一。这种现象的出现,最主要的原因在于纳粹体制本身。希特勒无力彻底打碎原有的框架和机构,又要快速地建立起纳粹专制统治,最好的办法就是新建符合纳粹主义内在要求的有效工具,用这种工具去干预、控制乃至取代原有的机构和组织,以达到控制和改造整个国家的目的。这就为党卫队恶性肿瘤般膨胀与扩散提供了条件。而党卫队头目希姆莱则充分利用这一条件,在纳粹头目们相互倾轧、彼此争权夺利的乱局中自我膨胀,赋予党卫队各种新的功能,推动其恶性发展,成为重要的统治支柱。

党卫队的全称是"民族社会主义德意志工人党党卫队"(Die Schutzstafeln der Nationalsozialistische Deutsche Arbeitpartei,简称 Schutzstafeln,德文缩写 SS)。[①]其产生的直接原因,是纳粹党领袖们围绕着冲锋队的性质问题出现意见分歧。1925 年 4 月,希特勒为了制衡冲锋队头目的离心倾向,培植个人势力,将私人卫队改组成纳粹党的卫队——本部卫队(Saal-Schutz),几周后改称党卫队。成立时规模较小,到 1928 年也仅有 280 人。它是冲锋队的下属组织,但成员的制服有别于冲锋队员,为褐色衬衫配黑色领带,臂套镶黑边的卐袖章,头戴饰有银骷髅别针的黑色滑雪帽。其主要任务,是保卫希特勒及其他纳粹领袖,维持纳粹集会的秩序。但 1929 年 1 月希姆莱就任党卫队全国领袖后,情况开始悄然变化。

海因里希·希姆莱出身于慕尼黑一个天主教家庭,其父亲曾经当过巴伐利亚海因里希亲王的家庭教师和王家枢密院教育顾问,据说希姆莱的名字"海因里希",就是跟从了该亲王的名字。以后他父亲当了高级文科中学

---

① 党卫队在不少中文书籍里被误译成"党卫军",其原因主要是党卫队的下属组织之一"武装党卫队"在第二次世界大战中给世人留下较深的印象。

的教师和校长,在邻居和同事中广受尊敬。希姆莱尽管从小眼睛近视,肠胃不健,但一直向往军队,要把世界从"俄国吸血鬼"(当时俄国还未爆发社会主义革命)的手中解放出来。在父亲的严格管教下,希姆莱勤奋稳重,学习成绩优秀,习惯于服从纪律,希望处处"照章"办事。小时候,他期望得到家长和成人世界的认可与赞赏,但同时也潜藏着对权力与地位的渴望,希望他人能奴性服从自己。作为反犹主义孳生地慕尼黑的居民,他较早就接受了反犹主义思想。1917 年底,希姆莱志愿入伍,在巴伐利亚"针叶树"王家第十一步兵团服役,参加第一次世界大战。期间他当过一段时间的连队文书,在这个岗位上表现出对同伴们隐私的兴趣,经常将他人个人档案中一些材料摘录到自己的笔记本中。由于他入伍较晚,不到一年的时间世界大战即已结束,因而未能从候补军官擢升为正式军官。退役后曾在农场务农,但很快因患流行性伤寒而中止。1919 年底进入慕尼黑技术学院攻读农学,但仍然热衷于准军事活动,期间同罗姆结识,成为其追随者。1923 年跟随罗姆参加"啤酒馆政变",充当持旗手。政变平息后,希姆莱并未受到惩罚,但丢掉了"兰德氮素有限公司"助理农艺师的工作。1925 年他正式加入纳粹党,任该党下巴伐利亚-上普法尔茨区副领袖,翌年改任该党上巴伐利亚-施瓦本区副领袖,并担任全党宣传副领袖。1927 年任党卫队全国副领袖,1929年 1 月任领袖。

希姆莱上任后,决心要把党卫队打造成纳粹运动的精英集团和利器,他从天主教耶稣会和德意志骑士团(Teutonic,旧译"条顿骑士团")中吸取灵感,决定在扩大党卫队规模的同时,强化其种族原则,只允许所谓的"纯种雅利安人"入队。对此,他曾这样解释:"我们犹如育种员一样,有责任对一种已经混杂和退化了的原有良种,重新纯化、培育。首先遍及田野挑选粗壮的种苗,即第一步从外表上将我们认为不符合用来建立党卫队的人淘汰掉。"[1]由于当时已有的队员中有将近一半的人员不符合所谓"日耳曼精英"的标准,只好临时变通,规定一次大战期间服过役的老队员除外。在希姆莱

① [联邦德国]海因茨·赫内:《党卫队——佩骷髅标志集团》,江南、杨西译,商务印书馆 1984 年版,第 63 页。

的努力下,党卫队的规模迅速扩大,到 1930 年 12 月,成员数已增至 2727
名。1931 年 12 月底,他把目光转向党卫队员的婚姻问题,发布了党卫队员
婚姻条例,其中规定:党卫队是一个由经过特定标准筛选的纯北欧(Nordic)
出身的德意志男性构成的组织;为了实践民族社会主义的意识形态,保证德
意志民族具有良好的血统,从 1932 年 1 月起,对所有未婚的党卫队成员实
施婚姻许可制度;实施该制度的目的在于产生纯北欧-日耳曼型的健康的核
心团体;婚姻许可证的发放与否,仅仅取决于种族健康与遗传状况;每一个
打算结婚的党卫队员必须获得党卫队全国领袖颁发的婚姻许可证,凡未获
得婚姻许可而擅自结婚的党卫队员,必须离开党卫队,给予他们主动辞职的
机会;由党卫队种族办公室受理婚姻申请,它负责将获得婚姻许可的党卫队
员的家庭情况登录在案;党卫队全国领袖、种族办公室主任和相关专家,必
须以自己的荣誉担保,不得泄漏申请者的任何秘密。据记载,从 1932 年到
1940 年,一共有 106 304 名党卫队员提交了婚姻申请,其中全部符合条件者
为 7518 人,但只有 958 例遭到否决。①

党卫队员的婚礼仪式已不是他们的私人事务,而事关纳粹事业的大局,
因此必须具有一定的程式。会场中央是一张画有北欧古老神话字母的大桌
子,桌面上铺着蓝色的织物作为背景,上面用鲜花拼成黄色的太阳。桌子的
左右两边都站着火炬手。桌子的后面是长明的火钵,再后面是庄重的讲坛。
仪式以唱诗班合唱赞美诗开始,党卫队的同志致贺词,同时伴随着和声唱
诗。接着,新人们被授予银器盛放的面包(象征着大地的繁育能力)和盐(象
征着纯洁)。最后,新婚夫妇互相交换婚戒,表示已正式结为夫妻。②

经济大危机期间冲锋队与纳粹党之间的矛盾激化,尤其是冲锋队的两
次叛乱,给党卫队的扩充和地位提升提供了很好的机遇。1930 年 8 月 29
日,柏林冲锋队发动第一次叛乱,希特勒亲自赶到柏林,用安抚手段平息事
态,随后即着手提高党卫队的地位,用以制约冲锋队,同时要求把党卫队建
成纳粹党的精英部队,一支在任何情况下都可以依靠的部队。同年 11 月 7

① J. Noakes and G. Pridham, *Nazism*, *1919 - 1945*: *A Documentary Reader*. *Vol. 2*: *State*,
  Economy and Society, *1933 - 39*. pp. 493 - 494.
② Jeremy Noakes and Geoffrey Pridham (ed.), *Documents on Nazism*, *1919 - 1945*. p. 282.

日,他规定"党卫队的任务首先是在党内执行警察职责",从而使它越出卫兵组织的范畴。同年底,希特勒将党卫队和冲锋队分开。党卫队在形式上仍然隶属于冲锋队,但实际上已经独立于外,"任何冲锋队领袖均无权对党卫队发布命令"①。党卫队随即更换制服,改用黑色服装,系黑领带,戴饰有骷髅标志的黑色大檐帽,佩黑肩章和镶黑边的卐臂章。1931 年 4 月,冲锋队发动第二次叛乱。希特勒一面在党报上发表文章抨击起事者,一面调集党卫队平息叛乱。趁此机会,希姆莱进一步扩大党卫队的规模。1931 年底,其成员增至 1 万人,翌年底达 3 万,1933 年初希特勒就任总理时,其成员人数已达到 5.2 万。

1934 年 6 月底发生"长刀之夜"事件,希特勒依靠党卫队清洗冲锋队。之后党卫队地位进一步上升。同年 7 月 26 日完全脱离冲锋队,升格为与它平行的党内独立组织,其官员不受正常的司法机关管辖。它除继续承担"党内警察"职责外,还作为国家的辅助警察,参与维护国内的政治秩序,监控民众可能举行的政治活动。

随着纳粹党从一个以从事街头暴乱活动为主的在野党,逐渐转变成主宰德国命运的执政党,其历史使命已悄然发生变化,冲锋队和党卫队作为纳粹运动的利器,它们所要承担的任务和国内外民众对它们的期望,也在发生变化。冲锋队在"长刀之夜"中遭到清洗,党卫队地位的上升,正是这种变化的外在表现。希姆莱则抓住机遇,一方面强调党卫队对希特勒的忠诚,另一方面进一步强化党卫队的精英特性。

在强调对希特勒个人的忠诚度方面,1931 年希特勒曾在平息冲锋队第二次叛乱的过程中向党卫队员赠送座右铭"你的荣誉就是忠诚",希姆莱就势为党卫队员确定了如下入队誓词:

> 我们向元首兼德国总理阿道夫·希特勒宣誓,我们将向您奉献自己的忠诚与勇敢,我们将誓死服从您及您所任命的上司。愿上帝帮助

---

① [联邦德国]海因茨·赫内:《党卫队——佩骷髅标志集团》,第 70—71 页。

我们！①

1938年11月8日希姆莱又在党卫队官员会议上称：元首永远是正确的，民众应该毫无保留地服从他。

在强化党卫队的精英性方面，1935年11月12日，希姆莱在全国农民大会上发表题为《作为反布尔什维主义战斗组织的党卫队》的演说，提出了强化党卫队精英特性的几项原则：

> 第一项原则是重视队员的血统价值，要像育种者一样，在一片遭到杂交侵袭的大田里找出优良的纯洁种子，把那些外形上不符合党卫队标准的队员清除出去。要注意挑选外形上最接近理想的北欧人种的男性入队，身高体重和种族特性尤为重要。

> 第二项原则以及我们必须赋予党卫队并成为我们未来特征的美德是追求自由的意愿及战斗精神。

> 第三项原则和美德是对忠诚与荣誉的追求。我们教导党卫队员们：世界上好多事情可以被遗忘，但有一件事永远不会忘却，那就是背叛。忠诚涉及心灵而不是知识。知识不足会使人误入迷途，造成损害，但并非不可改变。而心脏总是按照同样的节律跳动……我们所说的忠诚是对一切事物的忠诚，忠诚于元首及德意志，忠诚于德意志人民、血统、我们的祖先与孩童、我们的团体、我们不变的法律、洁净的生活方式和豪侠精神。

> 第四项原则以及永远有效的美德是服从。不能有半刻的犹豫，无条件地服从来自元首，以及来自上司合法地发布的每一项命令，哪怕有时心中并不情愿，也将无条件地投入战斗。②

在纳粹党稳固地掌握了政权以后，党卫队新队员的主要来源是希特勒青年团员。1936年5月22日，希姆莱在向希特勒青年团大会的演说中解释

---

① J. Noakes and G. Pridham, *Nazism, 1919 - 1945：A Documentary Reader. Vol. 2：State, Economy and Society, 1933 -39*. pp. 496 - 497.

② J. Noakes and G. Pridham, *Nazism, 1919 - 1945：A Documentary Reader. Vol. 2：State, Economy and Society, 1933 -39*. pp. 495 - 496.

了党卫队员入队的挑选程序,在公布党卫队员入队标准的同时,对青年团员提出了努力方向。他说:"年轻的党卫队候选人将在 18 岁时离开希特勒青年团,一般在 11 月 9 日(即"啤酒馆政变"纪念日——引者)那天。从这一天起到翌年 1 月 30 日,他将同我们一起度过预备期。1 月 30 日掌权纪念日那天,他能获得临时队员证。之后我们将考察他什么呢? 我们将查看他的病历卡和遗传方面的健康证书,即调查他的整个家庭。如果其家庭成员患有疾病或具有缺陷,尤其是精神疾病和结核病,他就会脱离我们的视线。我们还要考察他在青年团时期甚至学龄团员时期的表现。他的父母必须提交一份报告,说明其孩子是在怎样的环境中以及如何长大的,其中还必须包括一份最重要的文件——树状族谱。每一个党卫队员的族谱必须追溯到 1650 年……即"三十年战争"结束前后。因为在这之前的教区档案大部分已经丢失。最后一个步骤,也许也是最重要的一次考察,将由我们所称的'种族委员会',即'筛选委员会'来实施。这是我们在动物选种方面比较熟悉的做法。"①

在希姆莱的推动下,党卫队不仅成了纳粹国家机器中超出常规的多功能集团,以及希特勒统治德国的主要支柱,还成为纳粹主义和纳粹运动的象征。

随着党卫队的势力迅速膨胀,其下属组织划分成普通党卫队、党卫队骷髅队和武装党卫队三类。

普通党卫队(Allgemeine-SS)由原党卫队主体力量延续而来。队员分正式队员和赞助队员两种。正式队员必须具有雅利安家谱,体态匀称,风度优雅。入队程序除上文提到的成为临时队员外,还将在同年 4 月 20 日(希特勒生日)举行宣誓仪式,领取正式队员证。随后参加劳动服役至同年 10 月 1 日,再到武装部队受训 1 个月,于 11 月 9 日回到党卫队领取党卫队短剑,从此不受国家法律的约束。1939 年普通党卫队成员达 20 万人。赞助队员即党卫队同情者,一般通过向党卫队捐助钱款获得某种身份。赞助队

---

① J. Noakes and G. Pridham, *Nazism, 1919-1945: A Documentary Reader. Vol. 2: State, Economy and Society, 1933-39.* p. 495.

员不参加党卫队组织,无需宣誓,也不受党卫队内部命令的约束。捐献数目自由决定,但不得少于每年 1 马克。1932 年党卫队有赞助队员 1.3 万多人,共捐款 1.7 万马克。1934 年上升到 34.2 万多人,共捐款 58.1 万马克。此后数目有所减少,1936 年仅收到捐款 40 万马克。

普通党卫队的组织建制沿用 1930 年确定的做法。全国领袖(Reichsführer)之下设地区总队(Obergruppen),由地区总队长统领;下辖支队(Gruppen),由支队长统领;下辖区队(Abschnitte),由区队长统领;下辖旗队(Standarten),由旗队长统领。旗队的规模相当于军队中的"团",有 1000—3000 名队员,下辖 3—4 个突击大队(Sturmbanne)。每个突击大队有 250—600 名队员,分成相当于"连"的突击队(Stürme)。突击队是普通党卫队最主要的基层组织,有 70—120 名队员,分成 3 个中队(Trupps);每个中队辖 3 个小队(Scharren),每队有 1 名队长和 8 名队员。该建制脱胎于罗姆时期的冲锋队,但有所差别。

党卫队骷髅队(SS-Totenkopfverbände,缩写 SS-TV)是负责看守集中营的党卫队下属组织。纳粹集中营设立之初,分别由守卫队、守卫先锋、守卫部队和守卫兵团四种组织看守。1934 年 4 月,希姆莱任命西奥多・艾克(Theodor Eicke,1892—1943)为全国集中营和党卫队看守组织总监,负责统一全国的集中营看守组织。艾克将分散的组织合并成突击大队,统一在队员的上衣制服上加饰白骨骷髅标志。1936 年 3 月 29 日正式命名为党卫队骷髅队,有 3500 人。翌年 4 月,编成三个骷髅旗队:上巴伐利亚骷髅旗队驻在达豪(Dachau),勃兰登堡骷髅旗队驻在奥兰宁堡(Oranienburg),图林根骷髅旗队驻在布痕瓦尔德(Buchenwald)。1938 年随着奥地利并入德国,增建了第四个德意志东部边境骷髅旗队,驻在林茨。

武装党卫队(Waffen-SS,一译"党卫军")是党卫队的武装组织,其规模与功能定位变化较大。

早在 1933 年 3 月,希特勒就指示党卫队地区总队长约瑟夫("塞普")・迪特利希(Josef Dietrich,1892—1966),组建一支称作"柏林党卫队本部警卫队"的武装力量,作为保卫他个人安全的私人卫队。最初仅有 120 人,驻扎在柏林近郊亚历山大兵营内。同年 9 月扩充到两个连,外加一个特遣队,改称"党卫队阿道夫·希特勒警卫旗队"。不久,该旗队迁入柏林城内利希特菲尔德前士官总校的营房内,并充实三个经过于特博格练兵场训练的连队。在此基础上,希姆莱指令各地区的党卫队以柏林为榜样,组建装备轻武器的各地区党卫队本部警卫队。一般说来,区队一级的党卫队就可拥有100名左右的带武装的党卫队员。当这些警卫队扩充到拥有数个连队时,即可改称为"政治戒备队"(Politische Bereitschaften),内部模仿军队结构,由下而上逐级编成小队、中队、突击队(相当于连)和突击大队(相当于营)。这些武装的党卫队,虽然经过国防军的短期军事训练,但军事作战素质并不高。希特勒仅仅把它视作一种政治工具,主要用于对付正在躁动于"第二次革命"的冲锋队。1934年夏希特勒清洗冲锋队,专门从柏林的"党卫队阿道夫·希特勒警卫旗队"中调用两个突击队赶赴巴伐利亚,其他各地的"政治戒备队"也投入这场血腥行动。随后,希姆莱得到希特勒的批准,利用所接管的冲锋队军火库的武器,进一步扩充这支党卫队的武装力量。

　　1934年底,希姆莱根据希特勒的命令,将党卫队原有的武装组织合并,组成"党卫队特别机动部队"(SS-Verfügungstruppe,缩写 SSVT 或 VT),成立"督察处"作为其统一的指挥机构。由于顾忌国防军的反对,希特勒曾同国防军上层达成协议,承诺这支力量是为了执行"内政方面的特殊任务"而建立,"它只在国防军进行备战活动时投入军事行动"。[①]与此相对应,党卫队特别机动部队内部按团、营建制编组,希特勒没有批准组建配备炮兵和工兵的师一级的建制。然而同时,党卫队开始加紧培养自己的军事干部。1934年秋和1935年春,党卫队建立了两所士官学校,以国防军的训练教程为培训蓝本。党卫队挑选军官时注重从下层民众中选拔,但更加强调"纯日耳曼血统"的种族原则。事实上,其军官90%来自农村,40%文化水平不到高中毕业。培训中注重灌输纳粹主义的世界观,强调"军官、军士和士兵之间精诚团结和互相尊重的感情",培养一种自视为新德国军队的"精华"和核心的傲慢精神。[②]

---

① [联邦德国]海因茨·赫内:《党卫队——佩骷髅标志集团》,第157页。
② [联邦德国]海因茨·赫内:《党卫队——佩骷髅标志集团》,第523页。

1938年2月希特勒直接掌握武装部队指挥权之后，决定进一步发展这支武装力量。同年8月17日，他发布命令，将党卫队特别机动部队改名为"武装党卫队"，强调它"既不是武装部队的一部分，也不是警察的一部分。它是受我(指希特勒——引者)专门支配的常备武装部队。作为这样一支部队和纳粹党的一个组成部分，它在世界观上和政治上应按照由我为纳粹党与党卫队所确定的路线通过党卫队全国领袖来选定"。希特勒规定，武装党卫队将用于执行"特殊内政任务，或执行作战陆军范围内的机动任务"；当用于对外作战时，它在"军事范围内"由武装部队最高统帅指挥使用，在政治上仍然是纳粹党的一部分。①该公告成为武装党卫队的正式出生证。

此后，武装党卫队的兵力迅速增加。1938年它仅有4个团的建制，1939—1940年间扩充到3个师——摩托化的"帝国"师、"骷髅"师和警察师，另有一个"领袖警卫旗队"(摩托化步兵团建制)，总人数达到12.5万。

在1940年5月德国入侵西欧的战役中，武装党卫队正式参战，在表现出较强战斗力的同时也展示出野蛮的本性。"骷髅"师曾在法国帕莱兹峡谷附近枪杀100名英国战俘，"领袖警卫旗队"则在其他地方对另外100名英国战俘动武，其中一部分战俘被行刑队处死，一部分被自动步枪打死，更多的则被手榴弹炸死，但有15人在混乱中逃生。

1940年7月，希特勒对国会发表讲话，其中高度赞扬了"英勇的"武装党卫队师和团，并向"为整个国家建立安全机制并创建武装党卫队的党内同志希姆莱"表示感谢。希姆莱趁此机会，于1940年8月将武装党卫队督察处改组成武装党卫队作战指挥部，作为其统一的最高领率机构。然而，由于希特勒已经控制了武装部队，不愿意以建立一支军队以外的庞大第二武装来刺激传统军人，因此仍然不允许组建武装党卫队的集团军级建制，规定其总兵力只能达到陆军兵力的5%—10%，以及控制在全国可利用人口的3%以内。希特勒仍然强调，武装党卫队主要是"一支在任何情况下都能对内代表并贯彻国家权威的警察部队"②。

---

① ［联邦德国］海因茨·赫内：《党卫队——佩骷髅标志集团》，第526—527页。
② ［联邦德国］海因茨·赫内：《党卫队——佩骷髅标志集团》，第539页。

然而随着战争规模的扩大,武装党卫队的军事性质日益突显,逐渐成为战场上的重要力量,被称为"武装部队的第四部分"。1941年春,武装党卫队作战指挥部已经拥有4个师和1个旅,先被投入巴尔干战场,充当德军入侵部队的尖刀。随后被调去进攻苏联,其中"领袖警卫旗队"(已经升格为旅建制)和"维京"师编入德军南方集团军群,"帝国"师编入德军中央集团军群,"骷髅"师和警察师编入北方集团军群。此时的武装党卫队装备精良,具有一种意识形态上的狂热精神,作战勇猛,但由此造成的伤亡严重。同时,队员们又以违反传统军事道德标准为荣。他们行动野蛮,残杀战俘和无辜百姓,并时常居高临下地同德国武装部队发生摩擦。由于损失严重,兵源不足,武装党卫队不得不在1942年底从原来的志愿兵制改为义务兵制,从1943年起甚至放弃严格的"种族原则",开始组建外籍师团,包括荷兰师、挪威师、比利时师、匈牙利师、乌克兰师等,甚至在德国师内也招募外籍士兵。在战争后期,大约有20万乌克兰人、阿尔巴尼亚人、克罗地亚人、哥萨克人在武装党卫队中服役。巴尔干穆斯林也曾在其中拥有自己的分队。不过武装党卫队中的装甲部队和精锐部队一直保持其"纯德意志"的特征。武装党卫队在规模达到顶峰时一共拥有39个师,约100万人。

党卫队的中央领导机构,起初是希姆莱的首席副官处,1936年改称"党卫队全国领袖本部",下设若干主管局处。其中主要部分有以下几个。

1. 以奥古斯特·海斯迈尔(August Heyßmeyer,1897—1979)为首的党卫队中央技术管理局,负责除保安处以外的其他所有党卫队单位。该局后来由于过于庞大,于1942年划分出三个独立的中央主管单位:人事处,负责所有党卫队领袖的人事问题和普通党卫队的任免事项;经济和行政管理处,总管党卫队的厂矿企业和集中营;党卫队副总指挥海斯迈尔办公室,控制全国的政治教育机构。缩小了的中央技术管理局,改由戈特洛勃·伯格尔(Gottlob Berger,1896—1975)当局长。此外,新设立了一个武装党卫队作战指挥部。

2. 党卫队巩固德意志民族委员会(Reichskommissar für die Festigung deutschen Volkstums),负责实施境外德意志人移居大德意志国的计划,在占领区剥夺和驱赶斯拉夫人,将所谓"低等种族"分子交付强迫劳动,送往集中营或灭绝营(Vernichtungslager),为移居的德意志人提供空间。该委员会下属机构有种族和移居处、德意志人联络处、中央土地处、中央外来移民处、德国再移居托管公司等。其中党卫队种族和移居处初期作为党卫队婚姻办公室,负责审定党卫队员未婚妻的雅利安血统,以后扩充为负责保证整个党卫队组织的血统纯洁,并主管移居到东欧占领区的党卫队员的居住与福利事务。

3. 党卫队法庭(Hauptamt SS-Gericht),负责按党卫队自己的"法律制度",受理党卫队机构委托的特别审讯案件。

4. 党卫队保安处,它是一个权力最大,同监控与镇压事务关系最直接的特务机构。

党卫队保安处(Sicherheitsdienst des SS)的全称是党卫队全国领袖保安处(Sicherheitsdienst des Reichsführers-SS),德文缩写 SD。该机构由希姆莱亲自参与设立,1931 年初称党卫队 Ic 部门,4 月改称党卫队新闻和情报处,同年夏改名党卫队保安处。是年 6 月 4 日,他亲自主持面试,挑选莱因哈德·海德里希(Reinhard Heydrich,1904—1942)担任其头目。该机构成立初期的主要任务是监控党卫队下属组织和党卫队员,清除队伍内部的敌人。在 1934 年希特勒准备清洗冲锋队的过程中,海德里希组织搜集了大量关于罗姆对希特勒不忠并从事同性恋活动的情报,为希特勒发动"长刀之夜"屠杀事件提供借口,之后党卫队保安处的职权开始扩大。当时的元首代表赫斯宣布它是纳粹党唯一的情报机构。1935 年 1 月希姆莱又发布指令,称:"党卫队保安处是党的、说到底也是国家的大型世界观情报组织";它"应成为一种精神警察,成为民族社会主义进行思想控制的工具";它"负责调查抵制民族社会主义思想的敌人,并推动国家警察部门开展打击工作和谍报工作"。[①]海德里希则声称:保安处的使命是成为大德意志国家的情报局。

为了适应这种需要,1935 年初海德里希将该机构一分为二:一是"党的机构"的保安处,规定吸收所有的保安警察参加,这样它就能成为一种工具,保证把全部保安警察并入党卫队;二是"情报机构"的保安处,应成为一个

---

① [联邦德国]海因茨·赫内:《党卫队——佩骷髅标志集团》,第 250—258 页。

"灵活的工具,人民身躯上的、一切敌对集团内的、一切生活领域内的触觉和感觉器官"。这一调整措施,使保安处得以更顺利地向国家镇压机器渗透。

保安处的规模和机构不断膨胀。其中央机构设三个处:Ⅰ处为组织处;Ⅱ处为镇反处;Ⅲ处为国外处。地方组织划分为 7 个大区(OA),由大区本部领导。大区的情报网各自划分成 2—3 个分区(UA)。分区情报网再伸展到县或市的保安处外勤站。外勤站是党卫队保安处情报机构最重要的细胞,它在管辖区内每个地方设置一至数名情报员,每名情报员又拥有自己的联络员作为"眼线"。充当情报员的,有纳粹党地方组织领袖、冲锋队和党卫队各级领袖、地方农民领袖、公务员、医生、教师等。为了更有效地使用情报员,党卫队保安处在内部卡片上,将全部情报员分成五等:V 成员为可信赖者;A 成员为代理人;Z 成员为一般提供情报者;H 成员为出于私人动机的二流提供情报者;U 成员为腐化分子,在利用他们提供的情报的同时,对他们本人实行监控。30 年代后期,党卫队保安处共拥有 6000 多名正式成员,另雇佣约 5 万名情报员。

1936 年 6 月 26 日,党卫队保安处头目海德里希兼任国家保安警察总处处长。此后这两个情报组织相互渗透,走向统一领导。同时双方职责重叠,相互争夺控制领域的矛盾尖锐。1939 年 9 月 27 日,党卫队保安处和国家保安警察总处合并,组成德国中央保安局。

第五节　盖世太保与德国中央保安局

魏玛共和国时期,警察由各州政府控制,有关警察的组织、任务、职权范围等,概由各州自行掌握,联邦内政部只作一般性的监督,并没有形成全国统一的警察力量。负责打击"谋反事件"的政治警察,同样置于各州警察局的管辖之下。然而,这一状况既不符合纳粹当局要在全国实施专制统治的要求,更是严重违背了纳粹主义的一元化统治理念。全国统一的秘密警察的诞生,表面上是希姆莱大肆揽权的结果,实质上却是纳粹统治日益强化的必然归宿。

盖世太保最早产生于普鲁士和巴伐利亚两个州。1933 年纳粹党执政后,戈林以普鲁士州内政部长的身份接管州警察局,开始着手组建特种政治警察,作为一支强有力的监控与镇压力量。他把政治警察、谍报警察和刑事警察中的政治特别部门合并,组成州的"秘密警察"(Geheime Staatspolizei,缩写 Gestapo,中文音译"盖世太保"),作为警察的独立部门搬离州警察总部,在柏林的埃尔布莱希特大街 8 号独立办公,直接隶属于州内政部。与此同时,希姆莱于 1933 年 3 月先后兼任慕尼黑市警察局代理局长和巴伐利亚州内政部政治司司长,他立即在州内政部里设立"巴伐利亚政治警察办公室",把州政治警察和其他警察机关的政治部门从普通警察机构中分离出来,成为一个独立机构。

在把全国的警察合并成一支统一力量的过程中,戈林、希姆莱和全国内政部长威廉·弗里克发生了激烈的争权斗争。希姆莱作为党卫队全国领袖,一直希望全盘控制全国的监控与镇压机构,其中包括统一的警察力量。弗里克从巩固单一制中央集权国家出发,要求把各州的警察主管权收归中央政府的内政部掌管。但两人的设想遭到戈林的反对。后者于 1933 年 11 月 30 日以普鲁士州总理身份颁布法令,规定普鲁士盖世太保的控制权从州内政部进一步转移到州总理(戈林)手中,从而保持了盖世太保的独立地位。于是,弗里克同希姆莱联合,利用自己担任全国内政部长的权力,从 1933 年 10 月到 1934 年 2 月间,先后任命希姆莱担任除普鲁士以外的各州政治警察首领,从而在事实上统一了各州的政治警察。1934 年 2 月 19 日,弗里克向各州发布一项命令,由他统一掌握"德国各州警察的直接指挥权"。戈林则针锋相对,重申自己已经接管了普鲁士州警察的最高领导权。

就在这段时间内,希特勒、戈林和希姆莱等人同以罗姆为首的冲锋队之间的矛盾日趋尖锐。在此情况下,戈林不得不同希姆莱及弗里克妥协,于 1934 年 4 月同他们达成协议,同意由中央内政部指挥全国的警察力量,由希姆莱担任普鲁士州盖世太保督察员,海德里希任普鲁士州秘密警察处处长。希姆莱和海德里希立即利用这一机会,在州秘密警察处内设立州政治警察司令中央办公室,负责具体协调全国各州警察工作和秘密警察计划。一时间,全国的政治警察(在普鲁士州是盖世太保)之间似乎已结成较为紧密的关系。

　　不久,事情又出现反复。希姆莱提升党卫队地位的举措引起弗里克的担忧,1935 年底,弗里克向希特勒和拉莫尔斯提交了一份篇幅较长的备忘录,对党卫队和盖世太保脱离内政部控制以及它们的一系列不当行为提出抱怨。这一行动得到各州内政部的呼应。在此背景下,1936 年 2 月 10 日普鲁士内政部颁布《盖世太保法》,其中承认柏林的盖世太保总部是全州盖世太保的最高领导机构,各省的盖世太保指挥部是它的下属机构,但规定地方盖世太保指挥部必须同时接受同级内政机关的控制,盖世太保首领在颁布命令前必须获得州内政部长的同意。[1]

　　1936 年 6 月 17 日,希特勒对弗里克的备忘录作出回应,其中作出如下规定:任命希姆莱担任全国内政部管辖下的全国警察总监,授予他"党卫队全国领袖兼内政部全国警察总监"的头衔,他有权管理全国的警察事务;在希姆莱管辖的范围内,他即是全国和普鲁士内政部的代表;希姆莱作为德国警察总监,有权出席讨论警察事务的内阁会议。[2]此举极大地提升了希姆莱的地位。

　　希姆莱则立即采取行动。6 月 26 日,他宣布改组全国的警察指挥系统,把全部警察分为穿便服的保安警察(Sicherheitspolizei,缩写 Sipo)和穿制服的治安警察(Ordnungspolizei,缩写 Orpo,又译风纪警察、秩序警察)。[3]保安警察总处由海德里希任处长,负责管辖全国的政治警察(在普鲁士州为盖世太保)和刑事警察。治安警察总处由党卫队副总指挥库特·达吕格(Kurt Daluege,1897—1946)任处长,负责管辖全部穿制服的警察,其中包括行政警察、巡警、水上警察、海岸警察、消防队、防空队及其技术辅助人员。同年 10 月,全国各州的政治警察全部改名为秘密警察,由党卫队旗队长海因里希·缪勒(Heinrich Müller,1900—1945)统一领导,受保安警察总处下辖的秘密警察处管辖。至此,盖世太保从内容到形式都实现了统一。全国

①　J. Noakes and G. Pridham, *Nazism, 1919 - 1945: A Documentary Reader. Vol. 2: State, Economy and Society, 1933 - 39*. pp. 510 - 514.

②　J. Noakes and G. Pridham, *Nazism, 1919 - 1945: A Documentary Reader. Vol. 2: State, Economy and Society, 1933 - 39*. pp. 514 - 515.

③　Christian Zentner und Friedemann Bedürftig, *Das Grosse Lexikon Des Dritten Reiches*. S. 450.

共有 57 个盖世太保地方局,其中 21 个为警察分局,36 个为警察所。从 1937 年起,负责控制德国边境交通、逮捕非法越境者的边防警察也归盖世太保管辖。1944 年夏,边境海关警察成为盖世太保的组成部分。

盖世太保的主要任务是在党卫队保安处的配合下,镇压一切反对纳粹政权的人和活动。据纳粹当局 1937 年发表的一篇文章称:刑事警察的任务是对付那些因肉体或道德的堕落而站在国民的对立面者,盖世太保要处置的则是那些受德国人民政敌的委托而破坏德国统一和毁灭国家政权者。[①] 纳粹刑事警察专员文德齐奥(Wendzio)在一份内部文件中指出了纳粹政敌的具体对象:"我们所说的国家敌人指共产主义、马克思主义、犹太主义、政治化的教会、共济会、政治上的不满分子(发牢骚者)、民族主义反对派、复旧、黑色阵线(布拉格的施特拉瑟)、经济破坏分子、惯犯,以及堕胎者和同性恋者(从人口政治观点而言破坏人民和防御力量……有掩盖间谍分子的危险)、重大谋反和叛国分子。"这些形形色色的人有一个"共同的目的",他们的矛头"直指德国人民的精神基础和种族基础"。[②]

根据海德里希的说法,公开的敌人随着敌对组织被摧毁遭到沉重打击,但更大的危险来自披上伪装的敌人,"这种敌人进行地下活动……其目标是破坏国家和党的统一领导"。盖世太保作为"一种慑服和恐怖的混合物",不仅有责任制止正在实施的犯罪活动,同时要把犯罪动机和计划消灭在萌芽状态,在对手还没有产生反对思想,更不用说策划敌对行动之前就将其侦破。[③]

盖世太保使用的手段主要有:侦察(包括电话窃听)、警告、劫持、谋杀(包括伪装成不幸事故或自杀)、"监护"、把对象送进集中营,而利用"监护拘留令"把政敌关进集中营是盖世太保手中最有力的王牌。据德国官方记载,仅 1935—1936 年的一年间,就有 7000 名"马克思主义者"被关进集中营。在大部分国家里,警察都拥有一定的执行权,但是德国盖世太保所拥有的权力,远远超出了警察权力的范畴。纳粹当局规定,盖世太保的行动不必经司

---

① [法]雅克·德拉律:《盖世太保史》,黄林发、萧弘译,上海译文出版社 1984 年版,第 174 页。
② [联邦德国]海因茨·赫内:《党卫队——佩骷髅标志集团》,第 219—220 页。
③ [联邦德国]海因茨·赫内:《党卫队——佩骷髅标志集团》,第 208 页。

法部门批准和复审,法院不得干涉,只要警察是在执行元首的意志,它的行动就是合法的。盖世太保的权力来自"新的世界观,不需要特别的法律根据"。1937年,全国司法部宣布放弃对盖世太保虐待被审讯者和囚犯的行为进行起诉的权力。同年12月,内政部长弗里克下令,将运用"预防性拘留"的权力授予盖世太保。①司法部门对盖世太保已无任何约束,以至于会发生法院对早已被盖世太保处决的人提起公诉的现象。纳粹当局为了遮丑,不得不要求盖世太保今后应将处决者的名单通知法院,仅开列被处决者姓名而无须说明处决理由。

　　盖世太保和党卫队保安处同为纳粹德国的监控与镇压机构,它们之间的分工与矛盾关系比较复杂。1934年希特勒曾对盖世太保的权限范围作了原则规定,表示:"我禁止党的各部、各总支和各联合分队对涉及盖世太保的事务进行调查和审问。所有政治和警务性质的事,除了继续按党章办理外,还必须像往常那样立即通知秘密国家警察的有关部门……我特别强调,党所了解的一切关于叛逆和叛国活动的事件必须及时通知秘密警察。党的任务绝对不是在这方面主动地进行调查和研究。"②然而这一原则性规定未能解决两者之间分工上的重合,尤其是1935年党卫队保安处被一分为二,作为"情报机构"的保安处同盖世太保更是职责难分,双方常常同时对同一个对象进行侦查缉捕,造成相互牵制和干扰。

　　1936年6月,作为党卫队全国领袖的希姆莱兼任全国警察总监,同时,作为党卫队保安处处长的海德里希兼任警察部门保安总处处长,以此为契机,大量的党卫队员进入警察部门,同时不少警官加入党卫队,③推动了两个机构走向互相配合、渗透和统一领导。同年秋,纳粹党各大区的保安处领袖都被任命为保安警察督导员。然而,两者互相渗透的趋势并未阻止两者之间经常发生的争夺。1937年7月1日,海德里希发布一项职能划分指示,

① Martin Broszat, *The Hitler State*: *The Foundation and Development of the Internal Structure of The Third Reich*. pp. 336 – 338.
② [法]雅克·德拉律:《盖世太保史》,第118页。
③ J. Noakes and G. Pridham, *Nazism, 1919 – 1945*: *A Documentary Reader. Vol. 2*: *State, Economy and Society, 1933 –39*. p. 515.

要求双方"既不开展竞争也不考虑谁领导谁,而要相互配合,避免重复工作"。文件对双方的活动范围作了划分。分配给盖世太保的领域是:马克思主义、叛国犯和流亡者。分配给党卫队保安处的领域是:科学、民族与民族学、艺术、教育、党与国家、宪法与行政、国外、共济会和社团。另外,在一些共同管辖的领域,如教会、教派、其他宗教和世界观团体、和平主义、犹太教、右派运动、其他敌视国家的社团、经济、新闻等领域内,党卫队保安处负责"所有带普遍性和原则性的问题",盖世太保则抓"所有需要考虑由国家警察出面采取执行措施的具体案件"。[①]但党卫队保安处对此分工并不满意,其本部办公室提出一份备忘录,建议盖世太保的任务是打击"敌视国家的现象",保安处的任务是打击"危害人民的现象";"敌视国家是一种涉及法律的现象,凡一个人及其行为经查明违犯了保卫国家的基本法律时,即构成敌视国家的现象";相反,"危害人民的现象的特点,在于往往根本无法看出它触犯刑法,但它对人民从而也对国家有时却具有远比直接敌视国家的现象严重得多的危险"。[②]但是,该文件还是未能消除两个机构之间的矛盾和冲突。

1938 年起,希姆莱和海德里希开始考虑将党卫队保安处和保安警察合并,建立一个凌驾于两者之上的新机构。这样做的直接动机,是为了更有效地协调两个机构的行动,并让党卫队保安处享受国家行政机关的待遇,以改变其经费拮据的局面。然而更深的用意,则是希望把两者统一成"纳粹国家的国家保卫团",在国家政治结构中占据特殊地位。1939 年 9 月 27 日,党卫队保安处和国家保安警察合并,组成"德国中央保安局"(Reichssicherheitshauptamt,缩写 RSHA),受党卫队和政府内政部双重领导。但是,掌握审批权的赫斯反对将党的机构和国家机构合并成新的超级机构,因此该机构一直没有公开对外亮牌。两条系统的机构在其中仍保留着相对独立的地位。

德国中央保安处下辖六个处,分别为:第一处,行政与法律;第二处,世界观研究;第三处,德国生活领域或国内保安;第四处,镇压反对者(即盖世

---

① [联邦德国]海因茨·赫内:《党卫队——佩骷髅标志集团》,第 267 页。
② [联邦德国]海因茨·赫内:《党卫队——佩骷髅标志集团》,第 268 页。

太保);第五处,打击犯罪活动(即刑事警察);第六处,国外情报或国外保安。其中的第一、四、五处属国家机关,第二、三、六处属党的机关。1940年,第一处分割成两个新处,即人事处(新的第一处)和组织行政法律处(新的第二处),原第二处改为第七处。在地方一级,原德国本土内的党卫队保安处与国家保安警察地方机关在形式上仍然是分开的,但党卫队保安处的领袖都兼任国家保安警察督察员。而在占领区,两者被合并成统一的特务部队,置于中央保安局及希姆莱任命的在占领区行政机构任职的党卫队和警察首脑的控制之下。

　　第二次世界大战中后期,德国中央保安局的控制范围进一步扩大。1942年,原来隶属于陆军的秘密战地警察(负责陆军内部在占领区的安全事务及防范平民袭击军事机关)编入保安警察,意味着占领区的相关事务被纳入该局的管辖范围。1944年2月,武装部队谍报局(军事谍报局)并入该局。同年夏,治安警察总处也归该局领导。

　　在党卫队连同保安处、盖世太保的大肆扩展中,希姆莱担心会引起军方的担忧,遂借1937年1月向武装部队军官们作讲演的机会,作了一个题为《党卫队和警察的性质和任务》的报告,用第一次世界大战结束后流行于德国的所谓"背后中了暗剑"神话恐吓军方和全国民众。他在报告中称,在未来的战争中,陆军的战线在边境,海军的战线在海上,空军的战线在德国领空,但还存在着第四条战线——国内战线。他表示:"要用各种办法除尽杂草,保持国家机体的健康,保证德国的三个军种不会在战斗正酣时背后中暗剑。我们必须知道,战争中的敌人不仅是军事意义上的敌人,还包括意识形态上的敌人。这个敌人就是由犹太人和共济会领导的国际布尔什维主义……它正在计划将其他民族布尔什维克化。"[①]

　　党卫队保安处与盖世太保互相勾结,为维护纳粹统治构筑了严密的网络。它们建立了周详的档案系统,为每一个可能的敌人设置案卷,记载他们从事过的政治和职业活动,以及家庭、朋友、住宅、社会关系、社交活动、个人

① J. Noakes and G. Pridham, *Nazism, 1919 - 1945: A Documentary Reader. Vol. 2: State, Economy and Society, 1933 - 39.* p. 515.

弱点及爱好的详情。在国境以外的德国政治流亡者也难以幸免。通过纳粹情报组织对每一份报纸的摘译,盖世太保掌握着这些流亡者的活动细节。党卫队保安处和盖世太保还通过纳粹党及其分支组织与附属协会的基层组织,以及自身的志愿情报员,对整个社会实行监控。各种小头目会把自己管辖范围内每个人的牢骚话、不满的脸部表情,以及收听"敌台"的动向,及时报告上司。如 1938 年 1 月,党卫队保安处曾收到报告,说在"欢乐产生力量"组织所举办的赴意大利旅游活动中,有人"唱国歌时态度吊儿郎当,故作不感兴趣的样子",还有人"违反外汇管制条例"。[①]

大学生中的志愿情报员会定期上交听课笔记,使党卫队保安处和盖世太保能掌握大部分大学教师的政治态度。连全国经济部长、军事经济全权总代表沙赫特的电话,也遭到其女管家、盖世太保志愿情报人员的窃听。

在纳粹德国历次国会选举中,保安处倾巢出动,为所有可能投反对票的人准备了用无色带打字机编号的特殊选票,严厉惩罚投废票和反对票的人。纳粹德国各次重大的内政外交事件,党卫队保安处和盖世太保都曾积极插手。他们摧毁了以奥托·施特拉瑟为首的"黑色阵线"设在布拉格附近的广播电台。在 1935 年萨尔地区举行归属问题的公民投票前,他们在该区搜捕敌手、散布谣言,制造恐怖气氛,以争取更多的赞同票。在 1938 年希特勒意欲夺取军事指挥权前夕,他们制造了"勃洛姆贝格-弗立契事件"[②],为希特勒提供借口。随着德国一步一步向外扩张,它们既充当前锋,制造事端,为军队的进攻行动提供理由,又在占领区致力于巩固统治秩序。大战后期,随着国内不满情绪增多,反纳粹反战组织逐渐出现,党卫队保安处和盖世太保加紧侦查与镇压,破获了不少地下抵抗组织,强化了恐怖气氛和血腥统治。

第六节 集中营制度

集中营制度在纳粹统治时期恶性膨胀,是德国法西斯极权体制中最为残忍的统治手段和形式。在整个纳粹统治时期,集中营(Konzentrationslager,缩

---

① [联邦德国]海因茨·赫内:《党卫队——佩骷髅标志集团》,第 256—260 页。
② 具体内容参见本书第九章第三节。

写 KZ)的基本面目、规模和关押对象等，前后经历过一些变化。

希特勒就任总理后一个多月，冲锋队在对付政敌的过程中，为了绕过远未完成纳粹化改造的司法部门，并避免出现监狱人满为患的局面，开始大批建立集中营。1933 年 3 月下旬，冲锋队在斯图加特(Stuttgart)附近建立第一个集中营。很多地方的冲锋队组织纷纷仿效，到年底，由冲锋队设立并管理的集中营达 50 多座，一共关押了 4 万—5 万人。在这些集中营中，恶名昭著是柏林附近的奥拉宁堡(Oranienburg)集中营。由冲锋队组建的集中营大多小而简陋，往往是利用城市里的仓库和地下室改装，被称为"地堡"式集中营。冲锋队纪律松散，不少队员品质低下，集中营内虐待甚至残害囚禁者的现象非常流行。普鲁士盖世太保头目鲁道夫·迪尔斯(Rudolf Diels，1900—1957)在一次率众包围并攻克柏林冲锋队集中营后，也对里面的惨状深感厌恶。他看到了受到有组织残忍殴打的囚犯，"12 个左右的恶棍被雇来轮流用铁棒、橡皮警棍和鞭子殴打他们的牺牲品，当我们进去时，这些只剩下骨头的人一排排躺在污秽的稻草上，伤口正在化脓"①。

党卫队建造的集中营比较正规，在整个纳粹统治时期规模不断扩展，直到纳粹政权覆亡时才关闭。通常所说的纳粹集中营就是指这类集中营。第一座党卫队集中营建立于 1933 年 3 月，希姆莱在巴伐利亚州达豪市附近一个火药厂的旧址上，以几间石砌平房为中心，建立达豪(Dachau)集中营。后又增建阿沙芬堡(Aschaffenburg)集中营，并将帕本贝格监狱改造成帕本贝格集中营。

1934 年上半年，随着冲锋队同希特勒之间的矛盾激化以及冲锋队与党卫队之间的地位变化，集中营的掌管权逐渐向党卫队转移。在各种势力反对冲锋队的浪潮中，司法部长居特纳和德意志法律阵线主席汉斯·弗兰克趁机于 1934 年夏要求关闭所有的集中营。弗兰克在居特纳支持下，曾在一次内阁会议上当着希特勒和希姆莱的面，提议"必须限期结束这一套'制度'，期限应尽可能的短，立即全面停止继续捕人，并对所有迄今已进行和准

---

① [美]时代生活编辑部编：《第三帝国：党卫队》，孙逊译，海南出版社 2000 年版，第 77 页。

备进行的逮捕以及所有控告不法行为的案件,依法即由正常法庭加以审理"①。尽管希特勒借口取消集中营"为时尚早"而拒绝了这项建议,但为了改善纳粹政权的形象,平抑冲锋队的势力,也采取了压缩冲锋队属下集中营的措施。1934 年 6 月底冲锋队遭清洗后,所有集中营都划归党卫队管理。

党卫队独掌集中营的管理权后,对全部集中营实行整顿改组,关闭所有临时凑合的集中营,增建大规模的正规集中营。继 1934 年建立拉文斯布吕克(Ravensbrück)集中营后,1936 年在柏林以北建立萨赫森豪森(Sachsenhausen)集中营,1937 年建立布痕瓦尔德(Buchenwald)集中营和弗洛森堡(Flossenbrg)集中营,1938 年建立诺依恩加梅(Neuengamme)集中营。萨赫森豪森集中营、布痕瓦尔德集中营和最早建立的达豪集中营,构成纳粹德国的三大中心集中营。据 1937 年所作的规定,萨赫森豪森集中营负责关押来自德国东部、北部和中部的囚徒,布痕瓦尔德集中营负责关押来自德国西部、萨克森、图林根、黑森和巴伐利亚北部的囚徒,达豪集中营负责关押来自德国南部的囚徒。②

在纳粹当局的官方宣传中,集中营被称为"国家劳动改造营",是一种"政治改造所"。在党卫队集中营的铁制大门上,大多铸有 Arbeit macht frei(劳动带来自由)字样。实际上,它是作为法西斯恐怖专政的暴力强制工具而设计的。达姆斯塔特政治学院(Technische Universität Darmstadt)教授欧根·科贡(Eugen Kogon,1903—1987)说:"集中营的主要目的,在于消灭民族社会主义统治的每一个真正的和可能的敌人。隔离、毁誉、凌辱、拷打和处死——这些都是用来收到恐怖效果的形式。"③被关进集中营的主要有下述四类人。

(1)政敌,包括持反纳粹态度的政党或团体的成员,被开除的纳粹党员,破坏外汇管制者,收听敌对国家广播和发牢骚者。

(2)"低等种族"分子,主要是犹太人和吉普赛人。

---

① [联邦德国]海因茨·赫内:《党卫队——佩骷髅标志集团》,第 226 页。
② J. Noakes and G. Pridham, *Nazism, 1919 - 1945: A Documentary Reader. Vol. 2: State, Economy and Society, 1933 - 39.* p. 520.
③ [联邦德国]海因茨·赫内:《党卫队——佩骷髅标志集团》,第 238—260 页。

（3）刑事犯，内分"有期预防性拘留者"即有前科累犯者，和"保护性拘留者"即正在服刑的囚犯。1933 年 11 月 24 日，当局颁布了《同危险的职业犯罪分子作斗争法》，其中规定，对多次判刑的犯罪分子，在刑满释放后接着实施"保护性看管"。那就意味着送集中营。1937 年 12 月 14 日，全国内政部长和普鲁士州内政部长公布警察局关于开展预防犯罪斗争的基本原则，此后，在警察局关押的预防性犯罪人员以及可以抓起来实行保护性看管的人员范围不断扩大。可抓的人除必须逮捕的职业罪犯或惯犯之外，还有以使用化名而被怀疑想掩盖犯罪事实的人或企图使用化名去从事犯罪活动的人。

德国刑事警察局在 1938 年 4 月 4 日公布的准则中，再一次说明了在开展预防犯罪方面应该拘留的对象：① 对国家法律和法令麻木不仁者，不服从国家命令者（乞丐、流浪汉、酗酒者、传染病患者尤其是性病患者、在押犯、逃避官方健康检查者）；② 逃避劳动义务和委托公众看管者（如懒惰者、拒绝劳动者和酒徒），刑事记录中尚未注销刑期者不在此考虑之列。①

1937 年 3 月 9 日，纳粹当局根据希姆莱的一项命令，在全国范围内实施了一次大搜捕，共逮捕了 2000 名职业罪犯和惯犯。翌年 3 月 18 日又突然实施一次搜捕。被捕者都送进集中营，其中的女犯分别被送往默林根（Möhringen）集中营和利希腾堡集中营。1939 年 5 月 15 日，女犯转移到拉文斯布吕克集中营，1942 年 3 月又被转入奥斯维辛（Auschwitz）集中营。

（4）"懒惰分子"和"社会无用者"。1938 年 1 月 26 日希姆莱以党卫队全国领袖和德国警察总监身份发布的公告称："本公告中提到的懒惰者系指在有劳动能力的年龄内经官方医生检查已认定或可以确定在近期内有从事工作能力的男子，在这两种情况下没有正当理由而拒绝接受工作任务，或虽然已经接受了工作任务，但在短时间工作后，没有充分理由又放弃此项工作的人。"而"社会无用者"即为"对社会有危害者"，这类人包括"乞丐、游民、吉卜赛人、流浪者、懒汉、妓女、同性恋者、发牢骚者、酒徒、打架者、交通违章者和心理变态者及精神病患者"。他们中的妇女被称为"不善料理家务、无所

---

① ［德］古德龙·施瓦茨：《纳粹集中营》，第 24 页。

顾忌,既没有意识和计划做家务,又没有能力照料和教育孩子,总之,她们是德国人民中剔出来的品行不端的人,也就是说,她们是虚度时光的人"。①"社会无用者"中,重点打击的对象是妓女、酒徒、游民和吉普赛人这四种人,他们被称作对社会有严重危害者,全都需要被送进集中营。

1933 年希特勒就任总理不久,即有部分游民和其他社会无用者被陆续关进集中营和劳动教养所。1933 年秋,巴伐利亚州的劳动教养所由于囚禁的人太多,以至于人满为患。1938 年 1 月 2 日希姆莱发布上述公告后,根据该公告规定,各地政府的工作人员应查明懒惰者的名单,并在 1938 年 2 月 18 日—3 月 4 日期间将相关材料送交内政部门,而内政部门在对居住在本地区的懒惰分子进行调查核实后,应于 1938 年 3 月 4 日—9 日对确认人员实施逮捕,并于同年 3 月 15 日前将被捕者及其案宗,连同基本处理意见和判决建议呈送秘密警察二处。只有秘密警察局才有权决定是否对拘留人员采取保护性拘留,这种拘留一般是送集中营。于是在 1938 年 3 月,全国兴起了一次大规模逮捕"社会无用者"的浪潮。同年 6 月 1 日,在海德里希的指挥下,又实施了一次大搜捕,又有一大批人被捕并被送进集中营。1939 年和 1940 年,当局也采取过类似的行动。

集中营内为了便于区别和管理,各类囚禁者在左胸和右裤腿(奥斯维辛集中营则在左臂)佩戴不同标志:政治犯,红色三角;刑事犯,绿色三角;同性恋者,粉红色三角;反社会者和女性同性恋者,黑色三角;"耶和华见证人"组织成员,紫色三角;吉普赛人,褐色三角;犹太人,黄色六角星,其中触犯种族法令者佩戴镶黑边的绿色或黄色三角。外国人以国名的第一个字母代替。

按照党卫队最高领导机构的规定,集中营看守人员作为个人不得虐待被囚者。1935 年 8 月,希姆莱发布命令,"严格禁止党卫队成员擅自对犹太人采取个人行动",规定看守人员必须每三个月在一份声明书上签字,保证自己不虐待囚徒。1942 年秋,希姆莱批复党卫队中央法庭关于如何裁决专横独断的、不经任何命令擅自枪杀犹太人的案件时,曾指示:"一、完全出于政治动机者不予治罪……二、出于个人私利或者虐待狂及发泄性欲动机

① [德]古德龙·施瓦茨:《纳粹集中营》,第 24—25 页。

者,应依法判罪,而且根据情况也包括行凶杀人和打人致死者在内。"①然而,这只是个别的表面文章,根本不能掩盖集中营内实际存在的普遍虐待和残害囚禁者的真相。同时,集中营里"合法"的酷刑却比看守人员的私刑重得多,其中最常见的就是把受刑者绑在"木山羊"上,当众责打25鞭。

1938年以前,纳粹集中营都建在国内,1938年3月德国吞并奥地利后,纳粹集中营越出德国本土,在占领区兴建起来。1938年7月,在奥地利毛特豪森镇附近建立毛特豪森(Mauthausen)集中营。1939年德国侵占波兰后,陆续建立施图特霍夫(Stutthof)集中营、奥斯维辛集中营、索比包(Sobibor)集中营、特雷布林卡(Treblinka)集中营、马依达内克(Maidanek)集中营、比克瑙(Birknau)集中营和海乌姆诺(Chelmno,一译切尔诺)集中营。1941年11月,将布拉格附近原捷克斯洛伐克的坦伦希堡垒改建成特莱西恩施塔特(Theresienstadt)集中营,作为犹太人特别集中营。这些新建的集中营主要关押战俘和外国犹太人,生活条件比德国本土的集中营更为严酷,劳役也更为繁重。这一时期,德国本土的集中营也普遍扩大规模,开始接纳、关押战俘和外国犹太人。弗洛森堡集中营和达豪集中营,先后从1940年底和1941年初开始在囚禁者身上进行医学试验。

1938年起,纳粹当局大肆宣扬其收容营地已经人满为患,为屠杀行动制造舆论。当局以社会福利机构和集结营地已经"超员"以及缺乏护理为借口,拒绝为那些人提供必要的生存条件。纳粹分子还蓄意在社会福利机构里制造一大批衣衫褴褛的"可怜人",然后把参观者、记者、访问者和群众带到那些拥挤不堪的机构里参观,以便用这些"活生生的事实"证明"清理"行动的必要性。从1941年夏天开始,一部分集中营开始设置毒气室等大规模杀人工具和焚尸炉,形成与原集中营比邻而立又与前者合为一体的"灭绝营"。其中臭名昭著的如奥斯维辛、马依达内克、特雷布林卡、比克瑙、施图特霍夫、贝尔赛克(Belzec)、索比包、海乌姆诺,都是在原波兰境内。另有一些小型灭绝营,无毒气室装置,仅用枪杀的办法进行屠杀,设在里加、明斯克等地附近。1942年1月20日纳粹当局召开汪湖会议,确立以屠杀为主要手

① [联邦德国]海因茨·赫内:《党卫队——佩骷髅标志集团》,第446页。

段的"最后解决"犹太人问题的计划,此后屠杀行动大规模展开。

被伪装成"淋浴室"的毒气室是纳粹集中营实施大屠杀的重要工具。最早用于试验的毒气室的具体状况为:"这间房子的面积大约为 3 米×5 米,高 3 米,地面四周铺着 10 厘米厚的木板条踏板,沿着墙壁装有一条直径约 2.54 厘米(1 英寸)的水管,在这条水管上有许多向外渗漏一氧化碳的小孔。毒气瓶放在这间房子的外面,并与毒气输送管相连接……入口门类似一个空气防护门,门上有一个长方形的窥视窗口,通过这个窗口可以观察到囚犯的处理情况。"在这间房子里进行第一次谋杀试验时,大约有 18—20 名男性囚徒在进入"淋浴室"之前被迫脱光衣服,进去后很快被毒死。他们的尸体被放在专门为此而设计的担架上,送到焚尸炉火化。[①]在具体实施过程中,"淋浴室"的面积增大了,一般一次可容纳约 2000 人,墙上写着"保持安静!生命危险!请遵守秩序和肃静!"在其边上另设一间面积更大的更衣室,粉刷成白色,中间竖着一些水泥柱子,相互间隔 4 米。沿墙和柱子周围放着一些长凳,墙上用多种文字写着"肃静!遵守秩序,保持清洁!"等字样。在通向"淋浴室"的箭头上方写着"消毒站!淋浴室!"[②]另外,毒杀的气体从一氧化碳改成了齐克隆-B(Zyklon-B),这是一种高效杀菌-杀虫剂,由法本工业公司提供专利,特奇-施塔本诺夫公司和美因河畔法兰克福达格希公司生产,遇到空气后即产生氢氰酸毒气杀人。

1942 年 3 月,集中营转归党卫队经济管理总处(由党卫队经济和行政管理处改组而成)全权管理。由于战时德国劳动力严重不足,同时主管党卫队经济企业和建筑工程的该处,更倾向于把集中营用作从事奴隶劳动的场所,因而此后大规模屠杀有所降温,改为增大奴隶劳动的强度,残酷榨取囚徒的血汗。不仅如此,集中营甚至把囚犯出租给大的军火工厂,在保证军火生产的同时谋取经济利益。军火商以每个辅助工人每天 4 马克、每个熟练工人每天 6—8 马克的额度向党卫队经济管理总处支付工资。在战争后期,党卫队仅从布痕瓦尔德集中营"被出租的劳动力"身上,每月就能收入

---

① ［德］古德龙·施瓦茨著:《纳粹集中营》,第 52、86 页。
② ［捷克］奥托·克劳乌斯、艾利希·库尔卡:《死亡工厂》,白林、魏友编译,重庆出版社 1983 年版,第 82—85 页。

150 万—200 万马克。①与此同时,利用囚徒从事"医学试验"的规模也进一步扩大。

第二次世界大战中后期,纳粹德国的集中营在数量和规模上都达到了顶峰。到目前为止,国际学术界还难以确定纳粹集中营的总数,其原因除涉及"集中营"一词的定义外,主要是档案资料缺乏,不少集中营根本没有留档保存。

主集中营及其分营是纳粹集中营的主体部分,据统计,纳粹时期共有22 个主集中营,其中 19 个拥有数量不等的分营。分营的总数为 1 202 个,其中 813 个为男性囚犯分营,329 个为女性囚犯分营,60 个性别可变营。拥有分营的主集中营分列如下。

奥斯维辛主集中营,下设 50 个分营,其中 28 个分营的囚犯从事冶金、矿山和其他工业的劳动,5 个分营从事修缮和建筑劳动,9 个分营从事农业劳动,3 个分营从事林业劳动,1 个分营从事炸弹试验,4 个分营分工不明确。

贝尔根-贝尔森(Bergen-Belsen)主集中营,1943 年设在汉诺威附近的荒郊,主要关押对象是来自法国、比利时、荷兰的犹太人。分营关押苏联和波兰的男性囚犯。

布痕瓦尔德主集中营,1937 年 7 月 13 日设在德国境内魏玛附近,关押男性囚犯。后设 129 个分营,其中 106 个男营,22 个女营,1 个性别可变营。有 79 个分营的囚犯在冶金、矿山和其他工业企业里劳动,33 个搞建筑,4 个被安排搞爆破和炸弹试验,3 个在党卫队的值勤点当差,3 个维修德国国家铁路。

达豪主集中营,下设 197 个分营(其中 9 个后来改属其他主集中营),其中 169 个男营,24 个女营,4 个性别可变营。有 46 个分营的囚犯在工矿企业劳动,54 个从事建筑,4 个从事炸弹试验,54 个为党卫队机关做勤务,5 个从事国家公路改造,11 个从事农业劳动,3 个搞清理,1 个伐木,2 个分营是劳役点,4 个是疏散营地。

---

① [德]瓦·巴特尔:《法西斯专政时期的德国 1933—1945》,第 82—83 页。

弗洛森堡主集中营,1938 年 5 月 3 日开设在德国北巴伐利亚,初期主要关押男性刑事犯和"社会无用者"。后下辖 97 个分营,其中 65 个男营,31 个女营,1 个性别可变营。有 45 个分营的因犯从事工业生产,22 个搞建筑,14 个为党卫队值勤点干活,4 个维修国家铁路,1 个用于关押伤寒病人。

格罗斯-罗森(Gross-Rosen)主集中营,1940 年 8 月 2 日开设时作为萨克森豪森主集中营的分营,翌年 5 月 1 日升格为独立集中营。后下辖 118 个分营,其中 59 个男营,45 个女营,14 个性别可变营。在这些分营中,24 个原先为独立的犹太人强迫劳动营,1944 年才被格罗斯-罗森主集中营接管为分营。在 118 个分营中,68 个的因犯在工矿企业劳动,25 个搞建筑和修工事,3 个为纳粹党和党卫队机关提供服务,1 个从事农业劳动,2 个搞清理工作,1 个伐木。

赫尔措格布什(Herzogenbusch)主集中营,下设 13 个分营,均为男营,其中 8 个从事建筑,2 个从事营地劳动,1 个挖坦克壕,1 个从事炸弹试验。

考纳斯(Kaunas)主集中营,位于立陶宛境内,下设 14 个分营,其中 9 个为男营,5 个为女营。有 4 个分营的囚徒从事工业生产,3 个从事林业和煤矿业生产,4 个在武装部队营房干活。

克拉科夫-普拉斯措夫(Krakau-Plaszow)主集中营,1941 年开设,为犹太人强迫劳动营。下属 10 个分营,其中 6 个为男营,4 个女营。大多从事工业劳动,其中 1 个为采石劳动。因犯经常被筛选,病人、老人和儿童被送往各灭绝营。

卢布林-马依达内克(Lublin-Maidanek)主集中营,1941 年初秋设立,下辖 14 个分营,其中 8 个男营,4 个女营,1 个男女混合营,1 个男女儿童混合营。大部分时间为犹太人强迫劳动营,其中卢布林地区的分营负责分拣和加工被屠犹太人的财物,剩余的分营从事军服加工、锯木等工作。

毛特森豪森主集中营,1838 年 8 月设立在奥地利。下辖 62 个分营,其中 50 个男营,5 个女营,6 个性别可变营,1 个男女儿童混合营。大多数因徒在军备工业或各种建筑工地劳动。

米特尔鲍-多拉(Mittelbau-Dora)主集中营,位于德国图林根地区,1943 年 8 月作为布痕瓦尔德集中营关押女性囚犯的分营开放,1944 年 10 月升格为独立集中营,后统辖 32 个分营,其中 16 个原属布痕瓦尔德主集中营。囚徒主要用于筑路、地下工程建设、桥梁架设、坑道挖掘、军被生产和手工业劳动。

纳茨韦勒-斯特鲁特霍夫(Natzweiler-Struthof)主集中营,1941 年 5 月正式设立,下辖 50 个分营,其中 42 个男营,4 个女营,4 个性别可变营。有 13 个分营的囚徒从事军备生产,28 个从事筑路、开挖坑道、开采油页岩等工作。

新加默(Neuengamme)主集中营,1938 年设立于汉堡以南,初期作为萨克森豪森集中营的分营,1940 年 6 月升格为独立集中营。下辖 90 个分营,其中 56 个男营,29 个女营,5 个性别可变营。有 39 个分营的囚徒在工厂企业和船厂干活,27 个从事建筑工地劳动,2 个从事炸弹试验,7 个从事清理工作,1 个从事农业生产,1 个维修国家铁路,3 个为病号营,2 个为疏散营。

拉文斯布吕克(Lovins Bruck)主集中营,1939 年 5 月开设于德国北部,下辖 45 个分营,其中 31 个女营,9 个男营,5 个性别可变营。有 23 个分营的囚犯在各种厂矿企业里劳动,3 个搞建筑,1 个从事清理工作,1 个在机场劳动,1 个从事农业劳动,5 个为党卫队值勤点服役。

里加-凯泽瓦尔德(Riga-Kaiserwald)主集中营,位于拉脱维亚,1943 年 3 月开放。下辖 29 个分营,其中 15 个男营,14 个女营。囚徒们的劳动地点和内容分别为军车场修理车间、军队服装厂、筑路、挖坑道、维修国家铁路、伐木、装卸、沼泽地排水,很多人在任务完成后被杀。

萨克森豪森主集中营,位于柏林以北奥拉宁堡(Oranienburg)附近,1936 年 7 月开放。下辖 74 个分营,其中 46 个男营,23 个女营,5 个性别可变营。有 29 个分营的囚徒从事工业生产,17 个搞建筑,11 个为党卫队值勤点做勤务工作,1 个从事炸弹试验,1 个从事清理工作,1 个从事原料采集,1个从事国家铁路维护工作。

施图特霍夫(Stutthof)主集中营,位于但泽附近,1939 年 9 月 2 日开放。下辖 146 个分营,其中 79 个男营,62 个女营,5 个性别可变营。有 14 个分营是疏散囚犯的中转收容所,36 个分营的囚徒从事军事设施建筑,5 个从事国家铁路维护工作,9 个在机场劳动,7 个从事农业生产,2 个从事垦荒,7 个为党卫队值勤点做勤务。

韦瓦拉主集中营,位于苏联境内,1943 年 9 月开放。主营用于筛选囚犯,将没有劳动能力的杀害,有劳动能力的解往分营。分营共 27 个,其中 11 个男营,9 个女营,7 个性别可变营。囚犯主要从事繁重的野外劳役、伐木和木材运输、建筑和修筑工事、开采油页岩和褐煤矿山建设。①

整个纳粹统治期间究竟有多少人死于集中营内,该数字是无法统计的。仅仅根据从 1940 年 5 月 1 日至 1943 年 12 月 1 日担任奥斯维辛集中营长官的鲁道夫·霍斯(Rudolf Höss,1900—1947)供认,在他的集中营里遭到杀害者估计达 250 万人,另外还有 50 万人死于饥饿和疾病。②据两名曾被长期囚于奥斯维辛-比克瑙集中营的幸存者战后著书计算,在奥斯维辛集中营的受害者为 350 万。③而据 1944 年曾应征入纳粹德军、后任德国《明镜》周刊编辑的海因茨·赫内(Heinz Höhne,1926—2010)估算,纳粹集中营屠杀的记录是:索比包 25 万人,特雷布林卡 70 万人,马依达内克 20 万人,贝乌泽茨 60 万人,库尔姆霍夫 15.2 万人,奥斯维辛 100 万人以上。④

---

① 主集中营的详细情况可参阅[德]古德龙·施瓦茨:《纳粹集中营》,第 148—214 页。
② [联邦德国]卡尔·迪特利希·埃尔德曼:《德意志史·第四卷:世界大战时期(1914- 1950)》下册,第 61 页。
③ [捷克]奥托·克劳乌斯、艾利希·库尔卡:《死亡工厂》,第 118—120 页。
④ [联邦德国]海因茨·赫内:《党卫队——佩骷髅标志集团》,第 443 页。

第四章　统制经济

第一节　纳粹党的经济主张

纳粹党在 1933 年 1 月之前,工作重心是争取获得更多民众的支持,伺机获取政权,而在 1933 年 1 月之后,则是全盘控制国家和民众,重整军备,扩张领土。在这两个阶段中,经济变革诉求都处于从属的位置。同时,它并不是一个经济党,希特勒作为党魁,又严重缺乏经济学方面的知识,因而纳粹党作为整体来说,并无系统的经济思想。然而,纳粹主义作为一个要求改造国家和社会的思想体系,免不了要在经济方面提出自己的设想,纳粹党作为一个政党,为了宣泄诉求,吸引追随者,又不得不在纲领和宣传中涉及经济方面的主张。

如前所述,纳粹党建党之时提出的《二十五点纲领》和 1925 年的《革新纲领》,都涉及经济方面的要求和主张。然而,《二十五点纲领》中的某些条款,如取缔不劳而获的收入、没收战争利润、托拉斯国有化、参加大企业的分红、土地改革等,不仅内容含混,缺乏系统性和可行性,而且更多地着眼于社会结构变革而不是经济体制重组。施特拉瑟兄弟拟制的《革新纲领》,其相关条款同《二十五点纲领》相比,突破了口号式的诉求,深化了中下层民众的经济社会改革要求,提出了操作层面上的量化要求。然而,该文件在希特勒主导下,被班贝格会议否定,因此影响更小。

世界经济大危机初期,纳粹党内部分人又打算发出声音,结果由于党内意见不统一,没有奏效。1930 年 10 月,格雷戈尔・施特拉瑟和元老弗德尔共同策划,由纳粹党国会党团提出议案,要求把银行利率限制在 4% 以下,无偿征用银行、股票交易所和所有东方犹太人的财产,将大银行收归国有。希特勒闻讯后立即进行干预,强迫他们撤回议案。而当共产党国会党团提出类似的议案时,希特勒命令纳粹党议员投反对票。

随着经济危机的深化,纳粹党开始重视这个问题。1931 年初,纳粹党在全国指导处内设立了以建设新社会为目标的"第二组织部",由康斯坦丁・希尔领导,下设由奥托・瓦格纳(Otto Wagner,1877—1962)主持的经济政策处和迪特利希・克拉格斯(Dietrich Klagges,1891—1971)主持的经济学科处。同年 3 月 5 日,奥托・瓦格纳和格雷戈尔・施特拉瑟共同提出了一份名为《纳粹党关于经济政策的基本观点和目标》的文件。从以后的历史发展进程看,该文件基本上反映了纳粹党对未来经济政策的看法,许多设想在纳粹执政后得以贯彻,然而希特勒担心其内容会引起经济界不安,故而阻止其公开发表。[1]文件要求推行中央集权的国家统制经济,强调"国家应为了整体利益限制个人的自由,应该拥有国民财产的支配权,有权干涉经济生活,实施调解,制定规范。国民经济因服从政治策略。……对自由企业家的自主权,在涉及财产获取和使用方式上,将通过法律进行限制"。它还提议要以法律形式对企业主获取和运用财产的自由进行限制,监督投资、物价和工资,声称"扩大生存空间"是解决德国经济危机的必由之路。[2]

1932 年是德国政坛斗争激烈诡异的时刻,纳粹党的经济纲领也几易其稿。5 月,该党发表格雷戈尔・施特拉瑟起草的《经济紧急纲领》,并以纳粹党国会党团的名义向国会提交。该纲领要求国家通过举办公共工程,扩大就业机会,缩减失业规模,并提出征收高额收入税、"粉碎利息奴役制",实行

---

[1] Avraham Barkai,*Das Wirtschaftssystem des Nationalsozialismus*. Köln: Fischer Taschenbuch Verlag,1977,S. 35.

[2] BA,NS/22/10,BA,NS/22/11,转引自 Avraham Barkai,*Die Wirtschaftsauffassung der NSDAP*. S. 10.

国家监督物价、干预银行等措施。它所提出的措施具有较强的操作性,因而获得了中下层民众的广泛支持。它对于纳粹党争取小资产阶级群众和失业工人的支持,赢得该年7月国会选举的胜利,起了相当大的作用,但同时也引起垄断资本集团的不安。于是,希特勒很快下令收回,由纳粹党的另一名经济学者、后任希特勒内阁财政部国务秘书的弗里茨·莱因哈特(Fritz Reinhardt,1895—1969)作较大的修改,同年秋以《经济建设纲领》为名发布。新纲领回避了前一个纲领所提出的一些尖锐问题,并作了有利于垄断资本集团的解释。文件强调要扩大农业投资,实施土壤改造,平整土地,修建防洪设施,以提高农业产量;要求帮助修建工人私有的独门独户住宅,以利于疏散市区的人口;要求增加交通事业投资,改善交通状况,以促进大城市人口疏散、商业发展和东部定居区建设。纲领还反对实施刺激出口的政策,要求脱离世界市场,实现经济上的自给自足。

　　纳粹党执政之后,党的部分下层机构和冲锋队要求履行党纲中的反资本主义条款,引起垄断资本集团的不满。希特勒因此于1933年7月禁止任何党组织采取干预经济的行动,并解除奥托·瓦格纳的职务,撤销其主持的纳粹党经济政策处,任命威廉·凯普勒为党的"经济全权代表"。纳粹党全国指导处的经济政策委员会仍然保留,但其任务主要局限于对党员进行宣传教育。

　　至于希特勒本人,由于系自学成才,知识结构较为褊狭,初中阶段数学课就经常不及格,经济学知识更为缺乏,并由此导致对经济问题不感兴趣。他几乎没有公开阐述自己的经济主张,只有若干零散的内部谈话,而且常常自相矛盾。例如,希特勒早年曾说过,纳粹党原则上"反对自由主义",不赞成"自由贸易","不赞成市场经济控制的自由价格和工资"。但据后来当了纳粹政府经济部长的瓦尔特·冯克回忆,30年代初,"元首本人在同我和我所介绍的工业界领袖人物会谈时一再强调,他是国营经济的敌人,所谓'计划经济'的敌人。他认为,为了争取最高产量,自由企业和自由竞争是绝对必要的"[1]。其实,希特勒重视的只是权力意志。在他的头脑中,政治的权衡始终占绝对优先的地位,经济只不过是达到自己政治目标的许多手段

① 朱庭光主编:《法西斯体制研究》,第174页。

之一。在经济大危机的特定历史条件下,他为了政治上的需要,常常以机会主义的态度,利用纳粹党内不同的人,对不同的群众,提出和宣传不同的经济主张。连冯克也承认:"党的领导在经济问题上有着完全自相矛盾和混乱的看法。"①不过,对于希特勒来说,下面两点却是始终十分明确的。

第一,希特勒绝对维护"经济私有制度"。他曾在同大工业巨头的会晤中几次强调,"经济生活的建立是根据成就、人格价值的概念以及人格的权力",因而证明私有财产是有正当理由的。1930 年 5 月,当奥托·施特拉瑟及其支持者要求实施工业国有化时,希特勒斥责"这会是德国经济的毁灭"。他强调,"资本家通过他们的能力发迹,繁荣到顶点……这仅仅再次证明他们是高等种族——他们拥有领导权"。当施特拉瑟问他,如果他当政,将怎样对待克虏伯家族时,希特勒立刻回答道:"当然,我应当不加干涉。你认为我该发疯以致毁灭德国的经济吗? 只有当人们不能为了民族利益行事时,那时——而且只有那时——国家才可以进行干预。"②

法西斯主义追求"一元"性的绝对统治,从这个意义上说,法西斯国家必然要对经济生活实施强有力的干预。而国家强力干预的逻辑结果,又必然会涉及所有制问题。从其他法西斯国家的实际情况来看,尽管各国的法西斯分子都强烈地要求保存私有制,但实施国家干预的结果是,法西斯意大利通过"国家参与制",国家占有了 75% 的所有权,日本通过实施"民有国营",利用所有权同经营权分离,通过占有经营权淡化了所有权。纳粹德国在其他领域的集权程度很高,根据一般规律,它对所有权的侵犯也应该比其他两国更为强烈,然而由于希特勒曾经发表过上述谈话,因而纳粹政权一直视所有权为禁区,改用较为低级或粗野的手段来干预经济生活。

第二,希特勒强调,"没有剑,就不可能有经济政策,没有权力,就不可能有工业化"。"在德国,往往是在政治力量高涨的时候,经济情况才开始改善;反过来,往往在经济成了我国人民生活中唯一内容,窒息了思想力量的时候,国家就趋于崩溃……从来没有一个国家是靠和平的经济手段建立

---

① [英]艾伦·布洛克:《大独裁者希特勒(暴政研究)》,第 165 页。
② [英]艾伦·布洛克:《大独裁者希特勒(暴政研究)》,第 190、148—149 页。

的。"德国必须"攫取新的土地","避开一切世界工业和世界贸易政策的尝试,代之以集中一切力量,旨在为它的人民在下一世纪的分配获得一块立足的生存空间开辟出一条生存之路"。①

第二节　摆脱经济危机

希特勒执政后,一方面着手摆脱经济危机,为扩军备战提供经济前提,另一方面实施经济体制和机制的改组,逐渐建立起具有浓厚纳粹特色的战争经济体制。整个纳粹统治时期,根据主要经济任务的差别,德国经济大致可以划分成三个阶段。1933—1935 年为"沙赫特时代",重点是在纳粹党和企业家之间构建起新的合作平台,摆脱经济危机,减少失业人口;1936—1941 年为"四年计划时代",以组建"自给自足"的经济结构为抓手,较大幅度地实施纳粹的经济体制机制改造,构建备战经济体制;1942—1945 年为"施佩尔时代",推动经济为总体战争服务。

希特勒就任总理时,德国经济已经走出了危机的谷底,但仍陷于困境之中,失业人数高达 601.4 万。② 1933 年 2 月 1 日,即希特勒出任总理的第三天,就发表了《告德意志国民书》,宣布政府将实施"伟大的"四年计划:在四年内"彻底克服失业""拯救德意志的工人""拯救德意志的农民"。希特勒强调:"政府保证避免一切可能危及通货的尝试","不靠由国家组织的经济官僚机构的间接方法保护德国人民的经济利益,而是依靠私人创造力量最大限度地推动,依靠承认财产所有权"。他说:"胜利的原则在于对企业的组织和引导以及从赔款和不可能履行的债务与利息义务中解脱出来。"③按照他自己的说法,当时他必须尽快解决两个主要的经济难题:失业和农业危机。④ 西方国家历史上的经济危机,大多依靠"自我均衡调节机制"来应对,

① Adolf Hitler, *Hitlers Zweites Buch*: *Ein Dokument aus dem Jahr 1928*. S. 163.

② Jurgen Kuczynski, *Germany*: *Economic and Labour Conditions under Fascism*. Greenwood press, New York, 1968, p. 96.

③ Adolf Hitler, *My New Order*. pp. 145 - 156.

④ J. Noakes and G. Pridham, *Nazism*, *1919 - 1945*: *A Documentary Reader*. Vol. 2: *State*, *Economy and Society*, *1933 - 39*. p. 266.

政府较少干预。1929 年爆发的大危机,使资本主义原有的一切旧的经济理论、旧的经济运行机制和管理方式,纷纷失灵。不少西方国家开始在经济大风暴中寻找一叶方舟。德国从布吕宁起的三届内阁,也都在围绕着克服失业、恢复经济、解决赔偿和债务问题来运作,但都未能奏效。希特勒要想快速摆脱经济危机,赢得民心,同样存在着很多困难。

德国由于长期承担赔款责任,早已耗尽了黄金与外汇储备。《道威斯计划》(Dawes Plan)实施后,其经济实力快速增长,但赔偿义务仍然如影随形,严重制约其黄金储备的增长。经济大危机所导致的国际关税战、倾销战、货币战和资源战,使德国工业品出口受阻,黄金外汇储备大量流失。1931 年银行危机,外汇储备流失 20 亿马克,布吕宁政府下令将所有外汇业务集中于国家银行,但仍未能遏制住这一趋势。国家银行的外汇和黄金储备,1932 年分别降至 10.48 亿和 8.06 亿马克,1933 年降至 6.03 亿和 3.86 亿马克,1934 年再降至 2.38 亿和 0.79 亿马克。反观纳粹分子,尽管队伍中也有少量获得博士学位的高学历"人才",但数量更多的,却是文化水准较低的中下层民众,其元首希特勒,更是连高中文凭都无力获得。这样的政党要驾驭难度极大的经济问题,在起步阶段必须同气味相投的专业人士联手,利用他们的专业知识为自己服务。此外,利用资产阶级的代表人士来管理经济生活,还能在新政权尚未巩固之时起到安抚有产阶级的作用,有利于争取他们的合作。"沙赫特时代"由此而起。

沙赫特是一位精通金融业务的银行专家,传统经济学金本位论者,政治上信奉民族主义和君主主义。1923 年德国陷入恶性通货膨胀的困境后,他出任国家银行总裁,以社会民主党人、财政部长鲁道夫·希法亭(Rudolf Hilferding,1877—1941)的创意为基础,主持发行"地产抵押马克"(Rentenmark),成功地稳定了金融,成为国内外经济和政治界的显赫人物,被誉为"金融奇才""民族救星"。1929 年世界经济大危机爆发后,沙赫特以拒绝接受《杨格计划》(Young Plan)为导火线,同魏玛政府分道扬镳,积极支持希特勒上台。纳粹党掌权后,他于 1933 年 3 月重新出任国家银行总裁,并担任国家开支管理委员会主席,翌年 7 月兼任政府经济部长,1935 年 5 月又兼任"军事经济全权总代表",一时成为直接对希特勒负责的纳粹德国"经济独裁者"。沙赫特执掌经济大权后,总结布吕宁、巴本、施莱歇尔三届政府的经验教训,加强国家对经济的干预,但是在具体方法上,采取了一种独特的方针:松财政,紧货币。

松财政,就是由国家大量投资,兴办公共工程,如修筑道路和高速公路,兴建机场,建造住宅,整治水道,改良农田土壤等,用以刺激需求。在 1933 和 1934 两年内,全国用于公共工程的开支,达到 50 亿马克。这些非生产性项目的投资,既繁荣了经济,又不会加重已有的生产过剩性危机。紧货币,就是控制通货膨胀,控制外汇,稳定物价。

国家兴办公共工程和扩军备战,需要大量资金。国家筹集资金,通常有三种不同的途径,即增税、增发货币和借债。大幅度增加税收不仅会引起民众的不满以致反抗,而且会直接削弱本来已经不足的"社会有效需求",抵销扩大就业的好处。增发货币会直接引发通货膨胀和物价上涨,德国经过 1923 年的恶性通货膨胀,全国上下对这一点都非常敏感。因此沙赫特采取了以借债为主的筹资方法,以实现紧货币的目标。

在具体实施过程中,沙赫特除按常规举借内债,发行"劳动国库券"(Arbeitswechsel)外,还建立了一套依靠发放短期商业债券的"兴工券"机制。这种短期商业债券,一般期限为 3 个月,但可延长 20 次,最长达 5 年,每年兑现 1/5。它作为商业债券可以自由交易,实际上成了马克之外的一种"辅助货币系统"。这种变相的货币,避免了公开的财政赤字和公开增发货币,不会直接引发通货膨胀。"梅福票"(Mefo-Wechsel)是"兴工券"中知名度较高的一种。

"梅福票"的全称是"冶金研究股份公司(缩写 Mefo)期票",由发行公司支付给军火承包商和生产商,最后由国家银行保证到时贴现。在一般情况下,该票在 5 年后开始贴现,这样就能暂时缓解战前预算支出的负担。"冶金研究股份公司"是 1933 年 5 月由四家军备康采恩建立的假公司,其成员均为国家银行的工作人员,两位领导人则分别来自国家银行和政府国防部。当时,在危机冲击下,一般德国银行已经冻结了贷款业务,缺少可投资金与流动资金。国家银行虽有放贷能力,但原有《银行法》规定它不能直接从事公开的市场活动,也不能代表国家兑现债券。1933 年 10 月 17 日,希特勒政府颁布法令,授权国家银行在证券市场上收购国家证券,授权一般商业银行承担再贴现。这样,大企业承包国家的公共工程或军事订货之后,即可按合同规定的开支总额(包括利息)领取相应的债券。一般的商业银行承兑此种债券。然后,由国家银行再贴现。沙赫特利用这种债券机制,为纳粹政府实施大规模公共工程和军备计划筹措了资金。

表 4-1　德国国家银行账目①　　　　　　(单位:10 亿马克)

	1933 年 3 月 31 日	1939 年 3 月 31 日
货币流通量	3.52	8.31
现存商业票据和支票	2.76	8.14
黄金和外汇	0.84	0.077

到 1939 年欧洲战争爆发前,全国共发行"梅福票"约 120 亿马克,占同期军费开支的 1/5,其中 1934—1936 年,占到了约 1/2。②此外,国家还有总计达 80 亿马克的中长期债务和 15 亿马克的其他短期贷款。换一个角度看,在 1933/34—1938/39 年 6 个财政年度内,国家总开支约为 1000 亿马克,其中只有 80%来自税收和国家企业(特别是铁路和邮政)上缴的利润,其余主要通过借债的方式解决。

"松财政,紧货币"方针实施的结果是,德国以很低的通货膨胀率换得了经济迅速恢复和发展。1937 年底与 1932 年底相比,德国国民收入增加 63%,而纸币流通量仅增加 48%。然而,预算支出的增长对财政平衡的压力也越来越大,以至于从 1935 年开始,希特勒下令禁止公布政府预算,③希冀以此避免引起民众恐慌,并伺机寻找其他途径来缓解寅吃卯粮的空缺。

在筹措资金的同时,增加就业机会、缩减失业人数的行动也在紧锣密鼓地展开。1933 年 6 月 1 日,政府发布了由纳粹党人、财政部国务秘书弗里茨·莱因哈特起草的《扩充就业面纲领》(*Arbeitsbeschaffungsprogramm*,

① 见[联邦德国]卡尔·哈达赫:《二十世纪德国经济史》,扬绪译,商务印书馆 1984 年版,第 65 页。
② J. Noakes and G. Pridham, *Nazism, 1919-1945: A Documentary Reader. Vol. 2: State, Economy and Society, 1933-39.* p. 267.
③ [德]格茨·阿利:《希特勒的民族帝国:劫掠、种族战争和纳粹主义》,刘青文译,译林出版社 2011 年版,第 289—290 页。

旧译《关于缩减失业人数的法令》),该纲领因其起草人的姓氏而被俗称为
"第一项莱因哈特纲领"。根据该纲领规定,国家财政部将发行总数为 10 亿
马克的"劳动国库券",用于增加工作岗位,尤其要保证下述各类工作的
开支:

1. 修缮与改造行政大楼、公寓和桥梁,以及各州、地方当局和其他公共
机构的建筑物;

2. 修缮农村住房和办公楼,分割原有住房,以及将其他用房改造成较
小的住房;

3. 城郊房产;

4. 农业移民;

5. 河道整治;

6. 增设为民众提供煤气、水和电力的装置;

7. 州与地方政府建筑物地下室的建造与整修;

8. 为办理上述各项工作所支付的必要报酬。

纲领对上述第 7 项工作作了专门的补充说明,内容为:

1. 补助金只有在该项目能产生收益,而业主在可预见的时期内无
力承担的情况下才能提供;

2. 项目至迟在 1933 年 8 月 1 日前开始实施;

3. 所有的工作必须用人力完成,除非必须使用机器,或者人力的
使用是非常昂贵的;

4. 只使用当地的失业工人,除非有些工作必须由熟练工人承担。

纲领还具体规定,上述第 1、3、4、5、6 项工作所需的费用以贷款的形式
支付,而第 2、7、8 项工作用补助金的形式支付。①纲领预计可在短期内吸收
约 100 万名失业者进入生产领域。

同年 9 月 1 日,政府颁布"第二项莱因哈特纲领"。文件延续了"第一项
莱因哈特纲领"的基本原则,但吸取了部分私人企业主的建议,把工作重心

---

① Jeremy Noakes and Geoffrey Pridham (ed.), *Documents on Nazism*, 1919 –1945. pp. 381 – 382.

转向增加就业岗位,而不是以缩减在岗者的劳动时间来扩大就业面。它将没有效益的 5 亿马克津贴用于 1933/34 年冬维修住宅和农业用房屋,还提供价值 3.6 亿马克的利息偿付券,大力促进修建居民点,增加铁路和邮局的投资,扩大紧急救难工作。[①]

在具体实施两个莱因哈特纲领的过程中,政府采取了一系列措施以减少失业人数。

第一,政府兴办了大量的公共工程,直接拨款投资用于修建运河、铁路、国家建筑物等,尤其是从 1933 年 6 月底起大张旗鼓宣传动工的"国家高速公路",增加了很多就业岗位。

第二,政府规定,在工程建设中尽量以人力代替机器操作,替换下的旧机器必须销毁,以免被变相使用。

第三,采取各种措施鼓励妇女放弃工作回到家庭。1933 年政府颁布政令,规定"如果妇女愿意放弃工作回到家庭,她们每人可以获得政府 1000 马克的免息贷款,此后每生育一个孩子即可免除其中的 1/4"(以后由于劳动力短缺,1937 年 10 月政府下令取消关于不参加工作的规定)。[②]这种贷款被称为"婚姻贷款"(Ehestandsdarlehen),其功能是多重的,除本书第六章中将要涉及的鼓励生育的目的外,还有减轻就业压力、鼓励妇女回归传统角色的功能。政府通过向月收入高于 75 马克的单身男女抽取所得税,每年获得大约 1.65 亿马克的资金作为贷款基金。1933—1934 年,政府共发放了 36.6 万笔婚姻贷款,1935 年发放了 15.7 万笔。[③]此外,政府还对回到家庭的妇女提供诸如减税和安全保险等其他优惠政策。同时,政府还颁布各种法规阻止妇女就业,规定"凡 35 岁以下或其父亲或丈夫的经济状况足以维持生活的女性,都禁止从事任何职业,女性从事工作所得的工资要比同等情况下的男性少"。如此,不少女性退出了劳动岗位。

第四,适量减少在业人员的劳动时间以扩大就业面。根据"第一项莱因

---

① [联邦德国]卡尔·哈达赫:《二十世纪德国经济史》,第 60—61 页。

② Matthew Stibbe, *Women in the Third Reich*. London: Oxford University Press,2003,p. 41.

③ Timothy W. Mason, *Social Policy in The Third Reich: The Working Class and the "National Community"*. Leyden: Berg Editorial Offices,1997,p. 118.

哈特纲领"的规定,每个劳工救济性工作的劳动时间必须限制在每周 40 小时之内,①以增加就业人口的数量。纳粹党还在"维护民族共同体"的口号下,号召在职职工自愿交出自己的一部分工作时间给失业工人。例如在煤矿业,在职职工每月交出了 1/4 的工作时间给那些失业工人。②对那些"双工"(Doppeleverdiener,即一个家庭中有两人就业)家庭,政府于 1933 年 11 月颁布相关法规,规定其中一人必须退出就业岗位,空出的位置由救济金领取者补充,规定"不执行此政策的企业主将受到包括关入集中营等在内的惩罚"③。

第五,严格控制城市的人口数量,禁止农业劳动力流入城市。1934 年 5 月 15 日,政府发布指令,规定"城市中的企业不得雇佣在此三年之前从事过农业的人员"④。同年 8 月 28 日,政府又颁布指令,要求"每个企业必须检查内部劳动力的年龄构成情况,如果 25 岁以下人员的比例超过政府规定的标准,超标人员必须被有家庭的失业男性劳工取代,而被取代的人员将从事农业生产劳动"。

第六,在就业方面强调种族政策。按照纳粹党《二十五点纲领》规定,只有德意志血统的人才是"民族同志",希特勒政府在解决失业问题时,采取"扶内抑外"的方针。纳粹党对"民族同志"范围以外的人,不仅限制其就业,而且还剥夺他们已有的工作岗位,把有限的机会让给属于"民族同志"的失业人员。

第七,大力扩充纳粹党和政府的官僚机构,实行劳动义务制,规定男女青年必须服劳役半年至一年,以吸收剩余劳动力。

希特勒就任总理后,随着全国上下民族主义情绪普遍上升,1933 年私人资本的投资在前一年减少 30 亿马克的基础上反向而行,增加了 26.3 亿

---

① Timothy W. Mason, *Social Policy in The Third Reich : The Working Class and the "National Community"*. p. 114.

② Richard Grunberger, *A Social History of The Third Reich*. Clays Ltd. England, 1971, p. 76.

③ Timothy W. Mason, *Social Policy in The Third Reich : The Working Class and the "National Community"*. p. 118.

④ Maxine Y. Woollston, *The Structure of the Nazi Economy*. Cambridge, Mass. : Harvard University press, 1968, p. 192.

马克,私人消费比前一年增加约 8%。在沙赫特主持德国经济的几年里,官方公布的工业生产指数持续上升(详见表 4-2),失业人数不断下降(详见表 4-3),企业主的利润也稳步增长。德国逐渐摆脱了经济危机。

表 4-2　1932—1939 年德国工业指数变化情况① (以 1928 年为 100)

	总指数	生产资料②	投资资料③	消费资料
1932 年	59	46	35	78
1933 年	66	54	45	83
1934 年	83	77	75	85
1935 年	96	99	102	91
1936 年	107	113	117	98
1937 年	117	126	128	103
1938 年	125	136	140	107
1939 年 6 月	133	147	152	113

表 4-3　1933—1939 年德国失业人数逐月变化情况④

	1933 年	1934 年	1935 年	1936 年	1937 年	1938 年	1939 年
1 月	6 013 612	3 772 792	2 973 544	2 520 499	1 853 460	1 051 700	301 900
2 月	6 000 958	3 372 611	2 764 152	2 514 894	1 610 947	946 300	196 800
3 月	5 598 855	2 798 324	2 401 889	1 937 120	1 245 338	507 600	134 000
4 月	5 331 252	2 608 621	2 233 255	1 762 774	960 764	422 500	93 900
5 月	5 038 640	2 528 960	2 019 293	1 491 235	776 321	338 400	69 600
6 月	4 856 942	2 480 826	1 876 579	1 314 731	648 421	292 200	48 800
7 月	4 463 841	2 426 014	1 754 117	1 169 860	562 892	218 300	38 400
8 月	4 124 288	2 397 562	1 706 230	1 098 498	509 257	178 800	34 000
9 月	3 849 222	2 281 800	1 713 912	1 035 237	469 053	156 000	77 500
10 月	3 744 860	2 267 657	1 828 721	1 076 469	501 847	163 900	79 400
11 月	3 714 646	2 352 662	1 984 452	1 197 140	572 557	152 400	72 600
12 月	4 059 055	2 604 700	*2 507 955*	1 478 862	994 590	455 700	104 400

① [法]夏尔·贝特兰:《纳粹德国经济史》,刘法智、杨燕怡译,商务印书馆 1990 年版,第 203 页。
② 指原料、机器、工具。
③ 仅指机器和工具。
④ Jeremy Noakes and Geoffrey Pridham (ed.), *Documents on Nazism*, *1919-1945*. p. 383.

第三节 四年计划

德国经济恢复起来后，其中隐伏的不稳定因素重新冒头。这种新的危机源，首先在德国经济最薄弱的外汇和外贸问题上暴露出来。

在经济大危机爆发前，德国在外汇问题上就表现出其独特之处。魏玛时期德国并不实行外贸管制，除谷物等某些产品外，对外贸易一般均由私人资本自由经营。然而经济繁荣时期，由于经济快速恢复与发展，德国在国内积聚了大量的资本，其中一部分可以用于对外输出，但是因为承担了巨额的赔偿义务，作为支付手段的外汇还是严重不足。经济危机爆发后，政府着手对外汇业务实施管制。1931 年 7 月 15 日和 18 日，政府先后颁布两项政令，规定各家银行和机构，必须将外汇支付手段和表现为外币的债权移交给国家银行，此后又禁止其他银行从事期货交易，由国家银行管制所有外汇业务。在这方面，德国有着较好的基础。早在 1921 年 11 月，柏林各家银行就建立了"外汇票据交易所"这样一个集中领导机构，负责集中有关外汇的一切业务。1931 年政令颁布后，只需把该交易所的权限移交给国家银行即可。此后，国家银行以马克的黄金平价为基础，确定各种外币的行市，出口者应将所掌握的外国债券（即他们手中的外汇）通过各家银行卖给国家银行，国家银行则负责向商品进口者或资本输出者出售所需的外汇。实施外汇管制的目的，不仅在于避免外贸结算出现赤字，还能避免所负债务超过对外所享有的债权，以稳定马克及其黄金平价。办法是尽可能避免入超，以消除需用黄金支付的外债。同年 8 月 1 日，政府再次颁布政令，公布有关实施外汇管制的规章，强调要保持马克的金币平价、制止资本大量外流和控制外国债券结算。

经济大危机期间，以英国为肇端，主要大国都走上了货币贬值的道路，取得了刺激出口、阻止进口的效果。德国各届政府则反其道而行之，都力图维持马克的黄金平价，保持币值稳定。之所以出现这种情况，1923 年鲁尔危机期间曾经出现过的恶性通货膨胀起了较大的警示作用，德国民众吃尽通货膨胀的苦头，视其为洪水猛兽，此后的德国政府都把维持货币稳定放在重要位置。马克自 1924 年以后，基本保持了较为稳定的币值。对希特勒政府来说，保持马克的坚挺，还承担着为纳粹事业争光、为极端民族主义情绪升温的附加责任。

然而，客观的经济规律不可违背，英镑美元等货币的贬值、马克的坚挺，对德国的进出口贸易造成很大的压力。希特勒政府使用了各种手段以鼓励出口，阻止进口。这些手段包括以下几点。

1. 从 1933 年夏开始，当局准许德国出口商在收取国外的货款时，接受其买主从德国债权人那里借得的马克。当时外国债权人存在银行里的马克存款被冻结，不能兑换成外币，但可按法律规定在德国国内市场上使用，也可售让给进口德国产品的外国商人。由于抛售此类冻结马克的数量较多，其售价就低于官方马克和自由马克的行市。这些冻结马克的名目繁多，按其可用性和来源分类，可分为登记马克、债务马克、信贷马克等等。信贷马克和债务马克的成交价往往仅为其面值的 20%，使用这类冻结马克进口德国商品，其价格就大大降低。

2. 同年，政府准许德国某些出口商毋需将其在国外销售所得的外汇全部存入国家银行，可将其中部分外汇用于在国外赎买德国债券，此类债券由于国内有关部门停止付款，导致其在国外的标价较低。然后，德国出口商在国内以平价将这些债券转卖给发行单位。这样，出口商就能从中获得好处，从而同意大幅度降低其出口价格。类似的做法还包括准许德国出口商保留一定份额的外汇，以便在国外向德国的债权人购买一些到期未能偿付的债券本息清单。此类票据是可转让的，但在国外的标价大大低于平价，其中的差价可以用来弥补由于马克坚挺造成的损失。黄金兑换银行先以平价从德国出口商手中赎回这些票据，然后再向德国债务人（包括德国的票据兑换银行）索取全部债款。

3. 通过清算协定使马克变相贬值。这种做法主要用在德国与拉丁美洲国家之间的贸易关系中。德国与这些国家签订清算协定后，由于负责清算的机构并未设在国外，德国进口商交付货款时，只须以外国出口商的名义，将货款记入由德意志国家银行掌管的"领属地马克账"或"外国人专用马克账"，外国商人可用这些款项在德国购买德国商品，即通过购货进行清算。

如果他们自己不想购买,可以将这些马克卖给试图在德国购买商品的人。这些马克在国外是自由标价的,其行市大大低于面值,从而使购买此类马克的人得到较大的好处,也有利于德国的出口。但这种做法的另一个侧面是使德国的进口耗资更多,因为一旦用"领属地马克"支付向德国提供产品的外国出口商,他们无疑会要求按此类马克在交换时失去的价值成比例地提高价格,并由此推动德国国内价格的上涨。

4. 通过清算协定扩大双边贸易量。这种做法主要用在德国与东南欧国家的贸易关系中。此类清算协定与上述略有不同,它在签约国双方都设有负责清算的机构,这些机构凭借从进口商那里得到的货款,用本国货币支付给出口商。德国是根据下述原则与东南欧国家进行贸易的,即它在一个国家通过清算购买的商品越多,这个国家就不得不同意向德国提供更多的贷款,而且只能通过购买德国商品或促使其国民购买德国商品才能设法收回这些贷款。[①]这些国家为了利用其清算借据,就日益成为德国的贸易伙伴,而减少在其他国家购买的商品。由于德国商人向有清算关系的国家出口商品既享受不到补贴,也得不到任何回扣,因而这些国家购买德国商品要比购买其他国家的商品付出更大的代价。这样一来,这些国家的外汇拥有量就会逐渐减少,并使其国内价格日益高于世界市场的价格。其结果,使保加利亚、南斯拉夫、罗马尼亚、匈牙利等国家逐渐陷于依附德国的地位。

上述各种做法,在推动出口的同时,也产生了一些弊端。尤其是前两种做法,一方面使得一部分本应交给外汇管制机构的出口所得外汇逃避了管制,从而削弱了德国的进口能力;另一方面,又促使德国出口商一味降低出口价格,不愿意想办法提高价格,以换取更多的外汇。德国是一个经济上对外依赖度较高的国家,进口能力的减弱,很快影响到其扩军备战的进程。政府很快采取措施应对这一局面。1934 年 3 月,国家银行突然决定全面缩减民用品进口商业的外汇限额,并且尽可能推迟向进口商提交所需的外汇。同时,政府颁布一项法令,授权经济部长兼国家银行行长沙赫特,为进口棉花、羊毛、有色金属、橡胶、木质纤维和油料作物设置进口监督机构,以监督

---

① [法]夏尔·贝特兰:《纳粹德国经济史》,第 176 页。

原料的收发工作。这些监督机构有权规定原料发送的最大限额,确定商业和工业需要掌握的库存定额。然而,开始时进口商并没有大力配合政府的举措,他们仍然大量购买半成品和制成品,致使全国的外汇赤字有增无减。同年 6 月 14 日,德国宣布对中期和短期债务的汇兑全面延期偿付,这些债务涉及马克 1.6 亿,外汇 1.2 亿。7 月,各债权国,特别是英国、法国、荷兰、比利时和瑞士,纷纷作出反应,要求德国签订清算协定,规定其必须用出口所取得的部分外汇,自动清偿其部分债务。这样一来,将会进一步减少可供德国使用的外汇数额。与此同时,在 1933—1934 年的运作中,也表现出德国对外贸易对象的不平衡现象,即它的原料进口主要来自海外,而其工业品出口,主要流向欧洲国家。

为此,沙赫特开始实施其"新计划"(Neuer Plan)。1934 年 8 月 26 日,他参加莱比锡博览会开幕式,在致辞中公布了这一意图。同年 9 月,"新计划"正式实施。该计划由一系列政策措施组成,它立足于保持进出口平衡的原则,并在可能的情况下尽量使进出口贸易出现顺差。为此,各行业开始致力于最大限度地扩大出口。德国工业集团顺应这一需要,为了更加有效地对出口企业实施补贴,倡议组建出口补贴银行。1934 年底,水泥业、汽车业和人造丝业的企业家先后组建此类银行。在此基础上,建立了统一的"出口补贴银行",由黄金兑换银行负责管理。从创建该银行时起,所有工业企业均按营业额的一定百分比向其交纳基金,不同行业的确切百分比,在每年年初下达,在某些情况下,可高达 8%。在某些时段内,这项基金的收益每年可超过 10 亿马克。这实际上是用普遍抬高工业制品成本的办法来补贴出口产品,以应对其他国家竞相贬值货币对德国所造成的挑战。相比于出口,"新计划"对进口的干预更加有力。首先,政府要将进口总额保持在出口总额的限度之内。其次,进口总额将在不同种类的进口品之间根据它们对经济的重要性进行分配。被视为"生死攸关的"商品的进口额度最大,其中包括食品、原料和半制成品,[①]而其他商品,随着其"生死攸关"程度的降低,则

---

① J. Noakes and G. Pridham, *Nazism, 1919 - 1945: A Documentary Reader. Vol. 2: State, Economy and Society, 1933 - 39*. p. 272.

进口额度就越小。为此,政府新设置了一些进口监督机构,到 1934 年底,此类机构已达 25 个(1939 年达到 28 个),其中比较重要的是负责监督进口钢铁、有色金属、煤炭、矿物油、化工产品和工业用润滑油等产品的机构。这些机构不再像以前那样负责为每个进口商规定一般性限额,而是在与经济集团协商后为每种进口品和为每项对外支付发放许可证。根据德国外交部经济司司长卡尔·里特尔(Karl Ritter,1888—1977)在给全体驻外大使的指令中的解释,以前,是进口货物到关后再申请使用外汇,而"新计划"实施后,进口商必须在准备进口货物前,先申请到外汇使用额度;政府不仅能决定进口何种货物与原料,而且能够决定从何处进口;假如进口商擅自行动,他将得不到所需的外汇。①在这些进口监督机构中,有些还得到特别授权,当德国国内价格有受到国际市场价格影响之虞时,它自己就可以从事进口事宜。如控制谷物进口的机构,在德国境内按国内的市场价格出售进口谷物,而不考虑其进口价格如何,亏损部分由国家通过财政预算予以补贴。

在沙赫特推行"新计划"时,汉堡市长卡尔·克隆格曼(Karl Krogmann,1889—1978)提出了另一种应对危机的方法,即融入世界经济,放开进口管制,大力鼓励出口。②但是,他的主张不能保证重整军备计划所需要的原料进口,因而很快遭到否决。沙赫特的做法尽管不同于以后戈林推行第二个"四年计划"时的做法,但是他的"新计划"具有强烈的"自给自足经济"的倾向,为"四年计划时代"的到来推开了大门。

沙赫特的"新计划"暂时解决了 1934 年的支付平衡危机,1935 年上半年甚至出现了外汇盈余。然而国际大环境却是沙赫特无力改变的。经济危机中各国大打价格战,使得从 1933 年到 1936 年,德国出口商品的价格下降 9%,而其进口商品的价格则上涨 9%。这样,到 1936 年,德国必须比 1933 年多出口 18% 的商品,才能换回同样数量的进口品。与此同时,1935 年秋德国粮食歉收,进一步加剧了国内粮食供应的困难。自 1933 年以来,随着德国就业人数上升,食品需求量不断增加,食品供应紧张状态已经显现,尤

---

① Jeremy Noakes and Geoffrey Pridham (ed.),*Documents on Nazism*,*1919 - 1945*. p. 394.
② J. Noakes and G. Pridham,*Nazism*,*1919 - 1945*:*A Documentary Reader*.*Vol. 2*:*State*,*Economy and Society*,*1933 - 39*. p. 276.

其表现在奶油和肉类上。① 1935 年的歉收很快导致了"面包危机"和"奶油危机"。纳粹党全国农民领袖、政府农业部长达雷,要求把进口食品的外汇从 1.24 亿马克追加到 5.92 亿马克,重点进口奶油、植物油和饲料,以维护纳粹政权的威望。沙赫特感到为难,因为如此就需要大幅度缩减工业原料的进口数量,以至于危及重整军备的计划。他以此为由拒绝了达雷的要求,因而遭到后者的嫉恨。与此同时,原料的短缺也严重制约了军备工作。1935 年夏,由于缺乏外汇购买必需的原料,军需工厂只能把生产能力降低到原有水平的 70%。同年 12 月,沙赫特告知国防部长勃洛姆贝格,无力提供更多的外汇来满足后者提出的加倍进口铜的要求,因为国家所拥有的外汇,连现有的原料进口水平都难以维持。②

至此,沙赫特的思想略有转变,感到应该放慢重整军备的速度,调整外贸政策。1936 年 5 月,他在内阁会议上公开提出,扩军备战的速度已经超过德国财政所能承受的限度,声称国家银行过去已经提供了 110 亿马克的军费,今后每年只能再负担 10 亿—20 亿马克,不能筹措到所要求的 60 亿—70 亿马克。沙赫特的这番话,遭到戈林的猛烈攻击。

德国的外贸政策乃至经济结构的演变进入了十字路口。是放慢扩军速度,大力发展对外贸易,使德国重新加入世界经济的行列,还是放弃经济原则,绝对优先发展军备,实行经济"自给自足"? 如果走后一条道路,由于德国领土上资源配备不齐全,其结果必然是不顾经济成本,开采国内贫铁矿,利用 20 年代法本化学公司的研制成果,大量生产人造汽油和合成橡胶,或者走侵占他国领土的道路。在争论中,"自给自足"论者经常抬出第一次世界大战期间德国遭到协约国封锁的事实,来证明自身观点的合理性。戈林此时已经升任空军总司令,对保证燃料供应很为敏感,再加上觊觎沙赫特掌控的经济独裁大权,因此成为沙赫特的坚定反对者。1936 年 4 月 4 日,戈林被希特勒任命为"主管外汇和原料分配的国家专员",有权就外汇和原料问

---

① Jeremy Noakes and Geoffrey Pridham (ed.), *Documents on Nazism*, *1919 - 1945*. p. 398.

② J. Noakes and G. Pridham, *Nazism*, *1919 - 1945*: *A Documentary Reader*. *Vol*. *2*: *State*, *Economy and Society*, *1933 - 39*. p. 278.

题向各个政府部门发布指令。[1] 1934 年由希特勒任命凯普勒担任的"原料问题特别办公室"主任一职随之撤销,该办公室主要负责尽可能用德国本土的原料取代国外原料。沙赫特感到受威胁,只得向国防部长勃洛姆贝格求援。他向后者表示:"假如我们再一次向世界宣布决定走向经济独立,那无异于割断自己的喉管,因为我们无法度过必要的过渡阶段。此外,我们必须看到,德国的原料对于生产出口商品来说太昂贵了,而出口商品对于进一步的重整军备来说是必需的。"勃洛姆贝格的答复颇具自己的个性:"沙赫特先生:我感到你是绝对正确的,但我深信元首会找到一种解决所有困难的办法。"[2] 当时与沙赫特持相同观点的人士是全国物价检查专员卡尔·格尔德勒(Carl Goerdeler,1884—1945)[3],他在一份备忘录中呼吁大幅度削减对原料的进口,并回归到更加自由的贸易制度。支持这种观点的有商界和涉及出口的工业界资本家,尤其是煤炭业和钢铁业的资本家。

这时,希特勒的独裁地位已经巩固,他同沙赫特之间的政策分歧也越来越明显。于是,他改变了以前放手让后者主持经济的做法,开始扶持力主推行"自给自足"经济模式的戈林。1936 年 8 月,希特勒多次同戈林谈话,商讨相关事宜,最后在上萨尔茨堡完成了《关于新四年计划的备忘录》。同年9 月 4 日,戈林在内阁会议上代读了这份重要文件。

希特勒在备忘录中强调:我们"不是为经济、经济领导、财政政策而生活;相反,财政和经济、经济领导和理论,必须完完全全服务于我们人民所进行的维护自身的斗争"。他分析说,当时德国的经济形势是,"我们的人口过多,仅靠自己的资源难以养活自己。当我们国家拥有六百万或七百万失业工人时,食品供应状况得到了改善,因为这些人缺乏购买力。然而当这六百万人每月有了 40 马克甚至 100 马克用于消费时,情况就发生变化"。他驳斥了发展对外贸易和参与世界经济的主张:"增加我们的出口在理论上是可能的,但在实践上却非常渺茫","一旦战争爆发,外汇将贬得 一钱不值,除非

---

[1] Werner Tornow, *Chronik der Agrarpolitik und Agrarwirtschaft des Deutschen Reiches von 1933 -1945*, Bonn: Droste Verlag GmbH. , 1972, S. 112.

[2] Jeremy Noakes and Geoffrey Pridham (ed.), *Documents on Nazism,1919 - 1945*. pp. 400 - 401.

[3] 此人后来成为抵抗运动领导人。

我们拥有的是黄金"。他提出,"最终的解决方案取决于扩大我们的生存空间,即扩大食物和原料的来源","用缩减军备生产的方法来缓解当前的某些困难,是不可取的","当前面临的不是经济问题,而是意志问题。民族社会主义的领袖们不仅有解决这些问题的意志,还有必要的决心和韧劲"。他规定了新四年计划的目标:(1)德国军队必须在四年内作好战争准备;(2)德国经济必须在四年内做到能够应付战争。在这一总目标之下,他还提出了各项具体目标,包括:

与军事、政治备战及民族动员同时进行的,是经济的备战与动员;

凡是国内的生产能够满足需求的地方,必须停止进口,以尽可能多地节省外汇;

国内的燃料生产能力必须尽快提高,要在 8 个月内完全解决问题。合成橡胶的批量生产问题也必须尽快解决;

必须最大限度地增加德国的生铁产量,使用铁含量为 26% 的本土矿砂,而不用含量为 45% 的瑞典矿砂,这不是一个经济核算的问题;

必须禁止用马铃薯酿造酒精;

尽快停止进口工业用润滑油,它可以用化学方法从煤中提取;

轻金属的产量必须尽快提高,并以此取代某些其他金属;

钢铁的需求必须百分之百地自给自足。大部分基本原料也必须自给自足,省下外汇以进口食物;

经过前面四年的努力,我们在燃料和橡胶供应方面已经能够脱离外国,在铁矿砂方面也已经能部分自给。现在我们已经能够生产 70 万—80 万吨石油,但我们的目标是 300 万吨。我们的橡胶产量是数千吨,但我们要达到每年 7 万—8 万吨。我们的铁矿砂产量已经从 250 万吨提高到了 700 万吨,但我们的目标是 2000 万—2500 万吨,必要时达到 3000 万吨。①

同年 9 月 9 日,希特勒在纽伦堡党代会上发表演讲,其中宣称:"四年以

---

① J. Noakes and G. Pridham, *Nazism, 1919 - 1945: A Documentary Reader. Vol. 2: State, Economy and Society, 1933 - 39.* pp. 281 - 287.

后，不管用什么方式，凡能依靠德国人的智慧，依靠我们自己的化学工业，以及我们自己的自然资源制作出来的各种原料，德国均应独立地进行生产，不再依赖外国。建立规模巨大的德国原料工业，从经济上看是十分必要的。在完成重整军备的任务之后，原料工业部门将占用由军事工业部门抽调出来的大量人力。"[1]

10 月 18 日，希特勒签署《关于实施四年计划的命令》，其中任命戈林为"四年计划全权总办"（Beauftragter für den Vierjahresplan），有权调用国家和纳粹党的一切力量，发布相关法规，以保证四年计划目标的实现。[2]希特勒在就任总理后不久，曾许诺将在四年内实现某些目标，因而被认为开始实施第一个四年计划，而 1936 年开始实施的是第二个四年计划。然而，第二个四年计划的地位更显赫，目标更明确，对经济体制的影响更大，因而它所覆盖的年代被称为"四年计划时代"。

戈林为实施第二个四年计划，在原"主管外汇和原料分配的国家专员署"的基础上组建"四年计划中央办公室"，由保罗·科纳尔（Paul Körner，1893—1957）任办公室主任和全权总办助理。中央办公室下设六个办公室，分别主管：（1）本土原料生产（包括天然原料和合成原料）；（2）原料分配；（3）劳动力使用；（4）农业生产；（5）价格监控；（6）外贸与外汇管理。为了更有效地干预相关政府部门的活动，戈林巧妙地任命劳工部国务秘书担任"劳动力使用"办公室主任，任命农业部国务秘书担任"农业生产"办公室主任，把这两个部同四年计划紧密地纠结在一起，并逐渐蚕食它们的权限。

四年计划并非纳粹德国一种完整的国民经济体制。虽然其管辖的范围随着军备步伐的加快而逐步扩大，但主要仍集中在外汇、粮食、军备原材料的生产、进口与分配、代用材料的开发等方面，是一种向全面战争经济过渡的战争准备体制。除同军事关系密切的部门以外，国民经济的其余部分仍然在沙赫特的主管之下。因此，在一段时间内出现了沙赫特经济体制与戈林掌管的四年计划经济体制并行的局面，同时夹杂着沙赫特与戈林两人之

① ［法］夏尔·贝特兰：《纳粹德国经济史》，第 201 页。
② Walther Hofer，*Der Nationalsozialismus Dokumente 1933－1945*．S. 86.

间尖锐的职权划分与争权夺利斗争。

在希特勒执政的最初几年,经济界(农业除外)与国防军一样,都是尚未被纳粹一体化的领域。大企业界在同纳粹党结盟的基础上,承认纳粹党在政治上的统治权,同时保持自己在经济上的自治权。面对四年计划,垄断资本集团发生新一轮分化组合。对于强调"自给自足"的方针,珀恩斯根联合钢铁厂和罗伊施好望冶炼厂等部分企业表示反对,勒西林工厂和曼纳斯曼康采恩等部分企业表示赞成,而以法本工业公司为首的大型化学工业界,却积极参与开发人造汽油和合成橡胶的项目。法本工业公司理事会理事卡尔·克劳赫(Carl Krauch,1887—1968)和其他许多成员,都在四年计划领导机构中担任要职。对于私人企业界,希特勒曾经明确表示过:"经济部只能规定国民经济任务,而私人企业则要完成这些任务。如果私人企业认为对此不能胜任,那么民族社会主义国家就会自动去完成这些任务。"①面对钢铁工业界的犹豫,纳粹政权发起组建"赫尔曼·戈林国家工厂"(Reichswerke Hermann Göring),结果持反对态度的大企业主屈服了,他们担心失去有利的国家订货和参加建设国营工厂的赢利机会。

建立"赫尔曼·戈林国家工厂"是组建"自给自足"经济体系过程中的标志性事件。由于阿尔萨斯-洛林地区在一次大战结束后划归法国,德国所能开采的铁矿大多品位较低,绝大多数贫铁矿实际上已被废弃。为了达到钢铁资源的"自给自足",1937 年 7 月 23 日,戈林以四年计划全权总办的身份发布一项政令,声称要组建一家开采和冶炼铁矿石的新公司,用以不计成本地开采萨尔茨吉特(Salzgitter)等地的贫铁矿。此后,报纸上连篇累牍地发表官方评论,解释此举的目的,并鼓动私人企业参与其间。报纸强调,国家认为由私人开采和加工铁含量极低的贫铁矿,这种经营是过于冒险的,另一方面,国家筹建这家工厂的目的在于干预私人活动,从而也就干预了私营工业。同时,评论也强调指出,在私人能靠自身的力量和能以较快的速度完成

---

① [联邦德国]卡尔·迪特利希·埃尔德曼:《德意志史·第四卷:世界大战时期(1914—1950)》(上册),第 447 页。

四年计划所定任务的那些领域,应全部交由私营工业企业经营。《法兰克福报》(*Frankfurter Zeitung*)就曾写道,"国家在开始阶段负责领导新建的公司这一事实,不管怎么说都不应该被解读成国家试图建立国营企业",新建公司的大门始终是敞开着的,私营工业企业可自由参加。[①]"赫尔曼·戈林国家工厂"初建时,仅拥有500万马克的临时资金,但到1938年,其资金总额就增加到4亿马克,其中2.65亿的原始股由国家认购,1.3亿的优先股由资本家认购。凭着这些急剧增加的资本,该公司从1938年开始收购其他公司的股票。当时的主要目标是成立于第一次世界大战期间的简称"维亚克公司"(VIAG)的一家控股公司,全称"工业企业联合股份公司"。这家公司持有国营企业的大量股票,在发电厂、冶金与机械厂、硝石和石灰厂等企业拥有大量投资。戈林工厂主要收购它属下的冶金企业。1938年,戈林工厂又按市价170%的价格向维亚克公司购买博尔西希股份公司面值2 656万马克的股票,从而得到了拥有5000万马克资金的博尔西希股份公司。德国实施对外扩张后,戈林工厂利用自己的有利地位,大肆攫取占领区的工矿企业,实力急剧膨胀,由此戈林成为纳粹党党棍兼任新财阀的典型。1940年底,随着戈林工厂规模的急剧扩大,为了便于经营管理,将之划分成五个公司:赫尔曼·戈林工业公司,资金2.5亿马克,负责领导整个国家工厂;赫尔曼·戈林军需品与机器公司,资金0.8亿马克;赫尔曼·戈林矿产与高炉公司,资金5.6亿马克;赫尔曼·戈林内河航运公司,资金0.123亿马克;阿尔卑斯采矿公司,资金1.8亿马克。1942年,该垄断企业在德国本土和占领区共拥有117家工厂,69个采矿和冶金企业,156个贸易公司,46个运输企业,15个建筑企业和几十个其他企业,经营大批煤铁矿、冶炼工场、武器和广播器材厂、化学工厂、轮船运输公司、饲料批发商店和不动产公司。1943年总资产达到60亿马克。

至于从全国范围看,德国为落实自给自足政策究竟花费了多少资金,这是较难精确统计的数字,一般认为大致在200亿马克上下。另外,此类开支并非全部由国家承担,私营企业和私营银行也提供了相当数量的投资,国家

---

① [法]夏尔·贝特兰:《纳粹德国经济史》,第138页。

只是对这些投资的盈利性和分期偿还提供了担保。而在国家提供担保的情况下,私人企业从银行得到的优惠贷款往往比它们自己的基金还多。如从1938年底至1941年底,13家生产粘胶短纤维的地方工厂将它们的基金增加到1.79亿马克,而银行竟预支给它们1.47亿马克,贷款额达到企业股金的82%。而其中的某些企业,所获贷款额竟然超过资本额,如库尔马基人造毛厂的贷款额是资本额的126%,伦茨人造毛厂为184%。从表4-4中可以大致看出投资的情况。

表4-4 1928—1938年德国投资状况估算 ①　　　　(单位:亿马克)

年份	总投资数	军事投资 *	基础投资 †	四年计划中的工业投资	运输与道路投资 ‡	民用经济投资 ‡
1928	138	5	27		13	93
1933	68	10	5		8	45
1934	106	34	10		12	50
1935	144	50	16		14	64
1936	211	93	30	8	16	72
1937	232	95	43	15	18	76
1938	298	136	56	20	26	80
1933—1938年总计	1059	418	160	43	94	387

* 包括军用建筑、武器、军舰、车辆和工业津贴等开支,不包括行政管理和个人开支。

† 包括开矿和冶金;化学和燃料工业;机械、自动化和电气工业;机车和卡车制造业;船舶制造业;能源与供水;铁、钢和有色金属业;光学与精密仪器制造。

‡ 包括农业、轻工业、邮局和交通设施、非军用建筑物。

考察第二个四年计划的实施效果,可以通过多个维度来进行,表4-5和4-6分别反映了相关年代德国原料增产和进出口贸易变动状况。

---

① Jeremy Noakes and Geoffrey Pridham (ed.), *Documents on Nazism*, 1919 - 1945. p. 416.

表 4 - 5   第二个四年计划期间各种原料的增产情况 ①   （单位：万吨）

产品	1936 年产量	1938 年产量	1942 年产量	计划产量
矿物油 （包括合成汽油）	179	234	626	1383
铝	9.8	16.6	26	27.3
合成橡胶	0.07	0.5	9.6	12
氮	77	91.4	93	104
炸药	1.8	4.5	30	22.3
炸药粉	2	2.6	15	21.7
钢	1 921.6	2 265.6	2 048	2 444
铁矿砂	225.5	336	413.7	554.9
褐煤	16 138.2	19 498.5	24 591.8	24 050
硬煤	15 840	18 618.6	16 605.9	21 300

表 4 - 6   1928—1929 年德国进出口贸易额的变动 ②   （单位：亿马克）

年代	进口	出口 *	出入超	进口	出口 *	出入超
	按当年价格					按 1928 年价格
1928	140.01	122.76	−17.25	140.01	122.76	−17.25
1929	134.47	134.83	+0.36	135.12	136.69	+1.57
1930	103.93	120.36	+16.43	120.39	129.58	+9.19
1931	67.27	95.99	+28.72	101.56	117.71	+16.15
1932	46.67	57.39	+10.72	94.66	81.23	−13.42
1933	42.04	48.71	+6.67	93.12	76.27	−16.85
1934	44.51	41.67	−2.84	98.09	68.10	−29.99
1935	41.59	42.70	+1.11	89.56	73.34	−16.22
1936	42.18	47.68	+5.50	86.10	80.92	−5.18
1937†	54.68	59.11	+4.43	100.89	93.60	−7.29
1938‡	54.49	52.57	−1.92	107.92	79.37	−34.55

＊1928—1932 年包括对外赔偿。

†1937 年起包括银的进出口。

‡1938 年起同奥地利的贸易不再计入。

---

① Jeremy Noakes and Geoffrey Pridham（ed.），*Documents on Nazism*，*1919 - 1945*. p. 412.

② Jeremy Noakes and Geoffrey Pridham（ed.），*Documents on Nazism*，*1919 - 1945*. p. 417.

在实施第二个四年计划的过程中,沙赫特的地位进一步下降。继 1937 年 9 月被迫"请假"交权后,同年 11 月又被正式解除了经济部长和军事经济全权总办的职务。然而,暂时保留国家银行总裁职务的沙赫特,利用国家银行对政府的独立地位,继续坚持其"紧货币"的金融政策。他一再上书希特勒,警告说"通货膨胀的危机在即",并在 1938 年 3 月声称拒绝再给军备信贷拨款。当 1938 年 1 月刚刚出任经济部长的冯克表示国家将不兑付"梅福票"时,沙赫特指责"这是恶意欺骗","并非因为国家没有支付能力,而是因为国家宁肯把钱用于其他方面,即用于军备"。①沙赫特呼吁国家银行起来保护其金融货币体系。1939 年 1 月 7 日,国家银行董事会在致希特勒的呈文中,响应了这种对"官方毫无节制的开支"的指责,并认为"即使是税款负担的大幅增加也会将国家财政置于崩溃的边缘,并因此而摧毁中央银行的货币汇率"。②希特勒视之为大逆不道,立即于 1 月 9 日解除沙赫特以及国家银行董事会其他成员的职务,由冯克接任国家银行总裁,并顺势改变政府同国家银行之间的关系。

德意志国家银行自 1924 年 8 月改组以后,取代"地产抵押银行"(Rentenbank)的功能,重新成为货币发行机构。根据章程规定,它尽管以货币发行银行的身份始终与财政部保持着密切的联系,却是完全独立的,不受政府任何管辖。经济大危机期间,在德国发生汇兑危机之后,政府在 1931 年 9 月任命一名国家专员,负责监督信贷机构的活动,并在与国家银行保持接触的情况下开展工作。1933 年希特勒就任总理后,进一步修订国家银行的章程,使该银行有权收购公债,以影响交易所的公债行市。1939 年 6 月 15 日,希特勒趁国家银行总裁更换人选之际,发布一项重要法令,将国家银行置于政府总理的直接管辖之下。此后,该行购买和销售的国库券总额,以及给予国库的预付款总额,都由总理确定;总理还有权处理有关货币的一切问题。据此,政府能够比以往更容易地取得国家银行的现金,而国家银行却受到各种限制,只能靠印制各种票据向国家预付现款或购买国库券,这就为

---

① [联邦德国]卡尔·迪特利希·埃尔德曼:《德意志史·第四卷:世界大战时期(1914—1950)》(上册),第 447 页。
② [德]格茨·阿利:《希特勒的民族帝国:劫掠、种族战争和纳粹主义》,第 41 页。

通货膨胀敞开了大门。

第四节 保护中小企业与经济集中化

经济集中化是现代化发展进程的必然趋势,在这一趋势下,中小企业受到很大的竞争压力。受压者的支持和参与,是纳粹运动得以发生发展的动力之一。希特勒就任总理后,中小企业主和工匠等社会阶层也重申了自己的诉求,要求纳粹党履行《二十五点纲领》第 16 条①的内容,打击大资本和大地产,维护小工商者的利益。尤其是纳粹党取得 1933 年 3 月国会选举的胜利后,连不少地方党组织也认为纳粹革命已经取得胜利,可以放开手脚实施《二十五点纲领》。在经济领域,"民族社会主义工商业中产阶层战斗同盟"(Nationalsozialistischer Kampfbund für den gewerblichen Mittelstand)成了这种诉求的主要代表者。该同盟把主要的打击目标指向商业领域的大资本——百货公司,经常组织抵制大百货公司和商业合作社的行动,通过各种途径干扰它们的经营活动。这些行动很快影响到城市的经济生活,政府和纳粹党当局感到需要出面加以干预。1933 年 5 月中旬,当局接连采取两个行动。5 月 12 日,政府颁布《保护零售商法令》,规定 1934 年 7 月 1 日以前不得开设新的百货公司,现有的百货公司也不得扩大规模。翌日,即 5 月 13 日,国家经济专员、纳粹党经济处处长奥托·瓦格纳和"工商业中产阶层战斗同盟"主席特奥多尔·冯·伦特(Theodor von Renteln,1897—1946)联合发布指令,声称:"工商业中产阶层战斗同盟是履行特殊经济使命的组织,同盟的领导者对这些使命负有全责。以下任务不属于这种使命:专员的任命;团体和工厂的调整;不当人选的免职与替换;对物价和企业活动的干预。这些任务已经授权给国家、地方当局、国家经济专员,以及它们的代理人。因此,严禁战斗同盟的所有官员采取未被授权的有关上述范围内的所有行

---

① 其具体内容为:"我们要求建立和维护一个健康的中产阶级。我们要求立即将大百货公司充公,廉价租赁给小工商者,要求国家和各州在收购货物时特别照顾一切小工商者。"

动。违者将受到法律惩处。"①

然而,该指令并未起到有效的作用,战斗同盟和小企业主们继续采取行动,抵制大百货公司。6 月 2 日,戈林与胡根贝格一起,给特奥多尔·冯·伦特写了一封措辞严厉的信,其中说:"对战斗同盟发起的干预行为的抱怨至今没有平息,尽管干预中的'调整'行为已经停止。公众和企业尤其对战斗同盟本身的干预行动感到不满。譬如,在工商业社团的各次选举中,由于更多地代表小企业利益的战斗同盟的干预,中等企业和大企业的代表已经被赶出社团的领导机构……因此我们要求,对公众生活、企业和企业社团的干预行动必须立即停止。"

与此同时,纳粹党地方组织和冲锋队也在冲击百货公司,要求实施纳粹党纲第 16 条。为了阻止这些行为,赫斯于 1933 年 7 月 7 日向全党发出下述指令:"民族社会主义德意志工人党对'百货公司问题'的态度原则上没有改变。该问题将在适当的时候根据民族社会主义的纲领予以解决。综观整个经济局面,党的领导机构认为目前采取打击百货公司和类似企业的行动,暂时是不合适的。民族社会主义政府认为当务之急是尽可能帮助更多的失业人员找到工作并获得面包,因此,民族社会主义运动决不能采取行动让成千上万的工人和雇员失去工作,目前他们正在百货公司及其附属商店就业。民社党各下属组织必须严格禁止采取打击百货公司及类似企业的行动,直到获得新的通知。此外,民社党员也不许进行反对百货公司的宣传。"②

同年 8 月,政府采取更严厉的措施,宣布解散"工商业中产阶层战斗同盟",代之以一个新的组织——"民族社会主义手工业、商业和小工业组织"(Nationalsozialistische Handwerks-, Handels-und Gewerbeorganisation,缩写 HS-Hago)。后者于 1935 年再次遭到改组,成为德意志劳动阵线属下的"全国德意志商业企业共同体"(Reichsstand d. Deutschen Handels)和"全国德

① J. Noakes and G. Pridham, *Nazism, 1919 - 1945: A Documentary Reader. Vol. 2: State, Economy and Society, 1933 - 39.* p. 302.
② J. Noakes and G. Pridham, *Nazism, 1919 - 1945: A Documentary Reader. Vol. 2: State, Economy and Society, 1933 - 39.* pp. 302 - 303.

意志手工业企业共同体"(Reichsstand d. Deutschen Handwerks)。①纳粹当局的这些行动在全国范围内阻止了对百货公司的暴力行动,使它们避免了破产的灾难。然而,各地小范围的抵制行动还是经常出现。1933年圣诞节前夕,多特蒙德(Dortmund)地方党组织就向全市党员发出呼吁,在反犹的旗帜下号召抵制百货公司:"我们要求全体党员和他们的亲属注意:有种族意识的德意志人,应该只到德意志基督徒商店里购买所有的节日用品,这些店主具有同我们一样的意识形态。有种族意识的德意志人支持德意志零售商店和德意志工匠。他们蔑视那些家伙,这些人竟敢从无视我们的血统价值和纲领神圣性的人那里为其他德意志人购买节日礼物。远离犹太人和犹太人的朋友!拿出民族社会主义者的样子,远离违背民族社会主义原则的商号、商店和百货公司。用你自己的行动和对周围人的影响证明你是民族社会主义的斗士。然后你才能心满意足地庆祝德意志人的圣诞节。"②

地方党组织和零售商店主的态度在一定程度上影响了当局的政策,在1934—1935年,政府采取了一些措施来满足小业主的要求。《保护零售商法令》的有效期被延长,一直持续到1945年。纳粹党和政府的相关机构在采购物品时,对百货公司实施歧视政策,并对它们课以特殊税收。结果,到1938年,零售商店的营业额恢复到1928年经济繁荣时的93.7%,而百货公司的营业额仅恢复到70.1%。消费合作社在零售总额中所占的比重,从4.1%下降到1.8%。72家消费合作社(占总数的一半)于1935年在政府相关法令的影响下被关闭。③政府还采取对犹太人的零售商店实施"雅利安化"的措施来排除德意志商店的竞争对手。仅柏林一地,就有3700家犹太人零售商店(约占总数的1/3)被"雅利安化"。

当局还着手保护和控制工匠。自19世纪后期以来,工匠就面临着来自大工业和劳工的双重压力,主要通过组建基尔特以求自保。1933年11月

① Christian Zentner und Friedemann Bedürftig, *Das Grosse Lexikon Des Dritten Reiches*. S. 409.
② J. Noakes and G. Pridham, *Nazism*, *1919 - 1945*: *A Documentary Reader*. *Vol. 2*: *State*, *Economy and Society*, *1933 -39*. p. 304.
③ J. Noakes and G. Pridham, *Nazism*, *1919 - 1945*: *A Documentary Reader*. *Vol. 2*: *State*, *Economy and Society*, *1933 -39*. pp. 304 - 305.

29日,政府在与工业界代表反复磋商后,起草了《德意志工匠临时组织法》。根据该法规定,只有加入相关基尔特的手工业企业才被允许开业,同时对其中的"师傅"实施技术、人品和政治考核,颁发资格证书,规定只有"师傅"才能开业成为工场主。当时,只有40%的工场主拥有"师傅"资格,因而此举在一定程度了保护了工匠的利益。1934年德国实施"有机建设"(详情见本章第五节)后,手工工场也被纳入条块控制网络中。在第二个四年计划期间,无雇工工匠的人数略有减少,从165万降低到150万。

就商业领域来看,纳粹统治时期,中小资本得到了恢复,而大资本的处境略差一些。详情见表4-7、4-8。

表4-7　1929—1939年德国零售商店营业额的变化　(单位:亿马克)

年份	1929	1932	1933	1936	1937	1938	1939
营业额	190—200	100—110	100—110	156—160	170—180	190	200

表4-8　1929—1939年德国大商店营业额指数的变化[1]

(1933年＝100)

年份	全部商业企业	百货公司	消费合作社
1929	168	183	191
1932	104	120	152
1933	100	100	100
1934	111	105	91
1935	116	100	70
1936	128	109	71
1937	142	118	74
1938	155	129	77
1939	173	—	79

从表4-7和4-8中可以看出,到1939年,德国商业的营业额已经超过

---

[1] 两个表格均引自 J. Noakes and G. Pridham, *Nazism, 1919 - 1945: A Documentary Reader. Vol. 2: State, Economy and Society, 1933 - 39.* pp. 307 - 308.

1929 年的水平,其中零售商店的恢复情况与整个商业同步,而百货公司远未达到这一水平,消费合作社的情况更糟。

然而从经济全局来看,大资本非但没有受到纳粹政权的实质性打击,反而在经济集中化过程中增强了实力。纳粹当局从巩固政权、维护秩序和加速扩军备战等角度出发,经常压制中下层民众的利益诉求,采取了许多有利于大资本的举措,推动全国经济进一步朝着集中化的方向发展。

当时的德国,已经是工业化领先的国家之一。工业生产占整个国民生产的 4/5,城市人口占总人口的 2/3,资本主义经营方式在工业、运输业、商业、银行和保险业中居于绝对统治地位。超过 5 人以上企业中的从业人员,1925 年占全部从业人员的百分比为:加工工业 73.4％,采掘工业 97.5％,商业 41.2％。其资金拥有状况更明显地反映出大企业的优势地位。1933 年全国 174 家拥有资金 2000 万马克的大股份公司,占全部股份公司总数的1.9％,但拥有的资本总数却达到 52.4％。

纳粹统治时期,这种大垄断资本占统治地位的局面不仅没有改变,而且进一步加剧。见表 4-9。

表 4-9　1933—1937 年德国新建和撤销企业的数量①　　（单位:家）

年份	1933 年	1934 年	1935 年	1936 年	1937 年
新建企业数	12 733	15 540	16 538	17 789	23 865
撤销企业数	19 155	19 103	25 461	25 528	28 816
绝对增减数	−6422	−3563	−8923	−7739	−4951

1933—1939 年,股份公司的数目从 9148 家减少到 5353 家,即减少43％,股份公司的平均每家名义资金从 220 万马克增加到 380 万马克。破产和被吞并的绝大部分是小公司。在此期间,名义资金超过 2000 万马克的大公司从 174 家增加到 669 家,其中资金 1 亿马克以上的特大公司达 25家。另一组数字也证明了这一点。全国的“经济独立者”(不包括作为家庭劳动者的个体工匠和个体农民,指享有对生产资料占有权的大小资产者),

① [法]夏尔·贝特兰:《纳粹德国经济史》,第 61 页。

在1933年至1939年期间,从占总人口19.8%的1 127.4万人,减少到占总人口16.2%的961.2万人;同期作为无产者的工人(不包括职员和公务员),从占总人口52%的2 973.9万人,增加到占总人口53.6%的3 374.2万人;如果加上职员、公务员和家庭劳动者,实际上不占有生产资料者达80%以上。而占总人口约16%的资产阶级的利润,却从1933年的66亿马克,增加到1938年的150亿马克,即增加近1.3倍。这同样表明纳粹时期经济结构的生产资料私人占有,更加趋向集中在少数大资本家手中。

纳粹时期经济结构的集中化趋势,还涉及卡特尔和康采恩的发展,以及银行资本与工业资本的联合所形成的金融资本统治的加强。康采恩是当时德国常见的一种垄断形式。1932年底,即希特勒执政之前,德国有45%的股份公司纳入康采恩,所控资金达到全部股份公司总资金的84%;其中981家(占公司总数10.1%)属于能够控制其他公司的积极合资股份公司,另外3350家属于被控制的消极合资股份公司。仅仅过了3年,即1935年底,纳入康采恩的公司数增加到占总公司数的48%,所控资金达到90%;其中能控制其他公司的积极合资股份公司减少到822家。1937年10月,纳粹当局颁布法令,解散资本在10万马克以下的小股份公司,禁止创办资本在50万马克以下的新公司。此举致使大批小企业破产。仅1936年4月至1938年4月,就有10.4万名小企业主变成雇工。1939年3月,纳粹当局进一步颁布法令,规定凡从事"不适应的"或"与其能力不相符的"经营者和营业额达不到某种最低限度的企业,必须改为从事其他工作。这种强化集中,使全国股份公司的数目,从1933年的9148家,减少到1939年的5353家,减少了43%。在康采恩势力进一步发展的同时,伴随着工业生产"合理化"和"标准化"的进程,当局还推行康采恩专业化,即通过强制交换股票和限定产品范围,使原来跨越不同部门的康采恩集中到某一专业部门,从而提高它们在该专业部门的垄断能力。国家在分配军事订货时,主要交由这些大的垄断企业承包,并在分配原料、劳动力和信贷上给予种种优惠。

活动领域相同的康采恩企业,一般通过签订控制市场的卡特尔协定,以达到控制该领域的目的。所以,康采恩与卡特尔常常是同时存在的。德国是个卡特尔很多的国家,1922年拥有1000多个卡特尔,经济大危机期间的

1930 年增加到 2100 个。纳粹党执政后,1933 年 7 月 15 日颁布强制卡特尔化的法令,规定大康采恩可以强制组织新的卡特尔,或者迫使未参加的中小企业加入既有的卡特尔,还可以禁止在该领域内创建新企业或扩建老企业。对于某些卡特尔力量薄弱或不存在卡特尔的领域,纳粹当局就采取强制建立卡特尔的国家干预手段。总的来说,纳粹时期德国的卡特尔化加强了。由于总体垄断水平的提高及康采恩的发展,1937 年卡特尔的数目减少到 1700 个。[①]

　　集中化进程在金融领域更为迅速。希特勒执政后最初 5 年,德国的银行、保险公司和交易所的数量,就从 1932 年的 915 家、平均每家资金 420 万马克,减少到 1938 年的 513 家、平均资金增至 540 万马克。从 1937 年底到 1943 年底,仅银行业就从 248 家减至 222 家,它们的平均资产从 0.6 亿马克增至 2.02 亿马克。银行对工业的控制加强。由于政府为筹措资金举办大规模公共工程和扩军备战,国债日益增多,金融资本不仅控制着工业,还控制着国家财政命脉。在战前的 6 年多时间里,纳粹政府的国债总额,从 1933 年 3 月 31 日的 116.3 亿马克,增至 1939 年 8 月 31 日的 373.4 亿马克;战争期间更猛增到 1942 年 6 月底的 1417 亿马克。大银行、保险公司和大康采恩成为国家的主要债权人,它们掌握着国家债券的 90%—92%。随着国债增加,国家还必须不断增加税收以偿付高额利息。国民收入通过国债进行了有利于金融资本的再分配。国家通过国债筹措到的资金,又以军事订货和承包大规模军事性工程等方式,保证大企业获得丰厚的利润。

　　纳粹统治时期的经济集中化进程给垄断资本带来了巨大的利益,据粗略统计,1928—1939 年,德国各大公司未被分配的利润从 13 亿马克增至 50 亿马克。随着垄断资本赢利的增加,它们给纳粹党的政治献金也与日俱增,这样又进一步密切了两者的关系。

---

① 卡特尔是生产集中化进程中一定阶段出现的一种垄断形式,当集中化再进一步发展,达到只有 1—2 个大垄断企业有效控制该领域的市场时,卡特尔组织也就没有必要了。

表 4－10　1933—1939 年法本公司的利润与政治献金变化情况[1]（单位：马克）

年份	给纳粹党的政治献金	纯利润
1933	3 584 070	74 000 000
1934	4 020 207	68 000 000
1935	4 515 039	71 000 000
1936	4 960 636	140 000 000
1937	5 467 626	188 000 000
1938	8 156 315	191 000 000
1939	7 538 857	24 0000 000

　　随着资本集中化的进程加快，尤其是备战经济的发展，小企业主的处境越来越困难。1936 年 4 月至 1938 年 4 月，仅手工业者就有 10.4 万人变成了领工资者。自 1938 年起，小业主无产者化的进程进一步加快。1939 年 3 月 4 日的一项法令规定，凡受雇从事某项"不适应的"或"与其能力不相符的"工作的手工业者，将被迫从事其他工作。3 天后又一项法令规定，不论是手工业者，还是商人或企业主，凡营业额达不到某种最低限度的，都必须停业，凡因此而失去工作者，均应在同年 4 月 1 日前受雇于大工业企业。[2]

第五节　国家干预机制

　　法西斯体制的特点之一，就是法西斯领袖通过政党和政府等载体，对包括经济生活在内的整个国家实行独裁统治。实施"统制经济"是法西斯国家的共性所在。在法西斯意大利，当局通过实行"国家参与制"，占有了 75％的所有权，能够以生产资料所有者的身份直接控制经济。法西斯日本则通过"民有国营"的手段，利用所有权同经营权分离的客观趋势，通过占有经营权淡化了所有权。纳粹德国在其他领域的集权程度很高，根据一般规律，对所有权的侵犯应该比其他两国更为强烈。然而希特勒从社会达尔文主义出

---

[1] J. Noakes and G. Pridham, *Nazism, 1919 - 1945: A Documentary Reader. Vol. 2: State, Economy and Society, 1933 - 39.* pp. 314 - 315.

[2] ［法］夏尔·贝特兰：《纳粹德国经济史》，第 114 页。

发,认为资本家拥有生产资料是优胜劣汰、自然选择的结果,强调纳粹党绝对维护经济私有制度。因而,纳粹时期德国的国家干预机制另有特色。

1933 年 7 月 15 日,纳粹当局颁布一项专门法令,成立隶属于经济部的"德国经济总会"(Generalrat der deutschen Wirtschaft,亦译"德国经济总委员会"或"德国经济协会"),作为经济决策机构,负责指导国家经济政策,制订经济法令。其成员为蒂森等 12 名大工商业主和银行家,以及 5 名纳粹党高官。1934 年 2 月 27 日,该总会颁布了《德国经济有机结构条例》(*Gesetz über die Vorbereitung der organischen Aufbaus der deutschen Wirtschaft*)。条例赋予经济部长很大的权力,包括:认定某个经济团体作为相关领域的唯一代表;建立、解散或合并经济团体;修改经济团体的章程,尤其是为之引入领袖原则;任免经济团体的领导人;强迫企业和雇主加入经济团体。[①] 同年 11 月 27 日,当局又颁布由经济部长沙赫特奉命起草的《德国经济有机结构条例》第一个执行条例。根据两个文件的规定,全国按不同经济部门划分成 6 大经济组合(der Reichswirtschaftsrat,又译经济集团),即工业、商业、动力、银行、保险和手工业,后来加上旅游业成为 7 大经济组合,下分 44 个经济组,再下为 350 个专业组和 640 个专业小组。其中最大的是由德国工业联合会演变而来的德国工业经济组合,它下属 31 个经济组,131 个专业组和137 个专业小组。执行条例规定,各级经济组织是由企业主组成的协会性组织(第 5 条),全体企业主和所有企业都是其义务成员(第 3 条),原有的各经济协会均改组成相应的经济组合和经济组,其债权与债务关系不变,活动经费来自成员所交纳的会费(第 6 条)。执行条例还规定,同一地区的各种经济组织,联合成一个地区性的经济公会(Wirtschaftskammer);全国经济公会(die Reichswirtschaftskammer,又译"全德经济院")由各个全国性经济组合、各主要的工业经济组和地区性的经济公会的代表组成(第 7 条);根据领袖原则,各经济组合和主要经济组的领导人,均由内阁经济部长任命,其他组织的领导人可由经济部长任命,也可由上级经济组织的领导人任命(第

① J. Noakes and G. Pridham, *Nazism*, *1919 - 1945*: *A Documentary Reader*. *Vol. 2*: *State*, *Economy and Society*, *1933 - 39*. pp. 309 - 310.

11 条）。事实上，这些经济组织的领导人都是该行业最大的企业主。[①]

　　然而，纳粹时期这一套纵横交错的经济组织，并不是国家自上而下全面控制全国经济的权力机构。《德国经济有机结构条例》第 16 条规定，这些经济组织的职能，主要是在"考虑工业一般利益和维护国家利益"的前提下，给它们的成员（企业和企业主）"提供建议和保护"。这些经济组织的领导人，有权向其成员发出带有一定强制性的指示，对拒不服从者可以处以 1000 马克的罚款，但政府机构和官员一般并不插手。该条例还规定，不允许经济社团组织插手物价和市场管理事宜，这方面的管理由卡特尔独自负责。1936年 11 月 12 日，经济部长沙赫特发布一项政令，进一步明确规定，各经济组合和经济公会的任务在于提高各自成员（企业和企业主）对建立经济组织的优点和尽可能提高劳动生产率的重要性的认识，在技术和统计等方面开展标准化和合理化的工作。在经营方面，各经济组合应提出统一会计制度的各项原则，以便使一个企业不仅能了解其自身的成本结构，而且还能与其他企业的成本，至少是与其所在部门的平均成本进行比较，使之朝着降低成本的方向不断努力。在加强标准化方面，1939 年 7 月 25 日，根据汽车工业经济组的建议，当局决定减少车辆的型号。由此，重型卡车的型号从 113 种减为 29 种，轻型卡车的型号从 30 种减少为 3 种，旅游车的型号从 52 种减至30 种，摩托车的型号从 150 种减为 30 种。与此相应的零部件型号，由 5381种减为 739 种。另一例子是，1941 年由有关的铁、锌、锡、铝、木材、纸张、天然织物等经济专业组联合，建立包装材料研究所，研制推广以代用材料替代金属容器，并强制回收旧包装箱，减少使用一次性的纸质包装箱，以节约原材料。德国发动对外侵略战争后，在一些并入德国的地区（如波兰等东部地区），这些经济组织曾受命创建各种东部复兴公司，其任务只是为德国垄断资本在东部地区开厂办店铺垫道路。[②]

　　显而易见，这一系统尽管由按部门的"条条"和按地区的"块块"交织而成，似乎对各企业构成了网络状覆盖，但是难以对德国经济实施严密的

① ［法］夏尔·贝特兰：《纳粹德国经济史》，第 116—121 页。
② 朱庭光主编：《法西斯体制研究》，第 198 页。

控制。

那么,强力的国家干预是怎么实现的呢?

进一步的研究表明,看似神秘的纳粹德国国家干预机制,其实并不复杂。它是由国家政府机关,通过颁布和实施法律法令,对经济生活实施宏观控制。对于基层企业,尽管在内部管理方面引进了"领袖原则",纳粹政府还是强调发挥"私人企业的创造性",实行"经济自治管理责任制"。

纳粹政府实行宏观控制的内容涉及以下七个方面。

第一,控制利润率。1934 年 3 月,纳粹当局颁布《企业资本投资法令》,规定企业当年利润超过上年的部分,或者利润率高于 6% 的部分,要用于购买政府债券。随后又公布《企业利润分配方法》,规定企业利润超过 6% 的部分,要存入国家银行所属的金汇兑银行,作为专门的"投资贷款储备金",私人不得随意使用,4 年后归还。正如当时德国一家金融杂志所评论:"由于企业的恢复靠的是公共开支的就业计划,政府感到暂时处理企业创造的一小部分利润是正当的。"这意味着企业积累下来的一部分利润,已由一般的自由资本变为具有一定方向的、资本所有权与资本使用权分离的"社会性资本"。[①]

第二,控制投资方向。为了限制私人资本投入政府所不希望的领域,纳粹当局规定,凡新办企业和扩大原有企业的生产能力,均需得到国家批准;同时,通过管制原料分配和劳动力予以干预。政府从扩军备战的需要出发,推动资本流入与军事工业有直接关系的重工业部门,即制造生产资料的部门。参见表 4 - 11。

表 4 - 11 1933—1939 年德国工业投资情况

年份	总投资数(亿马克)	其中投入生产资料部门	
		投资数(亿马克)	占总投资比例(%)
1933	55.7	30.9	55.4
1934	106	70	66
1935	163.6	122.1	74.6

---

① 朱庭光上编:《法西斯体制研究》,第 215 页。

年份	总投资数（亿马克）	其中投入生产资料部门	
		投资数（亿马克）	占总投资比例（％）
1936	215.9	163.7	75.8
1937	284.3	220.8	77.6
1938	369.1	295.2	80
1939	443.2	359.6	81.1

其结果，从 1932 年到 1939 年，德国消费品生产仅增加 50％，如果考虑到在此期间人口增加 5.5％，则所增幅度就更小。重工业生产却增加近 2 倍，军火生产更猛增 11.5 倍。1939 年德国直接从事军工生产的工人达 240 万人，约占整个工业部门就业人数的 20％；军工生产在整个工业生产中所占比重更高达 25％。

第三，控制劳动力就业方向。随着德国经济逐年好转，其失业人数也逐渐降低，在大规模扩军备战活动的推动下，甚至出现了劳动力不足的现象。为了保证政府规划中的重点部门，当局限制劳动力流出农业、冶金工业、矿业、化学工业、建筑业和军火工业。1935 年 2 月，德国根据《关于引入劳动手册法》的规定，开始实行"劳动手册"（Arbeitsbuch，一译"工作簿"）制度，规定每个工人必须领取一本劳动手册，上面记载其种族、技能和职业经历，作为受雇就业的依据。这样，雇主或政府就可以通过扣押劳动手册阻止工人离职，取消一般西方国家都存在的自由就业和劳动力市场，把工人强制固定在某一企业之内。[①]1938 年 6 月 22 日，当局颁布《特别任务劳动力需要法令》，规定劳动部拥有对企业和行政部门"劳动力分配"的垄断权，完全将劳动力的分配控制起来。此后，当局禁止军工企业的工人离职。1939 年 2 月 13 日，当局出台《确保具有特殊国家政治意义任务所需劳动力条例》[②]，规定在重要行业从业的职工更换工作必须征得劳动局的同意。1939 年 9 月 1 日又出台《限制工作岗位调换条例》，将 2 月份所颁条例的应用范围扩大到所有行业，即在全国实行强制

---

① Timothy W. Mason，*Dokumente*. 52 Auszug aus den Monatsberichten der Reichstreuhänder der Arbeit für die Monate November und Dezember 1937，S. 430.

② *Reichsgesetzblatt* I(1939)，S. 313.

劳动服役制,对劳动力市场进行全面控制,规定工人必须到官方就业处所指定的岗位去工作,职工因此无法通过跳槽改善自己的收入。①

第四,控制工资水平。纳粹党对魏玛体制下的工资制度一直持批评态度,认为"由于劳动力在经济发展中没有占到任何份额,导致了广大劳工长时期的贫困,生活得如此恶劣,这是资本主义的不公正"②。而纳粹党提出的解决方案,则是"纳粹国家在这个问题上必须对劳工与企业主表示出一种原则:排除任何带有马克思主义或者是阶级斗争的因素"③。它认为,工资问题不是企业主或者劳工组织单方面的事情,而是国家的事务,必须由国家在民族整体利益中追求公正的解决,实现"公正工资"。然而,在 1933 年 1 月前后,纳粹党对如何实现"公正工资",宣传上有较大的差别。1933 年 1 月之前,纳粹党认为工人生活得很艰辛,根本不可能体会到民族共同体的情感,因此通过提高工资来提高劳工的生活水平是实现"公正工资"的关键所在。为此,纳粹党还支持下属组织参加反对降低工资的运动。然而希特勒就任总理后,纳粹党的宣传口径开始转向,认为"提高工资,首先意味着企业主必须节省其他投资的开支,这会波及民族事业的建设;另外提高工资会刺激工人增加权力的欲望,这样也会破坏民族团结"④。它提出"公正工资"必须置于民族共同体的框架内,以保证民族事业正常发展为根本原则。

希特勒执政初期,由于失业工人数量较多,对调整工资的压力不大。1935 年初劳动部的一个调查报告反映了在经济恢复过程中产生的工资要求。报告说:"虽然平均工资水平近年来保持了稳定,但是工资水平在地区间的差异变得越来越大。诸如柏林、汉堡等大城市与周边小城市之间的差距正在拉大。与东部城市相比,莱茵地区和鲁尔地区的工资显得太低。这

① Martin Rüther, *Arbeiterschaft in Köln, 1928–1945*. Köln: Fischer Taschenbuch Verlag, 1990, S. 289.
② Joachim Bons, *Nationalsozialismus und Arbeiterfrage, Zu den Motiven, Inhalten und Wirkungsgrunden nationalsozialistischer Arbeiterpolitik vor 1933*. Pfaffenweiler: Centaurus-Verlagsgesellschaft, 1995, S. 166.
③ Michael Schneider, *Unter Hakenkereuz: Arbeiter und Arbeiterbewegung, 1933 bis 1939*. Bonn: Dietz, 1999, S. 518.
④ Joachim Bons, *Nationalsozialismus und Arbeiterfrage, Zu den Motiven, Inhalten und Wirkungsgrunden nationalsozialistischer Arbeiterpolitik vor 1933*. S. 180.

些问题可能会影响到生产发展。"为此劳动部提出一个全面调整工资的建议:"消除地区差别;煤矿业小时工资提高 50 芬尼;降低最高工资。"①然而该建议遭到党内很多大区领袖的反对,他们担心降低工资的做法会导致生产效率的降低。1935 年 5 月 2 日,纳粹党举行高层会议,最后决定:"现有的工资水平仍然保持不动,维持现状。"②纳粹当局公开声称,为了提高国防能力,确保四年计划的目标顺利实现,提高德国商品在国际市场的竞争力,德国必须保持较低的工资水平。另外,控制工资水平也是实现"紧货币"方针的重要一环。然而,第二个四年计划实施后,劳动力进一步紧缺,迫使有些企业主以提高工资来吸引劳工。1936 年 10 月 6 日劳动部提供给希特勒的报告中谈到:"现在企业中,企业主提高工资变得随意,他们不再从整个社会政策的角度思考这个问题……提高工资的现象在大企业中尤其明显,而且有时可以提高到超过标准三倍的水平。"③ 1938 年 6 月 25 日,当局颁布《工资条例》,授权各地劳动局长和劳动督察官(该官员的职责权力见本章第六节),"采取一切措施,阻止因提高工资和改善劳动条件而损害国防能力及危害执行四年计划"。劳动部长公开声称:推行这种工资政策的目的在于确保发展军备生产的四年计划的执行,同时把德国的价格压低到足以在国际市场上战胜外国竞争者的程度。然而客观经济规律难以超越,由于劳动力供不应求,条例颁布后一年内,小时工资还是上涨了 5%。④

1939 年 9 月德波战争爆发后,当局在"不许发战争财"的口号下全面禁止提高工资。是月 4 日,劳动部长命令各地劳动督察官,严格按照 1938 年 6 月 25 日的条例阻止任何工资增长。⑤同年 10 月 11 日,当局颁布《战争经济

① Timothy W. Mason, *Social Policy in the Third Reich: The Working class and the National Community*. pp. 137 – 138.

② Herausgeben von Wolfgang Mechalka, *Deutsche Geschichte 1933 – 1945: Dokumente zur Innenund Außenpolitik*. Frankfurt am Main: Fischer Taschenbuch Verlag, 2002, S. 61.

③ J. Noakes and G. Pridham, *Nazism, 1919 – 1945: A Documentary Reader. Vol. 2: State, Economy and Society, 1933 – 39*. p. 361.

④ Timothy W. Mason, *Social Policy in the Third Reich: The Working class and the National Community*. p. 251.

⑤ Timothy W. Mason, *Dokumente*. 191 Erlaß des Reichsarbeitsministers an die Reichstreuhänder der Arbeit vom 4. September 1939. S. 1101 – 1111.

条例第四个执行细则》,规定"企业主不再支付的工资补贴,必须转交给国家
财政",企业根据《战争经济条例》节约下来的职工工资同样也必须交给国家
财政,"如果企业计算起来太困难,可以在财政局的同意下计算成一笔整
数"。[1]1941年4月23日,劳动部甚至规定,禁止雇主向其新雇员支付高于
原单位领取的工资,即使它们从事的新工作理应获得更高的报酬。然而,随
着战争不断深入,稳定工资的难度越来越大。1942年底,当局改革工资制
度,用计件方式取代计时方式,以鼓励工人增加生产,最高工资限制也随之
取消,以便给予工作效率高的工人以额外的报偿。对此,《法兰克福报》指
出,"这是最大程度地发挥劳工积极性的方法"。《人民观察家报》也认为,
"企业主可以给那些效率高的工人更高的工资"。[2]不过,该政策由于在战争
后期推行,受制于环境,并未收到明显的实际效果。

　　整个纳粹统治时期,工人的计时工资基本上冻结在经济危机期间的低
水平上,工人的总收入有一定幅度的增加,主要通过广就业和增加工时。

表 4-12　德国平均计时工资[3]
（据17个工业部门有关整工资的工资表统计。单位:芬尼）

时　　间	技术男工	非技术男工	技术女工	非技术女工
1928年(月均)	95.9	75.2	60.3	49.8
1933年(月均)	70.5	62.3	58.7	43.4
1936年(月均)	78.3	62.2	51.6	43.4
1937年(月均)	78.5	62.3	51.5	43.4
1938年12月	79.0	62.6	51.5	44.0
1940年12月	79.2	63.0	51.5	44.1
1941年12月	80.0	63.9	51.9	44.5
1942年10月	80.8	64.1	52.3	44.6

---

[1] Timothy W. Mason, *Dokumente*. 190 Durchführungsverordnung zum Abschnitt IV der Kriegswirtschaftsverordnung vom 11. Oktober 1939. S. 1099.

[2] Jurgen Kuczynski, *Germany: Economic and Labour Conditions under Facism*. New York: Greenwood Press, 1968, p. 368.

[3] 两个表格均引自[法]夏尔·贝特兰:《纳粹德国经济史》,第207页。

表 4 - 13　德国计时名义毛工资指数
(全国平均数,以 1936 年为 100)

年份	名义毛工资指数
1929 年	129. 5
1933 年	94. 6
1936 年	100. 0
1939 年	108. 6
1940 年	111. 2
1941 年	116. 4
1942 年	118. 2

第五,控制物价。从 1933 年到 1936 年底,德国对物价的控制大致经历三个阶段,即从依靠卡特尔组织原有的监控机制,到由政府物价检查专员监控卡特尔价格,最后国家颁布冻结法令。从沙赫特时代起,作为"紧货币"方针的另外一环,德国政府就着手控制物价。沙赫特最初主要是依靠原有卡特尔划分销售市场和规定商品价格,试图以"总卡特尔"形式建立起监控物价的总体系。但是 1933 年 4 月到 1934 年 4 月,食品和衣服的价格还是有所上涨,如土豆价格上涨了 15.4%,蔬菜上涨了 10.4%,衣服上涨了 3.7%。这引起了民众的不满,1934 年 3 月 5 日亚琛(Aachen)警察局在给柏林盖世太保的报告中谈到工人对食品上涨的不满:"以往报告中提到的植物黄油问题 2 月份仍然没有好转,特别是乌尔姆(Ulm)矿区的矿工,他们特别需要大量的油脂食物,如果他们对物价不满意,或者甚至只能携带夹着胡萝卜叶的面包去上班,自然不可避免地会批评现在的经济状况。"[1] 1934 年 11 月,希特勒任命银行家卡尔·格尔德勒为全国物价检查专员,授予他监管物价的全权,这样就进入了政府对卡特尔价格实行再监控的阶段。格尔德勒主张紧缩通货政策,他虽然支持重整军备,但认为军费不能超过每年 10 亿—20亿马克的水平,因此同希特勒发生分歧,在 1936 年 9 月辞职。同年 10 月 29日,当局颁布《价格冻结法》,进到控制物价的第三阶段。政府选取 1933—

---

[1] Aus dem Lagebericht der Staatspolzeistelle Aachen an das Geheime Staatspolizeiamt in Berlin. In: Herbst Michaelis / Ernst Schraepler (Hg.): *Ursachen und Folgen*. Bd. 9. S. 689 - 690.

1936年间各种商品"最公正"的价格作为标准点,通过法令加以冻结。然而事实上,物价仍然继续上涨,虽然速度放慢了,因为该法令规定可以有"例外",即如果企业主能证明其成本确实有所增加的话。参见表4-14、4-15。

表4-14 德国批发价格指数变化表①
(以1913年为100)

时间	农产品	消费品	工业原料与半成品	制成品与工业生产资料
1928年(月均)	134.3	174.9	134.1	137.0
1933年(月均)	86.4	111.7	88.4	114.2
1936年(月均)	107.5	127.3	94.0	113.0
1937年(月均)	106.0	133.3	96.2	113.2
1938年(月均)	105.9	135.4	94.1	113.0
1939年8月	108.8	136.1	94.9	112.8
1941年1月	111.2	146.8	99.6	113.3
1942年1月	113.7	147.0	102.2	113.5
1943年1月	118.6	149.6	102.4	113.8

表4-15 1932—1938年德国生活费用指数
(以1913—1914年度为100)

年份	指数
1932年	120.6
1933年	118.0
1934年	121.1
1935年	123.0
1936年	124.5
1937年	125.0
1938年	125.6

由此可见,在纳粹统治时期,物价虽有上涨,但均低于1928年水平。其中农产品和消费品价格上涨幅度高于工业原料与半成品,工业生产资料价格甚至还有所下跌。如以1933年为100,1943年1月农产品价格为137.2,

---

① [法]夏尔·贝特兰:《纳粹德国经济史》,第208、222页。

消费品为 133.9,工业原料与半成品为 115.8,工业生产资料为 99.6。为了减少因批发价格上涨而对生活费用造成过大影响,政府对零售商推行所谓"指导价格"制度,硬性规定了只比批发价格略高的零售价格。

第二次世界大战爆发后,尤其是 1941 年德国进攻苏联后,控制物价的难度进一步增加。见表 4-16。

表 4-16 纳粹统治时期德国国家银行的纸币流通量①(单位:亿马克)

时间	流通量
1932 年底	35.60
1933 年底	36.45
1934 年底	39.01
1935 年底	42.85
1936 年 10 月底	47.13
1936 年 12 月底	49.80
1937 年 10 月底	52.75
1938 年 10 月底	77.44
1939 年 10 月底	110.00
1940 年 2 月底	118.77
1940 年 10 月底	121.01
1941 年 2 月底	139.76
1941 年 5 月底	140.46
1942 年 4 月底	200.47
1943 年 4 月底	254.42
1943 年 8 月 15 日	280.46
1943 年 12 月底	336.83

表 4-16 显示,截至 1935 年,德国纸币流通量的增加速度是相当慢的,3 年内增加了不到 7 亿马克,增长 22%,而同期工业生产却增加了 77%。但从 1935 年起,情况略有变化,由于国家财政需求急速增加,从 1935 年底到

①[法]夏尔·贝特兰:《纳粹德国经济史》,第 265—266 页。

1936 年底,流通量增加了 7 亿马克,相当于前 3 年的总和。1936 年 10 月至 1937 年 10 月,增加了 5 亿多马克;下一年又增加 15 亿马克;1938 年 10 月至 1939 年 10 月,增加 33 亿马克左右。总之,在从 1932 年底至欧战爆发后头两个月这段时期内,流通量增加 2 倍以上。欧战初期阶段,纸币流通量还未急剧增加,然而随着苏德战争爆发,增加速度突然加快。1941 年 5 月至 1942 年 4 月增加 60 亿马克,1942 年 4 月至 1943 年 4 月增加近 55 亿马克。战争期间的通货膨胀和生产成本上升,导致批发价格上涨,当局于 1940 年 12 月颁布法令,规定每种商品的零售利润均减少 10％。为了强制执行,当局明令一切零售商品都必须明码标价,所有手工业、修理业、旅馆业等也必须张贴完整的服务价目表,以便于战时物价专员署和警察部门监管。然而,还是有一些商店玩起了“捉迷藏”式的游戏,它们使用了双面的价目卡,平时使用价格高的一面,当有检查人员来时,很快翻向价格低的一面。①随着德国占领地区的扩大,当局把国内的购买力引向占领区,力图用那里的商品来消化日益膨胀的货币(详情参见本书第十二章第二节)。

第六,强化资本的集中与垄断。在工业领域,纳粹当局的做法,一是实行强制卡特尔化,二是推行康采恩专业化,具体内容前文已述。在农村,一方面保留小农所有制,另一方面于 1933 年 9 月颁布《德国农庄继承法》,用以稳定大农庄,具体内容将在本章第七节叙述。

第七,管制外汇与外贸。如前所述,沙赫特时期德国就陆续推出控制方案,对全部进出口贸易实行监督和控制。同时,国家实行严格的外汇管理,规定出口所得的外汇必须卖给国家,私藏外汇者将被送进集中营接受劳动改造。

这些干预机制,是具有一定效力的。它们不仅使德国较快地摆脱了经济危机,获得了一定程度的发展,而且在经济上满足了战争的需求。但是,其中也包含了不少违背客观经济规律的内容,因而是不可能长时期持续推行的。

第二次世界大战期间,具体的做法略有变化。原先由经济集团承担的

---

① ［美］时代生活编辑部编:《第三帝国:新秩序》,张显奎译,海南出版社 2001 年版,第 183 页。

任务,甚至相当一部分属于政府部门的任务,托付给了一些比经济集团更具有集中化特点的组织,即当时陆续组建的各种全国协会。这些协会同样属于非官方机构,是大企业领导人和国家代表根据政府的倡议组建的,在各自更为专业化的领域,如钢铁、煤炭、植物纤维等,承担一定的责任。除进一步推行标准化工作之外,当时最重要的是取代政府分配机关承担分配任务。报刊就此事发表详尽评述,并强调指出,建立各种协会是符合"扩大私人活动阵地"这一要求的。1941 年 3 月 20 日建立的"德国煤炭协会"就是最早问世的全国协会之一,它负责煤炭的分配工作。其领导机构中有不少诸如克虏伯家族等大康采恩的领导人。各协会的权限,尤其在确定价格方面的权限,日益扩大。例如,1943 年 3 月 4 日当局曾发布一项政令,授予人造纤维协会和纺织协会以确定价格的权力,前提是获得全国物价检查专员的认可。诸如德国钢铁协会之类的其他协会,在这之前也获得了部分授权。

第六节　企业领袖—追随者模式的"企业共同体"

纳粹主义的重要内容之一就是组建德意志民族共同体,以高度聚合的民族为后盾去争夺世界霸权,奴役其他民族。其中工人问题在组建民族共同体中又占据重要地位。1926 年希特勒在汉堡"1919 民族俱乐部"中说到,如果不解决工人问题,不让"具有反民族意识"的德国工人重新获得共同的民族感,"任何关于重新崛起的话都是空谈。这是关系到德意志民族存亡的问题……关系到德意志民族整个未来的关键问题,如何解决这个问题决定着生死存亡"。[①]纳粹主义者认为,马克思主义之所以能够把"一个民族分成两个部分",这是德国资产阶级及其党派的无能造成的。格雷戈尔·施特拉瑟曾经说过:"他们没有在运动中感觉到上百万人的呼声,不把他们当作享有平等权力的人纳入德意志民族……如果他们这样做了,那么他们就能够

---

① Adolf Hitler, *Rede vor dem Hamburger Nationalclub von 1919 vom 28. 2. 1928*. In: Werner Jochmann: Im Kampf um die Macht, Hitlers Rede vor dem Hamburger Nationalclub von 1919. Frankfurt am Main 1960. S. 102.

在民族的框架内抵挡工人运动,能够出于民族义务控制这个社会问题并按现有的可能性解决它,如果他们保护了德国工人运动免遭犹太人阶级仇恨意识的煽动,那么德国将是世界上头号民族。"[1]纳粹党关于企业管理模式的基本设想,主要体现在上述未公开发表的 1931 年 3 月《纳粹党关于经济政策的基本观点和目标》文件中。文件主张:未来企业内不搞民主,而是执行领袖原则;企业主是未来企业的领导者,应该获得单独决定权,但其权利会受到限制;国家保留对企业的干预权。1931 年 12 月,纳粹党经济政策处的会议记录显示,纳粹党上台后要颁布一部《劳动法》来"规定工资、薪酬和劳动问题","在有争论的情况下由'调解人'作出决定",他"做决定时不需要通过个别法官的表决"。[2]

1933 年 5 月 19 日,希特勒政府在国内各派力量围绕政局及企业管理模式的发展方向展开博弈之际,匆忙公布了由劳动部长、经济部长、内政部长、财政部长以及希特勒联合署名的《劳动督察官法》(Gesetz über Treuhänder der Arbeit)[3],文件规定在德意志劳动阵线的 13 个辖区(Bezirk)内各设置一名"劳动督察官"(Treuhänder der Arbeit,旧译"劳动托事")。该官员作为国家公务员隶属于劳动部,他们在新的劳动法出台之前"代替雇工代表组织、个别雇主和雇主代表组织对缔结劳动合同的条件作出规定"。这样,魏玛初期在工会努力争取下确立的集体合同制被正式废除,劳资双方自主谈判签订集体合同的权力丧失,制订劳动合同的权力通过劳动督察官移交给了国家。

1934 年 1 月 12 日,内阁会议通过《国民劳动秩序法》(Gesetz zur Ordnung der nationalen Arbeit),该法律被称为纳粹德国劳资关系的基本法,它按照"德意志法律的忠诚合同和领袖原则"规定了企业主和职工的关系,打破了企业主和职工之间纯粹物质利益关系,把劳资关系摆到了一个带

---

① Joachim Bons, *Nationalsozialismus und Arbeiterfrage. Zu den Motiven, Inhalten und Wirkungsgrunden nationalsozialistischer Arbeiterpolitik vor 1933.* Pfaffenweiler 1995. S. 65.

② Avraham Barkai, *Die Wirtschaftsauffassung der NSDAP.* In: Aus Politik und Zeitgeschichte, Beilage zur Wochenzeitung das Parlament, B 9/75, 1. März 1975. S. 10.

③ *Reichsgesetzblatt* I 1933. S. 285.

有社会伦理色彩的"新层次"。①这个新秩序的核心就是企业领袖—追随者模式的"企业共同体"。按照同月16日劳动部长和经济部长的联名宣布,该法于1934年1月20日公布,同年5月1日起正式实施。自该法生效之日起,魏玛时期制定的《企业代表会法》《劳动合同法》《调解规定》和《停工规定》等11部劳动法规即行失效,②因此该法是对魏玛时期劳资关系模式的彻底否定,它把劳动条件的决定权放回到企业层面,交给企业主,确立了以企业为中心的劳资关系模式。

《国民劳动秩序法》的内容共含四个部分,标题分别为:企业领袖和信托人委员会,劳动督察官,企业规章和集体规章,社会荣誉审判权。

在第一部分中,法律恢复了企业主的一厂之主地位,按照领袖原则建立起企业领袖—追随者的劳资关系模式。法律规定,"在企业内,企业主是企业领袖(Betriebsführer),职员和工人是追随者(Gefolgschaft),一起为推动企业目标、民族和国家的共同利益而劳动"。该法主要执笔人之一维尔纳·曼斯菲尔德(Werner Mansfeld,1893—1953)认为:以前那种集体合同式的劳资关系不能产生负责任的企业主,因为"雇主和雇工之间的所有关系都由官方或协会制定,企业主在社会领域走的每一步都要符合集体合同的规定,要受到国家官员的监视";"德国企业主中最优秀的力量都对这种跨企业的控制感到失望",无法与职工建立起"直接的人际关系"。他认为,现在要让企业主从各种跨企业力量的束缚下解脱出来,企业主作为企业领袖拥有单独决定权,能够"决定企业中的所有事务",其中最主要的是单方面制定"企业规章",取代原来由工会和企业家协会谈判制定集体合同的方式,单方面规定工资和劳动时间等劳动条件。对企业领袖本身,曼斯菲尔德认为没有特殊要求,他"不需要是劳动阵线成员。谁按照现行法律成为企业主,谁就可以成为企业领袖,并且成为信托人委员会领导人,因为企业家是企业领袖

---

① Tilla Siegel, *Leistung und Lohn in der nationalsozialistischen „Ordnung der Arbeit"*. Opladen, 1989, S. 43.

② Völkischer Beobachter, 17. Januar 1934. S. 1.

的基础"①。

但是企业主在获得一厂之主地位的同时,必须承担相应的义务,即"负责追随者的福祉(das Wohl)";同样,工人作为追随者,要对企业主忠诚和服从。曼斯菲尔德认为新劳动法继承了"旧的德意志法律"精神,其本质是基于相互忠诚之上的自我奉献精神,"其最早的形式见于王侯和追随者之间的契约",这种关系"并没有解除原来的劳动合同,忠诚义务成为债权合同中的主要义务,而债权关系退后"。"关怀义务"(Fürsorgepflicht)和"忠诚义务"(Treupflicht)是这部法律的重点,是企业共同体关系的基础。

第一部分的大部分条款,涉及"信托人委员会"(Vertrauensrat)。纳粹党要用由企业主和职工代表共同组成的机构来取代仅仅代表职工的"企业代表会"。条款规定,在拥有 20 名以上职工的企业中,在追随者中产生"信托人"(Vertrauensmann),与企业领袖一起,并在后者领导下,共同组成信托人委员会。曼斯菲尔德批评原来的企业代表会"被《企业代表会法》确定为企业主的对手",实际上是工会进行阶级斗争的工具,是其在企业中"伸长的手臂"和"传声筒"。他认为,虽然表面上企业代表会是"经济民主中的利益代表方,但是它有意识地制造企业主和职工之间的对立"。而"新法律是从共同体原则出发,让信托人委员会成为企业共同体的机构,该机构按照领袖原则由企业领袖自行领导。出发点的不同希望会对企业主和职工产生巨大的心理影响",缓解企业主和职员之间的利益对立。②

在信托人委员会中,企业主拥有领导权。首先,企业主在很大程度上影响着委员会的人选。信托人并非由职工自主推选,而是"每年 3 月份,由企业领袖在取得纳粹企业支部领袖同意后,提出一份信托人及其候补者的名单。追随者通过秘密投票对名单表态。如果企业领袖和纳粹企业支部领袖对名单无法达成一致,或者出于其他原因无法组成信托人委员会,特别是追

① Werner Mansfeld & W. Pohl & G. Steinmann/A. B. Krause, *Die Ordnung der nationalen Arbeit : Kommentar zu dem Gesetz zur Ordnung der nationalen Arbeit und zu dem Gesetz zur Ordnung der Arbeit im öffentlichen Verwaltungen und Betrieben unter Berücksichtigung aller Durchführungsbestimmungen*. Berlin, Leipzig, Mannheim, München, 1934, S. 10, 177.

② Werner Mansfeld: *Kommentar*. S. 22, 23, 154.

随者不同意所提名单,则由劳动督察官任命"(法律第九条)。其次,从职权上看,信托人委员会只是企业主的咨询机构。信托人委员会和企业代表会的权利范围有着本质区别。后者有权协商制定劳动章程,有权派代表参加监事会、检查营业账本,如果雇主和雇工不能达成一致,它可以请调解小组介入。而信托人委员会的任务,根据法律第六条的规定,局限在两个方面。其一,"加深企业共同体内部的互相信任";其二,"提出建议措施,这些措施有利于提高劳动效率,制定和贯彻劳动条件,特别是企业规章的制定和执行,有利于执行和改善企业保障,加强所有企业员工之间、员工与企业之间的团结,为共同体成员的福祉服务",并致力于排除企业共同体的内部纠纷。企业主在根据企业规章作出处罚决定之前,必须听取信托人委员会的意见。法律第十条甚至要求信托人"在生活和工作上做企业员工的榜样"。最后,信托人委员会是否开会,由企业领袖决定,当然,"如果有半数以上信托人要求,亦应召开"。

该法第十六条规定:"如果企业领袖的决定不符合企业经济或福利状况,或者信托人委员会的多数反对企业领袖关于劳动条件,特别是企业规章的决定,他们可以以书面形式向劳动督察官起诉。企业领袖已经作出的决定,其有效性不会因为起诉而受到阻碍。"

在第二部分中,法律对劳动督察官的地位、任务等内容作了规定。该职位早在 1933 年 5 月 19 日即已设立,但具有临时性,《国民劳动秩序法》将其纳入了纳粹体制的正式框架之内。第十八条规定了他们的地位:劳动督察官是国家公务员,由劳动部长监管;他们服从政府的方针政策。劳动督察官的任务是"维持劳动和平",为达此目的,他们可以使用的手段包括:监管信托人委员会的组成和运作,在其起诉或产生纠纷时作出裁决;根据相关条款任命和罢免企业信托人;监督企业规章的执行情况;制定工资标准规章并监督其执行;参与执行社会荣誉审判权;完成劳动部长和经济部长委托的各项任务,经常向政府汇报社会政策发展。

第二十条赋予劳动督察官控制企业大规模裁员的特殊权力。法律规定:在 100 人以下的企业中裁员 9 人以上,或 100 人以上的企业中裁员 10 人以上,或在 4 周内裁员 50 人以上时,企业主必须事先书面通知劳动督察官。后者在 4 周内作出同意与否的决定。作为变通措施，如果企业主无法让雇员满负荷工作，劳动督察官可以允许企业主缩短劳动时间，但一周工作时间不得少于 24 小时。

第二十二条规定，如果经常违反劳动督察官的书面规定，违者将被罚款，情节特别严重者将遭监禁，或者既罚款又监禁。

对于信托人和劳动督察官的设置，曼斯菲尔德是这样解释的："国家要防止出现企业领袖的专断独裁，因此在企业领袖身边和之上安排了控制力量，在其身边安排的是信托人委员会……在其之上安排的是劳动督察官。"①如果对企业领袖的行为不满意，比如对企业规章内容不满，信托人委员会的多数可以向劳动督察官投诉企业领袖，"但不是以信托人委员会这个机构的名义，而是以信托人个人的名义，并且要由个人承担责任，如果投诉被认为是草率的，那么其个人的社会荣誉权就要受损。"立法人的用意很明显，即一方面尽量让劳资矛盾在企业内部解决，投诉到劳动督察官必须是慎而又慎的决定。另一方面，劳动督察官的权力也是有限的，他们只在特殊情况下才颁布集体规章，一般都由企业主制订工资和劳动条件。劳动督察官主要是发挥对企业共同体的监督和维护作用，比如监管信托人委员会的组成和运作，在信托人投诉企业领袖时做出决定，参与社会荣誉审判，向政府通告社会政策状况等。曼斯菲尔德认为，在纳粹主义思想还没有深入人心，大家还没有形成统一的纳粹主义世界观时，仍然需要靠劳动督察官来监督。随着纳粹世界观的普及，大家都自觉地维护企业共同体时，劳动督察官就会日渐淡出。在谈到劳动督察官和以前的调解人（Schlichter）的区别时，曼斯菲尔德认为，"调解人是有私心的，不诚实的"，"所谓中立的调解人实际上是不存在的"，而现在的劳动法要求明确企业共同体的责任感，如果企业主不能发挥作用，则由国家承担对企业的责任。②

第三部分"企业规章和集体规章"的要害是用劳动督察官的"集体规章"（Tarifordnung）和企业领袖制定的"企业规章"（Betriebsordnung）取代原来

① Werner Mansfeld，*Kommentar*，S. 224.
② Werner Mansfeld，*Kommentar*，S. 27.

工会与雇主协会谈判的集体合同。法律规定,在 20 人以上的企业中,企业领袖必须为追随者制定企业规章,该规章及相关的工资标准规章必须张贴在向员工开放的地方,如果员工提出要求,必须向他们发放印刷本。企业规章的内容应包括以下劳动条件:每日劳动和休息时间的起讫点,提供劳动报酬的时间和方式,计件工资的计算原则,罚款的方式和上限,等等。法律对处罚给予了特别规定,强调:"只有在违反企业秩序和安全的时候才对职工进行处罚,罚款不得超过平均日工资的一半,情节特别严重时,可以达到平均日工资的全部;是否使用处罚,由劳动部长决定;处罚由企业领袖或经信托人委员会讨论后由企业领袖委托的人执行。"

同魏玛时期相比,新劳动法首先使企业主重新获得了制定规章的权利,信托人委员会只能提出建议,没有更改或拒绝的权力。其次,企业规章适用于所有工人和职员,而不像魏玛时期的劳动规章只适用于部分职工。最后,原劳动规章的主要目的是调节企业秩序,只规定了部分物质劳动条件,而企业规章不仅规定企业的秩序和安全,还规定所有的劳动条件。在跨企业层面上,新劳动法规定劳动督察官有权干预劳动条件制定,可以采取两种措施:一是颁布准则,确定企业规章和单个劳动合同的内容,但是准则没有法律效应,只是一种建议;具有法律效应的是第二个措施,即在需要时颁布集体规章,规定跨企业的劳动条件,虽然它与集体合同的"出发点都是为了保护就业者","针对同一行业的多数企业,它们都要采取相同的劳动条件",但原来的集体合同是集体劳动权的体现,是雇主协会和雇工协会谈判制定的,"而集体规章是以国家的名义制定的……具有更强的法律效力"。①

第四部分涉及"社会荣誉审判权",这是纳粹当局引以自豪的内容之一。曼斯菲尔德批评魏玛时期企业劳资关系依赖国家、协会等企业外力量的强制力,认为这种做法严重挫伤了人们的"自我责任意识","这是一个错误,不能重犯这个错误,要让人们自发地具有社会责任感。"因此,新劳动法除规定关怀义务和忠诚义务外,还引入了一个类似于道德范畴的词汇——"社会荣誉"(soziale Ehre)。第三十五条规定:"企业共同体每个成员都肩负着责任,

---

① Werner Mansfeld, *Kommentar*. S. 352 - 357.

即履行他在企业共同体内按照其地位分配的义务。他要通过自己的行为证明自己的尊严，特别是应时刻意识到要为企业的事业奉献全部力量，使自己从属于整体福祉。"第三十六条规定："企业共同体要求的社会义务受到严重损害将被视作违反社会荣誉，受到荣誉法庭的追究。这些行为包括：企业主、企业领袖或者监事会其他成员恶意利用追随者的劳动力或者侮辱其荣誉；追随者恶意伤害他人，威胁到企业的劳动和平，特别是作为信托人，有意干涉不属于其任务范围内的企业领导事务，扰乱企业内的共同体思想；企业共同体成员重复提出草率而又毫无根据的投诉，向劳动督察官提交申请，或者固执地违反劳动督察官的书面规定；未经许可，透露信托人的秘密任务、企业秘密或商业机密。"法律规定，在每个劳动督察官的管辖区域内都要设立一个"荣誉法庭"，负责审理由劳动督察官提交的涉及社会荣誉的案件。该法庭由 1 名法律工作者、1 名企业领袖和 1 名信托人组成。其中法律工作者由司法部征得劳动部同意后任命，担任法庭主席，企业领袖和信托人由法庭主席从德意志劳动阵线提交的名单中选取。对企业成员损坏社会荣誉的指控要随书面证明一起通知所在区域的劳动督察官，而劳动督察官一旦得知严重损坏社会荣誉的事情，必须调查事实真相，特别是听取被控人的意见，决定是否向荣誉法庭起诉。如果起诉，他必须附上自己的调查结果。法庭如果判定被告有罪，可以给予各种类型的处罚，包括：告诫（Warnung）；斥责（Verweis）；罚款（数额在 1 万马克以内）；取消企业领袖或信托人资格；撤离工作岗位。被控人或劳动督察官如果对判决不满，可以向位于柏林的国家荣誉法庭上诉，国家荣誉法庭的判决为终审判决。

荣誉法庭最重的荣誉处罚，对于工人和职员来说是解雇，对于企业主来说是取消其企业领袖资格。但是，此举并不意味着剥夺企业主对企业的所有权。曼斯菲尔德在文章中特别强调，"企业领袖和企业主是两个概念"，取消企业领袖资格后他仍然是企业主，"财产关系不变更"。[1]可见与解雇相比，企业主面临的只不过是失去一个荣誉头衔而已，而工人和职员则要担心失去生活来源。社会荣誉审判权作为企业共同体的配套措施，主要是对企

---

[1] Werner Mansfeld, *Kommentar*. S. 80 - 82.

业成员起到一种威慑作用,或者说是个教育机构,要让"企业共同体思想贯穿到每个人头脑中"①。然而从实际的诉讼案件来看,绝大部分被告是企业领袖,其次是监事会成员,只有极少数是工人和职员。如 1934 年 5 月到 12 月,一共有 65 人被起诉到荣誉法庭,其中 59 人是雇主和监事会成员。② 1935 年共有 204 起诉讼,涉及 223 人,其中 164 人是企业领袖,8 人是企业领袖代理人,33 人是监事会成员,只有 18 人是追随者。③在被指控的罪名方面,主要集中在企业领袖"损害荣誉"和"恶意压榨劳动力"这两项上。在 1934 年 65 起诉讼案中,"22 起是因为损害追随者的荣誉,15 起是因为压榨劳动力……14 起是因为企业领袖不顾劳动督察官的书面要求,不制定企业规章"。④ 1935 年的 204 起诉讼中,有 34 起是因为压榨劳动力,95 起是损害荣誉,39 起是两者兼具。"损害荣誉"比较容易界定,企业领袖辱骂与殴打追随者,或者调戏女职工,都可以归入"损害荣誉"之列,而且很多案件把企业领袖辱骂企业追随者的言语非常详细地罗列出来,足见荣誉法庭对此的重视程度。如中德劳动督察官辖区内的一家印刷厂,企业领袖"咆哮起来的声音隔三个房间都能听见……声音特别尖锐,内容伤害人,对企业共同体不利"⑤。一家陶艺制品厂企业领袖辱骂追随者"老母猪""猪脑子""我送你上西天","被告这样的行为肯定大大影响追随者的工作热情","被告粗暴的语言严重损害了追随者的荣誉"。⑥处罚上,以告诫、斥责和 500 马克的罚款为主,剥夺企业领袖资格的案例较少。如 1935 年的判决中,告诫和斥责为 34 起,500 马克以下的罚款为 68 起,超过 500 马克的罚款为 8 起,剥夺企业领袖资格为 9 起。因为这种处罚较难落实。一方面,新的企业领袖如何产生? 如果由企业主任命,很容易成为他的代言人。因此有人建议由劳动督察官

---

① Matthias Frese, *Betriebspolitik*, S. 95.

② Soziale Praxis 45 (1936), Heft 19, S. 60 - 564;参见 Andreas Kranig, *Lockung und Zwang*. S. 232.

③ *Reichsarbeitsblatt* II(1936). S. 67.

④ Soziale Praxis 44 (1935), Heft 2.

⑤ Hermann Dersch(Hrsg.), *Arbeitsrechtssammlung. Mannheim, Berlin, Leipzig. 1933 -1945.* Bd. 221935. S. 97.

⑥ *Arbeitsrechtssammlung.* Bd. 24(1935). S. 44.

任命,并听从他的安排。①另一方面,如曼斯菲尔德所分析,仅仅让企业主"远离社会领域而保留他的经济决定权……是不够的",应该"结束不良企业领袖的企业地位",如果是这样,就意味着剥夺企业主的财产,这同样是不可能实现的。因此荣誉法庭常常以"没有合适的企业领袖人选","可能导致企业停产,追随者失业"等为由,改"剥夺企业领袖资格"为罚款。荣誉法庭对纳粹党成员总是网开一面,给予的处分通常是"告诫",甚至宣判"无罪"。如1934年8月份劳动阵线向西南德劳动督察官投诉其辖区内一家蓄电池厂企业领袖,称被告支付的工资低于标准,让追随者每天工作12—14小时,不让追随者休假,用言语和行为侮辱追随者,甚至导致追随者在工厂内示威。荣誉法庭一审只判决"告诫"处分,但被告仍不服,提出上诉。国家荣誉法庭取消一审判决,理由是被告从1930年起就为纳粹党服务,1932年入党并成为分部领导人,1933年当选一个小城市市长,工作繁忙,影响了他照顾企业的时间,因此蓄电池厂的关怀工作不如前几年好。国家荣誉法庭最后得出结论,称无法证明被告行为存在"恶意",并表扬被告具有纳粹奉献精神,改判"无罪",并由国家负担诉讼费用。②

在《国民劳动秩序法》的贯彻过程中,曾经遇到过大企业"企业领袖"的人选确定问题。按照法律执笔人曼斯菲尔德的定义,"企业主和企业领袖是两个概念,如果荣誉法庭把企业领袖的称号免去,企业主的财产关系不会改变"③,也就是说,"企业主"是指企业财产的所有者,他是一个私法主体;而"企业领袖"是"一个社会秩序公共职务的担任者"④,这是国家赋予企业主的职务,是一个公法职务。国家部门和劳动阵线认为这两个职务最好由一个人担任,即企业主本人。曼斯菲尔德解释道:"就像每一个共同体只有一个领袖一样,企业中也只能有一位领袖。只有一个人能够作出决定,独自承担经济和社会责任……这位天生的领袖就是企业主。"然而在经济集中化和

① Wolfgang Spohn, *Betriebsgemeinschaft und Volksgemeinschaft. die rechtliche und institutionelle Regelung der Arbeitsbeziehungen im NS-Staat.* Berlin, 1987, S. 114.
② *Arbeitsrechtssammlung.* Bd. 25(1936). S. 87, 193.
③ Werner Mansfeld, *Kommentar.* S. 80—82.
④ Wolfgang Spohn, *Betriebsgemeinschaft.* S. 20.

股份化的背景下，大企业往往由董事会领导。对此，曼斯菲尔德表示可以由多人甚至由董事会这个机构担任企业领袖，"比如格尔森基尔欣矿山公司的董事会就是企业领袖……因为董事会通过法人代表与工人与职员签订劳动合同"。然而在实际操作过程中，由于缺乏统一的标准，加上企业情况各不相同，因此结果变得五花八门。有的由董事会成员共同担任企业领袖，有的让每一位董事会成员都成为企业领袖，有的让法人代表担任企业领袖，并任命了企业领袖代理人。比如德国钢管厂所有董事会成员集体担任企业领袖，奥古斯特-蒂森冶炼厂企业领袖配有企业领袖代理人，而联合钢厂几乎所有下属企业董事会成员都成为企业领袖。这种做法遭到劳动阵线和信托人委员会的反对，因为他们不知道究竟该同哪一位企业领袖联系。劳动部建议在这种情况下推选一名董事会成员作为总代理，履行企业领袖的职责，成为信托人委员会、劳动阵线和职工的联系人。①但这些企业都强调这样做不符合企业运行的实际情况。

信托人委员会是魏玛体制下企业代表会的替代品，又是纳粹体制下"劳资协调"关系的象征物。《国民劳动秩序法》规定每年 4 月份必须在 20 人以上的企业中进行选举。信托人不局限于纳粹党员或者纳粹企业支部成员，但必须是劳动阵线成员，雅利安人种，25 岁以上，在企业中工作 1 年以上并在相关行业从业 2 年以上，具有"榜样性的人格"，"任何时候都毫无顾忌地为国家奋斗"。具体名单由纳粹企业支部领袖与企业领袖一起制定，在无竞争者的情况下交由全体员工作认可性投票。

根据《国民劳动秩序法执行条例》规定，企业中设立专门的"投票事务处"负责投票事宜。该处首先列出有投票资格的职工名单。凡年满 21 岁，拥有公民荣誉资格的职工都有投票权。最晚在投票日两周前贴出通知，内容包括候选人名单、投票人名单、投票时间和地点。投票日当天，每人到预定的地点领取一张选票和一个信封，填好选票后，放入信封中，投入选票箱，并在投票人名单上做记号表示已经投票，以避免重复投票。投票后三天内，

---

① Matthias Frese, *Betriebspolitik. im „Dritten Reich“, Deutsche Arbeitsfront, Unternehmer und Staatsbürokratie in der westdeutschen Großindustrie 1933–1939. Paderborn*，1991，S. 128.

投票事务处主席在两个助手的帮助下确定结果。候选人必须获得半数以上的有效选票才能当选。如果整个名单被拒绝或者当选的人数不够,则由劳动督察官任命。

在实际运行过程中,许多企业领袖不把信托人委员会放在眼里,很少召开会议,甚至越来越多的企业主让没有决定权的代理人参加信托人委员会。在讨论某些问题时,企业主还常常请来高级职员等"嘉宾",以支持自己的意见。有时信托人开始讨论时,实际上木已成舟,根本不可能改变事实。许多信托人对这些现象十分不满,提出辞职,1934 年 11 月某劳动督察官不得不出面干涉:"不断有人向我汇报,信托人因为企业领袖无法满足他们的愿望,一气之下辞去信托人职务……我只会把这种草率的举动看成是逃兵的行为加以指责,绝不允许这种人今后再当信托人。"①

《国民劳动秩序法》规定,信托人是一个"义务职务",尽管受到解雇保护,但在物质上除给予履职时间以一定的补偿外,不允许获得其他利益。然而企业主为了拉拢他们,往往给予一些特殊待遇,如特殊津贴、更长的假期、更好的工作环境、更高的工资级别,等等。企业主还常常提拔其中的工人成为职员。有的大企业甚至还设立"专职信托人",这些人脱离原来的工作岗位,但可得到原来的或更高的待遇。对于不听话的信托人,企业主则会给其"穿小鞋",如将其安排到条件较差的工作岗位上。

信托人委员会常常通过召开会议的方式讨论企业事务,力图干预企业的运行。其讨论的话题包括:企业规章,给特殊工种保险,假期应否工作,如何在餐厅装通风设备,工作安全宣传,建立新的自行车停放处,在工厂内摆设圣诞树,应否禁止吸烟,企业住房分配,职工食堂伙食质量,厕所纸张质量,等等,其中企业福利占据较大比重。在诸多问题中,关于缩小工人与职员之间待遇差别的努力引人瞩目。1933 年前,纳粹党就主张缩小工人和职员之间的差别,这一主张被纳粹企业支部广为宣传。信托人委员会成立后,在这方面提出了很多要求。如西门子公司信托人坚持要求贯彻企业规章,

① 转引自 Christopher Rea Jackson,*Industrial labor between revolution and repression:Labor law and society in Germany*,*1918-1945*. Harward University,1993.(博士论文未刊本)p. 1023. Vgl. Matthias Frese,*Betriebspolitik*. S. 207.

统一工人和职员的考勤制度。1934 年 12 月初的一次信托人委员会会议记录显示:"信托人勒佩尔指出,企业规章第 37 条没有得到贯彻……舍比茨指出,企业规章第 14 条规定职员必须出示证件,但他们并没有照办,门卫也没有提出要求,而工人却必须百分之百接受检查。"①企业领导层坚称工人必须接受检查,如出示证件或者打卡,底层职员在出勤名单上签名,而高层职员则不需要这些步骤。在拜耳公司,工人自 1920 年以来就和职员在不同的食堂吃不同的伙食,1934 年 8 月,信托人委员会提议统一全公司的菜单。②翌年,西门子公司的信托人委员会要求工人食堂的桌子也要同职员食堂一样,铺上桌布,他们取得了成功。而在克虏伯公司,工人的不满集中在住房分配方面。助理信托人的报告描述了工人的不满:"职员住房的卫生间装修完备,工人住房根本就没有卫生间,只是在房间内有一个浴缸而已,连水龙头都没有。为什么要搞这些区别呢?"同一份报告中还写道:"还有人抱怨,职员的假期比工人长,同样,职员可以免费乘坐工厂班车,而工人必须支付乘车费用。"③信托人委员会在拉平工人和职员的企业福利差别方面取得了部分成绩,但是在拉平假期时间、儿童补贴、支付工人法定节假日工资、取消疾病保险等待期等方面,却徒劳无力,企业主常常推托这些是"集体规章的事情"应付了事。

为了营造"企业共同体"的氛围,当局采取了不少措施,其中包括企业领袖和追随者在车间里都穿一样简单的蓝色工装、用"企业集合"代替上班打卡等做法。纳粹劳工领袖莱伊认为打卡钟是一种非人性化的物件,它把人变成了一个符号,损害了劳工的尊严,应该废止。他提出了一个"企业共同体"的开工模式:"到场的追随者报名,升旗或者唱歌,这一天的口令,企业领袖讲话,追随者发言……企业领袖应该在追随者前说出企业的担忧和困难,说出获得订单的困难,筹钱的困难,外汇问题和原材料问题,等等。但同时

① Michael Prinz, *Vom neuen Mittelstand zum Volksgenossen. Die Entwicklung des sozialen Status der Angestellten von der Weimarer Republik bis zum Ende der NS-Zeit*. München 1986, S. 222 - 223.

② Christopher Rea Jackson: *Industrial labor between revolution and repression: Labor law and society in Germany, 1918 - 1945*. p. 1012.

③ Michael Prinz, *Vom neuen Mittelstand zum Volksgenossen*. S. 223.

他还应该谈到所取得的成绩，企业的前景，可喜的进程，领导层和追随者共同努力取得的进步……追随者也应该有机会说出他们的忧虑。不管谁有愿望、倡议或不满，都必须站出来，开诚布公地畅所欲言。企业集合要把德国工人从一个只会劳动的动物、从被剥削者提升为有荣誉感的创造者；德国劳动者不允许有任何保留、羞怯或害怕，而是要自由、公开、坦诚地站出来，提出他的要求，说出他的抱怨，或者他的快乐和满意。"①在 1935 年的纳粹党党代会上，莱伊宣布已经有 7000 个企业实施了企业集合。而德国共产党的《德国消息报》则报道了企业集合的实际情况："每周在上弗兰肯瓷器工厂举行一次企业集合。当职工入场以后，企业领袖走出来，高喊'立正'——'希特勒万岁'——'稍息'，然后开始作简短的讲话，强调只有通过工人辛勤而认真的工作，一起努力，第三帝国的建设才能取得成功。然后提问：'要抱怨或投诉的人站到前面来，向企业领袖反映。'没有人动。再次高喊：'立正'——'希特勒万岁'——'退场。'企业集合所花去的时间一般不计入工作时间，所以工人很快计算出来，参加企业集合最多要少收入 2.50 马克。"②除了企业集合，当局还号召企业主改善与工人的交往方式。1933—1934 年间，许多企业主第一次主动和职工长时间攀谈，企业内部的交往风格也发生了变化。例如大企业领导层发布的企业内部公告不再用"董事"或"经理"这种头衔代称，而采用更亲切的第一人称"我"。

20 年代末"德国技术劳动培训研究所"（Das Deutsche Insitiut für Technische Arbeitsschulung，德文缩写 DINTA，简称"丁塔研究所"）③的研究成果称，如果企业自身采取各种福利措施，就能使工人摆脱对跨企业的工会福利组织如体育协会、消费协会、工人基金会等的依赖，增强与企业的联系。纳粹当局在组建企业共同体的过程中，也很重视改善企业的劳动环境。1933 年底，德意志劳动阵线在柏林设立了"劳动之美"（Schönheit der Arbeit）临时办公室，下设三个部门："企业艺术设计"负责所有企业内部和外围的改建和新建

---

① Michael Schneier, *Unterm Hakenkreuz：Arbeiter und Arbeiterbewegung 1933 bis 1939*. S. 572.
② Michael Schneier, *Unterm Hakenkreuz：Arbeiter und Arbeiterbewegung 1933 bis 1939*. S. 573 - 574.
③ 该机构成立于 20 世纪 20 年代中期，位于杜塞尔多夫，1933 年 7 月起隶属于德意志劳动阵线。

措施;"企业技术设计"负责所有技术问题,包括供电和通风;"美丽的村庄"负责对村庄和风景进行艺术和技术美化。1933 年和 1934 年,"劳动之美"针对企业的工作主要是视察,意在让企业"清洁劳动环境"。纳粹企业支部和劳动阵线领导人突击对企业进行视察,要求"清洁厂房内的灰尘和污浊,清除工厂院子里的废旧物品,清洗盥洗设施,设置卫生的、有尊严的休息室"①。魏玛共和国时期,是由企业代表会请工商业监督局来审查企业的劳动条件,但后者往往采取匿名的方式在报告中批评劳动条件差的企业,缺乏威慑力。劳动阵线决定在这方面扩大影响,一方面发表文章表扬模范企业,另一方面也揭露卫生情况特别糟糕的企业,在《工人》等报刊上曝光企业的名称,并且威胁要让盖世太保介入,逮捕企业主。这些文章虽然大多发表在劳动阵线自己的报刊杂志上,但由于印刷品发行量达上百万,还是起到了不小的震慑作用。

从 1934 年 4 月到 11 月,"劳动之美"共视察汉诺威-不伦瑞克大区 400 家企业,促使这些企业花费 125 万马克从事改善工作。杜塞尔多夫是德国工业化程度最高的大区,那里有 900 家企业花费了 250 多万马克改善了工作环境,具体数据见表 4-17。

表 4-17　1934 年杜塞尔多夫大区 900 个企业改善工作环境工作费用清单②

设备种类	花费金额(马克)	设备种类	花费金额(马克)
工厂广场	220 000	洗浴房	235 000
花园	90 000	衣帽间	168 000
劳动场所	935 000	抽水马桶	280 000
休息室	183 000	自行车停放处	5 000
中央暖气设备	67 000	通风设备	2 000
餐厅	160 000	收音机	4 000
盥洗室	209 000	饭菜加热设备	1 000

---

① Chup Friemert, *Produktionsästhetik im Faschismus. Das Amt „Schönheit der Arbeit" von 1933 bis 1939*. München, 1980, S. 102.

② Willy Müller, *Das soziale Leben im neuen Deutschland unter besonderer Berücksichtigung der Deutschen Arbeitsfront*. Berlin, 1938, S. 188.

自 1935 年起,"劳动之美"针对企业环境的具体类别,启动了一系列改造"战役"。如 1935 年春天开始了"给所有就业者阳光和绿色"的活动,"劳动之美"领导人号召大家把看得见的地方用花和绿色植物装点起来:"让春天进入企业吧!打开门和窗,把多余的垃圾和废品清除出车间和院子,尽可能让各个地方都有绿化带!破败的工厂院子和角落旮旯必须消失,让位给令人愉快的绿化带,种上树和灌木,摆上长凳。闲置的空地和花园必须重新装饰,必须在追随者休息时开放。把花带入休息室吧,有可能的话也带入工厂车间。用绿色装扮你们的工厂,拆除丑陋的篱笆……铺上用于体育锻炼的草坪!企业领袖,用绿色让你们的追随者精力充沛,工作快乐!男男女女的追随者们,行动起来,为自己建立有尊严的工厂车间!……利用春天和夏天,用绿色扮靓你们的工作场所!给所有的就业者以阳光和绿色!企业领袖和追随者们,一起行动起来!新德国的劳动场地必须是全世界最美的!"[1]

接下来是减少噪音运动,"噪音不仅会使听力减弱,而且使得效率大大降低"。"劳动之美"与纳粹党其他机构一起,于 1935 年 4 月 7 日到 13 日之间在全国范围内开展"打击噪音周"活动。要"通过条规、教育和引导……大规模对付房屋、企业和交通的噪音"。为了达到这个目的,"在大约 30 个德国城市……展开宣传,主要是举办关于清除噪音的科技性演讲。广播、科技杂志和日报将支持无噪音一周活动的开展"[2]。然而,虽然动用了广播和专业期刊展开宣传,还成立了一个专门委员会,举办了大型活动,但是由于噪音问题牵涉到具体的工作程序和专业机械设备,所以收效不大。

1935 年 10 月 28 日至 11 月 9 日,全国范围内开展了"好灯光—好工作"活动。根据工商业监督局的报告:"仅仅在 1934 年,就有 3631 起技术事故与照明差有关,如掉入坑或井中,撞到机器上";企业的照明情况急待改进,"在大型企业较多的地区,照明情况差的企业占 72%,情况好的占 28%,而

---

[1] Schönheit der Arbeit durch Grünanlagen im Betrieb. Aufklärungsheft, hrsg. vom Amt „Schonheit der Arbeit"der NSG „Kraft durch Freude". Berlin Juni 1935. 转引自 Chup Friemert, *Produktionsästhetik im Faschismus*. S. 118.

[2] Chup Friemert, *Produktionsästhetik im Faschismus*. S. 135.

其他地区的比例是 90 比 10"。到 1935 年 12 月 10 日为止,劳动阵线举办了 231 次大型宣传会,共有 30 万人参加,590 家企业立即改善了照明情况,另外 500 家答应稍后办理。①

据官方统计,到 1936 年末,全国超过 1.9 万家企业在"劳动之美"的督促下参加了改善劳动条件的活动,总投资额达到 2 亿马克。②1936 年德意志劳动阵线非常自豪地宣布,它在"劳动之美"纲领范围内修建了 2.4 万个盥洗室和更衣室,1800 个新饭厅,1.7 万座工厂花园和 3000 个工厂运动场。③这些活动在一定程度上改善了工人的劳动条件,食堂扩大了,重新设立了更衣室,盥洗室里挂上了毛巾,装了热水壶,工厂四周铺上了绿化带。但是也有工人抱怨企业主让工人利用下班后的时间额外劳动,又不支付加班工资。比如好希望冶炼厂杜塞尔多夫分部建造了一个游泳池,施工费用"大约为 7000 到 8000 马克",一些工作是追随者无偿完成的,他们在"业余时间拿起锄头和铁锹,装点丑陋的工厂空地,铺设绿地"。但是在纳粹分子看来,这种附加劳动是新的社会关系的体现,"我们用工友关系取代了阶级斗争,这个游泳池也是在这种思想中建成的,在过去的制度下,这是件永远不可能办到的事"④。

随着德国经济进入"四年计划时期",组建"企业共同体"的工作也发生了一些小的变化,主要表现在劳动督察官的名称、任务和办事机构等方面。从 1937 年 4 月 1 日起,该职位改名为"国家劳动督察官"(Reichsteuhänder der Arbeit,本书仍简称"劳动督察官"),以突出其代表国家的权威身份和地位。当时,劳动力短缺现象日益严重,很多行业和地区的企业主都要求公开增加工资来吸引劳动力,追随者则通过降低效率甚至怠工的方式发泄不满,劳动纪律越来越涣散,有的甚至整天都不上班。因此,劳动督察官的任务不再是担心工资过低,而是要避免劳动力流动和工资过度增长。当时他们采

---

① Rückblick auf die Aktion „Gutes Licht-gute Arbeit". In: Deutsche Bergwerkszeitung Nr. 50 vom 28. 2. 1936, ZstA, Deutsche Arbeitsfront, Nr. 6261, Blatt 54.

② Timothy W. Mason, *Social Policy in the Third Reich*: *The Working Class and the National Community*. Berg Editorial Offices, 1997, p. 163.

③ [联邦德国]卡尔·哈达赫:《二十世纪德国经济史》,第 63 页。

④ Chup Friemert, *Produktionsästhetik im Faschismus*. S. 143,131.

取的措施分别为延长解约通知期、规定行业最高工资、清查集体合同并控制企业规章。延长解约通知期是为了限制就业者跳槽。1936 年 12 月 22 日，四年计划办公室颁布名为《关于防止违法解除劳动关系》的四年计划执行条例，指出"钢铁业、金属业、建筑业、砖厂和农业最缺乏技术工人"，规定"企业主可以在工人或职员违法提前解除劳动关系时，扣押其劳动手册，直到合同期满为止"。①几天后，12 月 30 日，劳动部长向劳动督察官发出"防止毁约"的通知，要求后者立即开始检查钢铁、金属和军火企业中的集体规章，目的是"查看哪些企业的解约通知期能够延长"，要求"实现最少 4 周的解约通知期"（此前一般为 1—2 周），目的在于"把这些行业的就业者束缚在岗位上一段时间"。萨克森的劳动督察官把大部分行业的解约通知期延长到 3 个月，引得其他地区纷纷效仿。

　　随着劳动督察官任务加重，他们不断要求扩大办事机构。1936 年 8 月，劳动部长正式下令，规定工商业监督局与劳动督察官合作，自 1937 年 4 月初起，工商业监督局人员可以作为"劳动督察官的委托人"听命于后者。1939 年 1 月，又公开引入劳动督察官的委托人制度，将劳动督察官的经济辖区分为 3—5 个管理区，全国共设 54 个管理区，每个管理区由一名委托人负责，通过这种方式来监控工资和劳动条件。1939 年 8 月，劳动督察官的办事机构进一步扩大，连各地劳动局长也成为其委托人。到最后，该系统发展成为拥有近 4 万名工作人员的庞大机构。②劳动督察官的执行手段也得到加强。将 1938 年 6 月 25 日《工资制定条例》与《国民劳动秩序法》相比，以前企业主在多次违反劳动督察官的规定时才会受到处罚，而现在企业主只要一次违规就会受到处罚，处罚的形式也可以直接上升到"监禁"，并不需要"情节特别严重"的限定。

---

① Timothy W. Mason，*Dokumente*. 12 Siebente Anordnung zur Durchführung des Vierjahresplans über die Verhinderung rechtswidriger Lösung von Areitsverhältnissen vom 22. Dezember 1936. S. 230.

② Matthias Frese，*Betriebspolitik*. S. 242.

第七节　农业政策

魏玛共和国时期，德国的农业发展状况不太理想，农民处境不佳。若按经济部门的投资结构来看，1910—1913 年，农业投资比重占到总投资的13.9％，而到 1925—1929 年，这一比重下降到 10.9％。从产值结构来看，上述两个时段的数据分别是 23.4％和 16.2％。[①] 当然，这些数据的背景之一是工业化。由于工业部门发展的速度更快，魏玛共和国中期的农业生产指数尽管上升了 19％，但相对地位还是不断下降。经济大危机期间，农民再次陷入尴尬境地。尽管生产指数相对工业而言是逆向运行，即略有上升，但农产品价格却不断下降。农民希望通过增加产量来弥补收入上的损失，但在工业生产倒退的情况下，增加农业生产只能促使农产品价格进一步下降。据德国统计机关计算，经济危机期间，德国农业总收入下降 28.5％，大部分农业经营陷入亏损状态，抵押人实行大量扣押。[②]

纳粹党的正式名称中尽管有"工人党"字样，但包括希特勒在内的不少领导人，对农业和农民问题给予了程度不等的关注。有人认为，纳粹党人对于农民和农业生产是相当重视的。"第三帝国，或者至少是第三帝国的重要人物，想要成为农民国家（Bauernstaat），同时也想要有加速发展的工业化，这绝对不是误解或者宣传的技巧。就像反犹主义那样，这属于少数的被坚定执行的纳粹生活原则。"[③]

希特勒早在口授《我的奋斗》一书时，就赋予农业和农民阶层以崇高的地位："维持一个健康的农民阶层作为整个民族的基础，这一可能性从来没有得到过足够高的估价。我们如今许多的伤痛都只是乡村和城市人口间不健康的比例关系造成的。一个稳定的中小农民阶层作为主干的存在，永远是抵抗社会疾病最好的保障，就像如今我们所拥有的那样。而且这也是使

① ［联邦德国］卡尔·哈达赫：《二十世纪德国经济史》，第 225—226 页。
② ［法］夏尔·贝特兰：《纳粹德国经济史》，第 8 页。
③ David Schoenbaum，*Die braune Revolution，Eine Sozialgeschichte des Dritten Reiches*. Köln：Kiepenheuer & Witsch 1968，S. 197f.

民族在经济内在的血液循环中,获得每天面包的独一无二的答案。"① 1933
年 10 月 1 日,担任总理的希特勒在毕克贝格(Bückeberg)国家感恩节集会
上再度强调:"农民是我们民族最先进最深刻的代表,……农民们用大地的
果实供养人类,用家庭的果实维续民族。对农民,自由主义和民主马克思主
义是如此的蔑视,而我们,纳粹主义革命则自觉地将他们看作是现在安定的
支柱,是将来独一无二的保障。"②

　　希特勒对于农民的友好态度可能出于机会主义的动机,③但毋庸置疑
的是,纳粹德国农业部长达雷对于农业则持有理想主义的观点。在主要由
达雷构建的纳粹农业意识形态理念中,农民及农业问题具有无可替代的重
要作用:农民是民族的粮食供应者,是种族血源的守护神,是德国国防的重
要支柱。纳粹分子透过第一次世界大战,看到了保障国家粮食供应的重要
性。"在世界大战中我们已经有了切身的体会。超过 75 万人在战争中由于
饥饿而死亡,这其中大多数是妇女和儿童,我们深切感受到了十年来漠视国
内生产基础的后果。"④而透过世界大战中来自英国的"饥饿封锁",纳粹党
人还看到了犹太人统治德意志的阴谋和"资本主义将民族经济交托给商
业"⑤的危险。因此,出于国家和民族经济独立性的考虑,纳粹党十分重视
粮食生产。但是对于纳粹农业意识形态理念的支持者而言,重视农民和农
业不单单是个经济问题,而且是种族和社会问题。达雷在其两本代表性著
作《农民是北欧(诺迪克)种族的生命源泉》(*Das Bauerntum als Lebensquell*

① Hitler, *Mein Kampf*. München: Eher, 1925, S. 151 f.
② Völkischer Beobacheter. Nr. 267 von 3. 10. 1933, Rede: 1. 10. 1933.
③ 不少人指出,希特勒对农业问题兴趣不大,也所知甚少。他的私人副官弗里茨·魏德曼(Fritz
　Wiedemann)在回忆录中说,"从毕克贝格国家农民日上可以看出,希特勒对农业根本不感兴趣。"
　(见 Fritz Wiedermann, *Der Mann, der Feldherr Werden Wollen: Erlebnisse und Erfahrungen
　des Vorgesetzten Hitlers im Ersten Weltkrieg und Seines Spaeteren Personlichen Adjuntat*.
　Velbert 1964, S. 69 f.)而德国著名农业思想史学者海因茨·豪斯霍夫(Heinz Haushofer)也认
　为,希特勒是一个对骑马心存惧意,甚至不愿意在设计建筑时添加植被的人,他对于"乡村经济,
　尤其对农民,根本不会有发自内心的关切"。(见 Sigmund von Frauendorfer und Heinz
　Haushofer, *Ideengeschichte der Agrarwirtschaft und Agrarpolitik*. München 1958, S. 199f.)
④ Richard W. Darré, *Um Blut und Boden*. München: Zentralverlag der NSDAP, 1942, S. 463.
⑤ Richard W. Darré, *Zur Wiedergeburt des Bauerntums*. im *Um Blut und Boden*. Munchen:
　Zentralverlag der NSDAP, 1942, S. 62.

des Nordischen Rasse）和《来自血与土的新贵族》（*Neuadel aus Blut und Boden*）中，论证了日耳曼人属于农业民族的特性以及农民对于日耳曼人的种族意义，提出了"血与土"理论。他指出，植根于土地之上的农业劳动，并在有限的地理空间内对于影响血统传承的婚姻关系进行严格控制，保证了日耳曼民族有能力维系和繁衍自己纯正的血统。正如后来希特勒所说："农民使我们焕然一新，它为城市提供人口，它是千年来永生的源泉，它必须得到维护。……（纳粹主义）运动基于遗传生物学的原因，在农民中看到了健康民族的生命之源。因此，我们不仅要维护它，而且要壮大它。"①此外，"没有德国农民就没有德国士兵，没有德国士兵就没有德国农民，两者互为前提，互相照应"②。德国农民是捍卫德意志土地的重要支柱。"真正的军事国家一直是来自农民的国家，人们能够在斯巴达人、罗马人和普鲁士人身上准确得知。"③所以，日耳曼农民会为了其自由，为了捍卫属于它自己的土地而拿起武器，而军队也会为日耳曼优秀人种的选择和历练提供平台。总而言之，纳粹党人"血与土"的理念，由对金融界、对资产阶级社会、对贵族以及对于西方的敌对情感所构成，它植根于一种根深蒂固的信念，即，德意志农民是更好的人类，是德意志种族的根基所在。

在该理念指导下，政府制定了一系列维护德意志农民利益、保护德国农业生产的政策，主要体现在四个方面：首先，成立了"德国粮食总会"（Reichsnährstand），达雷出任"德国农民领袖"；其次，出台了《国家世袭农庄法》（*Reichserbhofgesetze*）；再次，颁布了《塑造新德意志农民法》，大张旗鼓地推进农民的垦殖（Bauernsiedlung）活动；最后，在农业领域实施一系列的"市场整顿"（Marketordnungen），努力实现德国粮食生产的"自给自足"，提倡实施"生产战役"（Erzeugungsschlacht）。

1933 年 9 月 13 日，政府颁布《关于临时组建的德国粮食总会以及制定

---

① M. Domarus，*Hitler. Reden und Proklamationen 1932 bis 1945*. Würzburg：Domarus，1962，Bd. I. S. 253.

② Richard W. Darré, *Das Ziel*, im *Um Blut und Boden*. München：Zentralverlag der NSDAP，1942，S. 159.

③ Richard W. Darré, *Das Bauerntum als Lebensquell der Nordischen Rasse*. München：Lehmann，1929，S. 326.

乡村经济生产的市场和价格管理措施的法令》(以下简称"德国粮食总会法"),[①]德国粮食与农业部长被授权组建德国粮食总会并整顿农业经济的秩序。德国粮食总会由此成立。它不仅横跨了乡村农林牧渔各个生产部门,而且将从事农产品加工和销售的行业部门也囊括其中。戈林在1936年11月举行的第四次国家感恩节庆典活动中提到:"500万乡村生产者,65万零售商和32万粮食加工企业工人都是德国粮食总会的成员。"[②]事实上,这一数字被严重低估,因为所有的农场所有者包括其家庭成员,以及农业工人、庄园雇工和乡村公职人员,加起来就已经比这一数字多好几百万。1934年底,其成员数量据统计有1120万。[③]德国粮食总会的组织架构呈金字塔型,最顶端是全国农民领袖达雷。起初他有两个主要的协助者,一个是个人——国家执行官(Reichobmann),一个是机构——参谋部。前者协助达雷处理具体事务,后者负责该组织同党和国家其他经济部门的联络工作,以及制定农业经济的总路线,从某种程度上行使全国农民领袖办公厅的职能。以后随着德国粮食总会的发展,在国家执行官下面设立了管理部。1934年管理部设置三个下属部门,分别是"人事处""生产处"和"市场处"。"人事处"负责教育和管理乡村人群;"生产处"负责农业生产,为农民提供技术帮助和经营指导;"市场处"管理农产品价格、产品分配以及制定种植和加工规则。以后各类乡村经济行业联合会都归属于市场处,使其拥有了管理市场的最大权限,逐渐成为总会机构中最重要的部门。粮食总会的地方下属组织,首先是19个大区农民领袖,皆配备有执行官和管理处。[④]最主要的基层

① Gesetz über den vorlaeufigen Aufbau des Reichsnaehrstandes und Massnahme zur Markt-und Preisregelung fuer Landwirtschaftlich Erzeugnisse 13 Sept. 1933, RGBl 1. Reichsverlagsamt, S. 626 f.

② Gerd Ruehl, *Das Dritte Reich: dokumentarische Darstellung des Aufbaus der Nation.* Berlin: Hummelverl., 1937, S. 282.

③ Hans Buerger, *Die landwirtschaftliche Interessenvertretung in der Zeit von 1933 bis zur Gegenwart unter Besonderer Berücksichtigung der Westdeutschen Verhältnisse.* Erlangen & Nürnberg: Univ., Diss., 1967, S. 72.（博士论文,未正式出版）

④ 1938年前,这些领袖分别设置在:巴登、巴伐利亚、汉诺威、黑森-拿骚、库尔黑森(Kurhessen)、库尔马克(Kurmark)、梅克伦堡、东普鲁士、波梅尔、莱因兰、萨尔普法尔茨、萨克森-安哈尔特、萨克森自由州、西里西亚、石勒苏益格-荷尔斯泰因、图林根、威瑟-埃姆河(Weser-Ems)、威斯特伐利亚、符腾堡。

组织是县农民协会,协会领导称作县农民领袖。全国大约有 514 名县农民领袖。县农民协会以下,是乡镇农民协会,由乡镇农民领袖领导。全国约有 5 万名乡镇农民领袖。[①]

德国粮食总会并不是如成立法令中所说,仅仅是一个行业内"法定的自我管理组织",它在权力巅峰期甚至已经具备了国家机关的特征。在人事方面,达雷将德国农民领袖的功能,同政府农业部长结合起来,总会工作人员的待遇与职责也根据公务员相关法规来执行;在财政上,总会通过税收机关收取会费,而协会也享有广泛的免税权;在权限上,它有权制定市场与价格方面的管理法令或条例,甚至可以根据要求,获得警察和司法机关的支持;在组织架构上,由于农业部在州政府层面的缺位,[②]它完整的运作体系成了中央政府执行农业政策的唯一依靠。因此,德国粮食总会是执行国家意志的工具,或如克劳迪娅·弗兰克(Claudia Frank)所说的,德国粮食总会是德国的"准粮食和农业部"。[③]

1933 年 9 月 29 日,政府颁布《国家世袭农庄法》。针对 20 年代的农业土地流逝和零碎化趋势,该法旨在使"农民的农庄在继承过程中免受超负荷负债和分裂的危险,由此它们将作为阶层的继承财产,长期保留在自由农的手中"[④]。法律规定德国 7.5—125 公顷的农场可以登记成为"世袭农庄"(Erbhof),其土地不得出售、抵押、拍卖和分割继承,只有符合一定条件的农民才能拥有"世袭农庄"。这类农民(本书称"世袭农")必须是德意志人或同等血统者,他们应具备婚姻能力,不仅经济上可靠,而且政治上忠诚。如果被发现持有不同政见,则将被剥夺对农庄的使用权和管理权。对于他们婚姻能力的要求也是纳粹种族主义农民理想的必然要求。与意识形态相适应,"农民"(Bauer)作为荣誉称号保留给世袭农。其他的农场主,包括小园

---

① Reischle und Saure, *Reichsnaehrstand. Aufbau, Aufgaben und Bedeutung*. Berlin: Reichsnährstand Verlagsges. m. b. H., 1940, S 71.

② 根据 1934 年 1 月 30 日的《国家重建法》,德国各州并没有归属全国农业部管辖的农业部门,其相应职权部门隶属于其他部门之下,只有普鲁士在 1935 年 1 月之后才将其乡村经济部与全国农业部联结起来。

③ Claudia Frank, *Der „ Reichsnaehrstand " und seine Urspruenge, Struktur, Funktion Und ideologische Konzeption*. Hamburg: Univ., Diss. , 1987, S. 119.(博士论文,未正式出版)

④ Reichserbhofgesetz vom 29. September 1933, RGBl. I, Berlin: Reichsverlagsamt, S. 685.

圃的主人和易北河以东的贵族地主,只能称为"农业劳动者"(landwirt)。在债务减免方面,世袭农享有更为优厚的政策资金支持,其土地不会因为债务问题被强制拍卖。该法规定了相应的继承顺序,依次为儿子、父亲、兄弟、女儿、姊妹、其他的女性后裔。它还组建了负责法律判定的"单子继承机构"(Anerbenbehoerden),从地方到国家形成三级法庭体系。

当局制定《国家世袭农庄法》在一定程度上体现了农民试图摆脱市场风险的愿望。据达雷称,"将来基本上能够避免分割和负债,也能够免于单纯的盈利性追求。……从如今乱七八糟的农庄和大地主及大小农场中,缓慢而有组织地,根据自然的挑选过程,重新塑造出基于这类世袭农庄之上真正的农民。没有突然的紧急法令,也没有对乡村市场包括乡村土地市场的骚扰,由此来保证德意志民族的粮食供应"①。该法不仅兑现了纳粹党上台之前对农民所作的承诺,②其关于世袭农资格的规定和继承次序的安排更是体现了达雷及纳粹党在农业领域的思想观念体系。达雷认为,《世袭农庄法》的基本点在于要使"农民成为血统的化身,而不再是一种职业关系,这是一种对于土地的世界观问题"③。"血与土"的理念要求将德意志人和土地紧密地结合起来,《世袭农庄法》就将农民与农庄牢牢地捆绑在一起,"首先,世袭农庄属于农民;但是在将来,农民将属于农庄"④。

政府的第三个重大举措是推进农民的垦殖(Bauernsiedlung)。⑤纳粹党认为,出于保护农民的需要,只有最好的种族元素参与到国内的垦殖活动中,才能保证未来的一代人能够足够强大,在东部的边疆地区"筑造起一道抵挡斯拉夫人的墙"⑥。早在 1924 年,纳粹党议员就在国会中提出过加强垦殖力度的提案。1930 年的《三月纲领》进一步提出,要让无法继承农场的

---

① Richard. W. Darré, *Bauer und Landwirt. in, Um Blut und Boden, Reden und Aufsätze.* München: Zentralverlag der NSDAP, 1940, S. 208.

② 即 1930 年 3 月 6 日纲领宣称将不允许德国的土地成为金融投机的目标。

③ Richard. W. Darré, *Um Blut und Boden.* S. 101.

④ David Schoenbaum, *Die braune Revolution, Eine Sozialgeschichte des Dritten Reiches.* Köln: Kiepenheuer & Witsch, 1968, S. 202.

⑤ 即通过一定的方式向农民提供土地,进行农业生产。

⑥ J. E. Farquharson, *The Plough and Swastika, the NSDAP and Agriculture in Germany 1928—45.* London and Beverly Hills: Sage Publications, 1976, p. 144.

农民儿子或者农业工人拥有新的农场,而首先考虑的是东部的边疆地区。达雷也积极支持垦殖计划,在早期纳粹党的农业政策机关内成立了一个特别的部门,名为"东部领土处"(Ostland),专门负责制定垦殖计划及处理相关问题。1933 年 7 月 14 日,颁布了《塑造新德意志农民法》。政府将垦殖的权力收归中央,希望借此消除中央政府和地方政府可能产生的摩擦。1934年,纳粹党成立了"国家选拔德意志农民垦殖者办公室"(Reichsstelle für die Auswahl deutscher Bauernsiedler),但一年后旋即撤销,其工作职责转给了德国粮食总会管理部和地方上的州农民协会。垦殖申请者必须在大区农民领袖处申办一张"新农民卡"(Neubauernschein),然后领取一张由国会垦殖问题委员会颁发的《农民垦殖者说明书》,上面罗列了成为一名垦殖者的标准。为了进一步促进垦殖活动的开展,1935 年 1 月 4 日政府通过了《国家垦殖法补充条例》,[1]禁止土地债权人阻止开展垦殖活动,但垦殖机关将保证其在土地分配过程中的合法权益。此外,还统一了垦殖者多样化的抵押利息负担,授权垦殖企业可以在不公开拍卖的购地中将价格控制在合理范围内,同时在一定条件下废除垦殖地上的租赁关系。

　　政府对农民垦殖的支持主要体现在资金上。垦殖农经常遇到资金问题,不仅购买土地需要资金,而且兴建土地上的房屋住宅,购买各种农业原料设备也都要花钱。这对于垦殖农是笔不小的负担。政府进一步加大金融支持的力度,垦殖农购买农用机械能获得特别折扣,1938 年时,建筑材料免运费,1.5 万马克的土地首付款中,政府补贴达到 8 800 马克,而对于那些生育了众多子女的垦殖农家庭还有进一步的利息优惠。[2]然而,纳粹党对垦殖者的资格却有许多要求。首先要证明其具备从事农业生产的能力,绝大多数垦殖者都曾经是农民或有过相关的从业经历。申请垦殖的农民不准负债,而且还必须拥有一定的财产。其次是身体方面,要求健康并拥有强大的生殖力。申请者必须已婚或订婚,不得患有任何遗传性疾病,并递交 1800年以来的家谱证明,不得有犹太血统。最后是政治方面的审核,这项功能一

[1] Gesetz zur Ergaenzung des Reichssiedlungsgesetzes vom 4 Januar 1935,RGBl. Teil 1,1935,S. 1.

[2] Vierteljahrsheft zur Statistik des Duetschen Reiches,1938,Band 2,S. 4 - 7.

般由县农民领袖进行,申请者要递交一份履历,参加纳粹党各种组织者都会受到青睐,如有政治上不可靠的迹象,即遭拒绝。可见,纳粹党对于垦殖活动的重视,与以往有所不同。它不仅仅基于传统习俗,实现民族国家政策,而且附加了种族主义的净化功能。在社会发展方向上,它还反对工业中心化,凸显了对于社会再农业化的追求。

为了提高粮食产量,实现"自给自足",政府通过全国粮食总会推出一系列的"市场整顿"措施。1933 年 7 月 15 日,政府颁布《强制建立卡特尔法》,在全国经济领域引进"市场整顿"的法律基础。由粮食总会管理部的市场处负责管理和监督市场秩序。首先是固定价格体系,市场处通过行业联合会及其下属的经济协会,规定价格或浮动区间,调控农畜产品的种植和生产。同时,还辅之以产品的标准化,规定了农产品的等级,严格监督其生产质量。在包装、标签和运输问题上,对生产者作出一系列规定。行业联合会在较大的市场里建立了"等级评定委员会",以评定等级标准,确定相应的价格。鸡蛋根据重量分成五个等级,并根据新鲜程度分成两大类,对应不同的固定价格。面粉根据由研磨方法不同而产生的含粉量差别划分成三到四种类型。在牛奶加工行业,黄油只允许有五种类型,奶酪则根据所含脂量分成八个等级。对于农产品的包装也有要求,早熟土豆只能用粗布袋、厚纸包或塑料袋包装,鸡蛋只能装在箱子里。[1]果蔬和葡萄酒则要贴上标有质量等级和产地的标签。行业联合会规定其成员的上缴、接收、储存和加工义务,对不符合规定的企业实施处罚乃至关闭停产。其次,对产品的市场流动加以控制。在生产源头上,全国粮食总会进行了更为详细的数据统计,与一次大战前不到 30 所会计中心相比,纳粹统治时期逐渐扩增到 500 所,覆盖了近 5 万家农场。而德国政府制定农业政策时被用作数据样本的农场簿记账目,1933年只涉及 7000 家,到 1944 年则猛增到 1.48 万家。[2]农产品运出农场之后,政府的管制体系更加完备。农产品加工厂和贸易商的每一笔交易都要开列

---

[1] Verordnung über die Regelung des Eiermarktes, 21. 12. 1933 RGBl. Teil 1, S. 1103.

[2] Gustavo Corni und Horst Gies, *Brot Butter Kanonen, die Ernaehrungswirtschaft in Deutschland unter der Diktatur Hitlers*. Berlin: Akad. -Verl., 1997, S. 332.

"交易凭证"(Schlußscheine)①,说明买卖双方的情况、产品的种类数量以及价格等,报送当地县农民协会及其相应的经济协会批准。全国粮食总会将供货关系固定下来,为生产者划定固定的销售区域。农民只能将自己的产品交给指定的收购站点,然后贸易商再从这些站点提取货物,销售到指定的消费地区。全国粮食总会由此逐渐建立起封闭性的市场体系。最后是对种植品种与面积的干预,这在纳粹统治初期较少采用,因为纳粹党人不愿背负干预农民生产的骂名。

由于1934年谷物歉收,同时也考虑到要解决农产品,尤其是黄油、饲料以及棉料作物的进口依赖问题,1934年11月,全国粮食总会在高斯拉(Goslar)举行的第二次德国农民代表大会上,提出了发起"生产战役"的号召。1934年12月,全国粮食总会对"生产战役"提出十项建议,希望通过扩大种植面积和密集种植,改变农业经济结构,摆脱生产困局,实现农业产量的提高。赫尔伯特·巴克(Herbert Backe,1896—1947)为此准备了一个庞大的宣传计划,费用超过35.7万马克,包括发行一本名为《生产战役》(Erzeugungsschlacht)的杂志。宣传领袖戈培尔也要求党的各级机构积极配合,帮助宣传。根据1934年12月15日《柏林日报》报道,在"生产战役"发起后的一个月里,围绕该主题,6万人次的各级农民领袖总共组织了42万场集会。②全国粮食总会的宣传人员马不停蹄地赶往各个集会会场,结合当地的特点,宣传"生产战役"的农业生产规划。宣传活动的顶峰是冬季末举办的"绿色周"(Grünen Woche)农业展览会。该展览会最早由国家旅游局于1926年提出,目的仅仅是为了消除各农民协会在柏林集会期间沿街叫卖农产品的现象。但纳粹政府充分利用了该展览会,全力宣传和推广新的农业技术和产品。农民可以在展会上获得关于干草收获、猪的饲养和其他

---

① "交易凭证"在不同情况下名称有所变化,但其本质都是作为监管控制的手段。如在谷物贸易时,由分配者(指贸易商、供销社、经纪人或者代理商)开具给生产者的"供货证明"(Ablieferungsbescheinigung),交由县农民协会保存,而生产者直接与磨坊之间的交易则需要出示特别的"粮票"(Mahlschein)。参见 W. Meinhold, *Grundlagen der Landwirtschaftlichen Marktordnung*. Berlin,1937,S. 121.

② Clifford Lovin, *Die Erzeugungsschlacht 1934－1936*. in Zeitschrift fuer Agrargeschichte und Agrarsoziologie 22(1974),S. 214.

牲畜养殖的改良方法。展览会甚至还建立了"样板农庄",向农民示范如何合理地安排农业生产和管理。①戈林受权主持"四年计划"后,任命巴克作为"乡村经济事务组合"(Geschaeftsgruppe Landwirtschaft)的领导人,与自己一起向德国粮食和农业部、全国粮食总会发布命令。同时,戈林还在四年计划办公室里成立了"价格构建委员会",作为最高国家机关负责制定和监督各类产品包括农产品的价格。②四年计划办公室通过这两个部门,凌驾于德国农业部和全国粮食总会之上,直接插手农业领域的事务。在《价格冻结令》(Preissstopverordnung)框架下,四年计划办公室适当调整了农产品售价,降低农业生产资料的价格,提供企业信贷和国家补贴援助,用于购买机器和满足农业工人住房建设的要求,以此削弱由于价格"剪刀差"对农业带来的不利影响。但在第二个四年计划期间,农产品的"义务上缴"全面铺开,监控也更为严格。每个乡镇都成立了专家委员会,对于没有完成上缴任务的农场进行审核,查找原因。无故没有完成上缴定额的农场和农民受到严厉处罚,而超额完成任务的农民则被授予"农学奖状"(diplom)。③在戈林采取行动之后,达雷也于 1937 年 3 月 23 日号召开展"全国乡村劳动竞赛"(Reichsleistungswettbewerb des deutschen Landvolk),要求评选各大区和全国范围内的最佳农庄和最佳乡镇农民协会,以此刺激农民的生产积极性。④ 1937 年,粮食总会在全国推广使用"农场卡"(Hofkarte)。先由农民填写登记表,其中涉及有关农庄所有者的任务、劳动和经营情况等约 150 个项目,然后由主管的县农民协会"农场科"将这些数据转录进农场卡。土地面积超过 5 公顷的农庄被归类,而小农场的数据则被归并。最后,全国有 200多万个农场以及 90% 的耕地面积登记入卡。这一详细的数据统计,不仅有利于制定粮食生产领域的计划,而且也是监督农场生产的重要依据。1937

---

① Gustavo Corni und Horst Gies, *Brot Butter Kanonen, die Ernaehrungswirtschaft in Deutschland unter der Diktatur Hitlers.* S. 323.

② Gesetz zur Durchführung des Vierjahresplans, Bestellung eines Reichskommissars für die Preisbildung. 29. 10. 1936. RGBl. S. 927.

③ Gustavo Corni und Horst Gies, *Brot Butter Kanonen, die Ernaehrungswirtschaft in Deutschland unter der Diktatur Hitlers.* S. 332.

④ R. W. Darre, *Die Stundeist Gekommen.* in: NS-landpost, 26. 3. 1937.

年春,各级农民协会根据达雷的命令,建立相应的"经济咨询所"(Wirtschaftsberater),推动经营管理的合理建议能够到达每个农场。

纳粹政权这一系列农业政策的实施效果如何呢? 各种资料表明,它们并未取得预期的效果。全国粮食总会将原来农村中各种协会组织和专业机构都吸纳进自身的结构中,同时也将它们的所有工作都集于一身,造成工作琐碎而繁杂。粮食总会的基层组织既要调控和监管农业领域的生产,还要参与对世袭农庄的考察和管理,以后还要配合战争机器的运转,催缴粮食,分配劳动力和抽调兵役。在莱茵兰,县农民领袖一周要工作六天,随机从他的工作日记中抽取一段,就会发现他晚上经常要开会。[1]此外,全国粮食总会还经常受到纳粹党与政府其他职能机关的掣肘。纳粹党大区领袖不愿意看到所辖区域内存在着大区农民协会这样的独立王国。国家行政机关的地方大员也想干涉大区农民领袖的任命。而全国粮食总会还要同莱伊领导的"德意志劳动阵线"争夺农业劳工,同沙赫特领导的工业集团争夺外汇资源。德国的农业部门并没有因为统一在粮食总会的领导下,而使自己在竞争中更具有发言权,反而使自身的命运更依赖于农民领袖个人的荣辱。

《国家世袭农庄法》在实际操作中也并未发挥预想的效果。被登记为世袭农庄的农场可以向单子继承法庭申请继承或者撤销世袭农庄的资格。1935 年,在传统上实行单子继承的地区,这一比例较低,平均大约有 10% 的世袭农庄提出申请,相反,在实行分割继承的地区,其比例则高达 30% 甚至61%。[2]这些申请一般都获得批准。政府对待世袭农庄的土地流转[3]问题也不太严格。1935 年,在单子继承法庭处理的涉及世袭农庄土地流转的86 480 起申请中,只有 3156 起被拒绝,另外 7755 起通过其他方式解决,两者共占总数的 12.6%。[4]有学者甚至认为,如果"从法庭'体谅的判决'来看,

---

[1] J. E. Farquharson, *The Plough and Swastika*, *the NSDAP and Agriculture in Germany 1928—45*. p. 74.

[2] Friedrich Grundmann, *Agrarpolitk im Dritten Reich*, *Anspruch unde Wirklichkeit des Reichserbhofgeset.*, Hamburg: Hoffmann und Campe, 1979, S. 65 und S. 180.

[3] 包括土地的出售、租赁或延长租期,以及分割和抵押等行为。

[4] Friedrich Grundmann, *Agrarpolitk im Dritten Reich*, *Anspruch unde Wirklichkeit des Reichserbhofgesetz*. S. 184.

可以认为《世袭农庄法》根本就没有真正付诸实施"①。在减债问题上，世袭农庄获得的资金远大于其他类型的农场。然而，政府在减债问题上对于世袭农庄的大力扶持，并没有使世袭农庄表现出比其他农场更为突出的还债能力。1937 年 8 月份，东部地区有 20％的世袭农庄没有根据减债程序达成的协议及时偿还债款，而相应地区的大农场，这一比例只有 5.9％。②《世袭农庄法》最大的问题在于，农庄无法抵押，就使得世袭农庄无法获得足够的贷款以投入再生产，这对其发展是一个致命的短板。

　　政府执行的垦殖政策，必定要触及贵族大地产主的利益。达雷出任农业部长后，对贵族大地产主的态度有一定的缓和。他首先否认了大地主和农民之间存在着天然的对立，"对立……是单纯地方上的，人事和具体事务上的"③。他同时提出，"单个的大地主，以自身的力量管理健康的农场，该大地主本身也能适应德意志的经济结构，那么他的大地产就应该得到保留。另一方面，与此相反，在经济上不再能够维持的大地产将被引领走向具有生命力的经济结构。这毫无疑问就是要最大限度地用德意志农民再度填充东部易北河地区"④。这一方面为大地产的存在留下了口子，但同时也将达雷所代表的纳粹农业意识形态同大地主的交锋战场，定位在了实施农民垦殖的领域。大地主奋起反抗。当《塑造新德意志农民法》付诸实施时，两名大地主立即写信给兴登堡总统，认为将大农场分割出售、用于垦殖的做法是十分愚蠢的，10 万块垦殖地的获得不能通过挥一挥手来实现。兴登堡迅速将信件转给希特勒，希特勒则向地产主们表示，他已经从希姆莱处获悉了大地产的经济效益。戈林也在 1933 年初对波美拉尼亚的乡村联盟协会表示，如果现存的农业形势遭到破坏，就不应该开展垦殖活动。⑤ 1937 年，农业部的官员表示很难获得垦殖用的土地，因为有一种根深蒂固的思想，认为大农场

---

① Dietz, „ *Deutsche Agrarpolitik seit Bismarck* ", in: Zeitschrift fuer Agrargeschichte und Agrarsoziologie, 1964, S. 209.

② Leo Drescher, *Die Entschuldung der ostdeutschen Landwirtschaft*. Berlin, 1938, S. 35. (手写稿付印，未正式出版)

③ R. W. Darré, *Um Boden und Blut*, S. 262.

④ R. W. Darré, *Um Boden und Blut*, S. 265.

⑤ K. Heiden, *Geburt des Dritten Reichs*. Zurich: Europa-verl., 1934, S. 185.

是农产品最好的供应者。①大农场生产的黑麦和土豆,占据了当时主要粮食产品的绝大部分市场份额。对大农场实施分割处理,势必会影响到主要粮食产品的生产。对于想要实现农产品自给自足的纳粹政府而言,必然会有所顾忌。此外,垦殖的资金问题和资格审查也妨碍了农民农场的推广。由于确立了世袭农庄和从事国防建设,许多土地退出市场,导致地价攀升,加重了垦殖农的负担。而纳粹意识形态上对于垦殖农血缘的审查也使许多有垦殖意愿的人望而怯步。因此,从 1933 年到 1940 年,一共建立了不到 2.2万座新的农民垦殖农场,总面积为 362 442 公顷。②这远未达到魏玛共和国时期的水平。

纳粹统治时期农业的总体生产情况,根据政府农业政策在不同时期的侧重点,在欧战爆发前呈现两个阶段。1933—1936 年为第一阶段。该阶段农产品生产有了提升,自给率从 1930 年的 70% 上升到 1934 年的 81%,1936 年达到了 84%。③这时不仅贯彻了达雷的农业意识形态中关于市场秩序的理念,而且实施了显著的利息和税收管理等方面的优惠政策。1937—1939 年为第二阶段。从 1936 年的第二个四年计划开始,纳粹政府基本上淡化了意识形态方面的追求,经济目标成了农业生产的主要内容。这一追求取得了一定的成效。1938 年农业生产比十年前上升了 20%,比 1935/36年上升了 10%。1939 年收入盈余达到纳粹统治时期的最高点,为 35 亿马克。④整个 30 年代,德国人口增加了 200 万,1939 年粮食自给率依然维持在83%。⑤尽管直至 1939 年底,德国还是一个粮食进口国,尤其在脂肪类和饲料作物上,但是通过一系列的政策扶持和资金投入,全国的农业生产有了一

① J. E. Farquharson, *The Plough and Swastika*, *the NSDAP and Agriculture in Germany 1928 - 45*. p. 147

② Adelheid von Saldern, *Mittelstand im "Dritten Reich"*: *Handwerker, Einzelhändler, Bauern*. S. 79.

③ Claudia Frank, *Der Reichsnaehrstand und seine Ursprünge*. Hamburg: Dissertation, 1988, S. 201.

④ Adelheid von Saldern, *Mittelstand im "Dritten Reich"*: *Handwerker, Einzelhändler, Bauern*. S. 114.

⑤ Dieter Petzina, *Autarkiepolitik im Dritten Reich*. *Der nationalsozialistische Vierjahresplan*. Stuttgart: Dt. Verl. -Anstalt, 1968, S. 94.

定的提高。达雷甚至信誓旦旦地表示："在粮食领域,第一次世界大战时的情况不可能再度出现。元首和德意志人民在任何情况下都可以完全信任德国的粮食供应。"[1]然而,就土地所有制结构而言,虽然纳粹党从意识形态出发,鼓励和支持中小农的发展,但是由于农业生产资金的紧张和农业劳动力的持续流失,中小农场的经营更容易陷入困境,而大地产受到的伤害相对较小,因此固有的土地所有制结构并没有得到改变。德国农产品的结构性矛盾也未得到有效改善。饲料作物匮乏,直至战争爆发前仍然有 20％左右的饲料需要进口,[2]这直接制约了饲养业的发展。油料作物也同样存在缺口,1938 年,全国仍然需要进口 150 万吨油料作物,为此须支付 2.31 亿马克。[3]

纳粹党对于农业的重视在其国家预算中得到了充分的体现。农业部的预算从 1934 年到 1939 年大约增长了 620％,而同一时期其他部门平均只增加 170％。其开支从原来的第八位上升到第四位。然而与意识形态上对于农民和农业地位的突出强调形成鲜明对比的是,在 1933—1939 年,全国的农业人口占总人口的比例从 20.8％下降到 18％,从事农林业的人口占全部就业人口的比例则从 28.9％下降到 26.0％。[4]其原因是政府不愿放弃对于军备工业的高额投入,而民众也对社会的工业化发展趋势更感兴趣。

① F. Grundmann, *Agrarpolitik im "Dritten Reich". Anspruch und Wirklichkeit des Reichserbhofgesetzes.* Hamburg: Holfmann und Campe, 1979, S. 102.

② Dieter Grupe, *Die Lebensmittelversorgung Deutschlands seit 1925*, Hannover: Strothe, 1957. 附录

③ Gustavo Corni und Horst Gies, *Brot Butter Kanonen, die Ernaehrungswirtschaft in Deutschland unter der Diktatur Hitlers.* S. 312.

④ David Schoenbaum, *Die braune Revolution, Eine Sozialgeschichte des Dritten Reiches.* S. 206 und S. 223.

第五章　纳粹文教体制

第一节　纳粹宣传思想与手段

纳粹党非常重视宣传攻势和思想灌输。希特勒在 1933 年 9 月，即执政后第一次纽伦堡党代会上，区分了政治革命和意识形态革命的差别。他说："1933 年 1 月 30 日，民族社会主义党获得了国家的政治领导权，到同年 3 月底，外在的纳粹革命已经完成，因为政治权力已经掌控在我们手中。然而，只有那些无力充分理解这场残酷斗争的真正内涵的人，才会认为世界观之间的搏杀也已经结束。如果民族社会主义运动所追求的目标与其他政党一样，那么情况就会如此。对其他政党来说，获取了全国政权，就达到了它们野心的顶峰，也因此证明了自己的存在。然而，意识形态仅仅把获得政权看作是履行使命的第一步。'意识形态'这一词汇本身就包含有一种庄严的声明，要将一切行动建立在一种特殊的基础之上，因此也具有了明确的方向。"[1]纳粹运动的发展与壮大，除德国乃至世界的经济政治形势为其提供了基础和养料外，纳粹党的宣传攻势也起了重要作用。该党利用经济大危机的时机，展开大规模的宣传鼓动，抨击魏玛体制和其他政党的失误，张扬自己的主张和所谓"追求"，甚至不惜招摇撞骗，制造恐慌气氛，最终获得了

---

[1] Jeremy Noakes and Geoffrey Pridham（ed.），*Documents on Nazism*，1919 - 1945，p. 333.

执政机会。希特勒就任总理后，同样需要持续的思想灌输和宣传运动来配合各个领域的"一体化"运动，并巩固纳粹政权。

希特勒和纳粹宣传领袖戈培尔，虽然未对宣传理论作出必要的阐述，然而对如何进行宣传却有一套较为系统的想法。他们的宣传思想成为纳粹当局宣传工作的指导思想。其要点可归纳如下。

第一，宣传是纳粹党全面控制国民的工具和手段。

希特勒强调，宣传是一种手段，一种武器，必须妥为规划，以有效地服务于目的。[①] 1933 年春，戈培尔出任政府国民教育与宣传部长伊始，分别召集全国的报刊、广播和电影界人士开会，公布纳粹当局的宣传政策。他强调，大众传播媒介只能是纳粹党的工具，它们的任务是向民众解释纳粹党的政策和措施，并用纳粹主义思想改造德国人民。他毫不讳言纳粹宣传要使用暴力，声称宣传者的背后应该竖着一把剑。

纳粹党元首代表赫斯在 1935 年 5 月总结思想灌输工作时说："在德国，新思想的影响不仅扩及政治方面，而且扩及整个广义的文化领域，亦即扩及艺术和文学、科学和经济、军队和劳动者、社会和家庭。人民生活的一切方面都受到民族社会主义政策的影响，或受这些影响而改变。"[②]

由于宣传在纳粹体制中被赋予如此重要的功能，因而拨给国民教育与宣传部的预算经费与年俱增：1934 年为 2610 万马克，1935 年为 4080 万马克，1938 年增至 7070 万马克。

第二，纳粹宣传不受科学和事实的束缚。

纳粹主义理论和纳粹政权的政策，大多是违背历史发展趋势的，也就是反科学的，如果纳粹宣传要以科学和事实为依据，必将寸步难行。因此，纳粹领袖们极端蔑视宣传中的客观性。

戈培尔认为，纯客观的东西，不过是躲在学院围墙内的教授们玩弄的雕虫小技，纳粹党的宣传大可不必理睬客观性那一套。他说宣传如同谈恋爱，可以作出任何空头许诺。希特勒强调，纳粹宣传要争取民众，必须掌握打开

---

① Adolf Hitler, *Mein Kampf*. Translated by Ralph Manheim, Boston, 1971, pp. 75 - 76.

② ［苏］德波林主编：《第二次世界大战史（1939—1945 年）》第一卷，上海外国语学院西俄语系俄语教师译，上海译文出版社 1978 年版，第 298 页。

他们心扉的钥匙,这把钥匙"不是无益的客观态度,而是坚决的意志"。①在另一场合,他明确表示:宣传与科学毫不相干,宣传品的思想水平必须适应每项宣传所针对的范围极其有限的特定对象。②如果说希特勒本人还需要某种伪装,不愿说出内心真实意图,他的心腹则一语道破天机。有一次戈林对沙赫特说:"我告诉你,元首要的是 2 乘 2 等于 5。"③

纳粹德国的宣传尽管是反科学的,但为了使人们相信,常常披上"科学"的外衣。这种伪科学性质,在下述小小的例子中充分反映出来。1935 年由于大量进口战略物资引起外汇危机,纳粹当局就利用种族理论劝导人们不要食用进口柠檬,代之以本国出产的大黄叶梗。该年 7 月 28 日《法兰克福报》发表纳粹"科学家"的文章竟然声称:"只有德国土壤(块状土壤)的出产物才能制造德意志人的血液。那种决定德意志人种型的微妙颤动,只有通过这种出产物才能传送到血液中,再从血液中传送到身体和灵魂中去。……让我们用大黄叶梗来补偿我们犯下的食用外国柠檬的罪孽吧!"④

宣传不受科学和事实的束缚就是说谎,纳粹头目颇精于此道。希特勒在《我的奋斗》中曾经表白:如果说谎,就撒弥天大谎,因为弥天大谎往往具有某种可信的力量,民众在大谎和小谎之间更容易成为前者的俘虏。希特勒断言,民众自己时常在小事上说小谎,而不好意思编造大谎。"他们从来未设想杜撰大的谎言,他们认为别人也不可能厚颜无耻地歪曲事实……极其荒唐的谎言往往能够产生效果,甚至在它已经被查明之后。"⑤ 1939 年希特勒发动侵波战争前夕,也曾指示他的下属去制造谎言:"我要为发动战争提出一个宣传上的理由,至于是否合乎情理,那无关紧要。对于胜利者,事后人们是不会追问他以前说的话是真是假。"⑥

希特勒和戈培尔认为,在迎合民众心理的宣传中,不能依靠理智,只能

---

① Adolf Hitler, *Mein Kampf*. Translated by Ralph Manheim, Boston, 1971, p. 283.
② [德]瓦·巴特尔:《法西斯专政时期的德国 1933—1945》,第 132 页。
③ [法]雅克·德拉律:《盖世太保史》,第 122 页。
④ [美]科佩尔·S. 平森:《德国近现代史:它的历史和文化》(全两册),范德一等译,商务印书馆 1987 年版,第 658—659 页。
⑤ Adolf Hitler, *Mein Kampf*. Translated by Ralph Manheim, Boston, 1971, pp. 198 - 199.
⑥ [苏]德波林主编:《第二次世界大战(1939—1945 年)》第一卷,第 299 页。

诉诸情感煽动。希特勒指出：宣传"主要侧重在感情方面，只能在极其有限的程度上才考虑理智……对宣传来说，科学的累赘越少，注意力越是集中在民众的感情方面，宣传的成绩就越大"①。诉诸情感既是针对民众，也要求宣传者本身有"激情"，"只有那些有激情的人才能唤起别人的激情"。戈培尔强调："宣传的目的不是培养崇高的精神……宣传绝不应该是正正当当、规规矩矩、客客气气的，宣传的使命在于保证胜利……"②在煽动情感的宣传中，纳粹党往往使用最具刺激性的词语，同时配合种种在视听感觉上的轰轰烈烈形象，如林立的旗帜、巨大的党徽、统一的制服、如潮的人流、庞大的广场集会和夜间火炬游行等，制造狂热的群体效应。

希特勒强调，从历史上看，大规模的宗教运动和政治运动，都不是理性号召的结果，而是鼓动民众热忱和歇斯底里的产物。狂热是唯一能吸引广大群众的巨大力量，"因为这些群众对迷人的力量往往会作出呼应，而这种迷人的力量来源于对思想的绝对信仰，是与为这种思想进行战斗和保卫这种思想的百折不挠的热情分不开的"③。在希特勒看来，"群众对抽象的思想只有一知半解，所以他们的反应较多表现在感情领域，他们的积极态度和消极态度都扎根在这个领域……"④

要使情感煽动取得成功，必须了解宣传对象的心理。戈培尔告诫他的部下："宣传家必须理解群众心灵深处最隐秘的活动，而不是停留在一般的概括上。"⑤他要求纳粹宣传必须注意到不同对象的心理差异，了解处于不同地区、不同阶层和不同职业的宣传对象内心隐藏的情感、不满、痛苦和向往等，使宣传产生出打动人心的力量。

情感煽动的另一个手段是制造敌人。希特勒在回答党徒赫尔曼·劳施宁（Hermann Rauschning，1887—1982）关于是否要把犹太人杀绝的问题时曾经表示："不，要是没有了他们，我倒还得把他们再制造出来。重要的是，

① ［苏］德波林主编：《第二次世界大战史（1939—1945 年）》第一卷，第 13 页。
② ［苏］德波林主编：《第二次世界大战史（1939—1945 年）》第一卷，第 299 页。
③ Adolf Hitler，*Mein Kampf*. Translated by Ralph Manheim，Boston，1971，p. 317.
④ Adolf Hitler，*Mein Kampf*. Translated by Ralph Manheim，Boston，1971，p. 283.
⑤ 朱庭光主编：《法西斯体制研究》，第 232 页。

必须始终存在一个看得见的反对对象,而不能仅仅是一个抽象的对象。"①
纳粹宣传中的敌人包括马克思主义者和国际资本家,和平主义者和国际主
义者,共济会会员和天主教士,而最主要的是犹太人,德国的一切灾祸和困
难,都被说成是他们的罪过。

第三,纳粹宣传强调要简明和反复。

在纳粹头目的眼里,人民群众"接受能力非常有限,理解力低劣;另一方
面,他们健忘"②。因此,希特勒和戈培尔提出宣传内容要做到简明和多次
重复。他们强调,宣传内容应当永远都只有一正一反,爱或者恨,对或者错,
真或者假,决没有一半对一半错。希特勒反对全面考察问题和深刻分析的
宣传,主张"一切有效的宣传就必须只限于少数的必要方面"③。戈培尔也
主张:"宣传必须简单和反复。从长远看,谁能将问题压缩到最简单的程度,
并有勇气不断重复它们,而不顾知识分子的反对,谁就能在影响舆情中
获胜。"④

纳粹头目认为民众健忘,自然就强调不断强化宣传内容。希特勒说,不
论商业性还是政治性广告,要获得成功,必须做到持久和反复。他认为,在
第一次世界大战中,英国宣传当局以不倦的坚韧精神,反复宣传几个观点,
起先德国民众对之十分厌恶,后来慢慢地由不满转为相信,以致后来促发了
德国 1918 年革命。戈培尔说得更为直截了当:"即使是一个简单的谎言,一
旦你开始说了,就要说到底。"⑤这实际上是在宣扬"谎言重复一千次就会变
成真理"。

第二节　文化控制与宣传机构

纳粹德国的文化控制与宣传机构,分纳粹党和纳粹政府两大系统。

---

① 〔德〕瓦·巴特尔:《法西斯专政时期的德国 1933—1945》,第 135 页。
② Adolf Hitler, *Mein Kampf*. Translated by Ralph Manheim, Boston, 1971, p. 74.
③ Adolf Hitler, *Mein Kampf*. Translated by Ralph Manheim, Boston, 1971, p. 159.
④ Robert Edwin Herzstein, *The War that Hitler Won: The Most Infamous Propaganda Campaign in History*. London: Sage Publications, 1979, p. 31.
⑤ 朱庭光主编:《法西斯体制研究》,第 233 页。

纳粹党的系统,主要是全国宣传指导处(Reichspropagandaleitung)。该机构成立于1928年,1929年起由戈培尔任宣传领袖,总部设在慕尼黑。它出版全国发行的月刊《我们的愿望》和《路》,主要介绍纳粹党的成就、人物、宣传目标和技术等。它还经常向纳粹党的宣传官员提供各种简报、资料、内参(刊登戈培尔即将公开发表的文章)、绝密材料(涉及国内经济、政治形势和战时的前线战局)、指示等。

全国宣传指导处下设文化总办公室和宣讲员事务总办公室等机构。前者负责监视和促进在文化艺术中贯彻纳粹主义精神,公开出版名为《建立民族社会主义党典礼的建议》月刊。后者下分宣讲员处和宣讲资料处。纳粹党的宣讲员分全国、大区、县三级,挑选十分严格,必须是纳粹党的"老战士",又有一定宣传能力,共约近一万人。①

全国宣传指导处从纵、横两条途径控制纳粹党的宣传系统。纵向系统是在各大区设大区宣传办公室,以下为县宣传办公室。它们对各自的上级负责,在本区域范围内开展宣传活动。横向系统,成立各级纳粹主义宣传与人民教育小组,由各分支组织和附属协会的全国、大区和县级代表组成,负责统一各级分支组织和附属协会的宣传口径。

纳粹党独立于全国宣传指导处的另一宣传机构,是以奥托·迪特里希(Otto Dietrich,1897—1952)为首的纳粹党新闻办公室,总部设在慕尼黑,负责发布纳粹党全国性活动的消息,并监视纳粹党系统内所有的机关报刊,包括《人民观察家报》的宣传内容。迪特里希身兼三职:纳粹党新闻领袖、政府国民教育与宣传部新闻司司长、希特勒的新闻发布官。其第三个职务使他能直接了解希特勒的宣传意图而具有独特地位。迪特里希在各大区和县都建立自己的新闻办公室,全面控制当地的党报宣传。1942年这类新闻办公室达到882个。

1934年1月,阿尔弗雷德·罗森贝格被希特勒任命为新设立的纳粹党世界观学习教育监察处处长,负责监管纳粹党党员的思想教育和培训事务。

---

① Robert Edwin Herzstein, *The War that Hitler Won*: *The Most Infamous Propaganda Campaign in History*. p. 144.

他主持的机构被称为"罗森贝格办公室"（Amt Rosenberg，简称 ARo），归入纳粹党中央领导机构系列，成为该党又一个实施思想控制的机构。早在 1929 年，罗森贝格组建过"德意志文化战斗同盟"（Kampfbund für deusche Kultur），它的宗旨是宣扬希特勒的德意志文化思想，鼓吹种族原则是人类生存的基础，强调雅利安人创造了全部人类文化，煽动在文化领域排除犹太人的影响。该同盟原先属民间文化团体性质，1937 年 7 月希特勒下达指示，授权它负责倡导复兴"德意志文化"，从此成为罗森贝格控制文化活动的工具。

　　政府系统的国民教育与宣传部，成立于 1933 年 3 月，由戈培尔任部长。在政府系统设立该部，是纳粹党一贯的想法，但遭到不少人的反对。在 1932 年的组阁谈判中，曾经多次涉及这个问题。1933 年 3 月 5 日国会大选结束后，纳粹党借着选举获胜的余威，再次向内阁施压，强使它于 3 月 13 日批准关于建立国民教育与宣传部的政令。该部作为一个新设立的机构，一方面反映了纳粹当局对宣传工作的重视，另一方面也必定会从其他现有部门中"蚕食"各种职责：其对外宣传的职责分割自外交部；监管出版、广播和文化活动的职责来自内政部；监管旅游业的职责来自交通部。戈培尔自豪地声称，该部的设立是一个革命性的步骤，它代表"政府与人民之间形成了一种新的结合"。同年 3 月 15 日，他在一次演说中诠释了该部所追求的目标："首先，所有的宣传手段和通过国家鼓动民众的所有机构，都必须集中在一起；其次，必须将现代的情感融入到宣传技巧中，使宣传能与时俱进。技术手段不能脱离国家的控制，国家必须与技术同行。我们需要最先进的东西。在我们生活的时代，政策需要得到民众的广泛支持……国家宣传的重要任务就是把复杂的事情简单化，让街道上的每一个人都能理解。"①然而，戈培尔作为一个博士学位获得者，对政府机构中设立以"宣传"命名的部，还是感到不妥，于是在 1934 年 5 月，试图将它改名为"文化"部，但遭到希特勒反对。②该部的官员和工作人员大多来自纳粹党的宣传指导处，起初设有 7

---

① Jeremy Noakes and Geoffrey Pridham (ed.), *Documents on Nazism，1919−1945*. pp. 333−334.
② Ansgar Diller, *Rundfunkpolitik im Dritten Reich*. Stuttgart: Deutsche Verlags-Anstalt, 1980, S. 127.

个司：预算与管理、宣传、广播、新闻、电影、戏剧、民众教化。以后又增设了音乐、艺术、文学等司，到 1941 年发展到 17 个司。但此后又作了合并调整。各司下设若干处。例如，宣传司下设集会、展览、同党的宣传组织联络、同党的领袖联络、同地方宣传组织联络、文化政治、大众传媒审查、种族政策、社会措施等处。国民教育与宣传部对文化界的知识分子头面人物，均立有专案，其中附有详细的调查材料，包括有关他们对纳粹制度态度的告密材料。该部雇员从 1933 年的 350 人，增至 1941 年的 1900 人。每月 18 日油印出版内部简报，供部级官员了解部内工作进展与要求、人事和组织等情况。

国民教育与宣传部的地方机构为地方宣传办公室，1933 年 7 月初设立时总数为 31 个，1937 年经过调整，扩充为 42 个。一般设在纳粹党的大区一级。地方宣传办公室分设行政、宣传、新闻、文化等处。1941 年全国各地方宣传办公室的雇员共计 1400 人，财政预算 1000 万马克。[①]地方宣传办公室负责收集本地区的民情资料，以"报告"和"行动报告"两种形式上呈国民教育与宣传部。两种报告的区别在于后者进一步提出相应的对策和行动建议。地方宣传办公室的负责人经常去柏林，听取戈培尔的宣传指示和纳粹高层领导人的政治、军事、经济等形势报告，作为在本地区开展宣传活动的依据。

1933 年 9 月 22 日，政府在一手控制下，成立了半官方的文化控制机构"全国文化总会"（Reichskulturkammer），由戈培尔亲自任会长。全国文化总会得到政府充分的财政资助。总会下辖文学、音乐、电影、戏剧、广播、美术、新闻七个协会。[②]各协会的会长由国民教育与宣传部的高级官员或亲纳粹的文化人担任，协会的具体事务，尤其是政治导向问题，由国民教育与宣传部的相关司监管（如文学协会就由文学司监管，其他以此类推）。据总会章程称，总会的目的是"推行德意志文化政策，必须使各方面的创造性艺术家都集合在国家领导的 个统一的组织中，不仅必须由国家决定思想方面和精神方面的发展路线，而且还必须由国家领导和组织各种专业"，以保证

① Robert Edwin Herzstein, *The War that Hitler Won：The Most Infamous Propaganda Campaign in History*. p. 134.

② Walther Hofer, *Der Nationalsozialismus Dokumente 1933－1945*. S. 95.

所有的文化活动都符合纳粹主义思想。章程规定,只有具备雅利安血统并在政治上同国家保持一致的人,才能参加总会所属的协会,只有会员才能从事文化工作,包括"生产、复制、在思想上或技术上加工、传播、保护、推销以及协助推销文化财富"的工作。总会及其下属协会的决议和指示,对会员具有法律效力。不参加或者被开除出有关协会,就等于被禁止从业,这些人不能演出,不能发表作品,得不到购买油彩的票证。① 1939 年总会共有成员6.5万人。全国文化总会是纳粹政权控制文化领域的有力工具。

在实际运作过程中,纳粹时期"人治"的特征在宣传文化领域也表现得很明显。一方面,纳粹党的管理系统和政府的管理系统很难截然分开,如戈培尔作为纳粹党的宣传领袖,兼任政府国民教育与宣传部长,同时还担任半官方的全国文化总会会长。另一方面,希特勒为了巩固自己的独裁统治,在这一领域也实施"分而治之",造成政出多头的现象。戈培尔尽管身兼党政数职,但并不是宣传文化领域的独裁者。罗森贝格领导的上述机构,就构成对戈培尔的分权。1934 年 2 月希特勒任命奥托·迪特里希担任纳粹党的全国新闻领袖,构成更大的分权。尤其是 1938 年戈培尔同捷克女演员的艳事曝光后,希特勒再次任命迪特里希担任国民教育与宣传部国务秘书,分权现象更为明显。另外,长期担任纳粹党中央出版社社长的马克斯·阿曼(Max Amann,1891—1957),同希特勒有着良好的私人关系,自 1933 年起兼任全国新闻协会主席和纳粹党全国报刊负责人,也对戈培尔构成很大的制约作用。

纳粹当局特别重视对新闻报刊系统的控制。希特勒早在《我的奋斗》一书中就说过,报刊是政治宣传工具中最有效的一种。1933 年 10 月 4 日,政府颁布《报刊法》(*Schriftleitergesetz*),规定新闻业是一种受法律管理的"公共职业",只有符合下列条件的人才能担任编辑:具有德国公民身份;没有丧失公民权和在公共机构任职的资格;属于雅利安血统,配偶不是犹太人;年满 21 岁;能胜任公职;受过专业训练;有能力对公众需求施展影响。同时,法令还明确规定编辑们"要使报刊上不得有任何误导群众、假公济私、可能

---

① Jeremy Noakes and Geoffrey Pridham (ed.), *Documents on Nazism*, *1919 - 1945*. pp. 338 - 339.

削弱德国的外在或内在力量、德国人民的共同意志、德国的国防和其他文化与经济……或者有损德国荣誉和尊严的东西"①。

政府直接主持新闻发布工作，从源头上把握住宣传口径。德国自1917年开始就实行由政府举行新闻发布会的做法，在魏玛共和国时期，这一做法得到延续。1933年3月，随着国民教育与宣传部的设立，这项工作就由该部的新闻司主持，并很快改变新闻发布会的内涵，从提供官方新闻演变成为各种报刊确定宣传口径，通过"语言训令"和"每日指示"等形式向各报社发布每日的宣传口号和内容。据《法兰克福报》长期出席新闻发布会的人士弗立茨·赛恩格(Fritz Sänger,1901—1984)回忆，希特勒执政初期，新闻发布会在每个工作日的中午12时举行，而在战争时期，则增加了第二次会议，一般在下午5时举行，有时则更晚，甚至迟至第二天凌晨。在规定时间以外的会议时间，一般通过电话或电报通知。②对偏远地区，则用电报或信件发出相应指令。各报社必须根据这些指示，取舍新闻消息，拟定标题内容，撰写有关社论。当局还着手归并通讯社，以便于加强控制。1934年，原大陆电讯社和联合电讯社合并成德意志通讯社(Deutsches Nachrichtenbüro,缩写DNB)，作为国民教育与宣传部属下唯一的官方通讯社和德国报刊与广播电台的主要新闻来源。

在当局的压力下，自由主义报纸《伏斯日报》在连续发行230年后，于1934年4月1日停刊。1936年底，试图保持一定独立性的《柏林日报》闭馆。自由主义报刊《法兰克福报》和《德意志周刊》，由于具有较大的国际影响，才得以幸存，但其独立性日益缩小。与此同时，纳粹党所拥有或控制的报刊数量却急剧增加。马克斯·阿曼曾在纽伦堡法庭上供认：纳粹党当政后，许多像乌尔施坦因出版公司那样由犹太财团或与纳粹党敌对的政治、宗教财团所拥有或控制的出版公司，都被迫把他们的报刊或资产出卖给纳粹党的埃耶出版社(Eher-Verlag)。埃耶出版社扩展成为德国报刊出版业的垄断者。1933年，纳粹党拥有120种报刊，而全国报刊的种类繁多，纳粹党

① Jeremy Noakes and Geoffrey Pridham (ed.), *Documents on Nazism*, 1919-1945. pp. 336-338.
② Jeremy Noakes and Geoffrey Pridham (ed.), *Documents on Nazism*, 1919-1945. p. 334.

的报刊仅占其中的 2.5％。然而到了 1944 年,其他的报刊陆续消失,全国仅剩 977 份报纸,而纳粹党的报刊不断增加,仅马克斯·阿曼控制的报纸就占到全国报纸总数的 82％。①

　　新闻出版领域的一个重要控制环节是车站售书摊,那些地方的人流量大,报刊读物的销售量高,容易出现违规出售外国报刊的现象。当局专门成立了全国车站售书摊协会,作为全国新闻协会的下属机构。按照当局的规定,车站售书摊的第一职责是传播德意志思想,如果出现违规出售外国报刊的情况,摊主将被开除出全国车站售书摊协会,车站也必须立即废除出租摊位的合同。②

　　德国的广播业本来就由国家垄断。1925—1926 年成立的德国广播公司,51％的股份属国家所有,政府设有广播专员掌管其事。魏玛时期广播节目的内容,一般由各广播台自行决定,但按规定不能用于政党的政治宣传。当时,联邦政府通过邮政部拥有广播业的部分经济控制权,通过内政部拥有部分政治控制权。纳粹当局非常重视广播的宣传功能。戈培尔认为,19 世纪是报刊的世纪,20 世纪则是无线传播的世纪,广播已经成了社会的第八权力。他声称,广播是最现代化的工具,能够有效地影响民众,“我相信广播将最终取代报纸”③。1933 年 1 月 30 日希特勒就任总理那天,纳粹党人威廉·弗里克利用自己担任的内政部长职务,通知全国和各州的广播专员,要求各个广播电台都要播放庆祝“民族团结政府”诞生的火炬游行盛况。然而就在当天晚上,巴伐利亚州的广播节目被临时切断,因为州政府认为,这样的节目涉嫌用于政党的政治目的。戈培尔对此大为恼火,决心要尽快抢占广播业的垄断权。开始时,他曾经受到戈林的阻挠,后者利用自己担任普鲁士州内政部长的职务,控制了州内的广播电台。其他各州也纷纷效仿。在戈培尔的劝说下,希特勒于 1933 年 6 月 30 日颁布政令,明确将全国广播业

① Robert Edwin Herzstein, *The War that Hitler Won*: *The Most Infamous Propaganda Campaign in History*. p. 171.
② Jeremy Noakes and Geoffrey Pridham (ed.), *Documents on Nazism*, *1919 - 1945*. pp. 339 - 340.
③ J. Noakes and G. Pridham, *Nazism*, *1919 - 1945*: *A Documentary Reader*. Vol. 2: *State*, *Economy and Society*, *1933 - 39*. p. 385.

的控制权授予国民教育与宣传部。1934 年 4 月 1 日，全国的广播业合并成"全国广播公司"，隶属于国民教育与宣传部第三司，各州的广播电台以"国家广播站"的名称成为该公司的分支机构。此后，广播的内容越来越统一，各地的广播电台实际上成为全国广播电台的转播台。

广播宣传的另一端为收听方。希特勒政府从 1933 年起就加紧生产收音机。当时设计了两种型号，一种型号的售价为 75 马克，另一种型号被定名为"大众收音机"（Volksempfänger），售价仅为 35 马克，但接收不到外国的广播节目，深受政府的青睐。仅 1933 年一年，德国收音机的产量就达到150 万台。到 1939 年，全国的收音机总数达到 1082 万台，拥有收音机的家庭比例高达 70％，为 1932 年的 3 倍，在全世界处于最高水平。[①]对一时还得不到收音机的家庭，则采取在公共场所放送广播节目的办法。一时间，工厂、学校、办公室、咖啡馆等地都响起了纳粹的宣传声波。戈培尔很快发现集体收听广播节目的效果能超过家庭收听，具有一种类似群众集会的效用。他强调，民族社会主义者把广播列入"每日活动的中心；他们有意识地使广播具有倾向性，使它积极地、无条件地为新政权服务"[②]。于是，集体收听有线广播的办法被越来越多地使用。1934 年 3 月 16 日，美因河畔法兰克福附近的新伊森堡（Neu-Isenburg）地方报纸曾刊出这样的公告："注意！元首将发表广播讲话。3 月 21 日星期三，元首将从中午 11 时至 11 时 50 分，向全国各地的广播站发表演讲。根据大区党部的规定，地区党部已经命令所有的工厂、百货公司、办公处、商店、酒馆和街区，都要在这一时间之前安装好高音喇叭，以便让所有的劳动者和民族同志都能充分参与到这一聆听活动中去。地区党部希望民众不折不扣地执行这一命令，让元首的愿望渗入每一位民众的心里。"[③]为了改善集体收听的效果，纳粹当局不惜花费巨资实施技术改造。1938 年夏天，布雷斯劳城竖起了第一根大型"声柱"，以后其

---

① J. Noakes and G. Pridham，*Nazism*，*1919 - 1945*：*A Documentary Reader*. *Vol*. *2*：*State*，*Economy and Society*，*1933 -39*. 1984，p. 386.

② ［联邦德国］卡尔·迪特利希·埃尔德曼：《德意志史·第四卷：世界大战时期（1914—1950）》（上册），第 507 页。

③ J. Noakes and G. Pridham，*Nazism*，*1919 - 1945*：*A Documentary Reader*. *Vol*. *2*：*State*，*Economy and Society*，*1933 -39*. p. 386.

他地方纷纷仿效,全国很快出现了数以千计的"声柱"。国民教育与宣传部官员将这些"声柱"称作"动员民众的直接与快速通道"。①对于来自国外的广播,尤其是反法西斯的报道,当局采取严格的隔离措施,设立大量干扰电台,以严刑威胁,禁止民众收听。

电影作为一种新颖的传播媒介,受到纳粹当局的高度重视。1934 年 6 月 16 日,成立了"国家教育电影中心"(Reichstelle für den Unterrichtsfilm)②,负责监控和分配教育电影给电影院和学校。1940 年,该中心改名为"国家科学与教育电影及映画中心"(Reichsanstalt für Film und Bild in Wissenschaft und Unterricht,缩写 RWU),隶属于教育部,主管电影、幻灯片以及留声机在教学中的应用。教育部的公告解释说:"幻灯片和可视设备的运用将解放灵魂,唤起最深层的鲜活的精神力量,为我们准备一个崭新的完整生活图景。"③该电影中心在各地设有分中心,截至 1943 年,各地共建有大区(省级)分中心 37 所,分区(市县级)中心超过 1200 所。分中心的管理部门负责获取影片,安排分配放映,并提供相关图书资料和设备,偶尔也会自己制作一些反映当地风土人情的电影和幻灯片。进行电化教学的教师,首先要在这些中心里接受指导。在使用电化教具的学校里,每个孩子每年支付 80 芬尼,个别特殊情况可以免除,大学和商校的学生则每学期支付 1 马克。这笔资金的 10% 用于地方电影院的维持,50% 用于电影设备的添置和电影的制作,其余用于该电影中心的日常运作。④ 以后在戈培尔的推动下,纳粹党也设立了相对独立的"大区与分区电影中心"(Gaufilmstellen und Kreisfilmstellen),试图以此摆脱电影中心归政府管辖的局面。然而事实上,这两类中心的工作常常是相互配合进行的,只是稍有分工,党的电影中心负责放映政治电影,而政府的电影中心则负责放映教育电影。

从 1934 年 6 月 22 日起,政治宣传电影也开始在学校里放映。贝恩哈

---

① J. Sywottek, *Mobilmachung für den Totalen Krieg*. Cologne: Fischer Taschenbuch Verlag, 1976, S. 31.

② David Welch, *Nazi Propaganda: The Power and the Limitations*. London: Croom Helm Barnes & Noble Books, 1983, p. 66.

③ Claudia Koonz, *The Nazi conscience*. Cambridge, Mass.: Belknap Press, 2003, p. 152.

④ David Welch, *Nazi Propaganda: The Power and the Limitations*. p. 68.

德·鲁斯特解释说："德国的领导人认为,学校必须对我们的意识形态宣传开放,开展这一任务,最好的方式莫过于电影。电影对学龄儿童尤其重要。电影教育不仅能澄清当代的政治问题,而且将为孩子们提供一个关于德意志英雄的历史故事,使其深刻理解第三帝国的未来发展。"①据当时规定,教育电影可以在学校里任何需要的时候放映,而政治电影则每个月放一次,但一年必须至少放四次。放映政治电影之前,必须先上一些预备课程,使学生容易理解政治宣传的内容。放映之后还要进行考试,以加强对主要内容的记忆。②

　　在校外,戈培尔在希特勒青年团的配合下,设立了"青年电影时间"(Jugendfilmstunden)制度。希特勒青年团成员只需交纳 15 芬尼的会费,就可以在固定时间进入电影院看电影。这一活动起始于 1934 年 4 月 20 日。初时每月放映一次,不定期放映。1936 年改为每周一次,周日放映。1937年在汉堡召开的首届希特勒青年团电影大会上,有人提出一个等级积分制度(Prädikate)的设想。它要求将所放映的电影按照政治标准划分等级,电影院能根据放映政治电影的情况依等级积分获得奖励。1938 年,这一制度正式为政府采纳,同时也成为学校选择影片的重要参考。为了保证农村地区也能看到电影,纳粹党还组织了 1500 支流动电影放映队。据调查,1933年,14—18 岁青年中,16.6％每周看 1 次电影,48.9％每月 1 次,34.5％一年只去过电影院 9 次或更少。1943 年的另一份调查则显示,10—17 岁的 686名男孩和 1200 名女孩中,22.05％每周看 1 次电影,71.73％每月 1 次,只有6.22％的人一年少于 9 次。③

　　纳粹当局非常注意利用反馈渠道掌握民众的心理和对纳粹宣传的反应,以便及时调整宣传重点,改善宣传手法。其利用的反馈渠道主要包括:国民教育与宣传部宣传司的报告、42 个地方宣传办公室的报告、各级纳粹党组织的宣传机构的报告、党卫队保安处的《全国简报》。在这些反馈渠道中,最重要的是《全国简报》。该简报作为绝密材料,每星期两次分发给为数

---

① David Welch, *Nazi Propaganda : The Power and the Limitations*. p. 69.
② David Welch, *Nazi Propaganda : The Power and the Limitations*. pp. 70 - 71.
③ David Welch, *Nazi Propaganda : The Power and the Limitations*. p. 78.

不多的纳粹高级官员参阅。为了保证报告能反馈真实情况,这些由各地保安处人员提供的原始材料编成的文件,一般不加分析。该简报对民众动态的反映惊人地坦白,以致后来戈培尔、鲍曼和希姆莱等人担心会产生不良影响。通过各种反馈渠道,戈培尔等纳粹头目一定程度上掌握了民众的心理状态,作为下一步宣传工作的依据之一。当然,这些信息也会成为监控镇压机构迫害民众的情报。

第三节　文化荒漠

魏玛共和国时期的文化事业曾经呈现相当繁荣的局面,柏林第一次能以欧洲文化都城的地位同巴黎和伦敦媲美。各种思潮和艺术流派在德国竞相登台表演。德国文化接受外来文化的影响,同时又对外国产生反作用,形成德国历史上不多见的文化交融。纳粹党上台执政后,以纳粹主义的"世界观"和政治需要进行控制和摧残,魏玛时期德国文化的光辉立即黯然失色。希特勒就任总理不久,普鲁士艺术研究院的成员们就被要求签署一项声明,保证自己在"已经改变了的历史形势下",不从事公开反对政府的活动。[①]戈培尔曾经强调,纳粹事业千秋大业,务必先剔除"陈腐"[②],把破坏现存文化放在第一位。此外,就整体而言,纳粹领导集团的文化素养很低,对文化建设兴趣甚少。纳粹统治时期德国文化遂一落千丈,形成"文化荒漠"。

1933 年 3 月初,在纳粹主义思想的影响下,一些大学生组织和希特勒青年团,开始自发地准备焚烧"非德意志文化"的书籍。5 月 10 日晚,这场闹剧终于正式开幕。在柏林洪堡大学对面的广场上,两万册书籍被扔进熊熊烈焰,冲锋队和党卫队的乐队在一旁演奏进行曲和德意志民族音乐助威。趁此机会,戈培尔向学生们发表讲话,他的声音还通过电波传向全国各地:"学生们,全国的先生们女士们:极端的犹太理智主义的时代已经结束,德意志革命已经成功地深入到德意志精神的领域……你们正在将过时的罪恶精

---

① Jeremy Noakes and Geoffrey Pridham (ed.)，*Documents on Nazism*，1919–1945. p. 342.

② [德]恩斯特·约翰、耶尔格·容克尔:《德意志近百年文化史》,史卓毅译,陕西人民出版社 1986 年版,第 115 页。

神推进熊熊烈焰。这是一个伟大、有力、具有象征意义的行动,它向全世界证明,十一月共和国①的精神基础已被摧毁……在这些灰烬中,将升腾起新的精神体系的火凤凰……过时的精神正在被焚毁,新的精神将伴随着烈火在我们的心中升起……我们在烈火前的誓词是:国家、民族和我们的元首阿道夫·希特勒,万岁! 万岁! 万岁!"②九名学生代表把九个领域的著作扔进大火,并朗诵般地发出控诉。其他的大学城也纷纷安排"焚书日"。按一份大学生宣言称,被焚的对象是"对我们的前途起着破坏作用的,或者打击德意志思想、德国家庭和我国人民的动力的根基的"一切书籍。希特勒政府不仅以 1933 年 2 月 4 日的《关于保护德国人民的总统法令》为依据,声称按照法令规定,警察有权没收其内容可能危及公共秩序的出版物,③以此为焚书行为作辩护,而且还大肆鼓动,把焚书称颂为一项"反非德意志精神的行动"④。

被焚书籍的范围,按照当时的规定,以焚书的目的为导向,包括以下内容。

1. 反对阶级斗争和唯物主义,巩固民族共同体和理想主义境界。〔被焚书籍作者〕马克思(Marx),考茨基(Kautsky)。

2. 反对颓废和道德堕落,在家庭和国家中强调纪律和伦理。〔被焚书籍作者〕亨利希·曼(Heinrich Mann),恩斯特·格莱泽(Ernst Glaeser),埃里希·凯斯特纳(Erich Kästner)。

3. 反对思想流氓(Gesinnungslumperei)和政治变节者,提倡奉献于国家和人民。〔被焚书籍作者〕弗里德里希·威廉·弗尔斯特(Friedrich Willhelm Förster)。

4. 反对过度夸大人类的动物特性,提升人类精神的高贵性。〔被焚书籍作者〕弗洛伊德学派,《蜡制面像》(Imago)杂志。

---

① 指魏玛共和国。

② Jeremy Noakes and Geoffrey Pridham (ed.), *Documents on Nazism*, *1919 - 1945*. pp. 344 - 345.

③ J. Noakes and G. Pridham, *Nazism*, *1919 - 1945*: *A Documentary Reader*. *Vol. 2*: *State*, *Economy and Society*, *1933 - 39*. p. 403.

④ 米尚志编译:《动荡中的繁荣——魏玛时期德国文化》,浙江人民出版社 1988 年版,第 287 页。

5. 反对歪曲德国历史并贬损其英雄人物,提倡敬畏历史和先人。〔被焚书籍作者〕埃米尔·路德维希(Emil Ludwig),维尔纳·黑格曼(Werner Hegemann)。

6. 反对带有民主—犹太印记的孤独的新闻从业者,提倡积极地加入到民族复兴的事业中去。〔被焚书籍作者〕特奥多尔·沃尔夫(Theodor Wolff),格奥尔格·贝恩哈德(Georg Bernhard)。

7. 反对以文学形式贬损第一次世界大战的兵士,加强对国民实施军事精神的教育。〔被焚书籍作者〕E. M. 雷马克(E. M. Remarque)

8. 反对刚愎地毁损德意志语言,保护好我们民族最珍贵的遗产。〔被焚书籍作者〕阿尔弗雷德·克尔(Alfred Kerr)。

9. 反对自大和专横,尊崇不朽的德意志民族精神。〔被焚书籍作者〕图霍尔斯基(Tucholsky),奥西茨基(Ossietsky)。[1]

纳粹当局有计划地迫害和驱逐所谓“制造和传播非德意志精神”的文化人。1933 年 8 月,政府公布第一批被革除国籍、成为不受法律保护者的名单,揭开了这一行动的序幕。1934 年 3 月和 11 月,又公布第二、三批名单。至 1936 年底,共公布七批名单,近 300 名文化人被迫流亡。1937 年起,纳粹当局进一步加快迫害的步伐。到 1938 年底,共有 84 批、约 5000 名科学文化人士被迫流亡。他们当中包括爱因斯坦(Albert Einstein,1879—1955)、海因里希·曼(Heinrich Mann,旧译亨利希·曼,1871—1950)和托马斯·曼(Thomas Mann,1875—1955)、瓦尔特·格罗皮乌斯(Walther Gropius,1883—1969)、米斯·范德尔罗厄(Mies van der Rohe,1886—1969)、凯绥·珂勒惠支(Käthe Kollwitz,1867—1945)、库特·图霍尔斯基、赫尔穆特·冯·格拉赫(Hellmut von Gerlach,1866—1935)、奥托·韦尔斯、弗里德里希·沃尔夫、贝托尔特·布莱希特(Bertolt Brecht,1898—1956)、希勒和瓦尔特·梅林(Walter Mehring,1896—1981)等。这对德国文化的损害更加深刻。盖世太保直接介入了禁书和迫害文化人的行动。据 1937 年 2 月 15

---

[1] J. Noakes and G. Pridham, *Nazism, 1919 - 1945：A Documentary Reader. Vol. 2：State, Economy and Society, 1933 - 39.* p. 402.

日杜塞尔多夫盖世太保办公室的一份报告称，从 1936 年 9 月 8 日至 11 月 14 日，区内有 38 名盖世太保成员参加了禁书行动，他们搜查了全区 898 家书店中的 2/3，共没收 37 040 册书籍。①

随着纳粹专制统治的日益加强，禁书的范围也越来越大。1938 年 12 月 31 日，当局集中采取了一次禁书行动，据行动报告称，被没收的书籍涉及 18 个类别。除此前早已明确列入的如德文版马克思主义文学作品（占 27％）、境外反对纳粹主义和第三帝国的作品（占 11％）、具有和平—自由倾向的作品外，还增加了不少类别，如：基督教营垒内反对纳粹主义意识形态和极权国家野心的文学作品；将会对纳粹主义"基本价值"造成"损害"和"歪曲"的德语文学作品；批评纳粹政府立法程序的作品；歌颂恩斯特·罗姆和奥托·施特拉瑟周围"叛国者"的作品；"反动民族主义（即君主主义）文学"作品；不利于外交政策的作品；有损德国军事防卫能力的作品；涉嫌削弱种族实力（鼓吹生育控制）的作品；任何种类的犹太人作品。②

文学领域受到的摧残更为严重。20 年代兴起的文学现代主义流派，如"马路文学"，被当作"文学布尔什维主义"遭到禁止，还包括如 1929 年获诺贝尔文学奖的托马斯·曼等具有传统精神的作品。纳粹德国文学协会在魏玛城定期举行"作家集会"，向作家们提出新的写作任务，即"鼓舞"民众投身于德意志"民族"的事业，推崇"血统与乡土"的种族主义偶像，标榜"人民"与"战斗"文学的写作范例。在纳粹德国，每部文学作品或剧本都必须先送交国民教育与宣传部审查，经它认可后才能出版或上演。当局还通过全国文学协会，向全国发布一项对"有害和不受欢迎的文学作品"的秘密禁令，文后附上了禁书目录。在种种压力之下，一部分作家流亡国外，失去自己的语言区，另一些则实行"内心流亡"，即拒绝写作，或继续按自己的意愿写作而不出版。德国著名的表现主义诗人戈特弗里德·贝恩（Gottfried Benn，1886—1956），在希特勒执政之初曾经颂扬纳粹国家具有很高的行政效率，

---

① J. Noakes and G. Pridham，*Nazism*，*1919 – 1945*：*A Documentary Reader*．*Vol*．*2*：*State*，*Economy and Society*，*1933 – 39*．p．404.
② J. Noakes and G. Pridham，*Nazism*，*1919 – 1945*：*A Documentary Reader*．*Vol*．*2*：*State*，*Economy and Society*，*1933 – 39*．p．405.

声称"完全拥护新国家,因为在这里开拓了自己道路的是我们的民族"①。
当他在 1933 年底认清自己的迷误时,即被纳粹当局当作"蜕化分子"加以贬
斥。他被迫于 1935 年以曾经当过的军医官身份入伍,实行"体面的流亡"。
然而到 1938 年,他还是被全国文学协会公开除名并禁止写作。为了排斥西
方民主国家的文化"渗透",并催生纳粹主义的文化作品,纳粹政府于 1937
年禁止德国人接受诺贝尔奖,并先后设立了自己的奖项。1935 年,科学、教
育与国民教育部借 5 月 9 日席勒逝世 130 周年的机会,设立了"席勒奖",准
备表彰以"民族社会主义精神"写作的德国剧作家。然而,由于当时距离纳
粹统治完全确立的时间还不长,评选委员会竟然挑不出既符合这一政治标
准,在艺术上又不至于太丢脸的作品,只得宣布获奖者空缺。② 1937 年,当
局又设立了"德国国家艺术及科学奖"③。

　　魏玛时期的德国电影曾以新颖和独创闻名于世,但希特勒和戈培尔认
为它们浸透了"犹太人思想"。纳粹党在电影界清除所谓"犹太人影响",强
使电影业"脱出自由主义的营利思想的范围……使它能够接受在民族社会
主义国家里必须履行的那些任务"。电影业暂时仍然维持以私人电影公司
为主的局面,但都被置于国民教育与宣传部电影司和全国电影协会的严格
控制之下。戈培尔对电影的选题、演员、导演、剧本都握有生杀大权。每部
新影片公映前,都要在戈培尔的家中放映,由他审片。欧洲战争爆发后,戈
培尔把全国所有制片厂和发行单位都并入纳粹分子掌握的"宇宙电影公司"
(Universum Film AG),④使其共有 17 个制片厂,从胶片生产到拍摄发行实
现"一条龙"的控制。

　　纳粹德国拍摄的故事片,有 14% 纯属直接为纳粹政治宣传服务的,其
中包括《希特勒青年团员克韦克斯》(*Hitlerjunge Quex*)和《犹太人绥斯》
(*Jud Süß*)等臭名昭著的影片。对于能用以歌颂纳粹政权光辉"成就"的纪

---

① [联邦德国]卡尔·迪特利希·埃尔德曼:《德意志史·第四卷:世界大战时期(1914—1950)》(上
　册),第 502 页。
② J. Wulf, *Literatur und Dichtung im Dritten Reich.*: *Eine Dokumentation.* Frankfurt/M.:
　Gütersloh, 1963, S. 255.
③ [德]恩斯特·约翰·耶尔格·容克尔:《德意志近百年文化史》,第 115 页。
④ 该公司名缩写"乌发"(UFA)。

录片,纳粹当局不惜重金,力争提高拍摄质量。其中最具代表性的是《意志的胜利》(*Triumph des Willens*)和《奥林匹亚》(*Olympia*)两部纪录片,都是由莱妮·里芬斯塔尔(Leni Riefenstahl,1902—2003)导演制作。前者记录了 1934 年纳粹党集会性代表大会的场面,由 120 人组成拍摄组,使用多种摄影手法拍成。后者记录 1936 年柏林奥运会,拍摄完毕后又花了一年半时间从事后期制作,1938 年 4 月 20 日推出作为希特勒生日献礼。这两部影片在拍摄艺术上有所创新,前者在威尼斯电影节和巴黎电影节获得大奖,后者在威尼斯电影节获一等奖,1948 年再次受到国际奥林匹克委员会嘉奖。它们都被纳入纳粹政治宣传的轨道。

纳粹当局还拍摄了大量从事政治宣传的"每周新闻片"。这种片子制作周期短,宣传性强,当局的投资日益增加。1939 年每部新闻片的胶片平均长约 300—400 米,放映约 20 分钟。1943 年片长增至 1000 米,放映时间 35 分钟。拷贝数也从 1939 年平均 700 部,增至 1942 年的 2000 部。[①]这种政治性新闻片一般安排在故事片之前放映。对纳粹宣传日益反感的观众增多,他们便推迟进入影院,只看故事片。戈培尔为此下令各影院禁止迟到者入场。在僻远的农村,一般由纳粹党的电影宣传系统负责放映。纳粹党的电影宣传系统,由全国宣传指导处所属电影办公室领导。在各地设置各种等级的电影宣传办公室,1939 年共约 3.1 万个,所放影片基本上服从政治需要。[②]

在造型艺术方面,魏玛时期德国画坛曾出现表现主义派、抽象派、印象派、新现实派并存的繁荣局面。建筑领域由瓦尔特·格罗皮乌斯创导的包豪斯(Bauhaus)学派,一反 19 世纪后期追求繁缛豪华的风气,大胆使用钢筋、水泥、玻璃等新的建筑材料,强调建筑学家、雕塑家和画家共同协作,建造精确、实用、具有立体布局的高大建筑,以及由大批坐北朝南的平顶楼房组成的大片街区。纳粹党执政后,身为"德意志文化战斗联盟"领袖和"纳粹党文化和世界观教导事务特别代表"的罗森贝格激烈反对现代主义文化,把

---

① Robert Edwin Herzstein,*The War that Hitler Won:The most Infamous Propaganda Campaign in history*. p. 233,268.

② H. W. Koch(ed.),*Aspects of the Third Reich*. London:Macmillan,1985,p. 113.

建筑上的"包豪斯学派"、抽象派绘画、无调性音乐、爵士乐和"马路文学",都斥之为"文化布尔什维主义"加以打击。然而纳粹党内不乏现代主义文化的追随者,在希特勒上台前,不少纳粹头目曾青睐爵士乐,即使在希特勒上台后,纳粹运动内部也有人反对诋毁现代绘画。1933 年 6 月,纳粹大学生联合会在柏林大学讲堂聚会,坚持认为表现主义绘画具有"德意志特有的风格",称这种绘画与抽象的日耳曼装饰艺术及中世纪的表现形式是一脉相承的。他们曾两次试图举办现代主义画展。戈培尔尽管是个谎言大师,但是在艺术方面,却是支持现代主义流派的。他不仅处处与罗森贝格作对,甚至试图从理论上论证现代主义的合理性。他表示,纳粹党人是一群具有现代意识的先进分子,不仅在政治和社会领域如此,而且在精神和艺术领域也是如此,"因为所谓现代的,就是时代精神的代表,对于艺术,它只有一种形式,这便是现代的形式"①。希特勒尽管粗通艺术,但其审美观基本上停留在少年时代的艺术潮流中,并利用独裁体制,凶猛打压现代主义流派。1935 年,他在纳粹党党代会说:"每年都在翻新。一会儿是印象主义,过不了多久便是未来主义、立体主义,当然还有什么达达主义。"他把这一切都称作"有毒的花朵"和"霉菌",是资产阶级颓废精神的具体表现。他号召要以法西斯主义"纯洁、健全的本能"来抵制现代的"艺术败坏者"。面临希特勒的压力,戈培尔随之转向,谴责现代派艺术是附庸风雅,是病态和腐朽的,应该遭到清除。

在希特勒的号召下,由全国美术协会主席阿道夫·齐格勒(Adolf Ziegler,1892—1959)具体组织,纳粹政权发动了一场"清理艺术殿堂"运动,要将所谓有害于民族共同体的"资产阶级颓废艺术"轰出德国社会。全国公私博物馆都遭到"清理",一切处于纳粹标准之外的绘画都被"剔除",其中包括塞尚、凡·高、马蒂斯、高更、毕加索等人的作品。1935 年,纽伦堡作了一次预演,当地纳粹党大区举办了名为"颓废艺术"(Entartete Kunstc)的展览会。1937 年,纳粹政权在全国艺术中心——慕尼黑做了两件大事。一件是"德意志艺术宫"(Haus der Deutschen Kunst)落成,另一件则是开办"颓废

① 赵鑫珊:《希特勒与艺术》,百花文艺出版社 1996 年版,第 76 页。

艺术"展览会,将纳粹党重点打击的五千多件现代主义艺术作品作为"反面教材"拿出来公示。具有讽刺意味的是,由于德国艺术馆地盘较大,观众显得比较空荡,而后一个展会的场地局促,要想进入破败的陈列室必须经过狭窄的楼梯,展品又带有"告别"的性质,因而观众拥挤不堪,"等候入场的人从叽叽嘎嘎作响的楼梯一直列队排到街上"。希特勒在演说中告诫民众:"凡是不能被人了解、得用大量说明才能证明它们有权利存在,并且为那些欣赏那种愚蠢的或者自以为是的无聊货色的神经病者所接受的艺术作品,将不再能公然在德意志民族之前陈列。任何人都不要存幻想!"然而面临络绎不绝的人群,"颓废艺术"展往往几天后就草草收场,以避免继续"放毒"。

"德意志艺术宫"是一座单调的拟古主义建筑,宽达 160 米,被希特勒称为"不仅伟大,而且壮美",说它在建筑艺术上是"无与伦比和无法模仿的"。①落成后的第一个展览会,便是纳粹政权隆重推出的"大德意志艺术展览会",大力张扬纳粹当局所推崇的"现实主义风格"。纳粹主义艺术强调歌颂领袖,诉诸民众,崇尚暴力和"奋斗"精神,把大部分绘画降到宣传画的水平。作为"民众"代表出现的人物,只有共性没有个性。诸如"德意志工人""德意志农民""德意志士兵""德意志家庭"等主题的绘画,都是千篇一律的货色。展会中所陈列的作品,系从 1.5 万幅应征作品中挑选出来,共 900幅,大多是自然主义的风景画、乡土题材、英雄崇拜和学究式古典主义作品。据内行人士称,这些作品都是他们在其他国家从未见到过的"最蹩脚的货色"。

除了绘画,其他领域的现代派也遭到打击。希特勒上台当年,著名的"包豪斯建筑学院"被扣上"文化布尔什维主义"的帽子,被迫解散,大量教师和学生流亡美国和欧洲各国。建筑领域普遍采用希特勒所欣赏的庙堂式、具有希腊式圆柱和罗马式立面的风格。为了同包豪斯学派划清界线,公墓管理部门甚至不敢树立平顶墓碑,生怕沾上"现代主义"的嫌疑。讽刺文学剧团"胡椒磨"被赶出国门。"坟窟"剧团演出的剧目,语言风趣,寓意深刻,深受观众喜爱,但由于经常讥诮时弊,遭警察查禁,主要演员被送进集中营。

---

① Jeremy Noakes and Geoffrey Pridham (ed.), *Documents on Nazism*, 1919–1945, pp. 346–348.

爵士乐遭到禁止,但是由于顾及同西班牙的关系,与之相近的探戈舞和伦巴舞却安然无恙。

在音乐方面,魏玛时期德国曾出现过以《春之祭》为代表的无调性音乐。这些反传统的音乐流派和外国传入的爵士音乐,在纳粹时期都遭到禁止。有幸的是德国人拥有巴赫、贝多芬、莫扎特和勃拉姆斯等大师级音乐人才,古典音乐得到保存。但因不少优秀的音乐演奏家流亡国外,音乐演奏水平下降。同时,实施禁锢使德国音乐传统得不到发展。德国古典戏剧保持了原有的水平,现代戏剧则受到严格控制,水平一落千丈,观众日益减少。

自然科学领域,因纳粹当局否认科学的世界性,大力推崇所谓"德意志科学",竭力排斥"非德意志科学",整个学术水平遭到严重破坏。如前所述,由于现代物理学的创始人爱因斯坦是犹太人,他的学说就被斥责为"犹太民族用来毁灭北欧科学的一种工具"。一些被看作能直接服务于纳粹当局的学科,如种族学、政治教育学、军事学等,出现畸形的发展。生物学、心理学等则按照纳粹理论的需要,大幅度篡改,灌入种族主义的内容。

总之,在纳粹的文化荒漠中,意识形态领域中充斥的只是反人道、反科学、为纳粹主义作注解、为纳粹政策张目的煽动,缺少真正的文化事业。

第四节　纳粹教育思想

希特勒很重视教育,把它提高到以纳粹主义教育后代,使纳粹事业能够持久延续下去的高度。1933 年 11 月 6 日,他在一次讲演中说:"当一个反对者说,'我不会投向你那边的'。我就平静地说,'你的子女已经属于我们了。一个民族是万古长存的。你算什么? 你是要死的。但是,你的后代现在站在新营垒里。在一个短时期后,他们就将不知道别的,而只知道这个新社会。'"①纳粹官员们全盘秉承希特勒的意愿,利用手中的权力,颁布相关政令,为全国的教育事业限定方向。1934 年 12 月 18 日,内政部长弗里克颁布政令,规定"学校的主要任务,是教育青年一代以民族社会主义精神为民族

---

① 转引自朱庭光主编:《法西斯体制研究》,第 245 页。

和国家服务"①。为了实现这一目标,纳粹当局强调国家必须掌握教育全权,不允许任何其他势力插手。希特勒曾于 1937 年 5 月 1 日表示:"这个新国家将不把它的青年交给任何人,而是自己管青年,自己进行教育和抚养。"他甚至强调,纳粹革命的根本问题,"不是夺取政权,而是教育人"②。

纳粹政权要培养什么样的青年一代呢? 希特勒在 1935 年的纳粹党代会上公开宣称,一个德国青年应该"像猎犬那样敏捷,像鞣过的皮革一样坚韧,像克虏伯工厂生产的钢那样经受过锻炼"③。在同其下属赫尔曼·劳希宁的私下谈话中,希特勒讲得更为坦率:纳粹的教育目标是培养出这样一代青年人,"全世界在这代青年的面前都要骇得倒退。我要的是具有强烈主动性、主人气概、不胆却、残忍的青年,在他们身上既不允许有软弱,也不允许有温和。我要从他们的目光里看出骄傲的神色和猛兽般的犷野"④。

纳粹当局认为,培养合格的纳粹接班人,首先要把体格锻炼放在首位。希特勒在《我的奋斗》中表示,青年有了强健的体魄,才能具有唯我独尊的自信心,坚强的毅力和灵敏的决断能力,由此推动"整个民族表现出伟大的意志力",民族就能得到复兴。因此,希特勒强调,"在民族国家中,身体的锻炼既不是个人问题,也不是仅同其父母有关的问题,更不是同社会毫无关联的次要事情",这是保持民族生存的要素,国家必须全力维护。希特勒要求学校增加体育运动的时间,闲暇时间也应组织起来从事体育活动;到了一定的年龄就应学习拳击,因为这项运动"最能鼓舞战斗精神,培养灵敏的决断能力,并使身体运用自如"。出于外交上的考虑,希特勒没有把重视体育锻炼的目的全盘托出。其实,通过加强体育锻炼,提高国民的身体素质,保障国防军有强健的士兵来源,增强侵略扩张的实力,也是一个重要的动机。

纳粹当局的所谓德育,就是纳粹主义的政治教育。主要是强调培养青

---

① Jeremy Noakes and Geoffrey Pridham (ed.), *Documents on Nazism*, *1919 - 1945*. pp. 351 - 352.
② [联邦德国]卡尔·迪特利希·埃尔德曼:《德意志史·第四卷:世界大战时期(1914—1950)》(上册),第 464 页。
③ J. Noakes and G. Pridham, *Nazism, 1919 - 1945: A Documentary Reader. Vol. 2: State, Economy and Society, 1933 - 39*. pp. 416 - 417.
④ [德]瓦·巴特尔:《法西斯专政时期的德国 1933—1945》,第 25 页。

少年忠诚于领袖,具有为实现纳粹主义而奋斗的坚强意志,顽强毅力与责任心,勇猛好斗,不重私利,勇于为纳粹德国牺牲一切。希特勒认为,德国之所以在 1918 年战败,原因就在于国民不能同仇敌忾,奋勇作战,其根源在于教育上的弊端。平时不注重国民性格的训练,致使"国民缺乏意志,积习已深,对于稍有危险性的事情,大都瞻顾不前"。他还认为,由于德国国民不能保持"缄默",和平时期常常任意泄漏工业机密甚至国防机密,战争时期则常常让敌国掌握重大军事情报。因此,"民族国家的教育,应该使德育与体育并重",使青少年绝对忠诚于国家,"为德意志民族争回自由,并恢复昔日的卓越地位"。①

智育在纳粹德国被降低到次要的地位。希特勒认为,在政治家中间,"知识水平越高,其事业上的成就就越小"。在他看来,具有理智的知识分子不能团结一致,缺乏最重要的"意志力"。"不能靠知识分子创造历史;不能把知识分子作为支撑一个社会的成分。"②"只受过普通教育,但体格健全、性格坚强、富于自信心与意志力的国民,要比学识湛深但体质虚弱者对民族共同体更有价值。"③在这一思想的指导下,希特勒要求青年一般到中学毕业即可,同时中小学要大幅度削减知识课程,增加体育锻炼与政治训练的时间。希特勒还要求更改知识课程的内容,如历史课,不求历史知识的系统,主要应强调种族斗争,宣扬德意志历史上的民族英雄,以激发爱国主义热情。

希特勒认为,纳粹教育要注重"天才"的选拔与扶植,"国家的高等教育机关,应尽量对各种天才开放"。同时,不论对"天才"或一般学生,都应注重能力的培养而不是知识。他认为,第一次世界大战前德国的学校只注重灌输知识,忽视实际能力的培养,因此培养出来的人,都是"饱学的懦夫",而非民族"坚毅的壮士"。他要求纳粹教育吸取上述教训,反其道而行之。

希特勒把军队看作是"最高和最后的国民教育",要求以军役作为青年教育的终结阶段。因为在他看来,其一,军队能教会青年使用武器,养成绝

---

① Adolf Hitler, *Mein Kampf*. Translated by Ralph Manheim, Boston,1971,p.178.

② 〔英〕艾伦·布洛克:《大独裁者希特勒(暴政研究)》,第 372 页。

③ Adolf Hitler, *Mein Kampf*. Translated by Ralph Manheim, Boston,1971, pp.166,172.

对服从的军人习惯,具备日后从事战争的能力;①其二,国防军是德国"最具有社会主义性质的组成部分";是对青年展开思想教育的最好场所。希特勒曾在不同场合多次强调,纳粹国家应该"以陆军为榜样",其中可贵的素质是纪律、团结和牺牲。1933 年底,戈培尔在题为《青年和德意志社会主义》的演讲中宣称:"我们的社会主义是继承普鲁士军队和普鲁士官吏传统的社会主义。正是这种社会主义使弗里德里希一世及其掷弹兵能进行七年战争。"②

纳粹德国主管教育的机构很多,其权力范围错综复杂,互有交叉。全国政府原先不设教育部,教育事务由各州政府主管,其他相关事务则由全国内政部兼管。希特勒当政后,利用联邦体制被取消和政府改组的机会,于1934 年 5 月新设全国科学、教育与国民教育部,由纳粹党徒、普鲁士州文教部长伯恩哈德·鲁斯特③兼任部长。1935 年 1 月,又把两个部门合并,成为德国和普鲁士科学、教育与国民教育部(以下简称"教育部"),承担全国教育领域中央主管机关的职责。内政部原有的兼管权全部交给教育部,各州的文教部成为全国教育部的下属机构。全国教育部趁机进一步扩大控制权。1937 年 8 月 20 日,该部宣布掌控全国各高级中学内"参议教师"(Studienrat,高中固定教师的职称)及更高级教师的任命权。1939 年,它又成立"全国考察办公室",负责考察教师的受训事务,从而又增添了一条控制渠道。而全国各学校使用的教科书和教学辅助用具,则由菲利普·布勒主管的纳粹党官方文献审核处负责审查。纳粹德国的社会教育,分别由下述机构和人员主管:负责全国政治教育的纳粹党全国组织领袖罗伯特·莱伊;纳粹党和国家全国青年领袖巴尔杜尔·冯·席拉赫(Baldur von Schirach,1907—1974,此人 1940 年辞去国家青年领袖一职后改为兼任主管青年教育的全国领袖);纳粹党监督整个思想和世界观学习与教育工作的元首特派代

---

① Adolf Hitler, *Mein Kampf*. Translated by Ralph Manheim, Boston, 1971, p. 169.
② [苏]德波林主编:《第二次世界大战(1939—1945 年)》第一卷,第 306 页。
③ 此人原是汉诺威文法中学的教师,在纳粹党内担任汉诺威-南不伦瑞克大区领袖,1933 年 2 月任普鲁士州文教部长,见 J. Noakes and G. Pridham, *Nazism, 1919 - 1945: A Documentary Reader. Vol. 2: State, Economy and Society, 1933 -39*. p. 430。

表阿尔弗雷德·罗森贝格。纳粹党党卫队也插手干预教育事务,特种学校中的民族政治教育学院就全部归它管辖。由于希特勒没有太多的精力和能力具体干预教育事务,鲁斯特又不是一个强势人物,他面临多头干预的局面,往往无奈地选择退缩。因此,多头干预的实际结果,是削弱纳粹当局的干预力度。

第五节　学校教育

学校教育分高等教育和初中等教育两部分,它们在纳粹统治时期都发生了较大的变化。

在第二帝国和魏玛共和国时期,德国高等院校是保守的民族主义堡垒,笼罩着一派反民主的气氛。魏玛共和政府为改变大学的政治空气作了一定的努力。它一方面在科隆和汉堡创办两所新型大学,招聘一批进步和开明的学者前去执教,同时在原有大学中鼓励新兴势力进入学术领域,使一批社会民主党人、犹太人和女性学者走上讲台。但总体来说这些努力成效不大。右翼民族主义教授们人数不多,能量却很大。他们把持了各大学的评议会,以反对大学"政治化"为标榜,抵制和破坏共和政府的干预,极力排斥民主主义的左翼教授。在大学生中,民族复仇主义情绪和种族主义思想也很流行,在魏玛共和国末期,他们对纳粹党的兴趣远远超过教师的。

德国高等院校一贯坚持的"非政治化"倾向,在希特勒执政以前有利于纳粹党对共和政府展开攻击,而在纳粹党掌权之后,却不符合其"一体化"的需要。实际上,在1933年以前,大学教师中真正支持纳粹党的人并不多。而纳粹头目们希望未来的德国大学是产生新类型的学生、新类型的教师和新概念的学者的地方,[①]他们指责现有的德国大学是"玩弄学术"的地方。1933年2月鲁斯特就任普鲁士文教部长不久,就夸口要在一夜之间"使学校不再成为玩弄学术的机构"。同年5月,他在柏林大学的教授会议上要求大学教师把更多的精力放在培养学生上面,强调指出:"我们必须清楚地知

---

① J. Noakes and G. Pridham, *Nazism*, *1919 - 1945*: *A Documentary Reader. Vol. 2*: *State*, *Economy and Society*, *1933 -39*. p.439.

道,德国大学有两个任务。大学不仅要从事科学研究,也是实施教育的地方。我们不能仅仅以学术成果的数量来衡量一所德国大学的价值,而必须从另一个角度考虑问题。在非德意志的国家和非德意志的领导人堵塞着德国青年的前进之路时,你,正在孤独地将自己的生命奉献给研究事业,全然没有注意到青年一代期待着你能够引领德意志民族走向美好的未来。青年正在前进,而你,并没有走在他们的前面。"①此后,全国高校的纳粹一体化进程进一步加快。

高等院校的领导体制发生变化。大学的自治地位被取消,校长和系主任由政府部长任命,大学评议会和各系仅仅保留咨询权。大学内部推行"领袖原则",校长和系主任在自己管辖的范围内拥有全权。领导体制的改变往往同安插纳粹骨干结合在一起。著名的柏林大学竟由一名兽医担任校长,因为该兽医是冲锋队员。他下令在柏林大学开设 25 门种族学方面的课程和 86 门同兽医有关的课程。②

大学教师队伍中的犹太学者、自由主义学者和社会民主主义学者很快失去教职。据统计,纳粹党执政不久,全国有 14.3%的大学教师和 11%的大学教授(约 1 200 人)被解雇,而在教育学院这一级,全国竟有 60%的讲师被解职。③在五年内,官方学术机构中 45%的成员被更换。④其中包括 20 位曾经获得或以后获得诺贝尔奖的学者。被免职的教师中,约 1/3 是种族原因,其余为政治原因。⑤如波恩大学教授保罗·卡勒(Paul Kahle,1875—1964),原先有着较高的声望,同教育部官员的关系也不错。然而在 1938 年11 月反犹"水晶之夜"后,由于其夫人与大儿子一起到一家犹太人商店逗留了五分钟,他遭到当地《西德意志观察家报》(*Westdeutscher Bebachter*)长篇文章的抨击,其儿子被波恩大学开除学籍,夫人遭到秘密法庭审讯,自己也

① Jeremy Noakes and Geoffrey Pridham (ed.)，*Documents on Nazism，1919 - 1945*. p. 349.
② Louis L. Snyder，*Encyclopedia of The Third Reich*. p. 358.
③ J. Noakes and G. Pridham，*Nazism，1919 - 1945：A Documentary Reader. Vol. 2：State，Economy and Society，1933 - 39*. p. 431.
④ Louis L. Snyder，*Encyclopedia of The Third Reich*. p. 358.
⑤ J. Noakes and G. Pridham，*Nazism，1919 - 1945：A Documentary Reader. Vol. 2：State，Economy and Society，1933 - 39*. pp. 443 - 444.

被停职检查。最后不得已全家逃离德国,流亡英国。①

总的来说,在纳粹统治时期,高等学校教师是当局最不信任和最予蔑视的一种职业,并认为必须对之进行清洗和控制。纳粹党全国组织领袖罗伯特·莱伊竟公开攻击高级知识分子说:"一个科学家以一生发现一个细菌而自夸自得,而一个清道夫一扫帚就能把一千个细菌扫入水沟。"② 1938 年,纳粹党弗兰克尼亚大区领袖、臭名昭著的反犹政论作家尤利乌斯·施特赖歇尔在柏林发表演说,也攻击说:"如果我们把全国大学教授的脑袋放在天平的一边,把元首的大脑放在另一边,你们认为哪一边的分量更重?"③部分大学生跟着鹦哥学舌。1933 年 4 月 19 日,民族社会主义德意志大学生联盟(Nationalsozialistischer Deutscher Studentenbund,缩写 NSDStB 或 NSD-Studentenbund)的一名领导人说:"当德国大学处在危机之中时,我们无法对幽闭在密室中的精明修士们产生敬意……大学不能再为单独的个人提供讲课或培养学生的空间。是时候了,我们要反对单独的个人,反对来自资本主义社会和自由主义温床的受过高等教育的使者。新型的大学将从自由主义共和国的'自治'学术机构中脱颖而出。"④

纳粹党在大学里发动群众性的清洗运动。1933 年 4 月 13 日,上述纳粹大学生联盟在全国各大学张贴一份题为《反对非德意志精神》的大学生 12 条守则,其中称:"犹太人只会像犹太人那样思维,他如果写德语,那他就是在撒谎……非德意志精神应一律从公共的书店中彻底清除……我们要求根据德意志精神思想上是否可靠来选择学生和教授。"⑤相比于教师,大学生中倾向于纳粹党的人数在该党上台前就略多些。1931—1932 年,纳粹大学生联盟在很多学校的学生会选举中占了优势。纳粹掌权后,当局更注重唆使大学生起来充当大学清洗运动的打手。受利用的大学生按照纳粹的政治

---

① Jeremy Noakes and Geoffrey Pridham (ed.), *Documents on Nazism*, *1919 - 1945*. pp. 350 - 351.

② Richard Grunberger, *A Social History of the Third Reich*. p. 393.

③ Jeremy Noakes and Geoffrey Pridham (ed.), *Documents on Nazism*, *1919 - 1945*. p. 350.

④ J. Noakes and G. Pridham, *Nazism*, *1919 - 1945*: *A Documentary Reader*. Vol. 2: *State*, *Economy and Society*, *1933 - 39*. p. 446.

⑤ [联邦德国]卡尔·迪特利希·埃尔德曼:《德意志史·第四卷:世界大战时期(1914—1950)》(上册),第 474 页。

观点对教师实施监督,对所谓具有"非德意志精神"的教师进行诬告、诽谤以致动武,毁坏其名誉,在其讲课时进行捣乱,直至把教师从讲台上硬拽下来。在马尔堡(Marburg)大学,一名法学教授在讲授罗马法的课程中表达了纳粹的政策缺乏日耳曼根基的观点,当场遭到学生们的公开羞辱。①

当局采取多重措施加强对大学教师的控制。1929 年成立的民族社会主义教师联盟重新组合,其高校部分于 1935 年重组成民族社会主义德意志大学教师联盟(Nationalsozialistischer Deutscher Dozentenbund,缩写 NSD-Dozentenbund),作为纳粹党在大学里实施控制的有力工具。按照规定,该联盟有责任"按照民族社会主义的理论,对全体教师实行思想上和政治上的一体化"。据此,每个大学都成立了包括全体教师的大学教师协会,直接受民族社会主义大学教师联盟主席的统一领导。在实际运行中,该大学教师联盟连同各校的大学教师协会,主要掌管大学教师的挑选和培养工作,开设对在职教师实施政治培训的学习班,举办对新教师实施任教前为期 6 周训练的教师营。教师营对成员实施军事训练,负责人对营内每个成员的政治见解和性格加以分析,作出书面鉴定。纳粹当局还对新教师实行全国统一的大学教师任职资格认定,重新设置"有大学任教资格的博士"头衔,获得这一头衔的主要标准不是学术水平,而是纳粹政治思想标准,包括教师营提供的鉴定书。当局尤其重视大学教师的职称晋升工作,把它作为控制教师队伍的重要环节。晋升教授职称注重政治态度,其中包括在训练营里的表现和纳粹相关组织的评语。1937 年 1 月,纳粹政府颁布《文职人员法》(*Beamtengesetz*),这一法令同样适用于教师,从而进一步强化了控制。该法规定,教师必须是纳粹"党所支持的国家的意志的执行者",准备"随时无保留地保卫民族社会主义的国家";所有教师都必须宣誓"效忠和服从阿道夫·希特勒"。②

在纳粹当局的高压控制下,德国的高级知识分子队伍发生分化。一部分卖身投靠。法学家恩斯特·鲁道夫·胡贝尔迎合纳粹当局旨意,撰写了

① Jeremy Noakes and Geoffrey Pridham (ed.),*Documents on Nazism*,1919 – 1945. p. 349.
② Bracher &. Funke &. Jacobsen(Hrsg.),*Nationalsozialistische Diktatur*,1933 – 1945. S. 809.

《大德意志国家宪法》一书,声称"不存在国家必须尊重的、先于国家或离开国家的个人人身自由",指斥学术自由的传统阻碍了科学"与人民内在的发展保持步调一致和站在民族复兴的前列"。①弗赖堡大学校长马丁·海德格尔(Martin Heidegger,1889—1976)发表演说,鼓吹革新大学精神,"使教授同学生一样,通过劳动服役、军事服役和科学服役三种形式报效民族"②。物理学家菲利普·莱纳德(Phillip Lenard,1862—1947)和约翰内斯·施塔克(Johannes Stark,1874—1957)攻击爱因斯坦,他们依靠官方力量获得"德意志物理学"专家的正统地位。③ 1933 年 3 月,由少数学者牵头,300 名大学教授在一份支持纳粹党的呼吁书上签名。④同年 11 月 11 日,又有 700 名教授在《德国高等院校教授支持阿道夫·希特勒和民族社会主义国家的声明》上签字,呼吁世界各国的知识分子抵制境外对纳粹政权的敌视性批评。⑤在被免职的学者离校时,大部分同僚都不为所动。个别的讲师,甚至趁火打劫,依靠当局的力量获取梦寐以求的教授职位。据波恩(Bonn)大学教授保罗·卡勒回忆,该校讲师卡尔·施密特(Karl Schmidt)因没有学位,尽管经常代行生病教授罗默(Römer)的职责,但长期得不到正式晋升。在希特勒上台前的一次私人谈话中,他猛烈抨击中央党的政策,认为该党的政策导致他长期得不到提升。纳粹党执政后,他适时地转向纳粹主义,并成了一名积极的追随者,如响应号召经常参加体育锻炼活动。1935 年,他取代罗默成了教授,两年后担任波恩大学校长,直到 1939 年离开波恩。但这时他已经获得了"啤酒施密特"的绰号,整天挺着大肚子,饭桌上经常放着七大壶啤酒,并以此为豪。⑥

　　与此同时,一些学者起而反抗纳粹暴政。基尔(Kiel)大学社会学家斐

① ［联邦德国］卡尔·迪特利希·埃尔德曼:《德意志史·第四卷:世界大战时期(1914—1950)》(上册),第 476 页。

② Louis L. Snyder, *Encyclopedia of The Third Reich*. p. 358.

③ Alan D. Beyerchen, *Scientists under Hitler: Politics and the Physics Community in the Third Reich*. New Haven: Yale Uni. Press, 1977, p. 91.

④ Richard Grunberger, *A Social History of the Third Reich*. p. 389.

⑤ J. Noakes and G. Pridham, *Nazism, 1919 - 1945: A Documentary Reader. Vol. 2: State, Economy and Society, 1933 - 39*. p. 444.

⑥ Jeremy Noakes and Geoffrey Pridham (ed.), *Documents on Nazism, 1919 - 1945*. p. 350.

迪南・滕尼斯(Ferdinand Tönnies,1855—1936)1933 年 2 月在柏林公开发表演说,极力维护学术自由,指出学术发展同一种自由的社会制度有着不可分割的联系。[1]法兰克福大学教授库尔特・里茨勒(Kurt Riezler,1882—1955)极力反对取消教学自由,认为"如果学生自己有权决定谁能应试,如果督促学生按照政治观点监督教师讲课,或者甚至狂妄地根据自己时髦的观点来断定书籍或教师是否具有德意志精神……那么实际上便取消了教学自由"[2]。1937 年 12 月 15 日,柏林洪堡大学校长霍珀(Hoppe)在举行于马尔堡的全国大学校长会议上呼吁:"我必须特别强调教授候选人学术水平的重要性。我不否认候选人的思想和政治态度必须得到保证,然而如果他没有学术能力,我们就将一无所获。学术能力无疑应该置于首位。"[3]但当时大部分学者听天由命,对现状保持沉默。

高校的招生规模受到控制。希特勒上台不久,1933 年 4 月 22 日,德意志大学学生会(Deutsche Studentenschaft,缩写 DS)就发出呼吁,提出"所有在高等院校求学的全日制大学生,必须拥有德意志血统,母语为德语……而不论其国籍如何"。三天后,即 4 月 25 日,政府发布《防止德国中小学校和高等院校过度拥挤法》,规定要削减高等院校的在校学生人数,即取消高中毕业生自然获得高校入学资格的原有做法,改而实行给各州下达高校招生配额的办法,减少入学人数。在实际运行中,政治可靠度成为招生的重要依据,希特勒青年团员、身体强健者、雅利安人成为优先考虑的对象,按规定,犹太学生的人数比例不得超过犹太人在总人口中的比重,即 1.5%。[4]

缩小高等教育规模的方针,以及全国上下轻视科学轻视知识,知识分子的经济收入也不高,所有这些因素,导致高等院校教师和在校学生人数下降。1920—1933 年的魏玛时期,德国共有 2333 名学者获得大学任教资格,

① Max Weinreich,*Hitler's Professors：The Part of Scholarship in Germany's Crimes against the Jewish People*. New York：Yiddish Scientific Institute-Yivo, 1946, p. 19.

② Louis L. Snyder, *Encyclopedia of The Third Reich*. p. 358.

③ J. Noakes and G. Pridham, *Nazism, 1919 - 1945：A Documentary Reader. Vol. 2：State, Economy and Society, 1933 - 39*. p. 445.

④ J. Noakes and G. Pridham, *Nazism, 1919 - 1945：A Documentary Reader. Vol. 2：State, Economy and Society, 1933 - 39*. p. 440.

而 1933—1944 年的纳粹统治时期降为 1534 名。[1] 1932 年全国高校学生注
册人数为 11.8 万人，1938 年降到 5.1 万人。面临 1937 年起全国出现的科
技人员和医生紧缺现象，纳粹当局不得不采取一些措施，如给予理工科学生
一定的津贴，允许无高中文凭的职业竞赛优胜者进入高校学习。战争爆发
后，又允许在军队服役五年以上的士兵优先进入大学。1943 年大学生注册
人数回升到 8 万人。大学生的专业结构发生变化，攻读工程技术的比例从
1935 年到 1939 年增加了 1 倍。

　　大学的教学体制也发生很大变化。原来的教学制度受到政治活动和军
事性训练的冲击。1937 年，政府教育、科学与国民教育部发出通知称："大
学生由于参加训练营等各种活动而导致缺课，不应该影响他们的考试成
绩。"[2]在课程设置上突出纳粹主义政治教育，自然科学课程强调直接为军
备建设和经济复兴服务，大幅度削减基础知识的教学。每个大学生在学期
间，需要从事为期四个月的劳动服役，为期两个月的冲锋队服役，每周还要
从事三小时的强制性体育锻炼。大学生从劳动服役营回校后，还需要定期
进入设在校园内的"同志屋"（Kameradschaftshäuser），他们在那里同吃、同
睡、同起床，共同从事早锻炼，每周接受数次政治教育，以进行政治改造，经
受体质锻炼，加强纪律性。[3]对此，纳粹官员在对大学生的讲话中称："真正
的、伟大的、实践性的学校不是在大学里，也不是在文法中学里，而是在劳动
营里。只有在那里，课程和说辞停止了，行动开始了。"[4]

　　当局还加强对在校大学生的控制。1933 年，前述纳粹大学生联盟成为
各大学学生会及其联合组织德意志大学学生会的上级组织，以后该联盟又
被确定为纳粹党的分支组织。1934 年 2 月 7 日，一项关于德意志大学学生
会的指令称："德意志大学学生会是全体大学生的代表，它保证大学生们能
够充分履行对母校、民族和国家所承担的职责。通过冲锋队服役和劳动服

---

[1] Richard Grunberger, *A Social History of the Third Reich*. p. 408.
[2] Richard Grunberger, *A Social History of the Third Reich*. pp. 400 - 401.
[3] J. Noakes and G. Pridham, *Nazism, 1919 - 1945: A Documentary Reader. Vol. 2: State, Economy and Society, 1933 -39*. p. 442.
[4] J. Noakes and G. Pridham, *Nazism, 1919 - 1945: A Documentary Reader. Vol. 2: State, Economy and Society, 1933 -39*. p. 441.

役,通过政治教育,大学生能够成为一名真诚和光荣的德意志人,并无私地为民族和国家服务。通过与大学的有效合作,大学、民族、新一代大学毕业生三者之间将形成一种牢不可破的关联,这些大学毕业生扎根于民族,有着强健的身体和坚定的信仰,又具有必要的知识水平。……大学生的军事训练由冲锋队的大学办公室负责,其政治教育则由民族社会主义德意志大学生联盟负责。"①

1934 年,当局发布了《德意志大学生十诫》,作为大学生的行为准则,主要内容为:

1. 德意志大学生,你活着,并不是最重要的事,重要的是履行对民族的义务! 你要成为的,是一名真正的德意志人。

2. 对一名德意志男人来说,最高的原则和美德是他的荣誉。对荣誉的损毁只能用鲜血来偿还。你的荣誉就是你对民族和你自己的忠诚。

3. 要成为一名德意志人,必须要有坚强的个性。你必须为德意志精神而战,追求德意志民族的纯真。

4. 不存在无拘无束行动的空间,只有听从命令才有更多的自由。德国的未来取决于你的忠诚、热情和尚武精神。

5. 无追求者将一事无成。如果你不燃烧自己,你就不会成为火焰。大胆地表达出自己的赞赏与敬畏。

6. 一个人可能生下来就是个民族社会主义者,但更多的人是通过训练成了民族社会主义者。加紧训练吧。

7. 一个人超越命运是因为他有勇气挑战命运。一个意欲杀害你而未遂的事件,反而会使你更强大。赞美会使你更坚强。

……

9. 在你履行职责时,要像领导人般地坚韧,大胆地作出决定,不要低估人类的弱点,要顾及别人的需求,严于律己。

① J. Noakes and G. Pridham, *Nazism, 1919 - 1945: A Documentary Reader. Vol. 2: State, Economy and Society, 1933 -39.* p. 440.

10. 成为同志！要勇武和自律。要以自己的一生成为他人的榜样。与他人的相处之道是你成熟的标志。在思想上和行动上都要一以贯之。元首是你的榜样。①

纳粹当局的胡作非为给德国的高等教育造成极大损害,大学的科研水平和教学水平急剧下降。由于区分自然科学具有"德意志性"和"非德意志性",德国脱离了世界科学发展的前沿阵地。生物学、心理学、历史学等学科,根据纳粹主义的观点重新改写,其科学性日益减少。种族学、优生学、国防研究等大行其道。为了注释纳粹主义理论而兴办的研究所,如新德国历史研究所、犹太人问题研究所和党卫队的遗传研究所等,研究对象的科学性更是遭到扭曲。不仅大学生人数减少,而且他们的正常学业受到冲击,素质和水平都急剧下降。由于知识分子经常遭到纳粹当局抨击,教师更是经常受到清洗和干扰,青年普遍不愿当教师。高校学生中师范生的比重从 1935 年的 16％降到 1939 年的 6％。②这种状况甚至影响到德国的战争经济,因而战争期间纳粹当局采取某些提高脑力劳动者社会地位的做法。戈培尔曾向全国宣告:脑力劳动者属于"民族共同体"的一部分,他们以及他们的劳动价值不容贬低。③但这并没有从根本上改变整个教育体制,因而也无力改变原有的状况。

纳粹统治时期的中小学教育,与魏玛时期相比也发生很大变化。虽然其中有些举措同魏玛时期的教育改革有一定的继承关系,但两者的内涵却截然不同。

私立学校受到排斥,排斥手段包括取消税收优惠条件,规定公务员和军人不得将子女送入此类学校,在关于此类学校存废的公民投票中使用作弊手段,等等。1933—1934 年冬春,由普鲁士州起始,随后其他各州先后跟上,将私立学校的领导体制改成"领袖原则",教师的决策参与权被剥夺,代之以个人决断。最后,在教育"一体化"的口号下,此类学校全部被取消,以

① J. Noakes and G. Pridham, *Nazism, 1919 - 1945：A Documentary Reader. Vol. 2：State, Economy and Society, 1933 -39.* pp. 442 - 443.

② Richard Grunberger, *A Social History of the Third Reich.* pp. 379,399.

③ Richard Grunberger, *A Social History of the Third Reich.* p. 403.

保证纳粹当局能严密控制全国的全部教育环节。纳粹党在《二十五点纲领》中曾经提出打破受教育的特权,"要求不分等级和职业,由国家出钱培养具有特殊天赋的穷人孩子"。因此,取消私立学校,统一各校的收费标准,也是为了配合关于建设民族共同体、破除以经济条件为背景的中小学入学特权的宣传。除了私立学校,其他类型的学校也被大量取消。从 1937 年 3 月 20 日起,各种类型的中学实施重组,从原先的近 70 种类型缩减到 3 种类型:语言中学(Die Sprachschule)、实科中学(Die Realschule)和文理中学(Gymnasium)。女子中学主要集中到语言和家政两种类型。[①]语言中学和实科中学是 20 世纪 20 年代兴起于普鲁士的中学类型,但纳粹统治时期又有所变化。前者不教授拉丁语和希腊语,强调的是德语、历史和地理课程;后者是一种缩减了课程的乡村中学,招收年满 12 岁的学生,提供为时六年的教育。文理中学教学质量很高,它为学生提供独特的毕业证书(Abitur),这是进入大学的重要依据。1938 年,全国的中学生里,83.3%在语言中学求学,5.3%在实科中学,11%在文理中学。

德国在第二帝国时期,除巴登和黑森之外,全国的小学大部分是教会学校,地方和区一级的学校监督权多半掌握在教会神职人员手中。魏玛共和国时期,民主主义者普遍要求取消神职人员对学校的监督,并以非教会学校取代教会学校。天主教中央党和右翼保守势力则极力要求保留教会学校。结果,学校的非教会化问题未能解决,全国约 4/5 的小学仍保留其教会性质,在巴登和黑森两州则以教派混合学校为主。纳粹当局对中小学也采取非教会化的方针。当然,其目的不是用科学取代宗教,而是为了全面控制学校,以纳粹主义的新教义取代基督教教义。不过,由于政治斗争的需要,纳粹当局在学校非教会化的步骤上,进展是比较缓慢和温和的。

纳粹党执政之初,希特勒为了获得教会力量的支持,曾在 1933 年 3 月 23 日声明,"准许并确保基督教会对学校和教育具有影响"。同年 7 月 20 日,希特勒政府同罗马教廷签订的宗教协定,确认教会的办学权利,承认宗

---

① J. Noakes and G. Pridham, *Nazism, 1919‒1945: A Documentary Reader. Vol. 2: State, Economy and Society, 1933‒39.* p. 434.

教课是正式学科,并给予教会以监督权。随着纳粹统治的巩固,从 1935 年起,当局着手将教会学校改为公共小学。它主要是通过重组后的"民族社会主义教师联盟"来从事这项工作,并使用向学生家长施加压力的手段。结果,在天主教影响较大的慕尼黑,两年内 93 所天主教小学中的 75 所改成了公共小学。①从 1937 年起,纳粹当局采取措施,逐步压缩、贬低甚至取消中小学的宗教课程。在很多学校,宗教课从第一节换到最后一节,使其很容易被忽略掉。宗教课的总数也从中学阶段每周 18 课时减至 12 课时,小学阶段每周 31 课时减至 15 课时。职业学校中的宗教课被取消,理由是学生可以把时间花在更为实际的课程上。②在当局的鼓动下,越来越多的教师同意用"一种上帝的种族视角"去取代宗教。1936 年,全国 18.5 万名教师中,只有 376 名宣称自己是"新异教徒"(Gottgläubig),但到了 1940 年,这一数字上升到了 13 143 名(当时教师总数为 17.1 万名)。③不少教师用吓唬的办法逼迫学生家长签字,让孩子放弃宗教指导课,改为选修意识形态指导课。如一位教师这样问一名学生:"你的父亲是干什么的?"在得到"邮递员"的回答后,他恐吓说:"如果他不签字,他就会看到将要发生什么,他将不得不去扫大街。"④更多的措施直接指向孩子。符腾堡(Württemberg)某个地区的小学生们被告知:他们的宗教指导课将不再有分数,而只有意识形态指导课的成绩会被写入每年的成绩报告单;打算继续升学的学生将不再进行宗教课考试,而只需考意识形态课。对缺席意识形态指导课程的孩子,他们还设法予以处罚。如有一次,一些缺课的孩子被集中到一个房间进行听写测试,题目很难,连平时成绩最好的学生也错了 7 道。于是,表面上作为对这种成绩的处罚,所有的学生在第二天被罚以课后留堂,从下午 2 点留到 4 点,有几

① Richard Grunberger, *A Social History of the Third Reich*. pp. 365 – 370.

② Ernst Christian Helmreich, *The German Churches under Hitler*: *Background*, *Struggle and Epilogue*. London: Wayne State University Press, 1979, p. 289.

③ R. H. Samuel and R. Hinton Thomas, *Education and Social in Modern German*. London: Greenwood Press, 1971, p. 105.

④ George L. Mosse, *Nazi Culture*: *Intellectual*, *Culture and Social Life in the Third Reich*. Madison, Wis.: University of Wisconsin Press, 1966, p. 252.

个甚至留到了 4 点半。①到纳粹统治后期,教会对教育的影响被压缩到最低限度。

政府保留了魏玛时期确立的四年制小学为最基本教育的制度,但在中学阶段强调实行双轨制,扩大职业教育,大力发展专科学校和技工学校。德意志劳动阵线领袖罗伯特·莱伊经常鼓吹要使每一个德国工人成为一名技术工人。

中小学的管理体制也强调"领袖原则",在 1933—1934 年逐渐取消了教工参与管理的权利,推行校长全权负责制。甚至连"家长理事会"(Elternbeiräte)②也被取消,代之以"学校共同体"(Schulgemeinde),该机构的成员由希特勒青年团领袖提名,经校长向当地党组织咨询后任命,成员包括教师、家长代表和希特勒青年团代表。③其权力同家长理事会相比,被大大缩减,仅拥有咨询权,没有否决权。

教育中大力贯彻种族主义原则。犹太儿童自 1938 年 11 月起全部被赶出"德意志学校",划入专设的犹太学校,1939 年欧洲战争爆发后连犹太学校也被关闭。在德国侵占的东欧占领区,小学以上的学校全部被取消。一份由希姆莱秉承希特勒旨意起草的备忘录规定,东部非德意志居民最多只能设立四年制小学,目标仅仅在于让孩童学会 500 以内的简单计算,书写自己的姓名,能按上帝旨意服从德国人,做到诚实、勤勉和驯服即可。除此之外,东部地区不得有其他的学校。④而对德意志家庭则多方照顾,尤其是多子女的德意志家庭,可享受减免学费的优惠政策,以便同当局的种族生育政策相配合。例如,普鲁士州的德意志血统家庭,第二个孩子可减免 1/4 的学费,第三个减免 1/2,第四个起全部免费入学。⑤在纳粹统治时期,以家庭经

① George L. Mosse, *Nazi Culture*:*Intellectual*,*Culture and Social Life in the Third Reich*. p. 253.

② 魏玛共和国时期设立,每 50 名学生的家长中选出 1 名代表,组成该理事会,每 15 天开 1 次会,对学校的卫生、图书馆、手工劳动、野游等问题提出看法,作出决定,教员只能以咨议的名义出席会议。学校使用的教材,也必须在教师和家长理事会之间沟通达成共识后才能采用。

③ R. H. Samuel and R. Hinton Thomas, *Education and Social in Modern German*. p. 95.

④ [联邦国国]卡尔·迪特利希·埃尔德曼:《德意志史·第四卷:世界大战时期(1914—1950)》(下册),第 55 页。

⑤ Richard Grunberger,*A Social History of the Third Reich*. pp. 383 - 384.

济状况为依据的受教育特权,被另一种特权取代,即注重种族条件和政治条件的受教育特权。纳粹狂热分子家庭,尤其是纳粹官员家庭,其子女常常获得进入较好学校的优先权。

政府还为全国的中小学规定了统一的礼仪,以强化纳粹主义的氛围。1934年12月18日,内政部颁布一项政令,其中规定:"教师和学生在学校内外相遇时都要互致德国式问候(希特勒问候)。每堂课开始时,教师必须走到全班学生前,立正,抬起右臂,高喊'希特勒万岁';学生们也必须抬起右臂,回以'希特勒万岁'。下课时,教师和学生同样互致德国式问候。平时,学生在校内遇到任何教师,都必须以合适的姿势行举臂礼。在校内举行天主教宗教仪式时,仪式开始时的宗教问候语之前,以及仪式结束时的宗教问候语之后,都必须增添德国式问候。非雅利安学生是否有资格致德国式问候,视具体情况而定。"①

在中小学的教育内容方面,纳粹政治教育和军事体育训练的比重大幅度上升。希特勒青年团和德意志女青年团的活动,严重冲击正常的教学秩序。威斯特伐利亚一所拥有870名学生的学校,仅1937—1938年一个学期,平均每个学生就损失26.5个教学日。名为"PT科目"(主要内容是越野跑、足球和拳击)的活动越来越频繁,1936年以前每年2次,1938年增至每年5次。②

文化学习的内容也受到纳粹主义和军国主义的严重侵蚀。1938年,德国教育中央研究院发布一个关于中学历史教育的官方指南,其中说:"历史教学的主题是弘扬德意志民族在内部和外部为身份确认而展开的决定性斗争中所表现出的本质性的伟大精神。孩童自然是民族共同体的一分子,通过接受关于德意志民族为自立于民族之林而展开决定性斗争的历史教育,就能使他们尊重德意志的伟大历史,忠诚于自己的伟大使命,为德意志民族的未来而奋斗,并尊重其他民族的生存权。历史教学必须生动,能将青少年带回到过去,以便他们能够理解现实,清楚地意识到每一个个体对民族整体

---

① Jeremy Noakes and Geoffrey Pridham (ed.), *Documents on Nazism*, *1919 - 1945*. pp. 351 - 352.
② Richard Grunberger, *A Social History of the Third Reich*. pp. 365 - 370.

所承担的责任,激励他们投身属于自己的政治活动……历史教学必须让青年一代清楚地知道,自己属于欧洲所有民族中历史最悠久,走向统一的道路最曲折,而在当下新时代开始时又对未来最自信的民族……历史课程不能采取编年史的形式,向我们的年轻一代展示用时间经线串起来的杂乱事件,而应该像一部戏剧,只抓取具有较大影响的重大事件,在课堂上充分展现。这种重大事件不仅包括取得成功的重要人物,也包括悲剧性人物和悲惨时期;不仅仅取得伟大胜利,也包括遭到惨败。但必须是伟大的事件。"①在实际运作中,历史课除古代部分外,几乎完全局限于讲授德意志历史,并充塞着反犹、反共、反民主的观点。

　　即使像数学和外语这些与意识形态关系较远的学科,纳粹主义的影响也悄悄地从后门塞了进来。以两本数学教科书为例。在第一本教科书里,第 95 道习题为:建造一座疯人院的总预算为 600 万马克,里面每栋建筑的造价是 1.5 万马克,这座疯人院能够配置多少栋建筑? 第 97 道习题为:照料一名精神病患者每天需花费约 4 马克,照料一名下肢残疾者每天需花费约 5.5 马克,看管一名罪犯每天需花费约 3.5 马克,很多公务员每天的收入只有 4 马克,白领雇员约 3.5 马克,非熟练工人家里每天的开销不足每人 2 马克。a. 根据上述数据制作一张示意图。——据保守估计,全国大约有 30 万精神病患者,包括癫痫患者,需要照料。b. 依照每个病人每天需要 4 马克的照料费用计算,照料这些病人每天总共需要花费多少钱? 依照每对新人可以领到 1000 马克的婚姻贷款计算,这些费用可以资助多少对新人? 在第二本教科书里,有一道习题问:一架现代轰炸机能够携带 1800 枚燃烧弹,假设该飞机以 250 公里的时速飞行,以每秒 1 枚的速度投弹,它在投弹期间能飞行多少距离? 两个弹坑之间的距离是多少? ……假设两架飞机之间的飞行距离为 50 米,10 架此类飞机能引燃多少宽度的燃烧带? 假设这些飞机携带的燃烧弹中,1/3 命中目标,1/3 偏离目标,他们一共能够引起多少处

---

① J. Noakes and G. Pridham, *Nazism, 1919 - 1945: A Documentary Reader. Vol. 2: State, Economy and Society, 1933 - 39.* p. 438.

燃烧?①此外,数学课上还花费大量时间学习计算炮弹飞行轨迹和枪炮瞄准的提前量。生物、地理、德语等课程则着重讲述种族论和地缘政治论。

德国中小学生的知识水平大幅度下降。在某地举行的一次招工考试中,179 名应试者中,有 94 人不知道专有名词的第一个字母应该大写,有 81 人拼写不出歌德的姓氏。这种状况甚至引起国防军的抱怨:"许多申请提升军衔的候选人在基本知识方面的缺乏简直令人难以接受。"②

纳粹当局对中小学教师实行严格的控制。当局对教师的要求,既要政治上可靠,又要求意识形态上坚定信仰纳粹主义。③希特勒就任总理后不久,不少州即开始清洗政治上"不可靠"的教师。1933 年 4 月 7 日《重设公职人员法》颁布后,清洗工作的规模进一步扩大。仅普鲁士州,截至 1934 年 7 月 29 日,中学 12 928 名男教师中,有 474 人遭到清洗,占 3.67%,1824 名女教师中,108 人遭清洗,占 5.92%。④1935 年 9 月 24 日希特勒发布《元首命令》,授权"元首代表"(赫斯)对新招收的公务员或升职公务员实施政治审查,该命令同样适用于中小学教师。据此,纳粹党对教师队伍的控制进一步加强。民族社会主义教师联盟在希特勒执政后经过重组改造,成为当局控制中小学教师的有力工具。该组织由小学教师、纳粹党巴伐利亚东边区大区领袖汉斯·舍姆(Hans Schemm,1891—1935)创建并任主席,1933 年 1 月仅有成员约 6000 名,但到了年底,成员数猛增至约 22 万名,1937 年进一步扩张至 32 万名,占到全国中小学教师总数的 97%。⑤魏玛共和国时期,中小学教育由各州自行管理,在党派和宗教纷争的影响下,小学和小学教师的地位比较低下,经济大危机期间在各州政府减职减薪政策的打击下,小学教师的处境更加困难,1932 年 7 月全国竟有 22 959 名年轻的小学教师没有获得长期教职。此时纳粹党徒加紧在他们中间开展工作,取得了很好的效果。

---

① J. Noakes and G. Pridham, *Nazism*, *1919 - 1945*: *A Documentary Reader*. *Vol. 2*: *State*, *Economy and Society*, *1933 - 39*. p. 439.

② Richard Grunberger, *A Social History of the Third Reich*. p. 371.

③ J. Noakes and G. Pridham, *Nazism*, *1919 - 1945*: *A Documentary Reader*. *Vol. 2*: *State*, *Economy and Society*, *1933 - 39*. p. 430.

④ J. Noakes and G. Pridham, *Nazism*, *1919 - 1945*: *A Documentary Reader*. *Vol. 2*: *State*, *Economy and Society*, *1933 - 39*. p. 431.

⑤ Richard Grunberger, *A Social History of the Third Reich*. p. 364.

到 1934 年底，有约 8.4 万人加入了纳粹党，这一数字占到教师总数的约 1/4。1936 年，民族社会主义教师联盟的成员中，32％加入了纳粹党，而在德意志公务员联盟中，这一比例只有 17％。两个组织中担任政治领袖的比重则分别为 14％和 5.8％，前者中包括 7 名大区领袖或大区副领袖，78 名分区领袖，2000 名基层领袖。在农村或偏远地区，民族社会主义教师联盟普遍成为纳粹党的主要助手，有些甚至成为潜在的竞争对手。该组织的章程规定，它有"责任按照民族社会主义理论对全体教师实行思想上和政治上的一体化"。1937 年进一步规定其成员必须以纳粹主义思想教育德国青年，同时通过灌输与宣传"赢得整个民族"。①为了改造教师的政治思想，当局举办每期为时两周或一个月的教师营。到 1939 年，全国已有 2/3 的教师在教师营中受过训。教师营的训练科目和内容，均旨在磨灭教师的个性，强调提高教师的纪律性和身体素质，以便与学生的"体育优先"方针相吻合。营地风格倾向于年轻化，强令 50 岁以下的教师定期参加"PT 科目"的训练，同学生一样从事越野跑、足球甚至拳击，以便受训教师返校后能够身体力行，贯彻纳粹的教育方针。据 1937 年 12 月《汉堡教师报》的一篇关于教师营的报道称："制服、野地训练、歌咏、课程与讨论、体育、行军、吃饭与睡觉，教师们通过这些，培养自己的团队精神。只有经过这种训练的教师，才有能力去赏识希特勒青年团，也才有能力按照纳粹主义的教育目标从事教育工作。"②

然而，政府对改善小学教师的待遇和社会地位却无所作为。在各种因素的影响下，小学教师短缺的现象开始出现。1936 年，全国小学教职中有 1335 个空位，1937 年，上升到 2038 个，1938 年，进一步增加到约 3000 个。从 1938 年起，全国中小学每年需要招收大约 8000 名新教师，而教育学院的毕业生仅为 2500 名，形成很大的缺口。③

---

① J. Noakes and G. Pridham, *Nazism, 1919 - 1945: A Documentary Reader. Vol. 2: State, Economy and Society, 1933 - 39.* pp. 431 - 433.

② J. Noakes and G. Pridham, *Nazism, 1919 - 1945: A Documentary Reader. Vol. 2: State, Economy and Society, 1933 - 39.* p. 432.

③ J. Noakes and G. Pridham, *Nazism, 1919 - 1945: A Documentary Reader. Vol. 2: State, Economy and Society, 1933 - 39.* p. 431.

第六节　校外教育与特种学校

希特勒曾经强调,国家应该全面负起教育后代的责任,学生在校期间国家要管,在校外或脱离学校之后更要管。希特勒青年团、德意志女青年团和国家劳动服役队,在实施纳粹的校外教育中起着至关重要的作用。

希特勒青年团(Hitlerjugend,缩写 HJ)可以溯源到 1922 年 3 月成立的纳粹运动第一个青年组织——纳粹党青年联盟(Jugendbund der NSDAP)。该联盟由慕尼黑失业青年古斯塔夫・阿道夫・兰克(Gustav Adolf Lenk,1903—1987)受命组建并担任领袖,隶属于冲锋队。[①] 1923 年啤酒馆暴动失败后,该联盟遭禁,分裂成数个相关组织。1926 年,纳粹党在魏玛举行全国代表大会,会上决定组建一个全国统一的青年组织,定名为希特勒青年团,作为纳粹党的青年组织,由库特・格鲁贝尔(Kurt Gruber,1904—1943)任全国领袖。格鲁贝尔上任后,模仿纳粹党的组织架构,在普劳恩(Plauen)建立了希特勒青年团的全国指导处(Reichsleitung),内含 14 名成员,各分管诸如青年教育、青年福利、宣传、军事体育等方面的工作(以后成员数和分工情况多次发生变化)。[②]地方上建立 9 个大区(Gau)。1928 年,青年团全国指导处决定为 10—14 岁的男童设立少年队(Jungvolk),为女青年设立女性组织。希特勒青年团早期归冲锋队管理,经济大危机期间地位逐渐上升,到 1932 年 5 月获得独立地位,直接受纳粹党领导,其全国指导处也于 1931 年 5 月 1 日搬迁到慕尼黑城内纳粹党全国总部旁边。

希特勒就任总理后,于 1933 年 7 月 17 日任命 26 岁的纳粹党国会议员巴尔杜尔・冯・席拉赫(Baldur von Schirach,1907—1974)为全国青年领袖,授权其在内政部长领导下监管全国青年的一切活动。同年底开始,希特勒青年团着手解散或吞并全国的青年组织。第一个目标是当时规模最大的

---

① Peter D. Stachura, *Nazi Youth in the Weimar Republic*. Santa Barbara: Clio Books, 1975, p. 9.

② H. W. Koch, *The Hitler Youth: Origins and Development*, 1922 – 45. New York: Andre Deutsch, 1976, p. 64.

德国青年团体全国委员会,它的下属组织共拥有成员 1000 万人之多。至 1933 年 6 月 17 日,这一目标基本达到。随后是基督新教青年团体——德国福音青年会(Evangelische Jungendwerk Deutschland),于 1933 年 12 月将该团体整体并入其中。当目标指向天主教青年组织时,来自各个方面的阻力进一步增强。如 1934 年 2 月 14 日,一名天主教地方教士写信给纳粹党地方领导人,抱怨当地小学里五年级教师 A,使用包括威胁、写检查等各种手段,要求班内 10 名天主教青年俱乐部成员转而加入希特勒青年团,"穿上光荣的褐色制服"。该地方领导人尽管内心支持教师 A,但迫于当时的政教关系,还是在回信中答应教士,要求教师 A 在处理事情时要小心、聪明和含蓄。①但随着纳粹当局对基督教会的压力逐渐加大,这一障碍也被扫除。

1936 年 12 月 1 日,希特勒根据席拉赫的建议,发布一项名为《希特勒青年团成为国家青年组织》(Hitlerjugend wird Staatsjugend)的命令。其中称:"德意志民族的未来取决于青年,因此德国青年必须准备好承担起未来的责任。政府决定:

1. 德国境内的德意志青年组织为希特勒青年团;

2. 所有德意志青少年,除了在家庭里或学校里接受教育时,都必须在民族社会主义精神的指导下,接受希特勒青年团在体格上、智力上和道德上的教育,准备为民族和共同体服务;

3. 在希特勒青年团框架内教育德意志青年的任务授予纳粹党全国青年领袖,他的办公室列入最高政府机构的行列,他本人直接对元首兼政府总理负责;

4. 本命令的实施细则将由元首兼政府总理发布。"②

这样,全国一切青年运动均纳入希特勒青年团,同时该组织从党的青年组织扩大为国家青年组织。

---

① J. Noakes and G. Pridham, *Nazism*, *1919 - 1945*: *A Documentary Reader*. *Vol*. *2*: *State*, *Economy and Society*, *1933 - 39*. pp. 418 - 419.

② Louis L. Snyder, *Hitler's Third Reich*: *A Documentary History*. Chicago: Nelson Hall, 1981, p. 241.

1939年3月25日,希特勒发布第二项命令《青年的服务义务》(*Jugenddienstpflicht*),将上一项命令的第一款具体化为"在希特勒青年团中服役是德意志人的光荣……从10岁到19岁的所有德意志青少年都必须在希特勒青年团服役……违者将处以150马克的罚款或监禁"[①],这样,加入希特勒青年团及其相关组织德意志女青年团(Bund Deutscher Mädel,缩写BDM)就成了强制性行为。

纳粹党执政前,希特勒青年团的主要任务是吸引德国青年充当纳粹党的后备力量,扩大纳粹革命的群众基础。执政之后,它的任务就转变为用纳粹主义精神灌输全国青年,组织体育锻炼,从事军事预备训练,训导青年为元首和民族效力,同时向纳粹党、党卫队和国防军输送后备力量。这时,希特勒青年团作为青年组织,尽管还继续沿用1933年以前流行于德国青年运动中的口号"青年必须由青年人领导",但实际上早已沦为当局的有效工具。

希特勒青年团对青年的教育主题,与纳粹主义的核心内容是吻合的,即强调种族主义、极端民族主义和生存空间论,攻击民主体制,歌颂纳粹极权统治。其入团誓词充满着对希特勒的盲目崇拜,力图将全体青少年培养成纳粹信徒和希特勒的盲目追随者。誓词为:

> 你,元首,我们的统帅!
> 我们坚定地同你站在一起。
> 神圣帝国是我们的奋斗目标,
> 也是我们奋斗的起点,心愿如是(阿门)。
>
> 你的话语是我们行动的节律;
> 你的信仰为我们构筑了共同的天堂。
> 即使死神掠去了大批生命,
> 帝国的皇冠也永远不会坠落。

---

① J. Noakes and G. Pridham, *Nazism, 1919–1945: A Documentary Reader. Vol. 2: State, Economy and Society, 1933–39*. pp. 420–421.

我们准备好了，

你沉默的意愿使我们紧密地团结起来，

像铁链，肩并着肩，

在你的周围筑成一道忠诚的长墙。

你，元首，我们的统帅！

我们坚定地同你站在一起。

神圣帝国是我们的奋斗目标，

也是我们奋斗的起点，心愿如是(阿门)。①

　　希特勒青年团强调的另一个重点，是利用青年组织的特点，大力张扬其独特的"社会主义"理念。该团一名领袖曾经公开声称："所有的工作都服务于同一个伟大的理想。在此之前，不同职业、背景和财产之间的差别都要消除，在这个青年团体中大家有相同的权利和职责，大家紧挨着站在一起。没有为穷人或富人设立的特殊的希特勒青年团，没有为刚入学的男孩和女孩设立的特殊的希特勒青年团，也没有为新教徒和天主教徒设立的特殊的希特勒青年团，任何纯种日耳曼血统的人都属于这个集团。在青年的旗帜面前，任何人都是平等的。百万富翁的子女与失业工人的子女穿着并没有区别，都穿着共同体同志的服装——希特勒青年团的褐衫。希特勒青年团的制服就表明了一种态度，他们之间并不询问阶级或职业，只是询问职责和成就……我们无阶级的青年共同体的象征就是希特勒青年团的旗帜……在这中间形成了新一代社会主义的愿望。"②为了体现这种所谓的社会主义，希特勒青年团在经济大危机期间就救助过生活困难的青年，向他们发放免费的食品。希特勒掌权后，更多地表现在保护青年方面。1933年，政府颁布《全国青年法令》，规定禁止雇佣童工，20岁以下的青年工人可以获得各种保障，包括医疗保障、每周40小时工作制、每年三周的带薪休假期等。与此

① J. Noakes and G. Pridham, *Nazism, 1919 - 1945: A Documentary Reader. Vol. 2: State, Economy and Society, 1933 - 39*. p. 422.

② Peter D. Stachura, *Nazi Youth in the Weimar Republic*. p. 50.

同时,希特勒青年团作为全国的青年组织,还尽力倡导集体性的野营拉练和夜晚在营地周围集体唱诵民族歌曲的生活方式,以强化全体民众的共同体意识和同志情谊。①

为了适应从事校外教育的需要,希特勒青年团的组织结构在纳粹统治时期作了调整和扩充,将覆盖对象扩大到 6 岁以上的孩童,形成男性的学龄团员组织、少年队、正式团员组织和准军事性分团,以及女性的少女队、德意志女青年团、"忠诚与美丽"组织等几个层次。各个层次的组织,其成员全部穿着褐色上衣配黑色裤子的制服。

学龄团员组织(Pimpf)的成员是 6—10 岁的男性儿童。所谓学龄团员实际上就是希特勒青年团正式团员的见习期。每个成员备有一本表现记录簿,记录他在整个纳粹青年运动中的表现情况,其中包括体重、奔跑速度、力量等成长数据,射击、跟踪、行军等军事能力,以及纳粹知识测试等思想发展状况。②

少年队(Deutsches Jungvolk,缩写 DJ)的成员为 10—13 岁男性少年。从学龄团员升入少年队,要经过各种内容的考核,其中包括背诵纳粹主义要义和纳粹党歌歌词全文,操练查阅地图的能力,参加军事游戏,为国家收集废纸和碎铜烂铁。体育方面的考核有通过跑、跳、掷的最低标准,并参加为时一天半的野营拉练。1936 年,全国青年领袖席拉赫发起"儿童献礼"活动,要求全国所有年满 10 岁的儿童在 4 月 20 日希特勒生日那天,一起加入少年队,将自己作为礼物献给希特勒。同年底,希特勒青年团宣布,全国95％出生于 1926 年的孩童已经成为少年队员。③从此,每年的 4 月 20 日成为 10 岁孩童加入少年队的特定日期,考核合格者在那天集体宣誓加入少年队,接受刻有"血统与荣誉"字样的队员短剑。入队誓词是:"在代表我们元首的这面血旗面前,我宣誓把我的全部精力和力量献给我国的救星阿道夫·希特勒。我愿意而且时刻准备着为他献出自己的生命,愿上帝帮助

---

① J. Noakes and G. Pridham, *Nazism, 1919 - 1945: A Documentary Reader. Vol. 2: State, Economy and Society, 1933 - 39.* p. 417.

② Jennifer Keeley, *Life in the Hitler Youth.* San Diego: Lucent Books, 2000, p. 9.

③ Jeremy Noakes and Geoffrey Pridham (ed.), *Documents on Nazism, 1919 - 1945.* p. 419.

我。"少年队的政治信条是服从，日常训练项目包括识读旗语、修理自行车、铺设电话线，以及投掷手榴弹、射击气枪和小型步枪等简易军事训练。少年队的活动安排是频繁而紧凑的，除每个周三前往固定地点参加"青年之家活动"之外，几乎每天的课余都有安排，参加射击、郊游、列队游行等。少年队的不少活动都安排在周六甚至周日，这样孩子们可以免除周六上学的烦恼，同时冲掉教堂的礼拜活动。而教师和父母也不敢有太多的抱怨，就像一个小女孩说的那样："如果这些老头子中有哪一个敢鼓足勇气提出抗议的话，那是立即会被告诉组织领导人的，而此人便会找到校长并将这位教师解聘。"①

14—18岁成为希特勒青年团的正式团员，全部过集体生活，住在固定的营房里。成员除花费少量时间学习美术、艺术、新闻写作和音乐知识外，大部分时间用于接受野营、体育和纳粹思想等方面的系统训练，有时也参加大型纳粹游行集会。1939年8月11日，为了适应发动侵略战争的需要，全国青年领袖席拉赫和武装部队最高统帅部长官凯特尔达成一项协议，规定利用希特勒青年团正式团员组织为军事部门培养后备人材。为此，青年团按武装部队（1935年由"国防军"改名而来）的要求组织军训活动，武装部队则每年为青年团培训三万名教官。正式团员组织也按此确定各系列的准军事性分团，形成摩托分团（die Motor-HJ）、海上分团（die Marine-HJ）、滑翔分团（die Flieger-HJ）、巡逻服务队（HJ-Streifendienst）四大系列，团员分别在其中接受特种军事预备训练。②

在四大系列中，最受团员欢迎的是滑翔分团。成员在其中可以接受特殊的飞行训练。一位名叫赫克（Heck）的成员曾经回忆起第一次飞行时的情形："我绑好安全带，坐在木制的座椅上，这是一架基本的SG38滑翔机，就像一个有着翅膀的木头架子……我的20名同志拉住橡胶绳，然后将我弹向空中，就像一块石头被飞速射出一样。草从我身边飞过，我拉着横杆，飞翔了！"③那些成功完成各项飞行测试的成员将获得飞行勋章，总共分为A、

① ［德］托尔斯腾·克尔讷：《纳粹德国的兴亡》，李工真译，湖南人民出版社2005年版，第96页。
② Christian Zentner und Friedemann Bedürftig, *Das Grosse Lexikon Des Dritten Reiches*. S. 264.
③ Alfons Heck, *The Burden of Hitler's Legacy*. Frederick, Colo.: Renaissance House, 1988, p. 88.

B、C三个等级。在训练期间,他们还要到空军基地参加 2—3 周的训练课程,内容是充当轰炸机和战斗机的副驾驶员。在纳粹统治早期,参加滑翔分团的成员将加入纳粹党的航空组织,当欧洲战争全面爆发后,这些成员常常直接被送往战场从事军事服务。摩托分团的训练重点是驾驶军队中的行驶工具,海上分团的任务是让团员获得各种航行知识,学习驾驶船舰,为将来加入海军作准备。而巡逻服务队则是希特勒青年团中的情报监控组织,成员们一方面对青年团组织实行监控,报告其中不服从命令的行为,同时训练到敌对组织"卧底"的本领,为日后加入党卫队保安处和盖世太保打下基础。

德意志女青年团(Bund Deutscher Mädel,缩写 BDM)是女性青年的组织,成立于 1933 年纳粹党执政以后。它是广义的希特勒青年团的组成部分和狭义的希特勒青年团的姐妹组织。由于纳粹当局赋予女性的职责是充当德意志斗士的贤妻良母,要求她们围绕着"厨房、孩子、教堂"转,因而女青年团强调培养团员成为"民族社会主义世界观的载体,为同志和事业献身",在体格上为当母亲作好准备。德意志女青年团划分有少女队、正式团员组织和"忠诚与美丽"组织等三个层次的下属组织。全体成员穿着深蓝色裙子、白色衬衫和褐色上衣的统一制服。

10—13 岁的女孩属少女队(Jungmädelbund,缩写 JM),定有体育标准,包括跑步、跳远、投球、翻筋斗、走绷索和完成两小时急行军或游泳 100 米。其智力学习则是熟记元首及其战友在"奋斗时期"的英雄业绩,背诵国歌和纳粹党党歌、纳粹党的纪念日、希特勒青年团烈士的姓名,识读德国地图,牢记《凡尔赛条约》的内容,了解散布在世界各地的德意志人状况,以及学习本地的历史、习俗和英雄传奇故事。此外,少女队员还必须参加青年寄宿舍的周末活动,学习铺床、整理行装和干家庭杂活。

德意志女青年团正式团员的年龄为 14—16 岁,其训练内容与少女队大致相同,但加强了纳粹主义理论灌输和长途野营拉练。

17—21 岁的女青年团员进入"忠诚与美丽"(Glaube und Schönheit)组织。该组织是直接为成员当贤妻良母作准备的,训练的重点是家政、生活美化、体质训练、健康指导、身体韵律和女性风度等。

表 5-1　希特勒青年团(广义)成员数变化情况①(1932 年底—1939 年初)

(单位:人)

	希特勒青年团员(狭义)	少年队员	德意志女青年团员	少女队员	总数(即广义希特勒青年团成数)	10—18 岁居民总数
1932 年底	55 365	28 691	19 244	4656	107 956	
1933 年底	568 288	1 130 521	243 750	349 482	2 292 041	7 529 000
1934 年底	786 000	1 457 304	471 944	862 317	3 577 565	7 682 000
1935 年底	829 361	1 498 209	569 599	1 046 134	3 943 303	8 172 000
1936 年底	1 168 734	1 785 424	873 127	1 610 316	5 437 601	8 656 000
1937 年底	1 237 078	1 884 883	1 035 804	1 722 190	5 879 955	9 060 000
1938 年底	1 663 305	2 064 538	1 448 264	1 855 119	7 031 226	9 109 000
1939 年初	1 723 886	2 137 594	1 502 571	1 923 419	7 287 470	8 870 000

　　纳粹统治早期,曾规定 14 岁以上的男女少年在农忙时必须参加农村劳动服役。以后成为制度,规定这些男女少年必须经过为时一年的"下乡年"。在这一年里,少年们上午参加农业劳动,下午参加集体学习,学习内容为纳粹运动史、种族学和时事讲座。农忙时全天参加劳动。1935 年 6 月 26 日,纳粹当局颁布《国家劳动服役法》(*Reichsarbeitsdienstpflicht*),规定 18 岁以上的青年必须参加国家劳动服役,并为此组建了"国家劳动服役队"(Reichsarbeitsdienst,缩写 RAD)。在实际执行中,男青年由于还需要到军队服役两年,一般在 18 岁那年参加劳动服役半年,其间穿着统一制服,用尖镐和铁锹从事无报酬或低报酬(每天 25 芬尼)的艰苦劳动,过兵营式生活。女青年在 18—21 岁期间,到城乡德意志家庭内从事家务服役一年,帮助农民料理家务并参加田间劳动,这样既能腾出农村劳动力,又能使女青年实践婚前家政。

　　1935 年纳粹党党代会曾经勾勒过男性纳粹接班人成材的全过程:男孩子参加少年队,然后转入希特勒青年团;青年参加冲锋队、党卫队或纳粹其

---

① 表格中的数据来自 1939 年 3 月 25 日希特勒的第二项命令,见 J. Noakes and G. Pridham, *Nazism*, *1919-1945*: *A Documentary Reader*. *Vol*. 2: *State*, *Economy and Society*, *1933 - 39*. p. 420.

他准军事组织,服义务劳役,然后应征入武装部队;从陆、海军退役的青年人,重新回到冲锋队、党卫队或其他纳粹组织。这样,一个过程才算完成。在纳粹时期,青年要进大学,也必须先在劳动服役队或军队内呆两年半。[1]

在希特勒青年团的运作过程中,青年营由于时间紧凑、内容丰富而得到相关部门的重视。在 1937 年出版的相关手册上,刊登了全国青年领袖办公室下属文化处制定的两周青年营的活动内容指南,从中可以看出青年营的活动内容,以及希特勒青年团对德国青年的灌输内容。指南内容为:

> 7 月 10 日,星期五:
>
> 口令:阿道夫·希特勒
>
> 座右铭:希特勒就是德国,德国就是希特勒!
>
> 中心话语:我们要永远感谢元首阿道夫·希特勒,他使我们能在今天开营。
>
> 歌曲:向前,向前……
>
> 营日主题活动:考虑到营员在赴营路上较为疲倦,暂停。
>
> 7 月 11 日,星期六:
>
> 口令:巴尔杜·冯·席拉赫
>
> 座右铭:任何破坏我们团体的企图,见鬼去吧。
>
> 歌曲:我们不是平民、农民、工人……
>
> 营日主题活动:我在希特勒青年团里要干什么?(使用全国青年领袖办公室的小册子)
>
> 7 月 12 日,星期日:
>
> 口令:德国
>
> 座右铭:德国,德国,高于一切!
>
> 早仪式上的誓词:我们加入希特勒青年团不是为了谋生,不是为了日后当公务员或到其他地方供职,而是为了无私地为祖国服务,就像歌

---

[1] Richard Grunberger, *A Social History of the Third Reich*, p. 403.

中所唱："我们跳动的心永远忠于德国。"

歌曲：我们的旗帜升起来……

营日主题活动：因周日有体育比赛等活动，暂停。

7月13日，星期一：

口令：维杜金德（Widukind）①

座右铭：成为一个民族是现时代的宗教。

中心话语：如果我们为建立一个统一的青年组织而战斗，让所有的青年都进入其中，我们就是在为民族作奉献，因为青年的今天就是民族的明天。

歌曲：神圣的祖国啊……

营日主题活动：我们要牢记祖先们的遗愿。（使用全国青年领袖办公室的小册子）

7月14日，星期二：

口令：弗里德里希大王

座右铭：活着固然重要，尽责更为崇高！

中心话语：我们推崇志愿原则，这是我们共同的基础。

歌曲：我们的队伍向前进……

营日主题活动：普鲁士主义，我们的理想！

7月15日，星期三：

口令：席尔②

座右铭：德国的国防，德国的荣誉。

中心话语：席尔曾经痛惜普鲁士因没有国防力而失去荣誉。阿道夫·希特勒使德意志民族夺回武器，因而为德国恢复了荣誉。我们要

---

① 8 世纪时的萨克森首领，曾英勇抗击法兰克王卡尔。

② 斐迪南·巴普蒂斯塔·冯·席尔（Ferdinand Baptista von Schill，1776—1809），普鲁士少校，死于反对拿破仑的解放战争中。

永远强大,决不再失去荣誉。

歌曲:现在,我们必须进军……

营日主题活动:士兵保卫着德国的发展。(使用全国青年领袖办公室的小册子)

7月16日,星期四:

口令:朗格马克(Langemarck)①

座右铭:你永远不能虚度光阴!

中心话语:营区领袖告诫我们,青年应该尊敬在世界大战中捐躯的两百万壮士。他们为德国而死;我们也应该为了德国而强壮自己。我们是斗士们的接班人。世界大战斗士们身上的污泥已经洗净(他们曾被指责为凶手),全体德意志青年怀着崇敬的心情朝圣他们的捐躯之地,扶起倒下的军旗。

歌曲:野鹅穿过黑夜……

营日主题活动:第三帝国扎根于世界大战。(使用全国青年领袖办公室的小册子)

7月17日,星期五:

口令:里希特霍芬②

座右铭:民族,再次腾飞!

中心话语:营区领袖讲述世界大战中德国战斗机飞行员的献身事迹。我们永远不会忘记英奈尔曼(Innelmann)、伯尔克(Oswald Boelcke,1891—1916)、里希特霍芬这些名字。如今我们拥有了强大的空军,但仍然坚持以弱胜强的传统。

歌曲:士兵背着来福枪……

---

① 第一次世界大战的战场之一,位于比利时境内,在那里,一群德国大学生曾经高唱着"德国,德国,高于一切"的歌曲,列队径直走向英军的机枪发射点。

② 指曼弗兰德·冯·里希特霍芬(Manfred Baron von Richthofen,1892—1918),第一次世界大战中的德国飞行员,曾击落80架敌机。

营日主题活动:朗读著名航空书籍中的信件和段落。

7月18日,星期六:

口令:施拉格特①

座右铭:让斗争成为青年的最高目标!

中心话语:本营领袖教导我们要成为战士,要像成人一样地牢记:挫折使我们更强壮! 权利不是来自乞求,而是来自战斗! 勇敢是美德! 战斗者将获得权利,不战斗者将丧失一切! 凡是我们自己能做的,我们决不依赖上帝。我们唯一需要祈祷的是:不要让我成为懦夫!

歌曲:打开血染的旗帜……

营日主题活动:德意志人在世界——《凡尔赛条约》是我们沉重的枷锁。(使用全国青年领袖办公室的小册子)

7月19日,星期日:

口令:海尔伯特·诺库斯②

座右铭:为德国的奉献是神圣的事业!

歌曲:让旗帜飘扬……

早仪式:这是一个较大的仪式。

基本思想:只要我们将海尔伯特·诺库斯的献身精神作为自己毕生的追求,我们就不能被称作不信教者。

营日主题活动:因周日有家长见面、竞赛活动等,暂停。

7月20日,星期一:

口令:血统

座右铭:保持纯洁,走向成熟。

---

① 指阿尔贝特·莱奥·施拉格特(Albert Leo Schlageter,1894—1923),第一次世界大战中的德国军官,战后参加纳粹党,鲁尔危机期间因从事破坏活动被法军射杀,后被纳粹党奉为烈士。
② 海尔伯特·诺库斯(Herbert Norkus,1916—1932)是希特勒青年团员,1932年死于同共产党员的街头对抗,后被纳粹党推为"烈士"。

中心话语：营区领袖转述华尔克·弗兰克斯（Walker Flex）的上述座右铭，要求男青年洁身、非礼勿思、非礼勿行。"服务是服务，酗酒是酗酒"这样的话不适合我们，我们坚持"非此即彼"。

歌曲：青年人，永向前，你们的时代已经到来……

营日主题活动：希特勒青年团员的理论考试，"德意志青年"的表彰活动。

7月21日，星期二：

口令：荣誉

座右铭：作为青年团员，荣誉高于生命！

中心话语：营区领袖诠释座右铭。

营日主题活动：同7月20日。

7月22日，星期三：

口令：老卫兵

座右铭：即使我们都死去，德国也必须生存。

歌曲：我们行军穿过大柏林……

结业典礼（晚上）：营区领袖作最后演说。营员依次背诵每天的口令。"德国"一词将铭记终生。

为了培养纳粹事业的继承者，当局还创办了特种学校，用于培育纳粹精英，即未来的政治官员和政治立场坚定的专业技术干部。

民族政治教育学院（Nationalpolitische Erziehungsanstalten，缩写NPEA），简称"那波勒"（Napola），是纳粹特种学校中的初始类型。1933年4月20日，时任普鲁士文教部长的伯恩哈德·鲁斯特下令，在位于普伦（Plön）、科斯林（Köslin）和波茨坦（Potsdam）的三个旧军官学校的校址内创办民族政治教育学院，作为向希特勒的生日献礼。[①]此类学校最初由政府教育部经办。到1938年，从原来的3所发展到23所，其中1所建在原奥地利

---

① ［德］古多·克诺普：《希特勒时代的孩子们》，王燕生、周祖生译，人民文学出版社2006年版，第158页。

境内,1 所建在苏台德地区。到 1942 年,更是发展到 40 所,其中 3 所为女校。

民族政治教育学院建立之后,立即引来许多人关注。国防部长勃洛姆贝格称赞这类学校的学生:"只有这样的孩子才是真正的男孩,这样的人才是真正的男人。"[1]冲锋队对其也颇为青睐,一度想占为己有。冲锋队参谋长罗姆在观看了 1933 年 10 月 28 日普伦民族政治教育学院学生的操练之后,当即表示可以用他的名字为这所院校命名。1933 年秋末,冲锋队要求所有的教师和助教若非政府雇员,必须获得冲锋队内相应的军衔。[2]也就是说,不是政府雇员的教师如果不参加冲锋队,就将失去执教资格。以后由于罗姆垮台,冲锋队的要求才未能得逞。党卫队领袖希姆莱则一直想把这三所学校作为党卫队的预备学校。当希特勒在党代会上一再表示"政治教育应该由党来进行,而不应交给国家机关或国家任命的教师"之后,[3]党卫队立即趁机强势介入。1936 年,民族政治教育学院的监护权由教育部长授予党卫队分队长奥古斯特·海斯迈尔,由党卫队派驻自己的官员任教官。逐渐地,党卫队完全控制了这类学校。

在招生方面,优秀的种族血统和过人的身体素质是主要条件。入学之前,不仅要仔细审核学生的家谱,还要对学生进行身体特征辨别。根据《纳粹党初级读本》(*The Nazi Primer*)的说法,从人种上说,德国存在六种人:北欧人(Nordic)[4]、费利人(Phalic)、西部人(Western)、迪纳瑞克人(Dinaric)、东部人(Eastern)以及东波罗的人(East Baltic)。其中北欧人是最优秀的种族,其后的三种人与北欧人血缘相近,各有所长,而最后两种则只适合作为仆人或跟班。[5]因此,在包括民族政治学院这些特种学校的招生工作中,首先要将学生归类,如果属于后两种人,就立即淘汰。此外,有身体缺陷的学生也不会被录取。这种体检不止一次,学校会不定期对学生身体

① [德]古多·克诺普:《希特勒时代的孩子们》,第 160 页。
② H. W. Koch, *The Hitler Youth: Origin and Development 1922–1945*. p. 183.
③ Richard J. Evans, *The Third Reich in Power*. New York: Penguin book, 2006, p. 283.
④ 一般汉译成"诺迪克人"。
⑤ Amy Beth Carney, "*As blond as Hitler*": *Positive Eugenics and Fatherhood the Third Reich*. The Florida State University, 2005(unpublished), p. 38.

发育情况进行再检查。体检相当严格,往往有许多学生被淘汰。然而在再检查中,只有极少数学生被剔除。学校招生时间为每年 11 月 1 日,地方学校必须将小学 3、4 年级(即 10 岁左右)中有入学意向的学生名单提交当地的学校管理部门。管理部门通过官方渠道将这份保密的名单交付附近的民族政治教育学院。学院派出相关人员,在地方学校管理部门工作人员的陪同下前往小学,审查候选人的课堂表现和升学考试情况。每个申请者都将接受为期八天的考试,内容包括文化知识和身体及性格测试。新生名单由各个学院自己确定,一般由各校最高领袖参考教师和医生的意见后裁定,然后提交党卫队地区总队长批准。每所学院每年大约会收到 400 名候选人的名单,其中只有不到 1/5 的人能够参加入学考试,应试者中只有不到 1/3 能够被录取。①理论上,纳粹党员的子女和军官子女享有入学优先权,但实际上,学生大多来自农村和劳工家庭。考试一般为上午考德语拼写和写作,以及算术、历史、地理、生物和一般的常识,下午则进行身体测试,包括游泳(或者是"勇气测试",诸如将不会游泳的人扔入游泳池,再由站立一旁的救生员救出)、田径、障碍赛跑、野外演习(含阅读地图)。部分野外演习在夜间进行,通常采取准军事训练的模式,比如俘虏敌方哨兵,被摩托车丢弃在数公里外,在完全陌生的环境中自己找回营地等。在通过入学考试后,学生还有六个月的考察期,一旦被证明无法满足日益提高的要求,将在下半学期被开除。

民族政治教育学院的学生名义上要缴纳一定的学杂费,每月从 50 马克至 120 马克不等,一年大约要交 1200 马克,但事实上往往能通过各种不同途径获得减免,一般每年只需缴付 50 马克。因为在纳粹当局看来,父母的家庭经济情况将不予考虑,唯一决定孩子能否进入该学校并留下来的因素是他们的个人素质和成功的表现。尤其是在欧战爆发后,学校更是大量减免学生的学费,如 1943 年,本斯贝格(Bensberg)学院只有三名学生在他们的第一学年交纳了一点费用。学生的课本、练习册等学习用品的费用也被

---

① H. W. Koch, *The Hitler Youth: Origin and Development 1922－1945*. p.185.

免除。①

在教学内容和过程方面,海斯迈尔认为民族政治教育学院不同于现有中学中的任何一种类型,其"目标是,使年轻人不再接受单纯的知识教育,而要接受真实的教育,即在紧密联系的共同体中的总体教育,包含了尽可能多的人类力量的教育,像政治教育那样培育了个人、形塑了团队的教育"②。此类学校实行寄宿制,学生按军队方式编组,以排为基本学习单位,但文化学习在一定程度上得到保证。学校的教学计划由教育部主管,基本上参照普通高中。各个学院在教学上各有自己的侧重点,但普遍趋势是加大体育课的比重。各校都认为,最好的课程比例是:每周4节德语课,4节拉丁语课,5节英语课,3节数学课,2节艺术课,1节宗教指导课,1节音乐课,5节体育课。学生每天要学习领会纳粹党报《人民观察家报》的社论。军事体育课的主要内容是拳击、划船、航海、滑翔、射击、驾驶摩托车和摩托艇。还举行模拟军事演习,往往在140平方公里的方圆内进行,师生共同参加。学生在第六学年要下乡6—8周,第七学年下工矿企业6—8周。当时的中学是每天上午上课,下午则是做家庭作业或从事体育活动,但民族政治教育学院与此不同。它每天的课程从早上8点开始,上两节文化课,跟着上三节活动课,下午也是同样的模式。这样的安排是为了让学生更深刻地认识到,教育不仅仅是学习课本知识,它还应该包括智慧、体能、艺术以及政治能力训练的相互作用过程。③学校还经常举行各类竞赛,获胜者将参加春秋季的运动会,或者到野外度假和远足。每个学年有三个较长的假期:圣诞节、复活节、暑假。学生毕业前要经过考试,并获得大学入学考试评定,这让他们有资格进入高等院校。学生在毕业前大多能到国外交流学习,部分学生被送往德国前西南非洲殖民地的首府温得和克(Windhock),有一些被送往美国,但更多的学生前往英国。他们在感受异国风情的同时,感触最深的往往是资本主义世界对自己国家的"曲解"和指责。④

---

① H. W. Koch, *The Hitler Youth: Origin and Development 1922–1945*. p. 186.
② R. H. Samuel and R. Hinton Thomas, *Education and Social in Modern German*. p. 52.
③ H. W. Koch, *The Hitler Youth: Origin and Development 1922–1945*. p. 187.
④ 这种交流随着1939年战争的爆发而停止。

尽管当局对该类学校学生的文化水平寄予厚望,但结果还是令人失望。据主管者海斯迈尔透露,民族政治教育学院学生的知识水平,"不是高于而是低于德国高中学生的平均水平"①。1942年,全国40所民族政治教育学院全部改名为德意志寄宿学校。它们除继续承担原有任务外,还负责接纳战争中阵亡将士的子女,以及出外执行任务的官员和科学家的子女。

此类学校主管权的争夺,导致了第二种学校的诞生。原来,青年团领袖席拉赫想染指民族政治教育学院,但希姆莱、鲁斯特等显要人物以他年纪轻、缺少经验、不足以培训德意志未来的精英为由,②将他排除在外。于是,他和劳工领袖莱伊一起,着手组建更具纳粹色彩的特种学校。同时,不少纳粹党官员并不满足于民族政治教育学院的建设,在他们眼里,"它是一种反动的旧普鲁士传统的回归,而不是为第三帝国培养新一代精英的现代制度"③。于是,阿道夫·希特勒学校(Adolf-Hitler-Schulen,缩写 AHS)应运而生。

此类学校从1936年开始组建,第一所于1937年2月1日落成。它们直接隶属于纳粹党-希特勒青年团系统,总体事务由全国青年副领袖库特·彼得(Kurt Petter)主管,并且在纳粹党政治指导办公室中设置阿道夫·希特勒学校办公室(Amt Adolf-Hitler-Schulen)。④各校事务则由当地的希特勒青年团和纳粹党大区领袖分管。由于其目标是建成史无前例的、独立于现存国家教育框架之外的教育体系,所以教学安排更为灵活,纳粹党的培养目标体现得也更为直接。但由于纳粹党的经费不如政府系统充裕,受此制约,尽管预定目标是每个大区都要建造一所此类学校,但是直到欧战结束,全国只建造了10所,学生的总容纳量为3600名(每年总招生数为600名),其中比较著名的是不伦瑞克学校。

据1937年1月15日由席拉赫和莱伊联合发布的命令,此类学校的学

① Richard Grunberger, *A Social History of the Third Reich*. p. 377.
② H. W. Koch, *The Hitler Youth*: *Origin and Development 1922-1945*. p. 183.
③ Richard J. Evans, *The Third Reich in Power*. p. 283.
④ R. H. Samuel and R. Hinton Thomas, *Education and Social in Modern German*. p. 52.

生来自少年队,从 12 岁儿童中选拔,受训 6 年后毕业。①学生不必自己报名,也毋需经过文化考试,一般由各地希特勒青年团的领袖从 11 岁的少年队员中预选候选人,主要标准是具有纯德意志血统(白肤、金发、碧眼者有优先权),然后经由所谓"正直的"党的地方领袖正式推荐,即进入选拔程序。生理条件尤为重要,如 1940 年,此类学校在巴登地区选拔新生,48 个获提名者中就有 14 人基于身体原因无法入选。②而且这种检查非一次性的,以后学校会不定期根据学生身体发育情况进行再检查。体检合格者还要通过为期两周的青年营生活考察。在那里,他们被分成 5—8 人一组,由一名希特勒青年团的小队长带队,进行侦察演练、器械体操、夜行军等考核。这种考核是极富竞争性的,但勇气和忍耐力则是决定性的因素。如选拔过程中有拳击比赛,一位名叫约阿希姆·鲍曼的候选人被要求与一名强壮的学员对决,结果自然是失败。但由于他在其中表现出了勇气和意志力,党的大区领袖当即裁定其是学校"正确的人选"。③选拔工作的最后程序,是由党的大区领袖组织一个委员会进行面试,并综合考虑其他因素,决定录取的名单。

阿道夫·希特勒学校的训练重点是军事体育和在纳粹党内外从事领导工作的能力。学生全部住校,以小队为基本活动单位。每小队有 1 名高年级学生指导铺床和穿衣等内务,以及个人卫生和行为举止规范。教学方法是在教官的监管下,通过队际竞赛和集体评议,从事斯巴达式的训练。学生要记录个人成绩和品德评语,有升留级制度。毕业文凭可作为升大学的学历依据。与民族政治教育学院相比,它更加重视身体素质的训练。建校初期,它为学生安排体质训练每天 5 课时,文化学习 1 课时(含阅读纳粹报刊)。以后文化课比重提高到每周 22 课时,体质训练 15 课时。而体育课的内容也经常别出心裁,考验胆量是其重要组成部分。学生们必须从松特霍芬城堡(Sonthofen)最高宿舍楼的阳台上越过栏杆往下跳,他们事先并不知道下边会有一个帆布兜接着。这是为了训练他们的勇气和信任上司。他们

---

① J. Noakes and G. Pridham, *Nazism*, *1919 – 1945*: *A Documentary Reader*. *Vol. 2*: *State*, *Economy and Society*, *1933 – 39*. p. 435.

② H. W. Koch, *The Hitler Youth*: *Origin and Development 1922 – 1945*. p. 186.

③ [德]古多·克诺普:《希特勒时代的孩子们》,第 181 页。

还在结了冰的湖面上凿两个相距 10 米的冰洞,学员要从一个洞下去,从另一个洞出来。这种运动对普通孩子而言已经超过了其体能的极限。

由于过分强调体育课,忽视文化课,其结果逐渐显现出来。1942 年,罗伯特·莱伊和席拉赫在一所阿道夫·希特勒学校视察,当他们向学生询问纳粹党党纲的内容时,竟没有一个人能够回答,有的学生甚至强词夺理地说:"对我们来说,民族社会主义远比党纲重要。"①此后,学校的课程设置略有调整,文化课的比重有所提高。但即便如此,由于教师来源复杂,资质各异,既有大学讲师,也有党的官员和前青年运动的成员,等等,再加上长期缺乏既符合意识形态要求又具备教学价值的教材,所以学生的文化水平一直为人们所诟病。

特种中等学校中有一所更为特殊的学校,那就是冲锋队组建的学校。冲锋队染指民族政治教育学院的尝试失败后,就于 1934 年 1 月组建了直属于自己的特种学校,即位于施塔恩贝格尔(Starnberger)湖边的民族社会主义高等学校(NS Hohe Schule)。"长刀之夜"事件发生后,该学校受到纳粹党司库弗兰茨·克萨韦尔·施瓦茨的保护,得以幸存,后来又归附于赫斯办公室,得到马丁·博尔曼的鼎力支持。1939 年 8 月 8 日,赫斯将它重新命名为费尔达芬纳粹党国家学校(Reichsschule der NSDAP Feldafing)。②学校独立于教育部,进行 6—8 年的中学与实科学校相结合的教育。由于马丁·博尔曼的关系,该校获得了充足的资金保障,因而其设施和运作都是奢华型的。学校拥有 40 幢别墅作为学生宿舍,25 辆摩托车供运动使用,学生们在美丽的草地上学打高尔夫球,在施塔恩贝格尔湖上划着奥林匹克新赛艇。它在教学计划制订方面得到民族社会主义教师联盟的帮助,其课程只限于"那些对未来的国家公民必要的东西,对于他的职业以及对于协助纳粹党建设工作必要的东西"③。其课程设置主要是德语、历史、地理和政治,每周的体育课达到 14 节。毕业考试为参加一次谈话,并自选题目写一篇文章。这类文章往往是在纳粹世界观的指导下,对历史的认识或者对未来的憧憬,以

---

① [德]古多·克诺普:《希特勒时代的孩子们》,第 211 页。
② Richard J. Evans, *The Third Reich in Power*. p. 288.
③ [德]古多·克诺普:《希特勒时代的孩子们》,第 208 页。

及个人志向的表达等。这所学校成了纳粹特种学校中最成功的一所。

培养纳粹官员的高级学校为骑士团城堡学校(Ordensburgen,缩写 NS-O),主要建立于 1936—1937 年。此类学校由纳粹党全国组织领袖罗伯特·莱伊领导。之所以取名为"骑士团城堡",主要是模仿中世纪德意志骑士团的气氛,让学员和民众感受到高贵和神秘。此类学校全国共有四所,各有不同的训练重点:座落于波美拉尼亚的克罗辛泽城堡(Crössinsee)的训练重点是拳击、骑术和滑翔等;位于南德的松特霍芬城堡(Sonthofen)的训练重点是登山和滑雪;座落于莱茵区的福格尔桑城堡(Vogelsng)重点是体格锻炼,拥有当时世界上最大的设备优良的健身房;马林堡城堡(Marienburg)的重点是强化灌输纳粹主义思想。

每所城堡学校拥有 500 名教职工,可接纳 1000 名学员。城堡内气氛神秘,纪律严明,训练严格。学员在为时六年的就学过程中,依次在各个城堡受训,每个城堡受训期为一年半。其学员由纳粹党大区领袖和分区领袖直接推荐,大多是阿道夫·希特勒学校的优秀毕业生。他们 18 岁从阿道夫·希特勒学校毕业,经过为时半年的国家劳动服役队服役,两年军队服役,再从事四年党卫队等工作,入学时一般 25 岁左右,进校后被称为"容克"。由于校内轻视文化学习,学员的文化水平很低。据福格尔桑城堡的领导层估计,学员中只有 1% 达到大学生水平,10% 达到高中水平,大部分只达到初中水平。①按照原定计划,骑士团城堡学校的学生毕业后,即可成为纳粹高级官员,但因受到原有官员的阻挠,实际上大多被派往东部占领区任职。

纳粹党意识形态阐释者罗森贝格还试图建立"纳粹党高等学校"(Hohe Schule der NSDAP),以取代原有的大学来培养纳粹精英分子。他在美因河畔法兰克福(Frankfurt am Main)建立反犹研究所,并拟制出在巴伐利亚州希默湖(hiemesee)附近建校的方案,后出于种种原因未能成功。

战争的来临为纳粹党特种学校带来了新的机遇和希望,但也将这一教育体制带向了终点。1944 年 12 月 7 日,希特勒下令,所有现役士兵和预备

---

① Richard Grunberger, *A Social History of the Third Reich*. p. 381.

军官只有经过特种学校的培训才有资格获得国防军和党卫队的领导岗位。①于是,各类特种学校都紧急行动起来,教学也日益军事化。孩子们热切希望能够走上战场。当战场形势表明战争有可能迅速结束时,有的孩子甚至悲叹自己无法赶上战斗。然而,形势很快变得残酷起来。一批又一批特种学校的学员走上战场,但伤残和死亡的命运也降临到这些 14—15 岁孩子的身上。早在 1944 年 3 月,海斯迈尔就向希姆莱汇报说:"来自 NPEA 的年轻的领导接班人在敌人面前证明了他们完全经受住了考验……(有)1226人阵亡、失踪……"②实际的阵亡人数远不止这些。然而,纳粹当局并没有因此而考虑放弃特种学校的计划,"没有一所特种学校接到过上级关于解散的命令"③。但是,当特种学校还在雄心勃勃地准备实施来年的招生和教学计划之际,它们所在的地区已经一个个落入了盟军的手中。

---

① [德]古多·克诺普:《希特勒时代的孩子们》,第 223 页。
② [德]古多·克诺普:《希特勒时代的孩子们》,第 225 页。
③ H. W. Koch, *The Hitler Youth : Origin and Development 1922 - 1945*. p. 195.

第六章　纳粹种族与人口政策

第一节　"纽伦堡法"[①]

纳粹主义以种族理论为基础,其必然的逻辑结果,就是大力推崇以本族为代表的所谓北欧雅利安人,竭力贬低"低等种族"。在纳粹统治时期,"低等种族"中的最大受害者是犹太人,其次还有吉普赛人和斯拉夫人。

犹太人在德国定居已有一千多年历史,1933 年有 50.3 万人,占全国人口总数的 0.76%。在德犹太人的城镇化率比较高,70.7%(35.5 万人)的犹太人居住在人口高于 10 万的较大城市中,仅居住在柏林的就占到约 1/3。然而由于各个城市的人口基数不同,犹太人在城市人口中所占比重最高的却是美因河畔法兰克福,为 4.71%;柏林位居第二,占 3.78%;位于第三的是布雷斯劳,占 3.23%。[②]在职业分布方面,犹太人从事农业、工业和手工业生产的较少,但在其他领域却有较强的体现,如商业和文化业,其中包括艺

---

① "纽伦堡法"是纳粹德国反犹、排犹过程中颁布的一系列法案的合称,包括《保护德意志血统与荣誉法》《德国公民权法》《关于德国公民权法的第一个补充法令》等。

② J. Noakes and G. Pridham, *Nazism*, *1919 - 1945*: *A Documentary Reader. Vol. 2*: *State*, *Economy and Society*, *1933 -39*. p. 522.

术自由职业、文化自由职业和知识自由职业。①见表6-1、6-2。

表6-1 1933年德国犹太人的职业分布状况

职业	从业人数	犹太就业者所占的比重(%)
律师和公证人	3030	16.6
经纪人和代理人	1722	15.02
专利律师	79	13.28
医生	5557	10.88
旅游推销员和商业代理人	24 386	9.20
牙医	1041	8.59
房产管理人	297	8.59
皮货商	1198	6.33
戏院与影院经理	60	5.61
法律顾问(无法学学位)	165	5.40
其他类型的产业主和赁借人	66 891	5.05
编辑和作家	872	5.05

表6-2 1933年德国就业者分布状况及犹太人在其中所占比重

行业	从业总人数(单位:千人)	从业人数在总人口中的比重(%)	犹太人从业人数(单位:千人)	犹太从业人员在犹太人中的比重(%)	犹太从业人员在总人口中的比重(%)
农业与林业	9343	24.5	4.2	1.4	0.04
工业与手工业	13 053	34.2	55.7	18.5	0.43
商业	5932	15.6	147.3	48.9	2.48
公共服务与自由职业	2699	7.1	30.0	9.9	1.11
家政服务	1270	3.3	3.4	1.1	0.27
无专业技能的自由职业者	5822	15.3	61.0	20.2	1.05

资料来源:J. Noakes and G. Pridham, *Nazism*, *1919—1945: A Documentary Reader. Vol. 2: State, Economy and Society*, *1933—39*. University of Exeter, 1984, pp. 522-523.

---

① 罗衡林:《通向死亡之路:纳粹统治时期德意志犹太人的生存状况》,人民出版社2006年版,第65页。

　　纳粹当局对犹太人的政策，从反犹，到排犹和屠犹，有一个发展过程。希特勒执政之初，对如何处理犹太人问题，并无一个细致明确的时间表。德国犹太人，不仅由于其拥有一定的经济实力而涉及国内的经济恢复问题，同时由于其在国外尤其是美国具有一定的影响，还牵涉到希特勒政权的外交空间问题。

　　1933 年 3 月，各地的纳粹分子即开始袭击犹太人。3 月 11 日起，布雷斯劳的犹太法官和律师接连遭到冲锋队员的袭击，有些被打得头部血流如注。据美国驻莱比锡领事同年 4 月 5 日的报告称：在德累斯顿，身穿制服的纳粹分子在数周前袭击犹太人祈祷室，中断那里的晚祷仪式，逮捕 25 名祈祷者；在开姆尼茨（Chemnitz），18 家犹太人商店，其中包括 1 家面包店，被穿制服的纳粹分子打碎玻璃橱窗；5 名波兰犹太人在德累斯顿遭逮捕，每人被强迫喝下半升的蓖麻油，还有一些犹太人被强迫剃去胡子，或理出怪发型。①

　　3 月下旬，纳粹党内狂热的反犹分子、法兰克尼亚大区领袖尤利乌斯·施特赖歇尔组织了一个行动委员会，负责鼓动民众展开一场抵制犹太人商店、商品、医生和律师的行动。同月 28 日，纳粹党根据该委员会的建议，发布一项包含 11 点计划的命令，刊登在翌日的《人民观察家报》上。命令规定各地党组织都要组建相应的行动委员会负责抵制行动，力争做到所有德意志人都不到犹太人商店里购物，②抵制犹太人的商行、货物、医生和律师。30 日，戈培尔向新闻界声明"德国政府决定对犹太商店进行抵制"，宣布 4 月 1 日为全国"抵制犹太人活动日"。由此，抵制犹太人的行动在全国范围内展开，身着制服的冲锋队员站立在犹太商店门口，劝阻民众不要进入。犹太商店橱窗上都被画上大卫六角星，还贴上大幅纸片，上面写着："德意志人不允许购买犹太人的商品。犹太人是我们的灾祸。犹太人手中的每一个马克都盗自我们的祖国。"在巴登（Baden），纳粹党地区领袖发布一个公告，上面写着："德国同胞们！避开标有抵制标志的房子！抵制所有的犹太企业！不要在

① Jeremy Noakes and Geoffrey Pridham (ed.)，*Documents on Nazism*，*1919 - 1945*．p. 460.
② Jeremy Noakes and Geoffrey Pridham (ed.)，*Documents on Nazism*，*1919 - 1945*．pp. 460 - 461.

犹太百货商店里购物！不要光顾犹太律师的事务所！避开犹太医生！犹太人是我们的灾祸！加入到集体示威游行中去！"①

无奈中的犹太人只得求助于《魏玛宪法》和宪法的维护者——总统,因为《魏玛宪法》的两项条款可以用来维护犹太人的利益。第 128 条规定:"国家对所有公民一视同仁,并允许其担任公职。"第 135 条规定:"保证德国境内所有居民的信仰自由和行动自由。"甚至第 109 条关于"所有德意志人是平等的",也可以作有利于犹太人的解释。1933 年 2 月 23 日,一位名叫弗里达·弗里德曼(Frieda Friedmann)的女士,写信给兴登堡总统,诉说自己的痛苦:"我于 1914 年订婚,但我的未婚夫 1914 年阵亡了,我的两个兄弟也分别于 1916 年和 1918 年阵亡。还有一个兄弟威利从战场上归来时已经瞎了眼睛……1920 年我与一位残疾军人结婚,由于他的残疾,我与他过着极其不幸的生活,我长期以来承担着全家的生活重担。他们都曾获得过为祖国立功的铁十字勋章,然而,现在我们的祖国是如此地对待他们,《犹太人滚出去!》之类的小册子在大街上公开出售,这些小册子宣传要屠杀犹太人和对犹太人采取暴力行动。我们是犹太人,我们对祖国已经尽了我们应尽的所有义务。总统阁下,想想犹太人对祖国做出的贡献,难道不应该设法采取一些补救性措施吗? 当犹太人占德国 6000 万人口中不过 1% 的时候,这种'仇犹'究竟是勇敢的行为还是卑鄙的行为呢?"犹太人的相关团体也向兴登堡总统呈递了要求善待犹太老兵的请求。总统办公室接待了弗里达·弗里德曼,国务秘书奥托·迈斯纳向她表示,总统先生已经对这个家庭痛苦的战争遭遇给予了关心,并强烈反对那些针对犹太国民的不法行为,同时就此事向她致歉。弗里达的信件同时也呈送给希特勒,但后者在信件页边空白处写道:"这位女士的申诉是一个骗局!"②与此同时,德国纳粹分子抵制犹太商店的消息传到国外,引发了美国、英国、法国、比利时和波兰对德国进口商品的抵制运动,纳粹分子竟然因果倒置,将外国抵制运动的组织者说成是犹太人和反德分子,指责他们挑起事端,并声称在德国抵制犹太商品仅仅是针对

---

① ［德］克劳斯·费舍尔:《德国反犹史》,钱坤译,江苏人民出版社 2007 年版,第 295 页。
② 罗衡林:《通向死亡之路:纳粹统治时期德意志犹太人的生存状况》,第 37 页。

他们抵制德国商品的一种经济保护手段。①

　　1933 年 4 月 7 日颁布的《重设公职人员法》，其目的主要是控制政府官吏和公务员队伍，但是其第三款，即"雅利安条款"，直接将打击矛头指向犹太人。该条款规定，"非雅利安出身的公职人员必须退休"。尽管在兴登堡总统的坚持下，条款中增加了"1914 年 8 月 1 日以前已经是公职人员者、参加过第一次世界大战者，或者其父亲或儿子在战争中阵亡者除外"的内容，②但在同年 7 月 20 日颁布的《关于重设公职人员法的补充法令》中，又废除第一次世界大战参加者可以保留国家公职的规定。此外，一系列补充性的条例相继出台，矛头指向担任其他市政公职的犹太人，如：担当评估员、陪审员、商业仲裁人者（4 月 7 日），担当负责专利事务的律师（4 月 22 日），担当政府金融机构陪审员者（4 月 22 日），担当牙医和牙齿技师者（6 月 2 日）。③由此，不少犹太人失去了工作岗位。据统计，717 名非雅利安法官和公诉人中，336 人（47％）被免职，1418 名犹太律师离岗。④在慕尼黑，犹太医生只允许给犹太人治病，并特别规定"犹太医生只允许解剖犹太人的尸体"。⑤各级学校则以"防止过度拥挤"为由，排斥犹太人入学（详见本书第五章）。

　　1933 年 9 月底至 10 月初，当局推出了三项打击犹太人的举措。9 月 28 日，禁止政府部门雇用非雅利安人和与他们通婚者。同日，以德国文化总会成立为契机，再加上同年 10 月 4 日颁布的《编辑法》，把犹太人排除出文化界和新闻业。

　　1935 年年中，纳粹当局内部开始讨论进一步的反犹措施，以便在同年 9 月的纽伦堡党代会上公布。这时，内部出现了两种不同意见。以施特赖歇尔和全国医生领袖格哈尔德·瓦格纳（Gerhard Wagner，1888—1939）为代表的极端反犹派主张对犹太人采取全面的严厉措施，而沙赫特、勃洛姆贝格

---

① ［德］克劳斯·费舍尔：《德国反犹史》，第 292 页。

② Walther Hofer, *Der Nationalsozialismus：Dokumente 1933 - 1945*. S. 287.

③ ［德］克劳斯·费舍尔：《德国反犹史》，第 298 页。

④ J. Noakes and G. Pridham, *Nazism, 1919 - 1945：A Documentary Reader. Vol. 2：State, Economy and Society，1933 - 39*. pp. 527 - 528.

⑤ 罗衡林：《通向死亡之路：纳粹统治时期德意志犹太人的生存状况》，第 73 页。

等稳健派人物则主张谨慎行事，因为全面排犹不仅会影响经济复兴，也不利于德国的对外形象。这时离"长刀之夜"事件才一年时间，反对冲锋队"激进主义"的惯性还未完全平息。在这种情况下，以内政部官员伯恩哈德·勒森纳（Bernhard Lösener，1890—1952）为首的四人专家小组在赶制反犹的《保护德意志人血统与荣誉法》时，不得不采取变通的方法，拟制了A、B、C、D四个方案供希特勒挑选，严厉程度逐个下降。希特勒采纳了D方案，但去掉了"此法律仅适用于纯犹太人"的文字，以此留下拟制针对"半犹太人"的补充性法令的空间。就在专家小组呈送四个方案的9月14日午夜，希特勒当即命令他们立即起草另一项法令——《德国公民权法》，于是，疲惫的专家们再次打起精神，用半个小时的时间赶制出法令。翌日凌晨2∶30，希特勒批准该法令。同日，早已等候在纽伦堡的国会成员在这座非首都城市的文化协会大厅举行特别会议，批准刚刚拟成的法令。①

《保护德意志人血统与荣誉法》（*Gesetz zum Schutz des deutschen Blutes und der deutschen Ehre*）②以"国会深信德意志血统的纯洁是德意志民族未来生存的关键所在"字样开篇，共包含七项条款。主要内容包括：

> 禁止犹太人与德意志公民及相近血统者通婚，为了规避本法律而在境外登记结婚者，其婚姻亦无效，违禁的犹太人将被处以强制劳动；
> 禁止犹太人与德意志人及相近血统者发生婚外性关系，违者处以监禁或强制劳动；
> 犹太人不得雇用45岁以下的女性德意志公民及相近血统者从事家政服务，不得使用德国国旗及其所包含的颜色，而只能使用犹太色彩，违者处以1年以下监禁并罚款，或两种处罚取其一；
> 内政部长将在元首代表的监管下和司法部长的协助下，制定并发布实施细则。

《德国公民权法》（*Reichsbürgergesetz*）则将犹太人排除出德国公民的

---

① J. Noakes and G. Pridham, *Nazism, 1919 - 1945：A Documentary Reader. Vol. 2：State, Economy and Society, 1933 - 39.* pp. 534 - 535.

② 该法俗称《纽伦堡种族法》（*Nürnberger Rassegesetze*）。

范畴,它包含三项条款,其中规定:

> 德国国民有义务服从于自己的国家,只有拥有德国公民权者才能成为德国国民;
>
> 只有德意志人及相近血统者,并以自己的行为证明有愿望及能力忠诚地服务于国家与人民者,才能成为德国公民,获得中央政府颁发的公民证书;
>
> 只有德国公民才享有充分的政治权利;
>
> 内政部长将与元首代表一起编制并发布必要的实施细则。①

9月30日,内政部长弗里克下令,严格执行《重设公职人员法》中的"雅利安条款"(即废除兴登堡总统提出的部分保留条件),规定凡祖父母和外祖父母中有3—4名"全犹太人"的政府官员和公务员,必须立即离职。

从9月30日起,纳粹当局开始拟制关于"半(或1/4犹太人)"的补充性法令。在这一过程中,意见分歧主要产生在作为内政部代表的伯恩哈德·勒森纳和作为赫斯办公室代表的格哈尔德·瓦格纳之间。勒森纳主张缩小犹太人的计算范围,坚持认为4个祖父母中必须有2个以上的犹太人,其本人才能算作犹太血统,而瓦格纳则主张只要有1个犹太人,即"1/4犹太人"也算作犹太人,并主张强制性地让混合婚姻的夫妇分离。勒森纳在争论中甚至搬出了"纳粹意识形态"的概念,认为如果把"半犹太人"也归入"全犹太人"的队伍,犹太人将获得20万名同盟者,而这些人由于拥有一半的雅利安"遗传物质"而变得更加危险。他为了获得盖世太保的支持,还提出,由于这些人既不属于雅利安人群体,也不完全属于犹太人群体,这种无所归属的状态将推动他们走向犯罪。内政部的主张获得沙赫特和外交部长牛赖特的支持。一时间,形成了政府部门与党部机关之间的对立,而希特勒在数周时间内一直不肯表态,甚至还取消了预定在11月5日举行的第二轮会议。1935年11月14日,当局终于颁布了《关于德国公民权法的第一个补充法令》。该法令以瓦格纳提供的草案为基础,但吸收了勒森纳关于收紧犹太人衡定

---

① J. Noakes and G. Pridham, *Nazism, 1919 - 1945: A Documentary Reader. Vol. 2: State, Economy and Society, 1933 - 39*. pp. 536 - 537.

标准的建议,并放缓对混合婚姻者的离婚压力。

《关于德国公民权法的第一个补充法令》共包含七项条款,主要内容包括:

内政部长在与元首代表协商后,可以授予和剥夺公民权,犹太混血儿(Mischlinge)属于该范畴内;

祖辈中拥有 1 或 2 名全犹太人者,属于犹太混血儿,其中拥有 1 名者(即 1/4 犹太血统)属二等混血儿,拥有 2 名者(即 1/2 犹太血统)属一等混血儿,二等混血儿自身加入犹太宗教团体者,属于全犹太人;

祖辈中有 3 名以上全犹太人者,属于犹太人;

祖辈中有 2 名犹太人(一等混血儿),并兼备以下条件之一者,属于犹太人:a. 自身属于犹太宗教团体,b. 与犹太人结婚,c. 自身属于涉犹婚姻的儿女,d. 自身属于涉犹婚外性关系的非婚生子女;

犹太人不得担任公职,但宗教组织除外,在犹太公共学校担任教师者亦不受影响;

犹太人不得成为德国公民,政府官吏中的犹太人必须在 1935 年 12 月 31 日前离职,如果他们在第一次世界大战期间服役于前线,在规定的年限内可以获得全额抚恤金(即不低于离职前的工资),但不得再行增加,到达规定的年限后,依照退休金规定重新计算;

任何清理血统的行动,都必须获得内政部长和元首代表的批准;

元首兼总理(希特勒)对相关行动拥有最后决定权。[1]

在具体实施过程中,在对混血儿的三种处置方案(驱逐、绝育、同化)里,希特勒逐渐选择了同化,因为实施对外扩张计划需要更多的国内忠顺者。

审理违犯《保护德意志人血统与荣誉法》案件由现有的刑事法庭承担,当局没有另外设立特别法庭。审判对象全部是男性,这一方面因为女方需要作为证人出庭指证,另一方面是希特勒认为,在性事行为中男方总是处于主动态势。从 1935 年到 1940 年,共有 1911 人被判杂交犯罪。年度分列数

---

[1] J. Noakes and G. Pridham, *Nazism, 1919 - 1945: A Documentary Reader. Vol. 2: State, Economy and Society, 1933 - 39.* pp. 537 - 539.

字为：1935 年，11 人；1936 年，358 人；1937 年，512 人；1938 年，434 人；1939 年，365 人；1940 年，231 人。①判决的刑期，各地之间有较大的差距。按理说可以在 1 天至 15 年之间论刑，但在美因河畔法兰克福，所判刑期一般在 6 周至 1 年半之间，以至于盖世太保向司法部抱怨，称这样做起不到震慑犯罪、保护德意志民族的作用。但在汉堡，一半的案件判处 1—2 年监禁，另一半判处 2—4 年监禁，个别案件刑期长达 6 年以上。②

　　面对纳粹当局的步步进逼，犹太人的反应如何？在魏玛共和国较为宽松的政治环境中，德国犹太人围绕着自身的发展前景问题，分化成数个社会集团。③其中持"同化论"观点者占据多数，诸同化论集团的总成员数达到 24 万，占犹太人口的一半左右。在同化论者的队伍中，按政治观点划分，可分为左、中、右三部分人。左翼同化论者一般不希望组建犹太人自己的组织，因为他们在将自己作为德意志人看待的同时，也将犹太人的解放与德意志社会的进步方向联系在一起。他们作为马克思主义者、社会民主主义者、民主主义者或自由主义者，分属于不同的德意志政党和社会集团。希特勒上台以后，他们因政治归属方面受到的冲击远大于其种族属性，要么被关进集中营，要么被迫流亡西方或东欧国家。中派同化论者以由一次大战参战者组成的"全国犹太前线士兵联盟"（Der Reichsbund jüdischer Frontsoldaten）为代表，连同家属在内，其影响的人口范围在 15 万左右。他们坚持的信念是："谁将他的鲜血洒向了祖国的祭坛，谁就获得了属于德意志民族共同体的权利。"然而在政治问题上，则持中立立场，联盟章程明确规定："对犹太政党事务、宗教问题以及政党政策的探讨都被排除在外。"希特勒上台后，该联盟放弃了中立立场向右转，并通过一系列单相思式的爱国主义举措谄媚希特勒，甚至将纳粹的"领袖原则"引入联盟，但并未引起希特勒的同情。右派同化论者以"民族德意志犹太人联盟"（Verband nationaldeutscher Juden）为

---

① Cf. L. Gruchmann, "Blutschutzgesetz" und Justiz. Zur Entstehung des Nürnberger Gesetzes vom 15. September 1935' in *Vierteljahrshefte für Zeitgeschichte* 1983. S. 434.

② Cf. Robinsohn, *Justiz als politische Verfolgung. Die Rechtsprechung in Rassenschande-Fällen beim Landgericht Hamburg 1936–1943*. Stuttgart: Deutsche Verlags-Anstalt，1977，S. 52.

③ 本处的主要材料，均引自罗衡林的《通向死亡之路：纳粹统治时期德意志犹太人的生存状况》第一章。

代表,其德意志民族主义情感达到狂热的程度,以至于其他犹太集团认为:"如果在纳粹主义思想体系中没有反犹主义成分的话,这个组织可能已经以纳粹主义为方向了。"它们还将它称为"德意志先头部队",或"德意志犹太人鹰从"。该组织在 1932 年 7 月 31 日的国会选举中,提出的竞选口号是"选择德意志!",并把选票投给右翼的德意志民族人民党。它的竞选广告中这样写道:"我们的祖国是我们的灵魂。通过几个世纪以来在我们家庭里所熟悉的德意志文化,通过德意志母语,通过对德意志祖国土地的热爱,以及通过我们属于德意志民族的知识,我们已经与德国联系在一起了。我们是德意志人,不是为了某些好处,而是由于感情的使然。……不是那种所谓的'种族',而是这种民族感情才具有决定性的意义。谁在感情上属于德意志民族,谁就不会在 7 月 31 日选举中去选择那种犹太人臆想的利益,而会去选择德意志文化和德意志的未来!"希特勒上台后,该联盟不断地谄媚新政府,经常达到肉麻的程度。直到 1935 年春,其头目还在一封致希特勒的信中,要求重新给予"民族德意志犹太人"和雅利安人平等的兵役义务,并向希特勒建议,"划分得到承认的'民族德意志犹太人'和未得到承认的'异类犹太人'之间必要的界限"。然而,对于这种"笨拙而卑鄙的巴结尝试",就连纳粹分子也极为反感,认为"这种所谓的德意志民族感情是极不正常也是毫无意义的"。上述反犹的一系列法案(俗称"纽伦堡法")颁布后,该组织于1935 年 11 月 18 日被当局强令解散,成为最早的牺牲品。

与同化论者观点比较接近的是犹太教自由主义集团,其成员在社会生活方面已经基本与德意志社会同化,但是仍然坚持犹太教信仰。该集团以1893 年成立的"犹太教信仰的德意志国民中央协会"(Der Zentralverein deutscher Staatsbürger jüdischen Glaubens)为载体,并办有《中央协会报》(Zentralverein)作为喉舌。这些犹太人认为,"犹太人是一个民族单位上的族群,而不是一个只能用宗教属性来定义的族群,更不能仅凭宗教信仰来识别和理解犹太人"。他们追求与其他民族同化,希望"成为欧洲人,但保留犹太教",同时主张犹太教应是向所有人开放的宗教。他们中的许多人,实际上已经退出了传统、古老的犹太教圈子,只是在犹太会堂参加大的庆典活动,以及在犹太人公墓区祭扫亡灵。在魏玛共和国"金色的 20 年代"里,该协会拥有 6 万多名正式成员,遍布于全国 46 个犹太人大社区,如加上他们的家庭成员,估计所代表的犹太人在 10 万以上,占犹太人总数的 1/5 以上。希特勒上台后,该集团的不少成员寄希望于新政府会遵守《魏玛宪法》,尤其是将兴登堡总统视为保障宪法实施的支柱。前述弗里达·弗里德曼和其他给兴登堡写信者,大多出自这一集团。然而,1933 年 3 月 23 日《授权法》的出台,使他们预感到宪法将被废除。翌日,该协会出于缓和矛盾并安定人心的目的,发表了一份报刊声明,其中一厢情愿地表示:"几周来,德意志民族处于大规模的政治剧变之中,并发生了针对犹太人的政治报复行动与不法行为。但国家及各州政府尽快恢复平静与秩序的努力取得了成就,国家总理停止个别行动的命令已经产生了效果。"声明呼吁成员们"一定要保持镇定"。然而,纳粹党党报把这种缓和矛盾的尝试看作是犹太人放肆的言行,并宣称:"有着迷惑性名称的'犹太教信仰的德意志国民中央协会'必须习惯于这个事实,即确实有理由把犹太人从德意志人生活的所有领域中排除出去。"

犹太教正统保守派是最坚持犹太人"犹太性"的群体,他们聚集在"犹太保守联合会"(Jüdisch-konservative Vereinigung)内,要求坚持古老传统的犹太教信仰,对与德意志社会同化的问题持保守态度。在他们看来,"唯有犹太民族才是上帝的选民,才接受了上帝所显示的托拉。犹太民族承担着法律的枷锁,有独特的宗教特征,并通过规定的、包含了婚姻禁令在内的宗教法而得到维护"。在他们的民族宗教观念中,"犹太教徒"是等同于"犹太人"概念的,因而也是不可能与基督教社会的德意志人真正同化的。反过来说,他们认为,自中世纪以来,作为"异教徒"和居住在"隔都"里的犹太人,也正是靠着保持自己古老的宗教、语言、文化及风俗习惯,才使自己在这个世世代代遭受歧视和压迫的德意志基督教社会环境中生存下来。在 20 世纪 30 年代初,"犹太保守联合会"大约代表着 16 万以上的德国犹人人。希特勒上台后,这一派最早意识到犹太人可能会遭受迫害,但对此作出的反应却是相当传统和消极的。他们在给希特勒的呈文中这样表态:"如果您,总理先生以及由您领导的民族政府,已经确立了这样的最终行动目标,即要将德意志民族中的德意志犹太人消灭干净,那么,我们将不再热衷于幻想,而宁愿面对痛苦的事实。"在联合会内部,正统的犹太经师们把希特勒上台解释为命运的安排,用宗教式语言对全体德国犹太人实施安抚:"通过在痛苦和忧愁中的英雄气概,把我们道义上和宗教上的人性提到一个更高的层次。"

与正统保守派相近的是犹太复国主义集团,他们不仅坚持犹太教的信仰,而且认为唯有回归巴勒斯坦,重建一个犹太国家,才能为自己找到真正的家园。该集团的组织载体是"德国犹太复国主义联合会"(Zionistischen Vereinigung für Deutschland),喉舌为《犹太评论》。德国犹太复国主义兴起于19世纪末,它是世界性犹太复国主义的重要组成部分。该集团成员认为,"犹太人虽然能够成为德意志国家公民,但从未真正属于德意志民族","不仅同化的实践因反犹主义而失败,而且同化在客观上也是不可能的",犹太人只能"客居地过着无根性的生活",而真正的"扎根"唯有在巴勒斯坦才能成为现实。因此他们明确提出:"只要经济上有可能,所有的犹太复国主义者应该把移居巴勒斯坦列入自己的生活计划中。"然而,就在"德国犹太复国主义联合会"成立的1918年,德国爆发了革命,最后建立了民主的魏玛共和国。由于此后犹太人的社会地位得到明显改善,而在英国托管下的巴勒斯坦,接收犹太移民的幅度也小于预期,因而该团体的成员数不多,1923年为3.3万人,到20年代末下降到2万。希特勒上台之时,该集团清楚地看到犹太人将要面临的厄运。1933年1月31日,即希特勒组阁翌日,《犹太评论》就指出:"作为犹太人,我们必须面对这个事实:一种与我们敌对的势力接管了政权";"在纳粹党的威逼之下,即使没有希特勒的夺权,对犹太人的排除也已经得到了推进"。然而,他们从复国的目标出发,并没有将纳粹上台看作一场灾难,相反,认为这是千载难逢的让犹太人抛弃德意志爱国主义、回到犹太国家、恢复犹太人的民族感、实现犹太复国主义理想的机会。在希特勒上台的当天,犹太复国主义的《犹太人周报》便宣布"一种世界观崩溃了,我们不想为它叹息,而是放眼于未来",当时几乎响起了一片欢呼胜利的声音。[①]

希特勒政权的上台,尤其是1933年4月纳粹分子实施的一系列反犹举

[①] [联邦德国]海因茨·赫内:《党卫队——佩骷髅标志集团》,第388页。

措，使德国犹太人看到了联合的重要性，就像犹太复国主义者汉斯·特拉默（Hans Tramer）在 1933 年 1 月 30 日那天说的那样："犹太人内部的所有差别都将变得毫无意义，所有人都将处于同样的危险之中。"事实上，犹太人的联合事宜，早在魏玛共和国初期就提出来过，但共和国宽松的犹太政策却不利于这种联合。直到 1928 年 9 月，才成立了一个并无号召力的"德国犹太人各州协会工作共同体"（Arbeitsgemeinschaft der jüdischen Landesverbände des Deutschen Reiches）。在共同体内设立拥有执行能力的领导机构的努力，直到希特勒上台后才奏效。1933 年 2 月 12 日，共同体作出相关决议，4 月 25 日，"全国代表机构主席团"正式成立。同年 9 月 17 日，全国代表机构主持召开相关会议，正式成立"德意志犹太人全国代表机构"（Reichsvertretung der deutschen Juden），以取代原有的共同体。在外界的压力下，德国犹太人终于实现了联合。全国代表机构承担的任务，主要是在纳粹暴政下，实施"犹太教育"，保障犹太人的经济地位和社会联合，促进向外移居。在纳粹统治下的犹太人，最重要的工作是自救。在各个犹太团体走向联合的过程中，"德意志犹太人救助与建设中央委员会"（Zentralausschuss der deutschen Juden für Hilfe und Aufbau）于 1933 年 4 月 30 日在柏林成立，在新的形势下，承担跨社区的经济、社会和福利方面的自救任务。1933 年 9 月"德意志犹太人全国代表机构"形成后，该中央委员会即作为其最高业务领导部门。

第二节　"水晶之夜"

1936 年 8 月柏林将举办世界奥林匹克运动会，纳粹当局担心公开的反犹行为会导致其他国家采取抵制奥运会的行动，削弱其"造势"运动的效果，遂在表面上降低了反犹的调门。尤其在奥运会举办期间，商店、旅馆、啤酒馆和公共游宴场所悄悄地取下了"犹太人恕不招待"（Juden unerwünscht）的牌子。以至于 1936- 1937 年这两年，成了反犹行为中"平静的年份"。然而在相对平静的外表下，反犹暗流仍在涌动。1936 年 10 月 9 日，当局颁布一项法令，禁止公务员到犹太医生、药剂师、医院和护理站接受治疗或咨询，违者将被取消所享有的一切福利待遇，亦不承认他们所持有的犹太医生开具的疾病证明。①与此同时,各地侵扰犹太人商店的事件也时有发生。

伴随着纳粹统治集团内部权力斗争的展开,党卫队的地位不断上升,它在处理犹太人问题上的发言权也越来越大。相比于冲锋队和党内反犹狂徒施特赖歇尔之流,党卫队在处理犹太人问题上更加理性和有条理,但是一旦确定了行动的基本原则后,执行起来也更加冷酷。1934 年 5—6 月,党卫队保安处曾提出过《关于犹太人问题的形势报告》,该文件在分析犹太人问题性质的基础上,提出大规模驱赶性移居的建议。它认为,犹太人内部存在着复国主义派和同化论派,当局应该把两者区分开来,支持前者,围剿后者。1935 年 5 月 15 日,海德里希在综合内部意见的基础上,在党卫队机关报《黑色军团报》上公开发表文章,称:"我们必须根据犹太人的所作所为,把他们分成两类:以公开的犹太人身份活动者;隐藏自己的身份,但实际上成为国际犹太人阴谋集团的代理人者。在德犹太人也已经沦落为两个集团:犹太复国主义者和同化论者。前者坚持自己的种族身份,通过移居巴勒斯坦以组建自己的犹太国家。后者则拒绝承认自己的种族身份,声称忠诚于德国,或通过受洗成了基督徒,以便推翻民族社会主义的原则。"由此,海德里希认为党卫队应该支持前者,鼓励更多的犹太人前往巴勒斯坦,并且为所有的犹太人和犹太组织建立详细档案。② 1936 年秋,党卫队保安处在内部设立了一个名为"II - 112"的犹太事务特别处,由阿道夫·艾希曼(Adolf Eichmann,1906—1962)任处长。经过一年多的酝酿,1937 年 12 月 7 日,该处提出自己的工作目标是"将有关犹太人问题的所有工作都集中到党卫队保安处和盖世太保手中"。11 天后,即 12 月 18 日,它又提出"民族社会主义犹太政策"的工作目标:(1) 在公众生活的一切领域(包括经济领域)内缩减犹太人的影响;(2) 鼓励犹太人向外移居。

然而,在鼓励犹太人向外移居问题上,德国也遇到了一些障碍。统治集团中诸如沙赫特等保守派人士,既顾及国外的反应,希望维护德国的国际形

---

① 内政部起草的初稿是禁止公务员接受犹太医生的治疗,司法部增加了犹太药剂师和医院,军事部要求把限制范围扩大到公务员的家人,包括公务员死后的未亡人。

② J. Noakes and G. Pridham, *Nazism*, *1919 - 1945*: *A Documentary Reader*. *Vol. 2*: *State*, *Economy and Society*, *1933 -39*. pp. 547 - 548.

象,更考虑经济的平稳运行,担心大规模驱犹会冲击原有的经济平衡。领导
"全国移居办公室"的内政部,也希望按照固有的行政规则办事,即放慢移居
的速度。从境外来说,由于德国限制犹太人携带资金出国,不少国家对这种
移民毫无兴趣。同时,随着德国反犹政策的升级,东欧不少国家也加紧驱
犹。巴勒斯坦从 1922 年起属于英国的"委任统治地",但随着犹太移民增
多,当地阿拉伯人的抵制日益增强,并于 1937 年秋发动一场规模较大的反
抗活动,英国顾及阿拉伯人的反应,进一步限制犹太人移入的规模。另外,
由于当地现代化水平较低,行政管理机构希望更多地移入年轻人和熟练工
人,而德国犹太人中以专业人士、商人和年长者居多。在 1938 年 7 月 6—14
日举行于法国的讨论犹太难民的国际会议上,美国代表表示国内民众反对
把犹太移民"倾倒"在美国海岸上,英国首相张伯伦则力主将巴勒斯坦问题
排除在议程之外,以免英方因拒绝接受更多犹太难民而陷入尴尬的境地。①

　　新一轮反犹浪潮的推动力来自希特勒。他尽管有时也支持沙赫特出于
经济考虑提出的建议,但更倾向于制定一项严厉的犹太人政策。1937 年 4
月,他在一次纳粹党地区领袖会议的讲话中,提出了"要使我们全体都水晶
般纯净"(kristallklar für uns alle)的犹太政策目标。然而在实施手法上,他
又强调要重视策略性:"即使在一场与敌手的生死搏斗中,我的应对之道也
不是直接作出试探性的挑战。我不会说,'来吧,打吧,我需要一场战斗'。
相反,我会大声对他说,越来越大声:'我要消灭你'。随后我使用自己的聪
明才智,将他逼到无力反抗的死角里,再发出致命的一击。"②希特勒在讲话
中指出了反犹行动的最终目标,但没有明确提出其实施路径,这为统治集团
内部因争权夺利而各行其是提供了条件。在同年 9 月举行的纽伦堡党代会
上,他在公开演讲中发出了自 1935 年以来对犹太人的首次攻击。次月,所
有的犹太护照都被政府收回,重新颁发印有"J"字母的新护照,而且仅适应
于向外移居之用。在随后的几个月里,犹太企业主不断受到压力,要他们
"自愿地"将企业以远低于市场的价格转让给雅利安企业主,以加快经济"雅

---

① ［德］克劳斯·费舍尔:《德国反犹史》,第 329 页。
② J. Noakes and G. Pridham, *Nazism*, 1919 - 1945: *A Documentary Reader*. *Vol*. 2: *State*,
Economy and Society, 1933 - 39. p. 550.

利安化"的进程。戈林则利用自己的权力积极配合。1937年12月15日,他颁布政令,缩减犹太企业的外汇和原料配额。翌年3月1日,他又颁布一项政令,规定禁止向犹太企业分配公共订单。随着"德奥合并"的实现,反犹行动也进一步升级。1938年4月26日,在戈林推动下,当局颁布《犹太人财产登记条例》(*Meldepflicht für jüdische Vermögen*),规定所有犹太人必须在六周内向居住地的最高行政当局申报和登记自己在国内外所拥有的全部财产,例外者仅为全部财产在5000马克以下者(即那些不拥有任何奢侈品的普通居民),如果以后财产情况发生变化,须重新申报。条例还规定,如果犹太人企图藏匿财产,将会受到刑法制裁,即没收财产,当事人被判处10年以下徒刑。申报举措的实际目的,戈林在两天后举行的部务会议上作了解释,即把犹太人的财产转变为国家所有,将犹太人排除出德国的经济生活,解决犹太人问题。①但为了掩人耳目,会议决定在实施过程中要体现等价交换的原则,即通过强制手段将犹太人的财产兑换成国家债券,而且要"目的明确地当面发给"(1941年,政府宣布这些债券无效,因而无偿地剥夺了犹太人的财产)。据官方声称的申报结果,在1938年夏,"德国和奥地利的犹太人拥有价值为80亿马克的财产"。②

1938年夏天又掀起了一股由政府发动的反犹活动浪潮。6月9日,慕尼黑主要的犹太会堂由希特勒下令拆毁。随后在包括奥地利在内的各地,大肆逮捕所谓"被证明有罪"的犹太人,将数千人送进集中营,仅15日那天就逮捕1500人。6月14日,当局颁布《关于德国公民权法的第四个补充法令》,规定从当年9月30日起,禁止犹太医生为雅利安病人看病。同样的禁令很快扩展到犹太律师、牙医和兽医。6月20日,规定犹太人必须离开交易所。7月6日,当局再次颁布相关政令,既取消了上述关于5000马克财产的限定,据此全部犹太人都必须申报和登记财产,又规定犹太人不得从事特种商业活动,如有关财产和个人事务的咨询业务、地产交易、不动产中介业务、房屋贷款业务、商业性婚介业务、导游业务等。据此,不少遭到清理的犹

---

① J. Noakes and G. Pridham, *Nazism, 1919 - 1945 : A Documentary Reader. Vol. 2 : State, Economy and Society, 1933 - 39*. p. 552.

② [德]格茨·阿利:《希特勒的民族帝国:劫掠、种族战争和纳粹主义》,第44页。

太职员再次失去生计，如在旅行推销员队伍中，即有 3 万犹太人失去了工作。敲砸犹太人零售商店玻璃橱窗、抢劫商店货物的事件也在各地出现。7 月 17 日，一项由元首代表办公室成员竭力推荐的法令正式颁布，规定德国境内的犹太人（具有外国国籍者除外）必须在姓名前加上识别名，男性为"以色列"（Israel），女性为"莎拉"（Sarah）。全国各地都展开了一场无形的竞赛，要使本地区尽早获得"无犹地区"的荣誉称号。7 月 25 日，戈林由于需要大量的外汇用于进口支出，遂紧急下令，要求各地在犹太人财产申报过程中，"以最快的速度"查阅有关财产中的外国有价证券部分，并要求拥有这些证券的犹太人在"一周以内"将这些证券"呈交中央银行并按照要求出售"，兑付给证券主人的，也是纸面上的国家公债。

　　汹涌的反犹狂潮终于催生出"水晶之夜"（Reichskristallnacht）事件①。1938 年 11 月 7 日，一位名叫赫舍尔·格林斯潘（Herschel Grünspan，1911—1940）的 17 岁波兰犹太青年，为报复纳粹当局对其双亲和其他犹太人的迫害，前往巴黎的德国驻法使馆，打算刺杀德国大使。其父母原籍波兰，1914 年移居德国的汉诺威，成了无国籍犹太人。在德国的反犹浪潮中，盖世太保围捕了包括其父母在内的 1.7 万名来自波兰的无国籍犹太人，用闷罐子车皮把他们运送到波兰边境上，意欲让他们回到波兰。然而波兰政府也在驱赶犹太人，于是这些人就被暂时安置在"无人岛"集中营里，处境十分悲惨，此事促进了格林斯潘的复仇愿望。不料，代表德国大使馆出来接见格林斯潘的，是使馆三等秘书恩斯特·冯·拉特（Ernst von Rath，1901—1938），此人反对纳粹政权，厌恶排犹暴行，已经引起盖世太保的注意。但不知内情的格林斯潘把枪口对准他连开五枪。拉特受重伤，两天后不治身亡。11 月 9 日，正是纳粹领袖们群集慕尼黑，庆祝啤酒馆暴动周年纪念的日子。在慕尼黑市政厅礼堂举行的晚餐会上，传来了拉特死亡的消息。当时戈培尔正坐在希特勒身边，但由于其夫人向希特勒告发其与捷克女演员琳达·

---

① 该事件有各种名称。当时德国官方称 Reichskristallnacht 或 Kristallnacht，中译"水晶之夜"。德方采用这个名称，似乎有呼应前述希特勒表达的"要使我们全体都水晶般纯净"号召之意。英文媒体在表达中，有的直译成 Crystal Night，也有意译成 the Night of Broken Glass。对后一种英译表达，中国译者分别译成"全国砸玻璃窗之夜""全国打砸抢之夜"等。

芭罗娃(Lida Baarova,1914—2000)之间的风流韵事而遭到希特勒的责备。他急于以高涨的工作热情来获取希特勒的欢心,所以,当希特勒与他商议应对之策时,他便建议在全国掀起"自发的"反犹浪潮,但纳粹党组织要巧妙地躲在幕后。希特勒同意该建议,并很快离开会场。希特勒离开后,戈培尔告诉与会者,在库尔海森(Kurhessen)和马格德堡-安哈尔特(Magdeburg-Anhalt)地区,已经爆发了反犹的示威游行,其中不少犹太商店被捣毁,犹太会堂被焚烧。

很快戈培尔属下的各个办公室向各地相关机构发出口头指令,与会者也通过各种途径发出类似指令。来自上峰的指令与来自下层的仇犹暴力冲动相结合,在全国爆发了所谓"水晶之夜"的打砸抢暴行。据估计,整个事件中,有 276 座犹太会堂被夷为平地,超过 7500 家商店遭到抢劫和破坏,91名犹太人被杀,另有一些犹太人在绝望中自杀,超过 2 万名犹太人遭逮捕,被送进集中营。被打碎的犹太商店玻璃橱窗布满了街道,发出碎玻璃的闪亮。

由于事件具有突发性,纳粹统治集团内部对戈培尔的做法并不完全赞同。希姆莱感到大量逮捕犹太人需要党卫队参与,担忧此举会影响原有的工作计划。负责经济事务的戈林对事态的发展更不满意,因为不少被毁建筑已经投过保,保险公司将为此支付大量赔款。尤其是被大量毁坏的玻璃,需要动用宝贵的外汇向国外购买。估计全国各地在事件中的直接经济损失达到 2 500 万马克。另外,国外不少人士反应强烈,有些地方开始抵制德国商品,将影响到德国的外贸出口。然而希特勒仍然倾向于戈培尔的做法,希望借此机会强化反犹政策,尽快把犹太人彻底排除出德国的经济生活。戈林很快转变态度,于 11 月 10 日下午与希特勒及戈培尔一起商议有关赔偿事务的细节。三人最后确定,处理此事件的总原则是牺牲犹太人的利益,摆脱德国财政的不利状况。

11 月 12 日,戈林在其掌控的航空部内召集讨论"犹太问题"的会议,共有 12 人出席,其中包括戈培尔、经济部长冯克、财政部长克罗西克、保安警察总监海德里希、治安警察总监达吕格,还有外交部和保险公司的代表。会议持续了四个小时,涉及话题较为广泛。会议主题自然是"水晶之夜"的善后事宜。戈林不时表露出对戈培尔的不满，如在谈到那晚的损失时，就情不自禁地高叫："不能再这样干了！照这样干的话，我们受不了。不行！"他还冲着海德里希说："我宁愿你杀掉 200 个犹太人也不要毁掉那么多值钱的东西！"然而，作为会议的召集人，他为之定下的调子是"这一切首先应当由犹太人负责赔偿"，因为所有遭受的损失，都是由于犹太人的存在造成的。戈培尔提出，犹太会堂的废墟应该由犹太人自己去清理，腾出来的地方改作停车场。保险公司的代表则坚持，他们必须根据原先的合约支付保险金，如果他们对犹太人不守信用的话，无论在国内还是国外，人们对德国保险业的信任就会丧失殆尽，但他同时又表示，如果小保险公司支付了规定的钱款后，就必然会破产。他说，仅仅砸破的门窗玻璃一项就值 500 万马克，而且大部分替换的玻璃要用外汇到国外去购买。戈林当即表示："犹太人可以从保险公司得到保险金，不过这笔保险金将予以没收。保险公司由于不必负担全部的损失，因此还可以落得一点赚头。① 希尔加德先生，你该觉得自己的运气还不错！"当外交部长的代表提出，对犹太人采取下一步行动时要考虑到美国舆论的反应时，戈林竟然大骂"那个流氓的国家！……土匪的国家！"会议最后决定，德国犹太人应当捐献出 10 亿马克，② "以此作为对他们各种可恶的罪行的惩罚"，即"赎罪费"（Sühneleistung）。在讨论经济"雅利安化"问题时，戈林表示，此举的主要目标是通过迫使犹太人把财产转交给政府，把他们逐出经济领域。犹太财产的移交过程中由政府信托公司实施仲裁，由它们决定犹太人应得的赔偿金额，当然这个金额要尽可能压低，而政府信托公司将以真实的价格把这些企业出售给雅利安新业主。最后，与会者一致同意，要把犹太人从德国经济中清除出去，把犹太人的全部企业和产业，包括珍宝和艺术品在内，转交给雅利安人。对犹太人则以证券的形式给予若干补偿，犹太人可以动用这种证券的利息，但是不得动用本金。在会议讨论进一步限制犹太人的社会活动范围时，戈培尔提出要禁止犹太人进入德国

---

① 在随后的解释中，戈林举例，如果保险公司原本应该支付 500 万马克给犹太人，现在仅须支付 400 万马克，其余 100 万马克作为国家对保险公司的返还款，即戈林所说的"一点赚头"。

② 该数额系根据 1938 年 4 月实施的犹太人财产登记的结果计算，当时犹太人总资产为 51 亿马克，征收其中的 20%，即 10 亿马克。

剧院、电影院、马戏表演场、学校、休养地、海滩和公园,甚至连德国的森林也不许去。经过短时间沉思后,他又补充说,想把犹太人清除出"所有他们置身其中就会具有挑衅意味的公共空间",如有德意志人的卧铺车厢。他表示,如果实在没有地方可呆,那就让犹太人站在过道里。这时,戈林插话进来,引发了一段颇具纳粹头目特点的对话。

戈林:在那种情况下,很明显将要为他们提供单独的空间。

戈培尔:如果火车非常拥挤的话就不必!

戈林:等一下。可以只安排一节犹太车厢,如果客满了,其他犹太人就得呆在家里。

戈培尔:试想,假如没有这么多的犹太人乘坐到慕尼黑的直达车,假如这列火车上只有两个犹太人,而其他车厢却非常拥挤,这两个犹太人就会享受一整节的车厢。因此,只有当所有德意志人都有座位时,才可以考虑犹太人。

戈林:我会给犹太人安排一节车厢或一个隔间。如果出现你所提及的情况,火车非常拥挤,相信我,我们不需要法律。我们将把他踢出去,他将全程孤单地呆在厕所间里!

戈培尔:我不同意你的意见。我不相信能办到这一点。还是需要有法律。而且,必须有法律禁止犹太人进入德意志人的海滩和度假胜地……犹太人不能坐在德意志人的公园里。①

当谈到禁止犹太人进入森林时,戈林回答说:"我们应当给犹太人一部分树林,好让不少长得特别像犹太人的野兽——麋鹿就有着犹太人那样的鹰钩鼻——也到那里去定居。"在会议快结束的时候,海德里希提出:"即使把犹太人清除出经济生活,主要的问题还会存在,那就是把犹太人撵出德国的问题。"与会者围绕着究竟是把犹太人驱逐出境还是把他们封锁在犹太隔离区内实施强迫劳动问题展开讨论。戈林主张建立隔离区。财政部长克罗西克表示:"我想,犹太隔离区的景象不是看了很舒服的。这个建议不是一个十分令人愉快

---

① J. Noakes and G. Pridham, *Nazism*, *1919 - 1945*: *A Documentary Reader*. *Vol. 2*: *State*, *Economy and Society*, *1933 - 39*. p. 559.

的建议。"他提议应该尽一切力量把犹太人撵到国外去。代表党卫队和盖世太保的海德里希不希望抽出警力进入隔离区,所以强烈反对组建隔离区,他表示,"让整个社会注视犹太人的一举一动从而控制他们",要比让盖世太保各机构控制一个数千人的大犹太居住区好得多。他进而建议,要让犹太人穿上统一的制服,至少要佩戴统一的标志,以便其他人一眼就能识别他们。最后,会议决定组建一个专门委员会来研究解决该问题,同时决定在内政部里设立一个由海德里希掌控的"犹太人向外移居全国中心",其任务是"动用一切手段让犹太人离开德国,快速而无摩擦地办理并监督这种向外移居工作"。

　　会议结束后,排斥犹太人的举措接二连三地推出。就在会议结束的当天,11月12日,戈林同时发布了数个法令。《街景修复法》声称,"水晶之夜"事件是由国际犹太集团对民族社会主义德国的攻击引起的,因此修复工作所需的资金由犹太企业和房产的所有者承担;为了国家的利益,犹太人对德意志民族的赔偿要求将遭拒绝。第二项法令则规定,犹太人必须向国家支付10亿马克的捐款作为强制赎罪金。在具体实施过程中,这笔款项被分摊到资产超过5000马克的个人,按其申报数20％的数额上缴。1939年10月,征收比例提高到25％,征收总额也相应提高到约11.27亿马克。当时,德国的财政赤字达到20亿马克,此举使赤字数减少了一半。不少犹太人为此被迫出售房屋和证券,但当他们准备出售在资产雅利安化过程中所获得的国家公债时,当局害怕国库空虚现象加剧,加以禁止。第三项法令为《犹太人剩余企业的强制雅利安化》(*Zwangsarisierung der letzten jüdischen Betriebe*),其中规定:从1939年1月1日起,禁止犹太人经营零售商店和邮购商店,禁止他们开设艺术公司或工匠坊;不许他们向集贸市场、市集和展览会提供商品和服务;犹太人如违规开设商店,将由警察予以取缔;犹太人不得成为高级职员,不得参加合作社。[1]在1939年1月1日期限到达前,当局又于1938年12月23日颁布一个法令,宣布以企业、地产和其他价值形式(珠宝、艺术品等)出现的所有犹太经济财产,都可归国家任意使用,并规

---

[1] Jeremy Noakes and Geoffrey Pridham (ed.), *Documents on Nazism,1919-1945*. pp. 479-480.

定,任何犹太财产的出售都必须经由政府信托公司办理。①

经济"雅利安化"的进展速度很快。1938 年 4 月,全国还有 39 532 家犹太企业在开业,到 1939 年 4 月 1 日,已经有 14 803 家遭到清除,5976 家遭"非犹太化",4136 家处于"非犹太化"的进程中,7127 家正在被调查。②到 1939 年 9 月欧战爆发前后,犹太企业几乎全部被消灭。犹太人的银行存款被冻结,每个户头每月只能支取 250 马克。到 1941 年 3 月,这类户头所剩下的数亿马克全部充公。犹太人所拥有的金银珠宝和艺术品,被强行收购拍卖。为此,财政部成立了一个中心,专门负责珠宝等有价物资的收购与变现。1939 年 1 月 20 日,各个城市的典当行被政府指定为犹太金银物品的专用拍卖场所,并以下列价格支付给犹太人:1 克纯金支付 2.8 马克;1 克白银支付 2—3 芬尼;宝石和珍珠,按通常抵押价格的 60% 支付,不允许犹太人以任何借口抬高售价。从 1939 年 1 月 20 日至 3 月 31 日短短两个多月的时间里,政府仅花费大约 9.2 亿马克,就将犹太人手中所有的珍贵物品一扫而空。③珠宝被压价变现后,扣除 10% 作为交易成本,犹太主人只能得到另外的 10%,并存在官方账户中。④

经济以外的排斥措施也相继推出。自 1938 年 11 月 14 日起,犹太儿童不得进入公立学校求学。11 月 28 日,希姆莱根据会议讨论的内容,颁布一项警令,授权各地警察当局发布细则,规定犹太人被允许在公共场合露面的时间和空间限制。⑤自 11 月 29 日起,犹太人被禁止饲养信鸽。12 月起,犹太人不可拥有小汽车和摩托车,所持驾驶执照必须上缴。至于会议上讨论的是否建立犹太隔离区问题,11 月底,戈林在经希特勒批准后下达命令,要求各地犹太人在不引人注目的情况下,迁往特定的街道。12 月 28 日他又颁布相关法令,宣布暂不建立隔离区,代之以将犹太人集中安排到某些房屋

---

① Hermann Graml, *Reichskristallnacht：Anti-semitismus und Judenverfolgung im Dritten Reich*. Munich：Verlag C. H. Beck, 1988, S. 138.
② H. Genschel, *Die Verdrängung der Juden aus der Wirtschaft im Dritten Reich*. Göttingen：Volksrepublik, 1966, S. 206.
③ 罗衡林:《通向死亡之路:纳粹统治时期德意志犹太人的生存状况》,第 181 页。
① [德]格茨·阿利:《希特勒的民族帝国:劫掠、种族战争和纳粹主义》,第 182—183 页。
⑤ J. Noakes and G. Pridham, *Nazism, 1919 - 1945：A Documentary Reader. Vol. 2：State, Economy and Society, 1933 - 39*. p. 563.

内,形成实际上的"隔离屋"。1939 年 1 月 1 日起,又禁止犹太人进入普通的剧院、电影院、音乐厅和各种形式的文化展览馆,只能参与政府授权犹太团体组织的文化活动。

各项反犹措施的效果相叠加,使德国犹太人如同生活在人间地狱。据一名犹太人总结,他们所受到的限制包括:晚间 8 点后禁止外出;禁止拥有房屋产权;禁止拥有收音机和接听电话;禁止购买或订阅报纸;禁止进入戏院、电影院、音乐厅或博物馆;禁止驾驶车辆;禁止购买香烟和雪茄;禁止拥有打字机;禁止购花;禁止去理发店;禁止养狗、猫或鸟;禁止进入公园;禁止从公共图书馆借书。[1]

同年 1 月 30 日,正值希特勒执政六周年纪念日,希特勒在纪念会上公开宣布:"如果欧洲内外的国际犹太金融家胆敢使一个国家再次陷入世界大战的话,那结果将不会是遍布全球的布尔什维主义,也不会是犹太人的胜利,而是欧洲犹太种族的灭绝。"[2]

"水晶之夜"事件发生后,犹太人向外移居的速度加快。1933 年,外迁的犹太人数量为 3.7 万至 3.8 万,1934 年为 2.2 万至 2.3 万,1935 年 2 万至 2.1 万,1936 年 2.4 万至 2.5 万,1937 年 2.3 万。这样,在德奥合并完成前,有将近 13 万犹太人离开了德国。德奥合并完成后,纳粹政权控制下的犹太人数量增加,但犹太人向外移居的速度也加快。1938 年达到 3.3 万至 4 万,1939 年为 7.5 万至 8 万。[3]在欧战爆发前,原德国领土(即不包括奥地利和捷克斯洛伐克)上的犹太人,已经从 1933 年的 50 余万下降到约 24 万。[4]

第三节 迫害吉普赛人

国际学术界的研究成果表明,吉普赛人是遭到纳粹当局迫害的第二大群体。希特勒上台时,德国约有 3 万至 3.5 万吉普赛人,占总人口的

---

[1] ［德］克劳斯·费舍尔:《德国反犹史》,第 391 页。
[2] 同上书,第 341 页。
[3] Wolfgang Benz, *Die Juden in Deutschland 1933–1945*. München, 1988, S. 441, 738. 转引自罗衡林:《通向死亡之路:纳粹统治时期德意志犹太人的生存状况》,第 216 页。
[4] Jeremy Noakes and Geoffrey Pridham (ed.), *Documents on Nazism*, 1919–1945. p.493.

0.05％。德国最大的吉普赛群体的成员被称作"辛提"（Sinti），得名于他们使用源于印度辛德地区的语言。辛提人中还有一个语言上的亚群体，即拉勒利人。第二大群体为洛玛人，因为他们使用洛玛尼（Romani）语。

在欧洲不少地方，吉普赛人被看作流浪者、小偷、盗贼、骗子、乞丐和算命者。由于肤色较深，他们被归入有色人种的范畴。他们在职业上偏重于贸易，需要不断迁徙，加上长期形成的习惯，其中不少人经常处于群体性流动状态。这种生活方式使他们容易与其他种族通婚，形成种族之间的交融。但在种族主义者眼里，这会造成血统不纯的恶果。德国种族主义科学家罗伯特·里特曾经提出，德国90％的吉普赛人是不受欢迎的非纯种吉普赛人。他同时认为，即使是纯种的吉普赛人，也属于劣等人种。但是，纳粹统治集团内部充满着争权夺利的斗争，希姆莱为了夺回处理种族问题的控制权，曾经攻击里特的研究方法忽略了纯种吉普赛人的雅利安血统成分，认为他们是雅利安人的近亲，因此应该为之建立保护区。①然而，这一争论最终未能拯救吉普赛人的命运，只是使事情的发展进程显得更加复杂。

早在20世纪初期，德国政府就认为吉普赛群体对德国构成很大的威胁，因此颁布了一些旨在控制吉普赛人的法规，限制他们的旅行和迁徙，并对他们加以排斥。1899年，巴伐利亚邦在警察总部内设立一个信息机构，专门收集吉普赛人的相关材料，包括他们的家谱、照片和指纹等。1906年，普鲁士邦内政部颁发关于警察部门如何处理吉普赛人的详细规定。根据规定，所有的外籍吉普赛人都应驱逐出境，德籍吉普赛人如果不能证明自己的居住地和职业，将受到警察部门的严密监控。德国当局还想方设法驱散"吉普赛帮"，警察部门严密监视吉普赛人如何对待马匹，福利部门则将所有被认为是遗弃的吉普赛儿童收容起来。警察部门对颁发吉普赛人身份证明文件和从事贸易的许可证严格控制，一般不予发放。

希特勒政权最初采取的措施是强化执行已有的反吉普赛规定，把打击矛头主要指向不断迁徙的吉普赛人，认为他们威胁到社会稳定，属于反社会

①［美］亨利·弗莱德兰德：《从"安乐死"到最终解决》，赵永前译，北京出版社2000年版，第346—348页。

分子。1935年，当局在科隆建造了国内第一家吉普赛营地，以对付那些使用大篷车作为流动房屋、四处迁徙、不断变换工作的吉普赛人。营地四周用铁丝网圈围起来，只有一个门供出入，所有出入者必须向门口的卫兵汇报。警察当局采取严厉的措施，强令相关吉普赛人进入营地居住。在短短8个月不到的时间里，该营地就关押了约800人，到1937年，人数又增加了1倍。此前，这些人通常租用私人场所，租金昂贵但卫生条件却很差，经常遭到周围居民的抗议。营地建成后，科隆地区所有居住在流动房屋里的吉普赛人，以及后来迁入者，都被迫把大篷车驶进该营地。另外，享受社会福利的吉普赛人也被关进营地，即便他们原先有固定的住所。非吉普赛人一律不准进入营地，不时有警察进去突击检查吉普赛人的身份证明。吉普赛人可以离开营地去寻找工作。但在1937年以后，只允许他们白天出去。其他不少城市也设立了类似的营地，管理上基本相同，有些更为严厉。如在杜塞尔多夫营地，非吉普赛人甚至不能进入营地去看望亲戚，也不允许隔着铁丝网互相交谈。吉普赛人可以进入城市寻找工作，但他们离开营地时必须得到门卫的许可。①

　　1936年，柏林将要举办夏季奥林匹克运动会，为了将吉普赛人收容起来不让来宾们看见，在柏林郊区一座垃圾站内，建造了德国国内规模最大的吉普赛营地。柏林市警察局长下令在普鲁士州内实施大搜捕，要在奥运会召开以前把州内所有的吉普赛人都控制住。1936年7月16日，警察在柏林地区逮捕了600多名吉普赛人，并且把他们武装押送至营地。该营地内停有130辆大篷车，但仅有3个水泵和2座厕所，卫生设施严重不足。1938年3月，当局在营地内发现有170人患有传染病。②

　　德奥合并完成后，当局在奥地利也设置了吉普赛人营地。与国内营地相比，它们更具有强制性，犹如以后设在东部地区的强制劳工营。如建在萨尔茨堡的营地内，吉普赛人被禁止使用大篷车，三四百名被关押者居住在临时的木板房内，居住面积、卫生状况和居住条件都与国内营地同样恶劣。吉

①［美］亨利·弗莱德兰德：《从"安乐死"到最终解决》，第351页。
②［美］亨利·弗莱德兰德：《从"安乐死"到最终解决》，第352页。

普赛人只有在办公事时才被允许离开营地,还常常被征募去做苦役。

纳粹政府曾经打算制定一部《吉普赛人法》,由该法统一各种歧视和打击吉普赛人的措施,掀起一场"针对吉普赛人瘟疫"的斗争,后出于种种原因未能实现。于是,纳粹分子就借助于其他法令法规和行政措施,加大对吉普赛人的打击力度。如在实施《重设公职人员法》的过程中,吉普赛人也同样遭到政府部门和社会生活的排斥,他们被禁止从事大部分传统职业。吉普赛人被迫进行登记和分类,然后以此为基础领取特别的身份证。在实施《纽伦堡法》的过程中,内政部发布相关注释,把吉普赛人和犹太人及黑人一样,归入"具有外来血统的"、在种族上非常特殊的少数民族,不享有包括选举权在内的公民权利。随即,又严格禁止德意志人与吉普赛人、黑人及其后代通婚,将针对具有 1/2 或 1/4 犹太血统混血儿的法规应用于吉普赛人。在举行奥运会前夕,内政部向警察部门和纳粹党地方当局就如何解决"吉普赛瘟疫"问题发出通知,将已经在各地实行的举措规范化,其中包括把外籍吉普赛人驱逐出境、限制向吉普赛人颁发贸易许可证、对吉普赛人的指纹进行登记、实施大规模围捕等。同时,希姆莱以全国警察总监的身份,就警察应该如何限制吉普赛人旅行和贸易自由的问题颁布了详细的规定。1937 年,内政部授权警察部门可以通过预防性逮捕的方法拘禁吉普赛人。1939 年 9 月欧洲战争爆发后,在国内仍然保持行动自由的吉普赛人立即被置于特别的排斥性政策之下,其中包括取消儿童的大部分受教育权利、剥夺社会福利、实行强制劳动和禁止出入公共场所等。

随着战争规模的扩大及德国占领区的蔓延,纳粹当局开始在占领区和德国本土搜寻吉普赛人。1940 年 4 月 27 日,海德里希通知地方警察部门和其他政府机构,称将于 5 月中旬将第一批大约 2500 名吉普赛人运往波兰,这些人是在汉堡、不来梅、科隆、杜塞尔多夫、汉诺威、法兰克福和斯图加特等地遭逮捕的。5 月 14 日,当局又发布相关的实施细则,其中规定下列吉普赛人可以免于遭驱逐:70 岁以上的老人、怀有 7 个月以上身孕的妇女和身体不适合长途旅行者;与德意志人结婚者和军属;拥有不动产和大量其他财产者。每一名被驱逐的吉普赛人只能携带大约 50 公斤的行李和相当于 10 马克的货币,除了结婚戒指,所有其他的金钱、有价证券和珠宝,都不得带走。所有的身份证明文件也必须上交。在集合点，所有的吉普赛人都被拍照，留下指纹，然后在手臂上标上号码。①

1941 年 6 月，内政部对《纽伦堡法》作了新的解释，取消了有三个德意志祖父母或外祖父母的吉普赛人与德意志人结婚的权利。同年 10 月，警察部门受命在每个德国人的登记卡上注明此人是否吉普赛人或混血吉普赛人。11 月，中央保安局转发了教育部的通知。该通知规定，不具备德国国籍的吉普赛儿童不得进入公立学校读书。然而由于具备德国国籍的吉普赛儿童人数较少，不足以单独设立学校，因而不得不被公立学校接收。但通知规定，如果这些儿童对其他德意志同学构成道德上或其他的威胁，就不得进入学校。1942 年 2 月，吉普赛人被宣布不得担任空袭警报员或其他民防救援组织的成员。同年 3 月 13 日，劳动部颁布政令，规定将 1941 年 1 月 3 日颁布的关于犹太人就业问题的政令应用于吉普赛人，由此，取消了吉普赛人在周末和节假日工作的工资，并禁止他们领取加班费及享受其他一些待遇，如工作津贴、死亡抚恤金和家属福利补贴等。1942 年 7 月，武装部队发布最高命令，禁止吉普赛人参加任何军事行动。②

从 1942 年 9 月起，吉普赛人被迫走上了灭绝之路。9 月 26 日，大约 200 名吉普赛人被从布痕瓦尔德转移到奥斯维辛集中营，修建新的吉普赛人区，该区后来被命名为 BIIe。3 个月后，即 1942 年 12 月 16 日，希姆莱下达命令，将国内的吉普赛人赶进奥斯维辛吉普赛人区，如果他们不愿意这样做，则必须选择接受绝育手术。在此之前，他还曾于 1942 年 10 月发布命令，任命 9 名吉普赛人为所谓的"发言人"，其中包括 8 名纯种辛提人和 1 名拉勒利人，他们的任务是找到纯种的辛提人和拉勒利人以及一些好的混血吉普赛人，以对他们实施赦免。根据希姆莱的设想，这些人将在指定的地区内活动，保持自己的风俗习惯，成为类似博物馆里的活的收藏品。然而在具体实施过程中，其他部门借口"以前的调查表明，在德国境内根本找不到纯种的拉勒利吉普赛人"，拒不执行希姆莱的命令，因而留给吉普赛人的，只有

---

① ［美］亨利·弗莱德兰德：《从"安乐死"到最终解决》，第 362 页。
② ［美］亨利·弗莱德兰德：《从"安乐死"到最终解决》，第 404—405 页。

进营区或绝育两条路。1943 年 2 月 26 日,第一批吉普赛人进入营区。3 月初起,来自德国、原奥地利和其他占领区的吉普赛人也陆续进入。在该营区内,男人与妇女儿童并未隔开,这里成了实际上的家庭营地。但是在恶劣的条件下,被关押者陆续死亡,幸存者也于 1944 年 8 月 2 日在毒气室遭到杀害。在该营区存在的 17 个月内,共有约 2 万名吉普赛人在那里遇难。而在整个纳粹统治地区,共有约 21.9 万吉普赛人被杀害。①

第四节　鼓励生育

魏玛共和国时期,德国出现了人口出生率下降的情况。1929 年德国国家统计局(Statistisches Reichsamt)出版的一份统计资料,详细分析了 1841—1927 年间德国出生率的变化及其意义,并基于 1927 年的人口调查数据,预测在不久的将来,德国的人口数量将停滞不前,或有不同程度的下降。②官方和民间都认为,这将影响德国作为世界大国的地位。事实上,经历了一次大战的创伤,德国的人口出生率降到了前所未有的地步,与欧洲其他国家相比,已经沦为生育率最低的国家。③ 1914 年,德国人口出生率为 26.8‰,1920 年下降为 25.8‰,1933 年进一步下降到 14.7‰,④与 30 年前相比,德国的人口出生率降低了一半。如果考虑到德国人口由于战争而损失了近 1000 万,这样的出生率所引起的恐慌是不言而喻的。希特勒等人的考虑还不限于此,他们希望更多地培育优等种族中的优秀分子,壮大德意志民族共同体,使德国有实力在世界上占据优势地位。希特勒在《我的奋斗》一书中曾经表示,在未来的理想社会里,"人们不再关心饲养狗、马或者猫等动物,而专注于人的进化本身,在这个时代里,有的人会自觉地默默地放弃,

---

① 朱庭光主编:《法西斯体制研究》,第 285—286 页。
② Conrad Taeuber and Irene B. Taeuber, "German Fertility Trends: 1933 - 1939. *The American Journal of Sociology*, Vol. 46. No. 2, Sep. ,1940, p. 151.
③ Jacques R. Pauwels, *Women, Nazis, and Universitie*: *Female University Students in the Third Reich*, 1933 -1945. London: Greenwood Press, 1984, p. 15.
④ Henry P. David, "Abortion and Eugenics in Nazi Germany". *Population and Development Review*, Vol. 14, No. 1 Mar. , 1988, p. 88.

有的人会充满快乐地牺牲和付出"①。他认为，为了实现这一目标，纳粹党必须运用政府的力量干预民众的婚姻生活，介入下一代的生养与培育。1937年11月，希特勒在对纳粹党领导人的谈话中说道："今天我们获得了对于民族的领导权，我们是唯一被授权领导整个民族的，这包括所有的男人和女人。因而我们要管理男女之间终身的关系。我们将塑造儿童!"②

纳粹政府致力于提高德国的出生率，鼓励和支持德意志人多生育子女。希姆莱曾经说过："拥有众多孩子的人是世界权力和世界之巅的有力竞争者，而那些拥有良好种族背景，却子女很少的人，拥有的只是一张通往坟墓的单程票，默默无闻50年或100年，然后被埋葬上250年。"③在纳粹党扭曲的种族主义世界观中，拥有人口上的优势便能获得种族斗争的领先地位，赢得在自然界生存的优先权。1934年，希特勒在对妇女组织的谈话中讲道："你们每带一个孩子到这个世界上，就是一场战斗，它决定着民族的生存或灭亡……整个纳粹主义妇女运动的纲领实际上只包含了一点，这一点便是：孩子，这一幼小的生命必须存活下来并茁壮成长。它是整个生命为之奋斗的唯一目的。"④面对一度停滞不前的德国人口增长率，希特勒甚至夸张地表示："我们的救世主就是我们的儿童!"⑤

希特勒执政不久，纳粹党鼓励生育的理念立即转化成实际行动。首先是前述1933年8月开始实施的"婚姻贷款"计划。贷款对象只限于具有北欧血统的夫妇，他们作为公民要表现良好，如果与德国共产党或其相关组织有联系，或者被认为是"反社会者"，其贷款申请都会遭否决。还有身体健康方面的要求，所有的申请者都需要参加体检，其中五类人得不到结婚贷款：(1) 智力发育不全者，精神病患者，心理变态者，遗传性目盲与耳聋患者，严重的肢体残缺者，严重的身体机能失调者；(2) 有家族性遗传疾病者；(3) 患

① Adolf Hitler, *Mein Kampf*. München，1925，S. 449.

② Max Domarus, *Speeches and Proclamation*，*1932–1945*. Vol. 2，New York 1995，p. 980.

③ Michael Burleigh and Wolfgan Wippermann, *The Racial State：Germany，1933–1945*. Cambridge：Cambridge University Press，1991，p. 193.

④ Adolf Hitler, *Reden an die deutsche Frau*. Berlin，S. 4f.

⑤ Henry Picker, *Hitlers Tischgesraeche im Fuehrerhauptquartier*. Frankfurt：Seewald Verlag，1989，S. 99f.

有传染性疾病可能影响儿童者；（4）夫妇一方为不孕不育者；（5）严重的酒精中毒者。贷款采取购物券形式发放，用于在零售商店购买家用品。偿还的款项用于促进婴儿与儿童的福利事业。当然，婚姻贷款要求妇女至迟在结婚之时放弃工作岗位，如果丈夫的月收入不低于 125 马克，则不得参加新的工作（该附加条件一直延续到 1937 年）。

从 1933 年 8 月到 1937 年 1 月，大约有 70 万对夫妇领到了贷款，约占当时结婚总数的 1/3。此后由于劳动力短缺，相关法律变更，允许妇女们既获得贷款又保留工作岗位。因此 1939 年有 42% 的结婚者获得了婚姻贷款的资助。[1]婚姻资助政策实施之后，结婚率逐渐提高并稳定在每年 9.7% 左右，比纳粹党上台前的 7.9% 有了较为明显的提高。结婚率的上升有助于提高生育率。据统计学家布格德费尔（Burgdorfer）分析，在 1933 年到 1938 年之间，德国新增的出生人口中，有 35% 可归因于结婚率的上升。[2]而在 1933—1935 年，每 1000 对夫妇中，590 名新生儿的父母获得过婚姻贷款，402 名新生儿的父母没有获得贷款。[3]这从一个侧面说明结婚贷款促进了夫妇们结婚生子。

纳粹政府还将儿童补助（Kindergeld）措施制度化，以进一步减轻生养子女的经济负担。从 1935 年起，拥有四个以上年龄低于 16 岁子女的家庭，政府给予一次性补贴，每个孩子补贴 100 马克，最多可获得 1000 马克。从 1936 年起，月收入低于 185 马克的工人和职员家庭，第五个及以上子女，每月发放 10 马克，直到这些孩子年满 16 岁为止。两年后，这种补贴覆盖到第三和第四个子女。这个项目的款项来自失业保险金，由于当时军备经济繁荣，就业充裕，失业保险金支出大减，资金大量盈余。从 1935 年到 1937 年，这个项目资助的家庭数高达 40 万个，平均每个家庭获益 390 马克。

此外，还有名目繁多的各种补助优惠措施，例如"荣誉教父母"

---

[1] J. Noakes and G. Pridham, *Nazism, 1919 - 1945：A Documentary Reader. Vol. 2：State, Economy and Society, 1933 - 39.* p. 451.

[2] Conrad Taeuber, Irene B. Taeuber, "German Fertility Trends, 1933 - 1939." *The American Journal of Sociology*, Vol. 46. No. 2, Sep. ,1940, p. 159.

[3] Conrad Taeuber, Irene B. Taeuber, "German Fertility Trends, 1933 - 1939". *The American Journal of Sociology.* Vol. 46. No. 2, Sep. ,1940, p. 160.

(Honored Godparent)计划。根据这一计划，拥有第三或第四个孩子的父母可以申请这项补贴，第一年为每月 30 马克，随后的 13 年为每月 20 马克。[①]而多子女家庭的父亲们能够得到一系列的优惠，包括减免所得税、遗产税优惠、房租补贴、公开招聘中的优先权、免于被解雇的特别保护等。妇女的特权和优先权包括怀孕期间的特别津贴、分娩基金、分娩护理、在公共交通工具上的优先权等。其中最为引人注目的是设置了"德意志母亲荣誉十字奖章"(Ehrenkreuz der Deutsche Mutter)，授给多子女妇女。1934 年，纳粹政府将母亲节定为国定假日以表彰妇女的功绩。1938 年 12 月，希特勒宣布正式启动奖章计划。1939 年的母亲节，大约有 300 万妇女获得了奖章：四个孩子的母亲获得铜质奖章，六个孩子的获得银质奖章，八个及以上孩子的获得金质奖章。如果育有十个子女，还能享受一份特殊的荣誉，即让希特勒担任第十个孩子的教父，如该孩子为男孩，还能以"阿道夫"(Adolf)为名。[②]

纳粹党不仅需要提高出生率，还要让德意志孩童得到良好的护理。1934 年 2 月 28 日，民族社会主义人民福利会建立了专门的机构——"母亲与儿童帮护会"(Hilfswerk Mutter und Kind)，戈培尔在成立仪式上说："母亲与儿童帮护会是我们民族不朽的保证。"赫尔曼·阿尔特豪斯(Hermann Althaus,1899—1966)是该机构的负责人，具体落实针对母亲和婴幼儿的福利工作。

帮护会首先着眼于为即将成为或刚刚成为母亲，却没有医疗保险的妇女提供福利援助。贫困的孕产妇能得到物质援助，如床铺、亚麻布、儿童服装和食品券等。仅 1934 年的 1 个月内，慕尼黑-上巴伐利亚区就分发了2.58万升牛奶，1500 份杂货包(内含咖啡、糖、面粉、大米、粗粒小麦粉、燕麦片和豌豆等)，170 套婴儿服装和亚麻布。[③]在可能的情况下，鼓励多子女家庭移居到乡村，因为这符合纳粹党"血与土"的意识形态理念。多子女的母亲、怀孕的妇女和产妇，她们的家务活会得到家政助手的帮助。这些家政助

---

① Frank H. Hankins, "German Policies for Increasing Births". *the American Journal of Sociology*，Vol. 42，No. 5. (Mar. 1937)，p. 631.

② Richard J. Evans, *The Third Reich in Power*. p. 517.

③ Lisa Pine, *Nazi Family Police*，1933- 1945. Oxford：Berg，New York,1999，p. 24.

手部分由德意志女青年团员担任。福利组织的员工或护士也会经常进行家访，他们检查这些妇女的身体健康状况，提供避免流产、生病或早产的建议。

帮护会还关注母亲的产后护理工作。孕妇生产后，除与亲戚一起居住，依靠亲戚给予一定帮助外，还可以到当地的产后恢复中心疗养。最引人注目的是进入"产后疗养之家"疗养。这种机构往往座落在安静优美的环境中，如山林里、大海边，以及一些自然的涌泉或温泉疗养地。每位产妇的康复方案各不相同，取决于她的身体状况、政治思想和家庭经济条件，但平均逗留时间为 26 天。在同样的条件下，经济困难的孕产妇拥有优先权，那些拥有两个或更多孩子的母亲，由于生育而变得虚弱或者生病的母亲，或者丈夫长期失业，或丈夫早在 1933 年 1 月之前就加入了纳粹运动的孕产妇，这些人会被优先考虑。连她们到疗养之家的火车票都能享受五折优惠。在她们疗养期间，还能得到一份针对意外伤害的特别保险。根据民族社会主义人民福利会的统计，1934 年有 40 340 名妇女接受了产后护理，1938 年这一数字达到 77 723。孕产妇在康复期间寄回家的信件常常被帮护会用以显示自己的工作成就。一封信中这样写道："我们犹如生活在童话中一般……这里拥有令人难以抗拒的美丽环境，我无法用言辞来形容。……这一经历毫无疑问将成为我人生中最美丽的旅程"，"我衷心地感谢元首，他使我因为履行了作为一名德意志妇女和母亲照顾自己子女的责任、教育他们成为健康而有用的人而受到关注。"①在她们回家之后，一般还会进行康复休养，时间最长的达到四个月，其间还有家政助手来帮忙做家务活。"产后疗养之家"还注重对孕产妇实施思想教育，她们在日常生活中要接受大量的民族社会主义意识形态教育，如妇女在民族共同体中如何定位等。产后恢复中心的职员十分仔细地观察她们的一举一动，并对她们的行为和态度做出报告。如果她们被发现脾气很坏或者做出叛逆举动，就会被要求离开。

在实践中，所谓"次等遗传价值"的妇女被排除在受益群体之外。截至 1941 年 10 月底，汉堡地区 1/3 要求疗养的申请被拒绝，原因是她们的种族品质不够格，或者表现出反对共同体的行为。遭拒绝的孕产妇中，有些是父

---

① Lisa Pine，*Nazi Family Police*，1933 – 1945．p. 28.

亲患有肺结核,有些是其姐妹患有精神疾病,或者是孩子的父亲有过犯罪行为。

帮护会还对幼儿提供日常照料服务。在纳粹党上台以前,各种福利组织都建有自己的日间托儿所,但零散分治的格局远未满足纳粹当局抚育婴幼儿的要求。帮护会通过民族社会主义人民福利会,借助吸收、兼并和新建等手法,大规模扩展日托中心,用以照料职业女性6岁以下的孩子。据福利会自己提供的数据,1935年,它拥有1 061个日托中心,1941年增加到14 328个。①孩子们在那里,刷牙洗脸后根据不同的年龄段被分成不同的小组,在护士和义工的监护下做游戏、运动、吃饭、唱歌、睡觉。但纳粹主义的思想教育也如影随形。1936年的《日托中心指南》规定了它的任务:促进儿童的身体和精神发展;以民族社会主义和服务于民族共同体的思想教育儿童,渐进地灌输关于德意志民族的意义。

在乡村地区,此前一般在收获季节由年老体弱或患病的乡村居民来照顾小孩。纳粹当局认为这样做很不合适,于是从1934年起,农忙季节就组建临时的日托中心。它们一般由1—2间大房子组成,屋子里简单地摆放着桌子、长凳和椅子,配备有洗脸盆和卫生设施。房子外一般有一个操场。由当地的农场提供牛奶。管理人员是经过培训的员工,他们得到了年龄较大的学校女生和女青年团员的帮助。入托者为两岁以上的儿童,身体健康,且无人照看。他们都经过医疗检查,并填写健康问卷。1934年,全国有600所此类中心,1941年增加到8700所。②它们同样肩负有进行纳粹意识形态教育的任务。

除了帮护会,"德意志妇女工作"(Deutsches Frauenwerk)组织也采取了一系列措施鼓励妇女拥有更多的小孩。其中最主要的措施是建立"国家母亲服务站"(Reichesmuetterdienst),该机构由民族社会主义福利会、民族社会主义妇女联合会和德意志劳动阵线共同管理。它们雇用富有经验的年

① Edward Ross Dickinson, *The Politics of German Children Welfare: from the Empire to the Federal Republic*. Cambridge: Harvard University Press,1996, p. 218.
② Edward Ross Dickinson, *The Politics of German Children Welfare: from the Empire to the Federal Republic*, p. 218.

长妇女组成福利小组,建立"母亲学校"(Mutterschule),提供四到六周的课程,开设关于家政管理、健康防护、婴幼儿养育等课程。至 1939 年 3 月,它们为 170 万名妇女提供了培训,1941 年时已建立了 517 所"母亲学校"。①

提高出生率的另一项措施是打击堕胎行为。早在 1930 年 3 月 12 日,纳粹党还未上台执政,其国会议员就提交过一份议案,称"任何人如果想人为阻止德意志民族的自然繁衍,损害德意志民族,或者通过言辞、出版物、画报以及任何其他手段鼓励这种行为,或者任何与犹太血统或其他有色种族相混杂从而导致种族退化和德意志民族解体的人,或者威胁这样做的人,都应该以叛卖种族罪受到审判并定罪"②。

纳粹党上台后,立即于 1933 年 5 月 6 日关闭了马格努斯·赫希菲尔德(Magnus Hirschfeld,1868—1935)于 1919 年在柏林开设的性学研究中心,同时还关闭所有的性问题与婚姻问题咨询中心,销毁所有的研究论文、书籍以及教育材料。当局限制民众使用避孕用品。在希特勒看来,"使用避孕用品意味着对自然的侵犯,是女性气质、母亲品性和爱的退化"③。限制手段是禁止避孕用品的销售广告,同时以防止性病和淫秽物品传播为名,规定向公众演示、推荐或提供关于避孕的手段和信息者,将处以一年以下的普通监禁或罚款。

1933 年 5 月 26 日,一项政府法令将魏玛时期被废除的《德意志帝国刑法》第 219 条与 220 条重新引入刑法。第 219 条规定,任何人出于经济目的,获得、应用或管理一切用于使怀孕妇女堕胎的工具和手段,将处以最高十年的重罪监禁。纳粹当局为该条增加了新的内容,规定任何人刊登堕胎广告,或者在文章及工作程序中推荐,或者将之介绍给普通公众,即处以罚款或不超过两年的普通监禁。但是,该规定不适用于专门由内科医生及医

---

① 参见 Wolfgang Benz, Hermann Graml und Hermann Weiss (Hrsg.), *Enzyklopaedie des Nationalsozialismus*. München,2007, S. 648 和 Richard J. Evans, *The Third Reich in Power*. p. 517.

② Henry P. David, "Abortion and Eugenics in Nazi Germany". *Population and Development Review*, Vol. 14, No. 1 Mar. , 1988,p. 85.

③ Henry P. David, "Abortion and Eugenics in Nazi Germany". *Population and Development Review*, Vol. 14, No. 1 Mar. , 1988,p. 90.

学期刊上使用的医疗指南。第 220 条规定，任何人有目的地使怀孕妇女在不知情或不愿意的情况下实施堕胎，将处以不低于两年的重罪监禁，如果其行为导致怀孕妇女死亡，则处以不低于十年乃至终身重罪监禁，但如果以挽救怀孕妇女的生命为目的而实施堕胎，则不构成犯罪。新增加的内容规定，任何公开或间接提供堕胎服务者，也将处以罚款或最高两年的监禁。1934 年 10 月，盖世太保组建了一支专门的队伍与同性恋作斗争，这支队伍很快发展成"反同性恋与堕胎局"。在 1935—1939 年，有 95 名职业堕胎手被起诉，其中 90%以上是妇女，她们被判处了 1—8 年的监禁，平均刑期为 4 年。

由于合法堕胎的要求越来越高，要求终止妊娠的人数减少得很快，从 1932 年的 34 690 人下降到 1936 年的 4391 人，1937 年进一步下降到 3400 人。同时，对非法堕胎的打击也越来越大。其中罚款的比重下降，从总案件的 33%降到 11%，而判刑的比重上升，1935 年达到 85%，刑期也比 1933 年以前更长。

除此之外，纳粹党还强迫未婚男子以及 1938 年以后无子女的夫妇缴纳额外的税收，数目为他们收入的 10%，以此作为对他们"拒绝繁殖"的惩罚。

在各种措施的共同作用下，德国的人口出生率略有提高，从 1933 年的 14.7‰上升到 1938 年的 19.7‰，接近 1926 年的水平。

1961 年，联邦德国拍摄了一部名为《生命之源》(Der Lebensborn)的影片，讲述德意志少女被送往营地与党卫队的雅利安"种牛"结合的故事。它被翻译成多种语言，其中在美国的版本被意译成《受命去爱》(Ordered to Love)。1976 年，克拉利萨·亨利(Clarissa Henry)和马克·希勒尔(Marc Hillel)关于"生命之源"的研究著作发行了英文版，封面上赫然印着"纳粹婴儿工厂"的广告语。①由此，纳粹统治时期的"生命之源"计划在世界上很多地方臭名远扬。"生命之源"协会组织还被人们称为"希姆莱的婴儿工厂""党卫队的妓院""主宰种族的生育农场"。

1935 年 12 月，由希姆莱一手策划，作为党卫队的附属机构，"生命之

---

① Marc Hillel and Clarissa Henry, *Au nom de la race*. Fayard，1975（法文版），*Der Lebensborn e. V. im Name der Rasse*，Wien，1975（德文版），*Children of The SS*，London，1976（英国版），*Of Pure Blood*，New York，1976（美国版）。

源"协会在柏林成立,以后活动中心移向慕尼黑。该机构隶属于党卫队种族和移居处,党卫队经济和行政管理处也在一定程度上参与管理。"生命之源"协会章程指出,该组织的任务是支持"具有遗传生物学价值的、多子女的家庭",照顾"具有种族价值和遗传健康的孕妇",照料此类母亲的子女,并为产妇提供一定时间的疗养。[1]在纳粹党看来,有三大特征预示着一个民族的衰退:出生率下降、由遗传疾病导致的退化、种族混合的婚姻。"生命之源"协会的建立正是针对这一系列问题所采取的措施。一次大战结束后,大量青壮年男子阵亡,导致妇女过剩,全国出生率持续大幅度下降。在希姆莱看来,更深层的原因在于"资产阶级的伦理观"。资产阶级的社会习惯要求年轻人直到有能力保证婚姻安全时才成家,在社会的激烈竞争中,其结果是晚婚晚育,并最终缩小了家庭的规模。同时,对贞洁与婚姻忠诚的宗教式管理,造成了青年人的自然好奇与性压抑,这导致了德国社会青年男女生活堕落、性病流行。在希姆莱眼里,德国已然成了一块"性生活极端混乱的土地"[2]。与此同时,由于"资产阶级伦理观"对私生子的偏见,社会对于妇女的堕胎行为持放纵的态度。希姆莱在一封给威廉·凯特尔(Wilhelm Keitel,1882—1946)的信中估计,德国每年堕胎的数量达到 60 万例,并且,"每年成千上万极具价值的少女和妇女成为秘密牺牲者,她们主要是由于堕胎而导致绝育"[3]。此外,"生命之源"计划要提高德意志民族的"质量",根据纳粹种族主义的"培育标准"来改善后代,其目标是培育"未来的贵族"。因而"生命之源"计划首先服务于党卫队,帮助其队员养育子女。希姆莱要求党卫队员婚姻双方都要符合种族纯洁的要求,祖先不能有种族污点,自身身体健康。在希姆莱看来,经过这样严格的审核,他们的后代就能够保持高贵的血统,而在孩子出生过程中的合适护理,则有助于减少婴儿的死亡率和畸形婴儿的比例,保护这一精英群体的成长。据此,"生命之源"协会常常被

[1] Bundesarchive Koblenz,NS 48/29, "Satzung des Vereins 'Lebensborn' e. V.", 24. Dezember, 1937, S. 1.

[2] Larry Thompsom, "Lebensborn and the Eugenics Policy of the Reichsfuhrer-SS". *Central European History*, Vol. 4, No. 1, (Mar. 1971) p. 56.

[3] Volker Koop, *Dem Fuehrer ein Kind schenken. Die SS-Organisation 'Lebensborn' e. V.*. Köln, 2007, S. 28.

看成是党卫队的"额外福利"。

"生命之源"协会主要负责两项任务：第一项任务包括，一是向多子女的党卫队员家庭提供福利，向它们分发补助款；二是强化对孕妇的产前产后护理，只要她们是纯正的德意志人，不论婚否。第二项任务主要通过建立专门的妇产科医院来实现。

"生命之源"协会的运作资金来自各个方面。首先是会员缴纳的会费。希姆莱要求党卫队中央领导机构中的所有官员都参加该协会，每月上缴一定数额的会费。对普通队员则鼓励其自愿参加。截至 1937 年底，该协会共拥有 1.33 万名成员，其中 1.25 万名为党卫队员，其余则是德国警察。其次来自私人捐赠和党卫队基金，包括一部分因犯的劳动所得。[1]"水晶之夜"事件发生后，犹太人被迫支付"赔款"，据称该协会也从中分得 25 万马克。然而，这些资金还是不敷所用，最终，通过使用纳粹党的基金以及政府财政部长通过卫生部的拨款，才解决了问题。

"生命之源"协会对党卫队员家庭的福利补助幅度不大，直到 1939 年初，仅有 110 个家庭受到资助，而同时期拥有 5—12 个孩子的党卫队员家庭有 1400 个。其原因，一是资金不足，二是国内已经有相关部门在实施类似计划，如上述"母亲和子女帮护会"，它能获得"冬赈"募捐收入的一半以上，而"生命之源"协会能够施展的空间有限。资金和人员编制上的困难甚至拖延了第一家"生命之源"妇产科医院的诞生，直到 1936 年 12 月，协会成立整整一年之后，该医院才正式投入使用。这所医院设在慕尼黑附近的施泰因赫宁(Steinhoering)，采用了"高地之家"的假名。这类医院挂着白色的旗帜，中间点着红点。它们同一般妇产科医院相比，有更好的护理人员和更充裕的资源支持。其房屋来自对犹太富人和外国私人机构的征收，以及党卫队成员的私人捐赠。直到欧战爆发前夕，这类医院总共不到 10 家，而且大多行事神秘，希图远离公众视野。

"生命之源"妇产科医院对所有党卫队员的妻子开放。其他怀孕妇女如

---

[1] *Trials of War Criminals-before the Nuernberg Military Tribunals under Control Council Law No. 10. Vol. 5；United States v. Ulrich Greifelt，et al. (Case 8：'RuSHA Case')*. Publisher：US Government Printing Office，Washington，1950，p. 583.

果能够证明自己纯正的德意志血统，也能够享用，不论其结婚与否。其设立者曾经表示："生命之源开始于这样一个前提，即我们十分有必要给种族上令人满意的妇女以养育非婚生子女的机会，而不必受到指责，并且能够在怀孕的最后几个星期里生活在和谐的环境中。"①该类医院的住院资格审核相当严格。怀孕妇女需要提交的材料包括：(1) 一张"详尽的出身证明"，一般称为"雅利安证明"(Ariernachweis)，其中需要追溯其祖先直至 1800 年 1 月 1 日；(2) 一份"遗传健康卡"，附带关于家族内可能的遗传性负担；(3) 一份"医生检查卡"，用来证明其健康和种族鉴定，由党卫队的医生或获得许可的医生填写；(4) 一份附有照片的个人简历；(5) 未婚女性还须提交一份声明书，说出孩子的真实父亲。医院建立之初，近 3000 名未婚先孕申请者中只有不到一半获得了批准。

孕妇在形体症状变得明显后即可入院。住院费用并不高，一般是产前每天 2 马克，产后每天 2.5 马克。②但医院提供的生活条件十分优厚。孕产妇每人拥有一个房间，食物良好，甚至在战争期间也能得到很好的医疗护理。根据希姆莱的命令，每家医院都设有家政课程，从各个侧面培训处理家政和照顾孩子的技能。当然还包括意识形态教育，通过上课、看电影和晚间讨论会等形式，潜移默化地灌输纳粹主义政治理念。希姆莱对"生命之源"计划怀有强烈的兴趣，亲自过问孕产妇的饮食结构，向恰好在其生日出生的孩子赠送礼物，甚至直接与那些不愿承担父亲责任的党卫队员通信，威胁他们要履行"光荣的义务"，与孩子的母亲结婚。到 1938 年 12 月 31 日为止，共有 653 名母亲使用了此类医院，其中婴儿死亡率只有 3%，不到全国平均水平的一半。③

新生儿在医院中要经历一个独特的仪式，该仪式是基督教、纳粹主义和日耳曼仪式的混合物，桌上摆放着银色的党卫队短剑，上面悬挂着卐字旗，

---

① Richard Grunberger, *A Social History of the Third Reich*. p. 314.
② Larry Thompsom, "Lebensborn and the Eugenics Policy of the Reichsfuhrer-SS". *Central European History*, Vol. 4, No. 1, (Mar. 1971) p. 66.
③ Lisa Pine, *Nazi Family Police, 1933—1945*. p. 40.

孩子就在这里接受"洗礼"。①之后,母亲并不能轻易将孩子带走。她还必须接受一定的审核,以确定是否在道德和物质上具备了抚育孩子的能力。如果她不具备这样的条件,孩子将被留在协会的"儿童之家"中抚养一年。孩子的母亲大部分离开了医院,少量的留下工作,以便能与自己的孩子接触。如果一年后她们仍然未能证明自己有能力抚养,孩子就会被送给党卫队的养父母。但是,协会更多地倾向于为未婚妈妈解决经济、心理乃至婚姻等私人问题,创造条件让孩子留在父母身边,起码得到其中一方的照顾。②

与许多人的想象不同,"生命之源"协会并没有参与真正意义上的人种培育实验活动。1944 年,希姆莱曾经对多生育男孩问题感兴趣,并希望该协会进行研究,而协会竟然提供了如下答复。据称士瓦本(Schwaben)地区的阿尔卑斯山区有一个传统的做法,即丈夫和妻子首先要禁酒一个月,然后在某一天,丈夫于中午 12 点出门,步行 20 公里到乌尔姆(Ulm)后返回,中间不许在客栈逗留。而妻子在前一周内不准工作,且饮食丰富,睡眠充足,不能在任何方面浪费精力。当丈夫返家后,两人就进行性交。这样做经常能够怀上男孩子。③

在"生命之源"协会中,争议最多的是关于未婚母亲和私生子的问题。尽管在纳粹党的宣传中,家庭摆在十分突出的位置,被视为民族生命、传统价值及道德的源泉,但是为了实现其鼓励生育和净化种族的目标,当局也宽容了事实上的一夫多妻和私生子现象。希特勒曾经表示:"我们要记住,三十年战争之后,一夫多妻制是得到容忍的,所以,正是得益于私生子,我们的民族才恢复了力量。"④罗森贝格也提出,让数百万妇女终身面对其他人的嘲笑,剥夺其拥有小孩的权利,使其以老处女的方式死去,这种做法是错误的。他认为,一般社会,尤其是教会,对待非婚生子女及其母亲带着令人极其厌恶的伪君子面具。⑤因此,为了促进人口增长,"生命之源"协会一方面

---

① 参见 Rebecca Abe, *Das Gedächtnis der Lüge*. Ebersdorf: Skalding, 2008, S. 321.

② 参见 Bundesarchive Koblenz, NS 48/31,"Zwei Jahre Lebensborn- Arbeit", Januar 22, 1939, S. 1 - 13.

③ Jeremy Noakes and Geoffrey Pridham, *Document on Nazism*, 1919 - 1945. p. 280.

④ Hitler, *Hitler's Table Talk*, 1941 - 1944. Oxford: Oxford Univ. Pr., 1988, p. 352.

⑤ A. Rosenberg, *Der Mythos des 20 Jahrhunderts*: *Eine Wertung der seelisch-geistigen Gestaltenkaempfe unserer Zeit*. S. 593.

反对堕胎,鼓励母亲足月分娩,另一方面则将私生子同婚生子女一样看待,向未婚妈妈敞开大门。

欧战爆发后,希姆莱看到战争将减少德国具有种族价值的人口,因此公开号召党卫队员生育更多的孩子,鼓吹不应再把生育看成是私人的事情,而应看作是为德国的未来保存优良种族。1939 年 10 月,他公开提出"在婚姻之外,对于拥有良好血统的德国妇女和少女而言,有一项重要的责任,即要成为士兵们子女的母亲,这绝不是轻浮的决定,而是基于深刻的道德严肃性"[1]。他和赫斯分别向党卫队员保证:当他们前往战场之时,他们的妻子、女友和子女都会得到足够的产前和产期护理;一旦他们战死疆场,其未婚妻的遗腹子将被看成是士兵的合法子女。[2]而党卫队周刊《黑色军团》则刊发了一篇饱受争议的文章,鼓励妇女生育非婚生或婚外子女。它指责妇女们,甚至包括未婚女性,称逃避生育责任等同于军队里的逃兵。[3]这类言论的出现,导致舆论哗然,军内人士更是明确表示,这无异于鼓励党卫队员和军人的留守妻子们通奸。在一片指责声中,希姆莱不得不解释说,党卫队要帮助的私生子,仅仅是指那些父母本打算结婚,却由于战争而无法实现的孩子。但是,在希姆莱看来,解决人口危机依然是必要而急切的,只有在社会舆论的压力下,更充分地发挥"生命之源"协会的作用,更谨慎地处理关于私生子的问题,情况才能有所好转。他命令:私生子的父母如果不愿意结婚或者不能结婚的,出于国家利益的考虑,这些孩子的出生登记、健康保险的支付以及税收等问题将被人为地掩盖起来;准备参与"生命之源"行动的内科医生必须在盖世太保成员面前发誓保密;孩子出生面临的一系列法律技术问题都将被小心对待,重要数据要在送给相关部门之前由"生命之源"协会的官员处理。希姆莱对这些计划抱以很大期望,曾表示"仅仅通过这一措施,就

---

[1] Dagmar Herzog, *Sex after Fascism*: *Memory and Morality in 20th-Century Germany*. Princeton: Princeton University Press, 2005, p. 51.

[2] Gerog Lilienthal, *Der"Lebensborn'e. V.."Eine Instrument nationalsozialistischer Rassenpolitik*. Frankfurt: Gütersloh, 2003, S. 132f.

[3] Jill Stehpenson, *Women in Nazi Society*. p. 67.

可以在 18—20 年里增加 18—20 个军团"①。然而实际情况却并不乐观。在"生命之源"妇产科医院出生的孩子共约 8000 名,其中 1940 年前以未婚女性为多,私生子的比例高达约 80%。这类医院之所以无法满负荷运转,一是因为"生命之源"协会出于保密的考虑,不能进行大张旗鼓的宣传,二是党卫队员对它的反应也不积极,认为妇产科医院即便拥有优越的条件,接生孩子仍然具有较大风险,因而大多数人还是选择在家中生育。但在 1940 年以后,许多人看到在战争环境下,此类医院能够提供较为安全的服务,因而进入的产妇数猛增,其中私生子的比重下降到 50%左右。

　　欧战爆发后,"生命之源"协会还开展了另一项业务,即收养具有种族价值的孩子。德军入侵他国后,部分军人与被占领国的女子发生性爱关系。据 1943 年党卫队估计,仅仅在法国就有数千名妇女因为德国军人、党卫队员及占领官员的关系而怀孕。在纳粹分子看来,这些孩子中有不少具有种族价值。尤其在挪威等处,纳粹党人羡慕挪威人的维京血统,德国军方鼓励驻军官兵同挪威妇女生育尽可能多的小孩,成千上万的挪威妇女因此怀孕。这些妇女通过党卫队医生的种族审查之后,就被送往驻地附近或者原德国境内的"生命之源"妇产科医院。虽然确切的数据已经无法得到,但据相关人士回忆,前往"生命之源"医院的外国妇女并不多。除非她们打算结婚,许多妇女并不愿意张扬自己怀孕的事实,其中原因之一是害怕孩子会被送给别人抚养。

　　"生命之源"协会还在党卫队协助下,从德国占领区引诱绑架一些金发碧眼的儿童。希姆莱指令党卫队员,要把那些种族上可以接受的孩子从占领区带到本土来,以培养成德意志人。他说:"为何我们要如此残忍地将一个孩子带离其母亲呢?如果我们将一个潜在的好种子留给我们天生的敌人,那又是多么残忍啊。"②在波兰占领区,德国带走了近 20 万儿童。在捷克利迪策(Lidice)村庄发生大屠杀事件后,98 名孤儿中有 13 人被"生命之

---

① Volker Koop, *Dem Fuehrer ein Kind schenken. Die SS-Organisation 'Lebensborn' e. V.*, Köln: Fischer Taschenbuch Verlag, 2007, S. 28.

② *Himmler's Fountain*, Time, the Weekly Newsmagazine, Vol. 104～105,Oct. 28th, 1974, p. 18.

源"协会选中,其他人则被送往灭绝营毒杀。①在 1939 年 10 月建立的"巩固德意志民族性全国委员会"(Reichskommissariat für die Festigung deutschen Volkstums,缩写 RKFDV)的配合下,"生命之源"协会的"儿童之家"对这些孩子进行"再德意志化"教育。这些孩子的年龄在 2 岁到 6 岁之间,外表一般都是金发碧眼白肤。通过"归化"后,他们被送往种族上合格并且意识形态上值得信赖的德国家庭中抚养。

直到 1944 年中期,全国还存在 15 所"生命之源"妇产科医院,总共拥有 130 名专业护士,雇用的帮工在 700 名左右。②

第五节　绝育与淘汰

纳粹政权在鼓励生育更多的德意志健康孩童的同时,对残疾人和病患者这些弱势群体,却采取了残酷的杀戮和限制政策。希特勒曾经表示:"为了生存的自然斗争,本来能使最强壮和最健康的人得以存活,如今取而代之却要不计代价地挽救那些最柔弱和最病态的人。这在未来的一代人中播下了种子,使得他们在成长的过程中越来越凄惨,继续受到自然的嘲笑。"③既然如此,纳粹党自然不允许这样的情况发生在它的统治区域。

1933 年 7 月 14 日,希特勒政府颁布《预防遗传病患者新生儿法》(Gesetz zur Verhuetung erbkranken Nachwuchses),通称《绝育法》。④该法规定,"任何患有遗传性疾病的人,如果通过医学诊断认定为其子女也将受到遗传性的身体和精神损害,都将实施绝育"。它规定九类疾病可以考虑是否实施绝育手术。其中五类是关于精神和认知上的紊乱,即先天性弱智、精神分裂症、躁狂—抑郁性精神病、遗传性癫痫症、亨廷顿氏舞蹈病。三类是身体缺陷,即遗传性失明、遗传性耳聋、严重遗传性身体畸形。最后一类则

① Volker Koop, *Dem Führer ein Kind schenken. Die SS-Organisation 'Lebensborn' e. V.*. S. 155 - 159.
② Larry Thompsom, "Lebensborn and the Eugenics Policy of the Reichsfuhrer-SS". *Central European History*, Vol. 4, No. 1, (Mar. 1971) p. 73.
③ Hitler, *Mein Kampf*. München. 1925, S. 145.
④ Gesetz zur Verhuetung erbkranken Nachwuchses vom 14. Juli 1933, RGBl 1933, Teil 1, S. 529ff.

是"任何情况下的严重酗酒"。同年 11 月，当局规定要对性侵犯罪犯（即强奸犯）实施预防性阉割。1936 年 6 月又允许对同性恋者施行阉割，但如果当事人是怀孕的妇女，则必须征得其同意。按《绝育法》规定，残疾人自己可以申请绝育，公共卫生部门的医生也可以提出申请。对于在医院的病人和在监狱的犯人来说，医院、护理院和监狱的负责人可以提出申请。

为了实施该法令，当局专门建立了遗传健康法庭（Erbgesundheitsgericht）。此类法庭隶属于具有司法裁判权的最低一级法院，一般由 3 人组成：1 名具有司法裁判权的法官任庭长；1 名公共卫生部门的医生；1 名具有遗传法律知识的医生。遗传卫生方面的上诉法庭也随之建立，它们隶属于地区巡回法庭，也由 2 名医生和 1 名法官组成。平时，除残疾人自己提出申请外，如果医生、救济机构的工作人员和教师等发现具有遗传病症状的人，按规定必须向当地卫生部门举报。[①]在这一环节上，按照当局的说法，家庭医生将成为"德意志遗传主干的保护者"[②]。卫生部门做出确认鉴定后，即向遗传健康法庭递交绝育申请。法庭通过问讯、取证和调查来裁决医生递交的建议。许多优秀的人类学家和医生也参与了这一过程，"或者是端坐在遗传健康法庭上，或者是向法庭递交专家意见"[③]。一旦法庭判决进行绝育，不管当事人是否同意，都将实施手术。如果有必要，警察部门还有权使用强制性手段使当事人就范。

普鲁士州早在 1932 年就曾提出过"绝育立法"的设想，该建议中包含了此后纳粹法令中的所有基本要素。但是最主要的区别在于，前者强调自愿原则，而后者则强调强制原则。虽然纳粹政权的法令规定，绝育者可以主动提出申请，似乎也保留了一些自愿性，然而实际上此类申请所占的比重很小。1934—1935 年共有 388 400 份申报材料，其中，护理机构负责人申报的占 35%，公共卫生机构的医生申报的占 21%，其他医生申报的占 20%，仅有

---

① Verordnung zur Ausfuehrung des Gesetzes zur erhuetung erbkranken Nachwuchses vom 5. Dezember 1933, RGBl. 1933, S. 1021ff.

② Wolfgang Benz, Hermann Graml und Hermann Weiss (Hrsg.), *Enzyklopaedie des Nationalsozialismus*. S. 266.

③ Ernst Klee, *Deutsche Medizin im Dritten Reich: Karrieren vor und nach* 1945. Frankfurt: Gütersloh, 2001, S. 67f.

20％是通过其他渠道申报的。[①]从最后的判决结果来看,同意施行绝育手术的比重相当高,1934 年为 92.8％,1935 年为 88.9％,1936 年为 84.8％。绝育的原因,以低能为多,详见表 6-4。

表 6-4 1934 年以疾病分类的绝育手术[②]

疾病名称	绝育手术次数	占比(％)	其中男人数	占比(％)	其中女人数	占比(％)
先天低能	17 070	52.9	7 901	48.7	9 169	57.3
精神分裂症	8 194	25.4	4 261	26.2	3 933	24.5
遗传性癫痫	4 520	14.0	2 539	15.6	1 981	12.4
躁狂—抑郁性精神病	1 017	3.2	384	2.4	633	3.9
严重酗酒	775	2.4	755	4.6	20	0.1
遗传性耳聋	337	1.0	190	1.2	147	0.9
遗传性失明	201	0.6	126	0.8	75	0.5
严重身体畸形	94	0.3	45	0.3	49	0.3
亨廷顿氏舞蹈症	60	0.2	37	0.2	23	0.1

当时,医学界、种族卫生主义者(Rassenhypene)和纳粹党人对绝育的热情远远超过《绝育法》的执行能力。1934—1935 年间的 388 400 件检举案件中,只有 259 051 件在该法实施后的三年内被法庭受理。再往后,法庭变得不堪重负,积压待办的检举案件共达 34 713 件,以至于不少案件无力审理。同时,已经得到判决的案件也来不及执行,如 1934 年,判决绝育的案件中只有约一半施行了手术。后来即便执行能力有所提高,但仍然无法满足需要。

可是,当局并没有因此而缩减绝育规模,反而进一步修补法律漏洞,杜绝产生漏网之鱼。1935 年 6 月,政府修订《绝育法》,规定如果孕妇被遗传健康法庭定为具有遗传性疾病,怀孕六个月内都可以实施堕胎手术。[③]虽然法律规定要征求孕妇的意见,然而实际上许多妇女是被强制堕胎的。到

---

① [美]亨利·弗莱德兰德:《从"安乐死"到最终解决》,第 38 页。
② 引自《从"安乐死"到最终解决》第 40 页上的表格,格式上略有修改。
③ Gesetz zur Aenderung des Gesetzes zur Verhuetung erbkranken Nachwuchses vom 26. 6. 1935,
　RGBL. 1935, Teil 1, S. 196.

1937 年,共有约 20 万人被实施了绝育手术,其中 102 218 名为男性,95 165 名为女性。到 1939 年 9 月,这一数字增加到 32 万,约占全国人口的0.5％,其中被诊断为低能的占了 2/3。①到第二次世界大战结束,在不到 12 年的时间里,实施绝育手术的人数约为 40 万。②被绝育者不少来自社会底层,其中不少是精神病院和收容所的病人,如 1934—1936 年间,这类病人占到 30％—40％。此外,还包括诸如黑人等少数种族。

　　1935 年 10 月 18 日,政府又颁布了《保护德意志民族遗传卫生法》(*Gesetz zum Schutze der Erbgesundheit des deutschen Volkes*)。③该法通称《婚姻法》,是紧随《纽伦堡法》之后颁布的,对公民的结婚条件作了限定。男女双方如有一方患有精神疾病,或具有《绝育法》中所规定的某种遗传性疾病,或处于法律监护之下,均不得结婚。另外,如果一方患有某种传染性疾病,特别是肺结核和性病,也不得结婚。同时法律还规定,男女双方在结婚以前,都必须从公共卫生部门领取证明,以表明没有患上法律所罗列的遗传疾病。当然在具体实施过程中,卫生体系不足以承担如此大批量的工作任务,所以地方官员往往仅在怀疑申请者有遗传问题时,才要求他们出示健康证明。

　　对于已经出生的残疾婴幼儿,政府则强制推行“安乐死”计划,通过药物终止其生命。

　　早在 1929 年 8 月 5 日,希特勒在纽伦堡党代会上讲述如何处理社会弱者问题时就强调,由医学界及其他领域提出的人口优生学的经济论点,远远比不上“种族纯净”以及“未来如何保持种族实力,尤其是我们国家的整体种族实力”的问题重要。他声称:“如果德国一年要出生 100 万个小孩,只要我们去掉他们当中 70 万到 80 万个弱者,其结果则是国家实力的增强。”④据希特勒的医生卡尔·勃兰特(Karl Brandt,1904—1948)回忆说,希特勒是从

---

① Lisa Pine, *Nazi Family Policy, 1933-1945*, p. 34.
② Robert Proctor, *Racial Hygiene: Medicine under the Nazis*. Cambridge: Cambridge University Press, 1988, p. 108f.
③ Gesetz zum Schutze der Erbgesundheit des deutschen Volkes vom 18. Oktober 1935, RGBl.
④ Giesla Bock, *Zwangssterilisation im Nationalsozialismus*. Opladen: Westdeutscher Verlag, 1986, S. 24.

1933 年开始倾向于实施强制性安乐死的。在 1935 年纽伦堡党代会上，希特勒告诉全国医学领袖格哈尔德·瓦格纳说，在另一次世界大战来临的时候，他将重新考虑安乐死的问题，并以激进的方式解决精神病问题。希特勒希望"在战争的掩护下，这一类问题的解决会容易得多"①。

1938 年，莱比锡的克瑙尔（Knauer）家出生了一个严重的残疾婴儿，身体上缺一条腿，一只手臂不完整，双目失明，明显发生过痉挛，看起来还像个"白痴"。婴儿的父亲求助于莱比锡大学儿童医院院长，要求医院杀死该婴儿，但遭到院长拒绝，因为这么做是违法的。于是克瑙尔给希特勒写信，请求希特勒准许该婴儿死亡。希特勒命令其私人医生勃兰特前往核实，勃兰特在与会诊医生们讨论后，确认了诊断结果，并授权施行安乐死。随后，希特勒私人授权勃兰特和时任纳粹党元首办公厅主任的菲利普·布勒开始实施一项消灭具有身体和精神疾患婴幼儿的计划。

这项"儿童安乐死"（Kinder-Euthanasie）计划一开始极具隐蔽性。它由纳粹党元首办公厅负责，该办公厅在纳粹德国的政治体制中属于处理元首私人事务的部门，不太引人注意，有利于保密。上述"克瑙尔"事件发生约三周后，名为"严重遗传疾病科学登记全国委员会"（Reichsausschuß zur wissenschaftlichen Erfassung von erb-und anlagebedingten schweren Leiden）的组织成立。随后该组织向各地卫生部门、医院和儿童诊所等单位和家庭发放了登记表，要求他们填写三岁以下患有先天性畸形或者精神缺陷儿童的情况，寄回内政部相关办公室。②这些病征包括：先天愚型儿童，尤其是失明或失聪的孩子；小头畸形；身体畸形，特别是四肢缺失、严重的颅骨闭合缺陷和脊柱畸形等；严重的和进行性的脑积水；瘫痪，包括痉挛性双侧瘫痪。事实上，这些儿童的信息都被送往位于柏林的"全国委员会"，在那里，先由两

---

① Ernst Klee，*„Euthanasie"im NS-Staat. Die „Vernichtung lebensunwerten Lebens"*. Frankfurt am Main：S. Fischer Verlag，1983，S. 52.

② *Trials of War Criminals—before the Nuernberg Military Tribunals under Control Council Law No. 10. Vol. 1：Case 1：'The Medical Case'*，Washington 1950，p796. 1940 年 6 月 7 日，登记表进行了部分的修改，新的表格要求更加详尽的材料，婴儿的出生情况、地址、宗教信仰及父母、兄弟姐妹和亲戚的病史都被要求进行登记。参见 Louis L. Snyder，*Hitler's Third Reich，A Documentary History*. p. 309.

名行政官员进行粗选,决定将哪些病例交由医学专家审核。三位医学专家分别对这些信息作评估和表态,以裁决是否要杀死他们。[①]被同意实施"安乐死"的儿童姓名会打上"＋"符号,被否决者则打上"－"符号,暂时不能确定者为"B"符号,这些孩子将被送往某个"专家护理儿童病房"(Kinderfachabteilungen),由那里的医生作进一步监测。由于资料缺乏,难以对审核结果作出精确统计。据估计,在被登记者中,有95％的孩子被杀害,只有5％作进一步监测。[②]作出最终决定时没有再次对患者作直接检查,也毋需征求婴儿父母或监护人的意见。

"儿童安乐死"的具体过程一般会持续几周,以向人们传递一种正在实施治疗的印象。婴儿被处死后,父母会收到一种特定形式的信件,称其孩子因肺炎或其他疾病而死亡,尸体将很快火化,以避免时疫流行。实际的杀害过程一般是让残疾儿童饿死。有的还通过使用鲁米诺(一种镇静剂)、吗啡和东莨菪碱(可用作镇静剂),逐渐增加剂量来完成。药物会引起并发症,特别是肺炎,然后逐渐导致死亡。这样医生便可宣布患儿为"自然死亡"。处死过程中所需要的药品由德国中央保安局的侦探犯罪技术研究所化学部负责供应。药品先送到纳粹党元首办公厅,然后由全国委员会送到各儿童病房。还有些儿童在处死前会被安排给医疗研究机构作实验对象。据估计,被纳粹德国处死的残疾儿童总数不少于5000人。[③]

当局还对成年残疾人实施安乐死。战后,美国在纽伦堡医学案件审判起诉书中简要描述了成人安乐死计划:"这一计划涉及在护理院、医院和收容所,通过使用毒气、注射和其他许多方法,对年老的、患精神病的、无法治愈疾病的人或者畸形儿童以及其他人进行有系统的、秘密的处决。"[④]根据当时正在运作的德国刑法第211款和212款规定,除战场上的敌人和被法

① Ernst Klee, „*Was sie taten-Was sie wurden. Ärzte, Juristen und andere Beteiligte am Kranken- oder Judenmord*". S. 139.

② Christine Vanje, Steffen Haas, Gabriela Deutschle, Wolfgang Eirund, Peter Sandner (Hrsg.): *Wissen und irren. Psychiatriegeschichte aus zwei Jahrhunderten-Eberbach und Eichberg*. Historische Schriftenreihe des Landeswohlfahrtsverbandes Hessen, Quellen und Studien Band 6, Kassel 1999, S. 223f.

③ Matthew Stibbe, *Women in the Third Reich*. p. 74.

④ [美]亨利·弗莱德兰德:《从"安乐死"到最终解决》,第82页。

院定罪的犯人以外,不得蓄意杀死任何人,违者以杀人罪论处。在纳粹当局内部的讨论中,总理府办公厅主任拉莫尔斯建议颁布一部法律,将安乐死合法化,但该提议遭到希特勒的断然拒绝。以后,参与安乐死计划的医生们也试图起草这样一部法律,但同样遭到希特勒反对。在部下的一再要求下,希特勒于 1939 年 10 月发布一个带有授权性质的命令,但倒填发布日期为 1939 年 9 月 1 日,以便与战争爆发联系在一起。命令的全文为:"国家领导人布勒和医学博士勃兰特在此被授权,负责增加一些具体指派的医生的权限;这样,一些根据人道的判断被确认为不可治愈的病人在确诊后准许被实施仁慈死亡。"①

成人安乐死计划具体体现在"T4"行动计划中。因该计划的实施总部设在柏林动物园街四号(Tiergartenstr. 4)的一所别墅内,由此得名。② T4 组织设有七个办公室:

T4 中央办公室,系总部领导机构;

T4 医学办公室,负责对病人的评估和安乐死对象的筛选,以及委任和指导医学评估专家,监督对病人资料的收集工作,并检查 T4 登记员的工作;

T4 行政办公室,负责掩盖行动真相,包括欺骗病人亲属和有关机构,使他们交出病人并支付相关费用,并负责中央办公室和各屠杀中心之间的快件传递;

T4 中央财务办公室,除管理财产和财务外,还主管车辆调配场和印刷设备,负责订购毒药;

T4 运输办公室,负责安排病人转移事务,包括就相关事务同病人家属和有关机构进行书信来往,收取运输费用等;

T4 人事办公室,负责招聘工作人员,以及工作人员的义务保密宣誓;

T4 监察员办公室,负责元首办公厅与地方党组织及政府之间关于安乐死问题的沟通与协调,以及屠杀中心的选址和改建。

T4 组织及其附属机构需要有"前线组织"作为对外联系的窗口和自身

---

① [美]亨利·弗莱德兰德:《从"安乐死"到最终解决》,第 88—90 页。

② Wolfgang Benz, Hermann Graml und Hermann Weiss (Hrsg.), *Enzyklopaedie des Nationalsozialismus*, München: Verlag C. H. Beck,2007, S. 266.

的伪装。在成人安乐死计划中,这样的"前线组织"共有四个:国营医院和护理所全国合作社,主要用于同政府有关机构、公共卫生官员、医疗机构及病人家属就病人的登记、评估和选择问题进行联络;住院治疗慈善基金会,用于就 T4 人员的雇佣、工资发放、额外福利及其他有关事项同政府和纳粹党机构交涉;病人运输慈善基金有限公司,用于运送病人,包括制定运输计划,经营运送病人的"灰色巴士",收取运输费,通知有关机构和病人家属;国营医院和护理所中央财务办公室,用于就费用问题同病人家属及相关机构交涉。

成人安乐死的步骤与儿童安乐死大致相似。

1939 年 9 月 21 日,内政部颁布一项命令,启动了成人安乐死的进程。它要求地方政府在同年 10 月 15 日以前提供一份名单,将各种医疗机构所掌握的情况上报。名单中应包括以下五类病人:(1) 被收容达 5 年以上(含 5 年)的病人。(2) 具有以下症状且无法从事医院里的工作或只能做一些简单机械工作的病人:精神分裂症;癫痫症;老年性疾病;进行性瘫痪或各类梅毒;脑炎;亨廷顿氏症及其他晚期神经症;任何种类的低能。(3) 在刑法上被确定患有精神病者。(4) 不具备德国公民身份的病人。(5) 非德意志或相关血统的病人。[①]

内政部收到名单后,T4 组织的相关机构就根据名单向相关医疗机构发放被称为"1 号调查问卷"的登记表格,要求由医生为每一个病人填写详细资料,其中包括病人的姓名、出生年月、公民身份、种族、住院时间、直系亲属的姓名、他们是否经常来访、监护人或其他承担经济责任者的姓名和地址、该病人是否被诊断患有精神病,等等。以后,调查问卷中又增加了关于病人的婚姻状况、宗教信仰、最早发病时间、以前是否住在其他医院、是否为双胞胎、是否有患精神病的直系亲属、以前从事何种工作、是否会马上出院等内容。

表格收回后,就进入专家评估阶段。卷入该行动的医学专家共有 40 余名,其中 9 人具有教授职称。这些专家在工作时分为两个层次,3 名为高级

[①] [美]亨利·弗莱德兰德:《从"安乐死"到最终解决》,第 100—101 页。

专家,其余为初级专家。每个病人的资料由 3 名初级专家作初审,他们分别作出自己的判断,打红色"＋"号代表死亡,蓝色"－"号代表生存,打"?"号代表存疑。最后,这些表格传给某一个高级专家。高级专家并不受初级专家意见的约束,他打出的符号即是最终裁决。由于专家少而需要裁决的表格多,工作流程的速度快得令人难以置信。在长时间的流水式操作中,一般处理一份表格的时间为 5 分钟。

在实际操作过程中,由于战时食物供应日益紧张,筛选标准也越来越宽。例如,原来规定填写表格的对象必须住院五年以上,然而有些病人还不足五年,但由于法院判决其不属于雅利安种族,或者患有所列出的一种疾病,也被填进了上报名单。同时,对病人的判断不仅取决于他们所患的疾病,而且还考虑其劳动能力。被污蔑为"不值得生存的生命"的病人被看作是"累赘的生命"(ballastexistenzen),往往成为清除对象。其理由是,在战争期间,许多健康的人不得不献出生命,而患有严重疾病且不能参加劳动者却继续活着,是不合理的。当希特勒把处决对象扩大到年老体衰者时,布勒和勃兰特表达了自己的担忧,即处决退伍老兵会打击军队的士气。尽管他们在制定细则时加上了例外规定,即获得过奖章、在战斗中负过伤或在前线作战时表现勇敢的老兵可以免遭处决,但是这一规定在具体实施时并没有得到保证。

成人安乐死行动的最后一个环节是由特殊机构实施谋杀。T4 医学办公室通过"前线组织"向相关部门发出转移病人的通知,大型"灰色巴士"前往医疗机构接人。医院院长们经常发现那些他们所需要的、具有良好劳动能力的病人位列名单之中。这时,他们就会出面交涉,将这些人从名单中去除。然而,由于转移病人的总数不能改变,于是就用其他病人补上,这就完全违背了医学评估的原则。当病人不愿意走上"灰色巴士"时,当局往往使用胁迫手段。病人的亲属并不知晓事情的运作过程,只是会收到一封统一格式的信件,称根据国防委员会的命令,病人已经转移到另一家机构,这家机构将在适当的时候与他们联系。不久,冒充接收机构的屠杀中心会通知亲属,称病人已经安全达到,但暂时不能接受探视。几天后,病人亲属又会收到另一份通知,称病人已经死去,且为了防止传染,尸体已经火化,亲属可以去认领骨灰。

当安乐死行动遭到民众尤其是基督徒质疑时,纳粹信徒不惜以否定《圣经》的办法来为之辩护。符腾堡州的一名政府高级官员曾经表示:"第五戒'你不可杀人',这不是上帝的戒令,而是犹太人自己编造出来的,他们是世界史上罪孽最为深重的谋杀者,一直想用编造出来的戒令阻止他们的敌人进行有效的抵抗,以便更轻易地除掉他们。"①

1941 年 8 月,成人安乐死行动暂告一段落。仅在近两年的时间里,就有约 7 万人遇难。

第六节 妇女政策

德国妇女的社会地位和生存状况在魏玛共和国时期发生了较大变化。《魏玛宪法》有关条款规定,女子与男性一样享有公民权利与义务,废除对女性公务人员的歧视性政策,并强调"婚姻将建立在两性平等的基础之上"②。在这一框架内,越来越多的女性出现在公共领域,1925 年有近 9.8 万名女性教师在初等和中等学校任教,占教师总人数的 31.6%。在医疗领域,女性医师的人数从 1909 年的 82 人增加到 1933 年的 4 367 人。③此外,女性的外在形象和生活态度也发生较大变化。在街头和舞厅,不少女性穿着入时,善于交际,梳着波波头,穿着超短裙和长丝袜,打扮时尚,优雅地夹着香烟。她们生活独立,虽然外表是女性的,但内心却日益男性化。年轻女孩特别喜欢"客观理性的运动",如游泳、田径运动及竞赛,对于那些有益于女性曲线的体操反而觉得厌烦。在对待婚姻和两性的态度上,年轻女性开始追求自由与平等的爱。然而,由于社会观念的演变惰性,对于不少德国人来说,女性的这些变化并不令其乐观,反而认为其同"家庭危机"有较大的关联。从实际情况来看,那时同"女性问题"纠结在一起的,确实有一些令他们不安的

---

① [美]鲁道夫·赫尔佐克:《希特勒万岁,猪死了!》,卜德清等译,花城出版社 2008 年版,第 48 页。
② Frank B. Tipton, *A History of Modern Germany since 1815*. London: Continuum, 2003, p. 352.
③ Cornelie Usborne, *The Politics of the Body in Weimar Germany: Women's Reproductive Rights and Duties*. Basingstoke, Hampshire: Macmillan Press, 1992, p. 85.

现象。在女性结婚率不断下降的同时,离婚率却不断上升。女性受教育程度的提高和不少职业岗位对结婚女性的限制,使得不少女性倾向于保持单身状态。但这一状态反过来又迫使她们同男性抢工作,同时又不利于提高婚内的人口出生率,反而使非婚出生率居高不下。由于 1900 年制订的《民法典》未得到修订,丈夫仍享有家庭内一切事务的决定权,不少丈夫仍以自己能养活全家而感到自豪,希望自己的妻子维持全职家庭主妇的形象。在经济大危机期间,不少男性失去了工作岗位,而有些女性仍在继续工作,甚至有些家庭出现了夫妻双方同时挣钱的"双收入"状态,更加引起社会大众的不满。

纳粹党人对女性的社会角色和地位问题有自己的视角和理念。1934年,希特勒在纽伦堡党代会上表示:"如果有人说男性的世界是国家,他要不懈地奋斗并准备将自己奉献给共同体,那么可以说女性的世界则是一个较小的天地,即她的丈夫、孩子和家庭。女性命中注定要担负起照顾这个小天地的任务,也只有在此基础之上男性才能建立他的世界。因此,这两个世界毫不冲突,它们相互补充。我们不认为女性闯入男性的世界和空间是正确的,相反,这两个世界保持分离才是自然的。它们分别履行着自然赋予的任务,应该相互尊重。我们以自然和上天决定的方式使女性为民族共同体而奋斗。我们的妇女运动并非与男性相对抗,而是与男性并肩作战。"①在纳粹党人看来,男性与女性从本质上说是不同的,男女两性在生物意义上的差别决定了女性要充当种族的哺育者。希特勒认为,如果将关系民族存亡的国家大事交由那些本应属于天主教妇女社团或编织俱乐部的老妇人来决定,简直就是一个民族的衰兆。纳粹主义者认为,19 世纪后期以来的女性解放运动是与德国的传统极不相容的。所谓"女权主义",完全是受法国启蒙运动错误影响的舶来品,是"布尔什维—犹太主义的阴谋"。它诱使女性走向理性,追求个人主义并同男性相对抗,使往昔和谐的家庭变成两性的战场。他们还认为,女性代表着人性中"抒情"的一极,其所拥有的母爱是最为

---

① Benjamin C. Sax, *Inside Hitler's Germany*: *A Documentary History of Life in the Third Reich*. Lexington, Mass.: D. C. Heath Company, 1992, pp. 262 - 264.

圣洁与无私的,同时她们也应该是被保护的群体,不应该为繁重的劳动所损伤,为肮脏的政治所玷污。正如希特勒所说,女性应该是让人想要拥抱的可爱的小东西。纳粹当局所宣传的理想妇女形象是身材丰满、臀部肥大、脸部清秀、衣着整洁、不施粉黛的农家姑娘,金色的头发应该梳成小团或扎成辫子。①

按照希特勒对男女两性世界的划分,女性作为母亲和主妇应该统治属于自己的王国,而她们对社会的影响则需要通过家庭为中介来实现。其中,女性最为首要的职责是作为一名母亲,为民族共同体养育血统纯正的健康孩子。为了种族的繁盛,妇女需要为祖国奉献更多的孩子。正如希特勒在1936年纽伦堡党代会上所称:"母亲角色是女性最为主要的职责,对于女性来说,没有什么比为国家生育几个孩子做的贡献更大了。正如一个很有成就的女律师和一个拥有五六个健康孩子的母亲相比,从民族的根本利益来讲,这位母亲所做的贡献更大。"②此外,女性作为家庭主妇,也担负着许多重要的职责。她们虽然处于家庭这一小天地中,但应该时刻关注外面的世界,以便更好地支持整个民族的种族、经济和文化政策。其中包括充分认识到种族纯洁的重要性,在挑选丈夫时仔细考察其健康状况、种族特点和家族的血统来源。对自己的小孩,则要担负起抵御外来文化和传承德意志文化的重任,从小培养他们信仰纳粹主义,并通过做德国饭菜、使用德国家具、唱德国歌谣、穿德国服装来培养孩子对德意志文化的爱。在掌管家庭消费方面,支持国家的自给自足经济政策,只购买德国产品,减少不必要的开支,充分利用物品的价值,抵制犹太商店和大百货公司,在小商店购物等。正如纳粹全国妇女领袖格特鲁德·朔尔茨-克林克(Gertrud Scholtz-Klink,1902—1999)在一次党集会上说到的:"虽然我们的武器只有手中的汤勺,但它比任何武器都要有用。"③

对于德国社会中客观存在的职业妇女,纳粹党出于争取民心的考虑,并没有给予严厉抨击。在1932年大选中,它曾保证"所有女性无论是职业女

① 〔美〕时代生活编辑部编:《第三帝国·新秩序》,第131页。
② Jill Stephenson, *Women in Nazi Germany*. New York: Longman, 2001, p. 141.
③ Richard Grungerer, *A Social History of the Third Reich*. p. 258.

性、家庭主妇还是母亲，都将是第三帝国的公民。没有妇女会被迫失去工作，但民族社会主义决不允许强制妇女工作。为使那些希望居家的妇女如愿，男人们将会获得稳定高额的工资。但是对于那些出于自身爱好而从事职业的女性，政府也绝对不会阻止她"①。在纳粹党看来，虽然已婚女性外出就业对家庭和国家的人口政策都构成了危害，但考虑到有些女性不愿结婚或不适合结婚，这就要求她自食其力。同时，它也看到有些工作是必须或最适合由女性承担，女性在工业社会的经济生活中不可或缺。于是，纳粹当局对希特勒关于男女两性空间的划分作了广义的解释，即除了意指女性要担负起传统家庭职责，亦指女性应该从事适合其气质的职业，如农业劳动、社会工作、家政服务、护理工作、教育工作以及与妇女和儿童相关的职业，因为这些职业都能很好地展现其"母性"的爱。

　　纳粹党早在上台之前即向德国选民承诺，创造就业计划将实施男性优先的原则，同时减少雇佣妇女，解雇已婚妇女，以便为失业男性提供更多的就业机会。希特勒就任总理后，政府面对大量的失业人口，立即着手解决"女性问题"。1933 年，政府在全国范围内发起"动员妇女回家"运动，引导女性离开拥挤的劳动市场回归家庭。于是在各种宣传栏里经常会出现这样的鼓动语，如：勤动锅盆和扫帚，你就会找到你的新郎；不要干与人生无关的事情，要学习做一个好妻子；工作并不会为你带来快乐，家庭才是你该呆的地方。② 1933 年政府在《减少失业法》中推出婚姻贷款政策，同时规定作为一家之主的失业男性可以替代女性空缺出来的岗位。该措施对政府来说一举三得，既鼓励女性婚育，又将一部分女性引出劳动力市场，而这部分领取贷款的女性还不会出现在失业人口统计数字上。贷款本身对政府却损害不大，因为该项费用来自对单身人士所征收的附加税以及一些雇主为离职女性提供的结婚补贴。政府还针对一些特殊的女性群体采取强制性的法令限制，首当其冲的是"双收入"女性。早在 1923 年，魏玛政府即有过禁止政府

---

① Leila J. Rupp, *Mobilizing Women for War : German and American Propaganda*, *1939 - 1945*. Princeton: Princeton University Press, 1978, p. 26.

② Claudia Koonz, "Mothers in Fatherland: Women in Nazi Germany", in *Becoming Visible: Women in European history*. ed. by Bridenthal, Boston, 1977, p. 464.

公职人员的妻子担任公职的法令,该法令于 1928 年期满终止。经济大危机期间,布吕宁政府于 1932 年再次允许解雇已婚的女性公职人员,如果"她们的经济来源能够长期得到保障的话"。不过该法令的应用范围仅限于州一级的政府部门。希特勒上台后,政府便于 1933 年 6 月下令解除所有政府工作人员妻子的公职,称由于女性应结婚生子,35 岁之前将不会获得拥有永久职位的权利,待遇也会相应地低于男性。该法令的应用范围被扩大到地方一级,对象包括除政府公共职业以外的教师等职业。在私人企业中,雇主同样可以无理由地解雇女性雇员,只要其丈夫或父亲有能力供养她。在专业领域,政府对女性采取了严格的限制。在一向被视为适合女性的教育领域,女性不再被允许参加教师培训,已经在校的女性教师不得担任主管,原来在高级女校任教的女教师将被调往国民小学,男女教师的比率必须达到4∶1。①到 1935 年,女子中学的女教员人数下降了 15％,女教授人数从 59名减至 37 名。②司法领域更是受到希特勒的特别关注。他认为"女性难以进行逻辑性思考并作出客观的推理,她们只会被情感左右",所以女性特别不适合在司法部门供职。于是,从 1936 年起女性就不能担任法官、律师或检察官,只允许从事管理工作或处理私人性质的纠纷。1937 年的法令进一步规定,除了在一些"适合女性"的领域如教育、健康和福利事业,只有男性才能担任高层职位。③同时,为了让女性看到她们在职业上前途渺茫,所有的特权岗位都不向她们开放。早在 1933 年,全国内政部长弗里克即下令将每年女性大学生的录取名额限制在 10％之内。④由于政府不希望得罪工商业集团及相关的民众,因此没有颁布强制性的法令来驱逐女性劳动力。政府在私营经济领域,主要是通过公众的压力、对雇主的劝说和经济杠杆,来达到由失业男性替代职业女性的目的。由于这些压力属于非官方性质,因此很难确定究竟有多少女性由此退出了职场,但的确有一些女性在收到恐

① ［德］U. 弗雷福德:《德国妇女运动史:走过两世纪的沧桑》,马维麟译,台湾五南图书出版公司 1995 年版,第 200 页。
② Benjamin C. Sax, *Inside Hitler's Germany：A Documentary History of Life in the Third Reich*. p. 276.
③ Jill Stephenson, *Women in Nazi Germany*. p. 64.
④ ［德］U. 弗雷福德:《德国妇女运动史:走过两世纪的沧桑》,第 200 页。

吓信之后放弃了一段时间的工作。同时在重工业领域,政府更有理由以有损女性健康的名义来阻止招收女性劳工,或是引入男女同工同酬来消除女性劳动力的应聘优势。

政府在呼吁女性退出工作岗位的同时,还重视对她们实施家政管理教育。它继承了德国传统的男女双重教育模式,并在学校教育中加强对女性的家政培养。最初,它对于女性教育还拿不出一套完整的方案,只是按着自身的理念逐步对魏玛时期的做法作些修补。如1935年,将针线工艺课程加入女子中学的课程,同年又为提高教学质量而取消了这一课程,改为女生在家自修,再作统一考核。①直到1937—1938学年,对女性学生的教育方案才初步成形。1937年之后,女性雅利安学生所能进入的学校类型被局限在国民小学(Volksschule)、中学(Mittelschules)、女子中学(Oberschule)与特种中学(Aufbauschule)四类。②在基础教育阶段,针线工艺成为女孩的必修课程,较高年级中开设有简单的家政课程。从第10学年开始,女性的教育开始向着与男性完全不同的方向发展。男女分校制度得到严格执行,传统文理高级中学作为迈入高等教育的必由之路,不再招收女性学生。女孩将进入以学习家庭经济为主的中学。为了使女孩将来成为称职的妻子与母亲,1938年,政府创建了专门的女子中学和女子特种学校。在这些学校中,自然科学和数学课程大量缩减,连外语也被限制,拉丁语(大学学习的基本语言)几乎完全不见踪迹。同时女性课程却大量扩充。1940年时,有11 362名女生(占总人数的1/2)选择了家事课程,其中包括烹饪、庭院管理、手工艺和医疗保健等。女孩们在其中学习如何充分利用有限的资源,并掌握节俭而出色的管理方法,以及必需的庭院装饰美化技巧。而对于那些想要进入较高学府继续深造的女生,还要在家事方面接受考核,以证明其有能力很好地管理家务。

为了让女性更好地担负起性别角色,当局还强化了原有的"劳动服役"制度。早在一次大战之前,普鲁士部分保守人士即提出应组织女性从事类

---

① Jill Stephenson, *Women in Nazi Germany*. p. 73.

② John Caruso Jr. , *Adolf Hitler's Concept of Education and Its Implementation in the Third Reich*. Ann Arbor, Mich. : UMI, 1974, p. 86.

似于男性军役的活动,以彰显传统的德国奉献精神。20 世纪 20 年代,对于很多年轻女性来说,这种活动既使其体验了共同体的生活,又成为其爱国精神的表现方式。希特勒上台执政后,很多人都视这种义务性质的劳动为有用的工具,以消化失业的青年人口,并吸引年轻人来弥补农业劳动力的不足。不过政府更看重其教育功能。它被视为发掘女性气质、为女性结婚生育做准备的最佳途径,不仅能培养年轻女性的共同体意识和正确的工作态度,还使女性在婚前远离城市的喧嚣与污浊,在农业和家政劳动中得到锻炼,有利于她们将来选择适合女性的职业。该"劳动服役"最初是失业女性自愿性质的行为,1934 年略有变化,成为女性学生在进入高等学府之前必须经历的阶段,即从事半年的义务性农业劳动。1938 年,戈林签署了关于女性"义务年"计划的政令。该计划规定,所有年龄在 25 岁以下的单身女性,在从事有酬的工业劳动和文员工作之前,都必须在农业和家政服务业从事为期一年的义务工作。工作内容包括在"劳动服役"的框架内从事服务工作,或者作为护士、幼儿教师及服务工作者服役两年。[1]这一强制性的规定很快起了作用,1938 年有 7.7 万人参加这个项目,1939 年人数上升到 21.7 万人。[2]1939 年,政府作出了统一规定,所有 17—25 岁年龄段内没有工作、不在学的女性,都必须到农村从事半年的"劳动服役"。[3]在服役期内,这些人或者在多子女的家庭中做帮佣,如帮助家庭主妇做饭,洗刷衣物,照顾孩子,或者参与农业劳作,如挤牛奶之类的简单劳动。她们每天都固定从事 7 个小时的劳动。来自不同阶层的女性被安排在野外的营帐中共同生活,以培养其共同体意识和奉献精神。

　　此外,政府还在社会上对女性组织培训,以使家庭管理趋于专业化与合理化。全国大量开设"母亲学校"。这类学校主要由妇女组织主管,多建立在工人聚居区等"必需之地",以抵消马克思主义对无产阶级女性的影响,同时使这些劳工女性能够掌握必要的家政管理技能。开设的课程包括家政经

---

① Leila J. Rupp, *Mobilizing Women for War*: *German and American Propaganda*, *1939 -1945*. p. 82.

② Matthew Stibbe, *Women in the Third Reich*. p. 91.

③ Jeremy Noakes, *Nazism*, *1919 -1945*. *Volume 4*. p. 340.

济学、健康护理学和理论教育。女性可以在 12 节课程中,学习烹饪和营养原理,从而懂得如何利用已有的食材制作出更为实惠的饭菜,了解怎样保持新鲜水果和蔬菜中的维生素与矿物质;掌握幼儿护理与家庭保健的基本常识;学习修补衣物、设计色彩搭配和制作玩具等家庭管理技能。由于讲授的内容较为实用,尤其在 1936 年以后物资逐渐紧俏,家政课程成为妇女组织开展的一项最为成功的活动。这些学校散布在全国各地,到 1941 年,在纳粹当局所统治的地区已开设了 517 所。[1]据德国官方称,这些学校总是门庭若市,每年有超过 150 万女性听取近 84 万节的课程。[2]如 1939 年就有 170 万妇女曾听取过 10 万节以上的课程,到 1944 年,参加人数更是增加到 500 万人。党卫队也专门建立了自己的新娘学校,用来培训队员妻子。新娘们在为期 6 周的课程里,学习家政管理与幼儿护理,明确作为一名妻子的职责,在完成全部课程后能获得一个证书,以证明她们已经掌握了必备的家政管理技能。到 1939 年,全国已有 5 所这样的学校落成。[3]在偏远地区,纳粹妇女组织会经常派遣专门的指导人员,到那些无法开设母亲学校的乡村和小城镇,对女性的家庭管理给予指导与建议。除此之外,纳粹政府还充分利用报刊、杂志和广播等媒体,对女性实施相关教育。"聪明主妇必备生活小窍门"等栏目在报刊杂志上随处可见,通常占据着大片版面,其中罗列了各种烹饪和家庭生活必备的技巧与建议,如怎样开启玻璃罐子,怎样清洗空瓶子,甚至会列出一个月之内每天的餐饮建议单。全国和各地区的广播频道,每天都会播放大量专为家庭主妇制作的节目,如"为您第一个孩子做好准备""健康、快乐的母亲""如何将屋子粉刷得更漂亮""厨房小贴士""怎样预防家庭疾病",等等。[4]

在全国推行"自给自足"经济运行模式、大肆扩军备战的背景下,家政培训与家政指导也被纳入了这一轨道。1934 年,纳粹妇女组织专门成立了国

---

① Lisa Pine, *Nazi Family Policy*, 1933–1945. p. 76.

② Claudia Koonz, "Mothers in Fatherland: Women in Nazi Germany", in *Becoming Visible: Women in European history*. ed. by Bridenthal, Boston, 1977, p. 460.

③ Cate Haste, *Nazi Women: Hitler's Seduction of a Nation*. London: Channel View Publications, 2001, p. 91.

④ Lisa Pine, *Nazi Family Policy*, 1933–1945. p. 80.

民经济部,其首要任务即是指导家庭妇女如何选取和使用替代物品,尤其是如何利用有限的供给,保证全家的营养摄入与健康。在"四年计划"出台之前,国民经济部即大量散发与饮食及替代物品相关的宣传材料,同时建立自己的实验室,专门研究各种食谱和替代物品。随着政府对于家庭主妇经济职能的关注,妇女组织加大了宣传引导的力度,并举办了一系列展览与演示活动。如在纺织品展览中,官方会向主妇们推荐人造丝等新型的合成物,并对其合成与加工制作的工艺详加解说,以劝说主妇们放弃传统的天然纤维制品,接受新型的合成替代品。为了使主妇们在烹饪时高效节能,并在不使用紧俏原料的同时烹制出丰富且营养的食物,国民经济部经常举办烹饪演示,讲授烹饪技巧与食品采购建议,如合理食用苹果、苹果保鲜、正确加工兔肉、充分利用食材的每一部分。在盛产鱼类的地方,鱼肉成为官方推崇的肉食替代品。"鱼肉烹饪的 25 种方法""鲱鱼腌制方法大全"等经常成为演示的主题。国民经济部还在地方上设立 148 个咨询中心,向主妇们提供家庭管理和消费的咨询服务。这些中心都配有经验丰富的工作人员和专门的厨房,以便提供操作指导。

从纳粹统治初期妇女政策的实际效果来看,从 1933 年到 1936 年,全国女性劳动力在整个劳工队伍中的比重从 29.3％下降到 24.7％。[1]这似乎表明有不少女性离开工作岗位回到了家庭。然而在同样的时段里,女性就业的绝对人数却从 485 万上升到 563 万,[2]换而言之,尽管有数十万女性领取了婚姻贷款,因而表明她们退出了劳动力市场,但是又有更多的女性加入了劳动大军。造成该现象的原因是多重的。首先,对于雇主来说,盈利是经营活动的主要追求目标,一般不会出于意识形态的原因而放弃使用廉价的女性劳动力。一般而言,熟练女工的工资只相当于男性熟练工的 66％和男性非熟练工的 70％。其次,一般家庭都无法仅靠一份收入就轻易地度日,尤其是到 1935 年仍有 10.3％失业率的情况下,妇女势必外出工作以贴补家用。而对几百万单身女性来说(1933 年已婚妇女仅占就业妇女的 29.9％),

① Matthew Seligmann, *Daily Life in the Hitler's Germany*. New York: Thomas Dunne Books, 2004, p. 81.
② Martin Durham, *Women and Fascism*. London: Routledge, 1998, p. 25.

她们必须靠工作来养活自己。最后，在纺织、食品加工、成衣等行业，许多岗位都需要女性来从事。所以尽管政府多加限制，也无法强制性地令其招收男工。1934年，德意志劳动阵线专门创建了女性分部，这从一个侧面反映出当局已承认这数百万女性劳动力是不可或缺的。

从1936年起，德国出现了劳动力供应紧张的现象，到1938年，甚至有100万个工作岗位无人就业。[①]为了应付这一局面，当局作了政策微调。1936年，政府废除了结婚贷款对妇女工作的限制条件。于是女性的就业人数进一步上升，到1939年，女性劳动力占到劳动力总数的37.4%，与魏玛共和国末期的数据基本持平。[②]而且事实已经证明，工厂劳动并不意味着降低女性的生育率。这时女性遇到的问题，是她们在工厂中主要从事的还是非技术性的流水线工作，且升迁的机会很少。在工资待遇方面，即使工业领域中女性的工资是农业领域的2倍，但也只达到同行业男性工人的1/3，而非熟练女工的工资，仅是其男性同伴的30%。在医疗行业，除了1938年和1939年有两位妇女被任命为工程与牙医学院的院长，其他的女性都处于行业的底层。[③]

1939年欧洲战争爆发前后，随着越来越多的男性征召入伍，劳动力短缺的现象越发严重。劳动力匮乏不仅影响生产，甚至带来一系列社会问题，如工资上涨、劳动纪律下降、物价上涨等。于是，为了不妨碍其"自给自足政策"的实现，纳粹政府不得不考虑让妇女大量就业。

由此，当局在宣传上开始转向。1939年3月，《人民观察家报》向民众发出呼吁，称"'总体战'思想要求拓宽先前对妇女参加战争工作所作的限制，那些有工作经验的妇女不应只限于从事福利工作、红十字会救助、空袭保护和清闲的办公室工作，她们中的大多数应被重新安置到军事工业中，以接替被征招入伍的男性所留下来的工作"[④]。同时部分历史学家也开始研

① Tim Mason, *Nazism, Fascism and the Working Class*. Cambridge: Cambridge University Press, 1995, p.179.
② Matthew Seligmann, *Daily Life in the Hitler's Germany*. p.88.
③ Jill Stephenson, *Women in Nazi Germany*. p.61.
④ Matthew Stibbe, *Women in the Third Reich*. p.92.

究女性在人类发展中的经济作用，并从中得出结论，称早在中世纪和工业革命之初，女性就在社会生产中扮演着重要的角色，现在是女性回到生产劳动中去的时候了。而经济学家们则开始研究女性在第一次世界大战中发挥的作用，以便为现实政策张目。原来那些反对已婚妇女就业的言论逐渐销声匿迹。纳粹当局所一贯强调的母亲角色，被转化成热爱儿子般的德国军人。同时，作为母亲角色的衍生，还可以加入空防队，保护家园，或进入兵工厂劳动，为前线的儿辈们提供急需的弹药。女性的家庭主妇角色，被解释成不仅要负责家庭的琐事，同时也应支持民族的文化和经济政策。妇女们不仅要继续支持政府的消费政策，收集一切有用的物品，还要在传统的女性领域内为战争服务，如收集衣物、访问和安慰伤员及士兵。而作为民族的捍卫者，女性应该进入工厂，从事"非女性"的职业。政府经常将在工厂工作的女性比作战士，她们可以充任铆工、焊工和吊车工，像男性战士一样为国效力。

　　然而，由于受到纳粹主义理念中关于种族和人口理论的制约，以及出于稳定社会秩序、为总体战提供良好的后方基地的策略考虑，当局在政策调整方面做得相当谨慎。1938 年 9 月，劳动部颁发《动员前夕女性就业指导令》，对女性的工作范围做了各种限制，强调避免损害女性的健康及生育能力。根据规定，以下工作被认为不适合女性从事：严重威胁健康的环境中的工作（含有毒药、腐蚀剂、影响健康的蒸汽、尘土、高温和震动）；超出女性体力的工作；需要高度的智商、准确的决断和快速反应的工作；需要高层次技术的工作（经过特殊技能培训者除外）。[①] 1939 年春，戈林准备了一份政令，鼓励所有具有劳动能力的妇女都应为战争尽力，可是这份命令直到欧洲战争爆发后仍未正式颁布。[②]相反，劳动部倒是下达了有关动用女性劳动力的基本原则，其中规定"到目前为止仍然没有参加过工作的女性可以继续免于被征召，除非她们自愿参与劳动动员"[③]。到 1940 年 4 月，劳动部再次草拟了一份女性动员令草案，规定"所有 15—40 岁的女性都有义务进行劳动登

① Jeremy Noakes，*Nazism，1919 - 1945，Volume 4*，p. 312.
②［德］U. 弗雷福德：《德国妇女运动史：走过两世纪的沧桑》，第 203 页。
③ Jeremy Noakes，*Nazism，1919 - 1945，Volume 4*，p. 313.

记以备征用"①。然而,纳粹高层决策者却认为该法令过于敏感,需要从长计议。德国打败法国后,纳粹当局认为找到了替代征调女性的方法,即征调外籍劳工和战俘来补充劳动力。于是,政府对于女性就业问题仍然主要依靠非强制性的鼓动宣传。1941 年 3 月 16 日,希特勒的党务秘书就要求各大区领袖发动宣传攻势,在"妇女帮助赢得胜利"的口号下动员志愿女性为战争服务。

在这段时间里,纳粹当局主要依靠提高经济和福利待遇来吸引女性就业。1939 年,劳动部在相关命令中规定,在运输和公交等部门中,如果女性担负昔日由男性所担负的工作,可以获得与男性同等的酬金。在私人企业中,男女的平均薪资差距不能超过 25％。同时还规定从 1940 年起,军备工业和极少数实行计件工资的地方,女性劳工可以领到和男性劳工同等的工资。②另外,政府还规定,从 1941 年 7 月起,工资将不再算入家庭补贴,对于那些享受家庭补贴的女性,如果她们在战争开始之后放弃了工作而又没有老幼病残者需要照顾,她们就要进行劳动登记,否则将扣除她们大部分的家庭补贴。全国大约有 20％的女性受到此项规定的影响。1942 年,当局在劳动阵线的努力下,还通过了一部保护女性雇员的立法。该法对怀孕女工的工作类型和产前产后福利待遇作了详细规定:怀孕的女性劳工经医生证明,可以停止工作,以免母子的生命或健康受到损害;孕妇应避免从事繁重的体力劳动、接受污染或高辐射的工作、高强度的流水线工作;禁止孕妇和哺乳期的女性劳工加班或从事夜间工作;所有女性劳工在分娩前后 6 周内将得到"生育补贴",其数额相当于该女工前 13 周工资的总和;使用母乳喂养的女工,将在产后 26 周内每天得到 0.5 马克的补助;无论女性劳工是否自愿,都不能以其生育为理由或在其怀孕及产后 4 个月内将其解雇,除非有其他重大理由。③除此之外,政府和私人企业主还通过企业福利和社会福利来吸引女性劳工,如在企业内设置幼儿园,在地方上扩充托儿所,在企业中设立委员会,帮助解决女工的家庭和生活问题,为女性劳工提供休息室,派遣女

① Jeremy Noakes, *Nazism*, *1919–1945*. *Volume 4*. p. 316.
② [德]U. 弗雷福德:《德国妇女运动史:走过两世纪的沧桑》,第 205 页。
③ Jeremy Noakes, *Nazism*, *1919–1945*. *Volume 4*. p. 337.

大学生到多子女家庭帮助料理家务等。1940 年，劳动阵线宣布为女工建立度假村，让军工企业的女工得以在其中带薪休假两周。在女工休假时，女大学生将顶替她们从事至少三周的义务性劳动。1940 年一年，全国就有约6000 名女工受益。[1]

　　然而，当局吸引女性就业的努力成效并不大。从统计数字上看，1939—1945 年间女性劳动力仅从 1460 万上升到 1490 万，而且在 1941 年一度下降到 1410 万。[2]直到 1942 年 4 月，女性劳动人口仍然低于战前水平。[3]事实上，由于 1939 年单身女性的就业率已经达到 90%，所以对于政府来说，可供动员的对象主要是已婚女性中尚未就业的 2/3 人口。但这部分人群本身并没有参加工作的愿望。由于政府坚持自愿原则，因而很多女性的反应非常消极。如在德累斯顿，政府通知 1250 名妇女参加征召大会，而实际到场的只有 600 人，其中仅有 120 人表示愿意参加劳动。1941 年在哈勒，120 名被邀女性中只有 40 人到场，其中仅有 20 人作出了积极的回应。这种情况同样出现在魏玛、多特蒙德、亚琛等地。在哈勒，经过相关人员的不懈劝说，与会 87 位妇女中只有 5 人同意全日工作，另有 5 人同意半日工作，剩余 77 人中只有少数人能够给出不参加工作的合理解释。[4]造成该现象的原因很多。纳粹党和希特勒关于女性职责的定位和保持后方士气的要求，在很大程度上影响着已婚女性的选择，也制约着各级领导人对女性动员的热情。同时，经济措施也难以完全配套。欧战爆发后德国女工的工资确实增长较快，男女工资差距有所缩小，但政府一直不愿意推行男女同工同酬。1939 年，劳动部规定女性的工资应是男性的 75%，1941 年这一数字上升到 80%，[5]但一直不肯再度提升。按照希特勒的说法，工资不仅与生产效率有关，而且受制于个人的生活需求。由于男性需要供养更多的家庭成员，所以收入理应比女性高，如果男女工资平等了，就会破坏家庭中夫妻关系的和睦。当局还

① Matthew Stibbe, *Women in the Third Reich*. p. 93 - 94.

② Michael Burleigh, *The Racial State*：*Germany 1933 - 1945*. 1991, p. 260.

③ Matthew Stibbe, *Women in the Third Reich*. p. 92.

④ Jill Stephenson, *Women in Nazi Germany*. p. 156.

⑤ Claudia Koonz, "Mothers in Fatherland：Women in Nazi Germany", in *Becoming Visible*：*Women in European history*, ed. by Bridenthal, Boston, 1977, p. 467.

担心,在消费品短缺的情况下,提升女性工资会加剧国内的通货膨胀。另一项阻碍女性就业的经济措施是当局在战争之初推行的"分离补助"政策。政府为了保证军队的士气,稳定军心,于1939年10月引入一项战时补贴规定:那些被征召入伍的士兵,妻子可以得到一项补贴,数额相当于其丈夫原有收入(包括现金、租金、保险费等)的85%。但这项政策仅仅适用于没有参加工作的妻子,并且其丈夫是在战争爆发后参军的。对于那些有工作的妻子,其补贴数额将视家庭收入情况,可减少达45%的幅度。[1]这一补贴幅度高于其他交战国。在德国,战争爆发后本来就有很多人结婚,而"分离补贴"进一步加速了这一进程,使得1939年比前一年多出了13万对新人,创造了最高的结婚记录。此外,当局所热衷的"劳动服役"活动,非但没有起到预期中的作用,反而分流了日益紧缺的劳动力。因为参加该活动的年轻女性,通常是纺织业、成衣业、烟草业和公司机关的潜在劳动力。她们在从事"劳动服役"活动期间,每天都要进行体育锻炼和政治学习,加上往返劳动地点与营帐的时间,实际上真正从事劳动的时间并不多,形成工作能力的浪费。对中产阶层女性来说,还有一层原因,即非常不希望与下层妇女在一起劳动。面对政府的战争动员,她们要么继续出现在咖啡厅和网球场,要么到行政管理部门或诸如公共运输、邮政、通讯、社会工作部门等工作轻松、待遇较好的工作部门谋个职务,以逃避工厂劳动。

斯大林格勒会战结束后,德国急需大量补充兵力,劳动力进一步紧张,希特勒在戈培尔、阿尔伯特·施佩尔和其他高层官员的压力下,终于同意于1943年1月27日颁布《战时劳动力动员法》(*Arbeitskräfte-Mobilisierung für Kriegseinsatz*,亦译《征募法令》)。该法令规定,所有年龄在17—45岁之间的妇女,均有义务进行登记以供征调,但符合以下条件者可以免除登记:在公共服务部门、武装部队、农业领域、健康中心工作者;工时超过每周45小时者;孕妇及有一个6岁以下或2个14岁以下孩子者;学生和在劳工服务部门工作者。[2]该法令颁布后,动员工作的效果仍然不太理想。如1943

[1] Jeremy Noakes, *Nazism*, *1919–1945*. *Volume 4*. p. 315.
[2] Jeremy Noakes, *Nazism*, *1919–1945*. *Volume 4*. p. 331.

年,在 310 万实施登记的女性中,只有 123.5 万适合参加劳动。而在这些人中,有一半以上的人以要照看家庭为由,仅愿意从事半天劳动。而剩余的那些能够从事全天劳动的女性,一年之内就有将近一半人开出了免除劳动的健康证明。[1]在整个欧洲战争期间,德国对女性的战争动员,仅使女性劳工的数量增加 50 万人。

---

① Jill Stephenson, *Women in Nazi Germany*. p. 57.

第七章 社会统制与社会协调

第一节 纳粹社会政策思想

纳粹主义理论的核心是"民族共同体"思想。"民族共同体"概念与"民族社会主义"概念在内涵上有部分重合之处,德国学者约阿希姆·伯恩斯(Joachim Bons)甚至认为两者互为同义词。既然如此,通过各种手段对德国社会实施重组,最大限度地缓解各个对立阶级及集团之间的矛盾与冲突,就是纳粹当局对内政策的重要任务之一。希特勒曾经提出:"如果我们是民族的社会主义者,那么我们理解的社会主义不是企图通过权利平等搞平均……我们理解的社会主义是,我们不仅仅只是保障每个民族同志(Volksgenosse)的公平,而且还要求整个民族对外的最高权利。所以我们是民族的社会主义者。如果整个德意志民族在世界上无法生存,那么单个民族同志的幸福就不可能实现。"[①]也就是说,纳粹分子强调,德意志民族要团结起来,为整个民族的生存能力而斗争。这是由纳粹主义的世界观决定的,"纳粹主义观念与无产阶级和资产阶级观念的根本区别在于,他们认为

---

① Adolf Hitler, *Rede im Münchner Bürgerbräukeller vom 9. 11. 1927*. In: BAK, NS 26/54, Bl. 203f. 转引自 Joachim Bons, *Nationalsozialismus und Arbeiterfrage*. Pfaffenweiler, 1995, S. 155.

世界政治的历史进程不是社会和经济的冲突,而是各民族与各种族的力量斗争",①特别是与犹太人的斗争。因此,希特勒认为"真正的社会主义者"是"把民族的幸福作为最高理想"。所有的"民族同志",无论是体力还是脑力劳动者,无论是工人还是企业主,都要为民族的兴旺贡献力量,要把自己的私利置于民族利益之下。与此相对应,纳粹当局强调,社会政策的重点不是保护弱者,而是着眼于巩固民族共同体。

如前所述,在德国纳粹运动的发展过程中,一直存在着"北方派"(左派)和"慕尼黑派"(右派或主流派)之间的斗争。但是到希特勒上台执政时,北方派作为一支力量,已经战败落荒。以希特勒为首的主流派,重视与权势集团的合作。他们的"民族共同体"主张,更多地建筑在承认大资本家大地主系经济领域中"胜者"的基础上。所有的建设工作,包括强化德国的民族共同体,前提是要保证经济的稳定与发展。因此他们强调所有德意志人要"超越等级和阶级",最终克服"阶级癫狂和阶级斗争","相互理解、融洽相处","共同意识到肩负着维护民族精神的义务","先公后私"(Gemeinnutz Vor Eigennutz),"统一意志","为共同的利益服务"②,以此为基础,组成一个"德意志共同体",去完成争夺民族"生存空间"、实现雅利安人"主宰世界"的使命。

纳粹当局强调,有利于构建民族共同体的企业,其厂主的领导权是"在保障工人社会福利的法律框架内"获得的,③即企业主获得领导权的前提是要承担企业社会福利义务。在纳粹分子看来,理想的企业主是目标明确、会算计、有行动能力的经济领袖,并且能够满足工人的社会福利要求,能鼓动追随者,带有明显的家长特征。只有这样的社会经济领袖才能为提高民族生产打下企业基础。阿尔弗雷德·克虏伯(Alfred Krupp,1812—1887)就是他们心目中的模范企业家。克虏伯公司是个父权式的企业,阿尔弗雷

---

① *Kampfblatt der national-sozialistischen Bewegung*. In: *Völkischer Beobachter*, 43. Jg., Nr. 100, 29. April, 1930.

② 朱庭光主编:《法西斯体制研究》,第 265 页。

③ BA, NS/22/10, BA, NS/22/11. 转引自 Avraham Barkai, *Die Wirtschaftsauffassung der NSDAP*. Frankfurt. a. M., 1998, S. 10.

德·克虏伯的名言是"在我家和我的地盘上,我是主人,而且一直是主人"①。他拒绝让工人参与分红,但通过各种福利措施建立起员工与企业的紧密关系,如退休的"老克虏伯人"定期聚会、对年轻职工进行培训、经常召开部门庆祝会和郊游、办企业报纸、成立企业体育协会、兴建企业医院、建造住房等。1907 年,公司已经建造了 4560 套住房,1925 年"每 10 个埃森人中就有 1 个住在克虏伯的住房内"。然而,职工一旦参加罢工,就无权享用企业的福利。克虏伯公司的很多职工由于害怕失去企业福利待遇,不敢参加马克思主义者组织的游行示威。"克虏伯式的企业共同体"常常受到纳粹报纸的吹捧:"他在自己企业里建立了一个抵抗红色欺骗的堡垒⋯⋯如果所有的德国工业家都能这样,那么社会民主的种子就不会生根发芽!"②除克虏伯之外,其他在企业中实行福利政策的企业家如曼内斯曼(Mannesmann)、西门子(Siemens)、蒂森(Thyssen)、蔡斯光学企业的恩斯特·卡尔·阿贝(Ernst Karl Abbe,1840—1905)等,也受到纳粹党的赞颂。

与此同时,纳粹党也强调要对企业实施强有力的国家干预。希特勒批评大多数企业主缺乏整体眼光,只盯住一己私利,认为正是他们目光短浅的行为把工人推向了马克思主义。为了制约企业主采取损害民族共同体的行动,1931 年 3 月《纳粹党的经济政策基本观点与目标》草案规定,未来的纳粹国家要在承认私有制的基础上,保留国家对经济的"干预权",包括警告、处罚、国家监督、国家管理、没收财产等,"国家经济领导不能仅限于监督和事后干预,而是要提前让国民经济导入符合完成民族任务的轨道"。③针对北方派鼓吹对大企业实施国有化的呼声,1931 年希特勒在与《莱比锡最新消息报》的编辑谈话时表示:"我党在经济纲领中的基本思想只有一个,即权威概念(Autoritätsgedanke)⋯⋯我希望,每个人都应该保留他获得的财产,

① 转引自 Matthias Frese, *Betriebspolitik im Dritten Reich. Deutsche Arbeitsfront, Unternehmer und Staatsbürokratie in der westdeutschen Großindustrie*. Paderborn, 1991, S. 20.

② Arbeitertum vom 15. 7. 1931, S. 9. 转引自 Joachim Bons, *Nationalsozialismus und Arbeiterfrage*. Pfaffenweiler, 1995, S. 73.

③ Berlin Document Center, 0. 212, S. 175 - 83. 转引自 Avraham Barkai, *Sozialdarwinismus und Antiliberalismus in Hitlers Wirtschaftskonzept. Zu Henry A. Turner Jr. "Hiters Einstellung zu Wirtschaft und Gesellschaft vor 1933"*. In: Geschichte und Gesellschaft 1977. S. 412.

原则是'共同利益高于个人利益'。国家要保留控制权,每个财产所有者应该认识到自己是国家的委托人。他有义务不滥用财产来损害民族同志的利益……第三帝国将一直保留对财产所有者的控制权。"[1]在工会问题上,北方派明确要求组建纳粹工会,而希特勒的看法一直含糊不清。在他早年口授的《我的奋斗》一书中,这一态度就已初见端倪。在该书第一卷中,希特勒肯定"单个工人从来都无法对付强大的企业主",因此工人有权组织起来与雇主进行集体谈判,"如果雇主的社会福利意识不强,或者甚至缺少法律意识,那么他的职工作为我们民族的组成部分,不仅有权利,而且有义务,反对个别人的贪婪和不理智,保护大家的利益"。但是他并不赞同德国现存的工会,指责社会民主党让工会偏离了原有职能,即"维护工人普遍的社会权利,为工人争取更好的生活条件",而是把工会变成了"政治斗争的工具",[2]目的是破坏民族经济并最后破坏整个国家。所以,希特勒明确反对社会主义工会,但是没有谈到是否需要建立纳粹工会。在该书的第二卷中,他用了一章的篇幅(第十二章)来阐述自己对于工会问题的看法。他在前半章中再次强调工会的合法性和必要性,认为纳粹工会毋庸置疑是有用的,它可以对企业主和职工进行纳粹主义教育,让企业主和职工巩固"民族共同体"思想。另外,纳粹工会作为"职业代表机构",是"未来经济议会和行业工会的砖瓦",因此"纳粹运动必须承认自己建立工会的必要性"。但是在后半章中,他又表示反对建立纳粹工会,原因主要有三个:资金困难,缺乏合适的领导人选,害怕偏离纳粹运动的政治轨道。在这些原因中,希特勒最担心的是第三点。他认为,"过早将伟大的政治世界观的斗争与经济事务联系起来是危险的",因为这会让纳粹运动偏离"政治斗争"的主旨,削弱运动的力量。纳粹党的经济目标只有等大规模接管国家后才能实现。最后,希特勒建议工会成员,或者从现有的工会中退出,或者继续保留成员身份,目的是"发挥破坏作用"。[3]希特勒对纳粹工会的模糊想法,以及纳粹运动内部争权夺利的斗争,导致日后"德意志劳动阵线"在功能职责定位上的摇摆。

---

① Avraham Barkai, *Das Wirtschaftssystem des Nationalsozialismus.* S. 30.

② Adolf Hitcr, *Mein Kampf*, München,1940, S. 48 - 50.

③ Adolf Hiter, *Mein Kampf*, München,1940, S. 672 - 683.

第二节　社会组织网络

纳粹党在执政过程中,逐步架设起一个以自己为核心、辐射渗透到社会各个领域、机构重叠的社会组织网络。此举可达到一石三鸟的效果:强化社会控制网络;改变魏玛共和国时期社会组织相对缺少的状况,一定程度上满足民众"群体归属"的心理需求;按纳粹主义精神对德国社会实施整合,充实"民族共同体"的内涵。

纳粹党在执政前,曾组建过一些外围组织,如希特勒青年团、民族社会主义妇女联合会、民族社会主义教师联盟等,以增强自己的实力。执政以后,它不仅继续保留这些组织,还大量增设新的社会团体。1935 年 3 月,一项法令将这些社团组织划分成两类,一类被确定为纳粹党的分支组织,它们从结社法的角度属于纳粹党的一部分,另一类是纳粹党的附属协会,拥有自己的法人地位。

属于纳粹党分支组织的,除冲锋队和党卫队以外,还有希特勒青年团和德意志女青年团,这两个组织的情况本书已经作过介绍。

民族社会主义妇女联合会(Nationalsozialistischer Frauenschaft)系纳粹党的分支组织。它尽管成立于纳粹党上台前,但初时规模并不大。在纳粹运动兴起初期,参加者中也有女性,但大多是跟随夫兄一起参加,平时只是做些辅助性的工作,如为冲锋队员缝补衣衫、做饭、洗衣、提供急救护理,在经济萧条时期募集捐款等。直至 1930 年,女性人数在纳粹党内仅占 6%。1931 年,纳粹党为扩大影响,开始着手构建自己的妇女组织,以原有的"德意志妇女团"为基础,将各种纳粹女性团体组合在一起,建立了"民族社会主义妇女联合会"。1932 年,该组织正式成为纳粹党的下属机构。1933 年纳粹党执政后,进一步解散了所有具有政治倾向的妇女组织,突显出该组织的地位。1934 年 2 月,希特勒任命联合会原副主席格特鲁德·朔尔茨-克林克担任全国妇女领袖,该组织的垄断地位更加明显。根据纳粹理论对女性社会功能的定位,该组织不可能参与当局的决策过程,基本上是按照党内上层的指示进行传达,然而也自成一体,在中央、大区等处都设有自己的分支机构,各由一名女性领袖分管。虽然,每当与同级男性领袖发生意见分歧时,上级领袖有权介入争端并享有最终发言权,但一般而言她们具有相对自由的活动空间,有权决定自己工作班子的规模和组成,有权任免下级妇女领袖并向下级组织发布命令。民族社会主义妇女联合会是纳粹统治时期一个很庞大的组织,1939 年拥有 330 万成员,到 1942 年增加到 620 万,占全国女性总数的 1/5。①该组织还设有五个工作部门。"民族母亲服务部"负责宣传纳粹的人口政策,并辅助政府的福利组织,为"有价值"的母亲与儿童提供帮助,为年轻女性开设各种孕产护理、家庭健康和家庭美化等培训课程。"民族及家政经济部"负责培训年轻女性的家政管理技能,并通过举办展览会与讲座、播放录像、出版书籍杂志、开设课程等途径,配合政府引导女性的日常消费,使其与政府的经济政策保持一致。"文化教育培训部"负责文化事务,通过收集、编辑、排演传统的德国歌曲、舞蹈、音乐,寻找真正的德国民俗,宣传德国风格的艺术和装饰,以培养家庭主妇们的历史文化感,并通过开设课程,向家庭主妇们讲授民族社会主义的理论。"救助服务部"负责提供辅助的社会福利工作人员,并与红十字会联合,向妇女传授基本的急救知识,与空防社团一起对女性进行防空培训。"边境与境外部"负责与境外德意志人保持联系,强化其德意志民族情感。为了使组织内的工作人员更好地完成政治教育与实践指导,政府还专门开设了 3 所全国性培训学校。到 1938年,已有 3890 名女性参加了 111 节课程的培训。在地方上亦有 32 所短期的培训学校,来传授日常工作的必备知识。②

纳粹党分支组织还包括:

民族社会主义机动车驾驶团(Nationalsozialistischer Kraftfahrkorps,缩写 NSKK),1930 年成立,由阿道夫·休恩莱恩(Adolf Hühnlein,1881—1942)任主席。其前身是 1927 年成立的冲锋队机动车驾驶组织(Kraftfahrwesens der SA),以后曾经改组成"民族社会主义摩托车驾驶团"

① Jeremy Noakes, *Nazism, 1919–1945. Volume 4*. p. 305.
② Jill Stephenson, *The Nazi Organisation of Women*. London: Croom HelmBarnes & Noble, 1981, p. 153.

(Nationalsozialistischer Automobilkorps,缩写 NSAK)。[1] 1931 年底拥有成员 1 万人,到 1939 年欧洲战争爆发时猛增到 50 万人。1938 年曾经参与入侵奥地利等军事行动并协助训练坦克驾驶员。

民族社会主义德意志大学生联盟,1926 年成立。初期由威廉·坦姆派尔(Wilhelm Tempel,1905—1983)任全国领袖,受施特拉瑟兄弟的影响较大,1928 年由巴尔杜尔·冯·席拉赫接掌后,成为希特勒的得力工具。1932 年起先后由格哈尔德·列勒(Gerhard Rühle,1905—1949,1932—1933 年在任)、奥斯卡·施坦贝尔(Oskar Stäbel,1901—1977,1933—1934 年在任)、阿尔伯特·德里希魏勒(Albert Derichsweiler,1909—1997,1934—1936 年在任)、古斯塔夫·阿道夫·舍尔(Gustav Adolf Scheel,1907—1979,1936—1945 年在任)任全国领袖。

民族社会主义德意志大学教师联盟,该组织于 1935 年 7 月 24 日从“民族社会主义教师联盟”中分离出来,总部设在慕尼黑,长期由瓦尔特·舒尔策(Walther Schultze,1894—1979)任主席。此人系纳粹党早期党员,参加过“志愿兵团”和 1923 年啤酒馆暴动,20 年代在巴伐利亚州议会活动,并无大学任教经历。[2]

属于纳粹党附属协会的有如下述。

德意志公务员全国联盟(Reichsbund der Deutschen Beamten,缩写 RDB),亦称“民族社会主义公务员联盟”(NS-Beamtenbund)。该组织 1918 年 12 月即已成立,时称“德意志公务员联盟”(Deutscher Beamtenbund),希特勒执政后,强令其领导人赫尔曼·内夫(Herman Neef)于 1933 年 10 月将组织改名,纳入纳粹统治系列。纳粹政权倒台后,该组织在联邦德国以原名称重建,存在至今。

民族社会主义德意志医生联盟(Nationalsozialistischer Deutscher Ärztebund,缩写 NSDÄB),1929 年成立于纽伦堡纳粹党党代会上,由格哈

---

[1] Christian Zentner und Friedemann Bedürftig, *Das Grosse Lexikon Des Dritten Reiches*. S. 273、411.

[2] Christian Zentner und Friedemann Bedürftig, *Das Grosse Lexikon Des Dritten Reiches*. S. 410、524.

尔德·瓦格纳任主席。初时成员很少,1933 年后快速增加,1938 年达到 3
万人。

民族社会主义法学家联盟(Bund Nationalsozialistischer Deutscher
Juristen),1928 年成立,最初成员仅 233 人,1932 年增加到 1374 人,1935 年
达到 82 807 人。1936 年改组成"民族社会主义法律工作者联盟"
(Nationalsozialistischer Rechtswahrerbund,缩写 NSRB)。1928—1942 年
由汉斯·弗兰克任主席,1942 年以后由奥托·格奥尔格·蒂拉克接任。

民族社会主义教师联盟(Nationalsozialistische Lehrerbund),1929 年
成立,总部设在拜罗伊特(Bayreuth)。初时作为纳粹党争取各级各类教师
的外围组织。1935 年 7 月,其中的大学教师另行组织"民族社会主义德意
志大学教师联盟",本组织遂作为中小学教师的专属团体。

民族社会主义人民福利会(Nationalsozialistischer Volkswohlfahrt,缩
写 NSV),1933 年 5 月 3 日根据希特勒的命令成立,总部设在柏林。重点负
责处理纳粹党员及其家属,尤其是母亲和青少年的福利与救济事务,也主管
诸如"冬赈"和"母子救助"等福利事务。内设六个办公室,分别主管组织、财
务、福利与青少年救助、民众健康、宣传、技能训练等事务。仿照纳粹党的地
区结构,在大区、分区、分部、支部、小组各级设立区域组织。1938 年成员达
1100 万人。

民族社会主义战争受害者救济会(Nationalsozialistische Kriegsopferversorgung,
缩写 NSKOV),1930 年成立,1939 年成员 1600 万人。

民族社会主义德意志技术联盟(Nationalsozialistischer Bund Deutscher
Technik,缩写 NBSDT)1936 年成立,前期由弗里茨·托特(Fritz Todt,
1891—1942)任主席。该组织在纳粹党的大区一级设有分会。

上述这些组织纵横交错,辐射渗透到社会的各个领域,像蜘蛛网一样覆
盖整个社会。在纳粹统治时期,不论男子还是女子,不论成人还是儿童,不
管从事什么行业,只要属于"民族同志",就必然是某个相关组织的成员。

纳粹当局对社会的控制与渗透,不仅通过有形的社会组织,还向社会引
入自己的节日,制造纳粹主义的社会氛围。这些节日与德国的传统节日一
起,影响着德国民众的心绪与生活节奏。纳粹当局引入的节日包括:

1月30日,希特勒就任总理纪念日;

2月24日,纳粹党重建(1925年)纪念日;①

3月,原全国悼念德方战争死难者日改名为"英雄追思日",并逐渐从追思英雄转化为颂扬英雄主义精神,1939年再次改名为"庆祝军事主权恢复日",口号是"他们永远活在我们心中";

4月20日,希特勒生日;

5月1日,民族劳动节,强调各阶层携手,强化民族共同体;②

5月第二个周日,母性节,强调生育与培育;

6月21或22日,夏至日;

9月,纽伦堡党代会欢庆;

11月9日,1923年慕尼黑啤酒馆政变纪念日;

11月第四个周四,感恩节,数千名来自各地的农民代表聚会布克堡(Bückeberg),以各地传统的方式游行,颂扬"血与土"理念。③

第三节　德意志劳动阵线

德国是一个工会运动发展较早的国家,各种类型的工会组织经过魏玛共和国时期的张扬,取得了不同程度的发展。纳粹当局要组建民族共同体,首先要取缔各种工会组织,尤其是马克思主义指导下的工会组织。但是,取而代之的是什么性质的机构、是否需要保留纳粹主义的工会,由于纳粹运动内部各种派系的利益纷争,希特勒本身对这些问题也无明晰的看法,因而德意志劳动阵线从组建到运作,都充满着各方的博弈。

1933年4月初,希特勒把接管自由工会的任务交给纳粹党组织领袖罗伯特·莱伊,后者很快组织了一个八人"保护德意志劳动行动委员会"(Aktionskomitee zum Schutz der deutschen Arbeit),为接管工会制定详细

---

① 指1925年2月24日,纳粹党内慕尼黑派(右派)通过班贝格会议战胜北方派,否定了施特拉瑟兄弟提出的《革新纲领》。

② 魏玛共和国时期,社会民主党建议确定这一天为带薪假日,但没有成功。

③ J. Noakes and G. Pridham, *Nazism, 1919 - 1945: A Documentary Reader. Vol. 2: State, Economy and Society, 1933 - 39*. p. 411.

计划。同月 21 日,莱伊向纳粹党各大区领袖发出《1933 年 5 月 2 日接管自由工会的行动命令》,称"这次行动主要针对全德国工会联盟和全德自由职员联盟",占领"'工人、职员、公务员银行'的支行和取款处",并要求"大区领袖牢牢掌握这次行动的领导权",由冲锋队和党卫队而不是纳粹企业支部付诸行动。

如前所述,5 月 1 日原不是德国的法定假日,1933 年 4 月 11 日,政府在《国家法律报》上宣布 5 月 1 日为雇工的带薪假日,并提出"尊重劳动,尊重工人"的口号,将这一天定为 "民族劳动庆祝日"。①想出这一招的戈培尔在 4 月 17 日的日记中写道:"我们将把 5 月 1 日安排成展示德国民族意志的盛会,5 月 2 日将占领工会房屋……可能会有几天的吵吵闹闹,但是接下来它们就属于我们了。"②

5 月 1 日,全国各地举行了盛大的庆祝活动,希特勒在柏林向成千上万的工人发表演讲,结束后所有人高唱国歌,会场四周燃放烟花。翌日,冲锋队和党卫队的成员出动,在全国各地占领自由工会的房屋、银行和报刊编辑部,没收其财产,工会领导人被逮捕或解送集中营。基督教工会和其他工会虽然免遭这场暴力袭击,但也没能维持多久。几天后,希尔施-敦克尔施工会③自动"一体化"。6 月 15 日,经济和平协会步其后尘。6 月 24 日,基督教工会加入德意志劳动阵线。

5 月 2 日当天,莱伊以行动委员会的名义发表一份号召书,表示"我们今天进入了纳粹革命的第二个阶段",因为"我们拥有权力,但是我们还未拥有整个民族。我们还没有百分之百地得到工人……我们会抓紧你,直到你……毫无保留地和我们站在一起"。④5 月 6 日,莱伊宣布接管工会的任务完成,解散行动委员会,"受希特勒委托"建立一个全新的组织——德意志劳

① *Reichsgesetzblatt*. I 1933. S. 191.
② Joseph Goebbels, *Vom Kaiserhof zur Reichskanzlei. Eine historische Darstellung in Tagebuchblättern*. 6. Auflage. München 1934. S. 299.
③ 改良主义工会,指导思想来自希尔施和敦克尔施两人。
④ 这份倡议书的全文收录在 Tilla Siegel 论文的附录中,见 Tilla Siegel, *Rationalisierung statt Klassenkampf, zur Rolle der Deutschen Arbeitsfront in der nationalistischen Ordnung der Arbeit. In:Mommsen, Hans(Hrsg): Herrschaftsalltag im Dritten Reich. Düsseldorf, 1988. S. 157 - 158*。

动阵线(die Deutsche Arbeitsfront)①。5月10日,颇具规模的"德意志劳动阵线第一次大会"在柏林召开,正式宣布组织成立,由莱伊任领袖。500名来自被接管的工人、职员协会和纳粹企业支部的代表参加了会议。与会的还有整个内阁、政府各部门、外国驻德使团、"德国雇主协会联合会"代表、各州政府首脑、纳粹党各大区领袖,以及国防军、冲锋队和党卫队的代表,场面颇感隆重。

开始时,莱伊对该组织的功能及定位并不很清楚,就如他事后所回忆的:"我完全是个外行,我相信那时候自己也很惊讶,为什么把这个任务交给我。并不是说我们有个现成的纲领,只要拿过来照着它组建即可。我从元首那里得到接管工会的任务,然后再看能把它变成什么。"②然而在同年5月23日召开的该组织"核心成员扩大会议"上,他发表了讲话,随后又以《对行业结构和劳动阵线的基本想法》为题在《人民观察家报》上发表文章,表达了对劳动阵线性质、任务以及行业结构的看法。他提出,除农民和公务员之外,③"劳动阵线包括所有的劳动者……即所有企业主(包括贸易、手工业和商业领域)、职员和工人"。其最主要的任务是"培养共同体思想",此外还应该获得制定集体工资的权利,并在社会政策和经济政策上发挥作用。它将利用所接管的资金提供"自救"服务,如建立养老基金、资助住房建设、向工商业提供贷款等。在企业劳资关系方面,莱伊认为应恢复企业主"一家之主"的地位,"企业代表会由工人、职员和企业主组成,但是只应有建议权,只能由企业主单独作出决定"。企业主应由"行业法庭"实施监督。④然而当时他还是具有"行业协会"的思想,并认为工业、贸易、手工业和商业协会将构成劳动阵线的"四大支柱"。

不少大企业主反对"行业结构"的做法,不愿意将企业主的组织并入劳动阵线。希特勒面临党内"第二次革命"的呼声,也刻意与鼓吹"行业协会"

① 该组织经常被误译成"德国劳工阵线"。
② Wolfgang Spohn, *Betriebsgemeinschaft, und Volksgemeinschaft, die rechtliche und institutionelle Regierung der Arbeitsbeziehungen im NS-Staat. Berlin*,1987,S. 130. Anm. 11.
③ 莱伊认为农民和公务员是两个特殊的群体,农民由于在土地上劳作,与民族共同体有着天然的紧密联系,公务员的职业也使得他们必然具有这样的认识。
④ *Völkischer Beobachter*. 10. Mai,1933. S. 1.

思想的纳粹企业支部划清界线。莱伊随之转向,从 1933 年 9 月底开始逐渐疏远纳粹激进分子,争取获得企业主和国家部门的支持。9 月 20 日,莱伊在德国经济总会第一次会议上向蒂森、克虏伯、博世、西门子强调,劳动阵线不是"打算培养马克思主义者或者甚至共产党员",而是旨在重新赢得工人的信任。[1] 10 月底,莱伊在向西门子公司工人的讲话中,提出有必要让劳资关系上一个新台阶。他表示,雇主和雇工的口号已经过时,现在这两者都是"劳动战士(Soldaten der Arbeit),其中一方命令,另一方服从"[2]。11 月 17 日,莱伊发布一系列指示,表示劳动阵线放弃行业方案和工会方案,成员不再加入四大支柱,而是以个人身份加入劳动阵线。

1933 年 11 月 27 日发表的《致全体德国劳动者倡议书》,对劳动阵线的性质、任务作了较为明确的规定。它宣称:

> 德意志劳动阵线是所有从业人员的综合体,没有经济地位和社会地位的差别。在这个组织内,工人和企业家要联合起来,不再受到目的在于保护特殊的经济社会阶层和利益集团单方面利益的集团或协会的分隔。
>
> 不论工人或企业主,在德意志劳动阵线内重要的应该是人的价值。信任应该在人与人之间建立,而不是在协会与协会之间。根据我们的元首阿道夫·希特勒的意愿,德意志劳动阵线不是决定工人日常生活的物质问题的地方,……不久,就会针对劳动条件作出规定,确定企业的领袖和追随者的地位,这个地位是由民族社会主义的世界观决定的。
>
> 劳动阵线的崇高目标在于,教育所有德意志劳动者认同民族社会主义国家,培养民族社会主义思想。它尤其要对某些人进行培训,这些人负责维护企业、我们的社会法机构、劳动法庭和社会法律。
>
> 它还致力于让企业领袖及其追随者的社会荣誉成为新社会、经济秩序的关键动力。

---

[1] Konrad Repgen/Hans Bomms(Hg), *Akten der Reichskanzlei:Regierung Hitler 1933 -1939.* Boppard,1983,Bd. 2,Dok. Nr. 213. S. 789 - 790.

[2] Robert Ley, *Wir sind alle Soldaten der Arbeit.* In:*Arbeitertum 3*,1. 11. 1933. S. 4 - 5.

　　　　所以我们今天呼吁所有德意志脑力和体力工人,加入德意志劳动
阵线,在这个组织中集合所有人的力量,为伟大事业的成功服务。①

　　该文件确定了劳动阵线"去工会化"的性质,不得干涉劳动条件和工资
谈判等"物质问题",只能进行意识形态的"教育"和"培训"。但是劳动阵线
由此也名正言顺地成了包括雇主和雇工在内的"跨阶级组织"。文件发表的
同一天,莱伊发布命令,规定"还没有参加德意志劳动阵线的民族同志必须
立即加入,工人、职员、企业主团结在一起!"②

　　1934 年 1 月 26 日,莱伊借同月 14 日内阁通过《民族劳动秩序法》之机,
正式发布《改组劳动阵线的指令》,在全国范围构筑起劳动阵线的组织架构。

　　最高层为劳动阵线领袖,设有中央办公室,下辖组织、财务、自救、社会、
报刊和宣传、培训、职业培训、青少年、妇女、法律咨询、"欢乐产生力量"等管
理部门。原有的"集体工资处"被撤销,因为劳动阵线不再处理工资问题。
在地区层面,按照垂直管理原则建立了一套管理机构,分别为 32 个大区管
理处(Gauwaltung)、840 个分区管理处(Kreiswaltung)和 1500 个地区管理
处(Ortswaltung)。劳动阵线最底层的机构是企业共同体,如果企业超过
100 人,再分为支队(Zellen)和小组(Block)。企业共同体(包括支队和小
组)由"企业督导员"(Betriebswalter)领导,他可以根据需要任命下属,管理
青少年、妇女、报刊、"欢乐产生力量"组织等方面的工作。劳动阵线的大部
分督导员是企业内部的就业者。劳动阵线通过督导员掌握每个成员的社会
情况。以企业小组督导员和街道小组督导员的工作任务为例,"企业小组的
任务是,在小组内执行劳动阵线的命令,在会员费没有从企业的工资办公室
扣除时负责收取。街道小组督导员负责管理不在企业工作的家庭手工业者
和帮工。小组督导员监督成员,他们是提供信息的人员……他们必须详细
了解每个成员的社会情况。他们还负责小组参加企业、劳动阵线和党的活

---

① Tilla Siegel, *Rationalisierung statt Klassenkampf, zur Rolle der Deutschen Arbeitsfront in der nationalistischen Ordnung der Arbeit. In: Mommsen, Hans (Hrsg): Herrschaftsalltag im Dritten Reich. Düsseldorf, 1988. S. 160 - 161; Timothy Mason, Sozialpolitik im Dritten Reich. 2. Auflage, Opladen, 1978*, S. 115 - 116.

② Zitiert nach Willy Müller, *Das soziale Leben*. S. 78.

动……总之他要负责企业内的所有琐碎工作。小组督导员要负责能让每个成员定期阅读《劳动阵线报》"①。

莱伊为德意志劳动阵线构筑起这样的组织架构，有其目的。第一，劳动阵线的地方组织，完全对应于纳粹党的垂直管理层次，密切了该组织与纳粹党的关系，尤其是不少地方的领袖都由纳粹党地方领袖兼任。第二，此前颁布的《民族劳动秩序法》强调企业层面的共同体关系，劳动阵线面临着失权的威胁。在新的架构中，"企业共同体"成了劳动阵线的基层单位，在此之上，同行业的企业共同体依次组成"分部企业共同体""分区企业共同体""大区企业共同体""全国企业共同体"，这样，劳动阵线站在了"企业共同体"之上，成了一个超级组织。

莱伊的努力遭到来自两个方向的反对。一个是力图坚持工人组织"工会性"的纳粹企业支部运动，另一个是坚持"企业领袖—追随者模式"的各方势力。

纳粹企业支部运动兴起于1927年底，活动重心在北方派所在的柏林地区。希特勒起先对此并不感兴趣，后迫于各方压力，在1929年纽伦堡党代会上承认了这一运动，允许在全国各地的企业中组建纳粹企业支部，并于1931年1月成立"全国企业支部处"（Reichs-Betriebszellen-Abteilung），隶属于格雷戈尔·施特拉瑟领导的纳粹党组织部。该运动对争取工人选票起到了很大的作用，但其运行惯性却时时与希特勒的方针路线相左。面临着企业新模式的逐渐显现，他们也发出了类似"第二次革命"的呼声：纳粹党上台执政不仅仅是一场"民族革命"，而应该是"一场民族社会主义革命——只有这样的革命德国工人才会参加"②。纳粹企业支部领导人坚持要在自身组织的基础上建立一个代表雇工利益的纳粹工会，同时不愿意在新国家中仅仅充当"政治突击队"，从事"世界观培训"工作，希望成为工人和职员的保护者。不少纳粹企业支部不顾莱伊的反对，经常干涉企业事务，提出了一系列经济要求，包括八小时工作制、保留工会、保留集体工资权、扩大社会保

---

① Willy Müller, *Das soziale Leben im neuen Deutschland unter besonderer Berücksichtigung der Deutschen Arbeitsfront*. Berlin, 1938, S. 91 - 92.

② *Arbeitertum*. 3. Jg, Nr. 7, 1. Juni 1933. S. 3.

险、罢工权、保证劳动权和企业代表会权。① 1934 年初各项措施出台后,他们更加不满。1934 年 2 月 1 日,纳粹企业支部最高领导人、兼任劳动阵线官员的瓦尔特·舒曼(Walter Schuhmann,1898—1956)在《工人报》上公开声称:"正如我们毫无顾忌地反对破坏工厂纪律的雇工一样,我们也会反对那些企业主,他们认为现在能够让德国工人回到几十年前的状态中去,那个时代已经彻底过去了。就如共产党员进了集中营一样,我们也不怕把总经理送进集中营,如果他违反工厂纪律的话。"② 同时,他们也坚决反对劳动阵线的改组,认为纳粹企业支部应该保留自己的独立性,甚至可以建立纳粹统一工会,负责领导德意志劳动阵线。③

1934 年 6 月底发生"长刀之夜"事件后,莱伊趁机实施反击。8 月底,他宣布撤销数名纳粹企业支部和劳动阵线官员的职务,施加的罪名是"共同体的敌人""旧工会和旧雇主协会势力""劳动阵线建设的反对者和破坏者"。几天后,撤职名单上又增加了瓦尔特·舒曼等数人。舒曼不服,向纳粹党内最高法庭起诉。法庭审判结果,宣布对舒曼的大部分指控不成立,如与冲锋队谋反有联系、勾结国内外敌人、企图夺莱伊的权、散布谣言诋毁莱伊等。但还是确认舒曼对劳动阵线的领袖不正直与不坦诚,没有履行服从义务,给予警告处分。④ 在 1934 年一年里,纳粹企业支部 32 名大区领导人中,有 13 名被更换,柏林办事处被解散。1935 年初,纳粹企业支部的喉舌《工人报》和劳动阵线日报《德国人》遭禁。虽然纳粹企业支部名义上还存在于 1935 年的纳粹党手册上,但实际上已经失去了其政治地位和组织独立性。1936 年纳粹党的组织手册中写道:"纳粹企业支部的任务和管辖权过渡给了劳动阵线。"⑤

---

① Volker Kratzenberg, *Arbeiter auf dem Weg zu Hitler? Die Nationalsozialistische Betriebszellen-Organisation 1927 – 1934.* Frankfurt am Main: S. Fischer Verlag, 1987, S. 133.

② *Arbeitertum*, 3. Jg., Nr. 23, 1. Feb. 1934. S. 6.

③ *Arbeitertum*, 2. Jg. Nr. 16, 15. Okt. 1933. S. 1.

④ Manfred Funke/Hans-Adolf Jacobsen/Hans-Helmuth Knütter/Hans-Peter Schwarz (Hrsg.), *Demokratie und Diktatur, Geist und Gestalt politischer Herrschaft in Deutschland und Europa.* S. 204 – 208.

⑤ Reinhard Giersch, *Die DAF.* Bd. I., S. 114.

　　反对德意志劳动阵线参与劳资关系调节的主要是企业主、经济部和劳动部，前者的动因不难理解，后两者希望保持经济生活的稳定发展，让劳动督察官而不是劳动阵线代表政府垄断仲裁者角色。它们视劳动阵线为"企业外势力"，以《民族劳动秩序法》为依据，坚决反对它干涉企业事务。莱伊一方面于 1934 年 10 月初在《人民观察家报》上发出呼吁，坚决反对把"纳粹党政治领导、劳动阵线和'欢乐产生力量'领导人"看作企业外因素，攻击反对者"抵制共同体"，认为"他们的企业肯定有问题"，号召大家检举揭发这些企业，①同时起草了《阿道夫·希特勒关于德意志劳动阵线的本质和目标的条例》(*Verordnung Adolf Hitlers über Wesen und Ziel der Deutschen Arbeitsfront*)，简称《元首条例》(*Führerverordnung*)，让希特勒签署。10 月 25 日，经希特勒签署的《元首条例》公开见报，令包括赫斯在内的反对者大吃一惊。

　　《元首条例》主要条款如下。

　　　　1. 德意志劳动阵线是德意志脑力和体力劳动者的组织，其中包括以前工会、职工协会和企业主协会成员，他们作为平等的成员加入；

　　　　2. 德意志劳动阵线的目标是建立一个真正的德意志民族共同体和效率共同体，劳动阵线应该让每一个人在国家经济生活中找到自己的位置，最大限度地发挥智力和体力的效率，保证为民族共同体带来最大收益；

　　　　3. 德意志劳动阵线是纳粹党的分支组织……

　　　　4. 纳粹党领导德意志劳动阵线……

　　　　5. 德意志劳动阵线的地区划分跟从于纳粹党的做法……

　　　　6. 劳动阵线的财务管理受纳粹党财务部门领袖的监督；

　　　　7. 劳动阵线必须通过让企业领袖了解追随者的合理要求，让追随者了解企业的情况和机会，来保证劳动和平。德意志劳动阵线的任务是，在所有参与者的合理利益中间寻找平衡点，以符合纳粹基本原

---

① Aufruf Dr. Ley zur Neuordnung der Deutschen Arbeitsfront, in: *Völkischer Beobachter*, 5. Oct. 1934.

则……代表所有参与者只能是德意志劳动阵线的事,禁止组建其他组织,也不许其他组织干涉该领域。①

对劳动阵线的发展而言,该文件有两个要点,一是规定劳动阵线为纳粹党的分支组织,由纳粹党直接领导,这样劳动阵线便可以纳粹党和希特勒的名义同经济部、劳动部等政府部门相抗衡(第3点和第4点),二是赋予劳动阵线以劳资利益调解人的角色(第7点)。

不料,该文件引起了更大的反对浪潮。经济部长沙赫特甚至建议阻止在《国家法律报》上刊登《元首条例》。劳动督察官们害怕由此出现新的竞争对手。1934年10月26日,波莫尔(Pomor)劳动督察官冯・德・高尔兹伯爵(Rüdiger Graf von der Goltz,1894—1976)向总理办公厅递交了投诉信,称:"《民族劳动秩序法》的主要思想和基础,即所有事情直接在企业领袖、信托人委员会和追随者之间调节,将被抛弃。在法律规定的企业共同体之外出现了劳动阵线规定的企业共同体,出现了其他的领袖,不是直接协商,而是通过中间人协商物质利益。"②经济部和劳动部认为按照《民族劳动秩序法》的规定,企业事务在跨企业层面应该通过劳动督察官、在企业层面中通过企业家制定,根本没有必要把劳动阵线再拉进来。连国防部也对劳动阵线的新权力感到担忧,害怕由此造成的罢工会影响军备经济的运行。在种种压力之下,1935年3月21日,莱伊被迫与经济部长沙赫特、劳动部长泽尔德特一起签署了《劳动阵线与工商业经济协议》(*Vereinbarung zwischen der Deutschen Arbeitsfront und der gewerblichen Wirtschaft*),简称《莱比锡协议》。文件规定,在国家一级,由劳动阵线和工商业经济组织各派一个小组,组成"国家劳动与经济委员会"(Reichsarbeits- und-wirtschaftsrat),召开会议时还须邀请劳动部长和经济部长出席,主要任务是讨论共同的社会和经济政策,平衡劳动阵线和经济部门的利益对立,建立各部门之间的信任合作。这种模式被称为"社会自治"(soziale Selbstverwaltung)。在地方

---

① Abgedruckt in: Hans-Gerd Schumann, *Nationalsozialismus und Gewerkschaftsbewegung*. Frankfurt am Main, 1958, S. 173 – 175.

② Wolfgang Spohn, *Betriebsgmeinschaft und Volksgemeinschaft, die rechtliche und institutionelle Regierung der Arbeitsbeziehungen im NS-Staat*. Berlin, 1987, S. 161 und Anm. 81, 82.

层面上,则成立跨企业的劳动委员会(Arbeitsausschuss),由劳动阵线任命 6
名企业主和 6 名企业职工组成。每个委员会覆盖 50 公里范围内的所有企
业,讨论社会政策方面的问题。最后把讨论结果递交给劳动督察官,由劳动
督察官作出最后决定。①对这个协议,双方有不同的理解。劳动阵线认为自
己获得了更大的权力,而对方则认为劳动阵线已被纳入自己的掌控之中,不
能单独行事,只是劳动督察官延长的手臂而已。

此后,随着企业界"企业领袖—追随者"加劳动督察官模式的逐渐完善,德
意志劳动阵线插手劳资纠纷的空间越来越小,它更多地成了"民族共同体"的
良好载体和推行社会福利政策的有效工具。莱伊为了弥补纳粹企业支部被解
散后劳动阵线在企业中缺少骨干的缺陷,在企业内加紧组建"工厂突击队"
(Werkschar),作为干预企业事务的工具。1935 年,全国只有 1400 个工厂突击
队,成员仅为 4 万人,但是 1937—1938 年间数量迅速增加。到 1938 年 10 月,
工厂突击队超过 9143 个,成员达 30 万,覆盖了几乎所有较大型企业。然而其
职责,基本上局限在福利政策的范畴内。每个企业的工厂突击队分成四个小
队,分别负责"欢乐产生力量"、职业培训、民族健康、健康居住等事务。

第四节 社会政策

纳粹党作为一个主要来自社会中下层的政党,对推行社会政策有着较
大的兴趣。从普通党员和追随者的角度来说,长期的落魄生活使得他们要
求得到国家保护,提高自己的生活水平和质量。而其元首希特勒作为一个
来自社会下层的玩弄权术的"大师",也清楚地看到,仅仅依靠高压统治难以
稳住政权,必须同时使用思想灌输和社会笼络手段。早在 1930 年初,他就
明确表示:"用警察、机关枪和橡皮棒,不能持久地单独维持统治。对此还需
要另外一些东西,用以维持一种统治、一种可信的必要的世界观。"戈培尔也
曾经明确地表示过,社会政策的目的在于巩固民族共同体。他说:"我们不
是从个人出发,我们并不代表这种观点,以为必须给饥饿者饭吃,给干渴者

---

① Wollgang Spohn, *Betriebsgemeinschaft und Volksgemeinschaftt, die rechtliche und
institutionelle Regierung der Arbeitsbeziehungen im NS-Staat*. S. 165 - 167.

水喝,给衣不蔽体者衣穿——这不是我们的动机。我们有完全不同的动机。概括为最简单的一句话:我们必须拥有一个健康的民族,旨在完成自己在世界上的使命……第三帝国社会政策首要的不是保护勤劳的人……抵制一种充满各种生活风险的灾难,它更多的是保障和维护德意志民族的生存,最终的目标是形成一个由健康的、有效率的、乐于劳动的、有防卫力和有种族价值的德意志人组成的民族共同体。"[①]

在德国,劳动权的保障,在法律上早已成为现实,然而如何在实际经济生活中让更多的人就业,却经常是令各届政府费神的事。纳粹当局把摆脱经济危机、扩充军备、减少失业和巩固民族共同体等几件要务捆绑在一起,力求产生连带效应。希特勒在一次谈话中说过:"国家只要有权力给工人提供工作与面包,那么工人们也就不需要再使用罢工的权利了。"[②]如前所述,在摆脱经济危机的过程中,失业问题也很快得到缓解。然而随着劳动力短缺现象的产生,劳动时间保护政策却面临着挑战。纳粹党在上台前,就表示赞成八小时工作制,认为"八小时工作制是从捍卫家庭与民族健康角度得出的。因为只有缩短了工作时间,工人们才能有时间照顾家庭,得到精神上的休息,最后才能提高生产效率为国家服务"[③]。超时工作,在希特勒看来,将会损害身体健康,不利于民族发展。纳粹党上台之初,仍然坚持原先的原则。1933 年 7 月 28 日,政府明确要求企业中每个劳工的周工作时间不允许超过 40 小时。[④]然而从 1934 年 7 月开始,政府开始在这个问题上放松控制,允许企业根据自身条件,在取得劳动督察官同意后,决定本企业的劳动时间。很快,劳动时间开始上升。据统计,1933 年劳工的平均周劳动时间为42.94 小时,1934 年则上升到 44.56 小时,1935 年大致与 1934 年持平。[⑤]当

---

① 朱庭光主编:《法西斯体制研究》,第 269—271 页。

② Joachim Bons, *Nationalsozialismus und Arbeiterfrage*, *Zu den Motiven*, *Inhalten und Wirkungsgrunden nationalsozialistischer Arbeiterpolitik vor 1933*. Pfaffenweiler, 1995, S. 339.

③ Joachim Bons, *Nationalsozialismus und Arbeiterfrage*, *Zu den Motiven*, *Inhalten und Wirkungsgrunden nationalsozialistischer Arbeiterpolitik vor 1933*. S. 220.

④ Michael Schneider, *Unter Hakenkreuz: Arbeiter und Arbeitbewegung 1933 bis 1939*. Bonn: Droste Verlag GmbH., 1999, S. 547.

⑤ Timothy W. Mason, *Social Policy in the Third Reich: The Working Class and the 'National Community'*. p. 129.

然,政府也防止企业主随意延长工作时间,规定"每天的工作时间最高不得超过 16 小时,每天必须保持 8 小时的不间断休息时间,且每两周至少有一天的时间给劳工自由支配"①。

欧洲战争爆发后,政府为了充分开动战争机器,保证军事需要,在一定程度上放松了对劳动时间的管理。许多企业为了弥补因劳动力缺乏而产生的生产能力不足,大多采取延长劳动时间的做法,每日 10 小时工作成为普遍的现象。因此,当局在 1939 年 12 月发布指令,允许"企业在必要时把 10 小时工作制作为正常的工作时间"②。随着战争的扩大,当局无力再控制劳动时间,许多企业为了完成生产任务,再次延长工作时间,在与战争密切相关的军事工业中,每天工作 11—12 小时已司空见惯,有时甚至达到 14 小时。面对这一情况,纳粹党也不得不承认现实。

在社会保险问题上,纳粹当局指责魏玛共和国导致了"德国社会保险的崩溃",使俾斯麦创造的社会保险体制失去效用。它认为自己有义务扭转这种局面。1933 年 12 月 7 日,政府颁布了《维持偿付残疾者、矿工和职员保险法令》,宣布恢复经济大危机期间停止执行的社会保险制度。翌年 7 月 5 日,政府颁布新的《社会保险建设法令》,将魏玛时期的社会保险机构自治管理制度,改由政府官员掌管,实际上取消了诸如教会等其他机构在福利事务上的影响。在这一时期,保险范围得到扩大。女性劳工生育前后 6 星期内不得从事工作,但仍然享受部分工资,生育前 4 周就开始享受生育补助,生育后可获得免费助产服务、医药、分娩津贴,以及 8—10 周的产假补贴。养老保险方面增加了家内劳动者。在残疾—工伤方面,保险范围得到扩大,不仅对劳动事故进行赔偿,也对上下班途中以及看护劳动工具时发生的事故进行赔偿,越来越多的职业病被列为工伤事故。③各种保险的储备基金明显

① Jurgen Kuczynski, *Germany：Economic and Labour Conditions under Fascism*. New York：Andre Deutsch，1968，pp. 158 - 159.

② Timothy W. Mason, *Social Policy in the Third Reich：The Working Class and the 'National Community'*. p. 359.

③ Florian Tennstedt, *Der Ausbau der Sozialversicherung in Deutschland，1890 bis 1945*. In：Hans Pohl(Hrsg.)，*Staatliche，städtische，betriebliche und kirchliche Sozialpolitik vom Mittelalter bis zur Gegenwart*，Stuttgart，1991，S. 234.

增加,1933 年为 33.05 亿马克,1936 年上升到 44.57 亿马克。①纳粹党为了贯彻民族共同体原则,声称每一位德意志民族同志都可以享受到这些保险。但是伴随着保险范围的扩大,个人实际得到的保险金额却减少了。例如残疾保险支出从 1933 年的 360 万马克下降到 1936 年的 310 万马克,养老保险支出则从 1933 年的 1050 万马克下降到 1936 年的 670 万马克。②

1937 年 12 月和 1938 年 12 月,当局先后颁布了《扩大保险范围法令》和《关于德国手工业者养老金法令》,扩大社会保险的范围,规定 40 岁以下的工人和职员全部纳入社会保险的范围,个体经营者首次获得社会保险。按照新的法令,每个人得到的保险金额减少,养老金和残疾金由每人每月37.4马克减为 31 马克,寡妇补助金由 22.48 马克减为 19 马克,孤儿抚育金由15.49 马克减为 10.5 马克。当局希望通过这种方式,迫使一部分劳工重新进入工作岗位,缓解劳动力短缺的现象。保险金的发放面广了,保险储备基金的总额也有所增加,1937 年达到 74.39 亿马克,1938 年再次上升到 87.39亿马克。

社会救济被纳入了强化民族共同体意识的轨道。当局在宣传中强调,纳粹救济慈善事业的基本任务是进行教育,"影响受救济者的内心和思想行动",在受救济者和救援者之中唤起一种强大的共同意识,"帮助者……应意识到有责任关心身处困难境地的同胞,受救济者应意识到自己已受到全民族的关心,他们共同属于一个患难与共的民族共同体",基本原则是"一人为大家,大家为一人"。③社会救济事务由纳粹党的附属协会民族社会主义人民福利会负责实施,主要项目有"冬赈服务"(Winterhilfswerk)和"母子救济"(Hilfswerk Mutter und Kind)。前者的主要任务是缓解失业者、多子女家庭和贫困家庭在冬季所面临的饥寒困境,在 1933 至 1937 年间发放了近1.5 亿马克的救济品,其中主要是食品补助券和煤炭。经费大部分来自群众性的募捐活动,其余通过扣除在业工人的部分工资获得。"母子救济"的主要内容是增加对孕妇和产妇的经济资助,延长孤儿补助金和儿童补助金

---

① Jurgen Kuczynski, *Germany:Economic and Labour Conditions under Fascism*, p.128.
② Jurgen Kuczynski, *Germany:Economic and Labour Conditions under Fascism*, p.127.
③ 朱庭光主编:《法西斯体制研究》,第 271 页。

的领取期限,使两者均至 18 周岁,同时资助多子女家庭以鼓励生育。

　　解决缺房民众的住房问题也是社会政策的重要组成部分。在工业化和城市化的过程中,人口大量向工厂周边和城市集聚,形成了底层民众的住房问题。在第二帝国和魏玛共和国时期,政府都着手解决这一问题,但由于问题的难度较大,政府又受制于经费紧缺,难以有效地解决问题。纳粹党拒绝"认为住房事宜是私人的事",相反,它认为住房政策同样也要服从纳粹主义的要求,"让每一位'民族同志'都拥有自己的住房,消除彼此之间的差别"。[1]在纳粹统治时期,当局试图以自己独特的方法来解决这一问题。

　　在缓解城市现有住房困难方面,政府加大了这方面的投资。纳粹统治时期,国家投资与私人投资的总额呈现逐年上升的趋势。1933 年为 8.75亿马克,1934 年为 13.50 亿马克,1935 年为 15.70 亿马克,1936 年为 19 亿马克。[2]在这中间,国家占了很大的份额,1933 年政府共投资了 7.233 亿马克,1934 年则投资了 12.80 亿马克。[3]与此相对应,受国家直接影响而兴建的房屋占了很大的比重,1919—1933 年,80.7%的住房是在公共机构直接影响下兴建的,而 1933—1936 年,这一比例下降到只有 40.2%。[4]与此同时,政府曾尝试鼓励企业主给自己的职工安置住房。1935 年,德意志劳动阵线试图使雇主在农村建造住房,并逐渐把所有权转移给劳工。该阵线经济建设机构曾经与住房合作机构之间达成协议,认同企业在周边地区建造房屋并出售给企业职工,政府则提供一部分补助。[5]但是在实际操作中,有20%的资金无法落实。劳动阵线曾建议企业主暂时承担这些费用,以后由劳工负责偿还,但最后无果而终,计划被搁置。此外,政府也鼓励私人参与,为其建造住房提供各种优惠,包括由国家提供一定的贷款担保,并降低住房建设税。政府在 1936 年时对住房建设所征收的税率为 4.5%—5.0%,相比

① Arthur Schweitzer, *Big Business in the Third Reich*. Bloomington: Sage Publications, 1964, p. 301.
② [法]夏尔·贝特兰:《纳粹德国经济史》,第 223 页。
③ J. Noakes and G. Pridham, *Nazism, 1919 - 1945: A Documentary Reader. Vol. 2: State, Economy and Society, 1933 -39*. p. 358.
④ Karl Christian Führer, *Anspruch und Realität: Das Scheitern der nationalsozialistischen Wohnungsbaupolitik*. Vierteljahrshefte für Zeitgeschichte, 1997. 4.
⑤ Arthur Schweitzer, *Big Business in the Third Reich*. p. 302.

于共和国时期 50% 的标准下降了很多。

从民众的角度来看,纳粹统治时期的住房状况得到了一定的改善。1935 年 2 月 19 日,劳动部颁布法令,修订了在乡村中建造住房安置劳工的政策。法令的一个原则就是政府不再补贴这种形式的住房,必要的资金由定居者和银行等承担,但国家可以提供贷款担保。同时,国家对这类住房提供优惠政策,住房安置的费用不得超过 3000 马克,而当时的市场价格为8000—10 000 马克。此类房屋的维修费用也维持在低水平上。① 1933—1936 年,政府对 270 万套住房实施了改建,同时新建住房 332 370 套。②但是政府提供的住房不完全符合劳工的需求。在 1933—1939 年期间,有近 2/3的新房是带有 4 个以上房间的大房子,费用上远高于劳工可以支付的限度。1936 年一位住房专家通过调查发现,这一时期至少有 37.2% 的劳工需要小型房。劳动阵线在调查住房问题时也认识到这种情况,指出劳工们还缺少175 万套中小面积的小房屋。③另外,为劳工提供的小型房在结构上也有问题,居住面积偏小,卫生状况不尽如人意。

在更大的范围内,当局使用"逆城市化"的方法来解决住房问题。不少纳粹分子把城市视作种族发展的巨大障碍,希望通过"血与土"的崇拜,把大部分城市人口转移到农村,让大城市仅仅成为硬件设施的展示场。1935年,约翰·威廉·鲁多维基(Johann Wilhelm Ludowici,1896—1983)以纳粹规划发言人的身份,出版了题为《德国的移居垦殖工作》的书籍,大致勾勒出当局对城市问题的基本看法。书中提出,城市是坏事,是民族的坟墓,它的发展已经带来了一系列灾难性的后果。"在城市里,家庭在短短几代人的时间里,就从一种高效状态沉沦为衰弱的、无所事事的底层民众。"他认为,居住在城市里的人,所具有的只是渴望、贪欲和唯物主义的躁狂,他们除了"贪婪",几乎没有什么信念。城市尽管拥有人口优势,但是这种优势反而加快

---

① Arthur Schweitzer, *Big Business in the Third Reich*. p. 302.

② Karl Christian Führer, *Anspruch und Realitat*: *Das Scheitern der nationalsozialistischen Wohnungsbaupolitik*. Vierteljahrshefte für Zeitgeschichte,1997.4.

③ Karl Christian Führer, *Anspruch und Realitat*: *Das Scheitern der nationalsozialistischen Wohnungsbaupolitik*. Vierteljahrshefte für Zeitgeschichte,1997.4.

了城市的价值体系向居民的最下层沉降。那里的上层阶级使自己的生活为犹太式的敛财和贪婪服务,他们撑大了自己的胃囊,精神却在慢慢地死亡。这一模式被与之接触的其他阶层模仿,使得城里的劳工也变得只追求物质,追求获取。他们不知道自己的责任和所扮演的社会角色,只知道获得更高的工资、更短的劳动时间、更好的工作条件、更多的物品、更高的生活标准,拥有闲暇时间。妇女们涌进办公室,在本不属于她们的工厂里就业。城里人的衣服越来越鲜亮,但是生活的无目标也越来越明显地写在脸上,最后,是厌世和无名的恐惧。城市和拜金主义摧毁了人类对孩子的爱,破坏了家庭的神圣纽结。在这种无意义的生活中产生了阶级战争、种族退化和文化堕落。鲁多维基认为,产生所有这一切的根源,是因为民众失去了同土地的内在联系,"不仅植物被拔出土壤后会死去,人离开土地后也是如此"[1]。其他纳粹分子也鼓吹,"城市的沥青会导致人类的退化和种族的衰微"[2]。针对这样的前提,解决方案必然是"人必须回到土地上去,植根于土壤",即所有的劳动力都要尽量回到农村去,至少也要同土地保持一定的联系。因为土地不仅能够养育雅利安人的身体,还能够滋养他们的灵魂;农民、工人在土地上劳作,会形成新的"世界观"和新的价值体系。[3]鲁多维基在书中提出,新德国必须建立在农民和工人这两根支柱上。农民这根支柱,本来就同土地有着密切的联系,当局的任务是尽快把农民稳定在家乡的土地上,加固这根支柱。工人这根支柱,也像农民一样,必须用扎根于工作和土壤的办法来加固。因此,所有的劳工都应该回到农村,掏空大城市,建立一个符合自然秩序的新的等级社会,恢复日耳曼人的荣耀。[4]

《德国法西斯主义的精神与结构》一书的作者罗伯特·A. 布雷迪(Robert A. Brady,1901—1963)根据自己的观察和研究,勾勒出纳粹理想中未来"农民国家"的蓝图:国家将划分成一系列的社区和次社区,每个社区

① Robert A. Brady, *The Spirit and Structure of German Fascism*. New York: Viking Press, 1969, pp. 270 - 272.

② Richaed Grunberger, *A Social History of the Third Reich*. P. 200.

③ Richaed Grunberger, *A Social History of the Third Reich*. P. 291.

④ Richaed Grunberger, *A Social History of the Third Reich*. P. 273.

都由各社会阶层混合组成。在每个社区里都存在两个社会集团的金字塔。农业金字塔的顶端是土地贵族,他们具有领导的才能,指挥其他人去履行职责,处于底层的是较为贫弱的农民。另一个是工业、经济和商业金字塔,顶端是"领袖"们,底部是他们的"追随者"。但是,作为纳粹国家的特色,两个金字塔底部的民众都应该同土地连接起来,每个劳动者都应该扎根于土地,履行对祖国的两大职责:为祖国提供食物,为祖国提供人力。①

　　疏散城市人口的主要措施,是在禁止农民离开土地的同时,在全国范围实施"移居"垦殖计划。主要采取两种形式,一种是农村移居(rural settlement),另一种是郊外移居(suburban settlement)。

　　农村移居的目标地区主要是德国东部地区。尽管这一进程可以追溯到公元12世纪,但是那时主要是为了抵御斯拉夫人的西进,同城市化进程没有很大的关系。纳粹统治时期赋予了它新的目的。用于移居的地产往往已经濒临破产,主人在一定的压力下愿意出售以清偿债务,然后退休领取养老金,迁往城镇居住。这些地产就此分割成各个自成体系的单元,供城里人"移居"。实施"移居"者并不仅仅限于获得这些地产的所有者即新的农场主,也包括青年学生以外的"助耕"者,其中不少是失业工人。这些失业工人由劳动部门指派,一般2—3人为一组,在助耕时由农场主负责提供膳宿。为了鼓励这些失业工人定居农村,一般鼓励他们同农场主的儿女们通婚。

　　郊外移居则是鼓励城市居民向城郊迁居。迁居的路径呈现两种情况,一种是在大的工业城市的边缘随机地向外扩展,另一种是在城郊大工厂的周围辟出地方,建立"田园城市",供工厂工人居住,利用周围的土地,亦工亦农,安居乐业。纳粹当局认为这种模式代表了未来纳粹国家的特点,因而重点鼓励。所谓"亦工亦农",是让充分就业的工人每周抽出1—2天的时间,去耕作小块的土地。当这些工人逐渐适应田间劳作后,再增加农作时间,最多的达到每周花费32小时用于农耕。在大工厂的周围形成小城镇,是工业化进程中一种较为普遍的现象,在莱茵地区,克虏伯、西门子公司的工厂周围,都已经形成了城镇。而纳粹政权的做法,恰恰是同历史发展的进程相逆

---

① Richaed Grunberger, *A Social History of the Third Reich*. P. 290.

的。它这样做的目的,是要回到以前的容克社会,给每个劳工一些土地,以此吸引他们,把他们固定在特定的区域内。①纳粹"农民领袖"达雷甚至走得更远,他提出未来纳粹国家要用货物的"有机交换"来取代现有的市场机制。

当局为了加速推行移居垦殖计划,专门设立了"全国德意志人移居者选择事务办公室",下设 22 个地方事务所。为了帮助移居者解决资金问题,还创立了各种公私财政资助机构,通过"移居启动贷款""移居长期贷款""资助社区公共设施移居贷款"等项目,对移居者提供财政资助。然而,当局稳定和扩大农村人口的措施并不十分有效,由于容克势力的抵制,以及当局的扩军备战行动"拉走"了大量的青壮年劳动力,纳粹统治时期农村人口减少的速度反而比魏玛时期还快。如在西普鲁士,魏玛时期农村人口减少的幅度为每年 1.5%,纳粹统治时期反而达到 2.5%。②尽管如此,纳粹当局反城市化的宣传和举措,对德国城市的生存和发展,还是产生了严重的负面影响。

1936 年进入"四年计划"阶段后,当局的住房政策有所调整,一部分住房建设资金转向军工生产,同时在建房区域的选择上,淡化了乡村气息,将居住区集中在军事工厂周围。1936 年 11 月 17 日,劳动部颁布政令,宣布停止给乡村地区安置计划提供经济支持,主要资助那些建筑在工业中心的房屋。③同年 12 月 1 日,《新地产税法》取消了私人房屋及农村安置人口房屋的免税特权。1938 年秋,政府进一步禁止发放新的建筑信贷,导致该年所有的公共信贷规模都比以前缩减 1/3。受此影响,房屋建筑周期延长了,从原先的 5—6 个月变为 12—14 个月。1939 年,政府又因为军事需要,缩小了建筑市场的材料供应。但在这一时期,由于当局继续鼓励提高生育率,以及大量移民的涌入,城市人口激增。尽管全国每年有约 30 万套新建或改建的住房落成,但是住房短缺现象难以缓解。到 1938 年,全国急需 150 万套新住房。④即使在拥有住房的家庭中,也有 1/3 生活在过分拥挤或不合标准的环境中。

住房形势的恶化引起劳工一定程度的不满。1937 年 5 月,不来梅的盖

① Robert A. Brady, *The Spirit and Structure of German Fascism*. p. 273.
② Richacd Grunberger, *A Social History of the Third Reich*. P. 207.
③ Arthur Schweitzer, *Big Business in the Third Reich*. p. 218.
④ Arthur Schweitzer, *Big Business in the Third Reich*. p. 218.

世太保报告说："劳工们不能理解国家一边要提高结婚率，加强生存问题宣传，同时却没有能力满足他们的住房要求。"然而当局除了继续控制房租，拿不出更好的办法。1936 年 11 月，政府规定住房的最高租金不得超过每月 40 马克。1937 年底，中央政府与地方政府协商后，决定关闭或减少营业性房屋中介，由政府机构从事中介事务。但实际上民众得益不多。

欧洲战争爆发后，德国的住房问题进一步恶化。1940 年 6 月，劳动部估计全国无房者已达到 200 万。无奈之下，政府只得再次全面介入。1941 年春，司法部开始考虑实施房屋租赁保障立法，地方政府也着手解决房屋租赁市场问题。当局还试图推出名为"德国住房援助"的计划，但由于缺少原料而不得不放弃。在此背景下，当局再一次把矛头指向犹太人。1941 年，美因茨市长趁机指责 1939 年以来的情况："人民不能明白的是，当大量家庭还生活在非常糟糕的环境中时，犹太人，尽管他们已经被严格地看管起来，却还占据着好房子。"[1]很快，政府把犹太人的房屋收为国有，转而用于解决民众的住房问题。但由于僧多粥少，不能从根本上解决住房紧缺的难题。从 1943 年起，随着战场形势的恶化，国家已经不可能再进行新房建设。同年 3 月 15 日，住房建设负责人莱伊承认，由于盟军的进攻，国家已没有足够的人力、物力和财力改变住房紧缺的状况。实际上当局放弃了努力。随着战事逐渐转入德国境内，建筑物大量被毁坏，住房问题更加严重。

纳粹德国社会政策的另一个重要领域是充实工人等下层民众的业余文化生活。在这方面，德意志劳动阵线的下属组织"欢乐产生力量"（Kraft durch Freude）起了很大的作用。

1933 年底，劳动阵线成立下属组织"下班之后"，不久后改名为"欢乐产生力量"。最初的创意来自法西斯意大利的类似组织。莱伊在 1933 年 9 月 20 日经济总委员会第一次会议上，表示欣赏意大利的这一做法："对一个国家来说最危险的是无家可归的人，保龄球馆或桥牌室在这里都承担了维护

---

[1] Karl Christian Führer, *Anspruch und Realitat：Das Scheitern der nationalsozialistischen Wohnungsbaupolitik*. Vierteljahrshefte für Zeitgeschichte，1997. 4.

国家的任务。……意大利用非常好的方式解决了它,我指的是'下班之后'。"①"欢乐产生力量"的组织名称来源于这样的理念:工人们在参加了有组织的快乐休闲活动后,将带着饱满的精神回到工作岗位。莱伊在 1933 年 11 月对劳动阵线的官员说:"虽然我们对于工作的组织到了极其细致的程度,但如果不组织 16 小时的业余生活则是错误的。我们必须组织业余生活,在工作之余,使所有的劳动者感到心情舒畅,找到休息和娱乐的时间,对于一个民族来说,最要紧的是要保持兴奋的情绪……为民族社会主义思想服务。"②此外,纳粹党还试图通过这些活动在民众中塑造共同体的精神,它提出:"'欢乐产生力量'的价值不仅在于提供简单意义上的旅行,而在于一种共同体的经历……在这一过程中,不同文化背景的人相互加深了解,从而使得新的文化得以产生。"③1934 年初,劳动阵线在柏林西门子工厂对其 4.2 万名职工就业余生活情况作了一次问卷调查,结果有 2.85 万人(占 68%)从来没有在柏林以外的地方旅行过,也不参加继续教育培训班,或者光临博物馆、戏院和电影院。劳动阵线对此大做宣传,指出有组织的业余生活的必要性。④

表 7 - 1 1934 年和 1938 年"欢乐产生力量"所组织的休闲活动⑤

活动项目	1934 年		1938 年	
	活动次数	参加人数	活动次数	参加人数
音乐会	1020	576 594	5291	2 515 598
大众游艺	725	285 037	54 813	13 666 015
歌剧与小歌剧	959	540 841	12 407	6 639 067

---

① Konrad Repgen/Hans Booms(Hg), *Akten der Reichskanzlei · Regierung Hitler 1933—1939*. Bd. 1, Boppard 1983. Bd. 2. Dok. Nr. 213. S. 789 - 790.

② 朱庭光主编:《法西斯体制研究》,第 272 页。

③ J. Noakes and G. Pridham, *Nazism, 1919 - 1945: A Documentary Reader. Vol. 2: State, Economy and Society, 1933 - 39*. p. 351.

④ Matthias Frese, *Betriebspolitik im „Dritten Reich"*. Paderborn: Klartext-Verl, 1991, S. 372.

⑤ J. Noakes and G. Pridham, *Nazism, 1919 - 1945: A Documentary Reader. Vol. 2: State, Economy and Society, 1933 - 39*. p. 348.

续表

活动项目	1934 年		1938 年	
	活动次数	参加人数	活动次数	参加人数
戏剧	2839	1 581 573	19 523	7 478 633
杂耍与歌舞	1315	481 855	7921	3 518 833
晚会	3189	1 228 457	10 989	4 462 140
电影	3372	316 968	3586	857 402
展览会	72	237 632	555	1 595 516
集体旅游	1528	90 242	676	58 472
其他	9653	3 772 464	15 084	11 118 636
为高速公路工人举办的活动	—	—	13 589	2 658 155
总计	24 672	9 111 663	144 434	54 568 467

从表中可以看出,"欢乐产生力量"安排了大量的娱乐活动,内容丰富多彩,而且活动的次数和参加人数都呈上升趋势。当局为了增进追随者之间的感情,号召企业除了举办传统的圣诞节晚会和周年庆,还要广泛开展"同事晚会"(Kameradschaftsabend)活动,这些活动通常在周末举行,成为工厂的特殊节日。虽然在 20 年代,类似的活动在大企业也较普遍,但一般都是职员和工人分开举行,纳粹的"同事晚会"则要求企业的所有成员,包括工人、职员和企业主,都要参加,甚至还邀请职工家属参与。希望通过这种方式增加企业凝聚力,体现"民族共同体"的魅力。根据劳动阵线的安排,企业主负责提供场地、啤酒、饮料和灌肠。晚会上先由纳粹领导人或者企业领袖讲话,对表现突出的职工进行表彰,然后由外请的艺术家或企业合唱团表演节目,最后是全体参与的舞蹈。①

"欢乐产生力量"还组织戏剧和音乐会到企业演出,让这些活动不再是"有钱阶层"的专利。它还在企业中举办展览会,在工厂休息的时候举办简易音乐演出,向工人提供低价博物馆、剧院和音乐会入场券。它还在工厂里成立各类兴趣小组,内容包括乐器演奏、歌唱、话剧、民俗、棋类和收藏等,这

---

① Matthias Frese, *Betriebspolitik im „Dritten Reich"*. S. 382 - 384.

些小组可以在工厂里展出自己创造的作品,企业则无偿地为兴趣小组提供所需的工具和材料。它还向成年人提供包括英语、法语、速记、几何等课程,以及一些宣讲种族和遗传等主题的论坛。

这些活动受到不少职工的欢迎。1935 年 2 月科布伦茨(Koblenz)盖世太保向上级汇报,在许多企业"令人欣喜地发现,企业主和职工之间越来越朝着真正的信任关系发展"。经常举办同事友谊晚会"对促进雇主和雇工之间的理解非常有用""工人的情绪相对较好"。这种信任关系在有些企业已经结出了果实:"有报道说,企业的信托人委员会为采购对企业发展具有关键性作用的机器,自愿地表示可以暂缓修缮职工休息室。"1935 年 7 月纳粹党通讯员在报告中猜测,工人可能把晚会看成"得便宜的机会",用以舒缓神经,同时,免费提供的饮食也是一大吸引点。因此,有些"同事晚会"成了狂饮聚会。也有工人表示,与这样的晚会相比,他们更希望增加工资,但是"大多数人认为,晚会很美好,以前从来没有过"①。

"欢乐产生力量"在组织工人享受旅游之乐方面,也比较突出。早在魏玛共和国时期,旅游和郊游活动就受到人们的青睐,特别是亲近自然的短程郊游,几乎每个党派和宗教团体都有自己的郊游团,由此兴起了团体旅游活动。然而工人却难以加入其间,因为他们收入低,假期少。尽管到魏玛共和国后期,假期逐渐纳入集体合同的范围之内,但是有 1/3 工人不受集体合同制约,大部分青少年也没有假期享受。同时,魏玛时期工会的工作重点在于争取八小时工作制、失业保险和集体合同制,还轮不到争取更长的带薪假期。20 年代初期,在莱茵-威斯特伐仑重工业区,一个有着 7 年工龄的工人可以享受的假期,与最底层职员在工作第一年的假期相同。1931 年的集体合同显示,工人中 55.6% 的人每年假期少于 4 天,37.7% 的假期为 4—6 天,而职员的假期大多在 7—18 天。②旅游仍然是高级职员、公务员和自由职业者等富裕阶层的特权。德意志劳动阵线为了让工人能参与旅游,采取了各种措施。

---

① Michael Schneider, *Unterm Hakenkreuz: Arbeiter und Arbeiterbewegung 1933 bis 1939*. S. 574.
② Michael Schneider, *Unterm Hakenkreuz: Arbeiter und Arbeiterbewegung 1933 bis 1939*. S. 553.

首先要求延长工人假期,与职员的待遇相同,并且以年假的方式集中休假。劳动阵线要求劳动督察官在集体规章中写入假期规定,假期必须用来休息,不能用加班工资代替。这一要求得到国家的支持,1936 年春威斯特伐利亚劳动督察官颁布第一个假期规定,成年职工在参加工作最初 5 年内,每年有 6 天假期,以后逐渐增加,工龄满 21 年能享受 12 天假期。[1]

其次,提供工人能承受的低价旅游。"欢乐产生力量"通过纳粹党向铁路部门施压,能得到价格优惠 50％的车票,三等票则可以优惠 75％,第 100 名乘客甚至可以免费。[2]同时,旅馆和饭店也必须提供优惠价格。这些部门的损失主要通过增加客流得以弥补。劳动阵线把从原工会没收来的财产中拨出一部分,加上从阵线成员中征集的钱和企业主的捐助,在疗养胜地鲁根岛等地,修建了一批疗养院和旅馆,建造"欢乐产生力量"游船。1933 年前,去北海和波罗的海旅游一周需要 100 马克,而"欢乐产生力量"提供的旅游仅需 32 马克。周末旅游一般包括一晚住宿、两顿餐饮和来回路费,一般费用为约 10 马克。从慕尼黑到博登湖(Bodensee)的一日游仅需 7.9 马克,包括火车票、午饭和划船。[3]"欢乐产生力量"还特别组织游客到巴伐利亚山区、埃尔茨山脉(Erzgebirge,位于德国与捷克斯洛伐克边境)等贫困边境地区旅游,一来增进对这些地区的了解,二来旅游价格更为低廉,同时也增强了这些地区对"欢乐产生力量"组织的依赖。有的地区要求更多的游客前来,以增加就业岗位。为了保证满员,游客一般不能随意退出,可以接受的理由是家庭成员生病或者去世,必须有医生提供证据,旅行费用才能返还,否则将被暂扣,等到下次参加旅游时使用。[4]

最后,它在企业内采取一系列措施,帮助经济困难职工参加旅游,如要求企业主向职工提供旅游补贴,或完全支付费用,政府则对这部分开支实施

---

[1] Michael Schneider, *Unterm Hakenkreuz：Arbeiter und Arbeiterbewegung 1933 bis 1939*. S. 347.

[2] Bruno Fromman, *Reisen im Dienste politischer Zielsetzungen-Arbeiterreisen und „Kraft durch Freude"-Fahrten*. Stuttgart：Deutsche Verlags-Anstalt，1992，S. 171.

[3] Peter Reichel, *Der schöne Schein des Dritten Reiches-Faszination und Gewalt des Faschismus*. München：Verlag C. H. Beok，1991，S. 245.

[4] Bruno Frommann, *Reisen im Dienste politischer Zielsetzungen-Arbeiterreien und „Kraft durch Freude"-Fahrten*. S. 263，143.

税收减免。实际上，多数企业主都不愿完全资助职工旅游，而是发一些优惠券，或成立旅游储蓄基金，每个工人支付毛工资的 1%—2%，企业则加倍支付，用于资助有突出贡献或贫困工人参加旅游。偶尔也会使用抽签的方式决定人选，幸运者的伴侣也可参加，但必须自负旅游费用。[①]劳动阵线还在一些企业设立"欢乐产生力量"橱柜，里面放置旅行箱、背包、望远镜等旅行用品，供工人免费借用。

1934 年 2 月 17 日，第一列"欢乐产生力量"旅游列车从柏林火车站开出，目的地为上巴伐利亚，莱伊和"欢乐产生力量"领导人也一同前往。出发和到达时都有乐队现场演奏，火车站也装饰得非常漂亮。同一天，还有 6 列旅游列车开往全国各地。旅游团一般都由 600—1200 人组成，到达目的后，会受到当地市长的欢迎。旅游以国内游为主，占 90%。当局强调城里人要认识美丽的大自然，农民也应了解城市生活，这样既能激发参观者的爱国之情，又能满足大家对异地的向往。在旅游过程中，当局呼吁旅游者和当地人称兄道弟，鼓励用"你"称呼对方，营造一种共同体的气氛。旅游项目中最吸引人的是航海旅游。1934 年 5 月 2 日，即自由工会被取缔一周年之际，当局启动航海旅游，以此兑现向工人许下的诺言。航海旅游的目的地遍及北海、大西洋和地中海，其中最有宣传价值的是大西洋上的马德拉群岛（Madeira），因为此地是英国上流社会传统的冬季度假胜地，因此纳粹宣传总是把航海旅游说成取消资产阶级特权的最有力证明。[②] 1935 年 5 月纳粹开始组织去马德拉群岛的旅游，《人民观察家报》用醒目的大标题宣传"德国工人参加远洋航行！""我们的工人来到马德拉！"[③]

旅游活动受到了民众的欢迎，第一年就有 212 万多人参加了短途旅游活动，6 万多人参加海上游弋，还有近 1 万人参加了徒步旅行。到 1938 年，

---

① Konrad Dussel/Matthias Frese, *Freizeit in Weinheim-Studien zur Geschichte der Freizeit 1919 – 1939*. Weinheim: Frech-Verlag, 1989, S. 141.

② Hasso Spode, „*Der deutsche Arbeiter reist* "-*Massentourismus im Dritten Reich*. In: Gerhard Huck: Sozialgeschichte der Freizeit-Untersuchungen zum Wandel der Alltagskultur in Deutschland. Wuppertal 1980. S. 289.

③ Hasso Spode, *Arbeiterurlaub im Dritten Reich*. In: Carola Sachse/Tilla Siegel/Hasso Spode/ Wolfgang Spode: *Angst*, *Belohnung*, *Zucht und Ordnung-Herrschaftsmechanismen im Nationalsozialismus*. Opladen, 1982, S. 306.

这三类活动的参加人数进一步上升到 6 811 266、131 623 和 1 937 850。同时，1934 年没有作出统计的假日旅游参与人数也出现了，人数达到 1 447 972。①在由"欢乐获得力量"安排的一日游活动中，工人们可以骑自行车或徒步行走体验自然生活，到雪场滑雪。另外他们也可以乘坐专列去"黑森林"做周末旅游，在哈尔茨山度过一周的假期。然而纳粹官方作出了不实报道，称工人参加"欢乐产生力量"旅游的比例高达 50％至 75％，②实际情况却并不如此。据盖世太保的汇报材料称，鲁尔区许多矿工连衣服都买不起，肯定不会考虑文化和享乐。1935 年 3 月 29 日维尔纳(Werne)矿厂问卷调查结果显示，只有 0.5％的职工参加了旅行，调查者得出的结论是，"工人只要当了父亲，就没法支付'欢乐产生力量'旅行的费用，虽然费用很低"③。参加航海旅行的工人更少。如历时 18 天的马德拉群岛游费用为 120 马克，13 天环游意大利 150 马克，尽管这些价格仅为营业性旅行社的 50％，但也超过普通工人一个月的收入。1941 年，随着战争规模日益扩大，旅游活动停止。

当局还热衷于在民众中推行社会心理拉平政策。1933 年希特勒在萨尔布吕肯(Saarbrücken)的一次演说中声称："我们努力按照人的内在价值来衡量人。我们不看其外表，不看其表面，努力忘掉区分人的出身、等级、职业、财产、教育、知识、资本等东西。我们要冲破这一切，将人们争取过来。"莱伊也重复希特勒的说法，1933 年 11 月对劳动阵线成员说："我们必须摆脱旧的观念。我们赞成独立个人的存在。但是，我们并不承认从一个独立个人中派生出特权。我们要进行建设，但不是为一个等级或一个阶级，而是为了整个民族(Volk)。"④为此，当局举办一系列象征性的庆典活动和聚餐活动，在社会生活中制造一种德意志民族内部人人平等的感觉和印象。每

① J. Noakes and G. Pridham, *Nazism, 1919 - 1945：A Documentary Reader. Vol. 2：State, Economy and Society*, *1933 -39*. p. 349.
② Bruno Frommann, *Reisen im Dienste：politischer Zielsetzungen-Arbeiterreisen und "Kraft durch Freude"-Fahrten*. S. 266.
③ Klaus Wisotzky, *Der Ruhrbergbau im Dritten Reich. Studien zur Sozialpolitik im Ruhrbergbau und zum sozialen Verhalten der Bergleute in den Jahren 1933 bis 1939*. Düsseldorf：Drost Verlag，1983. S. 102.
④ 朱庭光主编：《法西斯体制研究》，第 273 页。

年的某一天,各地会在城镇的街道与广场,以及农村,举行吃"大锅饭"的聚餐活动。到了这一天,大企业主站在工人和职员身边,地主贵族站在农民身边,军官站在士兵身边,全体德意志人同吃"大锅饭",作为形成民族共同体的象征。在希特勒青年团等纳粹组织举行活动时,也实行富家子弟与工人子弟同穿一样的制服、同吃一样的饭菜、同样服义务劳役和接受军事训练。莱伊得意地宣称:"我们是欧洲第一个克服阶级斗争的国家。"①

　　当时,汽车已经进入了美国的富裕家庭,但纳粹当局认为,汽车不应该只是上层社会的身分标志,应该让每个德国人都能买得起。在魏玛共和国时期,巴本政府曾经削减过汽车购置税,希望加快国民购买汽车的速度,但希特勒认为,只有降低汽车的成本与售价,才能让大众拥有汽车。1934 年 3 月 7 日,他在柏林车展的开幕式上公布了这一想法。1936 年,宝马公司总裁弗朗茨-约瑟夫·波普(Franz-Josef Popp,1886—1954)开始着手筹办。他认为德意志劳动阵线是一个拥有上百万成员的巨大销售市场,同时还拥有一定的生产资金和销售网络,于是找到莱伊要求合作。1937 年春,莱伊决定参加大众汽车项目,由劳动阵线负责该项目的组织和资金筹措工作,并从会费中拨出 5000 万马克作为先期投资。最初,未来的廉美汽车定名为"欢乐产生力量汽车"(KdF-Wagen),但设计者费迪南德·保时捷(Ferdinand Porsche,1875—1951)担心该品牌会影响汽车出口,对此提出异议,以后改名为"大众汽车"(Volkswagen)。1938 年 5 月 26 日,大众汽车厂举行隆重的奠基仪式,出席庆典活动的人数达 5 万之多。劳动阵线声称该厂在 1940 年将达到 45 万辆车的产量。报刊对此作连续报道,称大众汽车是"为每一个民族同志设计的汽车","他们将在民族节日、展览会、飞行日和体育日带着自己的汽车一同出席"。

　　莱伊在奠基仪式上,第一次向公众提出购车储蓄制度。大众汽车的定价较低,在 990—1050 马克之间(当时私营汽车厂生产的同等质量的车最低价格为 3000 马克),但是汽车必须通过储蓄券购买,即欲购车者必须签署储蓄合同,每周到劳动阵线服务处、劳动阵线银行或德累斯顿银行购买 5 马克

① 朱庭光主编:《法西斯体制研究》,第 274 页。

或以上的储蓄券,集满 750 马克储蓄券后,就可以进入汽车的提货排队名单。预订者不得将名额转让他人。一般来说,储户平均需要 3 年时间才能进入排队等候期,而预支的钱则进入汽车生产所需的前期投入。为了推广这种做法,劳动阵线在大区、分区和分部都设立了相应机构,还在有 300 名以上职工的企业里设立汽车事务督察员。1938 年 12 月起,开始实施"快速储蓄"行动,即鼓励登记者储蓄更多的钱。到 1939 年 3 月,有 20 万人加入了购车储蓄的行列,年底增加到 27 万,最终的数字为 336 668。① 然而,1939 年 9 月 1 日欧洲战争爆发时,大众汽车厂尚未完工,因此它在未生产出一辆汽车的情况下就投入了军工生产,转而生产炮弹等军用物资。虽然计划没有能够实现,但是这一行动在社会上所起的影响是很大的。对于下层劳工来说,拥有一辆自己的汽车几乎是不可想象的事,但是在纳粹统治时期,国家给了他们梦想的机会,这在下层民众中引起了较大的反响。

第五节　宗教政策

20 世纪 30 年代初,德国基督教会拥有大约 4000 万新教徒和 2000 万天主教徒,占当时人口比例 94％。②宗教和教会问题是希特勒政府无法回避的难题。纳粹党早在《二十五点纲领》中就针对宗教问题提出:"我们要求国内实行一切宗教信仰自由,宗教信仰不得危害国家存在或违反德意志种族的风俗道德。本党持积极的基督教立场(Positives Christentum),但并不公开声明自己受某种宗教信仰的束缚。"③在纳粹分子眼中,所谓"积极的基督教"是将耶稣看成是敌我分明的战士,而不是自我牺牲等待救赎的受害者;是从《圣经》文本出发解释教义,将犹太因素从基督教中排除出去;是以雅利安属性为标杆,号召人们同"毒害世界"的犹太人积极战斗。④换句话说,积

---

① 〔美〕时代生活编辑部编:《第三帝国:新秩序》,第 198 页。

② Länderrat des Amerikanischen Besatzungsgebiets (Hrsg.), *Statistisches Handbuch von Deutschland 1928 - 1944*, München 1948, S. 28f.

③ Jeremy Noakes and Geoffrey Pridham, *Documents on Nazism*, 1919 - 1945. p. 39.

④ 参见 Richard Steigmann-Gall, *The Holy Reich*:*Nazi Conceptions of Christianity*, 1919 - 1945. p. 37.

极的基督教意味着基督教可以同反犹主义相互融合,可以绕开教会,对《圣经》作出自己的解释,也毋需接受教会教义的束缚。恰如维也纳基督教协会的领袖里夏德·施米茨(Richard Schmitz,1885—1954)对纳粹主义的描述:"这一运动似乎是以十字为标志,但它不是天主教的十字,它的十字是有拐角的十字,它的十字表明,当人们需要它时,基督教的原理也可以拐弯。"①

纳粹党的这一宗教政策纲领很快招致天主教会的反对。1923 年,慕尼黑方济各会(Franziskaner)神学院讲师埃哈特·施伦德(Erhard Schlund,1888—1953)出版了《当今德国的新日耳曼异教》一书,指出纳粹主义不仅想成为一个政党,而且首先想成为一种奇特的世界观,它由此将走向基督教的对立面;批评纳粹党纲领中极端的反犹主义就是"反基督的"。来自希特勒家乡林茨的主教约翰内斯·格夫勒内尔(Johannes Gföllner,1867—1941)也在 1929 年夏天发出了对纳粹主义的警报。随着 1930 年 9 月纳粹党在国会选举中取得突破性进展,天主教会感到不能再等闲视之,必须对纳粹党的世界观作出正面回应。1930 年 9 月,黑森州天主教神职人员在训谕时规定,禁止天主教徒加入纳粹党,已经入党者将被禁止参加圣礼,而纳粹党组织也不准染指教会的集会。黑森州的纳粹党大区领袖就此事向美因茨主教核实,得到了明确肯定的答复。随后数月,巴伐利亚、科隆等地的主教也表达了类似的态度。最终,1931 年 8 月 17 日,富尔达(Fulda)主教会议发表声明:"全体主教宣布,禁止天主教徒加入纳粹党。因为该党正式宣布的一部分计划中,无论含义是否清晰,都包含着错误的信条。"②

相比之下,暗含摆脱罗马教会束缚、"复兴德意志民族"的纳粹党宗教政策纲领对于福音教会更具有吸引力。长期以来,德国的新教形成了以反罗马教廷为基础的民族主义精神和青睐 1871 年第二帝国的国家思想。它对犹太人——这一"谋杀上帝的民族"也颇为反感。新教牧师中有 80% 曾经加入过"祖国党",他们对第一次世界大战后缔结的《凡尔赛条约》和新成立的魏玛共和国,自然不会轻易认同。许多神学院学生和年轻牧师纷纷加入

---

① Gerhard Hartmann, *Kirche und Nationalsozialismus*, Kevelaer: Drost Verlag, 2007, S. 18f.
② Wolfgang Benz, Hermann Graml und Hermann Weiss, *Enzyklopädie des Nationalsozialismus*, S. 206.

纳粹党,一些地区兴起了倾向于纳粹主义的教会运动,如 1927 年图林根州的德意志基督教教会运动(Kirchenbewegung Deutsche Christen)和 1932 年普鲁士的德意志基督教信仰运动(Glaubenbewegung Deutsche Christen)。它们认同纳粹主义的"民族任务"和领袖原则,要求用英雄主义精神重塑基督教。德意志基督教信仰运动的发起者约阿希姆·霍森费尔德(Joachim Hossenfelder,1899—1976),甚至自称该运动的成员为"耶稣的冲锋队"(SA Jesu Christi)。[1]据估计,纳粹党在新教地区所获得的选票是天主教地区的两倍。[2]当然,仍然有相当一部分新教徒持观望态度。1931 年 3 月 4 日,在福音教会高层人士与纳粹党举行正式会谈之后,教会代表表示:"就纳粹党目前的情况及其运动的多义模糊性而言,该党在全国或个别地区的措施是否符合我们最低的原则,有待进一步思考。"[3]

为了减少与教会的磨擦,尽可能多地争取选票,纳粹党从 1931 年起,对其宗教政策作出一些调整。一方面,希特勒同党内持反宗教信仰的激进派别拉开距离,甚至放弃了"斗争时期"信仰上的中立态度,公开宣称自己是教会的保护人;另一方面,纳粹党的宣传机构有针对性地渲染"元首"对宗教的虔诚,突出希特勒频繁的祈祷活动,以此来赢得宗教团体的好感。不过,这些努力并未取得太大的成效。尽管 1932 年 11 月纳粹党所支持的宗教团体"德意志基督徒"(Deutsches Christentum)组织在普鲁士州教会选举中赢得了 1/3 的席位,[4]但是直到 1933 年春,该党同其他州教会的关系并未完全好转,它在天主教区获得的支持率仍然不高。在 1932 年 7 月的国会大选中,天主教徒比例超过 60% 的地区,包括纳粹运动的总部所在地慕尼黑,纳粹党所获得的支持率仍低于 30%。[5]尽管如此,纳粹党对教会态度的调整为纳粹党上台后宗教政策的转化打下了基础。

① Hans-Ulrich Thamer, *Verfuhrung und Gewalt*:*Deutschland 1933 - 1945*. Berlin:Dietz Verlag,1986,S. 436.
② Jürgen W. Falter, *Hitlers Wähler*. München:Verlag C. H. Beck,1991,S. 177.
③ Wolfgang Benz, Hermann Graml und Hermann Weiss, *Enzyklopädie des Nationalsozialismus*. S. 205.
④ Richard J. Evans, *The Third Reich in Power*. p. 223.
⑤ Gerhard Hartmann, *Kirche und Nationalsozialismus*. S. 21.

1933 年 3 月 23 日,希特勒在国会发表演说,其中表示:"民族团结政府在两大教派中看到了维持我们社会最重要的因素。它们和政府之间达成的协议将得到尊重。它们的权利不可侵犯。……民族团结政府将允许和保证基督教会享有对于学校和教育的影响力。"①虽然希特勒的这次演说具有非常明确的指向性,即吸引教会人士和中央党在国会中对"授权法"投赞成票,但教会人士却从中看到了希特勒政府的善意,因为从 1918 年以来,德国没有一位总理像希特勒这样频繁地谈论上帝、祈福和基督教,并以政府的立场给予教会正面的支持。而在世界范围内,基督教正遭遇着世俗化的冲击,希特勒对基督教的肯定也使教会产生好感。

天主教会立即表示支持这一表态。中央党曾经一再遭到纳粹党宣传机构的攻击,被污蔑为立场不明,"在德意志基督教文化被犹太瘟疫毒害时",它却"同无神论的马克思主义共事了 13 年"。②然而,当纳粹党向中央党伸出橄榄枝时,该党大部分国会议员还是主张赞成《授权法》。同年 3 月 28 日,富尔达主教会议甚至发表了引起轰动的《富尔达主教会议关于教会和民族社会主义的公告》,其中表示:"主教团认为,在没有取消我们从前的措施中所包含的对某些宗教和道德错误的谴责的情况下,可以相信上述一般性禁令和警告不再是必要的。"声明要求信徒"在原则上拒绝一切违法或颠覆性行动的情况下,忠于合法的当局并认真履行公民义务"③。这一声明不仅正式取消了对于右翼极权主义的禁令和警告,而且明确站到了忠于政府的立场上,从而以神学权威的身份承认了希特勒政府。1933 年 6 月 3 日,在德国主教们的一份通告中,这一思想得到更为明确的表达。通告为"民族的觉醒"而欢呼,指出"教会对国家持观望态度的边缘化或者完全的敌对化,对于教会和国家来说都是有害的"。④

---

① Max Domarus, *Hitler. Speeches and Proclamation. Vol. 1, 1932 - 1945*, London: Greenwood Press, 1990, p. 279.

② Thomas Childers, *The Nazi Voter: The Social Foundations of Fascism in Germany, 1919 - 1933*. p. 258.

③［联邦德国］卡尔·迪特利希·埃尔德曼:《德意志史·第四卷:世界大战时期(1914—1950)》(上册),第 484 页。

④ Gerhard Hartmann, *Kirche und Nationalsozialismus*. S. 31.

不过,纳粹党并不仅仅满足于教会对其政权的认同,它还希望天主教会能够放弃在政治领域的活动,专注于宗教事务。而天主教会长期以来也一直寻求与政府合作,较低的追求是划出教会事务与政府之间的分界线,谋求国家对于宗教团体的保护,在此基础上,较高的追求是以神圣罗马帝国为榜样,在"基督教的基础上建设第三帝国"(巴本语)。在巴本的穿针引线下,希特勒政府和罗马教廷很快达成妥协。1933 年 7 月 20 日,巴本代表德国政府,同梵蒂冈的巴西利主教(Eugenio Maria Giuseppe Giovanni Pacelli,1876—1958)正 式 签 订 了《国 家 宗 教 协 定》(Reichskonkorat)。协定规定,德国政府保障宗教信仰和天主教公共活动的自由;保证教会有权在其管辖范围内颁布训令、印发教会报刊通函;承认罗马教廷任命主教和设立教会机构的权力,但主教赴任时必须宣誓效忠德国政府;承认天主教宗教课程为各类学校的正规课程,但必须强调祖国、公民和社会的责任感;从事单纯的宗教、文化和慈善活动的教会组织及协会将受到保护,只要它们保证不从事政党活动。①从表面上看,教会是这一协议的赢家。由于 1933 年 7 月 14 日德国政府颁布了《禁止组织新政党法》,代表天主教会利益的中央党和巴伐利亚人民党事实上已经被解散,对于罗马教廷来说,禁止教会从事政党活动不会再有损失。而根据协议,德国政府为教会提供的便利则是魏玛时期所没有达到的。但事实上,这一协议使教会失去了施加政治影响的"合法性基础",此外,还使希特勒获得了进入天主教社会的通行证,"向全世界证明,将纳粹主义视为教会敌人的论断,是政治上挑拨离间的谎言"。②

福音教会也迅速对希特勒的讲话作出积极反应,它们将此视为政府甚至民族对教会的召唤,"由此,为我们教会打开了新的大门,赋予了新的任务"。它们呼吁各教区的代表,为了"灵魂的重生而共同合作,同抗拒德意志

---

① Wolfgang Michalka(Hrsg.),*Deutsche Geschichte 1933 - 1945*,*Dokumente zur Innen-und Außenpolitik*. Frankfurt am Main:S. Fischer Verlag,2002,S. 82 - 84.

② Völkische Beobachter,20. 7. 1933. zirt. Nach:Wolfgang Michalka(Hrsg.),*Deutsche Geschichte 1933 - 1945*,*Dokumente zur Innen-und Außenpolitik*. S. 84.

成长、拒绝教会服务的人作战"①。与天主教会相比,福音教会在组织上较为分散,"德意志福音教会联合会"(Deutschen Evangelischen Kirchenbundes,缩写 DEK)下辖的 28 个州教会各自为政。各福音教会当时也有在民族团结的口号下形成全国性统一力量的愿望。1933 年初,福音教会联合会主席赫尔曼·卡普勒(Hermann Kapler,1867—1941)在洛卡姆(Loccum)组建一个委员会,准备着手制定章程,为实现全国福音教会的统一而努力。希特勒也希望通过统一福音教会为纳粹事业催生出一个"新的民族教会"。1933 年 4 月底,他任命柯尼斯堡(Königsberg)的牧师路德维希·米勒(Ludwig Müller,1883—1945)作为福音教会问题特派员,促进德国福音教会"一体化"的工作。然而同年 5 月 26 日,在提前进行的全国教会领导人选举中,忠于教会事业的弗里德里希·冯·博德尔施文格(Friedrich von Bodelschwingh,1877—1946)以 24∶3 的票数战胜米勒,当选全国主教。这一意外结果令纳粹当局大为恼火。希特勒拒绝按照既定程序接见卡普勒,"德意志基督徒"组织也利用官方的宣传机构对这一选举结果展开猛烈攻击。卡普勒和博德尔施文格在一个月内相继辞职。而米勒则在冲锋队的协助下,利用紧急状态法,占领了福音教会联盟总部,接管了福音教会的领导权,成为全国主教。

　　随后,在米勒的领导下,1933 年 7 月 10 日相关委员会迅速制订新的章程,并于 7 月 14 日以国家法律公告的形式发布。同年 7 月 23 日,举行新的教会选举,"德意志基督徒"组织获得纳粹党的全力支持,不仅政府宣传部建议所有媒体为该组织摇旗呐喊,而且在选举前夜,希特勒亲自发表广播演说给予支持。最后"德意志基督徒"组织毫无悬念地获得了德国大部分地区的选举胜利。同年 9 月 27 日,在"路德之城"维滕贝格(Wittenberg)举行的全国首届宗教代表大会上,米勒顺利当选为"全国主教"(Reichsbischof),组成

了几乎清一色纳粹党员的顾问领导班子。①全国福音教会同纳粹党的合作
达到了顶峰。

　　然而，纳粹党与教会之间的争议并未停止，反而日益激化。所谓的"教
会斗争"（Kirchenkampf）②，在天主教方面，表现为纳粹政府反对天主教会
的一系列措施和行动，对天主教会的体制和精神文化工作进行压制和破坏，
近似于俾斯麦时期的"文化斗争"；在新教方面，则是明认信仰教派
（Bekennenden Kirche）与"德意志基督徒"组织之间的斗争。

　　纳粹党本来就不打算认真履行同罗马教廷签订的《国家宗教协定》，
1933 年夏，政府开始侵占天主教会下属世俗组织的财产，强制解散其组织。
9 月 19 日，希姆莱领导的巴伐利亚警察部门甚至宣布，除了青少年、合唱班
以及慈善组织的活动可以考虑批准，禁止所有天主教组织的活动。天主教
会对此一再隐忍，因为来自教会的每一次抱怨，都被安上"反宗教协定"的罪
名。甚至在 1934 年"长刀之夜"这一纳粹党内部的权力斗争中，许多天主教
活跃分子被"不经意地"枪杀之后，③天主教会也只能接受所谓这些人自杀
或企图逃跑等解释，并投入到欢庆消灭纳粹激进派的洪流中。

　　1934 年 1 月 12 日，阿尔弗雷德·罗森贝格被任命为"监督党和统一协
会的总体精神和世界观教育"的领袖特派员。此人是纳粹党内主张消灭教
会的激进派，早在《20 世纪的神话》一书中就将天主教等同于犹太主义神
学，公开拒绝基督教的信条。这一任命被视为对教会的挑衅。在罗森贝格
得到任命之前，1933 年 12 月 5 日，普鲁士州文教部还建议州内的教师和学
生图书馆添置《20 世纪的神话》一书。罗马教廷立即就此作出反应，1934 年

---

① Hans-Ulrich Wehler, *Deutsche Gesellschaftgeschichte*, *Vom Beginn des Ersten Weltkriegs bis yur Gründung der beiden deutschen Staaten 1914－1949.* München 2003, Band 4, S. 801 und S. 803.
② 教会斗争最早出现于 1933 年，是指新教内部的派别之争。1945 年以后所进行的纳粹统治下的教会史研究，教会方面就一直以"教会斗争"为指称。20 世纪 40 年代时教会的认罪态度占据主流，50 年代则出现了批判性的修正，涌现出大量所谓的"教会斗争的圣徒故事"（Kirchenkampflegenden），1955 年福音教会成立了"纳粹时期教会斗争史委员会"，编辑出版"教会斗争史丛书"，1962 年天主教会则相应成立了"巴伐利亚天主教研究院当代史委员会"，但后者的研究对象并不局限于第三帝国时期，形成了一套"当代史委员会丛书"。
③ 其中包括天主教会的世俗协会"天主教行动"的秘书长埃里希·考森纳（Erich Kausener）、全国天主教青年运动协会主席阿达尔贝特·普罗伯斯特（Adalbert Probst, 1900—1934）、天主教周刊《通路》主编弗立茨·格立希（Fritz Gerlich, 1883—1934）。

2月9日将此书列为禁书。富尔达主教会议也发表了警告性的主教书。教会方面还出版了一本著作,揭露此书的欺骗性。双方的冲突很快升级。1934—1935年,科隆大主教区针对罗森贝格的著作发表战斗檄文,反对这位纳粹理论家。1935年3月19日,明斯特(Münster)主教克莱门斯·冯·加伦(Clemens von Galen,1878—1946)发起对罗森贝格著作的猛烈批判,称其思想为"新的异教",认为所谓"永恒的种族灵魂,在现实中其实并不存在"。①

　　这类批判触动了纳粹分子敏感的神经,引发了政府对天主教会新一轮的攻击。首先,政府围绕教会和神职人员的经济与风化问题大做文章。由于德国天主教会与国外有着诸多经济联系和外汇往来,很容易让纳粹党抓住把柄,冠之以"私藏外汇"的罪名。1935年11月23日,迈森(Meissen)教区主教佩特乌斯·莱格(Petrus Legge,1882—1951)就因为"漫不经心的外汇倒卖"而被处以10万马克的罚款,这使得该主教区几乎破产。最早关于风化罪的调查工作开始于1935年4月,首先针对方济各会的宗教团体,15名僧侣在11月份被公开审判,罪名是同性恋。在1935—1937年,大约有250起针对天主教修会会员和牧师的道德风化诉讼。②尽管有些事情是客观存在的,但纳粹宣传部门对此大肆渲染,其目的就像罗森贝格所说的,阻止主教们的讲演"在政治上是不合适的",但"必须创造出更多的舆论氛围,使民众遇到他们时,绕道而行"。③　其次,当局在文化教育事业上与天主教会展开激烈的争夺,打压后者的力量。希特勒青年团大肆扩张,挖天主教青年团体的墙角,双方经常在街头爆发冲突。1936年,奥登堡(Oldenburg)地区的纳粹党组织试图从学校移除天主教会的十字架及圣像,引发了严重的抗议和示威。尽管最终大区领袖不得不收回成命,但纳粹党的野心昭然若揭。1935年,全国戏剧协会开始禁止由教会赞助的音乐会和戏剧演出,因为在当局看来,这些演出同纳粹党支持的音乐会和戏剧形成了经济与意识形态上的竞争关系。再次,纳粹当局直接干扰地区主教的任命工作。《国家宗教

---

① Richard J. Evans, *The Third Reich in Power*. p. 235.

② Gerhard Hartmann, *Kirche und Nationalsozialismus*. S. 46.

③ Hans-Ulrich Thamer, *Verfuhrung und Gewalt：Deutschland 1933 - 1945*. S. 442.

协定》的附加条款规定,地方政府有权反对教皇的任命,前提是充分说明理由,获得教会的理解。1936 年纳粹政府反对富尔达地区主教的任命,1937年反对亚琛主教的任命,两者都没有给出相关理由,但罗马教廷作了妥协,以任命所谓的"使徒管理人"(Apostolischen Administrator)代替。[1]

　　纳粹政府的一系列行为引起罗马教廷的深深忧虑。从 1933 年到 1939年,教廷国务秘书巴西利至少向柏林提交了 55 项此类抗议照会。但德国外交部对这些照会仅仅只是拖延开脱,或者以含糊其辞的答复敷衍。1937 年1 月,德国一些地位显赫的主教前往罗马,向教皇庇护十一世和巴西利紧急汇报德国教会的状况。庇护十一世委托米希尔·冯·福尔哈贝尔(Michael von Faulhaber,1869—1952)起草一份教皇通谕(Enzyklikard)。[2]这是教会历史上迄今为止唯一一份以德语写成的通谕。这份名为《痛心已极》(*Mit Brennender Sorge*)的通谕于 1937 年 3 月 14 日发出,3 月 21 日在德国各地公布,印发数量超过 30 万册,大约在 11 500 个布道坛上得以宣讲。通谕以明确的语言指出双方在解释世界和生活方面所存在的基本矛盾,由这些矛盾产生了世界观与信仰、国家与教会之间的严重争论。它认为纳粹主义搬用基督教的概念,造成了意义方面的混乱,如将"启示"转意为"血统和种族的提示",将"信仰"转意为对历史未来的信任,将"不朽"转意为人民的生命。为此,纳粹主义被明确指控犯了以假乱真的罪行。[3]通谕还指责纳粹政府破坏宗教协定,播种"怀疑、不睦、仇恨、中伤……敌视基督教和教会的莠草",表示"德国的天际已经出现了宗教摧残性战争的险恶乌云"。[4]纳粹党总部机关被罗马教廷 3 月 19 日发出的另一份反共产主义通谕麻痹,保安机关直到 20 日晚上才得到了一份《痛心已极》通谕的样本。盖世太保赶紧行动,但为时已晚,只查收到数千册未分发的通谕,无法阻止其余副本的传播和宣读。纳粹当局恼羞成怒,关停了 13 家印制通谕的印刷厂,并没收了其中 12

---

① Gerhard Hartmann, *Kirche und Nationalsozialismus*. S. 47.
② 最初仅仅只是拟定针对天主教徒的主教发言(Hirtenwort)。
③ [联邦国国]卡尔·迪特利希·埃尔德曼:《德意志史·第四卷:世界大战时期(1914—1950)》(上册),第 489 页。
④ 朱庭光主编:《法西斯体制研究》,第 278 页。

家的财产。①据戈培尔回忆说,希特勒甚至打算于同年的春夏之交就解散修士会,禁止宗教的独身主义,并没收教会的建筑和地产。②天主教会与纳粹政府的矛盾就此公开化,其合作关系也就此结束。

德国新教在教会体制方面的多元传统,既使其比较容易吸收包括纳粹主义在内的其他理论,但同时也较易产生反对派。1933 年 5 月 4 日,狂热支持纳粹主义的"德意志基督徒"组织就全国福音教会选举和章程问题提出"十点纲领",要求实施全体信徒的直接选举和制定排除犹太人的"雅利安"条款。针对这一过激行为,许多持不同意见的牧师组成"青年改革运动"(Jungreformatorische Bewegung),反对"德意志基督徒"组织的方案,并呼吁选举博德尔施文格为全国主教。以"青年改革运动"部分成员为基础,同年 9 月,马丁·尼默勒(Martin Niemöller,1892—1984)主持成立了"牧师非常联盟"(Pffarennotbund)。③联盟的宗旨是帮助受纳粹政府迫害的牧师,并抗议新教章程中的"雅利安"条款。它成立之初就获得 2300 名牧师的签名支持,1933 年底成员数已超过 6000,约占当时全国新教牧师总数的 1/3。④

1933 年 11 月 13 日,"德意志基督徒"组织在柏林体育宫举行庆祝选举胜利的集会,得意忘形地要求废除《旧约全书》,取消犹太神学,并确认耶稣是雅利安的英雄人物。这些满口胡言尽管没有引起现场的谴责,但事后遭到"牧师非常联盟"的猛烈抨击。后者认为这是"异教入侵了我们的空间",并要求其领袖霍森费尔德和出席体育宫庆典的新教领导人立即停职。⑤1933 年底,全国福音教会主教米勒秉承希特勒关于实现国家"一体化"的精神,同意福音教会的青年组织并入希特勒青年团。次年,他还颁布《整顿令》(*Muzzle Law*),禁止新教成员从事政治活动,并再次强调对牧师实施"雅利安"条款。这些行动进一步激起"牧师非常联盟"的不满。希特勒不得不亲

---

① Gerhard Hartmann,*Kirche und Nationalsozialismus*. S. 51f.

② Wolfgang Benz, Hermann Graml und Hermann Weiss,*Enzyklopädie des Nationalsozialismus*. S. 211f.

③ 该联盟起先打算以博德尔施文格为领袖,但遭到政府婉拒。

④ [联邦德国]卡尔·迪特利希·埃尔德曼:《德意志史·第四卷:世界大战时期(1914—1950)》(上册),第 489 页。

⑤ Arthur A. Preisinger,*The Church Struggle in Nazi Germany*. *Resistance*,*Opposition and Compromise*.(unpublished Dissertation)1991,p. 171.

自出面调停。"牧师非常联盟"的主要成员希望通过调停会促成米勒解职，并为此在电话中沟通彼此的看法。然而这些电话被戈林窃听，并上报希特勒。希特勒大为恼火，在调停会上当面指责尼默勒和联盟的背叛行为，并强调了对米勒的支持。而尼默勒则当面顶撞希特勒，称"上帝赋予了我们照顾德国人民的责任，不是你或者世界上的任何人能够将它拿走的"。调停会不欢而散。随后，尼默勒遭到停职、抄家、拘留甚至炸弹攻击，"牧师非常联盟"的许多成员也受到监视和骚扰。

此后，德国福音教会在国家特派员奥古斯特·耶格尔（August Jäger，1887—1949）[①]的策划下，由米勒主持，根据领袖原则，加紧兼并全国各州的教会，到 1934 年 5 月，全国福音教会 3/4 的机构都被兼并。此举激起更多新教牧师的反对，他们公开组织"自由教义大会"（Free Synod），以研讨教义为名谴责米勒的做法。他们要求恪守《新约全书》和《旧约全书》，严格遵照《圣经》文本来解释教义。1934 年初，"自由教义大会"逐渐演变成了"明认信仰运动"（Bekennentnisbewegung）。[②]同年 3 月，各地的"明认信仰运动"组织和"牧师非常联盟"，与"完好教会"（巴伐利亚和符腾堡地区的新教教会）一起，共同组成"德国福音教会明认信仰兄弟会"。1934 年 5 月 29—31 日，该组织在巴门（Barmen）举行首届全国教义大会，共有 139 名教会代表参加。卡尔·巴尔特（Karl Barth，1886—1968）、汉斯·阿斯穆森（Hans Asmussen，1898—1968）和托马斯·布莱特（Thomas Breit，1880—1966）为大会起草了《对当前状况的神学理论声明》（*Theologischen Erklärung zur gegenwärtigen Lage*）。尽管该声明没有直接反对纳粹主义，但明确拒绝了各种意识形态异端，表示"我们拒绝这种错误的学说，即国家似乎应该并能够超越其特殊使命，成为人类生活唯一和全面的制度，也能够完成教会的天职"。该声明是正在形成的明认信仰教派的"奠基性文件"。[③]明认信仰教派

---

① 1933 年 6 月 24 日，此人被普鲁士文教部长任命为普鲁士福音教会国务专员，在米勒当选全国福音教会主教的过程中起到了重要的作用。

② Wolfgang Benz, Hermann Graml und Hermann Weiss, *Enzyklopädie des Nationalsozialismus*. S. 433f.

③ Hans-Ulrich Wehler, *Deutsche Gesellschaftgeschichte，Vom Beginn des Ersten Weltkriegs bis yur Gründung der beiden deutschen Staaten 1914–1949*. Band 4，S. 804.

随后还成立了自己的全国性领导机关,拥有独立的财权和教育监管体系,俨然形成了与"德意志基督徒"组织分庭抗礼的趋势。针对"德意志基督徒"的战斗口号——"基督与德国",它提出"先基督,后德国"的口号。它还针对"德意志基督徒"组织去女性化的努力,吸收了大量的女性成员,甚至最先授予她们"女神学家"的称号。"德意志基督徒"组织的主要根据地在东部和中部地区,而明认信仰教会则获得了西南部各州教会以及少数东部大城市的支持。然而,明认信仰教会并没有放弃反犹立场,只是强调要注意方法,正像尼默勒所说:"如果上帝已经对他们做出了宣判,那么人们为何还要用自己的仇恨去干预它?"①

明认信仰教派与"德意志基督徒"组织的争论愈演愈烈,全国福音教会主教米勒逐渐失去对新教徒的控制力。希特勒因势利导,于1935年7月16日任命汉斯·克尔(Hanns Kerrl,1887—1941)担任新成立的宗教事务部部长,其主要任务就是解决福音教会的争论,消弭内部争端带来的不利影响,并试图将教权收归国有。克尔从合作主义的理念出发,着手组建国家和地方的教会委员会(Kirchenausschuß),由明认信仰教派、"德意志基督徒"组织和其他新教团体的代表组成,作为政府沟通教会的桥梁。这一方案遭到新教各派的明确拒绝,很快夭折。②它甚至导致衍生出反政府的"路德委员会"(Luther-Rat),从而形成新教教派中德意志福音教会联合会、福音教会全国主教、全国教会委员会和路德委员会四方共治的尴尬局面。

1936年5月,明认信仰教会的临时领导机构直接向希特勒呈递一份备忘录,该文件标志着新教人士反对纳粹主义的新高峰。备忘录直言不讳地指出德国民众面临着非基督教化的危险,批判所谓"积极基督教"概念,并要国家对破坏教会制度承担责任。它还指责仇犹宣传、滥用宣誓以及最后一次国会选举中对选举自由的侵犯。文件猛烈地抨击"在标榜为法治国的德国还　直存在着集中营,国家秘密警察的措施不受任何司法审查",最后对

---

① Richard J. Evans, *The Third Reich in Power*. p. 228.
② Wolfgang Benz, Hermann Graml und Hermann Weiss, *Enzyklopädie des Nationalsozialismus*. 2007, S. 214.

"经常以唯有向上帝表示尊敬的形式向元首和总理表示崇敬"深表忧虑。①
在普鲁士,更是有 3/4 的明认信仰教派牧师在布道台上公开批评第三帝国。②
纳粹政府随即取消福音教会原定于 1937 年 11 月举行的选举。1937 年 1 月,
马丁·尼默勒遭到逮捕,释放后又被作为"元首的犯人"监禁至第三帝国灭亡。
在德奥合并完成之后,所有牧师被要求向希特勒宣誓效忠。捷克危机期间,明
认信仰教会为其举行和平祷告,此举被当局定性为举行政治集会,活动的领导
人马拉伦斯(Marahrens,1875—1950)大主教和迈泽尔(Meiser,1881—1956)大
主教遭到公开审判。③至此,纳粹政府彻底放弃了教会内部"一体化"的努力,
将明认信仰教派送上了审判台。此后,纳粹政权反对基督教会的行动越来越
露骨。教会在教堂之外的一切活动都遭到禁止。学校教室里撤除了有关耶稣
受难的标饰,教会学校受到排挤,其数量逐渐减少。许多新教牧师受到法庭审
判或被关进集中营。由于纳粹分子对信徒施加压力,退出教会的人数日益
增多。

　　1939 年欧洲战争爆发后,希特勒为了巩固后方,下令对教会实行和平
政策,避免与它们发生公开冲突。然而,在纳粹极权统治下,基督教会总体
上已经失去了独立发展的空间。1938 年 3 月,戈培尔曾对奥地利的艺术家
们说:"认为纳粹主义只是政治导师,这是一个天大的误会。纳粹主义是关
于人类生活的一种全新的观点,因而,它包括了人类思想、感情和由此而实
践的行为的所有领域。"④这同样适用于纳粹主义与宗教的关系。虽然希特
勒坚决反对将纳粹主义转化为一种神秘主义的政治宗教,他认为人类是上
帝用来统治世界的创造物,纳粹主义通过谋求人类的利益而服务于上帝,因
此纳粹主义"不是异端邪教的走廊,而是人民大众的厅堂"⑤。但这也意味
着纳粹党对于人民的控制不需要教会来代理。为此,纳粹政府专门设计了

① [联邦德国]卡尔·迪特利希·埃尔德曼:《德意志史·第四卷:世界大战时期(1914—1950)》(上
　册),第 492 页。
② Hans-Ulrich Thamer, *Verfuhrung und Gewalt*: *Deutschland 1933 - 1945*. S. 443.
③ Hans-Ulrich Wehler, *Deutsche Gesellschaftgeschichte*, *Vom Beginn des Ersten Weltkriegs bis yur
　Gründung der beiden deutschen Staaten 1914 - 1949*. Band 4, S. 807.
④ Gerhard Hartmann, *Kirche und Nationalsozialismus*. S. 19f.
⑤ Max Domarus, *Hitler*: *Speeches and Proclamations*, *1932 - 1945*. *Vol. 3*. pp. 145 - 147.

一种宗教身份登记类别——信仰上帝者(Gottgläubig)，即既非教会人士也非无神论者，只是信仰上帝的人。① 1941 年 6 月，马丁·博尔曼在一封给大区领袖的通函中表达得更为明确，他宣称基督教和纳粹主义是不相容的，只有当教会的影响被完全清除，纳粹主义的领袖们才能够控制全体民众，"民族和国家才有未来的保证"②。然而，宗教人士还是继续反抗。1941 年 4 月 23 日，巴伐利亚州发布命令，规定学校在装修时必须移去宗教画像和圣像。该州红衣主教立刻发表一封抗议信，信中写道："当士兵们在战场上同布尔什维克主义作斗争的时候，十字架是他们的守护神，因此，上学的人们应该认识到它不是犹太人或者教会学校的象征，而是一个维护基督教精神的民族国家学校的象征。"③由于持这种观点的德国人并不在少数，该州只得收回成命。

---

① "信仰上帝者"类别于 1936 年 11 月由内政部引入使用，但登记人数一直未超过总人口的 5%。参见 Wolfgang Benz, Hermann Graml und Hermann Weiss, *Enzyklopädie des Nationalsozialismus*. S. 541.
② Jeremy Noakes and Geoffrey Pridham, *Documents on Nazism，1919-1945*. p. 373.
③ Ernst Christian Helmreich, *The German Churches under Hitler：Background，Struggle and Epilogue*. Detroit：Wayne State University Press，1991，p. 290.

第八章　抵抗活动

第一节　共产党的抵抗活动

　　纳粹体制是有敌人的。它的建立和运行,伴随着搜寻、聚焦、打击敌人的残酷暴行。按照希特勒的说法,如果找不到敌人,甚至可以制造敌人,用以扩大和巩固己方营垒。那些纳粹的政敌无疑会反抗,这就构成了反纳粹抵抗运动中的主要力量。不仅如此,不少信仰不同的有识之士,在纳粹分子还具有较大欺骗性的时候,就敏锐地看到纳粹运动的罪恶本质,走上了反抗的道路。然而,纳粹当局的极权统治和血腥镇压,加上民众的轻信,使抵抗运动举步维艰,不仅力量弱小,打击乏力,而且难以联合,大部分时间处于各自单兵作战的状态。纳粹政权是被世界反法西斯同盟击败的。尽管如此,德国人自己的抵抗运动还是第三帝国历史中悲壮的篇章。处境艰难,更显不易。

　　在希特勒建立独裁统治的过程中,德国共产党成了他的第一个打击目标和牺牲品。德共为了生存和实现自己的理想,最早走上了反抗斗争的道路。1933 年 3 月 3 日,德共主席恩斯特·台尔曼和其他许多领导人遭逮捕,包括数百名党的工作人员在内的十多万党员被送进集中营或监狱。共产党很快转入地下从事非法斗争,其中央机关刊物《红旗》于 1933 年 2 月 26 日合法出版了最后一期后，3月起成为地下出版物，起初在柏林，后来在国外出版。转入地下后，最初数年里每月出版三期，发行量为6万份。在台尔曼被逮捕后，中央委员会任命威廉·皮克（Wilhelm Pieck，1876—1960）为代理主席，政治局和中央委员会书记处组成地下党的临时领导机构。该机构通过台尔曼的妻子罗莎·台尔曼（Rosa Thälmann，1890—1962）与他保持联系，向他传递党的重要决议，并传出台尔曼有关党的政策和政治局势的书面意见和笔记。①为了适应地下活动，德共改组了组织系统，成立了一批灵活机动的秘密小组，发送秘密的无线电广播，在群众中散发从国外运来的报纸和小册子，在艰难的条件下坚持反法西斯斗争。据秘密警察报告，1935年共查明有5000处反法西斯刊物的传播站，1936年被秘密警察没收的所谓敌视国家的传单和文件达160万件，1937年达90万件以上。②

尽管当时共产国际还未完全改变"六大"的方针，包括对社会民主党的敌对态度，③但处于反法西斯斗争第一线的德国共产党，面临希特勒政权的疯狂镇压，开始改变对社会民主党的态度，向对方提出开展两党联合反抗活动的建议。1933年2月7日，台尔曼在中央会议上指出："击败希特勒-胡根贝格-巴本是当务之急，而要完成这个任务必须建立最广泛的反希特勒统一战线。这是首要任务。"④他要求全党向群众揭露希特勒政府的实质，全力加强同追随社会民主党的工人的联合行动。1934—1935年，在黑森、美因河畔法兰克福、汉诺威、中巴登和上巴登、鲁尔区和柏林等地，共产党和社会民主党组织达成了关于统一行动的协议。1934年1月15日，南德一个专区的红色救济会、社会民主党、共产党和共产主义青年团联合作出决议，规定在反法西斯斗争中互相援助，加强团结。共产党人在展开斗争时甚至不排斥纳粹企业支部的力量，有时利用里面的底层官员，要求他们去向工厂主和德意志劳动阵线反映工人们的合理要求，有时则同他们一起展开怠工等消

---

① ［民主德国］洛塔尔·贝托尔特等编：《德国工人运动史大事记》第二卷：从1917年至1945年，第334页。

② 文暖根等：《欧洲反法西斯抵抗运动史》，陕西人民出版社1985年版，第377—378页。

③ J. Noakes and G. Pridham, *Nazism, 1919 - 1945: A Documentary Reader. Vol. 2: State, Economy and Society*, 1933 - 39. p. 589.

④ ［德］瓦·巴特尔：《法西斯专政时期的德国（1933—1945）》，第29页。

极斗争。当柏林亚斯令灯泡厂的企业主要求加快流水线运转速度时，工人们商议一致，在每六个加工件中少加工一个，以此迫使企业主放弃成命。1935年，柏林的西门子工厂经理决定取消周工资，改为按月计酬，每十天发一次工资，以此降低工人工资。该厂的工人在共产党员和社会民主党员的鼓动下，抗议厂方的做法，纳粹企业支部的官员向经理处和劳动阵线展开交涉，职工联名要求恢复原来的工资计算方法，并在车间里举行反对按月计酬的表决。最后西门子公司决策层不得不屈服。①然而，当时德共部分领导干部还抱有宗派主义情绪，仍然把同社会民主党工人的统一战线看作是吸收这些工人参加共产党的策略手段。

1935年7—8月，共产国际召开第七次代表大会，改变"六大"的方针，提出通过组建工人阶级统一战线和人民阵线等策略，反对法西斯，制止战争爆发。季米特洛夫在报告中还以德国共产党人在经济大危机期间的行动为例，指出各国共产党人在反法西斯斗争中的失误之处。德国共产党作为共产国际的支部，积极贯彻共产国际"七大"的决议，于1935年10月3—15日在莫斯科附近举行代表会议。这次会议对外称"布鲁塞尔会议"，在党史中算作德共第13次代表大会。会议反思了以往的教训，"尖锐地批评了自己的错误和缺点，给今后的工作找出了教训，以便从中汲取改变它的全部政策的力量并运用这种力量"②。会议还根据共产国际"七大"的精神，提出德共的中心任务是建立德国工人阶级的各个部分的统一行动和反法西斯人民阵线，反对法西斯专制，推翻这种专制和制止战争。会议依据德国的具体情况，提出了"特洛伊木马"策略，即在共产党员和社会民主党员建立伙伴关系的基础上，重建自由工会，争取劳动青年，并利用法西斯群众组织中的一切合法斗争的机会。会议还决定根据新的形势改组党的组织系统，迄今为止基本上按照区域原则建立起来的地下党组织应该加以分散，改为主要在企业和法西斯群众组织中建立据点。会议选举威廉·皮克为中央委员会

---

① Jeremy Noakes and Geoffrey Pridham, *Documents on Nazism*, 1919 – 1945. p. 297.
② ［德］瓦·巴特尔：《法西斯专政时期的德国(1933—1945)》，第105页。

主席。[①]

　　布鲁塞尔会议以后，德国工人的斗争有所增加，连盖世太保也承认，称出现了敌视纳粹的活动有所高涨的趋势，气氛不那么平静了。不来梅的盖世太保警告说，不能低估反法西斯主义者的数量及其斗争方式。汉堡的盖世太保谈到"恶劣的气氛"，还说工人受到"秘密的分化瓦解工作的影响"。在萨尔地区，共产党人强烈地显示了力量。慕尼黑的地下工作也没有放松。爱尔福特（Erfurt）的共产党宣传也很活跃。高速公路的建筑工地是盖世太保特别担忧的地方，他们在报告中把这些工地称为"不安定的策源地"。1935 年 7—8 月份发生了 13 次罢工，4006 人被捕，其中 3568 人被怀疑与共产党有联系。同年在柏林油印出版了《真理报》《阶级斗争》《人民之声》《红色传声筒》等报纸，丰富多彩的反法西斯材料向劳动人民揭露了纳粹的可耻行为，并号召他们与被捕者及其家属团结在一起。1936 年全国发生了多起罢工。是年 6 月 25 日，吕塞尔斯海姆（Rüsselsheim）的奥培尔工厂（隶属于美国通用汽车公司）的工人因不满工资过低而罢工，工厂管理层向党卫队报案，最后 250 名工人被开除，37 名工人遭逮捕。在瓦纳艾克尔，四个矿井的工人举行了罢工。他们在一个井塔上挂出写有"释放恩斯特·台尔曼！"文字的巨大标语牌。[②]

　　根据共产国际"七大"和德共布鲁塞尔会议的精神，各地共产党基层组织积极探索与其他力量联合，组建反法西斯人民阵线。在 1936 年 3 月 29 日国会选举前夕，柏林的社会民主党人、共产党人和工会会员发表《告劳动人民书》，其中表示："法国、西班牙的例子向我们社会民主党人、共产党人和工会会员表明，只有共同合作和共同开展反对希特勒政权的斗争，才能取得成就……。因此，柏林的社会民主党人、共产党人和自由工会会员要求你们在 3 月 29 日的选举中一致投反对票，反对希特勒。"同时他们还散发相关传单，张贴标语，并撕毁盖世太保所贴的标语。同年夏天在柏林举办奥林匹克运动会期间，虽然盖世太保采取了种种防范措施，但共产党人、社会民主党

---

① ［民主德国］洛塔尔·贝托尔特等编：《德国工人运动史大事记》第二卷：从 1917 年至 1945 年，第 377—378 页。

② ［德］瓦·巴特尔：《法西斯专政时期的德国（1933—1945）》，第 137—138 页。

人和工会会员还是向奥运会散发了大量的反法西斯宣传材料,其中有三方力量联合签署的《告奥林匹克参加者和奥林匹克客人书》、传单《亲爱的奥林匹克客人》和《我们呼唤世界青年》、袖珍版的《工人画报》特刊号、宣传材料《请您了解美丽的德国》和《我们呼唤世界青年》。这些材料揭露了纳粹专制统治的罪行和战争阴谋。反法西斯主义者还秘密地向外国记者揭露纳粹政权的白色恐怖。① 1936 年底,柏林地区的共产党、社会民主党和其他民主力量的基层组织成立了"德国人民阵线",阵线采纳了社会民主党人提出的十点纲领。②纲领主要包括以下要求:推翻和消灭希特勒独裁;给每个人以平等权利和正义,废除血腥的司法制度,释放政治犯,保证信仰与世界观的自由;在一个经济民主、政治民主和社会民主的新国家里,由德国人民自己管理自己;停止军备竞赛;没收大地主的土地,允许农民自由迁移;对银行、重工业及能源经济实行国有化。纲领的结束语为:"打倒德国的压迫者和败坏者! 自由、和平和幸福的祖国万岁!"③

1936 年 12 月 21 日,德国人民阵线筹备委员会发表《建立德国人民阵线,争取和平、自由和面包的号召书》。该文件由共产党和社会民主党领导人连同社会主义工人党的代表共同起草,并有 40 名共产党员、20 名社会民主党员、10 名社会主义工人党员和 28 名知识界及资产阶级代表在上面签名,成为一份具有重大意义的纲领性文件。文件声明:"人民阵线不希望成为一个新的政党,它应当是一切决心为了德国人民的自由和幸福而贡献自己的力量者的联盟。参加人民阵线的政党和团体仍然忠实于它们自己的特殊的长远目标。是消灭褐衫党的暴力统治的愿望把大家联合在一起。只有推翻纳粹当权者才能使每一个政治的、思想的和宗教的派别有可能在自由的平等权的基础上坚持自己的观点、目标和理想。"参加者决定采取共同措施,以反对法西斯恐怖,反对奴役德国人民,揭露希特勒政府的战争准备,支持西班牙共和政府。号召书把维护和平、维护人民的民主权利和自由、维护

① 曹长盛主编:《两次世界大战之间的德国社会民主党(1914—1945)》,第 261—262 页。
② [民主德国]洛塔尔·贝托尔特等编:《德国工人运动史大事记》第二卷:从 1917 年至 1945 年,第 397 页。
③ [德]瓦·巴特尔:《法西斯专政时期的德国(1933—1945)》,第 138—139 页。

社会的安全等作为中心任务,要求推翻希特勒法西斯主义,建立一个剥夺军火垄断企业、银行、容克地主和军国主义者,并由人民决定自己命运的德国。[①]从以后的实际情况来看,在纳粹暴力独裁统治下,德国的人民阵线运动很难取得实质性的成果,然而它所提出的斗争理念和目标,成了纳粹统治时期人民反抗斗争的旗帜和标志。

在大部分地区,共产党青年党员还与天主教青年结成战斗同盟。虽然双方的世界观不同,但共同防御法西斯的袭击。他们共同举办周末学校,协商在劳役营中提出共同的要求。由于他们的斗争,莱茵区、勃兰登堡和汉诺威等地当局不得不决定解散劳役营。[②]

1938 年 5 月 14 日,德共中央委员会举行秘密会议,商讨当时的斗争形势和策略。会议分析了由于希特勒德国吞并奥地利、加紧干涉西班牙和对捷克斯洛伐克的侵略威胁而出现的新形势,认为希特勒政府提出建立大德意志国和"德国人民的自决权"的口号,只不过是要掩盖其对其他国家的掠夺政策,希特勒法西斯主义正在准备以武力对世界进行帝国主义的重新瓜分。会议讨论了德国工人阶级和一切希特勒反对者在新形势下的新任务,总结争取建立工人阶级统一战线和人民阵线斗争的经验。会议提出维护和平的斗争是最重要的任务,如果无法制止战争,就要通过推翻希特勒政权来结束战争,只有所有的希特勒反对者组成反法西斯人民阵线,进行坚决的斗争,才能实现这一点。由此,德共中央向社会民主党党员和小组发出建议:齐心协力反对法西斯恐怖,围绕在德意志劳动阵线和其他法西斯组织中开展共同活动达成协议,成立统一战线委员会。[③]

1939 年 1 月 30 日至 2 月 1 日,德共在巴黎南郊塞纳河畔的德拉维尔(de la Ville)举行名为"伯尔尼会议"的第 14 次代表大会,共有 22 名代表与会。会议审议了布鲁塞尔会议以来德共的工作,肯定了 1938 年 5 月中央委

---

① [民主德国]洛塔尔·贝托尔特等编:《德国工人运动史大事记》第二卷:从 1917 年至 1945 年,第 396—397 页。

② [德]瓦·巴特尔:《法西斯专政时期的德国(1933—1945)》,第 141 页。

③ [民主德国]洛塔尔·贝托尔特等编:《德国工人运动史大事记》第二卷:从 1917 年至 1945 年,第 410—411 页。

员会秘密会议对形势的分析,并根据新的形势确定了新的任务。会议抨击希特勒政府"同墨索里尼和日本军国主义分子这些战争贩子缔结联盟的政策",要求取消《反共产国际协定》。会议要求共产党组织和成员的团结对象应该包括"为争取民族独立和民族自决权而正在进行正义战争的西班牙人民和中国人民,积极援助被德国法西斯势力置于极为不公正地位的奥地利人民和捷克斯洛伐克人民",强调"这是德国的民族利益所在,这样做可以保证德国人民在这些国家中找到的不是敌人而是盟友"。会议进一步发展了布鲁塞尔会议的决议,全面制订了新的德意志民主共和国的纲领,这个共和国必将从德国工人阶级和一切反法西斯主义者反对希特勒专制的共同斗争中产生。在这个共和国里不应该像魏玛共和国那样让垄断资本占统治地位,而应当由统一的工人阶级同农民、中间阶级和知识分子结成联盟决定德国的命运。纲领要求一切公民,不分出身、等级、种族和宗教,都享有民主权利和自由,废除希特勒政权的一切与人民为敌的法律,剥夺法西斯垄断资本家和银行资本,进行民主土地改革。党的中央委员会还提出成立一个统一的政党问题,供全国的工人阶级讨论,强调共产党人和社会民主党人联合的基础应该是共同努力推翻法西斯专制,建立新的民主共和国。①

会后,反法西斯战士冒着生命危险,勇敢地宣传会议的决议,宣传捷克斯洛伐克、德国和奥地利共产党关于反对德军于 1939 年 3 月 15 日吞并捷克斯洛伐克残存地区,对捷克斯洛伐克人民实行暴力统治的号召。尽管条件极为困难,意大利共产党和德国共产党提出的关于反对墨索里尼和希特勒于 1939 年 5 月签署的《钢铁盟约》的口号,也在国内传播开了。"法西斯侵略者从阿比西尼亚、阿尔巴尼亚、西班牙、奥地利、捷克斯洛伐克、中国滚出去!""斩断伸向波兰、巴尔干国家以及地中海国家的法西斯魔爪!""撕毁希特勒与墨索里尼的军事协定!"这些类似的口号都是秘密宣传的内容,并且还出现在房屋围墙上。② 1939 年 5—6 月,在西壁防线(Westwall)发生了怠工事件,盖世太保的一份情况报告承认,发现了大量的各种各样的传单与

---

① [民主德国]洛塔尔·贝托尔特等编:《德国工人运动史大事记》第二卷:从 1917 年至 1945 年,第418—419 页。
② [德]瓦·巴特尔:《法西斯专政时期的德国(1933—1945)》,第 243 页。

文件。有人在汉堡的工厂里散发传单,要求工人们对于用德国的名义去压迫别国人民一事不要保持沉默。在萨尔地区,有一份传单把肢解捷克斯洛伐克称作德意志民族的耻辱。

德波战争爆发后,柏林的反法西斯小组散发传单,传单劝告青年们不忘在第一次世界大战中阵亡的两百万父兄,在任何地方都要同战争贩子进行最尖锐的斗争,强调只有消灭希特勒等一伙战争贩子,才能获得和平。然而在战争初期德国一再取得胜利的背景下,反抗斗争遇到的困难越来越大。在战争爆发时,大约有 30 万反法西斯战士被关押,在 1939 年 9 月的头几天里,又有成千上万的反希特勒人士,其中首先是共产党人,被逮捕并关进集中营。在这些人中,多数人以前就曾因从事反法西斯活动而被多年监禁,其中数千人是几周前才被释放的。以后当局继续残酷镇压反法西斯人士,据官方报道,1939 年有 143 名从事反抗活动的青年人被处于死刑,1940 年该数字上升到 306 名。

1942 年 5 月,莱茵河下游和鲁尔区的共产党地下组织召开了一次代表会议,会议在研究矿山工人的思想情绪时指出,那些非常关心自己与德国人民前途的人们说:"但愿工人阶级的国家苏联不要被打败,否则我们今后几十年都要当奴隶。"会议认为,矿山工人的健康的阶级感情的表露,更加说明共产党人有义务"坚持不断地向我国人民阐明,法西斯在军事上的失败是不可避免的,只有立即为争取正义的和平而斗争,才能保证我们人民的国家的生存。只有推翻希特勒政权,才能获得和平,拯救民族,才能使德国人民从法西斯的枷锁下解放出来"。会议决议提出,"垄断资本的犬群"是"战争的唯一罪魁和牟利者","必须经过真正的人民革命推翻他们,剥夺他们的财产,使他们永远不再为患"。决议还提出:"我们的人民采取这样的行动越快,民族灾难就越小;遭受希特勒侵略和奴役的各国人民将由此看到,德国人民和希特勒及其罪行毫不相干,他们将不对我们进行报复,而向我们伸出兄弟般的友谊之手,同意缔结公正的和平,对我们以平等民族相待。"①

斯大林格勒会战结束后,苏德战场乃至整个第二次世界大战的形势开

---

① 〔德〕瓦·巴特尔:《法西斯专政时期的德国(1933—1945)》,第 262—263 页。

始发生根本性转折，共产党领导和影响下的反抗斗争也随之高涨起来。1943 年 7 月 12—13 日，德国共产党领袖威廉·皮克和瓦尔特·乌布利希（Walter Ulbricht，1893—1973），以及一批在斯大林格勒被俘的德军官兵，在莫斯科附近开会，成立了"自由德国民族委员会"（Nationalkomitee Freies Deutschland，一译"自由德国全国委员会"），由工人诗人埃里希·魏纳特（Erich Weinert，1890—1953）任主席。该组织的成员初期为德共党员、德国战俘和侨居苏联的德国反法西斯人士，后扩大到国内和旅居西欧南欧各国的德国人士，其中有工人、农民、职业军官、知识分子、共产党前国会议员、工会干部、进步作家、政治家、天主教徒和新教徒，以及工会会员及持各种不同政治观点和世界观的人们。魏纳特在会上作了题为《我国人民的光荣道路》的主报告，接着进行讨论。共产党主席威廉·皮克在讨论中谈到德国工人运动的历史教训。尔后，会议一致通过了《自由德国民族委员会告武装部队和德国人民的宣言》，宣言称："从来没有一个外来的敌人像希特勒这样把我们德国人推入如此不幸的深渊。事实证明，这场战争已经打输了。德国只有以无穷的牺牲和苦难为代价才能勉强打下去……现在是我们祖国生死存亡的关头。如果德国人民还继续毫无反抗，毫无主见地任人引向毁灭，那么，战争每延长一天，德国人民就将不仅更加削弱，更加无力，而且罪责也将更大……德国人民需要也愿意立即实现和平。但是，没有人愿意同希特勒缔结和约，甚至同他谈判也没有人愿意。"宣言宣告德国一切反希特勒力量的斗争目标是组建一个"自由德国"，号召各式人等通过自己的努力实现这一目标。宣言要求：各条战线上的官兵要紧握手中枪，勇敢地开辟回到德国和通向和平的道路；各阶层居民要用一切手段和一切方法反对希特勒政权，在各地成立战斗小组，推翻希特勒政权，结束战争；全体德国人应该为了人民和祖国，反对希特勒和他的战争，争取立即实现和平，拯救德国人民。宣言提出了实现理想的途径和未来国家的基本政策：建立强大的民主的国家政权；剥夺战争罪犯和发战争财者的财产；立即废除一切建立在敌视人民和种族仇恨基础上的法律以及希特勒政权的一切有损自由和人的尊严的设施；恢复和扩大劳动者的政治权利及取得的社会成就；保障劳动权和合法挣得的财产；立即释放希特勒政权的受害者并对他们进行赔偿；对战争罪犯和他们的幕后唆使者进行公正而无私的审判,同时赦免一切用实际行动及时同希特勒划清界线并参加"自由德国"运动的纳粹拥护者。会议选举 38 人担任自由德国民族委员会成员,并设置了总务委员会、行动部、自由德国报和自由德国广播电台编辑部、经济社会政治法律和文化委员会、自由德国民族委员会苏德战场组、战俘组等下设机构,以后又增补了教会问题工作处。①

　　同年 7 月 19 日,《自由德国》周报开始出版,该报封面的上下方都印有黑白红三道横线,篇幅为四版。总共出版了 120 期,其中 1943 年为 24 期,1944 年 52 期,1945 年 44 期,所需经费由苏联政府提供。周报在苏德战场和战俘营传播,有时也传到其他国家。它还通过多条渠道传入德国。7 月 20 日,设在苏联境内的"自由德国"电台开播,起初每天三次,共 50 分钟,1943 年 10 月起每天四次,共 1 小时 25 分钟。从 1944 年 1 月起每天六次,共 2 小时,同年 7 月起每天八次,共 4 小时 25 分钟。每次广播时都使用短波、中波和长波三种波段,经费和设备由苏联政府提供。播音开始时的呼叫语为:"注意! 注意! 自由德国民族委员会广播电台现在开始播音,我们以德国人民的名义广播。我们号召拯救国家。"播音结束前的广播词为:"德国必须生存下去,因此希特勒必须灭亡。和我们一起为自由、独立的德国而斗争吧!"②自由德国民族委员会广泛开展活动,向德军官兵和德籍侨民宣传反战思想,以后又在国内许多地区和城市成立地下活动小组,协助盟军解放德国,直到 1945 年 11 月 2 日才解散。

　　自由德国民族委员会还拥有类似下属组织的反抗团体。拥护其纲领的组织有:德国军官联盟(Bund Deutscher Offiziere),1943 年 9 月中旬在苏联成立,成员为被苏军俘虏的德国中高级将领,1945 年春参加者已有将近 4000 名军官;德国侨民联盟,1943 年 11 月在法国成立,成员为德军官兵、德国侨民和托特军事工程公司的工人,曾倡议组编自由德国军队,加入法国抵

---

① [民主德国]洛塔尔·贝托尔特等编:《德国工人运动史大事记》第二卷:从 1917 年至 1945 年,第 492—494 页。

② [民主德国]洛塔尔·贝托尔特等编:《德国工人运动史大事记》第二卷:从 1917 年至 1945 年,第 494—495 页。

抗运动部队作战,出版地下刊物《西线士兵》;自由德国反法西斯委员会,由在希腊的原德军官兵组成,曾出版地下刊物《地中海士兵》。自由德国反法西斯委员会曾经向德军部队散发传单,其中写道:"你知道吗? 希腊人民解放军总司令部对我们参加阵线的每一个士兵和军官,保证尊重他们的尊严和生命安全,保证在战争结束时让他们立即返回家乡! 如果你们想重新见到祖国和你的家庭,请到我们这边来吧!"①

在德国本土,最大的反纳粹和反战地下组织是泽夫科夫-贝斯特兰-雅科勃抵抗组织(Saefkow-Jacob-Bästlein-Organisation)。安东·泽夫科夫(Anton Saefkow,1903—1944)是德共鲁尔区领导人,1933 年即被判刑入狱,狱中又因从事革命活动被加刑,欧战爆发前夕获释。此后他和党员伯恩哈德·贝斯特兰(Bernhard Bestlein,1894—1944)、弗兰茨·雅科勃(Franz Jakob,1891—1944)一起,在联合了柏林地区 30 个大工厂中的抵抗小组的基础上,组建了该抵抗组织。以后,该组织在柏林大工厂建立基层小组,又同马格德堡、哈勒、莱比锡、德累斯顿、汉堡、汉诺威、杜塞尔多夫等地的抵抗小组建立联系。该组织的目标是建立共产党人和社会民主党人的统一战线,并在此基础上建立一个包括所有反对希特勒和战争的人士在内的反法西斯人民阵线,推翻法西斯政权,成立民主的人民政府。成员们除了在工人中从事宣传和联络活动,还把联系网络伸向其他各个领域,在空军后勤部、军事工业部门、陆军总司令部、监狱、集中营,以及战俘和外籍劳工中从事活动,通过从前线回家休假者同部队建立联系,鼓动军队集体向苏联方面投诚,帮助外籍战俘和劳工用自己的语言出版资料。该抵抗组织还通过社会民主党人同从事"七二〇事件"的人士建立了联系,并在事件发生后遭到当局的残酷镇压,三位领导人都在 1944 年 9 月 18 日遭到纳粹政权杀害,并有100 多名成员先后遇害。遭到这次打击后,该组织的活动能力锐减。

"红色乐队"(Rote Kapelle)是共产党影响下又一个较为重要的抵抗组织。该组织又名"舒尔策-博伊森-哈尔纳克抵抗组织"(Schulze-Boysen/Harnack-Kreis),欧战初期在苏联情报人员莱奥波德·特雷伯(Leopold

① [德]瓦·巴特尔:《法西斯专政时期的德国(1933—1945)》,第 287 页。

Trepper,1904—1982)协助下建立,由德国航空部中尉哈惹·舒尔策-博伊森(Harro Schulze-Boysen,1909—1942)和德国经济部高等参事、经济学家阿尔菲德·冯·哈尔纳克(Arvid von Harnack,1901—1942)领导,主要成员有艺术家、作家、军人、记者、大学生和工人,其中共产党员和社会民主党员占多数。该组织在布鲁塞尔和巴黎分别开设公司作为自己的工作据点,还联络了德国通用电气公司、西门子公司等重要军工企业和德军指挥机构中的反纳粹分子,并与埃森、莱比锡、汉诺威、慕尼黑、汉堡等地的反法西斯小组频繁接触。该组织的成员广泛搜集各种情报,通过设在德国本土和西欧各占领区的100多座秘密电台传递给苏方。从1940年起,该组织共发出约1500份重要情报。它还以德、俄、波、捷、法、意等文字,出版了名为《内部战线》的刊物,致力于争取成百万外籍强制劳工参加反对纳粹政权的共同斗争。该组织的活动引起了纳粹当局的重视,德军最高统帅部侦察和反侦察局"阿勃韦尔"(Abwehr)和盖世太保联手,成立"红色乐队别动队"加紧搜寻。1942年8月,该组织的100多名成员被逮捕。敌人在审讯中的残忍暴虐令人难以想象,一名被捕者试图从德国中央保安局大楼的四层楼上跳下去,并想把一名监守他的盖世太保官员带下去,只是在最后一刻,遭到了一名急促赶来的党卫队员的阻拦。特别法庭对被捕者作了判决,考虑到种种因素,两名原籍美国的女性被判六年和十年徒刑,但希特勒对此作了修改,将这两人与其他人一样,处以绞刑。"红色乐队"经过这次打击,活动能力急剧遭到削弱。

德国共产党还有不少秘密小组在监狱和集中营里展开活动,最大限度地破坏战时生产,帮助生病和体弱的战俘。在他们的努力工作下,强制劳动者尽管遭到最残酷的白色恐怖,常常因最微小的过错而被绞死,但他们仍然坚持消极怠工,使自己的劳动效率远远低于社会的平均水平。

第二节 社会民主党的抵抗活动

德国社会民主党在希特勒上台前对魏玛政府采取"容忍政策",希特勒执政后又火烛小心,把自己的行动局限在合法的范围内,但最后还是避免不了遭取缔的噩运。不少基层组织和党员对党的领导层不满。同时,该党为了向希特勒政权表示"清白",曾于 1933 年 3 月退出社会主义工人国际执行局,又受到许多国家社会民主党的批评。幸好执委会在政治流亡问题上早有准备,党遭取缔后,执委会大多数成员陆续流亡国外,11 天后,即 1933 年 7 月 2 日,以奥托·韦尔斯(Otto Welles,1892—1939)和汉斯·福格尔(Hans Vogel,1881—1945)为首的德国社会民主党流亡执行委员会即在布拉格成立。韦尔斯宣布该执委会是德国社会民主党唯一合法的执行委员会。①

面临新的形势,流亡执委会决定制订新的纲领,对面临的新形势和新任务及时作出新的回答。1933 年底,一个反映该党左派观点的草案问世。草案首先就社会民主党领袖在魏玛共和国时期的政策做了严肃的自我批评,承认"社会民主党在夺得政治民主之后,没有从根本上变革经济结构和基本生产资料所有制,企图通过改善工人状况、实行工人政策、提高工人阶级政党和工会的影响,把资本主义制度逐步改造成为社会主义制度,这种尝试已被撞得粉碎"。草案在总结历史经验的基础上,提出无产阶级政党在夺取政权以后,必须把大土地所有者的土地、重工业和银行转变为人民所有制,并且要镇压剥削阶级的反抗,"每一个反对人民意志的人都将被剥夺,从而失去公民权利"。草案认为,法西斯主义是中间阶层的暴乱,而法西斯主义之所以能够上台,首先是因为法西斯领袖成功地把大资本的代表、旧贵族集团拉到自己一边,"为了消灭民主及其缔造者——无产者有组织的力量,集合了所有的反动运动"。草案还初步承认实现工人阶级及其政党统一的必要性,认为"争取自由和社会主义的斗争要求团结所有社会主义力量",要把所有坚持"自由和社会主义思想的其他政党的代表"联合起来。②

流亡执委会的大多数成员不同意该草案的内容,他们委托流亡巴黎的鲁道夫·希法亭(Rudolf Hilferding,1877—1941)对草案作大幅度修改。希

---

① [民主德国]洛塔尔·贝托尔特等编:《德国工人运动史大事记》第二卷:从 1917 年至 1945 年,第 346—347 页。

② 本节的大部分内容和引文,除另作注释的部分外,均引自曹长盛主编:《两次世界大战之间的德国社会民主党(1914—1945)》,第 238—304 页。

法亭重新起草了一个草案,于 1934 年 1 月 10 日寄到布拉格,该草案几乎毫无修改就被执委会接受。文件以《革命社会主义的斗争与目标——德国社会民主党的政策》为标题,于 1934 年 1 月 28 日同时在《新前进报》和《社会行动报》上发表,此即德国社会民主党 1934 年《布拉格宣言》(Prague Declaration)。该宣言首先明确声明,德国法西斯的胜利从根本上改变了德国工人运动的性质和任务,要"以自由的权利代替被奴役的地位,以社会主义制度代替无法制的统治"。接着,宣言分别阐述了七个问题。在第一部分"革命斗争的条件"中,宣言强调"在反对纳粹专政的斗争中,没有妥协、改良主义和合法主义的位置。社会民主党的策略取决于夺取以及巩固国家政权的目标和实现社会主义社会的主张。这个策略要求用一切服务于这个目标的手段去推翻专制"。由于纳粹的恐怖统治使德国国内的非法活动处于分散状态,因而要求各地的地下小组加强联合,克服本身的分散性,努力发展成为群众性的组织。在第二部分"群众运动的目标"和第三部分"政权的行使"中,宣言认为反法西斯斗争胜利以后,"将建立一个由工人革命群众政党支撑和监督的强有力的革命政府,其首要任务是:为取得胜利的革命捍卫国家政权;铲除任何可能反抗的根源;将国家机器变成人民群众的统治工具"。为了完成这些任务,革命政府将采取一系列政治、社会和经济措施。在第四部分"经济革命"和第五部分"社会革命"中,宣言宣布工人阶级将在新的自由国家里运用掌握在自己手中的国家政权进行经济革命和社会革命,因为重工业、银行和大地产的社会化只是由资本主义社会转变为社会主义社会的开端。在第六部分"裁军和战争危险"中,宣言指出法西斯专政"不仅对德国来说是耻辱和危险,而且意味着对所有其他民族的自由和文明的暴力威胁",但是,"希望通过战争来推翻专制制度,这不是社会民主党的任务。他们的任务是制止战争。因此,他们坚决谴责对希特勒德国的任何军事上的妥协,警告全世界的工人政党不要低估德国民族主义的危险。……不给这个制度一个人、一文钱,这是德国社会民主党人的口号,也一定是社会主义工人国际的口号"。宣言特别强调:"社会民主党坚决反对来自外部的、利用战争所造成的德国专制制度的崩溃来肢解德国的任何企图。他们不承认导致德国分裂和意味着阻碍德国自由和经济发展的和平。"在第七部分"革命社会主义的统一"中,宣言称"在这场斗争中,社会民主党力求同一切反法西斯阶层结成战线。它将呼吁被纳粹承诺欺骗的农民、小工商业者、商人,在现政权下承受难以想象的压迫和侮辱的知识分子,与工人阶级共同斗争。……无论是社会民主党人还是共产党人,无论是无数分裂组织的支持者还是专政的敌人,都将会在斗争中由于斗争条件而成为同样的社会主义者。工人阶级的统一是历史的必然"。该宣言同社会民主党 1921 年《格尔利茨纲领》和 1925 年《海德堡纲领》相比,在一系列基本原则问题的表述上,有了很大的进步。然而,此后该党流亡执委会不仅在行动上背弃了该宣言,而且在对未来德国社会制度的设想方面也逐渐后退,公开声明要用英国式的民主制度来代替希特勒专政。

流亡执委会充分利用自己的有利条件,从事反纳粹抵抗活动。因为该党在希特勒政府正式动手前已经成功地将一部分财产转移到国外,捷克斯洛伐克苏台德地区社会民主党和其他国家的社会民主党也提供了诸多帮助,因而布拉格执委会拥有经费,很快在国外建立起了自己的印刷厂。[1]它认为自己的主要任务是进行宣传,反映德国工人阶级的呼声,向世界披露德国真相,为国内反法西斯抵抗组织筹措经费,提供宣传品。为了完成这些任务,它在出版报刊、印制宣传品的同时,在德国邻国境内组建了边境秘书处网。

在欧战爆发以前,流亡执委会先后在布拉格、巴黎和卡尔斯巴德(Karlsbad)等地出版了《新前进报》、《社会主义行动报》、《社会主义杂志》、《德国社会民主党执委会德国报告》(1937 年起更名为《德国社会民主党德国报告》)、《消息报》等五种报刊。其中影响最大的是《新前进报》,自 1933年 6 月 18 日创刊起,每周出版一期,1936 年的平均印数是 4300 份。此外,流亡执委会还根据形势需要,印制了大量的宣传品和传单。如在 1934 年 8月 19 日公民投票前,印制了《告德国人民书》《致天主教徒》《希特勒——欧洲的头号公敌》等传单。1936 年柏林奥运会前印制了《我们呼唤世界青年!》传单,并在奥运会举行期间散发。

---

① Jeremy Noakes and Geoffrey Pridham, *Documents on Nazism*, *1919–1945*. p. 298.

边境秘书处网建立在德国的七个邻国中，由 16 个处所组成，其中捷克斯洛伐克 6 个，波兰、比利时、法国和瑞士各有 2 个，丹麦和卢森堡各 1 个。这些处所根据自己的不同地理位置，互相间有所分工。捷克斯洛伐克境内的网络比较密集，因为当地政府能够容忍抵抗活动，而且与德国的巴伐利亚、图林根、萨克森和西里西亚等许多地区接壤，从这些地区出发，可以到达工人人口稠密的中部地区和上西里西亚工业区。边境秘书处是流亡执委会与国内社会民主党抵抗组织和党员保持联系的重要途径。它们负有双重任务：将流亡执委会的文件、报刊、宣传材料等印刷品通过秘密渠道转送到国内社会民主党抵抗组织和党员手中，由它们在群众中散发；收集来自国内的各种情报，汇总到流亡执委会。流亡执委会根据汇总的情报评估自己的政治措施，采取相应的对策，并根据形势需要将这些情报在内部传达或公诸于世。在网络构建初期，边境秘书处依靠国内的社会民主党员从事国内的工作，但经过 1935—1936 年的大搜捕，国内工作人员遭到摧折性打击，秘书处的工作人员只得亲自动手。他们打扮成商人，带着经过伪装的宣传材料，越过边境进行散发。据统计，1935 年初，《社会主义行动报》每期约在德国散发 500—1500 份，约有 6000—12 000 名读者。

在统一战线问题上，流亡执委会一直拒绝与德国共产党联合。虽然《布拉格宣言》号召工人阶级联合起来，但文件并没有提出具体设想，流亡执委会也没有实际行动，客观上背弃了宣言精神。在 1935 年企业信托人委员会选举前，德共中央于 2 月 11 日向布拉格流亡执委会建议两党党员共同提出候选人，并就选举口号和策略商讨共同协议。但流亡执委会决定不参加选举。1935 年共产国际召开"七大"和德共举行布鲁塞尔会议后，德国共产党再次呼吁组建工人阶级统一战线。1935 年 11 月 23 日，两党代表在布拉格举行谈判。在谈判中，流亡执委会的代表虽然承认在德国各阶层人民中间，尤其在工人阶级中间，最迫切的政治任务是形成推翻希特勒专政的共同意志，但仍然拒绝对方提出的关于建立统一战线的建议。随后，德共代表准备签署一项停止攻击社会民主党的协议，也遭到拒绝。其理由是，德共对社会民主党长达 17 年之久的攻击使自己失去了任何信誉，国内抵抗战士反对两党达成协议，共同行动"将会给德国当权者提供一个求之不得的良机，让布尔什维克的恐怖幽灵重新复活,认为社会民主党已经转向布尔什维主义,甚至将那些现在准备加入一个旗帜鲜明的社会民主党的人驱向右翼"。流亡执委会不仅自己拒绝合作,而且还反对其他机构和党员个人同共产党合作。1936年1月24日,它在致全体边境秘书处的通告信中,指示它们不准与共产党进行合作,设法让社会民主党人退出那些有共产党人在其中活动的组织。对于拥护统一战线的个人和组织,它拒绝给予任何财政支持。1939年1月德共举行伯尔尼会议后,德共中央委员会又提出统一战线的建议,再次遭到流亡执委会拒绝。

　　1938年5—6月,随着捷克危机不断升温,德国社会民主党设在布拉格的流亡执委会被迫迁往巴黎。1939年春,流亡执委会开始讨论在即将爆发的战争中所应采取的立场,在欧战爆发前夕终于达成共识。1939年8月13日,《新前进报》发表文章称:"除了希特勒自己,并没有别人强迫德国进行战争。不是别人威胁了德国人民,而是希特勒正在威胁其他民族。……因此,面临的战争就不是德国人民为了自卫而进行的斗争,而是被迫为了希特勒的疯狂掠夺、毁灭性的目标作战。……在希特勒和德国人民之间没有什么利益上的共同之处",因此,"推翻希特勒就意味着德国人民的解放与和平,自卫的责任要求德国人民把自己的命运与希特勒的命运区别开来,在战争中,首先要把希特勒当作自己的敌人"。1939年9月1日德军进攻波兰的当天,流亡执委会发表关于战争的声明,明确表示:"希特勒与新的德意志军国主义是一个东西,这个军国主义的失败与最终消灭是实现和平与欧洲复兴的前提条件。……我们为了德意志民族,为了保障欧洲自由、和平与民主的伟大目标而进行这场斗争。我们呼吁德意志人民:为了你们的自由起来斗争! 推翻希特勒! 打倒这个制度、结束战争、保卫千百万人免遭死亡、拯救人民!"

　　广大的社会民主党员则积极行动起来,组成战斗小组,通过印制和散发传单从事反抗斗争。随着纳粹当局的镇压措施越来越严厉,不少战斗小组同共产党人合作,并肩作战。如柏林地区一个由60多人组成的战斗团体,在1939年9月9日深夜,就散发了几百份自己印制的题为《我向世界青年呼吁》的传单,揭露希特勒的帝国主义战争目标,号召青年们起来坚决地同法西斯政府展开斗争。有些社会民主党员设法收听国外电台的广播，并在工友中传播真相。第二次世界大战的战争局势发生根本转折后，各个阶层和集团的反抗斗争逐渐兴起，社会民主党员努力与它们联络，互相配合，包括参与了1944年"七二〇事件"。

然而，随着欧战的爆发，社会民主党流亡执委会的处境却越来越困难。法国对德宣战后，法国政府为德国和奥地利的流亡者设立了拘留营，多数"政治上没有嫌疑"的人很快被释放，但共产党人、社会民主党人等积极的反法西斯活动家则作为有"嫌疑"的人被长期拘留。1940年6月法国败降后，德国流亡者处于极端危险之中，9月9日，流亡执委会决定从巴黎转移到葡萄牙首都里斯本。同年11月初，流亡执委会宣告解散，其成员各奔东西，分别去了英国、美国和瑞典。以后，旅居伦敦的社会民主党流亡者活跃起来，试图重建流亡执委会，但他们的领导资格未能得到公认，同国内的反抗力量也未建立起联系。

在斗争的困难时期，不少社会民主党人努力作理论上的反思与展望。1938年进入巴黎流亡执委会的库特·盖尔（Kurt Geyer，1891—1967），力图把社会民主主义理论进一步向右推。他对马克思主义表示怀疑，提出"不要相信什么历史自身的规律性，历史有朝一日会实现我们的愿望，也不要相信从这个被崇奉的规律中推导出来的工人使命作用。只有自由思想才能引导我们前进"。他反对以社会主义方式组织社会，称无论哪一个国家或经济组织，如果不是生活在人民的心目中和意志里，就不会保障自由。因此他认为："对党的历史作用的这种理解，要求对党的性质作出比正统马克思派所规定的更加广泛的定义。要更灵活、更生动、更有生机，更注重精神，而少弄一些僵死的、教条主义的东西。只有在这样的党内，才会有思想运动的地位，无论是正统派还是自由派，无论是唯物主义还是唯心主义，都在党内有一席之地。"这些思想在第二次世界大战以后被称为"世界观多元论"或"入党动机多元论"，当时是该理论的第一次朦胧表述。而流亡美国的社会民主党人则提出了"法治国家"的思想，强调战后德国很难再进行革命，应当建立一个保障各种意见自由的法治国家，而实现这一理想的实践者就是德国的工人运动。流亡瑞典的社会民主党人强调要建立一个"社会民主"的社会而不是社会主义国家,不要苏维埃制度,应实行议会制。社会主义政党的组成者不应当限于工人阶级,同时应该包括中间阶层,而工人的统一应当是自下而上的统一,首先从企业开始,建立统一的工会,通过生产委员保障工人参加企业管理。

1942 年 10 月 14 日,流亡伦敦的德国社会民主党人出面,以旅英德国社会主义组织同盟为载体,围绕如何建立一个排除共产党的社会主义统一政党问题展开辩论。同年 12 月 6 日,埃里希·奥伦豪尔(Erich Ollenhauer,1901—1963)做了一个报告,试图为与会的各个小组提出一个共同的原则纲领和实践政治计划。该报告后来被视为德国社会民主党的重要纲领性文件,也是战后民主社会主义思想的序曲。报告除了包含上文述及的思想,还关注到 20 年来西方民主国家在"社会民主"方面的进步和新的发展趋势,认为导致这种演变的一个主要原因是国家对经济的干预,国家有计划地对社会生活施加了影响。

然而,就在这段时期内,直接面临法西斯暴行的左翼社会民主党人却提出了较为左倾的思想。当 1945 年 4 月 13 日美军解放布痕瓦尔德集中营时,政治犯们公布了《布痕瓦尔德集中营民主社会主义者宣言》(简称《布痕瓦尔德宣言》)。原来在 1943 年夏季,囚禁在该营的各国政治犯秘密建立了国际集中营委员会。在这个国际性的战斗团体中,850 名囚犯组成 178 个秘密小组,接受军事训练,积极进行起义的准备工作。与此同时,少数理论家则探索社会主义的理论问题,并起草宣言。该宣言描绘了对未来德国政治制度的设想,强调必须毫不迟疑地消灭一切法西斯统治工具,建立"新型民主"。这种"新型民主"不依赖于空洞的徒具形式的议会制,而要使广大城乡群众能够有机会参与政治和管理。宣言提出首要的任务是建立反法西斯人民委员会,由该委员会召开全德代表大会,再由代表大会任命政府,选举人民代议机构。宣言强调管理机关应当是简朴而节俭的,用人民的公仆代替特权官吏。宣言在社会方面提出立即恢复八小时工作日和集体协议制度,工会应独立于国家,并着手建立和巩固工人、职员和公务员的自主管理,以便使他们对"整个社会化的进程"发生影响。在经济方面,宣言强调"只能按社会主义原则重建德国"。宣言还特别注意到精神复兴问题,指出它的一个重要前提条件就是建立新的教育和培养制度。从上述观点出发,宣言号召实现社会主义运动的统一,强调社会主义力量的团结只能在原则基础上,需要辩论自由和保证执行所通过决议的纪律。宣言在要求"必须完成世界无产阶级统一"的时候,提出要建立"包括所有社会主义政党"在内的国际政治和工会组织。

在纳粹统治时期,德国还有一些原先从社会民主党中分裂出来的社会主义者组织,它们由于摆脱了社会民主党右翼领袖的干预,又及时转入地下,做好了进行非法斗争的准备,所以成为社会民主主义队伍中反法西斯运动的中流砥柱。"新开端"是一个按照严格的民主集中制原则组织起来的密谋组织,主要由青年社会民主党人和知识分子组成。希特勒上台前,它就做好了从事非法斗争的准备。纳粹上台后,它不仅以柏林为基地同其他城市的类似组织保持联系,而且还同社会民主党内其他抵抗组织和政治流亡者建立了联系。1933年春,该组织约有100名积极可靠的成员。1934—1935年,该组织同布拉格流亡执委会的边境秘书处保持联系,各地成员经常聚会,学习文件,讨论共同关心的问题,并为设在布拉格的"新开端"国外局收集关于形势和德国民众情绪方面的情报。1935年夏天,组织的领导人围绕继续从事非法斗争是否有意义这个问题发生意见分歧,部分领导人退出,严重削弱了组织的力量。但余下的成员继续活动,不仅与国外局保持联系,而且还同柏林的德国人民阵线继续往来。它们共同印制了一批宣传材料。然而,"新开端"组织虽然认为自己是德国工人阶级的新领袖,但它的反苏反共和亲西方倾向十分明显。它谴责德国社会民主党和德国共产党,并认为苏联和希特勒德国的本质是一样的,要求解散共产国际。1938年夏,柏林组织被盖世太保破获。西里西亚、巴伐利亚地区中的一些城市和斯图加特等地的组织继续存在,但它们很少进行反法西斯宣传活动和其他抵抗活动,只是注意形势的发展,准备迎接反法西斯战争的胜利。

社会主义工人党是1931年建立的,主要在柏林、汉诺威、东萨克森和德国南部等地区从事反法西斯宣传活动,帮助受迫害的反法西斯主义者逃跑,为其家属募捐。早在1933年和1934年,该党的部分组织就遭到盖世太保的破坏,不少人被捕。为了同其他反法西斯主义者实行合作,该党干部曾到布拉格,同社会民主党流亡执委会成员协商,并同德共中央委员会的代表取得联系。1936年,布雷斯劳、德累斯顿、汉诺威、法兰克福和纽伦堡等地的组织被盖世太保破获,但曼海姆的组织一直活动到1938年春。它不仅与南部地区的反法西斯主义者建立联系,还同共产党人合作,其主要活动是散发从国外得到的反法西斯宣传材料,为被捕者的家属募捐,并为设在巴黎的该党国外领导处搜集情报。

国际社会主义战斗同盟系1925年由国际青年同盟改名而来,约有300名成员,其中主要是职员、教师和知识分子,也有少量工人。纳粹上台后,该组织在国内组建了很多战斗小组,柏林小组有20—25名成员,大多是年轻人,其他小组在不来梅、汉堡、科隆、马格德堡等地活动,个别小组还同共产党人合作。它们开始时只是散发国际运输工人联合会秘密运入德国的宣传材料,不久以后就开始自己印制传单。其传单的特征是在文章末尾印有一个悬挂在绞刑架上的纳粹党卐字徽。1935年夏天和秋天,很多战斗小组被破获,成员被遭逮捕。但未被破获的小组继续编写和印制传单,谴责纳粹的战争政策,揭露战争危险,为支持西班牙反法西斯斗争募捐,并与德国共产党交换反法西斯宣传材料。在西部地区,该组织还与进行反法西斯活动的铁路工人工会会员建立了联系。1936—1938年,该组织在奥格斯堡、柏林、不来梅、法兰克福、汉堡、汉诺威和科隆的小组全部遭当局破获,其抵抗活动就此结束。

"红色突击队"是青年社会民主党人组建的抵抗组织,1933—1935年在柏林地区活动。该组织的目标是组织一批将来能够领导社会主义群众运动的精英分子,1935年5月在报纸上公开提出的口号是:"我们要为真正的统一战线而斗争！我们要为无产阶级革命而斗争！我们要为社会主义建设而斗争!"其下属组织一般由3—10人组成,分布在柏林各个地方。它还拥有自己的报纸《红色突击队报》,1933年11月印数为4000—5000份。该组织虽然既反对共产党,也反对社会民主党,但曾于1933年秋天同流亡执委会联络,还与比勒菲尔德、德累斯顿、哈勒、汉堡、莱比锡等城市的社会民主党抵抗组织建立联系。它还试图与社会主义工人党和托洛茨基派取得一致意见,并在1935年2至3月间的一份备忘录中将经过军人专政达到魏玛式的联合作为奋斗目标。在 1935 年的大搜捕中，该组织被盖世太保摧毁。

"社会主义阵线"组织拥有 3000 名骨干成员，主要在汉诺威地区活动。该组织早在希特勒执政以前就已经转入地下，做好了开展抵抗斗争的准备。该组织认为，"希特勒专政的垮台意味着资本主义的终结，为社会主义开辟道路。希特勒专政和资本主义制度不能通过部分工人暴动而只能通过无产阶级革命来推翻，它带给我们的不是能够在其基础上生长法西斯毒草的民主，而是社会主义共和国，工人阶级的统治"。因此，该组织的任务是"在被压迫的时期里聚集德国工人阶级"，因为将来号召工人阶级进行最后斗争的既不是社会民主党，也不是共产党和社会主义工人党，而是这些党里的精英分子，所以组织自身要为"这种崭新的社会主义运动，为社会主义胜利运动创造条件"。该组织的主要活动是散发和邮寄自己的报纸和传单，开展宣传工作，吸收坚定的反法西斯主义者加入组织。1936 年，大批成员由于叛徒告密而被捕，翌年，200 多名被捕者被处以重刑。

第三节　其他社会集团的抵抗活动

德国共产党和德国社会民主党在希特勒上台执政前就拥有自己的政治活动空间，而希特勒实施的纳粹"一体化"又需要一个过程，在"一体化"的起步阶段，希特勒政府还不能无所顾忌地动用国家权力对政敌实施镇压，因此这两个政党尤其是德国共产党，较早就走上了反抗的道路。相比之下，其他社会集团的抵抗运动兴起较晚，不少骨干成员具有浓厚的民族主义思想，在希特勒执政初期持拥护态度。等到他们逐渐看清纳粹党的真面目，想同希特勒分道扬镳时，纳粹政权已经得到巩固，因而反抗活动的难度大为增加。因此，这些反抗集团的抵抗活动具有自己的特色。除了慕尼黑的"白玫瑰"组织曾经通过传单与标语呼唤民众，其他集团主要是在纳粹统治下形成一股暗流。他们采取较为保险的方式在集团内外构建联络网，在集团内部的小圈子内探讨"后希特勒时代"的德国道路，抓住极少数的时机向西方国家表明"另一个德国"的存在并寻求支持，在 1944 年"七二〇事件"中参与谋刺希特勒。

这类团体中产生较早、影响较大的是"格尔德勒集团"（Die Goerdeler-

Gruppe,又译戈台勒集团、歌德勒团体)。其核心人物卡尔·格尔德勒的经历在民族主义抵抗人士中颇具代表性。他于 1884 年出生在普鲁士小镇施奈德米尔(Schneidemühl)[①],早年攻读法学。政治上倾向保皇主义,主张恢复霍亨索伦王朝的君主政体。曾参加第一次世界大战,复员后回到德国时,霍亨索伦王朝已经瓦解。他曾经犹豫是否应该投入公职生涯,服务于同自己的政治理念相去甚远的魏玛共和国。最后,他选择了从政,1920 年起担任柯尼斯堡市副市长,政绩斐然,1930 年起任莱比锡市市长,逐渐成为地方行政长官中的佼佼者。由于他赞同以紧缩银根的办法来应对经济危机,反对推行膨胀政策,1931 年底被布吕宁总理任命为全国物价管制局局长(兼任)。[②]希特勒执政之初,格尔德勒虽然对纳粹党的一些主张持有看法,也拒绝加入该党,但仍然认为纳粹运动中有好的一面,特别希望在该党领导下能够克服德国严重的政治与经济危机。因此,作为莱比锡市长的格尔德勒与纳粹党地区组织保持着良好的关系,希特勒也很欣赏这位干练的地方行政首长,于 1934 年再度任命其兼任全国物价管制局局长,甚至将自己的座机供其使用,并邀请其参与一些城市行政法的修订。格尔德勒则希冀在自己的参与下能推动德国向好的方向迈进,因此向希特勒提交过不少备忘录,希望能发挥自己的影响力。然而,格尔德勒的一些改革主张,如建立法治国家、实施自由经济和地方自治等,都无法为当局所采纳。尤其在当局摆脱了经济危机和群体失业后,开始迈上扩军备战的道路,在经济政策上离格尔德勒节省开支、平衡预算的想法越来越远。格尔德勒的建议经常被希特勒指责为“完全不适用”。而纳粹政权加强经济干预、扩大政府投资、走向自给自足的努力,越来越使格尔德勒感到难以接受。他逐渐成为政府的批评者。1936 年初,纳粹党大区指导处要求拆除莱比锡某大厦音乐厅前门德尔松(犹太人)的纪念铜像,格尔德勒以市长身份表示拒绝。[③]然而,同年 11 月格尔德勒出访北欧,纳粹党徒趁机把铜像拆除。格尔德勒回国后以强硬姿态要求复原铜像,遭到纳粹党大区指导处拒绝后,毅然辞去市长职务。此时,

---

① 现为波兰城市皮瓦(Pila)。

② Robert Wistrich, *Who's Who in Nazi Germany*. p. 100.

③ Jeremy Noakes and Geoffrey Pridham, *Documents on Nazism*, 1919 – 1945. p. 314.

原先一直邀请格尔德勒加入董事会的克虏伯集团,在希特勒的压力下放弃了承诺,而与当局保持一定距离的博世公司(Firma Bosch)却趁机聘请其担任顾问兼与官方交涉的代表。该职务不仅使格尔德勒得到经济资助,而且能名正言顺地到各地活动,甚至走出国门。1937年,格尔德勒先后前往比利时、英国、荷兰、法国、加拿大和美国,翌年又先后到过法国、瑞士、意大利、南斯拉夫、罗马尼亚和保加利亚,一方面了解国外的经济状况,开拓自己的视野,另一方面也努力让外国政要了解纳粹统治的真相,以及"另一个德国"的存在。他在一定的时候,就会写出国外考察的详细报告,分别寄给相关人员,其中包括戈林、沙赫特、陆军总参谋长路德维希·贝克(Ludwig Beck,1880—1944)、陆军总司令弗立契、陆军总参谋部军需长弗兰茨·哈尔德、克虏伯集团和博世公司的董事长。①格尔德勒在同外国政要接触后,提出了对德国外交战略的基本看法。他认为,英国政府已经越来越倾向于废除《凡尔赛条约》以满足德国的要求,如果德国愿意保证欧洲和平,使英美两国有能力在东亚地区展开争夺,则它们会对德国有所补偿。在此前提下,德国的殖民地问题、但泽走廊问题、合并奥地利和捷克苏台德区问题,都可以通过协商获得解决。德国走向世界市场和稳定马克币值等问题,也能在美国的帮助下得到解决。但是,如果德国的行动导致了战争爆发,美国虽然不至于派遣军队进入欧洲作战,但是会给予英国以战争支持。因此,为了德国的利益,政府不应该与西方大国急剧对抗,甚至不惜一战。而当时,希特勒的各种冒险举动将会使德国陷入经济、政治,尤其是道德上的灾难。基于此,格尔德勒逐渐成为一名坚定的反纳粹抵抗分子。他利用自己的人脉关系,积极与各方势力联络,组建起一个抵抗集团。范围所及包括军队内中高级军官、企业界领袖、退休的政府高层官员、外交部内的反抗小团体、教会人士、社会主义者和工会领袖等。

除格尔德勒外,该抵抗集团内还有一些重要人物。时任驻意大利大使的乌尔里希·冯·哈塞尔(Ulrich von Hassell,1881—1944)出身汉诺威贵

---

① 王琪:《反纳粹运动中的歌德勒团体及其对德国后希特勒时代的构想》,载于《史学集刊》2003年第2期。

族家庭,30 年代初曾经对纳粹党抱有好感,希望它能领导德国走向强盛。然而经过近距离观察后,纳粹领袖们的粗俗表现令其失望,而希特勒的内政外交政策更使其为国担忧。他身为驻意大使,却反对德国与意大利结盟,认为这将给德国带来灾难。1938 年初被希特勒解职后,他进入企业界,利用原先在国外的人脉关系,为抵抗集团展开对外联络工作,并利用自己的贵族出身,同军方将领和克莱骚集团联系。① 约翰内斯·波皮茨(Johannes Popitz,1884—1945)自 1932 年起即担任普鲁士州财政部长,但因向往帝国时代,一直对魏玛政府持保留态度。1933 年希特勒执政时,他认为那将是一次真正的革命,相信一个威权主义的政府将领导德国走向强盛。然而,纳粹当局的宗教政策,尤其是大肆反犹的行为,使其逐渐远离纳粹党。尤其是欧洲战争爆发后,他深信希特勒和里宾特洛甫不可能给德国带来和平,因而积极主张用政变的方式来阻止德国对西方国家发动进攻。

"周三社团"(Mittwoch-Gesellschaft)是格尔德勒集团联系其他抵抗力量的重要环节。该社团是一个学术团体,参与者中不少是高级官员、军官、工业界巨头和学术界人士,每次聚会都安排人作专题演讲,随后其他成员围绕该题目展开讨论。1933 年时,该社团的部分成员还是纳粹主义的支持者,赞同"领袖国家"的原则。但是随着当局毁约扩军、对外扩张的步伐越来越快,越来越多的成员开始转变态度。尤其是 1938 年苏台德危机发生后,不少成员因反对战争而成为反纳粹政权者,该学术社团也因此成了抵抗人士借以掩护的聚会所。除了哈塞尔和波皮茨,成员贝克成为格尔德勒集团与军内密谋集团之间的联络者,而柏林大学经济学教授延斯·耶森(Jens Jessen,1895—1944)则成为同克莱骚集团的联络者。

格尔德勒集团作为具有德国特点的抵抗团体,在从事反抗活动的同时,也在积极谋划"后希特勒时代"德国的发展蓝图。在政治体制上,该集团不赞同魏玛共和国时期流行的"群众民主"(Massen-demokratie)理念,希望通过社会精英来建立稳健的威权国家(autoritaerer Staat),但同时,他们主张以地方分权来取代中央集权,并通过宪法和法律来保障各种自由,包括言论

① Jeremy Noakes and Geoffrey Pridham, *Documents on Nazism*, *1919 - 1945*. p. 317.

自由、信仰自由、宗教自由、学术自由和人身自由。新闻自由必须以报道真实为前提,否则将受到惩罚。格尔德勒主张,基层行政区应该实行直接选举,并根据选举结果组建行政机构。在基层行政区以上,直至国家一级,议会应由间接选举产生,即下级议员选举上级议员,最后由各省的议员选举产生由 300 人组成的国会。全国上议院则由各阶层代表组成,包括各职业团体的负责人,与此人数相等的工会代表,各类经济院主席,包括医师、律师、公务员、技术人员和艺术人员在内的其他职业团体的负责人,3 名新教大主教,3 名天主教大主教,各大学校长,50 名年满 50 岁并享有民间声望的代表(由国家元首聘任)。在经济体制方面,新体制应完全建立在自由市场经济的基础上,政府应该尽可能少地介入经济生活。工资的计算必须以工作绩效取代按时计酬。但工会应该享有自治权,除了有权与企业主或企业主联盟签订有关工资和劳动条件的合同,还有权推举代表参加企业的董事会、监事会等机构。同时他们主张,社会福利政策所需的费用不应全部由政府以税收收入来支付,应以社会保险取代,劳工也应负担部分保险金。在教育方面,他们认为除追求最高的效率外,还应注重通过教育来达成追求真理的精神,培养学生的责任感。他们主张,15 岁以上的学生都必须学一点国民经济学,以便使民众有能力面对经济、币值、国家财政和负债等问题,避免受到一些经济幻想的宣传而对政府提出难以实现的要求。同时,也应使部分劳工有能力阅读企业的收支报表。在外交方面,他们坚持认为德意志人占多数的地区都应留在德国版图内,在此基础上,欧洲应该联合起来,在经济和军事上结成共同体。[①]

另一个影响较大的抵抗集团是克莱骚集团(Kreisauer Kreis),该名称是盖世太保首先使用的,因集团成员经常在位于西里西亚克莱骚的毛奇庄园聚会。其核心人物赫尔默特·詹姆斯·冯·毛奇(Helmuth James von Moltke,1907—1945)系普鲁士和德意志帝国总参谋长老毛奇(Helmuth Karl Bernhard von Moltke,1800—1891)的侄孙,该支系与小毛奇(Helmuth

---

① 王琪:《反纳粹运动中的歌德勒团体及其对德国后希特勒时代的构想》,载于《史学集刊》2003 年第 2 期。

Johannes Ludwig von Moltke,1848—1916)支系不同,对军旅生活并无兴趣。其父亲是虔诚而开明的新教徒,曾创办过一个基督教科学会,其母亲是英国人,深受西方自由主义思想的影响。毛奇早年攻读法学,并喜好社会学,崇尚自由主义和法律,期望德国成为一个真正的法治国家。他虽然出身贵族,但很早就脱离一些本阶层固有的特性,关心社会问题,在学生时代就热心投入社会工作,曾在自己世袭的克莱骚庄园中划出公用地来救济贫苦农民。他对纳粹党一直有抵触情绪,认为它是一个反启蒙、反自由主义、反社会主义和反犹的"四反"政党,[①]为了逃避加入纳粹党,他放弃法官职位,于 1935 年赴英国深造,希望成为一名英国律师。在英期间,他结识了包括爱德华·哈利法克斯(Edward Halifax,1881—1959)在内的英国高层人士。1938 年,毛奇回国,由于具备国际法和英国经济方面的知识,是年秋天起在德国武装部队最高统帅部侦察和反侦察局(简称"阿勃韦尔",德文 Abwehr)[②]供职,担任法律顾问,负责监督经济事务的执行。由于该局局长威廉·卡纳里斯(Wilhelm Canaris,1887—1945)同党卫队保安处互相倾轧,对纳粹当局不满,局内不少人与当局离心离德。在卡纳里斯的掩护下,毛奇凭借自己在民法和国际私法方面的专长,做了一些具有反抗意义的事情,如帮助受迫害的政治犯和犹太人,反对德方在占领区内屠杀战俘和人质,尽力降低占领区遭受经济盘剥的程度,通过向国外传递相关信息使一些人免受迫害等,同时在国内加紧寻找志同道合者。

该集团的另一名核心人士是彼得·约克·冯·瓦尔登堡(Peter Yorck von Wartenburg,1903—1944)。他早年在图林根、波恩和布雷斯劳等地攻读法律,获得博士学位,1926 年考取律师资格,成了一名具有独立思想的律师。1932 年在东普鲁士担任"东援"工作中的官员,1934 年任职于布雷斯劳高级管理层,1936 年起担任全国物价管理机构的顾问。从希特勒上台之初,他就表现出对纳粹党的反感,并拒绝加入该党,由此,从 1938 年起其晋升之路即已断绝。

---

① Kurt Finker,*Deutscher Widerstand*,*Demokratie heute*:*Kirche*,*Kreisauer Kreis*,*Ethik*,*Militär und Gewerkschaften*. Bonn:Bouvier,1992,S. 27.
② 该机构于 1939 年改称"德国武装部队最高统帅部谍报局",简称不变。

　　瓦尔登堡的妹妹与毛奇的表弟是夫妻关系，在 1938 年的一次家族聚会上，瓦尔登堡与毛奇两人相识，并很快成为亲密朋友。以他们两人的关系为核心，1940 年前后，克莱骚集团最终形成。由于环境险恶，该集团并没有正式的成员名单，成员之间也并不全部互相知晓，只有两位核心人物了解全局情况。从现有资料看，主要成员约有 20 名，另同 100 多人保持松散的联系。但是集团成员包含了当时"从左到右"的不同阶层，包括贵族、教会神职人员、普通教徒、原天主教中央党领导人士、社会民主党领导人士和原工会领袖，他们大多具有博士学位，在政府或军队的不同部门里担任较高的职位或要职，在各自的专业领域中都有丰富的经验和影响力。这些成员有不同的追求，但是他们试图通过努力和协商，达成统一的社会政治设想和"核心领导下的共同行动"。[①]

　　集团成员利用自己的影响力和关系网，力图在谨慎中扩大集团的规模，同时积极地与国内其他反抗组织和国外取得联系。同时，成员们根据自己的特长，按照外交、政治、经济、社会、农业、法律、文化及教育等不同领域分成数个工作小组。每个小组为自己的工作领域拟订计划，并寻找具备专长的可靠人士参与其中。成员弗立茨·冯·德·舒伦堡（Fritz von der Schulenburg，1902—1944）负责联络军政界，同以贝克为首的军中反抗集团建立了联系。欧根·葛斯坦迈亚（Eugen Gerstenmaier，1906—1986）和汉斯·舍菲尔德（Hans Schönfeld，1900—1954）都是福音派教会的牧师，负责联络教会人士。前者任职于外交部情报司，经常借助此身份前往瑞典、瑞士和梵蒂冈等地，将克莱骚集团的想法传递给国外。后者也同瑞典北方基督教统一运动研究院建立了联系。亚当·冯·特洛特·楚·舒尔茨（Adam von Trott zu Soltz，1909—1944）、特奥多尔·施特尔策（Theodor Steltzer，1885—1967）和特奥多尔·郝巴哈（Theodor Haubach，1896—1945）属于外交事务小组。特洛特·楚·舒尔茨在任职外交部期间积极同国外联系，被

---

① Eugen Gerstenmaier，"Der Kreisauer Kreis. Zu dem Buch Gerrit van Roons *Neuordnung im Widerstand*"，*Vierteljahrshefte für Zeitgeschichte*，1967，7，S. 236.

称为纳粹德国抵抗运动的"非正式外交官"。①郝巴哈和阿道夫·莱希魏恩（Adolf Reichwein，1898—1944）、卡罗·米伦道夫（Carlo Mierendorf，1894—1943）、尤利斯·利伯（Julies Lieber）都是社会民主党员。米伦道夫是经济学博士，曾经领导过社会民主党的工人运动和反法西斯运动。他参加了克莱骚集团的经济事务小组，积极争取劳工的合作，以便尽量扩大群众基础。通过他的中间作用，多位社会民主党领导人参与了克莱骚集团的讨论。他被预选为新政权的宣传部长。利伯则是一位稳健的社会主义者，他认为社会民主党应该改善劳工运动与国防军之间的关系，以此建立一个强大的国家。他丰富的政治经历和学识，以及稳健的社会主义思想，使得他在集团中具有较大的影响力，反抗阵营中许多人都期望他能在纳粹倒台之后担任内政部长或政府总理。莱希魏恩负责研究教育和经济问题，被预定为文化部长。律师汉斯·鲁卡什科（Hans Lukaschek，1885—1960）系法学博士，除了参与拟订未来德国的计划，其天主教背景成为同天主教领袖们联系的桥梁。耶稣会士阿尔弗莱德·德尔普（Alfred Delp，1907—1945）也是一名社会学家，负责探索社会公正和劳工阶层的再基督教化问题。他以天主教的社会理论来丰富克莱骚集团内部的社会思想，提出了许多书面的备忘录和草案。通过他的桥梁作用，克莱骚集团与天主教劳工运动的领袖也建立了联系。

促使成员们走上抵抗道路的动因源于他们内心的道德和良知。"他们并非生来就是抵抗者，他们选择放弃稳定的市民生活，置身于反抗恐怖政权的危险之中，这是源于他们追求自由的决心和坚定的人性。"②克莱骚集团从基督教的良知出发，认为纳粹迫害和屠杀的行径严重违背了蕴含着人道主义和伦理价值的基督教信仰，将纳粹称为"邪恶的纳粹""魔鬼般的纳粹""非基督教的、非民主的、集权化的纳粹"。然而他们更关心的是构筑未来，强调必须在构想好新政府之后才能推翻现有的政府。克莱骚集团的重要特色就是面向未来。成员们认为，在抵抗过程中，"准备计划越准确、越有远

① Michael C. Thomsett，*The German Opposition to Hitler*：*The Resistance*，*the Underground*，*and Assassination Plots*，*1938 - 1945*．Jefferson，N．C．：McFarland & Company，1997，p. 119．
② Kurt Finker，*Graf Moltke und der Kreisauer Kreis*．Berlin：Dietz Verlag，1993，S. 66．

见,希特勒灭亡的那一天就会越快来临,而改革计划也就越容易实现"。他们的行动目标和计划分三个方面:拟订出一整套关于后希特勒时代德国政治和社会生活各个层面的具体改革计划;寻找能够领导重建德国的合适人选,组成临时政府,为接管纳粹政权做好准备;通过中介人和中立国间接或直接与西方盟国建立联系,使对手意识到在纳粹统治下还存在着"另一个德国",争取获得它们的支持,并推动它们在希特勒之后能与德国签订有尊严的和平协定。①在这三方面工作中,尤以后希特勒时代的改革计划最为引人注目。1943年8月9日,该集团拟订了一份名为《德国新秩序的基本原则》的文件,作为自己的行动纲领。他们的改革计划包括:要求复兴欧洲的基督教传统,恢复人的自由与责任;恢复社会道德,保证信仰和职业自由,保护家庭;抛弃极权主义,反对西方民主制,主张走包含地方自治和群体合作因素的"德国道路";实行有干预的市场经济制度,推广"人性的社会主义";组建一个拥有统一主权的欧洲联合体或共同体。

1944年1月,毛奇遭到盖世太保逮捕,克莱骚集团因此元气大伤。"七二〇事件"中,该集团并未参加,但毛奇还是受到牵连,于1945年1月被绞死。

弗赖堡集团(Freiburger Kreis)是此类组织中影响较小的一个,由弗赖堡大学的学者组成,以历史学家格尔哈德·里特尔(Gerhard Ritter,1888—1967)为首。该集团形成于1938年底。它谴责希特勒的恐怖主义政策,强调希特勒和纳粹分子玷污了德国的荣誉,但其本身又持极端民族主义立场,反对和同盟国合作,不希望德国在第二次世界大战中失败。因而其活动范围较小,影响有限。

"白玫瑰小组"(Die Weiße Rose)是此类组织中知晓度最高的一个,因为它在1942年6月—1943年3月陆续散发了六种传单,呼吁民众参加反抗纳粹政权的活动。该组织的成员较早就受到慕尼黑大学哲学和心理学教授库特·胡贝尔(Kurt Huber,1893—1943)的影响。该教授生于瑞士,早年移

---

① Jürgen Heideking/Christpf Mauch/Marc Frey, *American Intelligence and the German Resistance to Hitler: A Documentary*. Boulder: Westview Press, 1996, p. 150.

居德国，在慕尼黑大学攻读哲学和音乐，获博士学位。他对法西斯的文化专制主义持批评态度，反对大学里实行的纳粹"一体化"。汉斯·舒尔（Hans Scholl，1918—1943）和索菲·舒尔（Sophie Scholl，1921—1943）是一对兄妹。哥哥早年曾积极参加希特勒青年团的活动，1941 年进入慕尼黑大学攻读医学和生物学，曾短期在苏德战场当卫生员。妹妹早年也曾积极参加德意志女青年团的活动，1942 年进入慕尼黑大学攻读生物学。兄妹俩在胡贝尔教授的影响下逐渐走上反纳粹的道路。1942 年，以慕尼黑大学的师生为核心，形成了抵抗集团，胡贝尔和舒尔兄妹成为其中的核心人物。成员们以"白玫瑰通信"的方式散发传单和张贴标语，因而获得"白玫瑰小组"的名称。小组的规模逐渐扩大，活动范围从南部城市扩及北部城市，并在汉堡成立了分部。斯图加特的欧根·格立敏格（Eugen Grimminger，1892—1986）用资金支持他们的反抗活动，其秘书蒂丽·哈恩（Tilly Hahn）小姐则捐出自己所有的存款，还时常从斯图加特将信封、纸张和多余的油印机带到慕尼黑交给成员们使用。

　　"白玫瑰小组"的传单大量引用《圣经》和包括歌德、席勒在内的名人的言论，诉诸德国的知识分子，希望能唤起大家内心的良知来反对纳粹政权。部分传单通过邮局寄往各地，在斯图加特、科隆、维也纳、弗赖堡、开姆尼茨、汉堡、因斯布鲁克、柏林等地，都出现过"白玫瑰小组"的传单。其第一份传单称："国家从来就不是目的，唯有当它成为让人类实现目标的条件时，它才具有重要性。人类的目标不外是提升个人的力量来促成进步。如果有任何国家体制阻挠个人内在力量的发挥、妨碍思想的进步，即使它的思虑再细密、结构再完备，它还是有害而无用的。……难道不是每个正直的德国人这些日子以来都对他们的政府感到羞愧？我们之中，谁能想像当面纱从我们脸上滑落，而那些可怕程度远超出过去任何人所犯下的罪行被揭露于世时，我们及我们的后代将会感受到多大的羞耻？"[1]其第二份传单则直击纳粹当局在占领区的暴行："尽管在被德国征服的波兰中，已经有 30 万犹太人被以最残忍的手法屠杀……德国人仍然笨拙地静止不动，愚蠢地沉睡着，并且助

———————————

[1] 引自维基百科 Die Weiße Rose 条。

长那些法西斯的罪行。……任何人都希望对于此类的行为能被宣告无罪，每个人都希望继续以最平静的步伐、最平淡的良心走完人生的路途，但他不会被宣告无罪，他将有罪、有罪、有罪！"第五份传单《向全体德国人发出的呼吁》问世于 1943 年 1 月，由汉斯·舒尔草拟，经胡贝尔教授修改定稿，被印制了近万份。传单提醒民众，希特勒将把德国带入万恶的深渊之中，随着同盟国军事力量的集结，德国将被打败。同时传单呼吁看到传单的人"支持反抗运动"，为了"言论自由、信仰自由和保护个人免于受到罪恶的独裁国家的独裁行为所迫害"而奋斗，并相信这些原则将会成为"新欧洲的基础"。由于这份传单流传较广，全国不少城市中都有出现，因而引起盖世太保的警觉，秘密警察们开始搜寻其源头。同年 2 月的 3 日、8 日和 15 日，汉斯·舒尔等三人用沥青在慕尼黑大学和其他建筑物墙面上写了"自由""打倒希特勒"等口号。这种做法很快被圈外人模仿，也冒险在周边街区书写同样口号。盖世太保恼羞成怒，加强了搜寻力度。

　　1943 年 2 月德军在斯大林格勒会战中遭到惨败后，"白玫瑰小组"由胡贝尔教授亲自主笔，撰写了题为《致大学生》的传单，其中表示："我国人民长期以来所遭受的那种卑劣暴政结束的时候即将到来。如同德国人在 1813 年时曾经盼望大学生帮忙推翻拿破仑一样，现在他们也盼望着大学生帮忙推翻纳粹的恐怖统治。斯大林格勒的亡灵是如此地恳求着我们！"[1]该传单后来被盟军复制，用飞机大量散发在德国各地。同月 18 日，纳粹宣传部长戈培尔在慕尼黑大学演讲厅作总体战鼓动宣讲，舒尔兄妹带着一提箱的传单来到无人的门厅，把传单投撒在厅内，希望学生们从演讲厅出来后就可以发现它们。他们离开现场后，发现提箱内还留着一些传单。为了扩大影响，他们又返回门厅，并通过楼梯跑到顶部，把传单撒向空中。一名校园管理人发现了他们的举动，叫来了警察。舒尔兄妹遭逮捕，并累及其他一些成员。在人民法庭的审讯中，两人表现坚强，索菲·舒尔对法官说："就如同我们所知的一样，你也知道我们输了这场战争。但为什么你却如此怯于承认这件

---

[1] Walther Hofer, *Der Nationalsozialismus Dokumente*, 1933–1945. S. 328–330.

事?"①四天后,即 2 月 22 日,两人被人民法庭以叛国罪判处死刑,并于同日被处死。4 月 19 日进行第二次审判。欧根·格立敏格最初因为资助"白玫瑰小组"而被判处死刑,但他的辩护律师成功地使用技巧,让哈恩坚称格立敏格根本不知道捐出的钱财用于何处,让格立敏格逃过劫难,仅获 10 年有期徒刑。但胡贝尔教授却没有那么幸运,被判处死刑。"白玫瑰小组"由此成为历史。

军内密谋集团形成的时间较晚,但在纳粹统治强化和战争的形势下,愈益成为抵抗力量中有可能取得成功的主要希望。该集团的领袖人物是陆军总参谋长路德维希·贝克。他早年从军,1911 年进入总参谋部供职,第一次世界大战中担任集团军参谋长,战后任炮兵团长。1930 年法庭审讯三名在军中宣传纳粹主义的军人,他挺身为他们作辩护,甚至到最高法院为他们出庭作证。可能由于这段经历,希特勒上台执政后,他仕途顺利,于 1933 年 10 月 1 日就任作为陆军总参谋长前身的国防部军队办公室首脑(Chef des Truppenamtes),1935 年德国公开扩军后,正式成为陆军总参谋长。他赞赏希特勒撕毁《凡尔赛条约》军事条款、宣布公开扩军的行动,在总参谋长的岗位上积极从事扩军活动,1938 年晋升为上将。贝克富有教养,思维敏捷而又思考周密,在同僚中颇有声望。他对希特勒和纳粹当局态度的转变过程,在军中密谋分子中颇具代表性。转变的起点是不满于陆军总司令弗立契遭盖世太保诬陷而被希特勒免职一事(详情见本书第九章第三节),因为他坚持认为军官团应该在德国拥有传统的特殊地位。②随着 1938 年夏捷克斯洛伐克事件愈益升温,他担心希特勒的鲁莽行为将招致英国、法国和苏联对德国宣战,使德国陷入深渊。在事件的发展过程中,他多次上书希特勒,要求停止冒险。③1938 年 8 月 18 日,他为此辞去陆军总参谋长的职务,一来希望以此表明自己态度的坚决,引起希特勒的重视,二来希望包括新任陆军总司令在内的高级军官能群起仿效,给希特勒造成更大的压力。但希特勒使用封锁消息的办法渡过了难关。贝克从此走上坚持反抗的道路。由于他公开

---

① 引自维基百科 Die Weiße Rose 条。

② Jeremy Noakes and Geoffrey Pridham, *Documents on Nazism*. p. 301.

③ Walther Hofer, *Der Nationalsozialismus Dokumente*, 1933 – 1945. S. 340.

亮出了反抗的旗号，其他心怀不满的将领也逐渐态度明朗，互相接近，形成密谋集团。这些军官包括：弗兰茨·哈尔德，继任陆军参谋长；埃尔温·冯·维茨勒本（Erwin von Witzleben，1881—1944），原任管辖柏林及周边地区的第三军区司令，1938年2月一度被希特勒解职；埃里希·冯·布罗克道夫-阿勒费尔特（Erich von Brockdorff-Ahlefeldt，1887—1943），时任波茨坦驻军司令；埃里希·霍普纳（Erich Hoepner，1886—1944），时任驻图林根装甲师师长；卡尔·海因里希·冯·施图尔纳格尔（Karl Heinrich von Stülpnagel，1886—1944），陆军总司令部第一处处长。此外，1934年已经退职的前陆军指挥部首脑（即陆军总司令）库特·冯·哈默施泰因-埃克沃德也与他们建立了联系。军事谍报局局长卡纳里斯虽然没有正式卷入，但也属于知情者。

1938年8月底，捷克斯洛伐克危机日益升温，军内密谋分子打算趁机起事，准备在希特勒最后下令进攻捷克斯洛伐克的时候逮捕他，把他送上人民法庭，指控他轻举妄动地把德国投入欧洲大战，从而剥夺他执政的资格。此后，他们准备在短时期内实施军事独裁，随后组建由社会上知名人士领导的临时政府，再在适当的时间，组织一个保守的民主政府。他们派人前往英国寻求支持，尽管受到丘吉尔等人的接待，但英国首相张伯伦等人却心怀疑虑。更重要的是，随着慕尼黑会议的召开，希特勒的冒险举动获得了丰厚的报偿，密谋分子的行动反而失去了理由。

随着各个集团抵抗活动的发展和德国战场形势的恶化，国内多股抵抗力量逐渐融合，到第二次世界大战中后期，一个相对统一的抵抗集团逐渐形成。该集团的五名核心领导成员是：路德维希·贝克；库特·冯·哈默施泰因-埃克沃德；卡尔·格尔德勒；威廉·洛伊施纳（Wilhelm Leuschner，1890—1944），社会民主党人，前全德工会联合会副主席；雅各布·凯撒（Jakob Kaiser，1888—1961），前天主教工会领导人。卷入该集团的成员还包括沙赫特、汉斯·冯·克卢格（Hans von Kluge，1882—1944）元帅、费多尔·冯·博克（Fedor von Bock，1880—1945）元帅、格奥尔格·冯·屈希勒尔（Georg von Küchler，1881—1968）元帅和冯·维茨勒本元帅。[1]

---

[1] Jeremy Noakes and Geoffrey Pridham, *Documents on Nazism，1919-1945*. pp. 312-313.

第四节　地下文化

专制统治与以政治笑话为主要表现形式的地下文化是一对孪生兄弟。长期遭受普鲁士专制统治的德国人早就具有创作与传播政治笑话的习惯，以此宣泄心中的不满，苦中作乐。在纳粹高压政治和文化专制主义的统治下，政治笑话此伏彼起，民众用纳粹能够容忍的词语，甚至用貌似正面的语言，来讽刺某些人或事，表达内心的不满，形成一股掏挖纳粹统治基础的暗流。由于讲政治笑话是一种无法控制的大众现象，不仅受惩罚的几率不高，而且惩罚力度也难以膨胀，因而屡禁不止。据统计，这类事件进入法庭受理的部分中，60%讲笑话的人受到警告后即被释放回家，尤其是在酒馆里，如因多喝了几杯说了出格的话而受到惩罚，容易引起民众的反感。少数被处以罚款，只有22%的案件被确定为"恶意诽谤"，判处五个月以内的监禁。①

"领袖国家"（Führerstaat）本来是官方用语，表明纳粹德国的基本性质，但是在老百姓的嘴里，它包含了"领袖的意愿就是国家的最高法律"的意思。②此外，由于纳粹政权穷兵黩武，奶油严重短缺，只好用人造奶油代替，这种人造奶油在纳粹时期被市民们称为"希特勒奶油"（Hitler-butter）。与此相仿的是，纳粹政权为了达到优生的目的，对遗传病患者实施绝育手术，这种手术被民众称为"希特勒修剪"（Hitlerschnitt）。1934年6月30日的"长刀之夜"，希特勒杀害了曾经被宣传为自己的"亲密战友"的罗姆，民众在私下交谈中，建议修改国家宪法，增加一条："政府总理个人有权任命和杀害他的部长。"

纳粹党的各级官员在社会上拥有特殊的地位，也成了民众讽刺的对象。这些官员都穿着统一的褐色制服，在帽子和领章上引人注目地饰有老鹰标志，③看上去既华丽又威风。但是民众们意味深长地称他们为"金雉"

---

① [德]鲁道夫·赫尔佐克：《希特勒万岁，猪死了！》，第70页。本节内容除另注出处外，大多引自此书。

② Louis L. Snyder, *Encyclopedia of the Third Reich*. p. 106.

③ Robert Edwin Herzstein, *The Nazis*. Chicago：Time-Live Books，1980，p. 59.

(Goldfasanen)。到了战争期间,德国将士在前线阵亡,一般都由这些官员去通知家属,于是民众又称他们为"死亡鸟"(Totenvoegel)。①与此相关的,纳粹党的党徽被称为"可怖胸针"(Angstbrosche)。纳粹党的不少官员营私牟利,甚至为了私利打击竞争对手,于是有了以下两则笑话。1. 有个女厨子想煎土豆,可是没有油,于是她拿起一面纳粹党党旗在炉子上面摇晃起来。别人问她为什么这么做,她回答说:"在这面旗子下,很多人都肥了。"2. "谁是反动分子?""占有一个纳粹分子想要的、薪水很高的职位的人。"②纳粹党执政后,一些见风使舵的人开始靠向纳粹党,尤其是1933年3月5日国会选举中,纳粹党获得43.9％的选票,更多的人涌入纳粹党,这些人被民众称为"三月殉道者"(Märzgefallene),更多的人称他们为"三月紫罗兰"(Märzveilchen)。③与此相关的,还有一个称呼叫"牛排纳粹分子"(Beefsteak Nazis),指那些"褐色在外,红色其内"的人,即部分社会民主党人和共产党员,出于各种原因,在1933年6—7月纷纷加入纳粹党,成为民众的嘲笑对象。

　　纳粹党的不少高层领导人,素质低下,缺点明显,成为民众的讽刺重点。戈林的名字叫赫尔曼,一则笑话讽刺其无知。19世纪期间,德意志人为纪念民族英雄赫尔曼(旧称阿尔米纽斯)率众在托伊托堡森林(Teutoburger Wald,旧译"条顿堡森林")打败罗马人的事迹,建造了赫尔曼纪念碑。当戈林来到这块纪念碑前时,却谦虚地表示:"你们特意为我立了这么个纪念碑,真的没必要。"另一则笑话则讽刺其虚荣,因为他喜欢把所有的勋章都挂在胸前:在德国应该推行一个新的计量单位,1个戈尔＝1个人能够挂在自己胸前的勋章的总和。纳粹理论强调雅利安人的优秀性,并以金发碧眼白肤作为衡量标准,但人们发觉不少纳粹领袖并不符合这些标准,尤以戈培尔为甚。于是出现了一句脍炙人口的话:亲爱的上帝,弄瞎我的双眼吧,好让我能清清楚楚看见戈培尔是个雅利安人。④罗姆是个同性恋者,然而在他能够

① Louis L. Snyder, *Encyclopedia of the Third Reich*. pp. 106、350.
② [德]鲁道夫·赫尔佐克:《希特勒万岁,猪死了!》,第35页。
③ Louis L. Snyder, *Encyclopedia of the Third Reich*. p. 223.
④ [德]鲁道夫·赫尔佐克:《希特勒万岁,猪死了!》,第17页。

为希特勒所用时，当局从不提及此事，而在"长刀之夜"事件之后，希特勒公开把同性恋团体称作"邪恶团体"。于是公开的笑话很快紧随而出，称罗姆的男司机提出了领取遗孀抚恤金的要求。还有人取笑说，罗姆升天之后，天使们把无花果的树叶挂在其身后。有一则不涉及同性恋内容的笑话，则趁机把诅咒对象扩大到其他人：上帝保佑希特勒，上帝也保佑戈林和戈培尔，至于罗姆，上帝已经完全保护住了。

在纳粹体制之下，希特勒成了国家的最高独裁者，其他机构都是他手中的工具，尤其是国会，成了"接收希特勒声明的响板（即扩音传声筒）"和"昂贵的合唱团"，因为议员开会时只是高唱国歌《德意志高于一切》和纳粹党党歌《霍斯特·威塞尔之歌》，无权进行实质性的讨论。于是在民众中就流传这样一则政治幽默：

　　——哪一个合唱团的成员比意大利歌唱家卡罗素（Caruso）挣得还多？

　　——国会议员！他们一年只表演一次，唱两首歌，却能挣得 1.2 万马克。①

在高压统治下，人们为了逃避迫害，行为举止难免有些怪异，于是就产生了一个术语："德国式一瞥"（Deutscher Blick）。当时，熟人之间在讲悄悄话之前，一般会隐蔽然而最大幅度地转动头和眼睛，以确保周围没有人偷听。结束时大多会说这样的话："今天你没说什么东西。""哦，我根本没同你说过任何事。"当时，当局正好规定德国人在互相见面时，必须高喊"希特勒万岁！"（Heil Hitler!）作为日常问候语，即"德国式问候"（Deutscher Gruß），于是对纳粹不满的人就乘机提出"德国式一瞥"，并很快在民众中流传开来。②由于被 Heil Hitler 取代的是 Guten Tag（字面意思是"祝你有好日子"，即"你好"），于是有人就说，只要大家扯开嗓子喊"希特勒万岁"，德国人就没有"好日子"。③

---

① Richard Grunberger，*A Social History of the Third Reich*. pp. 426 - 427.
② Richard Grunberger，*A Social History of the Third Reich*. p. 427.
③ ［德］鲁道夫·赫尔佐克：《希特勒万岁，猪死了！》，第 40 页。

在希特勒实施"一体化"的过程中,国会纵火是一个较为重要的环节。好多人不相信范·德·卢贝一个人能够烧着整个国会大厦,而冲锋队和党卫队已经显示出自己的威力,于是一些人就把案件与它们联系在一起。由于冲锋队的缩写是 SA,党卫队的缩写是 SS,于是就有了以下两个笑话。(1)一对父子坐在饭桌旁,儿子问:"爸爸,到底谁放火烧国会大厦?"爸爸回答说:"吃吧吃吧(Ess ess),别再问了!"(2)"谁在国会大厦放的火?""萨斯兄弟(即 SA 与 SS 合写)。"另外两则笑话使用的语言就比较直接了。(1)2月 27 日晚,戈林的副官上气不接下气地跑进戈林办公室,喊道:"部长先生,国会大厦着火啦!"戈林看了一下表,吃惊地摇了摇头,说:"这么早?"(2)"昨天我看见戈林在莱比锡大街了。""是吗? 那里什么地方着火啦?"

达豪集中营是整个集中营制度的代名词,它建成不久,人们就开始编造笑话,意在适应新的环境。有一则笑话称:

> 有两个男人在街上相遇。一个对另一个说:"太好了,又见你自由了! 在集中营里过得怎么样?"
>
> 另一个回答:"好极了! 早晨时,早餐给送到床前。咖啡、可可供挑选。然后是体育活动。中午饭有汤、肉和甜食。在喝咖啡、吃点心之前,我们玩些游戏。随后是个午休。晚饭后,我们看电影。"
>
> 问话的人很吃惊:"噢,全是瞎说吧! 前些日子我见到迈尔了。他也在里面呆过,他可给我讲了一些事。"
>
> 另一个人严肃地点点头,然后说:"他已经又被抓回去了。"

另一个笑话则是杜撰了一句祈祷词:"上帝啊,为了不使我进达豪,让我成为哑巴吧!"

有两则笑话表达了对反犹政策的不满。(1)在莱茵河畔的一座城市里,冲锋队员站在犹太人商店门口,警告路过的行人不要进入商店。一位妇女想进入一家针织品商店,岗哨挡住她,说:"不要进去! 这是犹太人的商店!""怎么了? 我自己就是犹太人!"岗哨还是推开她:"谁都可以这么说!"(2)抵制犹太商店的代言人尤利乌斯·施特赖歇尔收到一封从北方小城发来的电报,上面写道:"立即派遣犹太人来,否则无法进行抵制!"

随着扩军备战导致国内物资供应紧张,以及接二连三的募捐活动引起民众的反感,这些内容也成为政治笑话的讽刺对象。有一则笑话称:既然木材用于更重要的事情,那么,德国民众在四年计划的旗号下用什么生火取暖?很简单,用希特勒大脑纤维、戈培尔谎言织物和德国百姓的忍耐丝线混合成的材料。还有讽刺募捐的笑话。天主教徒说:"早祈祷,午祈祷,晚祈祷。"纳粹分子则说:"早上乞讨,中午乞讨,晚上乞讨。"此外,当时还出现这样的谣传:大众汽车将开始以"冬赈"机构的捐款箱取代方向指示灯,到时候老百姓会自动让路。

在对外政策方面,希特勒执政初年,德国尚处于《凡尔赛条约》的压制之下,德国民众对国际联盟的态度更多的是不满。在很多人看来,国际联盟意味着德国受奴役,几乎没有人会喜欢该组织。有一个笑话称:在日内瓦国际联盟开会期间,有一件寄存的包裹,上面写着"欢迎使用",这个包裹里装着——上吊的绳索。另一则笑话则称,有一块新的国际联盟奶酪,有人问,这个奇特的奶酪究竟意味着什么,侍应生回答说:"这块奶酪会自动分解。"随着德国在外交上取得一系列胜利,政治笑话给予希特勒较高的荣誉:谁是德国最伟大的电工? 阿道夫·希特勒! 他给奥地利打开了电源,给俄国关上了电源,给全世界通上了高压,并且一直操纵着开关。与此同时,民众对于墨索里尼的投机心理甚为不满,给他起了个绰号——德国的收割帮手,甚至修改了凯撒的名言,称墨索里尼曾说:"我来了,当我看见他取得胜利的时候。"然而,当意大利军队在战场上表现出低劣的战斗能力时,又出现了如下政治笑话:在德国最高统帅部,传来一个消息,说意大利在墨索里尼的命令下参战。——"我们必须以 10 个师的兵力应对!"——"不,他是作为盟友参战的。"——"那就苦了,这至少要耗费我们20 个师!"

然而在对英政策方面,政治笑话却把外交活动与希特勒的独裁理念结合起来。一则政治笑话称:希特勒在张伯伦和墨索里尼的陪伴下去钓鱼。张伯伦放下鱼钩,点上烟斗,在两个小时内不停地操作。墨索里尼轻率地跳入水中,抓住了一条又大又肥的梭子鱼。轮到希特勒,他下令抽干池塘里的水。看着鱼儿在池底挣扎,张伯伦问:"为什么不把它们舀上来?"希特勒回答说："它们必须先向我发出请求！"①但是，在对英作战遇到障碍时，民众却对希特勒的无奈略有不满。一则政治笑话称：法国战败后，希特勒站在海峡边远望英国，失去了信心，深感侵袭太困难了。这时，摩西突然在他身旁说："如果你不迫害我的犹太人，我可以告诉你跨越红海的办法。"说时迟那时快，希特勒的贴身卫兵牢牢抓住摩西，用严刑强逼他说出："我只要有上帝给我的那根拐杖，把它水平地横放在海峡上面，水就会退去，海也就会干枯！""这根拐杖在哪里？把它交出来！"希特勒大声吼道。摩西耸耸肩，说："收藏在不列颠的博物馆里！"

　　1941 年 5 月 10 日，作为元首代表的赫斯单独飞英，这件事使希特勒极为难堪，只好将其称为"疯子"，并下达了内部命令，称一旦这位不忠实的部长归来，立即枪毙。但老百姓仍然以自己的方式对此事件作出反应。有一则笑话称，丘吉尔欢迎赫斯，说："原来你就是那位疯子！"这位德国人谦虚地回答："不，我只是代表！"另一句改编过的祷告词则表达了部分民众不想再跟随纳粹冒险者的愿望："亲爱的上帝，让我发疯吧，以便成功地飞向苏格兰。"一则涉及集中营的笑话则讽刺 5 月 10 日前后官方对赫斯截然不同的评价：在集中营里，两位老相识相遇。——"你是由于什么原因进来的？"——"因为我在 5 月 5 日说赫斯是个疯子。你呢？"——"我在 5 月 15 日说，赫斯没有发疯。"

　　随着战场形势日趋恶化，当局在国内实施超级总动员，老人少年都被赶上战场，供应也越来越紧张，民众对纳粹政权日益不满，对希特勒的讽刺也越来越多。抱怨超级总动员的笑话有：五月的金龟子飞呀飞！父亲在打仗，祖父也要上前线，这就是复仇。五月的金龟子飞呀飞！另一则笑话以各种变体流传，它把"人民冲锋队"说成是人们盼望已久的"神奇武器"，因为苏联人看见他们后肯定会大笑而死，这样德方就能够取得战争的胜利。穿制服的退休老人被戏谑地称为"晚熟的希特勒青年团员"，同时人们说 1943 年出生的人很快就要坐着童车上前线了。在维也纳，人们用幽默来对待食品定量供应问题：希特勒、戈林和粮食部长赫尔伯特·巴克举行作战会议。希特

① Richard Grunberger, *A Social History of the Third Reich*. p. 421.

勒问戈林:"飞机和汽油能维持多长时间?"戈林答:"5年,我的元首!"希特勒问戈培尔:"通过宣传,国民的士气能够维持多久?"戈培尔答:"10年,我的元首!"希特勒问巴克:"您能为我们供应多长时间的粮食?"巴克答:"20年,我的元首!"希特勒用惯常的力气说:"那么,我们就可以长期作战下去!"巴克不好意思地说:"我指的是只供应我们四人!"

纳粹当局的处境越差,对传播政治笑话者的惩罚就越严厉。同样一个笑话,在不同的年代,其传播者的遭遇大相径庭。有这样一则笑话:学校里挂着希特勒总理和戈林部长的画像,在两幅画的中间还有一些空位。教师问:"空位可以派什么用?"一名孩子站起来回答:"我们可以在当中挂耶稣的像,因为他从前也是被吊在两个罪犯当中的。"如果在1933年有人讲这个笑话,当局会作淡化处理。在大战中后期,该笑话作了修改,内容改成为:一名伤员快要死去,他想知道自己是为何而死的。他让人叫来护士,对她说:"我作为士兵死去,我想知道,我是为谁献出生命的。"护士回答:"您是为元首和人民而死的。"士兵问:"元首能来我的床边吗?"护士说:"不,这不行,但我可以把元首的画像拿来。"士兵随后请她把画像放在右边。接着,士兵又说:"我是属于空军的。"护士给他拿来了戈林元帅的画像,并且放在左边。士兵说:"现在,我可以像耶稣那样死去了。"当时,有个叫米勒的天主教神职人员,因为一直同纳粹主义保持距离,因而非但得不到重用,还常常被调动工作地点。1943年8月,他被调到希尔德斯海姆(Hildesheim)附近工作。他没有注意到常到他住处干修理活的当地手工匠师傅是个狂热的纳粹分子。有一次,米勒神甫上完宗教课后与乡村教师交谈,后者转述了自己在小酒店里听一个农民大声讲述的上述笑话。神甫在回家的路上,偶然遇见手工匠师傅的父亲,此人正患着重病。也许是为了让这位病人高兴一些,神甫也向其转述了刚刚听来的笑话。不料,那个手工匠师傅立即到纳粹党地方领袖那里告发了神甫,后者又将事情上报给希尔德斯海姆的盖世太保。盖世太保对米勒展开报复,他们经常在神甫做弥撒时突然出现在教堂,耀武扬威地在楼区里四处搜索。在接下来的三个月里,神甫一再被盖世太保传唤。神甫在审讯中竭力申明自己没有嘲笑元首的意思,而关于垂死士兵的故事实际上涉及基督教"牺牲思想"的比喻。他尽管面对种种威胁,但始终保护着那位讲故事的乡村教师,不肯说出他的姓名。在此期间,告密者受到良心的谴责,偷偷地在邻村的客店里与米勒见面,表示了自己的悔意。他向盖世太保提出撤销告发,但遭到拒绝。1944年5月中旬,米勒被逮捕,不久又遇上清算"七二○事件"的浪潮,于同年9月中旬被处死。

第九章　富国强兵还是图谋战争

第一节　摆脱国际组织的束缚

　　1961年,英国史学家 A. J. P. 泰勒(Alan John Percivale Taylor,1906—1990)出版了《第二次世界大战的起源》一书,对二次大战结束以来统治史坛的"正统学派"提出挑战,认为第二次世界大战不是希特勒挑起的,而是起源于各国政治家们的忙中出错。"正统学派"的学术漏洞,在于混淆了称雄欧洲乃至全球,同战争狂人般地蓄意发动战争两者之间的差别。尽管希特勒在《我的奋斗》一书中说过:"人类在永恒的斗争中壮大,而在永恒的和平中只会灭亡。"但作为一种国家政策,他所追求的,首先是不战而胜,通过恐吓、欺骗、局部战争等手段打破凡尔赛体系,扩大德国的领土,统治欧洲乃至世界。然而,他清楚地知道,不论是从事"神经战"、局部战争还是世界大战,军事准备都是必要的后盾。而且,按希特勒的说法,由于世界上不存在无主的空间,进攻者总是要碰上占有者的,因此任何空间的扩张都只能在打破抵抗和承担风险的情况下进行。[①]

　　希特勒政府执政之初,德国在军事装备上起步相当低。《凡尔赛条约》

---

① 1937年11月5日希特勒在德国高级军政会议上的讲话,参见 Louis L. Snyder, *Encyclopedia of the Third Reich*. p. 172.

规定德国不得拥有空军、坦克和潜艇，军队征募实行志愿兵制（而不是义务兵役制），陆军人数的最高限额为 10 万。尽管各届政府和各种组织在 20 年代曾经局部违反该条约，训练过一些各种形式的"黑兵"，但是由于受到凡尔赛体系的束缚，其军事实力不仅难以发动世界大战，就连同邻国相匹敌的能力都没有。德国要对外扩张，首先必须打破《凡尔赛条约》的束缚，使重整军备的工作公开化和合法化。另外，德国在外交上也比较孤立，在中西欧外交舞台上几乎没有朋友，在欧洲军事战略格局上几乎处于被包围的状态。其西面是宿敌法国，比利时和法国有同盟关系。东面是法国的东欧盟国波兰、捷克斯洛伐克、罗马尼亚和南斯拉夫。其中波兰长期对德国抱有敌意，捷克斯洛伐克是法国的忠实盟友，且在地理条件上对德国能攻易守。希特勒在口授《我的奋斗》时曾提出，德国扩张的第一步是对内"铸造神剑"，对外"寻觅朋友"，他上台后即把这一设想付诸实践。

从 20 年代后期起，德国魏玛政府在世界裁军会议上就提出"军备平等"的要求，建议世界各国允许德国适度扩军，否则就让德国的邻国裁军。希特勒上台后接过这一口号，以《凡尔赛条约》受害者要求有限扩军的姿态走出第一步。[①] 该政府继续参加世界裁军会议第二阶段的会议。当时各大国由于最后几届魏玛政府的努力，勉强同意给予德国"军备平等"的权利。在1932 年 12 月 11 日召开的英、法、意、德、美五国裁军会议上，与会国同意"在一个保障集体安全的体系之内给予德国和其他由条约规定裁军的国家以平等的权利"。希特勒政府与会后，要求将"军备平等"的原则付诸实施。1933年 5 月 17 日，希特勒在国会发表对外政策声明，谴责战争是"疯狂透顶的事"，会"造成现有社会和政治秩序的崩溃"。他表示"德国完全愿意放弃一切进攻性武器，如果有武装的国家也销毁他们的进攻性武器的话"，"德国也完全愿意解散全部军队，销毁现有的少量武器，如果邻国也这样做的话"，"德国愿意同意任何庄严的互不侵犯条约，因为它并不想进攻别国，只想谋

① Norman Rich, *Hitler's War Aims：Ideology, the Nazi State, and the Course of Expansion*. New York：Andre Deutsch, 1973, p. 9.

求安全"。①

　　法国政府继续坚持 1932 年 11 月提出的原则,要求缩减各国的进攻性军事力量,建立一套复杂的安全保障体系。它建议把欧洲各国的军队全部缩减成服役期为三个月的民兵组织,所有重炮、坦克等进攻性武器在国际监督下储存在每个国家里,但各国民兵不能动用它们。英国政府的计划更具有可操作性。1933 年 3 月 16 日发表的《麦克唐纳计划》建议:将德、法、意、波等主要欧洲国家的陆军兵员最高数额限制在 20 万,各国应在五年内从现有兵员数缩减或扩大至这一限额;海军方面遵守《华盛顿协定》和《伦敦协定》规定的义务,在 1935 年召开特别会议重新讨论该问题;裁减甚至取消空军,禁止实行空中轰炸;成立一个常设裁军委员会,以监督各项条款的执行。该计划得到美国政府的支持。

　　希特勒的扩军目标是数百万,根本不满足于计划规定的 20 万,同时认为法国与其盟国的兵力相加,将达到 125 万,而且其殖民地的部队也不在限制之列。然而他出于策略考虑,在 1933 年 5 月 17 日的国会演说中表示原则上接受《麦克唐纳计划》。②

　　法国对该计划不甚满意,但迫于世界舆论的压力,勉强表示同意。同年6 月 7 日,世界裁军会议总委员会通过《麦克唐纳计划》。然而随着德国国内反犹政策逐步升级,引起部分国家公众舆论和政府的反感,法国政府趁机要求将《麦克唐纳计划》的实现年限从 5 年延长到 8 年,前四年为试行期,用以巩固已经达到的军备水平,同时建立起军备监督制度和制裁制度,从第五年起正式裁军或扩军。该建议得到美国代表的支持。英国政府也同意在实施裁军之前先建立军备监督制度。意大利政府则提出一个折衷方案:首先着手裁军,在裁军结束以前建立起军备监督制度。但该方案遭到法、英两国的反对。1933 年 9 月 24 日,国联会议以英、美、法、意四国名义向德方提出一项新的公约草案,建议裁军分两个阶段实施,第一阶段为 3—4 年的巩固

---

① Paul R. Sweet, *Documents on German Foreign Policy*, *1918 - 1945*. Washington: Series D, V. 1, 1950, No. 246.

② Andreas Hillgrube, *Hitlers Strategie*, *Politik und Kriegsführung*, *1940 - 1941*. Frankfurt/M.: Bernard & Graefe Verlag 1965, S. 14.

期,德国应在这段时期内以短期兵役取代长期兵役,第二阶段也为期 3—4 年,实现真正的裁军。

希特勒立即抓住时机,在国际外交舞台上做出第一个冒险举动。1933 年 10 月 6 日,德国政府照会英、意两国政府,声称德国如果接受四国的建议,就等于接受自己所不能容忍的差别待遇,"德国希望,要么获得完全自由,要么同其他国家一样接受质量方面的限制"。10 月 14 日,德国政府致电裁军会议主席内维尔·汉德逊(Nevile Henderson,1882—1942),称由于"拥有庞大武装的国家"既不裁军,又不满足德国军备平等的需求,裁军会议不可能完成全面裁军的任务,德国政府认为不得不退出裁军会议和国际联盟组织。① 同年 10 月 19 日,外交部长牛赖特致电国际联盟秘书长,正式宣布"德国根据盟约第一条第三款退出国际联盟"。

由于是第一次在国际外交舞台上冒险,希特勒在事后采取了一些后续行动,以缓和其冲击力。1933 年 11 月 12 日,希特勒将退出裁军会议和国际联盟的决策付诸公民表决,结果 96％的合格选民参加投票,其中 95％支持政府的做法。他以此向国外表示其政策充分反映了本国的民意。同时,他向法英两国大使吹"和平"之风,表示愿意同各国缔结为期 10 年的互不侵犯条约。②

此后,德国政府继续就军备问题同法国交涉。1933 年 12 月 18 日,德国向法国递交备忘录,以下述要求作为恢复裁军谈判的条件:德国征兵 30 万,以短期服役为基础;德国能拥有其他国家所拥有的一切武器,裁军会议应明确这些武器是"防御性"的;民用航空不受监督或限制;德国的冲锋队、党卫队等应视为非军事组织,不得列入裁军会议的讨论范围;萨尔区立即归还德国,并就萨尔煤矿所有权问题举行谈判。1934 年 1 月 1 日和 2 月 14 日,法国政府两次复照德国,坚持德国必须返回裁军会议和国际联盟,在此前提下才能讨论实质性的问题。英国政府反对德国退出裁军会议和国际联盟的行动,但认为此举在一定程度上情有可原,故而希望通过劝说使德国返回这两

---

① 〔英〕华尔托斯:《国际联盟史》,封振声译,商务印书馆 1964 年版,下卷,第 102 页。
② Paul R. Sweet, *Documents on German Foreign policy*,*1918 – 1945*. Washington:Series C, V. 2,1950,No. 9.

个机构,或者推动德国接受一项限制军备的条约,以防止它无限制地扩充军备。① 希特勒虚与委蛇,婉拒了英国的建议。

第二节 中立波兰,染指奥地利

波兰于第一次世界大战结束后复国,曾是法国制约德国和协约国反对苏联的得力助手。在领土方面,它既从德国手中获得过"波兰走廊",使东普鲁士因此而同德国本土分离,又与苏联有西白俄罗斯和西乌克兰领土归属之争。因此,在整个 20 年代,波兰同德国、苏联两个邻国的关系都比较紧张。然而,随着纳粹运动在德国猖獗,波兰在恐惧之下决定同苏联缓和紧张关系,求得东部疆界的稳定。1932 年,它响应苏联政府的和平呼吁,于 7 月 25 日与苏联签订《苏波互不侵犯条约》,双方同意不向对方发起侵略,也不给予侵略对方的第三国以任何支持。该条约的有效期原为三年,1934 年 5 月 5 日双方又签订议定书,将其延长至 1945 年 12 月 31 日。在此基础上,波兰政府决定利用本国的陆军人数是德国两倍的暂时优势,在希特勒上台初期,准备对德国发动一场预防性战争。1933 年 3 月,波兰外长约瑟夫·克莱门斯·毕苏斯基(Józef Klemens Piłsudski,1867—1935)向法国政府提议,鉴于德国正在破坏《凡尔赛条约》,加紧扩军备战,波兰军队已准备干涉此事,希望法国政府给予支持。同年 4 月,波兰驻法大使向法国政府递交一份照会,要求法波两国政府举行磋商,商议对德国发动预防性战争,以制止德国的扩军进程,加固摇摇欲坠的凡尔赛体系。法国以民主家不能首先发动军事进攻为由,拒绝了波兰的要求。

正当波兰政府对下一步行动踌躇不决时,德国向它发起了"和平"攻势。希特勒首先着手防止波兰发动预防性战争。1933 年 2 月 6 日,英国报纸曾经报道,称希特勒对英国记者表示,波兰走廊的全部地区应该归还德国。②

---

① W. N. Medlicott/Douglas Dakin /M. E. Lambert, *Document on British Foreign Policy, 1919—1939*. London: ser. 2, vol. 5, 1970, No. 406.

② [美]格哈特·温伯格:《希特勒德国的对外政策(上编):欧洲的外交革命,1933—1936 年》,何江、张炳杰译,商务印书馆 1992 年版,第 85 页。

　　尽管希特勒在多次讲话中确曾提出过该要求,纳粹报纸也在全国各地和但泽地区发起过巨大的宣传运动,要求将波兰走廊归还德国,但是为了安抚和拉拢波兰,德国政府很快就否认英国报纸报道的准确性。同年 5 月 2 日,希特勒又告诉波兰驻德大使,说自己是一个民族主义者,而一个真正的民族主义者将拒绝通过征服和剥夺他人语言风俗的手段吞并其他民族。[①] 同时,戈培尔在国务秘书伯恩哈德·冯·比洛(Bernhard von Bülow,1885—1936)的劝阻下,也停止发表关于但泽问题的煽动性演说。1933 年 10 月,希特勒政府进而向波兰和捷克斯洛伐克提议缔结双边互不侵犯条约。

　　波兰的国力较弱,但其政府一贯以大国自居。英、法、意、德《四强公约》将它排除在外一事,使它对法英两国不满。而该公约同意修改德国边界,又使它感到严重不安。当希特勒发出缔约建议后,尽管捷克斯洛伐克政府断然拒绝,波兰政府却积极响应。1934 年 1 月 26 日,两国在柏林签订为期十年的《德国和波兰互不侵犯和谅解宣言》,宣布两国无论在何种情况下,都不使用武力来解决两国间发生的任何争端。此后,波兰在德苏两国之间实行"等距离外交",提出"离莫斯科不比离柏林近一寸"的行事原则,甚至拒绝参加法国所热衷的《东方公约》,打算以此来维护自身的利益。希特勒政府则努力促使波兰政府维持这一立场。1935 年,由于波兰提高了使用波兰走廊内铁路的收费,两国在经济上发生纠纷,德方在希特勒授意下作了让步,同意波方的做法。1935 年 4 月,英、法、意三国召开斯特莱沙会议,波兰因为没有受到邀请而感到不安,希特勒及时派戈林前往访问,表达了德方的和平意图。同年夏天,但泽的纳粹分子打算把该地并入德国,又被希特勒制止。1937 年初,英国准备在东欧和东南欧组建包括波兰、罗马尼亚和波罗的海诸国的"中立国集团",以防止这些国家落入德国的势力范围,戈林又及时地前往波兰"打猎",劝说波兰拒绝该项建议,最后导致德波两国于 1937 年 11 月 5 日签署关于国内少数民族问题的条约。对德国来说,该条约既改善了德国的处境,又削弱了法国的同盟体系。

[①] Esmonde M. Robertson, *Hitler's Pre-War Policy and Military Plans*. London: Longmans 1963, p.11.

奥地利尽管是个德意志国家,但是在希特勒执政之初,还是德国和意大利争夺的对象。希特勒把组建"大德意志国"作为对外扩张的第一步,其中,让曾经是德意志领袖的奥地利重新回归德国是重要的内容之一。墨索里尼的目标是组建环地中海的大帝国,将奥地利视作自己的"绿色后花园",不容他国染指。与此相对应,奥地利国内既有意大利流派的法西斯组织"卫国军"(Heimwehr),也有亲德国的纳粹党。

1932年5月,奥地利基督教社会党人恩格尔贝特·陶尔菲斯(Engelbert Dollfuss,1892—1934)就任奥地利总理。他为了缓和经济危机的打击,通过国际联盟获得了三亿先令的贷款,作为回报,允诺在1952年以前不使奥地利在政治上并入德国。墨索里尼政府感到有机可趁,进一步拉拢奥地利。希特勒在德国执政后,开始对教会实施"一体化",此举引起基督徒陶尔菲斯的反感,于是也进一步投向意大利。1933年春,希特勒派戈林访问罗马,试图说服意大利政府同意让奥地利并入德国,但遭到墨索里尼断然拒绝。陶尔菲斯得知此事后,称奥地利"在罗马有可以信赖的朋友"。

1933年3月起,陶尔菲斯开始仿效意大利,着手废除民主体制。3月4日,他宣布政府不再对议会负责,禁止民众举行游行和集会,取消出版自由。不久,政府又取缔了共产党。3月29日,奥地利纳粹党徒在维也纳举行大规模的示威和暴动。4月,陶尔菲斯到罗马寻求支持,回国后即宣布禁止任何政党的成员穿着制服,并将为首的纳粹分子驱逐出境。6月10日,奥地利政府禁止在国内销售德国纳粹党党报《人民观察家报》,翌日,奥地利军队开始驱逐纳粹党员和参与纳粹活动的士兵。[1] 6月19日,政府又取缔了奥地利纳粹党。

德国方面早就在从事吞并奥地利的准备工作,在临近奥地利的巴伐利亚地区训练奥地利纳粹分子,成立了数千人的"奥地利军团",并提供武器弹药,伺机越境进攻。[2] 面临奥地利政府的亲意大利举动,德国报纸从1933年2月底起,连篇累牍地指责奥地利政府迫害纳粹党人。同年3月26日,

① Bruce F. Pauley, *A History of Austrian National Socialism*. Chapel Hill: The University of North Carolina Press, 1981, P. 7.
② Paul R. Sweet, *Documents on German Foreign Policy*, 1918–1945. Series C, V. 2, No. 393.

希特勒不顾牛赖特和巴本的反对,宣布自 1933 年 6 月 1 日起,对前往奥地利旅游的德国人征收 1000 马克的特别税,以打压奥地利的旅游业。同年 5 月,巴伐利亚州司法部长汉斯·弗兰克还应奥地利纳粹党的"邀请",进入奥地利境内,直接干涉奥地利内政。奥地利纳粹党被取缔后,德国纳粹分子甚至出动飞机,飞入奥地利境内萨尔茨堡(Salzburg)、茵斯布鲁克(Innsbruck)等地上空散发传单,鼓动法西斯暴乱。1933 年 8 月 7 日,德国外交部国务秘书比洛向法国大使和英国代办断然宣称,德国政府不容许任何国家干预德奥之间的争议问题。10 月 3 日,奥地利纳粹分子在德国支持下谋刺陶尔菲斯,使其受了轻伤。

面临德国的压力,陶尔菲斯政府更紧密地靠向意大利。1933 年 8 月 19 日,陶尔菲斯访问意大利,两国发表了声明"双方在奥地利独立问题上意见完全一致"的公报。1934 年 1 月,意大利外交部副大臣苏维奇访问奥地利。1 月 12 日,苏维奇重申"由于奥地利地处中欧心脏和多瑙河流域……它的重要性远非它的领土大小和人数多少所能比拟","意大利一贯坚持的立场"是"必须首先保证其独立"。[①] 同年 2 月 17 日,意大利与英国、法国一起发表《英、法、意三国关于维护奥地利独立完整的联合宣言》,表示三国政府的共同看法是"有必要依照有关的条约维持奥地利的独立与完整"。3 月 17 日,意、奥、匈三国在罗马签订《意、奥、匈间的议定书》,俗称《罗马议定书》,相约三国中任何一国遭到威胁时,三国将互相磋商对策,同时发展三国间的经济合作关系。

陶尔菲斯在意大利的支持下,在国内加强了独裁统治。1934 年 2 月,奥地利政府下令解散除"祖国阵线"外的一切政党。此措施主要针对社会党。同时,政府军和"卫国军"袭击了社会党总部。社会党发动维也纳工人举行总罢工,于是爆发了大规模内战。血战三天后,起义被镇压,但陶尔菲斯政府的社会基础进一步缩小。同年 5 月,奥地利政府颁布建立独裁制的新宪法,规定议会不由选举产生,议席改由各社会团体组织分配,议会无权

---

① [英]温斯顿·丘吉尔:《第二次世界大战回忆录》第 1 卷上部第一分册,吴万沈译,商务印书馆 1974 年版,第 134 页。

讨论政府提出的议案,只能对其表示接受或拒绝。

希特勒一面加紧扶植奥地利纳粹分子,削减从奥地利进口木材、水果和牛的配额,破坏其经济,一面试图缓和与意大利的紧张关系。1934 年 6 月14—15 日,他与墨索里尼在威尼斯举行首次会晤,但未能取得实质性进展。会谈结束后,德国继续偷运大量爆炸物进入奥地利,武装该国纳粹分子。7月 12 日,奥地利政府颁布政令,规定窝藏爆炸物者都得判处死刑。同月 20日,维也纳法院据此判决触犯该政令的七名纳粹暴徒死刑。判决前夕,德国慕尼黑电台向奥地利发表广播,威胁陶尔菲斯政府的成员将以自己的脑袋抵偿七名纳粹党员的生命。7 月 23 日,该电台又声称"审判陶尔菲斯的日期即将临近"。

1934 年 7 月 25 日,奥地利纳粹分子在德国纳粹当局指使下举行暴动。一群暴徒冲进维也纳广播电台,胁迫播音员宣布陶尔菲斯政府已经被推翻,原奥地利驻意公使安东·林特伦(Anton Rintelen,1876—1946)被任命为新任总理。同时,150 名纳粹分子冲进总理府,枪击陶尔菲斯,使其重伤致死。"奥地利军团"也从巴伐利亚越境进入奥地利。

墨索里尼闻讯大怒,当晚下令四个意大利师快速进入意奥交通要道勃伦纳山口(Brenner Pass)和克恩顿(Kärnten)边境,向德国示威。① 英法两国驻德大使奉本国政府之命,提请希特勒政府注意:奥地利的独立是得到国际保障的。意大利驻奥代表亲自出面,指挥"自卫团"控制中央电话局,切断德国公使馆与柏林之间的联系。很快,纳粹暴动被镇压下去,林特伦遭逮捕。7 月 30 日,库特·舒士尼格(Kurt Schuschnigg,1919—1977)受总统之命组成新内阁,继续执行陶尔菲斯的政策。

当时德国的扩军备战尚处于起步阶段,外交地位也无根本性改善,面对其他大国的一致反对,只好暂时放弃吞并奥地利的企图,再次等待时机。德国宣传机构声称德国政府不赞成奥地利纳粹党的行动,希特勒则对陶尔菲斯遇刺表示"谴责和遗憾",同时撤回参与策划暴动的驻奥公使,另派原副总

---

① Elizabeth Wiskemann, *The Rome-Berlin Axis*:*A History of the Relations between Hitler and Mussolini*. New York:Taylor & Francis Group,1959,p. 35.

理巴本接替。

1934 年 9 月 12 日,国际联盟召开会议,舒士尼格受邀在会上宣布奥地利维护独立的决心。会议期间,英、法、意三国于 9 月 27 日签署《英、法、意三国对于执行 1934 年 2 月 17 日关于奥地利独立完整宣言的联合宣言》,声称三国代表对奥地利局势进行新的探讨后,同意承认 2 月 17 日的宣言仍保持其全部效力,并成为三国共同政策的依据。[①]

第三节　实施普遍义务兵役制

1935 年 1 月,萨尔区顺利回归德国,此举进一步推动希特勒做出毁约扩军的第二个冒险举动,即撕毁《凡尔赛条约》的军事条款,公开宣布扩军。

据《凡尔赛条约》规定,萨尔区的矿山所有权转交法国,其行政由国际联盟任命的萨尔行政管理委员会掌管,15 年后在当地举行公民投票,由萨尔区居民在重归德国、并入法国或继续维持国际管制三个方案中作出选择。随着预定的公决日期日益临近,德国加紧活动,试图无条件收回萨尔。早在 1930 年,德国魏玛政府就同法国政府举行谈判,要求不通过公民表决就将该地区直接交归德国,但遭到法方拒绝。此后,萨尔地区各政党联合组成"统一阵线",积极鼓动该地区回归德国。然而,希特勒在德国执政后,开始迫害共产党和社会民主党,对教会实施"一体化",这一切引起萨尔地区共产党人、社会民主党人和教会人士的不安,导致"统一阵线"瓦解。1933 年 7 月,萨尔地区的纳粹党联合一些小党和许多天主教徒,组建了"德意志阵线"。该阵线一方面组织游行和集会,安排民众到德国旅游,吸引民众投票支持萨尔区回归德国,另一方面则使用绑架、截取信件等暴力手段,威胁持异议的民众。

1933 年 11 月,德国政府再次要求法国政府放弃萨尔区全民公决的程序,又遭到法方拒绝。然而从总体上说,法方除不愿放弃公民表决这一预定

---

① R. R. Koerner, *So Haben sie es Damals Gemach: Die Propagandavorbereitungen zum Österreichanschluss Durch das Hitlerregime, 1933－1938*. Vienna: Gesellschaft zur Förderung Wissenschaftl, 1958, S. 154.

程序外,不论是政府还是公众舆论,都不太关心萨尔的归属问题。英国政府则反对在萨尔区维持国际管理制,认为这种管理将使国际联盟承担过于重大的义务。意大利政府宣称萨尔问题并不涉及整个欧洲的大局,仅仅关系到法德两国而已。1934年1月,国际联盟理事会任命一个"三人委员会"负责监督萨尔地区的公民表决。同年6月2日,法德两国签署协议,双方保证不对萨尔地区的公民施加直接或间接的压力。11月底,希特勒的外交事务助手里宾特洛甫前往法国,同法国外长皮埃尔·赖伐尔(Pierre Laval,1883—1945)商谈公民投票事宜。赖伐尔向德方承诺,如果第一轮投票的结果是萨尔划归德国,法国将放弃十年后在该地区举行第二轮投票的要求。12月3日,法德两国在"三人委员会"斡旋下签署关于财政问题的协定,规定德国向法国支付9亿法郎,作为法国对矿产、铁路等全部债权和财产的补偿。

　　1935年1月13日,萨尔地区在"三人委员会"的主持下举行公民表决。528 005名合格选民参加投票,其中477 119票要求归并德国,46 513票要求维持原状,2 124票主张并入法国。国际联盟根据投票结果,决定自1935年3月1日起,萨尔区重归德国。①

　　萨尔区公民投票的结果激励了德国的复仇主义者,也鼓励了希特勒的冒险勇气。同年3月6日,法国政府向本国议会提出恢复两年服役期限的军事法令草案,规定自1935年起,法国将征召1915年以后出生的青年入伍。由于第一次世界大战期间法国出生率骤降,形成1935—1939年期间兵源减少的"空年",为了弥补缺额,法国政府要求将适役年龄从21岁降到20岁,服役期从1年延长到2年。德国报刊则趁机大肆攻击法国实行的措施,德国政府趁势作出一个小的冒险举动。3月10日,德国航空部长戈林告诉英国《每日邮报》记者,说德国政府已经解除了不得建立空军的义务,正在组建作为武装力量第三军种的空军。事实上,当时德国的空军力量为2500架飞机,其中作战飞机800架。德国的这一举动既是空军建设的重要一着棋,

---

① [民主德国]洛塔尔·贝托尔特等编:《德国工人运动史大事记·第二卷:从1917年至1945年》,第365—366页。

又作为另一个更大冒险举动的试探性行动。遗憾的是,英国外交当局并未对此作出强烈反应。

3月15日,法国国民议会通过军事法令。翌日,德国政府趁机在国内颁布《武装部队重建法》(*Gesetz für den Aufbau der Wehrmacht*,亦译《普遍义务兵役法》),规定德国武装部队[①]改志愿兵制为义务兵役制,和平时期的陆军由12个军36个师组成。[②] 同年5月21日,它又颁布补充性的《国家防御法》,正面提到军队的名称问题。文件规定德国"国防军"(Reichswehr)改称德国"武装部队"(Wehrmacht),由陆海空三军组成,希特勒任最高统帅,三军各设总司令一职和总参谋部;德国国防部(Reichswehrministerium)改组成军事部(Reichskriegsministerium,一译"战争部"),前国防部长勃洛姆贝格改任军事部长兼武装部队总司令。法律规定,全国18—45岁的公民都有服兵役的义务,在必要时,政府有权宣布整个德国处于"防卫状态",在这种情况下,执行权转交给"元首和总理"。[③] 3月16日当天,德国外交部向英、法、意、波四国驻德使节递交了《武装部队重建法》副本,宣传部也向各国记者公布了这一消息。德国国内则利用这一机会加快备战步伐。1936年8月,陆军当局提出了"八月计划",规定以1939年10月为期,和平时期总兵力要达到83万人,战时扩大到462万人。为了实施这个计划,陆军的财政拨款增加到每年近90亿马克,比1935年增加2倍多。[④]

第四节　进军莱茵非军事区

法国对德国的行动深感不安,一方面正式向德国提出抗议,并要求国际联盟理事会召开特别会议,讨论德国违反《凡尔赛条约》的行动,另一方面建议英、法、意三国举行外交会议,商量抵制对策。英国在德国退出裁军会议

---

① 德国军队在魏玛共和国时期受到《凡尔赛条约》的限制,称作"国防军",此法令已经使用了新的名称"武装部队"。
② Walther Hofer,*Der Nationalsozialismus Dokumente*,1933 – 1945. S. 187.
③ [民主德国]洛塔尔·贝托尔特等编:《德国工人运动史大事记·第二卷:从1917年至1945年》,第371页。
④ 华东师范大学历史系第二次世界大战史研究室:《第二次世界大战起源研究论集》,华东师范大学出版社1986年版,第74页。

和国际联盟后即已停止实施"扶德"政策,把"均势外交"的抑制对象转向德国,因此同意了法国的要求。意大利因为害怕德国强大后会吞并奥地利,也接受了法国的建议。1935 年 4 月 11 日,法国总理皮埃尔·弗兰亭(Pierre Flandin,1889—1958)和外长皮埃尔·赖伐尔(Pierre Laval,1883—1945)、英国首相拉姆齐·麦克唐纳(Ramsay MacDonald,1866—1937)和外交大臣约翰·西蒙(John Simon,1873—1954)、意大利首相墨索里尼和首相府秘书阿洛伊西(Aloisi)在意大利北部的斯特莱沙城(Stresa)举行会议,讨论三国互相保障欧洲和平问题。4 月 14 日,会议签署了《英、法、意三国在斯特莱沙会议上关于欧洲问题的决议》。决议对德国破坏《凡尔赛条约》的行为表示遗憾,声称"三国政策的目的是在国际联盟的范围内维持集体和平","一致同意一切实际可行的手段,反对足以危害欧洲和平的片面废除条约的行动,并将为此目的进行紧密合作"。决议还重申三国将保证奥地利的独立与完整。同时,英意两国发表了共同宣言,重申两国在《洛迦诺公约》中承担的担保者义务。[①] 根据会议决议,三国结成了所谓"斯特莱沙阵线"(Stresa Front)。同年 4 月 15 日,国际联盟理事会召开特别会议,讨论德国实施普遍义务兵役制的问题。4 月 17 日,会议通过一项决议,指出德国的行为违反了《凡尔赛条约》,并认为单方面废除国际义务势必危害维护和平的事业,因而决定成立一个特别委员会,考虑如何制裁毁约的国家。

希特勒政府竭力阻止斯特莱沙阵线生效。1935 年 3 月 24—26 日,英国外交大臣西蒙和掌玺大臣安东尼·艾登(Anthony Eden,1897—1977),在德国公开违约的情况下继续根据原先的安排访问德国,与希特勒举行会谈。希特勒趁机示好,主动表示承认英国的海军优势,放弃第一次世界大战前德国军舰吨位数占英国军舰 62.5% 的要求,提议缔结规定德国海军力量不超过英国 35% 的协定。[②] 5 月 21 日,希特勒在国会发表"和平"演说,提出维护和平的 13 点建议,其中重申了缔结《英德海军协定》的提议。英国政府欣然接受。1935 年 6 月 2 日,希特勒派里宾特洛甫以德国海军代表团首席代表

---

① 参见世界知识出版社编:《国际条约集(1934—1944)》,世界知识出版社 1961 年版,第 28—30 页。
② Jeremy Noakes and Geoffrey Pridham(ed.),*Documents on Nazism*,*1919-1945*. pp. 514-516.

身份赴伦敦,同英国外交大臣和海军大臣进行谈判。6 月 18 日,双方以换文形式缔结了《英德海军协定》(Deutsch-britisches Flottenabkommen)。协定公然违反《凡尔赛条约》,规定德国可以拥有等于英联邦成员国海军总吨位 35%的军舰和 45%的潜水艇,如果德国要建造超过这一比例的潜水艇,应事先通知英国。此举有效地损害了斯特莱沙阵线的威慑力。①

1935 年 5 月 2 日,国防部长勃洛姆贝格在希特勒授意下,向三个军种的总司令发出亲笔手书的绝密指令,要他们拟出进军莱茵区的具体行动计划,保证要"以闪电速度的一击"来完成。同年 6 月,德国国防委员会工作委员会举行会议,讨论根据勃洛姆贝格指令拟出的行动计划及其各项细节。

1936 年 2 月,法国国民议会开始审议《法苏互助条约》,27 日以 353 票比 164 票的多数批准该条约。此时,意大利也踹了一脚。它于 1935 年 10 月发动侵埃战争后,受到国际联盟的制裁。1936 年 2 月底,墨索里尼宣称斯特莱沙阵线已经寿终正寝。根据这些情况,希特勒认为重新武装莱茵非军事区的时机已经来临,遂指示勃洛姆贝格于 1936 年 3 月 2 日正式命令德国武装部队实施代号为"训练"的行动计划,要出其不意地进入莱茵区。3 月 6 日,希特勒召集内阁开会,会上,外长牛赖特、经济部长沙赫特和军事部长勃洛姆贝格等人要求推迟实施进军计划,认为此举在外交、财政和军事方面都相当冒险,德国将无力抵抗法国的反进攻。希特勒断然否决了这一意见。

3 月 7 日,德军 19 个营和 12 个炮兵连共三万余人,奉希特勒之命进入莱茵区。同日上午 10 时,外交部长牛赖特召见英、法、比、意四个《洛迦诺公约》缔约国的大使,向他们交送德国政府的备忘录,内称:由于法国同苏联签订条约,从而违反了《洛迦诺公约》,德国决定不再受《凡尔赛条约》关于莱茵区的全部条款和《洛迦诺公约》的约束,在莱茵区恢复自己"完整和不受限制的主权"。两小时后,希特勒向国会发表演说,重申了备忘录的内容。当时,德国的大规模扩军工作开始不久,军事上同法国相比处于劣势。希特勒自述在下令进军后的 48 小时内处于"一生中神经最紧张的时刻",曾决定遇到

① Jeremy Noakes and Geoffrey Pridham (ed.), *Documents on Nazism*, 1919 – 1945. p. 516.

法国抵抗时立即撤兵。因此,在政府备忘录和希特勒的演说中,都提出了一系列所谓的"和平"建议:德国愿意同法比两国签订一项为期25年的互不侵犯条约;愿意与自己的东方邻国也签订类似的条约;愿意同西方各国签订空军公约;愿意使法德边界两边实现"非军事化";答应在收归殖民地并在国联盟约中去掉《凡尔赛条约》的内容后重返国际联盟。[1]

　　德国的行动直接威胁到法国的利益和安全。然而,当时法国经济正处于特种萧条之中,国内阶级矛盾和党派斗争十分尖锐,政局动荡,军费预算一再削减。政府在3月7—9日连续开会商讨,最后决定不予反击,仅仅向国际联盟和《洛迦诺公约》缔约国发出呼吁,要求"立即召集国联会议,并同《洛迦诺公约》各缔约国在巴黎举行磋商"。法国陆军最高委员会提出了实施反击的方案,但认为要把这一方案付诸实践,一是需要得到国际联盟的允许,有关各国采取一致行动,二是在国内宣布实行三军总动员,工业经济转入战时状态。后一个先决条件很快遭到内阁否决。这样,法国政府和军方都把未来行动的决定权交给了国际联盟特别是英国政府手中。而英国政府则对希特勒的冒险举动采取超然态度,主张由国际联盟正式谴责德国的行动,但不愿对它实施财政和经济制裁,更加反对实行军事干预。3月14日,国际联盟理事会在伦敦举行会议。经过几天讨论,19日通过决议,宣布德国的行动违反了《凡尔赛条约》和《洛迦诺公约》。[2] 19日当天,除德国之外的《洛迦诺公约》缔约国举行会议。会议也确认德国破坏了《洛迦诺公约》,并建议把《洛迦诺公约》和《法苏互助条约》能否并存的问题提交海牙国际法院仲裁,建议在德国同意停止重新武装莱茵区的前提下,各国通过外交途径就重新考虑莱茵区的地位问题举行谈判。

　　希特勒对英法等国无力的"抗议"根本不予理睬,一方面继续向莱茵区增派军队,巩固已有的阵地,另一方面于4月1日向英法等国提出一个庞大的"和平计划",该计划把同年3月7日上午提交的备忘录进一步具体化。法国坚持以德军撤出莱茵区作为谈判的先决条件,遭到希特勒断然拒绝。

---

[1] John W. Wheeler-Bennett(ed.), *Documents on International Affairs*, 1936. Oxford: Oxford University Press, 1937, pp. 44 – 45.

[2] John W. Wheeler-Bennett(ed.), *Documents on International Affairs*, 1936. p. 119.

德国同时开始在莱茵区修筑防线，力图在全方位恢复军事主权的同时，锁住西面的大门。

第五节　扩军计划与军队指挥系统改组

纳粹德国要夺取欧洲和世界霸权，就必须有一支适合于从事扩张侵略的庞大军队。希特勒在 1936 年 8 月 26 日关于"四年计划"的秘密备忘录中说："我们在军事上使用力量的规模和速度必须是最大限度的。……如果我们不能在最短时间内，从战斗训练、兵团数量、武器装备以及首先是精神素养方面，把德国军队变成世界上最强大的军队的话，那么德国就将毁灭。"[1]因此，高速度扩建一支庞大的富于攻击精神和高度机动性的侵略军，就成了纳粹当局的重要建军原则。

第一次世界大战在很多参战国引起了革命。战后不少军事理论家针对这种情况，根据一次大战的经验，提出了小型职业军队的理论。当时，掌管德国国防军的陆军管理局局长汉斯·冯·泽克特就是这种理论的鼓吹者之一。他在 1928 年出版的《一个士兵的思想》一书中，建议废弃兵员庞大的军队，代之以一支数量少但具有高度机动性、训练有素的职业部队。他认为，以这样一支军队出敌不意，实行迅速机动、插入敌方纵深的战略战术，就不仅能突破对方的防御，而且使敌国和人民无法组织抵抗，赢得战争的胜利。[2] 由于《凡尔赛条约》严格限制德国军队的人数，因此泽克特关于小型职业军队的主张几乎成了当时德国建军的唯一出路而被推行。然而在国防军内部，这种主张并未得到广泛支持。

希特勒执政后，打破《凡尔赛条约》的束缚，着手扩军备战。泽克特的小型职业军队理论立即受到冲击，种种不同的建军主张纷纷出现。一些同泽克特意见相近的将领，如 1930 年 11 月起任陆军管理局局长的库特·冯·哈默施坦因-埃克沃德，提出要建立一支 20 万人的小规模军队，充分装备有效的现代化武器，把服役期从 12 年减为 6 年，同时派出 2 万名现役和

---

[1] Walther Hofer, *Der Nationalsozialismus Dokumente*, 1933–1945. S. 85.

[2] Matthew Cooper, *The German Army*, 1933–1945. pp. 135–136.

预备役军官,训练和指挥庞大的国防民兵。这是从军队方面提出的职业军队加民兵的主张,重点在于保持小型职业军队的优点。冲锋队参谋长罗姆则从另一个角度提出以民兵作为武装力量的主要组织,在保持数量不大的职业军队的同时,一切有兵役义务的公民都应网罗到民兵中来。他强调,在这种原则之上建立的武装力量,应当处在冲锋队的影响之下。当然,罗姆的主要目的是同国防军争权,但从军事思想的角度看,也是一种职业军队加民兵的主张。第三种主张以威廉·格勒纳将军和施莱歇尔将军为代表,建议采用瑞士式的民兵制度,只有少量技术兵种才实行服役期较长的志愿兵制。国防部长勃洛姆贝格和总体战理论鼓吹者鲁登道夫持第四种意见,主张在普遍征兵的基础上组建庞大的军队。他们认为,"在战争中数量往往是决定性因素","总体战要求征召年满 20 岁身体健康的青年入伍。他们离开武装部队的年龄要尽可能高,随后编入预备队,随时供武装部队调遣"。①

希特勒夺取生存空间的野心很大,小型职业军队和素质低下的民兵都不可能完成其扩张计划,这必然推动他支持在普遍义务兵役制基础上组建大规模军队的主张。希特勒上台前就声称,德国究竟应该拥有多少军队,关键在于它是否拥有能转为正规军的 600 万后备军。他上台后的第五天,就对国防军高级将领保证,政府将全力支持大规模扩军,保证不把国防军与冲锋队合并,提出要实行征兵制。②

希特勒政府执政时期,德国的扩军速度很快,规模较大,但同时也相当杂乱。三军并没有统一的全面扩军计划,每个军种的基本规划都是在没有同其他军种协商的情况下决定的。从理论上说,勃洛姆贝格作为国防部长和国防军总司令(1935 年 3 月以后是军事部长和武装部队总司令),有权力和义务协调三军的发展。格奥尔格·托马斯(Georg Thomas,1890—1946)所领导的国防军国防经济参谋处,也应该协调三军的军备经济。而勃洛姆贝格在 1933—1934 年期间,也确曾试图制订三军统一的发展规划。但是,领导空军的是纳粹党二号党魁戈林,他又是与国防部长平级的航空部长。

---

① 〔德〕埃里希·鲁登道夫:《总体战》,戴耀先译,解放军出版社 2005 年版,第 49 页。
② Jeremy Noakes and Geoffrey Pridham (ed.), *Documents on Nazism,1919 - 1945.* p. 508.

从 1936 年起,戈林还掌管了四年计划。因此,他完全独立地从事空军的扩军工作。海军总司令埃里希·雷德尔(Erich Raeder,1876—1960)也常常越过勃洛姆贝格,寻求同希特勒建立直接的联系,以实施其海军扩军计划。尤其是 1936 年 4 月,陆、海、空三军总司令被宣布为分别相当于部长级,有权出席内阁会议,勃洛姆贝格就更难于统筹协调。然而,由于三军各自制定的扩军计划最后都必须得到希特勒的支持和批准,因此基本上仍受到总的战略思想的制约。由于当局奉行"先大陆后海洋"的扩张方针,首先准备在欧洲大陆进行主要针对法国的战争,因此整个战前时期,陆军和空军的扩充得到更多的重视。[①]

陆军早在 1926 年就拟定过一个代号为 A 的扩军计划,要求以 1934 年为期,把 7 个步兵师秘密扩充到 21 个。但由于处于《凡尔赛条约》的束缚下,无法获取足够的武器装备,因而 1932 年重新修订了这个计划,把完成期限推迟到 1938 年 3 月,并规定五年内开支 4.8 亿马克,其中陆军占 65%,空军占 22.7%。[②]

希特勒上台后,勃洛姆贝格于 1933 年 12 月主持拟出了新的扩军计划,规定建立 21 个步兵师、3 个骑兵师又 1 个骑兵旅、1 支装甲部队和 1 个轻装师。陆军和平时期的总兵力为 30 万人,战时将扩展到 63 个师,其中 33 个师为野战部队。该计划原定到 1938 年完成,但希特勒下令提前到 1934 年秋。这是希特勒上台后德国陆军的第一次大发展。这次发展主要是数量上的猛增。由于当时尚未实行征兵制,兵源十分紧缺,因而不得不把原来 3 个三营建制步兵团和 1 个三营建制炮兵团组成的步兵师,改为由 2 个四营建制步兵团和 1 个两营建制炮兵团组成。

1935 年春德国公开撕毁《凡尔赛条约》军事条款,实施公开扩军后,陆军进入了更紧张的扩军时期。经过一年多的争论和准备,陆军在 1936 年 8 月提出了一个被称为"八月计划"的新扩军计划。计划规定以 1939 年 10 月为期,建立 32 个步兵师,4 个摩托化步兵师,1 个山地师,3 个装甲坦克师,3

① 海军总司令雷德尔曾一再提出要吸取第一次世界大战的教训,把战略重心转向海洋,但并未被希特勒采纳。
② 华东师范大学历史系第二次世界大战史研究室:《第二次世界大战起源研究论集》,第 74 页。

个轻装师和 1 个骑兵旅,和平时期总兵力 83 万人,战时扩大到 462 万人,其中野战部队 102 个师。① 为了实现这个计划,陆军的财政拨款增加到每年近 90 亿马克(比 1935 年的计划增加两倍多)。1937—1939 年,陆军的主要任务是克服各种困难,分批实现这个计划。这是纳粹统治时期德国陆军的第二次大发展。

　　同陆军相比,空军的扩充速度更加惊人。由于《凡尔赛条约》禁止德国拥有空军,因此希特勒上台时,德国的空中力量非常微弱。国防军内只有 550 名飞行员和 180 名飞行观察员,以及 5 架轰炸机、3 架战斗机、5 架侦察机,连同其他飞机,总共才 250 架。德国的航空工业也处于十分低下的水平,1931 年只生产了 13 架飞机,1933 年也仅 368 架。希特勒执政伊始,立即任命戈林为国家航空专员,3 月 28 日又任命他为航空部长。4 月,希特勒委托重工业巨头弗里茨·蒂森召开航空工业会议,确定大规模发展军用飞机的生产。5 月,国防军的空中防卫办公室并入航空部,军用和民用航空统一归戈林掌管,当月就进行大规模发展空军的研究。6 月,航空部国务秘书艾哈德·米尔希(Erhard Milch,1892—1972)提出纳粹德国第一个空军发展计划,规定到 1935 年底建成一支拥有 600 架第一线作战飞机的空军。但仅过了两个月,该计划就被更新。以后不断地追加计划,指标成倍地增加。1933 年底,要求在 1935 年 10 月以前把空军第一线飞机扩大到 1600 架。1934 年 1 月,新制定的"莱茵兰规划"又要求达到 3715 架。同年 7 月,再一次追加到 4021 架。不过,这些一再追加的指标实际上无法达到。1935 年 3 月,戈林正式对外宣布德国拥有空军时,德国实际上只有 2500 架飞机,其中作战飞机 800 架。为了保证高速扩展空军,当局优先供应航空工业所需的原料和资金。1935 年 10 月,米尔希拟定了"第一号生产计划",要求到 1936 年 4 月 1 日前生产出 11 158 架飞机,其中作战飞机 3820 架。②

　　纳粹时期空军的建设,也曾受到杜黑的"独立空战"论的影响。从 20 世纪 20 年代起,就有不少人主张发展四引擎的远程重轰炸机,用以对付英国

---

① Wilhelm Deist, *The Wehrmacht and German Rearmament*. London: Macmillan Pr. Ltd., 1981, pp. 15 - 16.

② Matthew Cooper, *The German Army*, *1933 - 1945*. London, 1981, pp. 35 - 36.

和苏联。希特勒执政后,航空参谋指挥部主任(后正式任空军总参谋长)瓦尔特·威弗(Walther Wever,1887—1936)积极倡导和组织研制远程战略轰炸机。1934年5月间,他曾向容克斯(Junkers)和道尼尔(Dornier)飞机公司征集这种轰炸机的设计图纸。但是由于全国的大规模扩军,到1936年已经引起了原料和资金的严重短缺,航空工业虽以战时动员的态势开足马力,仍然无法生产出扩军计划所需要的飞机。而且,当时德国的战略目标首先是打败法国及其东欧盟国,暂时未以英国和苏联为预想之敌,因此建军的重点就转向发展中远程轰炸机。① 随着1936年6月威弗去世,远程战略轰炸机的研制和生产就从空军的总体规划中排除了。只是到了1939年6月,才重新下令研制这种远程轰炸机。

从1937、1938年之交希特勒正式把英国列入预想之敌后,空军的发展任务很快加重。根据希特勒的指令,1938年11月制订了战前空军的第十个发展规划。该规划要求到1942年春,空军应拥有2万架飞机,其中轰炸机8000架,如加上俯冲轰炸机和战斗轰炸机,则为1.3万架。然而,尽管1933—1939年期间德国把扩军备战经费的40%花在空军上面,到1939年9月,全国拥有的第一线飞机仍只达到4093架。

海军的建设虽然排在陆军和空军后面,但速度也很快。1933年希特勒一上台,就在原来拨款1.86亿马克的基础上追加拨款1.157亿马克。1934年,增加到4.87亿马克,1935年再次增加到6.5亿马克。同年6月缔结《英德海军协定》时,德方军舰的总排水量为11万吨,不到英方总量的1/10;到1939年欧战爆发时,德方数字增加到35万吨,约相当于英方数字的1/7,仍远未达到协定所规定的水平。然而,围绕海军建设问题,军政当局内部有着诸多分歧。分歧之一是海军建设是以水面舰只抑或潜艇为主。以纳粹德国潜艇部队创始人卡尔·邓尼茨(Karl Dönitz,1891—1980)为首的一批较年轻的军官,主张重点发展潜艇,但海军总司令雷德尔等高级军官坚持重点发展大型水面舰只。1938年海军总司令部成立一个专门委员会,研究未来对

---

① 对付法国及其东欧盟国,当时活动半径为402—804千米(250—500哩)的中程轰炸机已经足够。当然,生产远程轰炸机既可以对付法国,日后也可以用于进攻英国和苏联。但生产一架四引擎远程轰炸机的原料和资金,可以生产两架半双引擎中程轰炸机。

英海战问题。由于德英海军力量对比悬殊,德国海军无力实施传统的海战方式,即以战列舰为主力的总决战,因此提出使用潜艇和大型水面军舰袭击英国商船以切断其海上运输的作战方案。但这时离欧战爆发时间很近,在一定程度上影响了德国的海军战备工作。分歧之二是关于潜艇的种类。邓尼茨等人主张重点建造Ⅶb型中型潜艇,这种潜艇的排水量为517吨,活动半径6000—8000海里,水面航速16节,艇首有4个鱼雷发射管,艇尾1个,能携带12—14枚鱼雷。它适用于以"群"的形式袭击对方运输船只和护航舰艇。而司令部其他高级军官则认为,在未来的战争中潜艇还得独立作战,因此主张建造火炮性能良好并能长时间停留在海上的大型潜艇,以便对远洋的敌方运输船只展开巡洋潜艇战。这方面的意见分歧,制约了战前德国的潜艇制造速度。分歧之三是关于海军水面舰队的规模。海军司令部提出了两个对英海战的可能方案。第一方案是由潜艇和袖珍战列舰对英国商船进行攻击,其取胜的战机不是很多;第二方案是建造一支大型舰队,花钱较多且费时较长,但能够使德国拥有一支真正具备战斗力的多种舰队力量均衡的海军,不仅能对英国商船,也能对英国舰队进行海战。希特勒同意采纳第二方案,但告诉海军司令部,1946年以前不会使用这支舰队,可见他预见第三阶段向海外扩张时,德国就会需要足以同英国甚至美国抗衡的海军力量,不过时间将在1946年以后。1938年底,德国提出了扩充海军的Z计划,规模很庞大,包括建造6艘大型战列舰,3艘战列巡洋舰,6艘轻巡洋舰。在轻型舰艇方面,除了当时已经建成或正在建造的72艘潜艇,还提出建造27艘巡洋潜艇,47艘Ⅸ型大型潜艇,75艘Ⅶ型中型潜艇,和28艘Ⅱ型小型潜艇。[①] 1939年1月,希特勒批准了该计划,但把完成时间提前到1945年。

德国在扩军备战的过程中,遇到了许多难以克服的困难。高速扩军首先遇到兵源不足的矛盾。一方面是《凡尔赛条约》对德国兵力数量的控制,另一方面是第一次世界大战期间和战后初期出生率下降,这些导致30年代适龄壮丁减少。1935年起实施义务兵役制,当年开始征召1914年出生的

---

① [德]汉斯-阿道夫·雅各布森等:《第二次世界大战的决定性战役(德国观点)》,中国人民解放军军事科学院外国军事研究部译,江苏人民出版社1982年版,第256—257页。

壮丁,适龄青年达到 30 万人。以后征召到 1916—1918 年出生的壮丁时,人数却减少到 25 万。此外,由于 1918 年起被迫改行志愿兵制,所以 1900 年以后出生的适龄青年均未受过军事训练。为了加速训练后备役人员,1935 年的兵役法规定服役年限为一年,但是没有受过任何训练的壮丁在一年内很难达到现代化战争所需的水平。在弗立契和贝克的力主下,1936 年 8 月改服役年限为两年。[1] 而这又延缓了时间,使后备役人员的增长速度减慢。为了解决这个矛盾,1936 年扩大征召范围,其中一部分参加 2—3 个月的短期训练后编入二等预备役。但即使这样,到 1939 年,陆军也只有 50 万一等预备役和 60 万二等预备役人员,加上 73 万现役部队,总计不足 190 万人。可是根据纳粹当局的动员计划,1939 年经过动员的野战部队应该达到 103 个师共 210 万人。结果,只有靠征召没有经过训练的壮丁和超过 39 岁的老兵(即 1900 年以前出生、在第一次世界大战中受过训练的人员)来补足。

为了保证野战部队的质量,陆军的 1939—1940 年动员计划不得不把战时动员的 103 个野战师中的 86 个步兵师划分为四个"波"。第一波 35 个师,主要由现役部队(占 78%)编组;第二波 16 个师,主要由一级预备役人员(即服过一年以上兵役的人员,占 83%)编组,编成后基本上能立即投入战斗;第三波 20 个师,主要由二级预备役人员(即仅受过 2—3 个月短训的人员,占 46%)以及 35—45 岁的老兵(占 42%)编组,编成后需经过一段时间的强化训练后才能投入战斗;第四波 14 个师,以各种教导队为骨干编组,基本上用作预备师。[2]

高速扩军遇到的另一个巨大困难,是缺少足够的受过专业训练的军官。按照《凡尔赛条约》规定,德国国防军只能保留 4000 名军官(其中 400 人为军医)。而根据纳粹当局的扩军计划,需要 10 万名军官。为了缓解这个难题,除了扩建军官学校、缩短培养年限,还采取了一系列的特殊措施。例如,把原来国防军中的军士提升为军官。德国原国防军中的军士,很多都是按照军官的标准实施训练的,素质较高。但是,此举仅获得约 1500 名军官,同

---

[1] Esmonde M. Robertson, *Hitler's Pre-war Policy and Military Plans*, 1933 - 1939. p. 85.
[2] 华东师范大学历史系第二次世界大战史研究室:《第二次世界大战起源研究论集》,第 86—87 页。

时又附带引起军士数量不足和质量下降。又如,从警察队伍中挑选约 2500
名警官转入陆军。此外,还重新征召了约 1800 名已经退役的旧军官,降低
不适服役的要求以减少军官退役。然而,所有这些措施都无法满足高速扩
军对军官数量的要求,而且军官的总体质量明显下降。到 1939 年 9 月,陆
军中只有 1/6 的军官受过足够的专业训练。

　　武器装备和弹药储备不足,也是德国高速扩军的严重障碍和弱点。根
据《凡尔赛条约》规定,德国的军事工业和军火储备均被限制在极低的水平
上。早在 20 年代末,国防军执行 A 计划时,就因为武器装备不足而被迫推
迟完成时间。希特勒执政后,打破《凡尔赛条约》的束缚,开始高速发展军事
工业。尽管德国采取了各种措施,优先保证军工生产的需要,但由于起步
低,时间短,再加上其他各种因素(如军工与民用生产的矛盾、各军兵种之间
的矛盾等)的制约,仍然无法满足军工生产所需的资金、原料、电力和劳动
力。因此,直到欧洲战争爆发前夕,德军并没有获得足以赢得一场对西方国
家的大战的装备和军火储备。例如,作为德国实施闪击战主要手段的坦克
和摩托化部队,数量大约仅占整个野战部队的 1/20 和 1/10。就坦克而言,
所装备的主要是 30 年代前半期设计和定型的轻型坦克。1939 年 9 月 1 日,
德军的现役坦克总计 3195 辆,其中 30 年代初生产的 PzKw I 型(实为训练
坦克)1445 辆,PzKw II 型 1226 辆,PzKw I 型指挥坦克 215 辆,而后期生产
的较新型的 PzKw III 型和 IV 型只有 309 辆。[1] 步兵师的摩托化水平也远未
达到规定的水平,各种运输车辆只有所需的 1/4,部队重炮的拖运和后勤供
应很大部分仍得依靠马匹。弹药的储备也只达到标准的 3/5 左右。按陆军
总司令部的计划,要建立四个月的弹药储备,但到 1939 年 9 月 1 日只达到
如下的百分比:步枪子弹 60％,轻步兵炮弹 75％,重步兵炮弹 65％,轻野战
曲射炮弹 60％,重野战曲射炮弹 45％,20 毫米以上口径高射炮弹 70％。空
军的炸弹只有 3 个月,航空汽油储备只够 2 个月之用。[2]

　　希特勒执政之初,还无力直接插手军内事务,遂因势利导,在讨好军方

---

[1] Matthew Cooper,*The German Army*,*1933 - 1945*. p.155.
[2] 华东师范大学历史系第二次世界大战史研究室:《第二次世界大战起源研究论集》,第 88 页。

势力的大前提下,采取同兴登堡总统亲自选定的,又在建军思想上大致合拍的国防部长勃洛姆贝格全面合作的态度,把重整军备的事务全权交给了后者。1933 年秋,勃洛姆贝格晋升为上将,兼任国防军总司令。一批积极主张大规模扩军的将领,取代倾向小型职业军队的人担任了军内要职。其中最重要的是弗立契,他于 1934 年 2 月取代哈默施坦因-埃克沃德出任陆军管理局长。同年 6 月,当罗姆坚持以冲锋队作为主要武装力量同国防军争权时,希特勒支持国防军,清洗了罗姆等人。

希特勒放手让勃洛姆贝格和弗立契主持国防军的扩军工作,而这些国防军将领也积极支持和效忠于纳粹当局。1933 年 9 月 19 日,勃洛姆贝格以国防部长身份,指令军人应该向穿着制服的纳粹党员行军礼。1934 年 2 月 25 日,他下令军人一律佩戴饰有卐标志的军鹰徽。三天后,他又下达了任命军官必须受纳粹种族限制的规定。同年 8 月兴登堡总统去世后,在勃洛姆贝格等人的支持下,国防军全体官兵举行宣誓仪式,宣誓效忠于希特勒。勃洛姆贝格和弗立契等国防军将领,为扩军备战工作立下了汗马功劳。可是,当他们在扩军速度和对外扩张步伐等问题上同希特勒产生分歧,并在 1937 年 11 月 5 日军事会议上提出异议后,地位已经巩固的希特勒就毫不手软地于 1938 年 1 月撤换勃洛姆贝格和弗立契,2 月 4 日取消军事部和武装部队总司令部,成立武装部队最高统帅部,自任最高统帅,[1]牢牢地掌握了军队的统帅权和指挥权。

第六节　总体战与闪击战思想的确立

德国纳粹政权在扩军备战的过程中,也注重军事思想和战略战术方面的准备工作。在欧洲战争爆发前,最引人注目的是总体战和闪击战思想的确立。

进入 20 世纪后,战争出现了许多新的特点。战争的广度和深度增加,残酷性和破坏性加大,经济因素和精神因素在战争中的作用提高。战争已

---

① Walther Hofer, *Der Nationalsozialismus Dokumente*，1933 - 1945. S. 109.

经不仅仅是军队的事情,也不仅仅是在前方打仗。它要求建立数以百万计的军队,大量使用各种基于现代化技术的斗争手段,动员整个国家的经济力量,席卷千百万民众,极大地影响到社会生活的各个方面。然而,第一次世界大战前,各主要交战国对战争的认识仍然停留在 19 世纪的水平上。当时,双方的军事战略和作战计划都建筑在短期战争的准备之上,设想通过战争开始时所动员的军队进行几次主力会战,就能决出胜负,结束战争。因此战争期间各国所动员的后备力量和物资都很有限。然而,第一次世界大战的实践却完全相反。各国的短期决战战略和计划都破产了,战争变成了持久的消耗战。由此,各国的军事思想开始发生变化。正是在这样的基础上,德国于 20 世纪二三十年代逐渐形成了总体战的理论。埃里希·鲁登道夫于 1935 年出版的《总体战》(Der total Krieg)一书,就是这一理论的代表作。

鲁登道夫认为,总体战是从第一次世界大战中出现的。它的性质同以前的战争根本不同。他称以前的战争为"政府战",这种战争是由政府统率军队去进行的,除直接进行战斗的地区(即战场)外,民众一般不受影响,只不过负担战税而已。现在则不同,"总体战不仅要动用军队,它还将直接影响到交战国每一个成员的生活和精神……今天的战场,就其真正的含义来说,已经扩展到交战国的全部领土。军队和民众,都处于直接的战争状态……因此,总体战的对象不仅是武装部队,也直接指向民众。这是无情的然而是明确的现实,一切可以采用的战争手段都将服务于这个现实,而且已经在为它服务"①。

根据这种观点,鲁登道夫强调总体战必须动员"民族之全力",全体民众均有责任在精神上、体魄上和物资上为未来的战争做好准备。他由此断言,克劳塞维茨关于战争是政治的继续的论断已经过时。"既然战争是总体性的,政治也必须具有总体性。……战争是一个民族为维持生存的最高努力,总体政治应该在和平时期为生存斗争作好准备……战争与政治同样为维护

---

① [德]埃里希·鲁登道夫:《总体战》,第 5—7 页。

生存服务，但是战争是民族的生存意志的最高表现，因此政治是为战争服务的。"①这样，准备战争和进行战争就被推崇为最高的国策。

如何准备未来的战争呢？鲁登道夫认为，首先必须确立"民众精神上的一致"。他说："武装部队植根于民众之中，它是民众的一个组成部分。民众在体质、经济和精神方面的强大程度决定了武装部队在总体战中的战斗力，其中尤以精神方面最重要。"鲁登道夫以"民族的精神团结是总体战的基础"为其书第二章的标题，对此作了详细的论述。他把德国在第一次世界大战中的失败归咎于德国十一月革命，归咎于犹太人和罗马教会，认为他们破坏了"民众精神上的一致"。他鼓吹为了保证总体战争的胜利，必须实行"总体政治"，一方面以严刑峻法镇压"妨害民族团结者"，另一方面对全民族实行"精神动员"，后者的核心就是种族主义与军国主义的宣传教育。他强调，对德国的男人和女人都要进行这种体现"德国的种族遗产之精神"的教育。"总体战是无情的，男女都要为战争而尽其全力。"妇女不仅肩负支持丈夫与儿子在前方打仗的责任，不仅在后方维持生产，而且需要养育健全的下一代。"德国需要一个精神和体质健全的民族，它能够经年累月以极大的努力对抗敌人，摧毁其意志，使其屈服于我。"

其次，鲁登道夫鼓吹必须以国民经济的全部力量准备未来的战争。他说："现代的战争可以说是物质之战和军火之战。"主持总体政治和总体战争计划者应该在和平时期就认真考虑，战时所需的原料、食物和生活必需品哪些能够自给，哪些需要从国外进口，进口的比重是多少，战时会否遭到封锁，海内外的交通线能否继续维持。他强调，德国应该提升自给的程度，提前大量输入和贮备必要的战略原料，实行配给制度，优先满足军火工业的需要，通过各种方法（包括入侵等）保证所需的海外原料来源（如罗马尼亚的石油、瑞典的铁矿石），并且鼓吹要使"全民族愿意承担物质牺牲"。②

在军事上，鲁登道夫强调总体战的首要原则是速战速决。战争一延长就会引起"民族团结的涣散和经济的困难，战事的前景将遭受不利的影响"。

---

① ［德］埃里希·鲁登道夫：《总体战》，第 13—14 页。
② ［德］埃里希·鲁登道夫：《总体战》，第三章，第 41 页起。

为了达到速战速决的目的,他强调:第一,"民族的全部国防力量应该在和平时期作好总体战的准备,并在战争之初就全部投入";第二,必须在普遍义务兵役制的基础上,建立一支人数众多、训练有素、装备精良、具有德意志"种族遗产之特质和民族精神之觉悟"的军队;第三,要依靠摩托化部队和空军的快速运动实行突然袭击,"认为战争必须从宣战开始,这是一种错误的看法";第四,应毫不犹疑地使用一切斗争的手段与方法,不必顾虑道德和国际公法。①

鲁登道夫的总体战理论完全为纳粹当局所接受。1939 年出版的德国《国防政策和国防科学年鉴》,以简明的语言把总体战概括为:"各阶层居民参加战争的总体性,包罗人民一切生活领域的总体性,以及利用一切斗争手段的总体性。"②希特勒在政治经济文化领域采取的一系列集权措施,既是组建纳粹国家的需要,也可以视为从事总体战的准备工作。

闪击战思想的形成,在德国具有一定的基础。自 19 世纪 50 年代起,普鲁士-德国就逐渐形成了短促突击思想,强调以军事上的快速、机动、注重打歼灭战等要素,速战速决,来避免因地理位置带来的多线作战的困境。

经过第一次世界大战,防御得到了发展,一般的防御发展成依托坚固工事的多层纵深防御。用传统的进攻手段,即以密集的炮兵作为突破对方防线的"开听刀",已经不能打破这种防御了。与此同时,军事技术和武器也有了很大的发展,飞机、坦克和汽车开始广泛应用于战争。面对这种情况,德国军界出现了三种不同的看法。一部分人认为,由于防御能力的提高,机动的作用将大大降低,未来的战争将由防御主宰。另一部分人则主张按照第一次世界大战时广泛采用的进攻信条,以步兵为主发动全线进攻,认为这样就能保证进攻部队侧翼的安全,速度虽慢却比较稳妥。第三部分人则力主发展短促突击的机动战略。20 年代主管国防军的泽克特就是这一派的代表人物之一。他强调:"战争的未来在于,使用人数相对少但质量很高的机动部队,在飞机的协同下产生更大的威力。"他认为,要成功地实施短促突

---

① [德]埃里希·鲁登道夫:《总体战》,第 116 页。
② [苏]德波林主编:《第二次世界大战史(1939—1945 年)》第二卷:大战前夕,潘咸芳等译,上海译文出版社 1981 年版,第 608 页。

击,未来的军队应该符合三个要求:高度的机动性,拥有最高效率的兵器,人员和物资得到不断的补充更换。① 纳粹德国的军事战略虽然摈弃了泽克特的小型职业军队理论,但吸收和发展了他的短促突击思想。

希特勒执政后不久,对未来的战争作了如下的设想:"下一场战争与上一次世界大战完全不同,步兵进攻和密集队形已经过时",取而代之的是"规模巨大的空袭,内部的突袭、恐怖、破坏和暗杀,谋杀领袖人物,在敌人防御的所有薄弱点上发动压倒优势的进攻,在同一时刻不惜代价地实施突然袭击,只用一次打击就能置敌于死地"。② 在这些逻辑不很严密的表述中,已经体现了总体战和闪击战的一些要素。30 年代中期以后,德国开始在中欧地区扩张,当局所拟订的一系列扩张计划和指令使闪击战战略逐步完善。从这些计划和指令中,可以看出以下三个互相联系的要素:第一,强调在主要打击方向集中优势兵力和兵器,速战速决,避免同时出现两线作战的局面;第二,强调以突然袭击开始军事行动;第三,强调实施高速度、大纵深的密集突击。

集中力量实施高速度、大纵深的战略性突击,这是闪击战战略的核心。尽管这一思想较早就为希特勒和军事当局所采纳,但是,使它能付诸实战应用的主要手段,即在航空兵支援下密集使用坦克摩托化部队,却直到 1938年才在德军中确立下来。

第一次世界大战结束后,一些思想比较敏锐的军事家开始注意坦克的运用。英国军事理论家约翰·富勒(John Frederick Charles Fuller,1878—1966)等人在 20 年代初提出了坦克战思想。德国国防军在 20 年代的演习中,也使用模型坦克探索过坦克的运用,并在苏联试制了几辆原型坦克。③然而,在德国军界,直到 1929 年才出现以海因茨·古德里安(Heinz Wilhelm Guderian,1888—1954)为代表的独立运用装甲坦克师作战略性突击的主张。虽然这一主张得到一些人的呼应,但在较长的时间内却未能得到普遍的承认。

---

① Matthew Cooper, *The German Army, 1933 - 1945*. pp. 133 - 135.

② Berenice A. Carroll, *Design for Total War: Arms and Economics in The Third Reich*. Hague: UMI, 1968, p. 100.

③ Donald Watt, *Too Serious*. London, 1975, p. 64.

直到 1933 年希特勒执政后,德国才真正开始发展装甲坦克部队。这一年,希特勒在军队的一次新武器演示中观看了古德里安所组织的一支小小的坦克摩托化部队表演之后,兴奋地说:"这就是我所希望的东西! 这就是我所希望的东西!"勃洛姆贝格也持积极态度。于是,以古德里安为参谋长的摩托运输兵总监处就拟定了发展坦克的计划。1934 年 10 月,组建了第一支装甲坦克部队,即第一坦克旅。不过,这种坦克旅不同于古德里安所主张的坦克师,它主要仍用于协同步兵作战,而不是作为独立的战略突击力量。在当时的德国军界,那种把坦克看作步兵支援武器的保守思想仍占上风。

1935 年春希特勒宣布公开扩军后,德国的装甲坦克部队也随之进入发展的第二阶段。是年夏,在古德里安的积极推动下,现有分散的坦克兵单位被集中起来,拼凑成一个装甲坦克训练师,进行了一系列的训练与演习,赢得勃洛姆贝格和弗立契的赞赏。于是,同年 9 月即成立了装甲兵司令部,10 月正式组建了 3 个装甲坦克师。这种装甲坦克师是能够独立作战的战略单位,由 1 个坦克旅(内含 2 个两营建制的坦克团),1 个摩托化步兵旅,1 个摩托化炮兵团,1 个摩托车营以及摩托化的侦察营、工兵营、反坦克营、通讯营和后勤供应纵队等组成,共有官兵 11 792 人,坦克 324 辆,装甲运兵车 421 辆,各种汽车 1963 辆,摩托车 2000 辆。

独立的装甲部队正式成立后,陆军内部继续围绕如何使用坦克师的问题展开争论。陆军总司令弗立契和总参谋长贝克虽然都承认,只有使用坦克,才能对数量和实力相近的敌人实施成功的进攻,才能机动打击远距离的目标,但对进一步组建独立的坦克师则仍存怀疑,主张等待现有的装甲坦克师组织形式得到检验之后再作决定。[①] 在德军的野战条令中,还认为不与步兵进行战术配合而独立使用坦克是不可思议的。这样,坦克师的组建工作暂时停顿下来,随后组建的是 2 个用来支援步兵的坦克旅。

1937 年,古德里安发表《注意! 坦克》一书,把自己的大量集中使用坦克的主张系统化。装甲坦克师的优越性也在随后入侵奥地利的过程中得到了检验。于是,德国的装甲坦克部队进入了发展的第三阶段。1938 年 6 月

---

① Wilhelm Deist, *The Wehrmacht and German Rearmament*. pp. 42 - 43.

1 日,颁布了关于坦克师的领导和战斗使用的训令,最终确立了大量集中使用坦克的原则。从此,闪击战战略具有了付诸实施的中间环节和手段。

第七节　为毁约扩军服务的纳粹外交

希特勒政府采取的一次次毁约扩军举动,对外交政策提出了较高的要求,即如何解除主要大国的恐惧,平息外交危机。政府的主要对策是,在尽可能长的时间里,努力使世界霸主英国维持 20 年代所推行的"扶德抑法"政策,全力同英国搞缓和,力争与英国达成某种形式的协议,甚至结成联盟,以求在英国的谅解下作好对外扩张的准备。

希特勒在作出冒险举动后,大多把主要精力放在改善英国的不满情绪上。他上台执政不久,就于 1933 年 5 月派遣其助手阿尔弗雷德·罗森贝格去伦敦,向英国政府说明纳粹运动的"和平与防御性质"。[1] 同年 10 月德国退出世界裁军会议和国际联盟,当月底就主动与英国及意大利接洽,声明愿意重新商讨军备问题。后来三国进行了秘密谈判。1933 年 12 月 5 日,希特勒会见英国驻德大使埃里克·菲利普斯(Eric Philpps),抱怨德国的边界完全处于无防御状态,法国人只要愿意,随时可以散步般进入德国。他呼吁英国与意大利联合起来,阻止法国可能采取的冒险举动。[2] 1934 年 11 月,德国军备专员里宾特洛甫也会见了英国政府官员约翰·西蒙和安东尼·艾登,向他们解释"当前德国正在进行的重整军备工作的性质,强调它是没有侵略目的的"[3]。1935 年春德国宣布公开扩军时,希特勒又邀请西蒙和艾登访问德国。翌年 3 月德国进军莱茵区,希特勒为了顺利渡过危机,派遣里宾特洛甫携带一份和平计划赶到伦敦,表示要就英国最为敏感的空军问题进行谈判,缔结一项空军协定,许诺德国将返回国际联盟,并同英国缔结一项

---

① Louis L. Snyder, *Encyclopedia of The Third Reich*. p. 300.

② Jeremy Noakes and Geoffrey Pridham (ed.), *Documents on Nazism, 1919—1945*. pp. 510—511.

③ Norman Henry Gibbs, *Grand Strategy*. V. 1 Rearmament Policy, London: HMSO, 1976, p. 135.

为期 25 年的互不侵犯条约,以保证"最终而可靠的和平"。①

1935 年 6 月德英两国缔结海军协定,标志着希特勒对英和解外交的顶峰。对德国来说,该协定的政治意义远远超过其军事价值。它除了作为拆散斯特莱沙抗德阵线的一种手段,主要用意是向英国表示友好,以此作为同英国达成全面协议甚至结成联盟的前奏。当时德国正在建造两艘 2.6 万吨级的袖珍战列舰,英国感到担忧,希特勒政府便提出缔结一项承认英国海军优势的协定(第一次世界大战前英德两国海军力量的比例是 16∶10,而希特勒所提议的比例是近 3∶1),表示德国无意同英国争夺海上霸权。在该协定的正文里,双方都把它称作"成为两国间永久和最终协议的协定"。②1936 年 8 月,希特勒任命里宾特洛甫担任驻英大使,临别时表示:"给我把同英国的联盟带回来!"③里宾特洛甫到达伦敦后,为实施这一政策施展了全身解数,范围所及甚至包括英国强硬派代表人物温斯顿·丘吉尔(Winston Churchill,1874—1965)。1937 年,他主动约见丘吉尔,说自己"本来会当德国外交部长的,但他请求希特勒让他到伦敦来,以便为缔结英德协约甚至英德联盟作详细的说明"。与此同时,希特勒等人在国内也多方活动,在 1936 年经常会见英国政界的头面人物,如伦敦德里(Londonderry)勋爵和自由党领袖大卫·劳合·乔治(David Lloyd George,1863—1945)等,大肆鼓吹英德友好的重要意义,竭力使对方产生对德国的好印象,为英德和好铺垫道路。④

法国是德国的紧邻,对德国重整军备的行为最为敏感,也最有可能与波兰一起对德国的扩军行动进行军事干预。希特勒在《我的奋斗》和《第二本书》里都大肆反法,叫嚣"法国是我们最可怕的敌人,这个逐渐与黑种人混合的民族,抱有犹太人统治世界的目的,是白种人生存的永久性祸害",鼓吹要

---

① Maurice Cowling, *The Impact of Hitler*. Cambridge: Cambridge University Press, 2005, pp. 108,145.

②《国际条约集(1934—1944)》,第 42、44 页。

③ Klaus Hildebreand, *The Foreign Policy of the Third Reich*. Berkeley & London: University of California Press 1973, p. 46.

④ 参见[德]保·施密特《我是希特勒的译员》,刘同舜译,上海人民出版社 1982 年版,第 41—44 页。

"一举在精神上把它的脊椎打断永远踏在脚下"。但是当他上台执政后，出于策略上的考虑，在德国的毁约扩军阶段，还是把中立法国及其盟国，争取排除它们的干预放在重要的位置。然而，德法关系不同于德英关系。一方面，纳粹党一贯的反法宣传和德国陆军扩军行动引起了法国的警觉，另一方面，德国扩军备战过程中的几次冒险举动（退出世界裁军会议和国际联盟、宣布公开扩军、进军莱茵区）都需要以法国的活动为借口，因此在这一阶段里，德国对法国的策略是又拉又打，以拉为主。

德国退出世界裁军会议和国际联盟，是以它提出的与法国军备平等甚至优于法国[1]的要求遭到拒绝为借口的。但在这次冒险行动前后，德国发起了第一次强大的对法和平攻势。1933年9月中旬，希特勒亲自向法国大使保证德国的和平意图。同月底，牛赖特在日内瓦向法国外长提议，在裁军谈判进入僵局的情况下，德法两国可以达成直接的谅解。[2] 10月德国退出世界裁军会议和国际联盟后，法国反应强烈，积极靠拢英国，着手同苏联谈判缔结互助公约，鼓吹组建"东方洛迦诺"体系。德国则将和平攻势升温。11月中旬，外交部指示国内报刊发起宣传运动，鼓吹德法两国实现和解。16日，希特勒又亲自会见法国人士，借此向法国公众作出和平保证，表示对阿尔萨斯-洛林已不感兴趣。[3] 1933年末到1934年初，在德国的倡导下，德法两国进行了长时间的谈判，但由于双方之间存在着根本性的利害冲突，不可能取得实质性成果。

德国宣布公开扩军是以法国改变兵役法为借口的，而且随着德国相对地位的加强，它对法国的攻击也加剧了。但是，面临法国所倡导的英法意斯特莱沙会议的召开和《法苏互助条约》的缔结，它还是对法国使出了"拉"的一手。1935年5月2日法苏条约签订，21日希特勒即在国会发表被称为"最动听"的和平演说，"向法国庄严地承认和保证它在萨尔公民投票后决定

---

[1] 1933年秋，德国外长牛赖特亲自参加日内瓦裁军会议，提出在军备控制的第二阶段，德国的军事力量应大于法国，以便对抗法国的东欧同盟体系。参见[美]格哈特·温伯格《希特勒德国的对外政策·上编：欧洲的外交革命，1933—1936年》，第226页。

[2] [美]格哈特·温伯格：《希特勒德国的对外政策·上编：欧洲的外交革命，1933—1936年》，第233—234页。

[3] E. Robertson, *Hitler's Pre-war Policy and Military plans*. p. 26.

的边界"，"从而最后放弃对阿尔萨斯-洛林的一切要求"。同月，戈林也在参加波兰约瑟夫·克莱门斯·毕苏斯基元帅葬礼期间同刚从苏联签约归来的赖伐尔举行会谈，大肆反苏，重弹对法友好的老调，表示"希望与法国邻居化干戈为玉帛"。[①]

德国出兵莱茵非军事区是最大的一次冒险举动，法国完全可以凭借在边境上的优势兵力对德国采取警察行动。为此，希特勒也采取了不少行动。事前，1936 年 2 月 21 日，他亲自同法国记者谈话，提到德国的和平政策，指出布尔什维克对法德两国的共同威胁和法德两国人民交恶的愚蠢性。[②] 希特勒在向全世界宣布进军莱茵区的同时，向英法等国提出了一个和平建议，表示：愿意同法比两国签订一项为期 25 年的互不侵犯条约，由英意两国作担保；愿意同法国的东方盟国签订同样的条约；同意德法边界两边都实行非军事化；愿意重新加入国际联盟。

法国面临德国的步步进逼，为战争的阴影所吓倒，为反共的叫嚣所迷惑，为和平的诺言所陶醉，逐渐丧失了对德国的相对优势地位。1937 年 11 月希特勒在内部高层会议上宣布扩张计划时，已不惜同法国兵戎相见。

意大利也是个法西斯国家，其称霸目标是南欧、北非和地中海，意在建立一个环地中海的大帝国。在希特勒看来，该目标的实现主要将损害英法两国的利益，导致同英法的冲突。因此，尽管德意两国在南蒂罗尔问题上有争议，对奥地利也都怀有野心，但希特勒在口授《我的奋斗》和《第二本书》时，还是把意大利定为德国的争取对象和潜在同盟者。希特勒执政初期，意大利害怕德国强大后会吞并奥地利，威胁到自己的既得利益。在希特勒急切染指奥地利、宣布公开扩军的情况下，它赶紧以屯兵勃伦纳山口、参加斯特莱沙抗德阵线等行动相对抗。但是，意大利侵略埃塞俄比亚后，它同英法之间的矛盾激化。随后，它又与德国共同武装干涉西班牙内战。在此基础上，意大利与英法之间的距离日益扩大，而意德之间的距离日益缩短。经过德国的一番努力，意大利终于在 1936 年 10 月同德国缔结了"轴心"协定，翌

---

① 参见［德］保·施密特：《我是希特勒的译员》，第 17—20 页。
② Klaus Hildebrand, *The Foreign Policy of the Third Reich*, p. 42.

年 11 月又参加了《反共产国际协定》,基本上站到了德国一边。

德日关系的发展也不平坦。1937 年以前,德国无暇把更多的注意力转向亚洲,加之内部各部门在对亚洲政策上有分歧,军事部和外交部比较倾向于把对华关系作为重点,而里宾特洛甫及其办公室希望重点争取日本,[1]因此德国在亚洲的行动是多重而又混乱的。由于这一时期德国外交政策的重点是"和英反苏",需要打出"反共产国际"的旗号来摆脱孤立状态。从日本方面来说,"九一八事变"后国际处境孤立,统治集团内部南进派和北进派相持不下,而打出反共旗号,靠拢法西斯德国,既能摆脱孤立状态,又不会引起世界两强英国和美国的敌意,也不会引发国内的大争吵。于是,1936 年 11 月 25 日两国缔结了《德日反共产国际协定》,约定"对于共产国际的活动相互通报,并协议关于必要的防止措置,且紧密合作,以完成上述措置",同时约定要帮助"感受威胁的第三国"。[2]日本发动全面侵华战争后,德国基于策略考虑,既不愿意因为支持日本而损害同英美等国的关系,也不希望因为抛弃中国而丧失在华经济利益和军事影响。因此,1937 年 7 月 20 日,德国外交部通过各驻外使团表示,德国在中日冲突中持中立态度。[3]7 月 28 日,它又向日本提出抗议,认为日本的行动违反了《德日反共产国际协定》。同时,德国不顾日本的反对,拒不从中国撤出军事顾问团。当日本威胁要中止《德日反共产国际协定》时,它表面上同意停止向中国提供物资,实际上并没有履行诺言。

1938 年 1 月 2 日,以后被希特勒誉为"俾斯麦第二"的里宾特洛甫提出一份关于外交政策的备忘录。文件提出,如果德国与日本、意大利加强联合,"促使这些国家在适当的时候宣布同我们的坚如磐石的团结",就能有效地起到制约英国的作用,使英国面临"可能在三个不同地区即东亚、地中海和欧洲同时作战"的威胁,从而"不能在欧洲给予法国以足够的支持"。"在

---

[1] [美]格哈特·温伯格:《希特勒德国的对外政策·下编:发动第二次世界大战,1937—1939 年》,上册第 227 页。

[2] 《国际条约集(1934—1944)》,第 111 页。

[3] Paul R. Sweet, *Documents on German Foreign policy,1918-1945*. Series D(1937—1945),V. 1,Washington,1950,No. 463.

这样的局势下,万一德国同法国的某个东欧盟国发生冲突,英国可能会制止法国去干预,而使冲突局部化"。[①] 该建议获得希特勒高度评价,欣然采纳,德国由此急剧调整对亚洲的政策,从中国撤出军事顾问团,并向日本提出缔结德日意三国军事同盟的建议。然而从日本方面来讲,它还没有正式决定跨出南进的步伐,因而不愿意参加以西方国家为敌的同盟条约。双方需求的差异使得两国间的交涉旷日持久。

在 20 世纪 30 年代的大部分时间里,苏联是德国内外宣传中的主要打击对象。纳粹当局之所以这么做,除了其反共反苏的本性在起作用,也有希特勒的策略考虑。他在 1924 年口授《我的奋斗》一书时,对苏联主要持谩骂的态度,然而在 1928 年口授《第二本书》时,则以较为现实的态度分析了德苏关系的前景。首先,他认为,由于两国之间存在着意识形态上的对抗性,"只要俄国政府继续用布尔什维主义毒害德国,那么相信德苏之间会取得谅解就是荒唐的"。德苏之间保持友好关系将妨碍德国政府镇压德国共产党。其次,德国在重整军备时期,不能与法国、英国、波兰和捷克斯洛伐克等国发生冲突,但是,"假如德国真想与俄国结盟反对西欧,明天它就将再一次成为历史性的战场",被迫以孱弱的军事力量仓促应战。再次,即使德苏两国结盟,当德国同英法等国发生冲突时,也很难指望得到苏联方面有效的支援,因为苏军越过波兰领土支援德国"只可能在德国不再存在时"才可能实现,而它通过海路在德国登陆,"只要英国和法国完全控制波罗的海",就难以实现。[②] 既然德苏之间维持友好关系对德国是弊多利少,那么,利用英法等国统治集团反共反苏的偏好,"借布尔什维主义的幻影,以遏制凡尔赛体系的势力",建立德国的军事主权,完成法西斯国家的初步联合,当然就成了希特勒较为有利的选择。

在这一时期内,尽管德苏之间还保持着一定的经济和军事联系,希特勒也多次通过公开或秘密途径向苏联传递友好信息,如 1933 年 3 月 23 日,他曾在演说中表示要"维护同苏联的友好关系",甚至在接见苏联大使时,保证

---

① 李巨廉、王斯德主编:《第二次世界大战起源历史文件资料集(1937.7—1939.8)》,华东师范大学出版社 1985 年版,第 43 号文件。

② 华东师范大学历史系第二次世界大战史研究室:《第二次世界大战起源研究论集》,第 49—50 页。

德国完全意识到同苏联的利益一致性，[①]但是出于策略考虑，德国政府每做出一个冒险举动，除了大摇一阵橄榄枝外，就是大叫一通"布尔什维克威胁"。德国退出世界裁军会议，其借口之一是"赤疫侵袭柏林"；德国拒绝参加"东方洛迦诺公约"，是以"民族社会主义和布尔什维主义有着不共戴天的仇恨，无法共同缔结什么公约和协定"为理由的；德国宣布公开扩军后，希特勒等人在会见英法等国主要官员时，也是以"说到布尔什维主义对欧洲的危险时，鼻孔也会颤动起来"的激愤情绪大肆反苏；德国进军莱茵区，在希特勒的嘴里又成了"德国向东发展"的前提，是"建立对莫斯科的防疫带"；法西斯国家的初步联合，也披上了"反共产国际"的外衣。反苏反共成了希特勒束缚英法等国手脚的咒语。

至此，德国在外交上以对英和解、中立法波与反对苏联为手段，步步得手，既阻止了世界反法西斯统一战线的形成，又初步完成了毁约扩军、瓦解对德包围圈和寻觅战友的任务，作好了对外扩张的准备。

---

① ［奥地利］尤利乌斯·布劳恩塔尔：《国际史》第二卷，第469页。

第十章　不流血的扩张

第一节　《霍斯巴赫备忘录》

1937年11月5日,希特勒在柏林总理府召开高级军政会议。会议的规模极小,连会议记录者在内,共七人,分别为:元首兼总理希特勒,军事部长兼武装部队总司令勃洛姆贝格陆军元帅,陆军总司令弗立契上将,海军总司令雷德尔上将,空军总司令戈林上将,外交部长牛赖特,会议记录者、希特勒的军事副官弗里德里希·霍斯巴赫(Friedrich Hossbach,1894—1980)上校。会议从下午4:15开到晚上8:30,持续了四个多小时。

希特勒一开始即声称,会议要讨论的问题极为重要,在其他国家,将会为此举行内阁全体会议,但是他,正因为事情的重要性,决定不把它放到内阁的较大范围内讨论。他想对与会者说明关于德国外交形势发展的可能性和必要性的基本思想,这是他深思熟虑和执政四年半经验的结果,为了德国长期政策的利益,万一他离开人世,应当把这一说明视作他最后的意愿和遗嘱。

希特勒表示,德国政策的目标是获得安全,保存和扩大种族团体,因此是一个生存空间问题。拥有8500多万人口的德意志种族,由于人数的众多和在欧洲居住空间的狭小,形成了紧密的种族核心,类似的核心在任何别的国家中都找不到。这意味着它有权获得比其他民族更多的生存空间。然而由于几个世纪来历史发展的结果,德国的领土面积与德意志种族核心的状况极不相符。这种状况如果延续下去,对保持当今德意志民族的巅峰状态有极大的威胁。因此,德国的未来最终取决于空间要求的解决,当然这种解决只能在1—3代人的时期内谋求。他提出,在现有的领土面积内,要想实现"自给自足",在粮食和经济方面都是无力维持的。而参加世界经济,"由重整军备的经济效果所导致的世界经济景气决不会构成一个长期稳定的经济基础,布尔什维主义引起的经济混乱还会破坏这种稳定性",同时德国的进出口交通要通过英国控制的海路,"运输安全比外汇更成问题"。希特勒认为,"世界政治大星座在缓慢地变动,具有坚强的种族核心的德意志人将在欧洲大陆的中部为取得这种成就找到最有利的条件。各个时代——罗马帝国和不列颠帝国——的历史都证明,只有粉碎抵抗和进行冒险,扩张才能进行,挫折是不可避免的。从来就不存在无主的空间,现今也没有,进攻者总是会遇到占有者的。德国面临的问题是:在哪里能以最小的代价取得最大的成果","德国的问题只有使用武力才能解决"。

关于德国在扩张过程中将要遇到的主要敌人,希特勒表示:"德国政策必须考虑到两个可恨的敌人:英国和法国,它们是不会容忍屹立于中欧的德国巨人的。两国都反对德国在欧洲或海外地位的进一步加强,在这方面它们能够赢得国内一切政党的支持。两国都把德国建立海外军事基地视作对它们海外交通线的威胁,以及对德国贸易的保护,并导致德国在欧洲地位的加强。"希特勒指出,不列颠帝国的持久性不能同罗马帝国相比,它"强调以不列颠皇冠作为帝国统一的标志,其本身就承认了帝国不能长期通过强权政策维持自己的地位"。

关于德国向外扩张将在"什么时候"实施,希特勒提出,"他的不可变更的决心是,最迟在1943—1945年解决德国的空间问题","从我们的观点来看,在这个时期之后,形势只会向坏的方向转化"。其理由是:"陆海空军的重新装备和军官团的组织已接近完成。装备和武器都是新式的,进一步拖延有过时的危险。尤其是'特殊武器'的秘密不可能永远保持。征募后备役人员要受到现时适龄应征者的限制,依靠超龄而未受过训练者来补充是不合用的。由于那时其他国家将重新武装,我们的相对实力将会下降。如果我们到 1943—1945 年还不行动,由于缺乏储备,每年都会发生粮食危机,应付危机所需要的外汇是无法得到的。"同时他还指出,"一方面有庞大的国防军,有把它维持在现今水平的必要性,有正在成熟的运动和它的领袖们;另一方面,存在着生活水准下降和出生率降低的前景。这些使我们除了行动没有别的选择"。他提出,如果遇到以下两种情况,德国则可以提前动手。第一种情况,"法国的内讧发展成一种国内危机,以致法国军队完全被用于对付这事,无法对外从事对德战争";第二种情况,"法国深深地卷入同另一个国家的战争,以致不能'从事'反对德国"。

至于首度扩张的地点,希特勒提出:"为了改善我们的政治军事地位,在我们被卷入战争时,我们的第一个目标必须是同时推翻捷克斯洛伐克和奥地利,以便在可能反对西方的行动中排除侧翼的威胁。"同时,他认为,"从政治军事的观点来看,这两个国家归并德国意味着一项实质性的利益,即德国将获得更短更有利的边界,腾出军队作其他用途。此外,假如每 100 万居民能组成一个新的师,就能增加大约 12 个师的新军队"。他表示相信,当德国行动时,"英国,可能还有法国,差不多肯定无疑地把捷克人默默勾销了,并甘心由德国在适当的时候解决该问题"。意大利、波兰和苏联也不会采取实质性的行动。

根据相关文件的简要记载,部分与会者对希特勒提出了不同意见。军事部长勃洛姆贝格和陆军总司令弗立契"在估计形势时一再强调,英法不应当成为我们的敌人,并认为,与意大利进行的战争不会把法国军队束缚到这种程度,以至于法国无力同时在我国西部边界以优势兵力作战"。弗立契还表示:"估计法军可用于阿尔卑斯边境的兵力大约是 20 个师,因此在法德边境会保持强大的优势,根据德国的想法,屯兵西线的任务就是进军莱茵区。而且,还必须把法国在动员时扩大的优势算进去。此外,撇开勃洛姆贝格元帅着重指出的一点,即目前我们防御工事的水平还比较低下,还必须考虑到为西线配置的四个摩托化师或多或少都有点缺乏机动能力。"对于希特勒提到的进攻捷克斯洛伐克一事,勃洛姆贝格特别提请注意捷方防御工事的坚固,该工事扩建完成后,便具有马奇诺防线的构造,将给德国的进攻造成极大的困难。弗立契呼应说,他下令在今年冬天进行研究的正是这样的课题,即探究对捷克人采取行动,摧毁捷克的防御系统。

关于对大国之间发生冲突从而有利于德国行动的预测,牛赖特认为,英法意之间的冲突不会在元首假设的这段可预见的时期内发生。希特勒提出反驳,并认为这种冲突可能在 1938 年夏天爆发。勃洛姆贝格和弗立契建议考虑英法的态度,希特勒在答复时重复了先前的陈述,即他确信英国是不会介入的,因而也不相信法国会向德国开战。"如果先前提到的地中海冲突导致欧洲总动员,我们必须立即开始对捷克采取行动。但是,如果不参战的大国宣布中立,那么德国也必须暂时采取同样的态度。"

根据记载,会议的第二部分涉及军备物资的具体问题,但讨论情况未载入现存的相关文件。①

会议结束后五天,与会的霍斯巴赫上校整理出一份备忘录,史称《霍斯巴赫备忘录》(Hoßbach Niederschrift)。他曾两次试图把文件给希特勒过目,但希特勒都回答说太忙碌,没有时间看它。② 后来霍斯巴赫把文件交给了勃洛姆贝格,后者将之放进西里西亚利格尼茨的 OKH 档案处。1938 年 1 月 28 日,霍斯巴赫因"勃洛姆贝格-弗立契事件"被解职,③《霍斯巴赫备忘录》逐渐被人遗忘。1943 年底,一位名叫库特·基希巴赫(Count Kirchbach)的德国军官在整理档案时发现了该文件,并为军史部门抄写了一个复本。"战后,美国人发现了基希巴赫的抄本,又抄了一份供在纽伦堡起诉之用。霍斯巴赫和基希巴赫认为,这个抄本比原抄本短。"④被删除部分包括牛赖特、勃洛姆贝格和弗立契对希特勒论据的批评。离奇的是,备忘录原件和基希巴赫的抄本就此失踪,至今没有露面。

战后,纽伦堡国际军事法庭确认了该文件,作为纳粹德国发动侵略战争的重要罪证。不少"正统学派"史学家也将它视作希特勒发动战争的侵略蓝

---

① 参见 Louis L. Snyder, *Encyclopedia of the Third Reich*. pp. 172–175.

② [英]A. J. P. 泰勒:《第二次世界大战的起源》,潘人杰等译,华东师范大学出版社 1991 年版,第 306 页。

③ Robert Wistrich, *Who's Who in Nazi Germany*. p. 156.

④ [英]A. J. P. 泰勒:《第二次世界大战的起源》,第 306 页。

图。英国史学家 A. J. P. 泰勒在 1961 年出版的《第二次世界大战的起源》一书中对之提出异议。他认为，这次会议是一次奇怪的集会，与会者中只有戈林是纳粹党人，其余都是旧式保守主义者，其中除雷德尔外，都行将在三个月内被解除职务。"他为什么向他不信任的和他不久要解职的人泄露内心深处的思想呢?"答案只能是:他并没有泄露内心深处的思想。在随后发生的国际史学界围绕第二次世界大战起源的争论中，"霍斯巴赫会议"和《霍斯巴赫备忘录》的来历和地位是其中的主要内容。① 泰勒在书中提出:"这次会议是国内事务中的一个策略，在这一点上，一场暴风雨正在酝酿。沙赫特的财政天才能力能使重整军备和充分就业成为可能，但此时他在进一步扩大军备计划上踌躇不前。希特勒害怕沙赫特，并且不能回答他的财政论据。他只知道这些论据是错误的:纳粹政权不能松弛其势头。希特勒企图把沙赫特同其他保守主义者隔离开来，所以他不得不争取他们赞成一项增加军备的计划。"②牛津大学圣安东尼学院研究员 T. W. 梅森(T. W. Mason)却认为，会议并不是希特勒召集的，而是"由勃洛姆贝格召开的，他希望借此对戈林表示不满，后者滥用自己作为四年计划全权总办及原料和外汇掌管人的权力，牺牲陆军的扩军费用，而偏袒空军的扩军计划。这样一来，希特勒就面临必须调停他的两个主要部属之间发生的重大争端的尴尬局面。他最好的办法就是力求回避这个僵局，大谈特谈德国战略的一般目标"。梅森的基本观点是反对泰勒的，但是其关于会议起因的说法却明显有利于泰勒，以至于后者在回应文章中表示，"我把所谓的《霍斯巴赫备忘录》提到的那次会议说成是希特勒为了对付沙赫特而召开的，是完全搞错了"，也许根本不应该在书中提到这次会议。③ 其实，希特勒作为一个有着坚定目标的机会主义者，经常在寻找合适的机会宣示自己的抱负、实现自己的目标。就这次会议而言，起因似乎并不重要，问题的关键在于，希特勒在会上的讲话，是否指

① 参见 Gordon Marrtel (ed.), *The Origins of the Second World War Reconsidered*: *The A. J. P. Taylor Debate after Twenty-five Years*. Boston: Routledge, 1980.
② [英]A. J. P. 泰勒:《第二次世界大战的起源》,第 46 页。
③ 郑寅达等:《泰勒挑起的一场论战——希特勒究竟该不该对战争的爆发负责?》,载于《上海师范大学学报(哲学社会科学版)》,1979 年第 4 期。

导着德国未来的行动？艾伦·布洛克（Alan Bullock,1914—2004）说得好，他认为，这次会议是希特勒外交政策的一个转折点，对更快更公开地达到目标所要遇到的危险作了重新估价。"会上,希特勒作出了主张战争的不可逆转的决定。"会议之后的 18 个月内，他在会上提到的奥地利和捷克斯洛伐克这两个国家都被推翻了，这一事实反映了会议所作决定的真实性。①

　　作为"霍斯巴赫会议"的后续影响，1937 年 12 月 7 日，武装部队国防处处长阿尔弗雷德·约德尔（Alfred Jodl,1890—1946）提交了关于军事预案的修正稿，把原先以防卫为主的预案修改成进攻计划。希特勒执政后，随着当局走上毁约扩军的道路，抵御和反击周边国家尤其是法国及其中欧盟国军事干预的事务提上议事日程。1935 年晚些时候，军方提出了《红色方案》（Fall Rot），以后继续编制对付捷克斯洛伐克的《绿色方案》（Fall Grün）。1937 年 6 月 24 日，军事部长勃洛姆贝格根据希特勒的旨意，向陆海空三军总司令分别下达了标有"绝密"字样的指令，要求武装部队"为可能在 1937 年至 1938 年这个动员时期发生的战争作好准备"。这份密令里包含了《红色方案》和《绿色方案》，其中《红色方案》处于优先地位，②该方案假定法国对德国发动突然进攻，在这种情况下德军将把主力用在西方。此外，密令还规定德国武装部队要对如下三种情况作好"特别的准备"：一是对"奥地利的武装干涉"，代号为"奥托"（Otto），以应对哈布斯堡王室的奥托在奥地利复辟的企图；二是"同红色西班牙的战争纠纷"，代号为"理查德"（Richard）；三是"英国、波兰、立陶宛参加一场对我们的战争"，这将是《红色方案》和《绿色方案》的延伸。1937 年 12 月约德尔提交的修正稿，将《绿色方案》置于优先地位，并加强了其主动性和进攻性。此举证明德国在"霍斯巴赫会议"之后已把准备入侵捷克斯洛伐克提上了议事日程。

　　另一个后续影响是希特勒排斥异己，进一步加强集权。其实，这次成为牺牲品之一的勃洛姆贝格远不属于"异己"力量。希特勒执政初期，他在巩固政权和毁约扩军方面都曾积极配合，作出较大贡献，但由于在会议上提出

① 郑寅达等：《泰勒挑起的一场论战——希特勒究竟该不该对战争的爆发负责？》。
② Jeremy Noakes and Geoffrey Pridham（ed.），Documents on Nazism，1919 – 1945. p.529.

反对意见,招来了猜忌。1938 年 1 月下旬,盖世太保搜集了其新婚妻子曾
经当过妓女的材料,又炮制了弗立契同街头男妓搞同性恋的假案,希特勒借
此迫使两人以"健康不佳"的名义辞职,同时整肃了一批对纳粹主义"不够热
心"的高级将领,其中 16 名高级将领被免职,44 名调职。同年 2 月 4 日,当
局公布《希特勒关于德国武装部队统辖权的命令》,命令宣布:从即日起,希
特勒亲自接掌整个武装部队的统辖权。"原军事部属下的武装部队局及其
所有职能,将作为我属下的军事参谋机构而由我直接统辖,成为'武装部队
最高统帅部'。武装部队最高统帅部参谋长一职将由前武装部队局局长(凯
特尔——引者)担任,他还将担任'武装部队最高统帅部长官',并享有德国
部长的身份。武装部队最高统帅部也将统辖军事部的工作;武装部队最高
统帅部长官将以我的名义行使迄今由军事部行使的职权。和平时期,武装
部队最高统帅部的任务是遵照我的指示,为整个德国的防务在各方面进行
联合备战。"① 弗立契的陆军总司令一职,则由瓦尔特·冯·勃劳希契
(Walther von Brauchitsch,1881—1948)接任。内阁中,牛赖特被免去外交
部长一职,由里宾特洛甫接任,沙赫特被正式免去经济部长职务,由纳粹党
人瓦尔特·冯克接任。翌日,纳粹党机关报《人民观察家报》刊登大标题:
"一切权力高度集中于元首手中!"

第二节 德奥合并

1937 年 5 月 28 日,内维尔·张伯伦(Neville Chamberlain,1869—
1940)出任英国首相。他决定改变此前各任首相随波逐流的政客作派,要以
主动的态势应对世界格局的变化,以求得局势安宁,从根本上维护大英帝国
的全球利益。他一方面调整和修改军备政策和军事战略,适度增加军费,重
新确定"防务次序"原则,另一方面则希望通过外交手段来解决欧洲大陆的
危局。在他看来,欧陆危局的根源在于德国和意大利对现状不满,在两者之
中,"德国是解决问题的真正关键"。他决心将苏、法两国倡导的"堵",即维

---

① 李巨廉、王斯德主编:《第二次世界大战起源历史文件资料集(1937.7—1939.8)》,第 48 号文件。

护凡尔赛体系的方针,改为"疏",即调整现存格局的方针。该设想的前提,是相信希特勒对外扩张的目标是"有限的",主要限于德意志人居住区,因此只要英国作出某些让步,英德两国达成"全盘解决",就能够稳定欧洲局势。张伯伦心目中的"全盘解决",主要包含以下三方面的内容。第一,英国准备出卖中东欧小国的利益,牺牲法国的中东欧同盟体系,允许德国以和平方式占有奥地利、苏台德区(Sudetenland)和但泽等德意志人占多数的地区,以此满足希特勒建立大德意志国的要求;德国则应承诺"这种变更是按和平演进来实现","避免采用可以引起今后时局震荡的手段",放弃进一步的侵略行动。第二,在达成"欧洲的政治解决"协议后,英国可以"考虑对德国提供经济上的援助",允许德国在东南欧享有商业和政治上的优先权利,从而消除其对外扩张的经济根源。第三,"作为全盘解决的一部分及平行步骤",英法两国愿意在殖民地问题上作出某些让步,归还部分原德属殖民地。[1] 当时,德国领导人戈林正邀请英国掌玺大臣、张伯伦的亲信爱德华·哈利法克斯(Edward Halifax,1881—1959)参加柏林国际狩猎博览会,张伯伦借机赋予哈利法克斯访德会晤希特勒的特殊使命。哈利法克斯在会见中,首先赞扬希特勒的反共"功勋",颂扬"总理不仅在德国国内有很大的建树",而且"通过阻止共产主义进入德国,已经遏制它进一步侵入西欧"。当希特勒要求改变《凡尔赛条约》所确定的现状,承认德国在欧洲的大国权利时,哈利法克斯表示,条约所酿成的错误必须加以纠正,但泽、奥地利和捷克斯洛伐克就属于迟早一定会发生的欧洲秩序变更的问题,"英国所关注的,是任何变更都应该通过和平演进的方法,避免采取可能引起长期动乱的手段"。

英方的透风使希特勒感到机会来临,决定提前迈出建立大德意志国的步伐,同时根据奥地利国内形势的发展情况和意大利态度的变化,决定改变原定的扩张顺序,把侵占奥地利放在解决捷克斯洛伐克问题之前。[2]

1934 年 7 月奥地利总理陶尔菲斯遇害后,由舒士尼格接任。鉴于英法两国面临希特勒的步步进逼妥协退让,意大利因入侵埃塞俄比亚而疏远英

---

[1] Paul R. Sweet, *Documents on German Foreign policy*, 1918 - 1945. Series D, V. 1, pp. 55 - 67.
[2] Jürgeg Gehl, *Austria, Germany, and the Anschluss*, 1933 - 1938. London: Longmans, p. 28.

法,舒士尼格错误地认为"不得不采取一条姑息的道路",要"尽一切努力设法使希特勒容忍现状"。经过德国驻奥大使巴本的努力,两国于 1936 年 7 月 11 日签订了《德奥协定》。在协定的正文里,德国重申承认奥地利的主权,保证不干涉其内政,奥地利则保证在外交政策尤其是对德政策中,"将始终按照承认自己是一个说德语的国家的原则行事"。但是在协定的秘密条款里,舒士尼格作了极大的让步。他同意大赦奥地利的纳粹政治犯,并任命纳粹党人或其同情者担任"政治上负责任"的职务。[①] 该协定为德奥合并开通了道路。此后,有五种德国报纸在奥地利倾销,大肆进行种族主义宣传。同时,两名纳粹同情者参加了政府,担任外交部长等职务。奥地利纳粹分子的活动公开化,他们在德国的资助和唆使下,加紧从事促使奥地利并入德国的恐怖分裂活动。

在意大利方面,随着国际形势的变化,其中包括意德两国在共同干涉西班牙内战的过程中逐渐淡化了前隙,以及柏林-罗马轴心的缔结,墨索里尼决定向希特勒让出奥地利。1937 年 11 月 6 日,里宾特洛甫前往罗马恭请墨索里尼出席意大利加入《反共产国际协定》的仪式,墨索里尼向他表示:"不论是从种族、语言上,还是从文化上说,奥地利都是一个德意志国家。……我为奥地利的独立'站岗'已经感到厌倦了,特别是在目前连奥地利人也不希望这种独立的时候。……今天意大利对这个问题已经不像前几年那样关心了……意大利的发展已经转移到地中海和殖民地上去了……让事态自然发展下去吧!"[②]

意大利的态度使希特勒更加肆无忌惮。从 1937 年底到 1938 年初,德国唆使奥地利纳粹分子不断制造事端,为公开出兵提供借口。奥地利政府面对纳粹分子的一再挑衅,忍无可忍,命令警察于 1938 年 1 月 25 日查抄纳粹地下组织的办公机构。[③] 希特勒趁机加速行动,同年 2 月 12 日把舒士尼格召到巴伐利亚州贝希特斯加登(Berchtesgaden)的山间别墅,进行了为时

---

① Jeremy Noakes and Geoffrey Pridham (ed.), *Documents on Nazism*, *1919 – 1945*. p. 532.

② Norman Rich, *Hitler's War Aims*: *Ideology*, *the Nazi State*, *and the Course of Expansion*. pp. 97 – 98.

③ Jeremy Noakes and Geoffrey Pridham (ed.), *Documents on Nazism*, *1919 – 1945*. p. 533.

两小时的威胁和恐吓。他既攻击"奥地利的整个历史就是一种不断背信弃义的行动",破坏德意志人的民族主义情感,又指责现政府没有跟随德国退出国际联盟,犯下了出卖民族利益的罪行,甚至无端指责它在德奥边境修筑针对德国的工事。

当天下午,里宾特洛甫代表德方递给舒士尼格一份用打字机打的协定草案,表示这是希特勒的要求,不允许对此进行讨论,必须立即签字。这份两页纸的协定草案提出了一系列范围很广的要求,内容包括:取消对奥地利纳粹党的禁令,大赦纳粹罪犯;任命纳粹党人赛斯-英夸特(Arthur Seyss-Inquart,1892—1946)为内政与安全部长,拥有主管警察和保安事务的权力;任命亲纳粹分子汉斯·菲许巴克(Hans Fischböck,1895—1967)和沃尔夫(Wolf)为财政部长和新闻总管;德奥军队交换 100 名以下的军官,在两军参谋部之间建立定期会晤制度,使两军之间建立更密切的关系;确保奥地利经济与德国经济紧密联合。舒士尼格在暴力威胁面前稍作抵抗,但最后被迫接受全部要求。

舒士尼格回国后,开始被迫履行协定的条款。2 月 16 日,奥地利政府实施改组,赛斯-英夸特等纳粹分子在内阁中身居要职。同月 19 日,政府宣布对纳粹分子实行大赦,连 1934 年刺杀陶尔菲斯总理的凶手也被释放。希特勒又增派大量的纳粹骨干分子进入奥地利,鼓动纳粹激进分子采取行动。各地的纳粹示威和暴力行动更加猖狂,格拉茨市(Graz)两万多人冲击市政厅,在广场上扯下奥地利国旗,换上德国纳粹党的卐字旗。舒士尼格打算采取最后一个可能维护国家独立的举措——就奥地利独立问题举行全民公决。他指望意大利能支持此举,不料墨索里尼对使者的答复是"这是一个错误"。但舒士尼格继续前进。3 月 9 日,他宣布将于 3 月 13 日举行公民投票,由民众来决定是否赞成保持奥地利的独立。他提出的口号是"为了一个自由的、德意志的、独立的和关心社会的奥地利,为了一个基督教的和统一的奥地利,为了和平与工作,一切承认民族与祖国的人都具有平等权利"[1]。

希特勒得知该消息后,暴跳如雷。他下令军方加紧准备实施军事占领

---

[1]［联邦德国］卡尔·迪特利希·埃尔德曼:《德意志史》第四卷:世界大战时期,上册,第 528 页。

奥地利的计划,参谋部门赶紧充实原来只有名称、几乎没有内容的《奥托方案》。经过大约五个小时的忙碌,方案初步拟就。3月11日凌晨2时,希特勒发布实施《奥托方案》的第一号指令,该指令规定要利用奥地利的国内纷争来实施武装干涉,"以维也纳为总方向进军,任何抵抗将予以击溃"。① 德方很快封闭了萨尔茨堡地区的边界,中断了两国之间的铁路交通。德国陆军的卡车和坦克开始向南部边境进发。同日,希特勒向舒士尼格传话,要求立即取消全民公决。舒士尼格被迫让步。当天下午2时,他召见赛斯-英夸特,告知决定取消公民投票。德方见借口即将消失,立即提高要价,要求舒士尼格立即辞职,并且在2小时内由奥地利总统任命赛斯-英夸特担任总理。舒士尼格向全国发表了广播辞职演说,但奥地利总统迟迟不愿任命赛斯-英夸特为总理。当天晚上8:45,希特勒发布实施《奥托方案》的第二号指令,下令德国军队于3月12日凌晨"进入"奥地利。

是日拂晓,德军越过边界。由于舒士尼格在辞职前曾下达命令,要求奥军主动撤退,不得抗击开入的德国军队,准备仓促的德军尽管在技术方面缺陷频现,很多装甲车在公路上熄火,但最后还是兵不血刃地占领了整个奥地利。中午,德国和奥地利的广播电台播发了希特勒的声明,称自己的决策是正当的,要"解放奥地利以帮助那里的德意志兄弟们",并承诺奥地利民众将在一次真正的公民投票中选择自己的前途。3月13日清晨,德方将一份关于德奥两国实行完全合并的方案交给赛斯-英夸特,新成立的奥地利政府连忙召开紧急会议讨论,当晚向德方作出同意奥地利成为德国组成部分的答复。翌日,德国颁布法令,宣布德奥两国完成合并,成为一个统一的国家。② 四星期后,即4月10日,在纳粹当局的控制下,合并后的新国度内举行了公民投票。据官方公布,99.7%的投票者投了赞成票。德奥合并完成后,德国的领土面积扩大了17%,人口数增加了10%,实力大为增强。

意大利对德国的行动采取了放任的态度,英法两国也没有采取实质性的行动,只是由各自的驻德大使向德方提出抗议照会,谴责德国对奥地利施

---

① Jeremy Noakes and Geoffrey Pridham (ed.), *Documents on Nazism*, *1919 - 1945*. p. 535.

② Norman Rich, *Hitler's War Aims: Ideology, the Nazi State, and the Course of Expansion*. p. 100.

加了"压力"。希特勒则宣布德奥关系是"德意志人民的内部问题,与第三者无关",拒绝了这些抗议。4 月初,英、法、美分别承认了合并事实,撤回各自的驻奥使馆,代之以驻维也纳领事馆。英格兰银行根据政府的指示,把储存在伦敦的部分奥地利黄金储备转交给德方。

第三节 《慕尼黑协定》

捷克斯洛伐克共和国建立于 1918 年,是个民主化程度和工业发展水平都较高的多民族国家。全国人口共约 1500 万,其中捷克人 750 万,斯洛伐克人 250 万,两者相加为 1000 万,占总人口的 2/3。在其余的少数民族中,德意志人为 320 万,占总人口的 21%,主要居住在工业化程度较高的苏台德(Sudeten)地区。匈牙利人、卢西尼亚人、波兰人等,不到 200 万人。捷克斯洛伐克的政治体制以政党-议会体制为基础,没有对少数民族提供特殊保护,民族性政党也必须通过赢取选票来提高自己的政治发言权。在 20 年代,国内各民族基本上能融洽相处,没有发生大的冲突。经济大危机袭来后,德意志人大批失业,而政府的救助政策偏向捷克人,德意志人对此颇有微词。[①] 正在此时,纳粹党在德国迅速崛起,希特勒就任德国总理,苏台德地区的纳粹势力也随之迅速发展起来。原先,奥匈帝国就有"德意志民族社会主义工人党",帝国瓦解后该党分裂成三支,其中一支在捷克斯洛伐克活动。1933 年,该党与"德意志民族党"一起遭到政府禁止。同年 10 月,苏台德区的德意志人组建了"苏台德德意志祖国阵线"(Sudetendeutsche Heimatfront),由主张实现德意志人民族自治的康拉德·亨莱因(Konrad Henlein,1898—1946,旧译"汉莱因")主持。当时,该地的少量德意志人主张立即将该地并入德国。1935 年,该组织改名为"苏台德德意志人党"(Sudetendeutsche Partei),并在当年举行的议会选举中取得成功,占据了全部 66 个德意志人议席中的 44 席,成为最大的德意志人政党,[②]很快受到德

---

① Dagmar H. Perman, *The Shaping of the Czechoslvak State*. Leyden: Berg 1962, p. 98.
② Hugh Seton-Watson, *Eastern Europe between the Wars*, *1918 - 1941*. Boulder and London: Westview Press, 1982, p. 280.

方的青睐。德国外交部给予其每月 1.5 万马克的秘密资助,并通过驻捷使馆插手其活动。亨莱因对德国的态度也随之发生变化。1937 年 11 月 19 日,他在向希特勒表明苏台德德意志人党的态度时,改变了原先仅限于争取"自治"的目标,表示该党的目标是"把苏台德德意志地区,甚至整个波希米亚-摩拉维亚-西里西亚地区并入德国",尽管它"表面上还必须表示赞成维护捷克斯洛伐克及其领土完整"并提出一个"显得切实可行的目标"。①

德国顺利地合并奥地利后,对捷克斯洛伐克形成了三面包围的态势,按照希特勒的既定方针,后者就成了德国下一步的侵略目标。从苏台德区来说,德奥合并事件给予德意志人极大的鼓励。他们不断举行要求"回归"德国的示威游行,高呼"一个民族、一个国家、一个领袖"的口号,要求苏台德区"回到德国老家去"。1938 年 3 月 28 日,希特勒召集亨莱因等人到柏林开会,表示当时迅即肢解捷克斯洛伐克的时机还不成熟,但要求亨莱因不断"提出捷克政府所不能接受的要求"。②

4 月 24 日,亨莱因在卡尔斯巴德(Karlsbad)③召开苏台德德意志人党代表大会,提出了名为《卡尔斯巴德纲领》的八点要求。其内容为:德意志人应享有与捷克人完全同等的地位;承认苏台德德意志民族集团在国家范围内有权维护自己的平等地位;确定并承认苏台德德意志人的定居区域;在苏台德德意志人定居区内组建功能齐全的自治政府,掌管德意志民族集团的事务,维护其利益;制订相应法规,保护德意志人定居区域以外的德意志平民的利益;废止 1918 年以来对苏台德德意志人采取的不公平举措,并为此支付赔偿金;德意志人居住区内的所有官职都必须由德意志人担任;任何人都拥有坚持德意志因素和德意志世界观的完全自由。④

捷克斯洛伐克政府同亨莱因举行谈判,同意特赦 1200 名纳粹政治犯,并加紧制订少数民族条例,以满足国内所有少数民族的要求,但拒绝给予苏

---

① [联邦德国]卡尔·迪特利希·埃尔德曼:《德意志史》第四卷:世界大战时期,上册第 534 页。
② Valdis O. Lumans, *Himmler's Auxiliaries: The Volksdeutsche Mittelstelle and The German National Minorities of Europe, 1933–1945.* Chapel Hill and London: The University of North Carolina Press, 1993, p. 82.
③ 现名为卡罗维发利(Karlovy Vary)。
④ Jeremy Noakes and Geoffrey Pridham (ed.), *Documents on Nazism, 1919–1945.* p. 540.

台德区完全自治的地位。亨莱因便中断同政府的谈判。局势骤然紧张，苏台德问题很快成为世界各国瞩目的中心。

5月19日，德国《莱比锡报》刊登一则消息，称德国正在调动军队。与此同时，捷克斯洛伐克和英国的情报机构也获悉，德国四个摩托化师已在德捷边境地区集结，并作好了袭击波希米亚的全面准备。在当时紧张的气氛下，这些消息无疑会成为触发进一步行动的导火索。5月20日，捷克斯洛伐克内阁举行紧急会议，宣布坚决捍卫民族主权，实行部分动员，征召一级预备役人员和若干技术后备人员入伍。德捷边境的局势急剧紧张起来，出现了"五月危机"。法国外长发表谈话："如果德军入侵捷克斯洛伐克，法国将履行法捷同盟条约。"英国外交大臣哈利法克斯也对德国驻英大使说："欧洲一旦发生战事，英国能否置身事外，殊难预料。"

希特勒对此恼怒不已，采取了一系列应对措施。5月23日，德国外交部奉命发表声明，称德军在捷克边境集结的传闻毫无根据，德国对捷克斯洛伐克没有任何侵略意图。已经跑到德国的亨莱因奉命返回布拉格，重新恢复同捷克政府的谈判。5月30日，希特勒发布《关于"绿色方案"致德国武装部队三军总司令的命令》。新版方案的最大不同在于开头部分。原方案为"我无意在最近无缘无故即以军事行动粉碎捷克斯洛伐克"，新版改为"在最近的将来即以军事行动粉碎捷克斯洛伐克，是我的不可变更的决定"。实施方案的时间节点，在方案中并未标出，只是表明"捷克斯洛伐克内部事态不可避免的发展，或者在欧洲发生将为我们提供难以复得的意外的有利机会的其他政治事件，都可能促使我及早采取行动"，但在凯特尔的相关信件中，明确指出"本命令最迟必须于同年10月1日前实施"。[①] 18天后，6月18日，当局又下发了一份题为《希特勒签发的战略指令》的文件，该件题头下标有"绝密""只限军官参阅""只限一名军官缮写"等字样。希特勒通过该文件向下属表示："只有像占领非军事区和进入奥地利时的情况那样，我坚信法国不会出兵，因而英国也不会加以干涉之时，才会决定对捷克斯洛伐克

---

① 李巨廉、王斯德主编：《第二次世界大战起源历史文件资料集（1937.7—1939.8）》，第74号文件。

采取行动。"①

　　《绿色方案》是纳粹德国闪击战战术的首次大规模使用。它提出,"从军事的和政治的观点来看,最有利的途径就是根据一个使德国忍无可忍的挑衅事件发动闪电式的进攻","对敌人采取出其不意、攻其不备的行动……在敌人的军事准备状态还未发展到不可战胜的时候,我方就必须以在时间上和规模上都出其不意的突然进攻来结束战前的外交紧张时期"。进攻的过程要尽可能的短,"必须在最初的两三天内就造成一种局势,向那些想要进行干涉的敌国表明,捷克斯洛伐克的军事局势是毫无希望的,并诱使那些对捷抱有领土要求的国家立即参加对捷克斯洛伐克的进攻"。为此,"陆军的首要任务是,在空军发动进攻的同时,尽可能大量使用突击部队……在许多地点和战略上有利的方向插入捷方的防线,……迫使捷军交战而歼灭之,并迅速占领波希米亚和摩拉维亚";空军"通过对捷克的通讯系统、动员中心和政府的攻击,瓦解其军事动员,造成其民政事务管理混乱,使其武装部队失去指导"。要达到这一目的,"武装部队的战备要按下列原则进行:1.三军的全部力量必须用于进攻捷克斯洛伐克;2.在西线,将只配置最低限度的兵力作为必不可少的后卫,在东线与波兰和立陶宛相接的其他边境,将只采取守势,南部边境要保持严密监视;3.能供迅速动用的陆军各部队必须快速而有力地攻克敌边境防线,并尽快装备大批机械化部队,以确保大胆地突入捷克境内"。

　　《绿色方案》在德国将领中引起很大的恐慌。陆军总参谋长贝克在呈送勃劳希契的意见书中拒绝对这项计划共同承担责任。他担心由此引发一场欧洲全面战争,"根据人们的预见,这场战争将不仅以德国的军事失败而且以其全面崩溃而告终"。海军总参谋长京特·古泽(Günther Guse,1886—1953)中将也对形势作了同样的估价,他看到"德国的生存遭到威胁"。贝克打算通过勃劳希契发动将军们拒绝执行希特勒的战争计划。他说:"这是关系到民族存亡的最后决断。如果这些指挥官不根据他们的专业知识、国家政治知识和良心行事,那么历史将让他们承担血债。如果他们的知识、良心

---

① 李巨廉、王斯德主编:《第二次世界大战起源历史文件资料集(1937.7—1939.8)》,第 76 号文件。

和责任不准许他们去执行一项命令,那就是军人服从的界限。"他还说:"如果一个身居最高职位的军人在这种时刻只把履行军事使命这个有限的范围看作是他的职责和任务,而不认识对整个民族的最高责任,那就是缺乏见地。非常时期要求采取非常的行动。"①他为此于 1938 年 8 月 18 日辞去陆军总参谋长的职务,该职务后由弗兰茨·哈尔德接任。希特勒很希望通过实施《绿色方案》一举攻占捷克斯洛伐克,加快侵略的步伐,并借此练兵,为日后扩大侵略战争创造条件。然而,由于此时他还不敢同英国正面对抗乃至交战,加之追求"一次切一片"的取巧性策略,因而力图排除英国的干预,单独对捷克斯洛伐克开战。然而,张伯伦力求避免战争以维护英国的整体利益,因而不许德国对捷开战。于是德英之间展开了为时数月的交涉。

英国政府为了压制捷政府让步以消除希特勒的口实,于 1938 年 7 月 26 日宣布派下院议员沃尔特·伦西曼(Walter Runciman,1970—1949)赴德,以非官方身份担当苏台德危机的调解人。伦西曼抵捷后,立即在布拉格和苏台德区之间穿梭奔走。9 月 4 日,捷总统爱德华·贝奈斯(Eduard Benesch,1884—1948)在各种压力下作出极大让步,在谈判中拿出一张白纸,要求苏台德德意志人党谈判代表写下全部要求,并预先答应定会满足这些要求。当对方因惊愕和猜疑而不愿动手时,贝奈斯甚至拧开自己的自来水笔,要求他们口述自己的要求。对方提出与《卡尔斯巴德纲领》相近的要求,贝奈斯遵守承诺,予以同意。德方一时乱了阵脚,感到难以应对。9 月 7 日晨,捷克斯洛伐克国内出现游行示威,苏台德德意志人党的一名代表遭到捷骑警马鞭的抽打,于是德方趁机要求亨莱因全面中断谈判。同月 12 日,希特勒在纳粹党纽伦堡代表大会上发表"毒汁四溅"的演说,宣称德国的权利"受到无耻的侵犯","决不能以克制态度同捷克人这样的……敌人达成和解","捷克斯洛伐克境内的德意志人既非手无寸铁,也未遭人遗弃",叫嚷"对每一次进攻马上予以还击"。② 亨莱因趁机带着数千名纳粹分子逃到德国,宣称现在只有把苏台德区割让给德国才能解决问题。

① [联邦德国]卡尔·迪特利希·埃尔德曼:《德意志史》第四卷:世界大战时期,上册,第 535 页。
② [英]约翰·惠勒-贝内特:《慕尼黑——悲剧的序幕》,林书武等译,北京出版社 1978 年版,第 96—97、106 页。

　　张伯伦决定亲自登台,于 9 月 15 日到贝希特斯加登与希特勒举行第一次会谈。希特勒在会谈中提出了使苏台德德意志人地区按照民族自决的原则脱离捷克斯洛伐克的要求。张伯伦回国后,与法国政府一起压服了捷克斯洛伐克政府,于 9 月 22 日到戈德斯贝格(Godesberg)与希特勒举行第二次会谈。不料希特勒借口形势发生变化,提出了更加苛刻的要求:捷克斯洛伐克的军、警、宪和海关、边防人员必须在 10 月 1 日前全部撤出苏台德区,该地区德意志人占半数以上的区域由德军实施军事占领,其余区域由公民投票决定其归属;撤出地区的所有军事设施均应保持原状,一切商业的和运输的物资,尤其是铁路车辆,均应完整无损地转交德国,食品、货物、牲畜、原料等一概不得搬移。希特勒出尔反尔的做法引起英法两国强硬派的愤恨,英法捷三国都表示拒绝德方的要求。希特勒面对这一局面,不得不放弃一举侵占整个捷克斯洛伐克的战争计划,决定暂时先侵吞苏台德区。9 月 26 日晚,他在柏林体育馆发表演说,时而狂吼,时而尖叫,对捷克斯洛伐克及其总统作了极其卑劣的攻击。然而说到英法两国时,用语温和亲切,别有用心地感谢张伯伦争取和平的努力,重申这是他在欧洲的最后一次领土要求。

　　由于张伯伦坚持避战求和的基本方针,希特勒又作了小范围的让步,慕尼黑会议得以在 1938 年 9 月 29—30 日举行。会前,希特勒在德国边境登上墨索里尼的火车专列,事先作了沟通。会议开始后,墨索里尼取出由德方起草但以自己名义提出的备忘录,作为讨论的基础。各方围绕该方案作了些许交涉,很快达成一致。9 月 30 日凌晨 1 时,四国签署了《慕尼黑协定》(*Münchner Abkommen*)。

　　《慕尼黑协定》规定:"德国军队将于 10 月 1 日开始分阶段占领(捷克境内——引者)德意志人占多数的地区",捷方的"撤退应于 10 月 10 日完成,不得对现存的任何设备加以破坏";其余有着最为突出的德意志特征的领土将由德、英、法、意、捷代表所组成的国际委员会迅速确定,"并由德国军队在 10 月 10 日占领";国际委员会将决定举行公民投票的地区,"在公民投票未完成前,该地区应由国际机构占领",时间不迟于 11 月底;"边界的最后确定将由国际委员会完成";居民"应该有自由选择迁入或迁出被移交领土的权利,选择权应在本协定签订之日起六个月内自由行使";"捷克斯洛伐克政府在四个星期内将从其军队和公安部队中解除任何愿意去职的苏台德德意志人的职务，同时应释放因政治罪行而正在服刑的犯人"；"关于捷克斯洛伐克境内的波兰和匈牙利少数民族问题，如未在三个月由有关政府予以解决，则应列为出席这次会议的四国政府首脑间另一次会议的议题"，"当捷克斯洛伐克境内的波兰和匈牙利少数民族问题已告解决时，德国和意大利方面将对捷克斯洛伐克给予保证"。[①]

根据《慕尼黑协定》的规定，1938 年 10 月 1 日，德军首先从南面进入捷克境内，开始占领第一区域。当德军从西面向东进占第三区域时，希特勒以征服者的姿态随军进入苏台德区，并在卡尔斯巴德检阅了德军第一坦克师。10 月 5 日，贝奈斯总统在德国的压力下辞职，随即流亡国外，由性格软弱的艾米尔·哈查（Emil Hácha，1872—1945）接任。

协定签署后，张伯伦认为希特勒建立大德意志国的愿望得到了满足，英德两国之间的利益冲突得到了调解，从此欧洲一代人的和平有了保证。为了确保两国间和平协商途径的通畅，他事先准备了一份《英德宣言》草案，于 9 月 30 日上午请希特勒过目。希特勒很快在上面签名。宣言称：双方一致承认，"英德关系问题对两国和欧洲具有头等重要的意义"；双方把《慕尼黑协定》和《英德海军协定》看成是"两国人民永不彼此开战的愿望的象征"，双方保证"采取协商的方法来解决可能与两国有关的一切其他问题，并力图继续努力消除一切可能引起纠纷的根源，从而对保证欧洲和平作出贡献"。[②]

从希特勒方面来说，他既没有机会实施《绿色方案》以练兵，又未能一举占领整个捷克斯洛伐克，因而满心不如意。在慕尼黑会议期间，"他显然是情绪低落，对整个议程都显得暴躁不安"。据沙赫特回忆，他在回柏林途中对党卫队官员说："张伯伦这家伙使我进不了布拉格，真叫我扫兴！"[③]并发誓要完成这一计划。1938 年 10 月 21 日，他下达《给武装部队的命令》，规定军队在短期内的扩张任务有两个：消灭捷克国家的残余部分，占领梅梅尔（Memel）。在执行前一个任务方面，文件规定军队"必须在任何时候都有可

① 李巨廉、王斯德主编：《第二次世界大战起源历史文件资料集（1937.7—1939.8）》，第 130 号文件。
② 李巨廉、王斯德主编：《第二次世界大战起源历史文件资料集（1937.7—1939.8）》，第 132 号文件。
③ Jeremy Noakes and Geoffrey Pridham（ed.），*Documents on Nazism*，1919—1945．p. 549.

能摧毁捷克国家的残余部分,如果它执行反德政策的话",但军队"为应对这一事件所进行的准备工作,规模要比绿色方案所作的准备工作小得多,但另一方面,由于这一次没有事先计划好动员措施,他们必须保证处于持续不断的更高的准备状态"。①

苏台德区脱离捷克斯洛伐克后,捷国国内的民族分离运动迅速发展,其中尤以斯洛伐克和卢西尼亚的自治运动最烈。1938 年 10 月 6 日,斯洛伐克宣布成立"自治政府",翌日,戈林接见"自治政府"副总理,表示支持斯洛伐克独立。11 月,布拉格当局通过了有关的自治法案,同意斯洛伐克拥有自己的内阁和议会。国名也从原来的"捷克斯洛伐克"写成"捷克-斯洛伐克"。在整个 1938—1939 年冬天,德国都在煽动捷国内的少数民族分离运动。1939 年 2 月 12 日,希特勒亲自在总理府接见斯洛伐克政府副总理和外交部长,表示"如果斯洛伐克能够独立,我将至感快慰"。

1939 年 3 月,捷克斯洛伐克事件再现高潮,并导致国家彻底瓦解。是月 6 日至 9 日,哈查总统在对民族分裂活动忍无可忍的情况下,解散了卢西尼亚自治政府和斯洛伐克自治政府,并软禁了斯洛伐克政府的总理、副总理和外交部长,在斯洛伐克实施戒严。希特勒立即利用该事件,于 11 日下达采取行动的命令。12 日,布拉格和其他大城市纷纷发生纳粹分子的挑衅事件,德军 14 个师秘密集结到波希米亚和摩拉维亚边境。13 日,希特勒召见从软禁中逃亡的斯洛伐克总理约瑟夫·提索(Josef Tiso,1887—1947),要他宣布斯洛伐克"独立"。提索当即表示"不会辜负元首的关怀",第二天就发表了德国外交部起草的斯洛伐克《独立宣言》。16 日,提索致电希特勒"要求保护",希特勒立即复电同意,并派兵进入斯洛伐克。②

3 月 14 日深夜,希特勒把哈查总统和捷外长召到柏林,通知他们说,他已下令德军明晨进攻捷克斯洛伐克,把这个国家并入德国,如果他们拒绝投降,布拉格就会被炸成废墟。在希特勒的胁迫下,哈查被迫在德国事先拟好

---

① 李巨廉、王斯德主编:《第二次世界大战起源历史文件资料集(1937.7—1939.8)》,第 141 号文件。
② Jeremy Noakes and Geoffrey Pridham (ed.), *Documents on Nazism*, *1919—1945*. pp. 551 - 552.

的《德捷协定》上签字。协定称:"捷克斯洛伐克总统……为实现最后的和平
起见,满怀信心地把捷克人民和国家的命运交到德国元首的手中。"[1]15 日
清晨,德军大举侵入捷克境内,占领布拉格。翌日,希特勒宣布成立"波希米
亚-摩拉维亚保护国",由前外长牛赖特任"德国保护长官"。

[1] Jeremy Noakes and Geoffrey Pridham (ed.), *Documents on Nazism*, 1919—1945. p. 553.

第十一章 征战得手

第一节 外交战

1939年3月8日,当侵吞捷克斯洛伐克残存地区的长剑正在蓄势待发时,希特勒再一次向国内高层人士透露自己下一步的侵略计划。当天,他在柏林召开军界、经济界和党的重要人士会议。会议首先讨论某些经济和劳动力问题,随后是希特勒讲话。

他一开始就说:"四年计划是最后的一着棋,德国人民的现实问题是保证自己拥有为他们的繁荣所必需的原料来源。此外,为了使德国人民能享有这个繁荣,应当彻底消灭他们的敌人:犹太人、民主政体和'国际列强'。只要这些敌人在世界上任何地方还有一点儿残存的势力,它们也将威胁德国人民安然生存。"至于扩张的步骤,他提到几天后就将占领整个捷克斯洛伐克,"然后将轮到波兰。我们不必考虑那里会有猛烈的抵抗。为了保证以波兰的农产品和煤炭供应德国,德国对波兰的统治是必要的。至于匈牙利和罗马尼亚,它们当然属于德国维持生存所必需的空间。毋庸置疑,波兰的垮台和给予一定的压力将使它们就范。那时,我们就会完全控制它们大量的农业和石油资源。可以说,南斯拉夫的情况也是如此"。在时间节点方面,希特勒提出,以上任务将在1940年以前完成,"到那时,德国将是不可战胜的"。再下一步,"到 1940 和 1941 年,德国将一劳永逸地同自己的宿敌——法国进行清算。这个国家将从欧洲的地图上抹掉"。①

然而,德国进军布拉格的行动使英国的舆论哗然,也打破了张伯伦以让步维持和平局面的迷梦。英德矛盾急剧尖锐。面临严峻的局势,英国政府意识到一味妥协退让不能使德国放弃侵略,要保持英国的霸权地位,必须适当调整外交战略,加以必要的遏制和对抗。于是,英国对内加强军事力量,对外向德国周边国家提供保障,同法国结盟,与苏联谈判,筑起遏制德国进一步扩张的篱笆,用两线作战的威胁迫使希特勒就范。

从希特勒的角度来说,英法两国的步步退让已经大幅度提升了其扩张的野心,1939 年 3 月 15 日以后英国态度的变化,不可能使他放弃在 3 月 8 日会议上提出的时间表。他要做的,是尽快解决东欧问题,为日后进攻法国创造条件。

3 月 23 日,希特勒亲自乘坐"德意志号"袖珍战斗舰进入梅梅尔②,占领了这个已进入立陶宛版图的地区。该海港城市 1252 年由"德意志骑士团(Deutscher Orden)建立,1422 年起进入普鲁士的版图。《凡尔赛条约》签订后,该地被列为协约国的保护地,与德国分离,成为法国占领下的一块保护地。1923 年,立陶宛军队攻占该地,法军撤离。希特勒在德国执政后,该地的亲纳粹运动也开始高涨,"立陶宛德意志人党"(Deutsche Partei Litauens)及其文化组织"立陶宛德意志人文化协会"(Kulturverband der Deutschen in Litauen)、"基督教社会工人共同体"(Christlich-Soziale Arbeitsgemeinschaft)和"社会民族共同体"(Sozialitische Volksgemeinschaft)等纷纷涌现,并积极活动,鼓吹回归德国,实现"一个民族、一个国家、一个领袖"的理想。1939 年 3 月 20 日,德国外长里宾特洛甫在柏林会见途经的立陶宛外长,要求立方即刻把梅梅尔归还德国,并威胁说,否则"元首就要以闪电般的速度采取行动"。翌日,德国外交部国务秘书恩斯特·冯·魏茨泽克(Ernst von Weizsäcer,1882 1951)通知立方,必须在第二天派遣全权代表乘坐专机来柏林签字,把梅梅尔交还给德国。

① 李巨廉、王斯德主编:《第二次世界大战起源历史文件资料集(1937.7—1939.8)》,第 183 号文件。
② 现名克莱佩达(Klaipeda),属于立陶宛。

22 日晚间,条约签字。23 日下午,希特勒以胜利者的姿态进入该地。

对于波兰、罗马尼亚等东欧国家,德国的总目标是控制它们。具体可以通过两条途径:一是诱逼它们加入《反共产国际协定》,使之成为附庸国;二是实行武力侵占。由于控制东欧国家仅仅是希特勒全球战略中一个附加的较小组成部分,因此他的首选是走第一条途径。

1938 年 10 月 24 日,德国外长里宾特洛甫在贝希特斯加登会见波兰大使约瑟夫·利普斯基(Josef Lipski,1894—1958),要求波兰同意在继续拥有铁路和经济方面便利的基础上,让但泽自由市回归德国,并允许德国建造穿越"波兰走廊"的通道,其中包括一条享有治外法权的公路和一条多轨铁路。德国的交换条件是同意把《德波互不侵犯和谅解宣言》的有效期延长到 25 年,保证两国边界的稳定,约定"在《反共产国际协定》的基础上对俄国执行一项共同的政策"[1]。然而,波兰仍然坚持在德苏之间维持"等距离外交",同时不愿意放弃自己对外贸易的重要港口但泽,因而拒绝了德国的要求,并于 11 月下旬同苏联签订了改善两国关系的协定。以后德国多次同波兰交涉,甚至答应把苏联乌克兰的一部分地区划给波兰作为补偿,但都没有成功。

1939 年 3 月中下旬德国解决捷克斯洛伐克和梅梅尔问题后,对波兰形成了北、西、南三面包围之势。此时,日渐升温的但泽地区纳粹活动进一步高涨,纳粹分子蠢蠢欲动,积极准备发动暴乱。波兰政府面对德方的侵略威胁,积极采取防卫措施,宣布征召后备役人员入伍,向但泽附近集中军队,并于 3 月 22 日向英国大使建议立即缔结英波协定,规定在遭到第三国进攻的威胁时,双方立即进行协商。3 月 26 日,德国外长约见波兰大使,对波军的调动横加指责,并扬言"波兰对但泽的任何侵略都将被认为是对德国的侵略"。波兰政府毫不退让,同月 28 日,波兰外长约见德国大使,宣布如果德国或但泽立法会议改变但泽自由市的现状,就意味着向波兰开战。德波关系急剧恶化。与此同时,英国政府开始组建遏制德国的包围圈,将波兰视为对德东战线的主体,于 1939 年 3 月 31 日对波兰的独立给予单方面的担保。

---

[1] Jeremy Noakes and Geoffrey Pridham (ed.), *Documents on Nazism*, *1919–1945*, p.557.

同年 4 月 6 日,英国的单方面担保升格成两国临时互助协定。是日,两国发表《英波会谈公报》,宣布:"双方同意准备着手制订一项永久性互惠协定,以代替目前英王陛下政府对波兰政府的临时性单方面保证。在缔结永久性协定前,贝克先生向英王陛下政府保证,波兰政府认为有义务根据英王陛下政府将给予波兰的临时性保证中的同样条件援助英王陛下政府。"①

　　形势的发展使希特勒决定用武力打败波兰。4 月 3 日,德国发布《武装部队最高统帅部命令》,规定军队要加紧准备,做到"从 1939 年 9 月 1 日起任何时候都可以实施行动计划"②。4 月 11 日,正式下达《德国进攻波兰的计划(白色方案)》(*Führerweisung:Angriffskrieg gegen Polen*)。计划规定,如果波兰采取威胁德国的态度,"那么德国也许必须不顾现行的对波条约而实行最后的清算。到那时,目标是摧毁波兰的军事力量,使东方的局势符合国防的需要"。计划要求,为了保证胜利,"应该指望并且准备进行突然袭击,伪装的或公开的总动员不会早于进攻的前一天宣布,而将拖到尽可能晚的时刻"。规定陆军的行动目标是消灭波兰陆军,空军则要在最短时间内消灭波兰空军,并"阻碍波兰动员的进行,防止波兰军队实施有计划的战略集结;直接支援陆军,特别是支援越过边界后立即发起攻击的先头部队"。计划强调,要把对波战争局限在波兰境内。为了达到这一目标,"政治领导认为自己的任务是尽可能孤立波兰"。而从军队来说,"如果能以突然而猛烈的打击开始军事行动并且取得迅速成功,可以更容易地维持波兰的孤立状态"。③

　　同时,希特勒开始向英国施压。4 月 27 日德国政府照会英国政府,指责英国执行"包围"德国的政策,宣布废除 1935 年的《英德海军协定》。同日,又以波兰同英国缔约是打算在德英发生冲突时"参加对德侵略"为理由,宣布废除 1934 年的《德波互不侵犯和谅解宣言》。

　　在当时逐渐展开的英—法—苏、英—德、德—日—意、德—苏四种外交谈判中,德国作为挑战现存国际秩序的主动方,为了阻止世界反法西斯同盟

---

① 李巨廉、王斯德主编:《第二次世界大战起源历史文件资料集(1937.7—1939.8)》,第 221 号文件。
② Jeremy Noakes and Geoffrey Pridham (ed.), *Documents on Nazism*,*1919 - 1945*.p.561.
③ 李巨廉、王斯德主编:《第二次世界大战起源历史文件资料集(1937.7—1939.8)》,第 225 号文件。

的形成,积极加入了多边外交博弈,以实现"一次切一片"的如意算盘。

把德日意《反共产国际协定》上升为法西斯军事同盟,以日意两国的军事实力及威慑力牵制敌方,是德国政府推动展开德日意谈判的目的所在。而作为谈判对手的意大利和日本,在谈判中的态度是有区别的。意大利自慕尼黑会议结束后,对尽快缔结三国法西斯军事同盟就持积极态度。1939年1月1日,意大利政府正式通知德国,同意三国签署军事同盟条约。消息传出后,对英法两国产生很大的威慑力。[①] 意大利由此顺利地占有了阿尔巴尼亚。1939年3月德国吞并捷克残存地区后,意大利一度对德国的意图产生怀疑,担心德国可能会进一步向东南欧推进,进入德国曾经承认是意大利势力范围的地区。[②] 德国及时地向意大利表示在地中海没有任何目的,即使发生克罗地亚问题,德国也完全不感兴趣。以后,里宾特洛甫又明确地告诉意大利外交大臣齐亚诺,德国认为意大利在南斯拉夫的利益超过别国,如果南斯拉夫由于国内冲突而分裂的话,愿意让墨索里尼在那里自由行动。希特勒还向意大利大使保证,意大利"无论何时需要德国的支持","他将总是无条件地站在意大利的一边"。[③] 然而,从英国发生"外交革命"并向一系列国家提供担保起,墨索里尼又开始担心欧洲战争会在意大利作好准备之前就爆发,因而希望通过意德日三国结成军事同盟来震慑英国,从而推迟战争。5月4日,墨索里尼与齐亚诺商讨有关结盟谈判事宜,他表示,意大利之所以急于结成军事同盟,是希望把欧洲战争推迟到1941年至1942年以后。[④] 由于意方的结盟态度坚决,而对日谈判进展缓慢,因此尽管意方明确表示1942年以前不能作战,并且"不准备为但泽丧命",两国还是在1939年5月22日签署了《德意友好同盟条约》(俗称《钢铁盟约》)。条约规定:"如果缔约国一方的安全或其他生存利益受到外来威胁,另一方应从政治和外交上给予受威胁的一方全力支持,以消除这一威胁";"如果违反缔约国双方

---

① 陈祥超:《墨索里尼与意大利法西斯》,中国华侨出版社2004年版,第272页。
② [英]阿诺德·托因比、维罗尼卡·M.托因比:《大战前夕,1939年》,劳景素译,上海译文出版社1984年版,第387—388页。
③ 同上书,第381、447页。
④ 陈祥超:《墨索里尼与意大利法西斯》,第274页。

的意愿和希望而发生缔约国一方陷入与另一个国家或几个国家的战争纠纷,缔约国另一方应立即以盟国的身份以其全部军事力量在地面、海上和空中予以援助"。①

德日之间的谈判更为艰难。面临德方的结盟建议,日本统治集团内部产生意见分歧。外务省和海军等主张同盟条约针对对象只能局限在苏联,认为日本扩大侵华战争后,军事力量陷入中国战场,外交上日趋孤立,不宜再以西方国家为敌,以免失去外交上的回旋余地和断绝英日贸易。而陆军和外务省里的"革新派"②要求接受德国的提议。他们认为,日本只有同德国结成军事同盟,才能摆脱孤立,并以德国的力量牵制苏、英两国,得以在东亚放手行动。经过争论,前一种主张在天皇的支持下占了上风。③ 而德方的要求则是,条约的针对目标不仅是苏联,也应包括英法两国,同盟义务则应包括政治、外交和军事支援,即要缔结一个目标不限定的军事性同盟条约。由于日方久久不能作出明确答复,1939 年 1 月 6 日,德方作出些许让步,在坚持条约的针对目标应该包括英法两国的同时,在"军事援助"问题上态度有所软化。④ 此时,由于日本在中国的侵略行动进一步扩大,英法两国表示将捍卫在华利益,不承认日本的行动。英日矛盾的激化使日本对三国军事同盟的态度有所改变。1 月 19 日,日本五相会议通过外相提出的建议:同意条约的针对目标包括英法两国,但"军事援助"将视形势而定,并且要声明条约仅仅是《反共产国际协定》的扩大。德国不同意日方的这两个保留条件,谈判再次搁浅。1939 年年中,随着英法苏谈判的展开,日本政府害怕自己会处于孤立状态,5 月 14 日,平沼首相致函希特勒和墨索里尼,表示"即使德国遭到苏联以外的一个或数个国家的攻击,日本也决定提供政治、经济援助与军事支援"⑤。但日方同时提出了保留条件,即由于"准备不

① 李巨廉、王斯德主编:《第二次世界大战起源历史文件资料集(1937.7—1939.8)》,第 253 号文件。
② 该派主张"革新"政体,使之更加法西斯化。
③ James William Morley, *Deterrent Diplomacy: Japan, Germany and the USSR, 1935 - 1940; Japan's Road to the Pacific War*. New York: Columbia University Press, 1976, p. 50.
④ James William Morley, *Deterrent Diplomacy: Japan, Germany and the USSR, 1935 - 1940; Japan's Road to the Pacific War*. pp. 66 - 67.
⑤ James William Morley, *Deterrent Diplomacy: Japan, Germany and the USSR, 1935 - 1940; Japan's Road to the Pacific War*. p. 94.

足"，不能在德国与西方发生冲突时立即提供军事支援，也不愿意自动成为冲突的交战方。对德国来说，同意日本的保留条件就会大大降低同盟的威慑作用，"认为不签条约也比签订不理想的条约好"。《苏德互不侵犯条约》签订后，德日谈判基本中止。

对英关系仍然是希特勒关注的重点。1939 年 5 月 23 日，他在柏林新总理府元首办公室举行高级军事会议，出席者包括陆海空三军总司令和武装部队最高统帅部长官等军方高层人士。希特勒在会上表达了进攻波兰的决心，强调"波兰不是新的敌人，波兰将永远站在我们的敌人一边。尽管签署了友好条约，波兰内心始终企图利用每一个时机来反对我们。但泽不是主要目标。对我们来说，主要问题是扩大在东方的生存空间，确保粮食供应，以及解决波罗的海国家的问题。……因此，不存在保护波兰的问题，我们只有一个决定：一有合适的时机就进攻波兰。我们不能期望重演捷克事件。将进行战争"。他在会上花了更多的时间分析日后将同英国展开的战争，详细剖析了英国所拥有的优势和弱点，以及德方可以采用的破解之策。然而在谈到德国进攻波兰时，希特勒强调："根本问题是：同波兰的冲突（以进攻波兰开始）只有当西方置身局外时才能取得胜利。"因此，"任务是孤立波兰。能否把它孤立具有决定性意义"，"元首保留发动攻击的最后决定权。决不能同时与西方（法国和英国）摊牌"。①

为了达到中立英国的目的，德国从 1939 年 6 月起，多次派人与英方接洽。6 月，德国四年计划办事处督察赫尔穆特·沃尔塔特（Helmuth Wohlthat，1893—1982）与英国首相的首席工业顾问霍拉斯·威尔逊（Horace Wilson，1882—1972）接触，尝试了解彼此的真实意图。7 月初，当德苏谈判搁浅而英法苏谈判在解决保障波罗的海诸国问题上有所进展时，里宾特洛甫通过私人秘书科尔特，两次向英方发出信息：如果英国在但泽问题上向德国让步，并停止英法苏谈判，"在六个月的时间里德国将出现一种彻底改变了的局面，将会打开一条通向和平与谅解的道路"②。7 月 13 日，

① 李巨廉、王斯德主编：《第二次世界大战起源历史文件资料集（1937.7—1939.8）》，第 256 号文件。
② E. L. Woodward & Rohan Butler, *Documents on British Foreign Policy*, 1919-1939. Series 3, V. 6, London, 1953, p. 286.

德国宣传部新闻司英文组组长迈斯纳（Meissner）向英国驻德使馆人员透露，称希特勒正在认真地考虑"在最近期内作出一种重大的和平表示"，要求召开一个德、英、法、意、美、日首脑会议，找出平静地清除《凡尔赛条约》所剩余的问题和裁军问题的途径。① 同月 17 日，沃尔塔特以国际捕鲸会议代表的身份，再次出现在伦敦，并在以后的四天时间里，分别与威尔逊、英国商务大臣哈德逊、张伯伦的顾问鲍尔等举行了四次会谈。在这一轮秘密谈判中，双方讨论了由威尔逊提出的包括政治、军事和经济条款在内的"最广泛协定"——《德英合作纲领》。② 英方希望通过此类协定，在非关键的地方再对德国作出较大让步，包括归还原德属殖民地，"由德方整顿东欧和东南欧财政状况"，向德国贷款 10 亿英镑以克服裁军后的经济困难，允许德国以和平协商手段取得但泽，以此换取德国放弃在欧洲的进一步扩张。德国侵占波兰的决心已定，故力图把拟议中的协定变成阻止英国援助波兰等第三国的互不侵犯条约。双方利益和战略意图的差异使得第二次慕尼黑会议难以重演。

　　苏联长期以来是纳粹德国宣传上的攻击对象，然而在慕尼黑会议之后，尤其是 1939 年，其地位陡然上升，拥有了足以影响希特勒的扩张计划能否顺利推行的资本。如果说英国的态度能够影响到德国能否再次实现"一次切一片"的如意算盘，那么，能否中立苏联，则牵涉到德国能否在攻打波兰乃至法国时，避免"两线作战"的梦魇了。然而，希特勒并未过早地渲染德苏之间缔约的可能性。长期以来的反共反苏宣传，形成了一定的惯性，过急的转弯会影响纳粹政权的内外形象。此外，还有其他的现实考虑。第一，同苏联缔约将会断绝与英法两国达成妥协的可能性，既不能达到孤立波兰的目的，也会在多边谈判中失去主动权和回旋余地。第二，同苏联缔约将会破坏德日谈判，不能达到牵制英法的目的。因此，在慕尼黑会议后的一段时间里，希特勒并没有放弃反苏宣传。1938 年 12 月，在德国操纵下，一个所谓的乌

① E. L. Woodward & Rohan Butler, *Documents on British Foreign Policy, 1919-1939*. Series 3, V. 6, p. 286.
② Paul R. Sweet, *Documents on German Foreign Policy, 1918-1945*. Series D(1937-1945), V. 6, London, 1956, pp. 977-983.

克兰国民会议在乌兹霍罗德(Uzhhorod)开会,要求建立一个拥有4500万人口的"大乌克兰"。1939年1月30日,希特勒在讲话中仍然诬蔑苏联是一个"恶魔式的幽灵",是"对世界和平与文化的一种威胁"。[①] 在这段时间里,德苏两国之间有过一些接触,但是谈判内容的起点很低,基本上停留在经济与贸易问题上。

1939年3月,德国开始向苏联发出信息,使其不至于误解德方的意图。当月中旬德国吞并捷克斯洛伐克残存地区,在这一过程中把东端的卢西尼亚给了匈牙利,以此向苏联表明不打算东进夺取乌克兰。同时,纳粹报刊一反常态,把反苏语调降低了一个音阶。[②] 1939年4月1日和28日,希特勒先后在威廉港和国会发表演说,都收起了惯常的反共叫嚣,把激烈的抨击火力转向英国。4月17日,苏联方面开始作出反应。苏联驻德大使以询问斯科达兵工厂的订货问题为由,前往德国外交部会见德方国务秘书恩斯特·冯·魏茨泽克,两人的谈话从经济问题入手,逐渐伸向政治问题。苏联大使表示:意识形态方面的分歧几乎没有影响苏联同意大利的关系,也不会成为苏德关系的绊脚石;对苏联来说,不存在不能与德国在正常基础上相处的理由,而且由此出发,关系会变得越来越好。[③] 5月3日,苏联外交人民委员易人,犹太人马克西姆·马克西莫维奇·李维诺夫(Макси́йм Макси́ймович Литви́йнов,1876—1951)离职,由人民委员会主席维亚切斯拉夫·米哈伊洛维奇·莫洛托夫(Вячесла́в Миха́йлович Мо́лотов,1890—1986)兼任。5月14日,莫洛托夫正式向英法两国提出建议,催促两国赶紧下决心缔结反侵略同盟。5月20日,他又接见德国大使舒伦堡。后者向苏方表示:德国政策的主要路线是不能变的,"我们要继续推行我们的东亚政策",然而,"这个政策压根儿不是针对苏联的"。莫洛托夫则在谈到两国经济谈判进行得不顺利时,表示只有建立起必要的"政治基础",才能使经济合作顺利进行。当

---

① Louis Fischer, *Russia's Road from Peace to War: Soviet Foreign Relations, 1917 - 1941*. New York: Harper & Row, p. 317.

② Louis Fischer, *Russia's Road from Peace to War: Soviet Foreign Relations, 1917 - 1941*. p. 327.

③ Paul R. Sweet, *Documents on German Foreign Policy, 1918 - 1945*. Series D(1937 - 1945), V. 6, pp. 977 - 983.

舒伦堡追问"政治基础的建立作何解释"时,莫洛托夫含蓄地说,"这是双方政府都应该考虑的事",不作明确表示。①

苏联的这种态度,使德国担心"英俄条约谈判可能很快就要以某种形式取得满意的结果"。于是 5 月 26 日,里宾特洛甫给舒伦堡发了一封 1400 字的指示电,要他明确告诉莫洛托夫,德国政府认为"在德国和苏联之间并不存在任何对外政策上的实际利害冲突","使德国和苏联之间的对外政治关系稳定并正常化的时候已经到来"。为了取得苏联的信任,德国作出了两项保证:一、"向乌克兰扩张的任何企图是同我们的想法完全不相容的";二、德波问题"不管将怎样解决,我们对俄国的利益将给予尽可能多的考虑"。② 但是苏联对此没有积极响应,结果德苏谈判在 6—7 月停顿了近两个月。

7 月 25 日,英法两国同意和苏联举行军事谈判,而德国实施《白色方案》(Fall Weiss)的时间也日益迫近,德国为了尽快同苏联签订相关条约,再次主动向苏联作出重大让步。7 月 26 日,德方向苏联代办提交一份两国合作计划,并保证在"从波罗的海到黑海和远东的整个领域内"尊重苏联的利益。8 月,随着侵波战争的逼近,德国的态度越来越急切。3 日,外交部长里宾特洛甫亲自给驻苏大使舒伦堡发出标志为"机密—特急"的电报,表示如果苏联政府愿意合作的话,他将随时准备亲自参加谈判。14 日,里宾特洛甫指示舒伦堡转告莫洛托夫,战争可能很快到来,他准备亲自到苏联去澄清两国关系。20 日晚,希特勒迫不及待地亲自致电斯大林,要求允许里宾特洛甫立即访苏。

8 月 23 日,莫洛托夫和里宾特洛甫在莫斯科签署了《苏德互不侵犯条约》(Deutsch-Sowjetische Nichtangriffspakt)。条约共七款,其主要内容为:双方保证不单独或联合其他国家彼此间进行任何武力行动、任何侵略行为或者任何攻击;如果缔约一方成为第三国敌对行为的对象,缔约另一方将不给予该第三国任何支持;缔约双方政府今后将彼此保持联系,以便对它们

---

① Paul R. Sweet, *Documents on German Foreign Policy*, 1918-1945. Series D(1937-1945), V. 6, p. 560.

② Louis Fischer, *Russia's Road from Peace to War*: *Soviet Foreign Relations*, 1917-1941. pp. 337-340.

共同利益有关的问题交换情报,进行协商;缔约双方都不加入直接或间接旨在反对另一方的国家集团;如果缔约双方间在某种问题上或其他问题上发生分歧或抵触时,缔约双方应当只通过和平方法友好地交换意见,或者必要时设立调解委员会,以便解决这些争端或抵触;条约的有效期为十年,并可自动延长五年。[①] 在附加的秘密议定书中,双方划分了各自在东欧的势力范围。在波罗的海国家(芬兰、爱沙尼亚、拉脱维亚、立陶宛)地区,"立陶宛的北部疆界将成为德国和苏联势力范围的界限";在波兰,"德国和苏联的势力范围将大体上以那累夫河、维斯瓦河和桑河一线为界;在东南欧方向,苏联关心它在比萨拉比亚的利益,德方宣布它在政治上对该地区完全没有利害关系"。[②]

《苏德互不侵犯条约》的签订,终结了 1939 年的大国外交博弈。

第二节　闪击波兰

1939 年 8 月 22 日,当苏联和德国之间已决定签订条约时,希特勒在上萨尔茨堡召开高级军事会议。他在会上喋喋不休,讲话的主要内容是作进攻波兰前的战争动员,同时也涉及对其他国家的政策。他表示,已经建立起来的大德意志国,"在政治上是一个伟大的成就,但在军事上是令人忧虑的,因为它是通过政治领袖的恐吓来实现的。现在有必要考验军事机器"。他还指出,"由于我们的经济受到种种限制,我们坚持不了几年。戈林可以证实这一点。我们没有别的选择,我们必须行动"。目前,国际形势对德国有利,但"所有这些有利的形势在两三年后就不会存在了。谁也不知道我还会活多久。因此,最好现在就摊牌"。关于进攻波兰的理由,他表示:"我将提出发动战争的宣传上的理由,至于这种理由是否可信,这无关紧要。胜利者在事后不会被问起当初说的是不是实话。在发动和进行战争时,是非问题无关紧要,紧要的是胜利。"至于进攻波兰的目标,他表示:"消灭波兰是最重要的事。目标是消灭有生力量,而不是为了到达一条规定好的界线。即使

---

① 李巨廉、王斯德主编:《第二次世界大战起源历史文件资料集(1937.7—1939.8)》,第 333 号文件。
② Jeremy Noakes and Geoffrey Pridham (ed.), *Documents on Nazism*, 1919 - 1945, p. 561.

西线爆发战争，消灭波兰仍然是首要目标。……战争目标不是为了到达一条规定好的界线，而是要从肉体上消灭敌人。我已命令，暂时只在东方准备好裹尸布，毫不留情地无需怜悯地将波兰血统的以及说波兰语的男人、妇女和小孩统统打发到地狱里去。我们只要获得我们所需要的生存空间。……消灭波兰人，使德国人移居波兰。"至于大国的干涉，希特勒认为，"尽管英国和法国都对波兰负有义务，但这两个国家都没有能力履行义务。……我在慕尼黑已经领教过达拉第和张伯伦这些可怜的小蛆虫。他们太懦弱，不敢发动进攻。他们采取的行动将不会超出封锁的范围"，"事实上，英国也不可能援助波兰"。希特勒在会上还谈到了苏联："我逐渐改变了对俄国的态度。我们借贸易协定转入了政治会谈，建议缔结一项互不侵犯条约。接着，俄国提出了一项全面建议。四天以前，我采取了一项特别措施，结果俄国在昨天答复说，它准备签订条约。同斯大林建立了个人的接触。"他还从战略格局的高度谈到斯大林："1938 年秋天起，自从我认识到日本不会无条件地同我们站在一起，而墨索里尼一直处于头脑简单的国王和背叛的流氓王储的威胁下，我已决心同斯大林合作。世界上基本上只有三个伟大的政治家，斯大林、我和墨索里尼。最弱者墨索里尼既不能冲破王权，也不能制服教权。只有斯大林和我能预见未来。几个星期后，我将在共同的德俄边界上与斯大林握手，并同他一起重新安排世界。"然而，很快他又谈到不久将要消灭苏联："我对波兰采取的行动当然也适用于俄国。在斯大林死后——他是一个患有重病的人——我们再摧毁苏联，从而实现德国的全球统治。"①

希特勒曾预言《苏德互不侵犯条约》会像一颗炸弹一样引起人们的震动，尤其能震慑住英国不再援助波兰。不料，英国政府在条约公布后，反而决定遵守对波兰的义务，并于 8 月 25 日将英波临时互助协定升格，正式缔结了《英波互助协定》（Britisch-polnischer Militärpakt）。希特勒立即叫停原定在 8 月 26 日进攻波兰的命令，再次尝试用私人秘密外交的办法阻止英国参战。他通过戈林启用了瑞典人比尔格·达勒鲁斯（Birger Dahlerus，1891—1957），让他在德英两国之间穿梭奔波。达勒鲁斯很尽责地飞行于柏

---

① 李巨廉、王斯德主编：《第二次世界大战起源历史文件资料集（1937.7—1939.8）》，第 328 号文件。

林与伦敦之间;8 月 25 日飞往伦敦;26 日返回柏林;27 日一天内往返于伦敦和柏林,30 日再次一天内往返于伦敦和柏林。在柏林,他主要与戈林交谈,有时也见希特勒;在伦敦,他同张伯伦和哈利法克斯交谈。英方表示,如果希特勒答应和平行事,他们愿意安排德国和波兰直接谈判。德方的答复是,倘若能在但泽问题上如愿以偿,就不会发生战争。但波方吸取了捷克斯洛伐克事件的教训,既不愿意在但泽问题上作出让步,也拒绝派代表到柏林去遭受折磨。

随着 9 月 1 日这个时间节点的临近,希特勒再次采取主动,以阻止英国参战。8 月 29 日晚上 7:15,希特勒约见英国大使内维尔·汉德逊,正式提出德方的建议:要求波兰政府派出全权代表于翌日到达柏林,他将同波方直接谈判。① 波方继续拒绝。希特勒为了欺骗舆论并中立英国政府,临时拼凑了一份德方对德波谈判的条件,要求:立即归还但泽,在波兰走廊地区举行公民投票。② 8 月 30 日深夜,当英国大使汉德逊把波兰政府不愿派代表前来的消息告诉里宾特洛甫时,后者宣读了德方的条件,但借口手中的文件是草稿,拒绝交付。与此同时,戈林也通过达勒鲁斯,先后用口头表述和书面文件的形式,把德方的条件告诉英方。英国政府认为德方的建议比较合理,可以在此基础上谈判,遂强压波兰政府派出代表前去接洽。8 月 31 日下午 1 时,波兰驻德大使约瑟夫·利普斯基(Josef Lipski,1894—1958)受命打电话求见里宾特洛甫,一时搞得德方颇为紧张,因为 20 分钟前,希特勒已经正式决定第二天入侵波兰。下午 3 时,魏茨泽克打电话询问利普斯基,是否作为全权代表的身份前来,后者的回答是:"不,以大使的资格。"德方人士立即松了一口气。下午 4 时,希特勒正式发布《第 1 号作战指令(波兰和西方列强)》。傍晚 6:30,利普斯基见到了里宾特洛甫,但德方以对方不是全权代表为由,虚与委蛇。③

入侵波兰是德国"闪击战"打法的首次大规模应用。根据德军最高统帅

---

① [英]A. J. P. 泰勒:《第二次世界大战的起源》,第 278 页。
② Paul R. Sweet, *Documents on German Foreign Policy*, *1918 - 1945*. Series D(1937 - 1945),
  V. 7, No. 192 and 193.
③ [英]A. J. P. 泰勒:《第二次世界大战的起源》,第 281—282 页。

部的计划,德方进攻部队分成北路集团军群和南路集团军群两大系列。北路集团军群由费多尔·冯·博克上将指挥,下辖第三集团军和第四集团军,共 21 个师又 2 个旅,分别部署在东普鲁士和波兰走廊以西的波莫瑞地区。进攻时将由阿尔贝特·凯塞林(Albert Kesselring,1885—1960)将军指挥的第一航空队担任配合。南路集团军群由格特·冯·龙德施泰德(Gerd von Rundstedt,旧译"伦斯德",1875—1953)上将指挥,下辖第八、第十和第十四集团军,共 36 个师,部署在德波边界的中部和南部,即西里西亚和原捷克斯洛伐克地区。进攻时将由勒尔将军指挥的第四航空队担任配合。德军的战略企图是利用快速兵团和优势航空兵,通过突然袭击,首先分割与围歼维斯瓦河以西和华沙以北的波军主力,尔后从南北两个方向展开进攻,歼灭波军残部,占领华沙和西部波兰。

在《第 1 号作战指令(波兰和西方列强)》中,由于对波兰的军事行动计划已经由《白色方案》作了具体安排,所以仅规定发动进攻的时间为 1939 年 9 月 1 日 4：45。[①] 命令的主要内容为告诫其他部队必须对西方国家的军队保持谨慎态度。命令规定,没有希特勒的明确同意,"不得在陆地上的任何一个地点越过德国西部边界。这也同样适用于海洋上的一切战争的或可解释为战争的行动。空军的防御措施,目前仅限于无条件地阻拦敌人对德国边境进行空袭"。"如果英国和法国对德国开战,武装部队西线部队的任务是,在尽可能保存实力的情况下,为胜利结束对波作战创造前提条件。在此任务范围内,应尽可能地消耗敌人的武装力量和敌人的军事经济资源。无论在何种情况下,只有我才有权下达开始进攻的命令。"[②]

波方的应战指导思想有其独特性。它认为,既然有法英两国在西面牵制德国,德军就不可能调集全部主力部队到东线,因此东调攻波的兵力不会超过 20—30 个师。既然如此,其作战计划就是,战争开始后在国境线和但泽走廊等处进行防御作战,阻止德军前进,以保障主力部队的动员、集中和展开。然后,波军将击败入侵的德国军队,并在有利条件下转入反攻。据

---

① Jeremy Noakes and Geoffrey Pridham (ed.), *Documents on Nazism, 1919–1945*. p. 569.
② [联邦德国]瓦尔特·胡巴奇编:《希特勒战争密令全集(1939—1945)》,张元林译,军事科学出版社 1989 年版,第 5—7 页。

此,波方把大约 1/3 的军队部署在波兰走廊一带,另 1/3 弱的军队作为战略预备队聚集在罗兹(Łódz)与华沙之间的中央轴线以北,其余部队平均分布在边境沿线。为了日后实施快速反击,前线部队都配置在离边境线很近的地方。这样做不利于应对"闪击战"的打法。

德国在发动全面进攻前,为了欺骗世界舆论,制造了格莱维茨事件(Überfall auf den Sender Gleiwitz)。8 月 31 日夜晚,一批身穿波兰军服的党卫队员按预定的"罐装食品"(Konserve)计划,袭击紧靠波兰边境的德国城市格莱维茨(Gleiwitz),占领该城的电台,用波兰语辱骂德国,随后丢下几具身穿波兰军服的德国囚犯尸体。接着,德国所有电台都播放了"德国遭到波兰突然袭击"的消息。

9 月 1 日凌晨 5 时许,德国航空兵首先出动,越过边境,对波兰的相关目标实施轰炸。波兰的 21 个机场遭袭,大部分飞机被摧毁。不少战略中心、交通枢纽和指挥机构遭到重创。6 时许,地面部队纷纷出动,坦克和摩托化部队在航空兵的支援下,迅速突破波军防线,向纵深推进。北路集团军群的第三集团军从东普鲁士的侧翼阵地向南插入,第四集团军从德波边境向东推进,越过波兰走廊与前者会合。南路集团军群配备更多的兵力和装甲力量,其下辖的第八集团军向波兰大工业中心罗兹推进,一面协同围困波兹南的波军,同时掩护第十集团军的侧翼。第十集团军是南路集团军群的主力部队,拥有其中大部分的装甲力量。其进攻的总方向是华沙,同时承担合围波方战略预备队的重任。第十四集团军从德波边境的最南端出发,大致沿着原德捷边境向东推进。在进攻过程中,德国的广播电台假冒成波兰广播电台,散布虚假消息,造成波方军民的信息混乱,滋长沮丧情绪。

德波战争爆发后,英法两国于 9 月 1 日当天先后发出照会,要求德国停止对波兰的进攻,撤出一切军队,否则两国将"毫不犹豫地履行对波兰所承担的义务"。不久,英国驻德大使向德国政府解释说,英国的照会不是最后通牒,只具有警告性质。法国政府则希望通过墨索里尼规劝希特勒停止战争行动。希特勒对这些都置若罔闻,德国军队仍然按照计划向波兰腹地快速推进。9 月 3 日中午,英国政府对德宣战。英国海军部也于中午 11:17 下达了开始采取敌对行动的命令。当晚,法国政府宣布履行对波兰承担的义务。以后,英国的殖民地印度及自治领澳大利亚、新西兰、南非联邦、加拿大也先后对德宣战。

英法向德国宣战后,希特勒于9月3日当天发布《第2号作战指令(与英国和法国对峙)》。命令强调,德国的目标,"仍是快速而胜利地结束对波作战行动",因此不从东线向西线调兵,如果法方首先在西线挑起战端,"抽调尚可动用的兵力加强西线陆军一事,由陆军总司令决定"。命令要求陆海空三军不能主动向英法军队开战,除了空军"对军港中和公海(包括海峡)上的英国海军力量及其确凿无疑的运兵船只,可实施攻击行动",但其前提条件必须是"英国对同类目标采取了相应的空中攻击措施,并出现了特别有利的成功机会"。命令还规定德国"整个经济应转入战时轨道",并将"一部分党卫队常备预备役部队进行动员并将其编入陆军"。①

由于实施了突然袭击,德军进攻部队的进展很顺利。到9月3日英法宣战时,北路第四集团军已经切断了波兰走廊,攻至维斯瓦河(Wisła)下游,第三集团军则逼近纳雷夫河(Narew),南路第十集团军开始强渡瓦尔塔河(Warta),第十四集团军从两翼攻向克拉科夫(Kraków),迫使波兰守军弃城后撤。到9月7日,北路集团军群已经占领波兰走廊,渡过维斯瓦河,从北面直接威胁华沙;南路集团军群也突破了波兰西部防御的整个纵深地带,前出到维斯瓦河和华沙。波兰政府于6日迁往卢布林(Lublin),7日,波军总参谋部转移到布列斯特(Brześć)。

德军在初次实施闪击战战术时,曾受到传统势力和传统打法的制约。现场指挥员往往不愿意让先头机动部队前进得太快,以免离开步兵大部队太远。这样就在一定程度上影响了闪击战的效果。然而,随着波方抵抗能力的降低,德方各级军官的胆量和信心也随之提高。从9月8日起,德军开始实施新的战役,意在合围维斯瓦河以西的波军,并攻占波兰东部和华沙。在这一阶段的战事中,波军各支力量向不同的方向运动,卷起的尘土模糊了空中的视野,使德军侦察机无法看清真相。由此,德军最高统帅部误认为北部的波军大部已经向东越过了维斯瓦河,因此差点作出错误决断。但龙德

① [联邦德国]瓦尔特·胡巴奇编:《希特勒战争密令全集(1939—1945)》,第8—11页。

施泰德表示异议,他确信大部分波军仍在维斯瓦河以西。经过一番争论,他的意见占了上风。于是第十集团军掉头,沿着维斯瓦河西岸北上,切断了波军主力的退路和补给线。9月14日,南路集团军群在维斯瓦河以西合围了从波兹南(Poznań)、波兰走廊和罗兹地区撤退的波军,占领了波兰中部地区,对华沙实行了半包围。此前两天,第十四集团军打到了利沃夫(Lwów),然后转而北上,与沿着西布格河(Bug)南下的第三集团军相向而行。16日,两支部队在布列斯特以南会师,对半个波兰实施了大包围。这时,德军进攻部队因纵深推进而感到极度疲劳,同时燃料也开始短缺,但波兰方面的指挥系统已经失灵,整体陷入瘫痪。

德军合围华沙后,于9月17日限令华沙当局于12小时内投降。当天,波兰政府从卢布林逃往罗马尼亚,以后又在巴黎和伦敦组织流亡政府。但守军和居民拒绝投降,展开了华沙保卫战。德军第八集团军在付出巨大代价后,于9月27日攻占华沙。至9月底,各地被围波军陆续被歼。9月17日,苏联以波兰国家已经不复存在及保护波兰境内的乌克兰人和白俄罗斯人为由,出兵进占了波兰东部。

在侵波战争中,德军共阵亡1.06万人,负伤3.03万人,失踪3400人;而波军阵亡6.63万人,负伤13.37万人,被俘近42万人。[①]

在西线,德方事先已经在通向齐格菲防线的路上埋下了很多地雷,但实际上并未派上用处。法方的基本打算是,德波战争爆发后,法方将在西线作适度进攻,迫使德军从东线撤出军队以支援西线,减轻波兰的压力。法国对德宣战后,直到9月9日,法军第四集团军的部队才开始对萨尔布吕肯地区发动有限的进攻,突入齐格菲防线8—10公里。到9月12日,进攻即停止。随着波兰基本战败,原先设想的战略格局发生了根本性的转变,法英方面也转而开始制订新的作战计划。

第三节　闪击西欧

西向打败法国和英国是希特勒侵占欧洲大陆计划中的重要环节,因此,

---

① 黄玉章等:《第二次世界大战》,世界知识出版社1984年版,第75页。

当波兰战役还在火热进行时,1939 年 9 月 9 日,德国就准备从东线向西线调兵。是日,希特勒发布《第 3 号作战指令(从波兰向西线调兵)》,在强调"应继续以强大兵力同波兰陆、空军作战,直至波兰不再能建立绵亘的防线来牵制德军的兵力为止"的同时,提出"如果认为东线陆军和空中攻击部队的部分兵力对于完成这种任务和保卫已占领地区来说已不再需要,那么可将它们调往西线。在波兰空军的作用不断被削弱的情况下,除迄今已采取的措施外,还可进一步抽调防空兵力去对付我们的西方对手"。① 到 9 月 25 日波兰战事已基本定局时,德军《第 4 号作战指令(继续进行战争)》对西线提出了进一步的要求,规定"必须保障在西线随时都能进行一场进攻性战争"②。

　　波兰战事基本结束后,10 月 9 日,希特勒把进攻西线的问题正面提了出来。在当天发布的《第 6 号作战指令(西线的进攻准备)》中,他提出,"如果在最近能断定英国和在其领导下的法国不愿结束战争,那么我决心不久即采取主动的和进攻性的行动"。在解释为何要把时间定得如此急促时,他提出,"较长时间的等待,不仅会导致比利时的,也许还有荷兰的中立态度偏向西方列强,而且会使我们敌人的军事力量不断得到增强,使中立国家对德国的最终胜利失去信心。另外,也无助于促使意大利作为军事盟国站在我们一边"。由此,他下达命令:(1)在西线的北翼,必须做好通过卢森堡—比利时和荷兰的领土实施进攻作战的准备。此次进攻,规模要尽可能大,并要尽早实施。(2)此次进攻作战的目的是,尽可能多地占领荷兰、比利时和法国北部的领土,以此作为对英国进行极有成功希望的空中战争和海上战争的基地,作为至关重要的鲁尔地区的广阔的前方保障地带。(3)进攻的时间,取决于装甲部队和摩托化部队的战斗准备以及届时出现的和预报的天气情况。战斗准备工作必须竭尽全力加速进行。③ 当天,希特勒下令陆军总司令部制订进攻西线的作战计划。在 9 天后发布的补充性命令《第 7 号作战指令(西线的作战行动)》中,希特勒又提出"在出现了必须阻止法国

———————————

① [联邦德国]瓦尔特·胡巴奇编:《希特勒战争密令全集(1939—1945)》,第 12 页。
② [联邦德国]瓦尔特·胡巴奇编:《希特勒战争密令全集(1939—1945)》,第 15 页。
③ [联邦德国]瓦尔特·胡巴奇编:《希特勒战争密令全集(1939—1945)》,第 19—20 页。

英国军队向比利时开进的情况时,陆军可以进入卢森堡的领土"①。进攻西线的时间节点定在 1939 年 11 月 12 日。②

不少德军将领对希特勒的决定感到惊讶。自希特勒在"霍斯巴赫会议"上公布其扩张计划以来,不少知情者就担心英法两国会出面干预德国的冒险举动,从而导致德国遭遇更大的灾难,尽管从奥地利到捷克斯洛伐克,再到波兰,希特勒的赌博多次获胜,然而现在要主动地向法英等国发起进攻,他们还是认为太过冒险。他们担忧,德国陆军还没有足够的力量可以击败西欧军队,德国好不容易组织起来的 98 个师比对方的军队总数少得多,其中 36 个师装备很差,几乎没有受过训练。他们还担心德国的行为会扩展成另一次世界大战,由此导致德国灭亡。③ 然而面对希特勒的强硬态度,他们非但无力采取实际行动阻止这一进程,反而被迫根据希特勒的要求,于 1939 年 10 月 19 日制订出《黄色方案》(*Fall Gelb*)。纳粹德国最早的对西方国家作战计划是 1937 年 6 月制订的《红色方案》。由于当时德国的主要侵略目标是捷克斯洛伐克,所以《红色方案》是一个防守型的计划。《黄色方案》尽管是进攻型的计划,但有《史利芬计划》在前,被不少人视作抄袭之物。该方案把进攻重点放在德军进攻部队的右翼(由 B 集团军群承担),目标是向根特(Gent)方向实施包围运动,可能时切断英军与法军的联系,最后摧毁荷、比、法、英的军队,并在海峡沿岸和北海之滨取得对英进行海空作战的基地。10 月 29 日,希特勒批准并下达了该方案,但因天气状况不理想和高级将领们的畏难情绪,进攻日期多次延期(一说共延期 29 次)。

1939 年 11 月 23 日,希特勒把高级将领们召到总理府开会,试图为他们打气鼓劲并强令他们服从。希特勒从历史谈起,强调正是他的坚持不懈,使纳粹运动取得胜利,才有了德国武装部队的今天。从世界历史发展进程来看,西方国家一直在破坏德国的崛起。他指出,此时德国已经在欧洲赢得了优势地位,但是如果不继续向西方国家发动进攻,这种优势地位就难以长期保持。他提出的理由包括:《苏德互不侵犯条约》把苏联与德国拴在一起,但

---

① [联邦德国]瓦尔特·胡巴奇编:《希特勒战争密令全集(1939—1945)》,第 22 页。
② [德]汉斯-阿道夫·雅各布森等:《第二次世界大战的决定性战役(德国观点)》,第 6 页。
③ [英]利德尔-哈特:《第二次世界大战史》,伍协力译,上海译文出版社 1978 年版,上册,第 48 页。

是,这个条约只有在它仍然有用时才需保持有效;在意大利,对德国唯一有利的因素是墨索里尼本人,德国只有在西线取得胜利才能使墨索里尼站在德国一方参战,如果墨索里尼突然去世,"将使形势不利于德国";英国军队的活动日益频繁,一旦英法联军占领荷兰和比利时,德国的薄弱部位鲁尔区就会处在严重的危险之中。因此,希特勒表示,他已经定下一个大胆而果断的决心:有利时机一出现,即进攻法国和英国,并将两国一并摧毁,"这一决心只有弗里德里希大王(Friedrich II, der Große,1712—1786)在第二次和第三次西里西亚战争之前定下的决心可以与之媲美"。他在结束讲话前,呼吁人们树立百折不挠的信心,"如果我们经过这场苦战成为胜利者——我们也一定会是胜利者!——那么,这一天和这个时代将会载入我国人民的史册。至于我个人,不成功便成仁,誓与民族共存亡。不许向外国投降!不许在国内发生革命!"①当晚 6 时,希特勒单独召见陆军总司令勃劳希契和陆军总参谋长哈尔德,责备他们对他下令实施的进攻态度犹豫。勃劳希契当场递交辞呈,但遭到希特勒拒绝,后者要求他必须像其他人一样恪尽职责,并继续担任陆军总司令。②

　　对于陆军总司令部提交的《黄色方案》,希特勒并不满意。10 月 25 日,他同陆军总司令部成员及各集团军群司令官和集团军司令官一起会商,讨论该方案。在讨论过程中,希特勒突然转向勃劳希契,询问是否可以将主攻方向仅放在马斯河(Maas)以南(也许同时对列日[Liège]实施一次助攻),并穿过阿登(Ardenne)森林,先向西、尔后向西北方向进军,以便从南面包围比利时要塞,切断并消灭敌人已投入到那里的全部兵力。但希特勒本人又立即表示了对这个建议的怀疑,反问道:"我们能成功地穿过阿登森林吗?"③最高统帅部作战局局长阿尔弗雷德·约德尔和陆军总司令部成员都反对这个建议,主要理由是难以预见对手的作战意图。如果德国发动进攻后,法英军队仍然留在法国与比利时西北边界的阵地内不动,不进入比利时,那么,

<hr/>

① ［德］汉斯-阿道夫·雅各布森等:《第二次世界大战的决定性战役(德国观点)》,第 1—6 页。
② Hans-Adolf Jacobson(ed.), *Documente zur Vorgeschichte des Westfeldzuges, 1939 – 1940*. Göttingen,1956, S. 29.
③ ［德］汉斯-阿道夫·雅各布森等:《第二次世界大战的决定性战役(德国观点)》,第 8 页。

建议中的进攻楔子就会直接插入敌人重点防御阵地,形成钉子打在石头上的结局。于是希特勒否决了自己的提议,开始重新考虑新的作战计划,但他总是希望把主攻方向放在列日以南。11 月初,他命令一支由 2 个装甲师和 2/3 个机械化师组成的装甲部队部署在色当(Sedan)对面的 A 集团军群的地段内。同月 20 日,他再次下令派遣一些部队去支援这支装甲部队。

1940 年新年假期结束后,希特勒于 1 月 10 日下达命令,定于当月 17 日在西线发起进攻。不料当天就发生了进攻计划泄密事件。一名上校军官作为第二航空队的联络官,随身带着进攻西欧的整个作战计划,从明斯特(Münster)飞往科隆(Köln),去与空军讨论计划的若干实施细节。冰冻雪封的莱茵河上空被云层遮蔽,淡淡的雾气越来越浓,逐渐形成了厚厚的雾团,从飞机里往下看,只见白茫茫的一片。飞机迷失方向,进入比利时上空,只得被迫降落。他试图把文件焚毁,但未成功,文件被比利时士兵缴获。①

早在 1939 年 10 月,当陆军当局制订的《黄色方案》刚刚问世时,A 集团军群参谋长埃里希·冯·曼施坦因(Erich von Manstein,1887—1973)中将就提出不同想法。他认为,当时的形势要求制订这样一份作战计划,它既能压垮敌人,又能使战争的结局有利于德国。他要求进攻必须寻求迫使敌人在地面决战,这可以分两个步骤进行。第一步,德国应在那慕尔(Namur)以南展开主力,以便突破索姆河(Somme)防线,切断并消灭敌人投入到比利时的所有部队。实施这次作战行动的一个必要条件是,南翼必须通过进攻得到掩护。第二步,德军应转向南方,并通过包围夺取胜利。他设想敌人会认为德军将再次采用《史利芬计划》,因而会尽可能向东集中强大的兵力,以对付德军在那里的进攻,并能够对德军进攻部队的南翼实施反攻,以攻击德军的整个正面。因此,他建议从一开始就把攻击的重点放在 A 集团军群方面。该集团军群应按照如下方式来进行作战:一个集团军以步兵师在迪南特(Dinant)和富梅之间大致向西进攻,其目标是在 B 集团军群装甲和机械化部队的协同下,切断并消灭向比利时前进的敌军。同时,另一个集团军则

---

① [美]罗伯特·温尼克:《纳粹德国的兴亡》,中册:闪击战,杨晋译,中国社会科学出版社、海南出版社 2004 年版,第 52 页;[英]利德尔-哈特:《第二次世界大战史》,上册,第 50 页。

渡过马斯河,尔后在色当两侧转向西南方向,以便击溃敌人很可能部署在那里的进攻部队,从而为最后的决战创造条件。曼施坦因认为,如果要想对正在调往比利时南部的敌军取得初步胜利,只有两个机动军的兵力太少了。他赞成毛奇的观点,即认为作战计划只应考虑到与敌军主力进行第一次战斗为止。所以他建议,未来将使用多少机动部队应根据敌人的反应而定。一旦消除了敌军向侧翼进攻的危险,所有可动用的兵力均应转向北方,以协助消灭在那里被围的敌军。然而令人感到费解的是,在他提交的计划中,却规定各装甲师的主力应放在 B 集团军群内。① 曼施坦因曾经先后提交过六份相关备忘录,然而陆军总司令部虽然讨论了这些想法,却不愿意采纳,也没有如曼施坦因所希望的那样,把计划呈送给希特勒。曼施坦因也因此"升"任步兵军军长。

1940 年 1 月《黄色方案》泄密后,希特勒的副官长鲁道夫·施蒙特(Rudolf Schmundt,1896—1944)上校造访 A 集团军群司令部,从参谋们口中得知此事,回去后向希特勒作了汇报。1940 年 2 月中旬,希特勒在柏林召见曼施坦因,后者详细阐述了自己的建议②,希特勒当即感到十分满意。2 月 24 日,由陆军总司令部具体制订的新计划问世,西线作战的代号也随之改为"镰割"(Sichelschnitt)。新计划将进攻主力放在进攻部队的南翼,基本作战思想是通过暴露南翼来摧毁敌人在列日至色当之间的防线。为达此目的,A 集团军群将使用强大的机械化和装甲部队,从南面进攻,切断敌人投入到比利时的所有兵力,尔后与 B 集团军群协同消灭这些部队。B 集团军群的任务是迅速占领荷兰,一方面牵制比利时境内的敌军,另一方面阻止英国利用荷兰的领土。

在一再推迟发动入侵西欧战事的过程中,出现了进占北欧国家的机会和战略需求,希特勒立即临时改变计划,向丹麦和挪威发起进攻。原来,苏联和芬兰之间爆发战争后,英法两国向芬兰提供贷款和赠款,运送飞机和军火,并在国内设立募兵站,计划向芬兰派遣志愿军。此举的目标是双重的,

---

① 〔德〕汉斯-阿道夫·雅各布森等:《第二次世界大战的决定性战役(德国观点)》,第 9—10 页。
② Jeremy Noakes and Geoffrey Pridham (ed.), *Documents on Nazism*, *1919 –1945*. pp. 577 - 578.

既希望把战火引向苏联,不让它占据隔岸观火之利,也打算借运兵之机占领挪威的纳尔维克港(Narvik),切断德国的铁矿石运输线,①进而占领瑞典铁矿区和全部挪威,彻底切断德国的铁矿石供应,并从北翼威胁德国。希特勒看出英法两国的意图后,于 3 月 1 日签发《关于"威悉河演习方案"的指令》,决定抢先占领丹麦和挪威。指令提出,此举的目的,是"防止英国入侵斯堪的纳维亚半岛和波罗的海,保护我们在瑞典的矿石基地,扩大海军和空军进攻英国的出发地区"。同时,"鉴于同北方国家相比我们在军事、政治上所处的优势地位,用于遂行'威悉河演习方案'的兵力,应尽可能少。数量上的弱点,应以果敢行动和出奇制胜来弥补"。指令还规定,"越过丹麦国界和在挪威登陆,必须同时进行。必须尽最大努力尽快为此做好准备。如果敌人抢先对挪威采取行动,必须能将己方的反措施立即付诸实施"。②

德军动用的兵力为 7 个步兵师、1 个摩托化旅、若干个独立坦克营和摩托化营,共 14 万人。其中 2 个师和 1 个旅用于进攻丹麦,其余用于挪威。1940 年 4 月 9 日凌晨 4:20,德国政府以防止英法入侵为由,向丹麦政府递交最后通牒,要求丹麦立即接受"德国的保护",限定在 1 小时内答复。5:15,德军开始侵入丹麦领土,在首都哥本哈根(København)和各战略要地投下空降部队,一支装甲部队越过边境进入日德兰半岛(Jütland),登陆部队在主要港口登陆,这些行动仅遭到零星的抵抗。6 时,丹麦内阁举行会议,经过激烈争论后接受了德国的最后通牒。国王命令全国军民停止抵抗,宣布投降。这样,德国只用了 4 个小时便占领了丹麦。

当天凌晨 5:20,德国政府又以同样的理由,向挪威政府递交一份内容几乎完全相同的最后通牒。5:52,挪威政府答复说:"我们决不自动屈服,战斗正在进行。"几天前已进入挪威海域的德国军舰在空降兵配合下,向奥斯陆(Oslo)、克里斯蒂安松(Kristiansund)、斯塔万格(Stavanger)、特隆赫姆(Trondheim)和纳尔维克(Narvik)北部实施登陆。以挪威前国防部长维德孔·吉斯林(Vidkun Quisling,1887—1945)为首的第五纵队在国内积极配

---

① 当时德国每年消耗约 1500 万吨铁矿砂,其中 1100 万吨要从瑞典进口,取道挪威运输。
② [联邦德国]瓦尔特·胡巴奇编:《希特勒战争密令全集(1939—1945)》,第 31—36 页。

合。到日暮时,德军已经占领了首都奥斯陆。其余各主要港口也先后被德军占领。接着,德军全线向内陆发起攻势。挪威国王拒绝投降,带领政府官员向北方转移,并命令全国继续抵抗。英法军队直到 14 日和 16 日才开始在北部纳尔维克和中部纳姆索斯(Namsos)登陆,在中部登陆的部队于 19 日向特隆赫姆发起进攻,但因未掌握制空权而失败,最终从原登陆点撤退。在北部登陆的英法联军曾于 5 月 28 日攻占纳尔维克。但由于英法军队已在西欧战场遭到惨败,便于 6 月 8 日从挪威撤出。6 月 10 日,德军占领挪威全境,由吉斯林出面组成傀儡政府。

　　5 月 10 日,一再推迟的西欧攻势打响了。德军将动用的兵力分成三个集团军群部署。B 集团军群由博克指挥,下辖第六集团军和第十八集团军,共 28 个师,内含 3 个坦克师和 1 个摩托化师,由第二航空队支援,集结在战线北翼荷比国境线到亚琛地区。其任务是突破德荷边境上的防线,占领荷兰全境和比利时北部,然后作为德军的右翼向法国推进。A 集团军群担任主攻,由龙德施泰德指挥,下辖第四集团军、第十二集团军和第十六集团军,共 44 个师,内含 7 个坦克师和 3 个摩托化师,由第三航空队支援,配置在亚琛到摩泽尔河(Mosel)一线。其任务是经由卢森堡和比利时的阿登地区,向圣康坦(Saint-Quentin)、阿布维尔(Abbeville)和英吉利海峡沿岸总方向实施突击,割裂在法国北部和比利时境内的英法军队。C 集团军群由威廉·里特尔·冯·勒布(Wilhelm Ritter von Leeb,1876—1956)指挥,下辖第一集团军和第七集团军,共 17 个师,内含 1 个摩托化师,配置在马奇诺防线正面。其任务是进行佯动,牵制马奇诺防线上的法军。

　　1939 年 9 月上旬,英国开始派遣第一批部队到法国北部,到月底,在法英军达到 16 万人。以后继续增加,1940 年 4 月底达到约 40 万人。英法总参谋部根据第一次世界大战的经验和比利时中部地势平坦的地理条件,认为德军入侵部队的主攻方面必然定在比利时中部地区。在 1939 年 9 月拟订的 E 作战计划和同年 11 月中旬重新制订的 D 作战计划中,英法统帅部都把防御重点放在比利时与荷兰境内。根据 D 作战计划规定,法军 94 个师和英军 9 个师编成 3 个集团军群。第一集团军群共 51 个师,配置在法比边境和法国北部各省,一旦德军入侵比利时与荷兰,其主力即向比荷境内机动,与比荷两军的 32 个师协同作战,守住代尔河一线。第二集团军群共 25 个师,配置在从卢森堡到瑞士的马奇诺防线上。第三集团军群共 18 个师,配置在瑞士边境的马奇诺防线上。1940 年 1 月比利时缴获了德国《黄色方案》后,立即把文件转送给英法政府,然而两国政府的军事顾问都认为文件泄密事件是一个骗局。同盟国最高统帅部既不改变 D 作战计划,也不采取任何预防措施以应对德方可能会采取的诸如改变计划等行动。①

1940 年 5 月 10 日凌晨,德国向荷兰、比利时、卢森堡三国同时发出最后通牒,要求三国不抵抗前来保证它们"中立"的德军,否则将被"一切可能手段"粉碎。与此同时,德军出动 3000 多架飞机袭击荷、比及法国北部的 72 个机场,一举摧毁几百架飞机。德军 B 集团军群的地面部队在空降兵的配合下,向荷兰和比利时北部展开进攻。英法军队按照 D 计划规定进入比利时境内,企图用重兵守住从安特卫普(Antwerpen)经勒芬(Leüven)、那慕尔沿马斯河往南的一道防线。这样恰好中了《镰割方案》的调虎离山计。

荷兰在德军攻击下很快陷入混乱和惊恐,5 月 13 日,女王及大臣见败局已定,便乘坐英国军舰逃往伦敦。14 日德军攻占要塞鹿特丹(Rotterdam),15 日荷兰政府的代表签署无条件投降书。比利时军队在英法联军的配合下,从 5 月 12 日起顽强地守住了预定的前进防线。但是,当英法军队意识到德军的主攻点是在色当时,就从 16 日起撤离比利时,向色当方向反攻。5 月 17 日,德军占领比利时首都布鲁塞尔(Bruxelles)。

德军 A 集团军群于 5 月 10 日向卢森堡和比利时的阿登地区实施主要突击。只有 30 万人口的卢森堡不战而降。阿登地区峰峦峻峭,森林密布,一直被认为是现代机械化部队无法通过的地区。德军装甲兵团以海因茨·古德里安指挥的第 19 装甲军为先导,以长蛇式队形沿着崎岖难行的山路蜿蜒前进。由于法军只派了少量二流部队驻守在附近,制空权又掌握在德军手里,德军装甲部队只遇到轻微的抵抗。5 月 12 日傍晚,古德里安装甲军攻占了色当。翌日下午,该军先头部队开始强渡马斯河。同日埃尔温·隆美尔(Erwin Johannes Eugen Rommel,1891—1944)所属的一个师也在稍北

---

① ［英］利德尔-哈特:《第二次世界大战史》,上册,第 56 页。

处渡过了马斯河。5 月 14 日，古德里安装甲军在马斯河西岸建立滩头阵地，准备同北翼部队合作，直插英吉利海峡。

德军占领色当后，英法联军感到局势严重，英国增派了 10 个航空大队，法国调集装甲部队，向色当反攻。但是由于战术陈旧，又丧失了制空权，结果未能成功。法国政府开始考虑撤离巴黎。

德军主攻部队从马斯河西岸出发，以每昼夜 20—40 公里的速度向西挺进。但随着前锋部队的快速突进，德军南翼的防突击能力也越来越差。据陆军总参谋长哈尔德回忆，在 5 月 17 日中午举行的最高统帅部情况分析会上，"元首极度的神经质。他不相信自己的成功，他害怕冒险，他真希望我们现在就停下来，他的借口是担心左翼"[1]。会后，他还亲自前往 A 集团军群司令部了解情况，进攻部队也因此而稍作停顿。然而从总体上说，主攻部队进展很顺利，19 日到达贝隆(Belons)，21 日抵达英吉利海峡沿岸，从正面分割了英法联军。法军总司令莫里斯·甘末林(Maurice Gamelin，1872—1958)曾于 5 月 19 日早晨命令比利时境内的英法军队向南突击，准备冲过兵力单薄的德国装甲部队防线，向南突围，并切断德军先头部队与后续部队的联系，但当天甘末林的职务被马克西姆·魏刚(Maxime Weygand，1867—1965)接替，其命令也被取消。等到 22 日魏刚下达同样的命令时，英法军队已经无力向南突围了。

德国 A 集团军群的前锋部队到达英吉利海峡沿岸后，立即沿海岸北上，直扑布洛涅(Boulogne)和加来(Calais)。英法联军约 40 个师受德军的三面挤压，被包围在敦刻尔克(Dunkerque)至比利时沿岸一块三角地带里，一旦敦刻尔克港失陷，英法军队的逃生之路将被完全切断。5 月 24 日，希特勒和 A 集团军群指挥官龙德施泰德下令逼近敦刻尔克的 A 集团军群先头部队暂缓前进。[2] 英法联军趁着这个间歇时机，修筑了防御工事，加强了防御。当 5 月 26 日希特勒撤销上述军令时，英国海军已于同日开始执行从敦刻尔克撤退的"发电机计划"(generator operation)。关于发生此次停顿

---

① ［德］汉斯-阿道夫·雅各布森等：《第二次世界大战的决定性战役(德国观点)》，第 24 页。
② Jeremy Noakes and Geoffrey Pridham (ed.)，*Documents on Nazism*，1919–1945. pp. 579–580.

的原因，目前还很难作出精准的解释。希特勒是否对英国"手下留情"，为紧随其后的追英媾和提供条件，以便迅速反身东向？这一猜想是合理的，但至今没有得到文字资料的印证。从军事的角度看，随着德军 A 集团军群先头部队的快速前进，它将同 B 集团军群发生接触。为了避免摩擦并提高效率，把会师区交给某一方统一指挥，也有其合理性。哈尔德在日记中写道："(陆军)总司令让 B 集团军群去完成包围战的最后作战行动的决定，将会由于 B 集团军群司令及其参谋人员的性格而带来很多困难……总司令坚持采取这个决定，在我看来，是一种规避责任的行为。他坚持说，要么他自己从不同侧面去协调向被围敌军进攻的两支部队，要么他就将它们都交给冯·博克指挥。在我看来，前一种方法更为自然也更有魄力，但是他却又充满疑虑。他似乎非常急于推脱责任。当然他如这样做，也就失去了成功的荣誉。"①对于勃劳希契的这一决定，博克很欢迎，而龙德施泰德却满心不情愿。另外，戈林作为空军总司令，也希望让空军在这场战事中留下辉煌业绩，认为这场战事"将决定德意志民族在今后一千年中的命运"。然而他说服希特勒的理由，却是吓唬后者，称如果不是由空军而是由陆军来完成歼灭英国军队的重任，那么他——元首希特勒就可能因陆军将领们功劳过大而失去威望。②

在敦刻尔克撤退中，英国动用了几乎所有的运输船只，大至巡洋舰小至木帆船，共撤出约 33.8 万人。尽管损失了大量的武器和辎重，但保存了有生力量，其中绝大部分成为日后反攻欧陆的骨干力量。

5 月 24 日，希特勒发布《第 13 号指令（在法国的作战指挥）》，对法兰西战役第二阶段的打法作出规定。西线部队"为歼灭法国境内的敌军而须尽快实施的作战行动，准备分三个阶段进行"③。6 月 5 日，德军进攻法方在法国北部索姆河（Somme）和埃纳河（Aisne）一带仓促构筑的"魏刚防线"，B 集团军群在阿布维尔（Abbeville）—亚眠（Amiens）一线、A 集团军群在瓦兹河（Oise）—埃纳河一线实施突击，C 集团军群仍然部署在马奇诺防线正面。

---

① 转引自［德］汉斯-阿道夫·雅各布森等：《第二次世界大战的决定性战役（德国观点）》，第 32 页。
② ［德］汉斯-阿道夫·雅各布森等：《第二次世界大战的决定性战役（德国观点）》，第 33 页。
③ ［联邦德国］瓦尔特·胡巴奇编：《希特勒战争密令全集（1939—1945）》，第 41—43 页。

两路德军从东南和西南向巴黎迂回，并前出到马奇诺防线的后方。6月10日，法国政府撤离巴黎迁往图尔(Tours)，翌日宣布巴黎为不设防城市，14日政府再次迁往波尔多(Bordeaux)。同日，德军C集团军群在洛林和阿尔萨斯筑垒地域的结合部向马奇诺防线发起进攻，在A集团军群的配合下突破防线，包围并歼灭近50万法军。16日深夜，法国内阁会议决定向德国提出停战要求，翌日，新总理亨利·菲利普·贝当(Henri Philippe Pétain, 1856—1951)发表广播演说，要求全国"停止战斗"，并通过西班牙大使正式向德国请求停战。希特勒在接受法国投降时，除了吞并阿尔萨斯和洛林，还保留了法国政府，让其管辖南部地区以及海军和殖民地。

　　按照希特勒原先的设想，由于"英国是一个遭到民主体制削弱的老朽而虚弱的国家"，所以，"当法国被击败后，德国就能轻而易举地确立对英国的统治，并且得以支配英国在全世界的财富和领地"。以后就是美国了，"这样，在第一次按照新的观念统一了欧洲大陆以后，德国将着手执行整个历史上最伟大的战斗行动：我们将以英法两国在美洲的领地为基地，同美国的'犹太金元大王'进行清算。我们将消灭这个犹太人的民主国家，而犹太人的鲜血将同金元混杂在一起。尽管今天美国人还能侮辱我们的人民，但是总有一天——尽管很晚——他们要为曾经针对我们而说的每一个字痛苦地懊悔"。① 法国败降后，希特勒仍然坚持"逼和"而不是"摧毁"英国的原则。哈尔德根据希特勒1940年7月13日在军事会议上的讲话精神，在日记中写道："元首很困惑英国为何不肯与我们媾和，他认为答案可能是它寄希望于俄国。如果是这样，我们就必须对英国动武，但是他很不希望这样做。原因是，假如我们摧毁了英国的军事力量，大英帝国就将崩溃，这对德国没有什么好处，用德意志人的鲜血换来的成果，只会对日本、美国和其他国家有利。"② 由于受这些因素的制约，希特勒在法国败降后一直希望拉拢英国，诱其妥协，以便保持西线的平静，求得德方下一步的行动自由。1940年6月14日，希特勒第一次对记者透露了与英国和谈的意愿。6月底至7月初，他

① 1939年3月8日希特勒在德国军界、经济界和党的重要人士会议上的讲话，见李巨廉、王斯德主编：《第二次世界大战起源历史文件资料集(1937.7—1939.8)》，第183号文件。
② Jeremy Noakes and Geoffrey Pridham (ed.), Documents on Nazism, 1919-1945. p. 581.

又通过瑞典国王和梵蒂冈教皇向伦敦作和平试探。他甚至试图绑架退位英
王温莎公爵，以帮助其复位为条件实现德英和解。然而，随着温斯顿·丘吉
尔在英国上台执政，英国政府采取了坚决抗德的方针，并逐渐加强了同美国
的联合。面对德方的试探，丘吉尔政府每次都加以拒绝，并以德国"保证恢
复捷克斯洛伐克、波兰、挪威、丹麦、荷兰、比利时，特别是法国的自由和独立
生活"作为英德谈判的先决条件。

1940 年 7 月 16 日，希特勒下达《第 16 号指令（关于对英国实施登陆作
战的准备）》，其中表示："鉴于英国不顾自己军事上的绝望处境，仍然毫无准
备妥协的表示，我已决定准备对英实施登陆作战，如有必要，即付诸实施。
这一作战行动的目的是，消除英国本土作为继续对德作战的基地，如有必
要，就全部占领之。……这一行动的代号为'海狮'。"命令规定，相关部队
"在 8 月中旬以前必须完成整个作战的准备工作，准备工作也包括创造能在
英国登陆的前提条件"，同时，"从 8 月 1 日起，陆军总司令、海军总司令和空
军总司令各自的指挥参谋部必须位于离我的大本营（齐根贝格[1]）最远不超
过 50 公里的范围以内"。[2] 计划规定由 A 集团军群担任主攻，所属第十六
集团军和第九集团军在航空兵支援下强渡英吉利海峡，在多佛尔（Dover）和
朴次茅斯（Portsmouth）之间登陆，然后向西、向北继续进攻，夺取泰晤士河
口到朴次茅斯之间的高地，进而从西面迂回伦敦。B 集团军群担任助攻，所
属第六集团军 3 个师从瑟堡（Cherbourg）半岛出发，在波特兰（Portland）以
西的莱姆湾登陆，向北推进到赛文河口。海军负责运输登陆部队，空军负责
摧毁英国的防御工事，消灭英国空军力量。[3]

然而，在准备实施《海狮行动计划》(Unternehmen Seelöwe) 的过程中，
德国遇到了船只和后勤供应方面的巨大困难，于是将完成准备工作的日期
从 8 月中旬延期至 9 月 15 日。陆、海、空三军总司令都认为，既然渡海登陆
的条件尚未成熟，不如先实施空中袭击。于是在 8 月 1 日，希特勒下达了

---

① 齐根贝格（Ziegenberg）位于莱茵河畔，距离法兰克福约 25 英里。希特勒的大本营设在一个寂静
　峡谷尽头一处荒无人烟的森林中。
② ［联邦德国］瓦尔特·胡巴奇编：《希特勒战争密令全集(1939—1945)》，第 48—51 页。
③ Jeremy Noakes and Geoffrey Pridham（ed.），*Documents on Nazism*, *1919 – 1945*. pp. 581 – 583.

《第 17 号指令(关于对英国进行空中和海上战争)》。命令规定:"一、德国航空兵部队应以其所有的力量尽快打垮英国空军。攻击的目标,首先是敌航空兵部队及其地面设施和后勤设施,其次是敌航空军备工业,包括生产高射兵器的工业。二、在取得暂时或局部的空中优势之后,应继续对敌之港口特别是对生活资料储备设施(包括对内地的生活资料储备设施)实施空中战争。考虑到我方预计要采取的作战行动,对南部海岸港口应尽可能少地实施空袭。三、对敌人战舰和商船的空袭应为上述任务让路。……"①具体的空袭任务,由驻扎在法比边境的第二航空队和驻扎在法国北部的第三航空队担任主要突击力量,驻扎在荷兰和挪威的第五航空队因距离较远,派少量兵力参战。

不列颠空战从 1940 年 8 月 10 日开始,一直持续到翌年 5 月,是第二次世界大战中历时最长、规模最大的一次空战。以 1940 年 9 月 6 日为界,空战分为两个阶段。在第一阶段,德军的主要目标是夺取制空权,重点袭击英国空军机场和雷达站,最后并未达到目的。在第二阶段,德军主要对伦敦和英国主要工业城市实施"恐怖袭击",企图摧毁英国军民的抵抗意志,最后也未得逞。9 月 15 日,希特勒下令再次推迟实施《海狮行动计划》,以后又多次推迟,终未实施。希特勒企图逼和英国的目的未能成为现实。

第四节 入侵苏联

德国于 1939 年 9 月 1 日入侵波兰后,翌日即催促苏联立即出兵,进攻位于东部的波兰军队。苏联一再推托,直到 9 月 17 日,它才以波兰国家已经不复存在和保护波兰境内的乌克兰人和白俄罗斯人为由,出兵进占了波兰东部。当时德苏之间在占领波兰的事务中遇到两个问题。第一个问题是如何处置战败的波兰。希特勒希望在"收回"《凡尔赛条约》签订前原属于德国的领土后,将德国势力范围内的其余地区,或许还包括苏联势力范围内的波兰人居住区,组成一个完全属于附属性的波兰国家。但苏方反对保留波

---

① [联邦德国]瓦尔特·胡巴奇编:《希特勒战争密令全集(1939—1945)》,第 52-53 页。

兰的国家形式,认为这样做有利于德国,不利于苏联,并可能会导致"苏德摩擦"。① 后德国作了让步。第二个问题是双方实际控制区的调整。由于参加波兰战役的德国官兵并不了解苏德条约秘密议定书的内容,因而当苏军出兵波兰时,德军已占领了苏联势力范围内近一半的波兰领土。经过交涉,德军开始回撤。但同时,苏联又提出新的方案,即向德国让出原来划给苏联控制的华沙省和卢布林省的一部分,要求得到原来划给德国的立陶宛。9月28日,两国在莫斯科签订《苏德边界友好条约》(*Deutsch-Sowjetischer Grenz-und Freundschaftsvertrag*)及其秘密议定书,按苏联的新建议确定了两国在东欧的新分界线,并申明这是两国"最终的边界"。

当进攻法国的战役还在进行时,希特勒即向约德尔表露了进攻苏联的意愿。法国败降后一个多月,1940年7月21日,他又在军事会议上向诸多高级将领表达了同样的意愿。② 这证明该意愿并非临时的心血来潮之举。然而,当时促使希特勒提出该想法的动因是多方面的,除了根深蒂固的反共反苏的意识形态因素和"先大陆后海洋"的全球性扩张步骤,他当时还认为,英国之所以不肯投降,同苏联的存在有关,一旦打败了苏联,英国就会失去希望,从而乖乖地认输。③ 从这个角度看,德国进攻苏联具有从属于它想逼降英国的因素。因此,希特勒要在打败英国前就进攻苏联的决心并不是很坚定的。在1940年9月27日签订《德意日三国同盟条约》(*Dreimächtepakt Deutschland-Italien-Japan*)时,德国政府不仅在事前(9月26日)把签约事宜和条约内容都告诉了苏方,还邀请苏联也加入其中,组成"德意日苏四国联合"。④

在法国败降后德苏双方各自的战略调整中,双方的矛盾逐渐激化。斯大林把德国同意苏联获取罗马尼亚的比萨拉比亚(Basarabia)地区看作是向苏联让出了巴尔干地区。1939年8月19日,他在政治局会议上说:德国"不

① 陈晖:《1933—1941年的苏德关系》,南京大学出版社2005年版,第260—261页。
② Jeremy Noakes and Geoffrey Pridham (ed.), *Documents on Nazism*, 1919-1945. pp. 585-587.
③ Jeremy Noakes and Geoffrey Pridham (ed.), *Documents on Nazism*, 1919-1945. p. 586.
④ Paul R. Sweet, *Documents on German Foreign Policy*, 1918-1945. Series D(1937-1945), V. 11, London, 1961, No. 176.

反对苏联收回比萨拉比亚。它准备给我们让出罗马尼亚、保加利亚和匈牙利的势力范围"[①]。而对德国来说，巴尔干地区以前一直是奥地利关注或控制的地方，德奥合并组成"大德意志国"后，希特勒政府把自己看作是所有德意志遗产的合法继承者。同时，该地区的原料和粮食也是德国所急需的。因而，德国不容许他人染指巴尔干地区。法国败降后，1940 年 6 月 26 日，苏联政府以罗马尼亚统治集团的政策严重威胁苏联西南边界的安全为由，照会罗马尼亚政府，要求将两国有争议的领土比萨拉比亚归还给苏联，同时作为罗马尼亚统治比萨拉比亚 22 年的"补偿"，将布科维纳（Bucovina）"移交苏联"。对德国来说，比萨拉比亚已经在 1939 年 8 月的秘密议定书中划给了苏联，因而还能够接受，但它强烈不满苏联对布科维纳的要求。因为该地以前归属于奥匈帝国，住有不少德意志人。同时，当时德军所需石油的 87％来自罗马尼亚，让苏联过多地染指罗马尼亚，有可能危及德国的石油来源。面临德国的反对，苏方只得将领土要求限制在以乌克兰人为主的布科维纳北部地区。德方尽管不情愿，但也只得同意。

苏罗之间的领土割让，推动保加利亚和匈牙利也向罗马尼亚提出领土要求。德国政府担心局面失控，决定直接插手解决巴尔干国家之间的领土争端。1940 年 8 月 30 日，在德国和意大利共同主持下，进行了"维也纳仲裁"（Vienna arbitration award），规定将罗马尼亚的特兰西瓦尼亚（Transilvania）北部 43 492 平方公里、拥有 240 万居民的地区划归匈牙利。苏联政府对德国政府的举动大为不满，指责其违背了《苏德互不侵犯条约》的相关规定，德方则回应说，苏联在处理立陶宛和伊朗问题时也没有与德国协商。[②] 同年 9 月 7 日，德国又迫使罗马尼亚把南部多布鲁加（Dobrogea）转让给保加利亚。以后，德国军队进驻罗马尼亚产油区。此外，德国从 1940 年 8 月起恢复对芬兰销售军火，9 月起，又派军队进入芬兰。这一切，都引起苏方的强烈不满。面对苏德两国之间矛盾日益尖锐的局面，希特勒从全局考虑，委托里宾特洛甫出面与苏方交涉，尽量缓和两国关系。1940

[①] 陈晖：《1933—1941 年的苏德关系》，第 339 页。

[②] A. Wertn, *Rußland im Krieg 1941 - 1945*. München & Zürich：Verlag C. H. Beck, 1965, S. 104.

年 10 月 17 日,德国驻苏大使向苏方递交一封里宾特洛甫以私人名义写给斯大林的长信。信件对德国的一系列行动作了辩解,试图以此打消苏方的疑虑,最后正式邀请莫洛托夫在近期内访问德国。苏联政府很快接受邀请,希望通过谈判进一步了解德方的意图,如有可能,在新的背景下进一步划分双方的利益范围。

1940 年 11 月 12 日,莫洛托夫率苏联代表团来到柏林,德方给予了较高规格的接待,里宾特洛甫和武装部队最高统帅部长官凯特尔到火车站迎接。在谈判中,德方一再要求苏联参加德意日三国军事同盟,组建"四国联盟"。由于在《德意日三国同盟条约》中已经明确规定,"日本承认并尊重德国和意大利在欧洲建立新秩序的领导权,德国和意大利承认并尊重日本在大东亚建立新秩序的领导权",即势力范围已经被三国分割完毕,所以莫洛托夫要求德方说明:欧洲和亚洲的新秩序的含义是什么,苏联在其中将被赋予何种角色;大东亚共荣圈的边界在哪里。德方经过拖延后,交出了一个"四国都向南发展"的协议草案:(1) 德国声明,除了缔结和约时在欧洲进行一些领土修正,它的领土要求的重心在中非;(2) 意大利声明,除了缔结和约时在欧洲进行一些领土修正,它的领土要求的重心在北非和东北非;(3) 日本声明,它的领土要求的重心在日本帝国以南的东亚地区;(4) 苏联声明,它的领土要求的重心在苏联领土以南的印度洋方向。[①] 苏方对这个大而化之的建议表现得不感兴趣,同时要求德方明确说明其东欧政策的主要内容和出兵芬兰及罗马尼亚的意图,并再三要求德国从芬兰撤军,因为那里属于苏联的利益范围。[②] 在这次访问期间,双方的反应都不太热烈,希特勒也未出席莫洛托夫在大使馆举行的招待会。谈判没有达成任何协议。

然而苏方领导集团在评价这次访问行动时,更多地看到当时英德矛盾的尖锐程度,以及德国需要拉拢苏联以对付英国的迫切性。基于此,苏方于 11 月 25 日向德方提出自己参加四国联合的四个先决条件:德军立即撤出属于苏联势力范围的芬兰,而苏联承诺保证《苏芬和约》以及德国在芬兰的

---

① 陈晖:《1933—1941 年的苏德关系》,第 387—388 页。
② Jeremy Noakes and Geoffrey Pridham (ed.), *Documents on Nazism*, *1919 -1945*. pp. 591 - 592.

经济利益(出口木材和镍矿石);苏联与保加利亚缔结互助条约,在博斯普鲁斯和达达尼尔海峡地区通过长期租借的方式建立苏联的海军基地来保证苏联在海峡的安全;承认面向波斯湾方向的巴统(Batumi)和巴库(Bakı)以南地区为苏联领土要求的重心;日本按照公正的补偿条件放弃在北库页岛的煤炭和石油的租让权。[①] 对于德苏交战的可能性问题,苏方认为两国交战最终不可避免,但时间上将在德国打败英国之后。

而希特勒对莫洛托夫的来访结果很为不满。莫洛托夫离德后,他接见了一些参谋,提出打算进攻苏联。参谋们尽力劝说他不要冒险,以免陷入两线作战。他却反驳说,在击溃英国的抵抗之前,不要指望俄国不会动手;而要打败英国,少不得扩展海空军,也就是要削减陆军,但只要俄国依然是个威胁,就万万不能削减陆军。[②] 而在苏方提出 11 月 25 日的条件文本后,希特勒的决心就更加坚定了。12 月 5 日,他亲自主持德军总参谋部会议,审订自 8 月 1 日开始制订的对苏作战计划。12 月 18 日,他下达《第 21 号指令("巴巴罗萨"方案)》,其中规定:武装部队必须准备在对英国的战争结束之前即以一次快速的远征将苏俄击败;为此,陆军必须动用一切可供使用的部队,但必须保卫已占领地区免遭突然袭击;准备工作务必在 1941 年 5 月 15 日以前完成;在东方作战期间,海军仍以英国为主要作战对象;作战目标是在苏联的伏尔加河-阿尔汉格尔斯克(Архангельск)一线建立一道针对其亚洲部分的防线,以使其空军从该线出发将不再能攻击德意志国的领土,装甲部队应果敢作战,楔入敌深远纵深,歼灭部署在俄西部地区的俄国陆军主力,阻止其有作战能力的部队撤至其纵深地区。[③]

1941 年 2 月 3 日,希特勒批准了《巴巴罗萨计划》(*Unternehmen Barbarossa*)的最后文本。入侵部队分成三个集团军群。"北方"集团军群由勒布指挥,下辖第十六集团军、第十八集团军和坦克第四集群,共 23 个步兵师和 6 个装甲师,部署在东普鲁士的东界,由第一航空队 1070 架飞机支援,进攻目标是向北穿过波罗的海国家向列宁格勒推进。"中央"集团军群

① 陈晖:《1933—1941 年的苏德关系》,第 392—393 页。
② [英]利德尔-哈特:《第二次世界大战史》,上册,第 202 页。
③ [联邦德国]瓦尔特·胡巴奇编:《希特勒战争密令全集(1939—1945)》,第 65—66 页。

由博克指挥,下辖第四集团军、第九集团军、坦克第二集群和第三集群,共35个步兵师和15个装甲师,部署在东普鲁士南端到布列斯特南端一线,由第二航空队1600架飞机支援,进攻目标是沿着莫斯科公路直捣明斯克(Минск)和斯摩棱斯克(Смоленск)。"南方"集团军群由龙德施泰德指挥,下辖第六集团军、第十一集团军、第十七集团军、坦克第一集群、罗马尼亚第三和第四集团军、匈牙利快速军,共37个步兵师,5个装甲师,4个山地师,4个摩托化师,部署在卢布林和喀尔巴阡山脉之间,由第四航空队和罗马尼亚空军共1300架飞机支援,进攻目标是在普利皮亚特沼地以南,经日托米尔(Житомир)到基辅(Київ),进而向顿巴斯(Донбасс)推进。

这时,其他战场形势的变化使得德国被迫插手其间,并推迟了实施《巴巴罗萨计划》的时间。1940年6月意大利参战,次月即以埃塞俄比亚和厄立特里亚为基地,向英属苏丹和肯尼亚发起进攻,进展顺利。8月,意军攻占英属索马里。9月,北非意军又从利比亚出发进攻埃及,把战线向前推进了90公里。然而从1941年1月起,英军先后在东非和北非发起反攻,都取得胜利,在东非帮助埃塞俄比亚复国,在北非向西推进800多公里,打入利比亚境内。希特勒本来不愿过早卷入非洲战事,以免分散兵力。在意军一再败北的情况下,为了提高轴心国集团的士气和国际影响,他决定派兵增援,扭转北非和地中海的不利军事形势。1941年2月,由德军第五轻装甲师和第十五装甲师组成的"非洲兵团"在隆美尔将军指挥下进入利比亚,同时2个新编的意大利师也被派往北非。

早在1940年10月28日,意大利为了同德国争夺巴尔干地区,以阿尔巴尼亚为基地向希腊发起进攻,但在希腊人民的抗击下接连遭到失败。英军为了夺取巴尔干半岛,在希腊建立战略基地,趁机从北非向希腊抽调兵力。此举一方面导致北非的隆美尔趁势实施反击,把战线推回到利埃边界附近,另一方面则促使希特勒再次分出兵力去加紧控制巴尔干地区。1941年2月28日,德军从罗马尼亚进入保加利亚,翌日,保加利亚加入《德意日军事同盟条约》。3月初,希特勒又把南斯拉夫摄政保罗亲王(Pavle Karađorđević,1893—1976)召到德国,经过一番威胁利诱,迫使他同意加入上述条约。3月25日,南斯拉夫首相德拉吉沙·茨维特科维奇(Dragisa

Tsvetkovitch)偕同外相偷偷地溜出贝尔格莱德前往维也纳,在关于南斯拉夫加入法西斯集团的议定书上签字。不料,两天后,以空军首脑杜尚·西莫维奇(Dushan Simovich)为首的南斯拉夫军官集团通过群众起义发动反德政变,推翻了摄政王和原政府的统治。年轻的彼得二世(Peter Ⅱ,1923—1970)即王位。新内阁宣布南斯拉夫奉行中立政策。在贝尔格莱德举行的庆祝活动中,群众向德国公使的汽车吐唾沫,表达出不愿意充当德国战争附庸的情绪。面对这一局面,希特勒不得不再次调动准备入侵苏联的部队去平息南斯拉夫事态,并把进攻苏联的日期从5月25日推迟到6月下半月。1941年3月27日,他发布《第25号指令(进攻南斯拉夫)》,认为"南斯拉夫的军事政变已改变了巴尔干的政治局势,即使南斯拉夫目前表示效忠,也应将其视为敌人并尽快予以粉碎"①。4月6日,德军同时进攻南斯拉夫和希腊。德军飞机对贝尔格莱德实施连续轰炸达三天三夜,使该城几乎成为硝烟弥漫的瓦砾堆。13日德军开进贝尔格莱德,17日南斯拉夫军队投降,国王和首相逃到希腊。4月23日,希腊军队也向德意两国投降,英军仓卒出逃。

在进攻苏联前,德军高级将领内部发生了一场"理论交锋"。一些高级司令官主张,越过苏联边境后应该尽快采用传统的包围方式,装甲兵团必须同步兵军配合行动,通过钳形包抄堵住敌军后尾部队,注重歼灭苏军。他们担心,在没有打垮苏军主力之前就深入敌境,具有很大的危险。而以古德里安为首的坦克专家则主张,装甲兵团应该按照法国战场上被证明行之有效的战法,尽可能快速进军,深入敌方;前锋装甲兵团应该抓紧时间,利用切入,向莫斯科挺进,至少要到达第聂伯河(Днепр)才包抄;越早攻下那条战线,就越有可能像瓦解法军的抵抗一样瓦解苏军的抵抗,也就越有机会使第聂伯河像1940年英吉利海峡一样起到铁砧的作用。他们提出,在两个装甲兵团插入的中间地区包围敌军的任务,应该留给步兵军,此外,装甲兵团也可以在迅速推进时,派出规模较小的分遣队协同作战。② 由于希特勒支持

---

① [联邦德国]瓦尔特·胡巴奇编:《希特勒战争密令全集(1939—1945)》,第79页。
② [英]利德尔-哈特:《第二次世界大战史》,上册,第220—221页。

前一种观点，具体的作战计划就以传统战法为主，但也吸取了坦克专家的部分主张。

1941年6月22日凌晨，德军在波罗的海至喀尔巴阡山宽约1500公里的正面上，发起全线进攻。航空兵首先出动，1000多架轰炸机向苏联腹地的军用机场、重要城市、交通枢纽和军事基地泻下瀑布般的弹雨，7000多门大炮也对苏联发起猛烈炮击。随后陆军以坦克和摩托化兵团为先导，向苏联腹地推进。德军进攻主力"中央"集团军群分南北两路，分别从东普鲁士南端和布列斯特地区出发，对苏军实施钳形突击。两支部队派出的分支部队首先在巴拉诺维奇（Баранавічы）会合，形成第一个合围圈，而主要兵力继续东进，6月28日在明斯克完成合围，包围并消灭苏军43个师又3个旅。7月3日，该集团军群再次向东突击，企图在斯摩棱斯克合围。7月16日，南翼第二坦克集群攻克了斯摩棱斯克，同北翼第三坦克集群协同，大致包围了近50万苏军将士。但由于苏军的顽强抵抗，德军未完成合围，留下一道近10英里宽的缺口。苏军最高统帅部从预备队中抽调20个师加强相关部队，自7月23日至25日向斯摩棱斯克实施反击。德军也派兵增援，从南翼包抄苏军会战部队，于是展开了斯摩棱斯克会战。苏方利用赢得的时间，派遣50万兵力在斯摩棱斯克正东挖壕据守，以阻止德军进一步向首都推进。

此时，即1941年8月中下旬，德军最高统帅部内又发生战略大争论，其中心内容是，实力最强的"中央"集团军群，应该继续单独突进，拿下莫斯科，还是分兵加强南北两翼的攻势，先拿下列宁格勒和乌克兰。以勃劳希契和哈尔德为首的陆军总司令部、"中央"集团军群司令博克和急先锋古德里安，都主张继续全力突击莫斯科。他们认为，攻占了苏联首都，就会有效地摧折苏联民众的信心，并摧毁其重要的军火来源和交通枢纽，苏方其他战线自然就会遭削弱甚至崩溃。[①] 而希特勒却坚持要"中央"集团军群分兵北上和南下。北上同"北方"集团军群合作，进攻列宁格勒，把十月革命的发源地从地图上抹去，以此摧折苏联民众的作战情绪。南下同"南方"集团军群合作，拿下乌克兰、克里米亚（Крым）和高加索（Кавказ）。他一直把乌克兰视作粮食

---

① Jeremy Noakes and Geoffrey Pridham（ed.），*Documents on Nazism，1919-1945*. pp. 596-597.

和原料的供应地,高加索能提供石油,而"克里米亚是苏联进攻罗马尼亚油田的航空母舰"。同时,他认为,南北两翼尤其是南翼,是"中央"集团军群的重要侧翼,不解决两翼问题,主攻方向的安全难以保证。①

"北方"集团军群的攻势一直比较顺利。其中一支部队穿过立陶宛,直逼拉脱维亚和爱沙尼亚,于7月底逼近塔林(Tallinn)。几乎整个8月份,德军都在与苏军从事争夺塔林的战斗。到了8月底,由于德军得到加强,苏军才放弃了塔林,海军舰队撤往喀琅施塔特和列宁格勒港。"北方"集团军群的主体力量则以列宁格勒为目标直插东北方向,由于得到"中央"集团军群内转而北上的第三坦克集群的支援,进展更为顺利。8月20日,德军已经逼近列宁格勒附近,21日,切断了列宁格勒通向莫斯科的铁路,到8月底,又切断了列宁格勒与苏联其他地方的一切铁路交通。德军的飞机和装甲部队发起联合进攻,到9月8日,把列宁格勒围成了一座孤城。在进攻难以快速得手的情况下,德方的指导思想发生变化,一种观点认为"占领大城市并不那么吸引人,实施包围则更加有利",希望通过包围和封锁,饿死数百万苏联军民,把消灭东方斯拉夫人的罪责推给苏方。② 另一种观点则认为,希特勒下令停止攻占列宁格勒,是害怕巷战会招致重大伤亡。③ 而苏军则从捍卫国土和十月革命发源地的角度出发,坚守此城,使这座光荣的城市始终没有落入敌手。

由于苏联的防御重点在西南方,德"南方"集团军群的进攻不太顺利。战争开始后,该集团军群从利沃夫(Lviv)突出部出发,向东南方向进军。北边的一路在基辅筑垒地域遇到苏军顽强抵抗,之后急速转向南边,与其他部队会合,向东南方推进。但是基辅附近的苏军并未受到损失,对"南方"集团军群的侧翼构成威胁。此外,德军在发起总攻时,为了集中兵力,加快推进速度,在"中央"和"南方"集团军群进攻线之间留下一个缺口,此缺口正对着普利皮亚特沼地,无形中给苏军留了一个掩蔽地区。此处苏军与基辅地区苏军结合,对中路和南路的德军都构成威胁。"中央"集团军群第二装甲集

① Jeremy Noakes and Geoffrey Pridham (ed.), *Documents on Nazism*, 1919–1945. pp. 597–599.
② [德]格茨·阿利:《希特勒的民族帝国:劫掠、种族战争和纳粹主义》,第159—160页。
③ [英]利德尔-哈特:《第二次世界大战史》,上册,第341页。

群南下,就可以协助合围这些苏军。9 月 10 日,"南方"集团军群所辖第一装甲集群在基辅东南的第聂伯河下游强渡过河,兼程北上,第二装甲集群向南疾驰,9 月 14 日在基辅以东 200 多公里处会师,完成合围。由于斯大林认为主动放弃乌克兰地区和基辅市太可惜,因而有六七十万苏军被包围。

1941 年 9 月 6 日,希特勒发布《第 35 号指令(在中央集团军群方向上的决战)》,命令以"中央"集团军群为主,"北方"和"南方"集团军群的一部分部队协同作战,实施《台风计划》(*Unternehmen Taifun*)。指令规定,"中路陆军部队应做好同铁木辛哥集团军群作战的准备,以便能尽早(在 9 月底)发起进攻,在维亚兹马总方向上达成双重包围(在两翼集中强大装甲兵力),歼灭斯摩棱斯克以东地区的敌人"①。其他部队则同时向列宁格勒和罗斯托夫(Росто)发动辅攻。

9 月 30 日,"中央"集团军群以钳形攻势向东突击,10 月 6 日在维亚兹马(Вязьма)完成合围,包围苏军 60 多万人。前锋部队立即继续向莫斯科推进,同时侧翼部队也于 10 月 3 日占领了奥廖尔(Орёл),继续向图拉(Тула)推进。莫斯科已经近在眼前。这时,希特勒得意忘形,以为几天内就可以占领莫斯科。10 月 10 日,最高统帅部颁布了关于德军在莫斯科及其近郊驻扎顺序的命令。希特勒也命令柏林各家报馆在 10 月 12 日的报纸上留出版面,以备刊登占领莫斯科的"特别消息"。尽管德方在时间节点上未能如愿,但到 10 月中旬,还是逼近了距莫斯科不到 100 公里处。这年的冬天来得较早,而德方的冬衣准备不足,导致士兵的士气日益低落,不少人拿出描写拿破仑在俄国失败的文章重新阅读。希特勒不得不逐渐放弃在 1941 年内打败苏联的计划。但他决定再来一次冒险。11 月 15 日,他命令德军再次发动进攻,实施《台风计划》的第二阶段,分西北、正面、西南三路扑向莫斯科。很快,德军先头部队进抵离莫斯科 20 公里处,能看见克里姆林宫顶端的红星,但在苏军的抗击下,再也不能前进一步。到 12 月 5 日,德军的攻势被完全阻止。

12 月 6 日,苏军开始实施反攻,首先粉碎了包围莫斯科的德军突击集

---

① [联邦德国]瓦尔特·胡巴奇编:《希特勒战争密令全集(1939—1945)》,第 116—118 页。

团。古德里安指挥的部队守卫不住,只得仓惶后退,古德里安本人因此被希特勒撤职。勃劳希契的心脏病严重发作,提出辞去陆军总司令职务。希特勒同意,并自任该职务。"中央"集团军群司令博克接到进行长期"休养"的通知,其职务由原第四集团军司令汉斯·冯·克卢格接任。然而这些措施都无济于事,德军在苏军攻击下,被迫向西后退100—250公里。1942年1月8日起,苏军再次发动反攻,又将战线向西推进80—250公里。苏军取得了莫斯科会战的胜利,德军"不可战胜"的神话被打破。

第十二章　纳粹体制的调整与扩展

第一节　国内政策的调整

欧洲战争爆发后,德国国内的政治、经济、社会等方面都相应地发生了变化。其中不少变化,在本书的其他章节中已经涉及,此处不再重复。

纳粹独裁体制自身的逻辑发展,以及战争环境对集权运作的推动作用,使得纳粹政治体制逐渐演变成朝廷式小集团统治。国会的遮羞布作用早已荡然无存,内阁作为整体也已名存实亡,部长们仅仅以部门领袖的个体身份接受希特勒召见并为其效力。1939 年 9 月 1 日,随着欧洲战争的爆发,希特勒指定戈林为其合法继承人,即一旦他在战争中遭遇不测,戈林可以自动升格为元首。赫斯作为纳粹党的元首代表,在希特勒忙于战争和国务的情况下,基本上垄断了党务工作,此时又被指定为第二继承人。然而,1941 年 5 月赫斯神秘地私自驾机飞往苏格兰后,马丁·博尔曼的地位急剧上升。同赫斯相比,博尔曼更热衷并擅长于弄权,而希特勒的交往圈越来越小,最后形成了希特勒之下的“新三头政治”,即博尔曼、总理府主任拉莫尔斯、最高统帅部长官凯特尔三人活跃在希特勒周围,试图控制更多的统治权力。这一状况引起其他人不满,戈林轻蔑地称他们是“东方来的三位贤人”,说他们构成了“博尔曼-拉莫尔斯-凯特尔三头政治”。戈林称自己“从内心里”憎恨拉莫尔斯，认为他是一个典型的官僚，正试图恢复文官统治，而凯特尔是"一个绝对无足轻重的人"，只不过受博尔曼和拉莫尔斯两人的操纵。他感到难以把握的是博尔曼。戈培尔试图拉拢戈林去说服希特勒，把政治领导的职责移交给已经存在的内阁国防委员会，从而把"三人委员会"排挤掉。但戈林顾忌博尔曼的能量，临阵退缩，于是戈培尔改变策略，与博尔曼合作，①这样进一步提升了"三头政治"的地位。希姆莱则大肆扩展党卫队的实力，以此作为参与权力角逐的资本。

内阁从整体来说基本上名存实亡，战争期间从未举行过全体会议，但"部"的设置还是在发生变化。除了下文要提到的增设军备与军需部，1941年7月17日还增设了东方特区部，由罗森贝格任部长。该部在管辖范围方面与内政部有交叉，故而进一步加剧了统治集团内部的摩擦。

在地方上，以党代政的目标早已实现，但随着战争的来临，大区领袖的权限可能会受到军方的蚕食。为了杜绝这种风险，战争开始不久，依据纳粹党大区的区划设置了国防区，大区领袖兼任区内的国防专员（Reichsverteidigungskommissare）。1943年，随着德国反空袭任务的加大，大区领袖的权力也逐渐增大。②

在经济领域，由于希特勒注重维护私有制，注重实行"浅度军备"以保证民众的士气，所以在战争初期没有实施强有力的变革措施。在1938年改组武装部队指挥系统时，他在最高统帅部内设置了由格奥尔格·托马斯（Georg Thomas，1890—1946）主持的军事经济管理局。战争爆发后，该机构改组成军事经济与军备生产管理局，但职权很有限，仅负责陆军军火装备的订购与生产监督（因为海军与空军自己负责军事装备的订购与生产）。1940年3月，希特勒在内阁里设立了军备与军需部，由弗里茨·托特（Fritz Todt，1891—1942）任部长。托特以主持建造纳粹时期的高速公路和"西壁防线"（Westwall）工事而闻名，组建了一种准军事性的专门承建巨大工程的"托特组织"（Organisation Todt）。托特主张建立一种集中统一领导的全面

① ［英］阿诺德·托因比、维罗尼卡·M.托因比合编：《希特勒的欧洲》，第20—28页。
② Jeremy Noakes and Geoffrey Pridham（ed.），*Documents on Nazism，1919–1945*．pp. 671–672.

战争经济体制,但没有获得希特勒的批准。后者根据大战初期德军闪击战的胜利,认为不需要发展"深度军备"经济。所以,这时的德国经济可以被称为"近似和平的战时经济",民用产品的生产相当稳定,民众的生活需求没有受到影响。

1942 年初,情况发生变化。德军入侵苏联的闪击战遭遇致命挫折,国际反法西斯同盟已经形成,德国面临着同时与苏、美、英同盟国长期作战的困境,不得不在国内实行总动员,将国民经济推向总体战争经济阶段。是年 2 月,托特遇飞机失事身亡,希特勒任命其亲信阿尔伯特·施佩尔接任托特的全部职务,包括军备与军需部长、部长级的全国筑路工程最高长官、全国水电工程最高长官,以及四年计划建筑业全权总代表,并赋予他统一管辖军备生产的全权。同年 3 月 21 日,希特勒签发《关于整个德国经济必须服从军备生产的需要的指令》,实际上授予施佩尔统管经济的总裁大权。1943 年 9 月 2 日,军备与军需部改称军备与战时生产部。施佩尔利用自己同希特勒的特殊关系,在加强统一领导的同时,用职责范围规定得比较狭窄的较小的机构,代替紧密结合起来的全面管制,推行"工业自行负责制",改组战时经济体制,以提高生产效率。于是,德国经济进入了"施佩尔时代"。

施佩尔按照军备生产的类型,分别成立 13 个专业的指导委员会(Hauptausschüsse),以及相对应的企业联合组织"工业瑞恩"(Industieringe)。所有比较重要的成批生产的作战物资,如军火、飞机发动机、机动车等,其领域内都设置指导委员会,但它们只负责管理制成品。同时,工业瑞恩则负责不止一种军备成品的生产所需要的原料、半成品和附件,并且个别负责管理电工产品、有色金属、工业玻璃、陶瓷制品这类东西。从文件上看,根据 1943 年 10 月 29 日关于分工的文件,指导委员会和工业瑞恩负责的内容包括:标准化,统一多用途部件的规格,节约原材料,采用代用材料以节约稀有金属,禁止某种项目的生产,比较产品,交流经验,推广无损耗压模,革新生产过程,限制品种,制定企业生产计划,集中产品,调整与增加生产能力,调拨劳工,调整任务,监督完成计划,订货,分配与合理利用机器,节约电力煤气,等等。然而根据施佩尔自己在回忆录中总结,该做法主要有两大重点。一是努力做到一个工厂只生产一个项目,从而达到最高的效率。二是各级机构中的工作人员主要是技术专家、工程师和工程技术人员，由内行领导内行。[①] 指导委员会和工业瑞恩又进一步分成许多更小的组织，它们的任务更加专门。如管理机动车的指导委员会就分成16个专门委员会，分别管理摩托车、轻重卡车、牵引车和汽车修理等业务。这些专门委员会本身又分成更小的工作委员会。相应地，工业瑞恩则分成专门瑞恩，然后再分成工作瑞恩。此外，施佩尔在指导委员会和工业瑞恩之外，还成立了一些由工业设计人员和军官组成的发展委员会，负责审查新设计的可行性，制订和改进生产工艺，停止不必要的科研设计项目。这些指导委员会、工业瑞恩和发展委员会，都直接受施佩尔领导。

戈林自从主管四年计划事务并逐渐排挤了沙赫特和冯克以后，一直自视为经济领域中的独裁者。施佩尔为了消除他的阻挠，利用其虚荣心强但较为懒散的特点，主动提出担任四年计划军备生产全权总代表的职务，以此昭示自己是四年计划全权总办的下属，并邀请50余名大企业家到柏林开会，让戈林以经济总管的身份作长篇演讲。但实际上，施佩尔凭借自己与希特勒的特殊关系以及勤奋办事的特点，操控着德国的战时经济生活。他在四年计划的范围内成立中央计划局，统一决定国民经济各部门的生产计划和方案，按照它们的轻重缓急来分配劳动力和原料燃料，使之成为战时经济中最重要的机构。

施佩尔体制在一段时间内给德国战争经济注入了某种活力，从1942年2月至7月，军备生产提高了大约55%，[②]1943年全年，德国的工业和军备生产都有了较大幅度的提高。如果以1942年第一季度为指数100，1943年第一季度的指数即上升到184，第二季度再升到260，第三季度到279，达到了峰值。[③] 如果以1938年为指数100，则呈现表12-1所列示的状况。

[①] ［德］阿尔贝特·施佩尔:《第三帝国内幕》，邓蜀生等译，生活·读书·新知三联书店1982年版，第210、594页。

[②] ［英］阿诺德·托因比、维罗尼卡·M.托因比合编:《希特勒的欧洲》，第300页。

[③] ［联邦德国］卡尔·哈达赫:《二十世纪德国经济史》，第84页。

表 12 - 1　战时德国工业生产指数变化情况①

（以 1938 年为 100）

	1939 年	1940 年	1941 年	1942 年	1943 年	1944 年
全部工业生产	106	102	105	106	119	116
军工生产	125	220	220	320	500	625
消费品生产	100	94.5	96	86	91	85

在战争中后期,德国遇到了人力严重短缺的问题。军队人数从 1939 年 5 月的 140 万,增加到 1941 年 5 月的 720 万,再到 1944 年 5 月的 910 万,外加 330 万的阵亡者。妇女就业人数增加不多,1939—1944 年,始终在 1410 万和 1480 万之间摆动。② 当局主要采用在各个产业之间转移劳动力的办法。从 1941 年 5 月到 1944 年 5 月,商业、银行和保险业的就业人员数下降了 16%,手工业下降 20%,而农业的劳动力使用增加 5%,交通业增加 7%,工业增加 6%。在工业内部,消费品生产业减少了劳动力,而基本材料和五金加工部门的就业人数增加 14%—18%。从 1941 年 12 月到 1944 年 6 月之间,军备工业职工增加了 28%。③

从 1944 年年中起,到欧洲战争结束,德国战时经济进入最后阶段。在这一阶段里,美英盟军加强了对德国的战略轰炸,仅 1944 年下半年,投掷在德国土地上的炸弹就相当于自从战争开始以来投掷量的总和。同时投掷目标也有了变化,放弃了此前实施的地毯式"恐怖轰炸",改为有目的地轰炸诸如发电厂、炼油厂、合成燃料工厂、铁路枢纽、堤坝等经济中枢,给德国经济造成很大的困难,如 1944 年 8 月,德国航空汽油的产量仅为同年 3 月份的 10%。铁路货车运输,1944 年年中为每天 15 万节车厢,同年 12 月下降到 9 万节,翌年 3 月仅剩 1.5 万节。④ 1945 年初,反击中的苏联军队占领了德国工业生产能力的 1/7。德国人力短缺的现象进一步加剧。由于武装部队不

---

① 德意志联邦共和国经济研究所编:《1939—1945 年德国的战时工业》,蒋洪举等译,生活・读书・新知三联书店 1959 年版,第 37、217、249 页。

② Leila J. Rupp, *Mobilizing Women of War: German and American Propaganda, 1939 - 1945.* Princeton: Princeton University Press, 1978, p. 102.

③ ［联邦德国］卡尔・哈达赫:《二十世纪德国经济史》,第 85—86 页。

④ ［联邦德国］卡尔・哈达赫:《二十世纪德国经济史》,第 89 页。

断要求补充新兵,只得将服兵役的年龄从 17 岁半降低到 16 岁,从而导致从 1944 年 5 月到 12 月之间,民用男劳动力减少了 110 万人。当局又将妇女义务服役劳动的最高年龄限度从 45 岁提高到 50 岁,但是实际效果仍不明显。所以,1944 年德国民用劳动力减少了约 120 万人,其中只有 75 万个岗位可用外籍工人顶替。为了弥补这一缺口,当局只得将每周的法定工作时间从 48 小时提高到 60 小时。民众的物资供应越来越少,1943 年 6 月,肉类配给量减少一半,翌年 3 月,脂油分配额减少 1/4。民用皮鞋中,40％是用人造革制造的,平均使用期从 33 个月下降到 4 个月。大部分纺织品无法使用英国的羊毛或法国的蚕丝作为原料,而是用源自"德国森林"的人造纤维代替。

在税收政策方面,1939 年 9 月 4 日,当局颁布了《战时经济条例》。其序言和第一条规定,储蓄现金是损害民族的犯罪行为。但当时还没有规定对这类行为如何处罚,直到 1942 年才公布具体的刑事处罚规定。条例第 22 条规定对工资税和所得税再加收 50％的战争附加税,但实施对象是年收入超过 2400 马克者。在 1939 年 11 月 15 日的相关会议上,财政专家曾提议将起征点降到 1800 马克,但最后"出于政治上的原因"而遭否决。根据 1943 年的数据,全国纳税人中至少有 70％豁免了直接的战争税负担,年收入 2400—6000 马克者中的 26％,也只增加了很低的负担,只有 4％的高收入者税收增加较多。同时,国家对烟草的销售征收 20％的附加税,对啤酒、烧酒和香槟酒的附加税也相应提高。1941 年,此类税收提高到 50％。但同时也有免税或增加收入的措施。1940 年 8 月,政府取消了《战时经济条例》中对日工作时间中第九和第十小时发放额外补贴的禁令。从同年 12 月起,对来自加班工资和夜班工资的收入免征包括社会公共福利税在内的各种税收。[1]

社会保险政策也作了微调。1941 年,养老金的数额每月增加 6 马克,寡妇再增加 5 马克,孤儿增加 4 马克,平均起来,社会保险金增长了 15％。广泛推行强制的医疗保险,每人每月须义务缴纳的保险费用为 1 马克,寡妇和孤儿无须缴纳。以后,提高社会福利的建议还出现过。1942 年,劳动部

---

① [德]格茨·阿利:《希特勒的民族帝国:劫掠、种族战争和纳粹主义》,第 54—56 页。

建议增加社会保险费,1944 年,戈培尔建议增加退休金,但都遭到财政部反对。[①]　在战争的环境下,通货膨胀的压力与日俱增。

　　包括希特勒在内的纳粹高官,对第一次世界大战期间军人家庭因劳力不足导致贫困,进而引起军心不稳的状况记忆犹新,因此在欧战爆发前夕,1939 年 8 月 28 日,即颁布了《武装部队经费使用法》。其中第九条规定:在计算家庭经济状况时,要考虑目前的生活状况以及在和平时期应征入伍者所能获得的收入。文件称该规定是为了"维持家庭的财产状况",以便使士兵安心服役。在实际执行过程中,当局不仅对军人已有的报纸预订和生活保险提供补助,而且对此前的分期付款购买活动、建筑互助基金信贷和抵押的利息与清偿提供补助。所需资金都由公共财政提供,以"维护军队士兵的意志,使他们满意和有安全感"。当局还明确督促各级政府官员,"对于整个民族特别重要的职责就是要以极大的理解善待在前线奋战将士的家属的苦难",尽可能对这些家庭的生活提供帮助。[②]　1939 年 10 月,报纸上又刊登文章,称在戈林的提议下,入伍士兵的家庭赡养费又要通过法律予以增加,"民族社会主义的领袖们要让前线的德国将士免除其家庭生活的后顾之忧"。对法战争结束后,当局颁布了《现役军人家庭赡养费支付法》,这项法规不仅囊括了此前已经实施的各项优惠措施,还增添了两项较为重要的内容。一是规定军人家属的加班、夜班、休息日和假日加班的收入全部免税,二是规定"现役军人家庭赡养费不是社会救济的支付,它无需偿还,也不能被扣押",也就是说,即使这些家属欠下了私人债务,债主也不得索取这些钱财。此外,政府还为多子女的军人家庭提供家政服务。军人的待遇日益提高,以至于当局不得不设置优惠措施的上限,即规定赡养费的数额不得超过该军人服役前所能取得的净收入。尽管如此,德国军人的平均赡养费达到了和平时期收入的 72.8%,而当时美国为 36.7%,英国为 38.1%,德国是它们的两倍。[③]　这个原因加上战争后期德国军人妻子担心孩子遭到盟军轰炸,所

---

①　[德]格茨·阿利:《希特勒的民族帝国:劫掠、种族战争和纳粹主义》,第 57—58 页。

②　Matthew Stibbe, *Women in the Third Reich*. London: Oxford University Press, 2003, p. 94.

③　[德]格茨·阿利:《希特勒的民族帝国:劫掠、种族战争和纳粹主义》,第 70—73 页。

以在德国劳动力异常短缺的时候,这些妻子们还是不太愿意外出就业。①

第二节 纳粹欧洲新秩序

纳粹高官们对"欧洲新秩序"内容的讨论与阐述,是同 1940 年 9 月 27 日签订的《德意日三国同盟条约》相关联的,该条约被当时的《科隆日报》称作"新秩序的大宪章"。其实,该条约关于"新秩序"的表述非常简单。它声称,三国政府"认为世界一切国家各据有应有的空间是任何持久和平的先决条件,决定在致力于大东亚以及欧洲各区域方面互相援助和合作,其首要目的为在各该区域建立并维持事物的新秩序,旨在促进有关人民的共同繁荣与福利。此外,三国政府愿意对世界上其他区域内有意与三国朝着同样方向共同努力的国家给予合作,俾使三国对世界和平的最终愿望得以实现"。因此,三国政府同意:"日本承认并尊重德意志和意大利在欧洲建立新秩序的领导权;德意志和意大利承认并尊重日本在大东亚建立新秩序的领导权。"条约还规定,为了实施条约,由三国政府"各自指派委员组成的联合技术委员会将迅速开会"②。条约所附的秘密议定书,规定设立三个委员会,即总委员会、军事委员会和政治委员会,负责协调三国的政策,解决协同作战和相互进行经济援助的问题。

由于《德意日三国同盟条约》是在《反共产国际协定》的基础上发展起来的,在谈判的进程中,各方的争议主要集中在所承担的义务多少等问题上,因而该条约被包括当时人甚至当事人在内的许多人,解读为仅仅是三个法西斯国家从原先政治上的一般联合跨入了较为紧密的军事性同盟关系。尤其是,作为其后续条约的《德日意军事协定》(*Militärpakt Deutschland-Italien-Japan*,1942 年 1 月 18 日签订),所涉及的内容,一是划分作战区域,二是规定军事援助的内容,这样就更容易强化原先的局限性误读,使人们忽视对"新秩序"含义的关注。协定规定,日本的作战区域"大致为东经 70 度以东到美洲西海岸的海面及这一海面的大陆和岛屿(澳洲、荷印、新西

① 〔联邦德国〕卡尔·哈达赫:《二十世纪德国经济史》,第 85 页。
②《国际条约集(1934—1944)》,第 278—279 页。

兰)等地区",以及"东经70度以东的亚洲大陆"。而德国和意大利的作战区域"大致为东经70度以西到美洲东海岸的海面及这一海面的大陆和岛屿(非洲、冰岛)等地区",以及"东经70度以西的近东、中东及欧洲地区,在印度洋方面,视作战情况,各方可以越过所规定的境界线进行作战"。关于作战的内容,协定规定,日本应该:(1)消灭英、美、荷在大东亚的根据地,进攻并占领其领土;(2)歼灭在太平洋及印度洋方面的美、英陆海空军兵力,确保西南太平洋的制海权;(3)在美、英舰队几乎全部集中在大西洋的情况下,日本除在整个太平洋、印度洋地区加强通商破坏战外,并派遣部分陆海军兵力到大西洋方面去直接协助德、意海军作战。而德意两国应该:(1)消灭美、英在近东、中东、地中海及大西洋的主要根据地,进攻并占领其领土;(2)歼灭在大西洋及地中海的美、英陆海空军兵力,破坏其通商;(3)在英、美舰队几乎全部集中在太平洋的情况下,德、意派遣部分海军兵力到太平洋方面,直接协助日本海军作战。关于军事援助的内容,协定规定了六个方面,即:(1)相互通报其作战计划中的重要事项;(2)相互协力进行通商破坏战,包括通报作战的计划、经过、重要情报及其他必要事项,在使用作战基地、军队补给、休养、武器、车辆修理方面,相互协助;(3)相互协助收集和交换有关作战上所必需的情报;(4)相互协助制订有关作战战略;(5)相互协助提供有关军事通讯;(6)相互协助开辟三国间的军用航空线,开辟印度洋上的航路以及海上运输线。①

两份条约文本内容的局限性给纳粹高官们提供了较大的想象空间。经济部长冯克最早提到"欧洲新秩序"这个概念。还在三国同盟条约签订之前,即1940年7月25日,他就在向国内外记者的讲话中涉及此事。尽管他生性是一个宣传家而不是计划和行政人员,然而经济部长的岗位使他的兴趣主要集中在从商业方面剥削欧洲其他国家。他提出欧洲应该在德国的指导下,从一种双边贸易协定的体制走向多边贸易协定的体制。他认为,新秩序将给整个欧洲带来好处:消灭失业现象和保证粮食生产国的剩余农产品

---

① 《日本帝国主义对外侵略史料选编(1931—1945)》,第385—387页。

有销路，并且可以不受世界物价波动的影响。① 里宾特洛甫尽管身为外交部长，也给了"新秩序"以经济上的诠释。他认为，德国领导下的"欧—非半球"与日本领导下的东亚势力范围之间，应当"按照宽宏的方针"进行"自由贸易"，这种贸易关系不是以地区对地区，而是以国家对国家为基础的。即，像以前那样，"日本将同欧洲地区的独立国家直接进行贸易和签订贸易协定，同时德国和意大利将同日本势力范围内的独立国家，如中国、泰国和印度支那等直接进行贸易和签订贸易协定"。欧洲国家（例如荷兰）有殖民地在远东的日本生存空间之内的，将从欧洲大空间的剥削中得到一份补偿。② 有着纳粹"理论家"之称的罗森贝格则从综合的高度给予"新秩序"更为全面的含义。他在 1940 年 10 月 27 日的《人民观察家报》上发表文章，声称德国支持划分生存空间来取代 19 世纪的经济与金融帝国主义，同时互相保护属于"生存空间"内的各国人民。他认为，当越来越多的国家接受这种观点时，引起两次世界大战的那类事件就不会重演。因此，最终的目标是建立一个持久和平的欧洲大陆，一个经济上大部分是自给自足的、政治上则是完全独立的大陆。在那里，大德意志国将起着"波罗的海与地中海之间的联系作用"。另有人补充说，当前的这场战争已经扩大了德国人民团结的概念，使之成为欧洲人民团结的概念。这一进程继续发展，其结果将是以生存空间的法律来取代国际法；在这场新的"革命"中，指导原则将不是民族自决，而是生存空间的自决。③

在纳粹高官们的推动下，1941 年 11 月 25 日，德国政府把轴心国集团其他成员国和卫星国的代表召到柏林，重新签订国家法意义上的《反共产国际协定》。该次聚会被德国外交部发言人说成是"第一次欧洲大会"，称这次行动表明，"新秩序"与战斗在东方的欧洲十字军具有共同的意义。为了纪念这次聚会，德国电台播放了一首名为《欧洲之歌》（*Europalied*）的新歌，鼓励欧洲大陆各国人民为了团结和消除国际上的不和而奋斗。与此同时，柏林邮局使用了一种特制的邮戳，上面刻有"反布尔什维主义的欧洲联合阵线"

---

① ［英］阿诺德·托因比、维罗尼卡·M. 托因比合编：《希特勒的欧洲》，第 65—66 页。
② ［英］阿诺德·托因比、维罗尼卡·M. 托因比合编：《希特勒的欧洲》，第 66 页。
③ ［英］阿诺德·托因比、维罗尼卡·M. 托因比合编：《希特勒的欧洲》，第 67—68 页。

字样和一张饰有剑与卐的欧洲地图图案。1941 年 11 月 28 日的《德意志总汇报》(*Deutsche Allgemeine Zeitung*)趁着这股热情发表文章说："欧洲合众国终于摆脱了不和、斗争和苦难而诞生了。"①

由于意大利在三国同盟条约中与德国分享了在欧洲的利益,而其实际目标是建立一个环地中海的帝国,因而"欧洲新秩序"就扩展到了地中海和非洲。在当时纳粹媒体的宣传中,"欧洲—非洲"地区被认为是一片单一的"大空间",地中海起着"连接欧、非两个地区的水桥"作用。② 德国对非洲的权利要求据说是极为适度的。按照里宾特洛甫的说法,"如果德国能够收回以前属于它的殖民地,它大体上就满足了",意大利将获得非洲最大部分的土地。

相比之下,希特勒的想法较为褊狭,他的兴趣在于扩大德国的版图,即要把那些德意志人居住的过去属于德国的或者经济上是德国所不可缺少的国家吞并进来,同时程度不同地控制其他地区。1940 年 6 月德国打败法国后,希特勒在一次高层会议上谈到,要把挪威和卢森堡变成德国的组成部分,而比利时的地位则需进一步研究,可能给予"佛兰芒人特殊的待遇",并建立"一个勃艮第州"。至于法国,阿尔萨斯和洛林将"重新并入"德国,同时还将成立"布列塔尼自治州"。法国北部和东部的大片地方也需要深入研究,"这些地方根据所谓历史的或者政治的、人种的、地理的理由,或是根据任何其他的理由,可以被认为是不属于西欧而属于中欧的"。只是由于英国不肯投降,希特勒出于拉拢更多的法国人协助德国对英作战,才未将这些设想付诸实施。德国入侵苏联后,围绕苏联领土的处置问题,罗森贝格提出过一个设想,即要在占领地区内建立"三个庞大的国家单位,按照三种不同的法律加以管辖"。第一个是波罗的海地区,开始时作为"德国的保护国",以后"通过对适当的种族成分德意志化,通过德国移民向该地的迁徙,再通过把不良分子全部清除出去",变成德国本土的组成部分。与之相邻近的白俄罗斯,则由于"性质完全不同",只能用作种族渣滓的"垃圾堆"。第二个地区

① [英]阿诺德·托因比、维罗尼卡·M. 托因比合编:《希特勒的欧洲》,第 70—71 页。
② 1942 年 11 月 24 日埃森《国民日报》(National Zeitung)。转引自[英]阿诺德·托因比、维罗尼卡·M. 托因比合编《希特勒的欧洲》,第 68 页。

是乌克兰,将成为"与德国结盟的独立国家"。第三个地区是高加索,将成为"一个有一名德国全权代表常驻的联邦国家"。然而希特勒对这一设想不感兴趣,他关注的是哪些地方可以立即并入大德意志国。在 1941 年 7 月 1 日召开于元首大本营的东方领土问题讨论会上,他表示:奥地利从前的行省加利西亚(Galicia)应当成为"德国的领土";"整个波罗的海地区"也应该成为大德意志国的组成部分;列宁格勒必须夷为平地,连同东卡累利阿一起交给芬兰人;在南端,必须把所有的外国人从克里米亚和"可能的最大的内陆地区"清除出去,然后移入德国人,再使它像伏尔加河流域的德国侨民居留地和"巴库周围的地区"那样,成为德国的领土。[①] 希特勒的所谓欧洲意识,是同意相关的欧洲国家参与分享苏联的自然资源,因为"对苏战争是代表全欧洲的一场战争",所以不仅是德国,所有同德国合作的国家都应该从中得到好处。由于有"这场反对布尔什维主义的共同战争,欧洲的公益应当放在民族的私益之上"。对于非洲,希特勒尽管要求重新拥有原来的殖民地,但明确表示不把它们看作一片"移民区",因为德国在欧洲大陆上已经"拥有足够的"这类土地了。他只把非洲的土地看作"一种提供原料的殖民地"。

两种不同的观念还延伸到对占领区的管理方法。一些热衷于"欧洲大空间"观念的高官,把主宰民族理论和领袖原则相结合,提出了大空间内行政管理的四种形式:结合管理——领导民族将通过外交代表"制订和指导"政策;监督管理——领导民族将行使严密的监督权;政府管理——"所有主要的行政工作将由领导民族的行政管理机构办理";殖民管理——"在这种管理形式下,大空间的人民根本不可以参加行政管理工作"。他们认为,不论采用哪一种管理形式,国际法都将被抛弃,"大空间的秩序和大空间的行政管理,构成了一种新的共存的法律宪章,以前自由主义时代的'国际法'和'宪法'这些名称都不再适用了"[②]。希特勒尽管坚持自己传统管理的想法,但在实际运作过程中,也吸取了他们想法中的不少内容。

随着德国侵略政策的步步得手和占领地区日益增多,德国的占领政策

---

① [英]阿诺德·托因比、维罗尼卡·M. 托因比合编:《希特勒的欧洲》,第 85 - 87 页。
② [英]阿诺德·托因比、维罗尼卡·M. 托因比合编:《希特勒的欧洲》,第 73—74 页。

也逐渐成形。到 1943 年底,德国占领区出现了五种不同的类型,其中前两种类型的占领区属于大德意志国的组成部分。

第一种为"合并区"(Eingegliederte Gebiete)。它或是以德国新行政区的形式,或是以原来存在的州、行政区或省的增添部分的形式,由德国直接统治。欧洲战争爆发前已经并入德国的奥地利、捷克斯洛伐克的苏台德区、立陶宛的梅梅尔区,严格来说也属于这类地区。欧洲战争爆发后并入的这类地方包括:(1)但泽-西普鲁士行政区;(2)瓦尔塔兰(Wartheland)行政区;(3)并入西里西亚省的卡托维茨(Kattowitz)专区;(4)并入东普鲁士省的泽希瑙专区;(5)并入东普鲁士贡宾南专区的苏道恩专区;(6)并入东普鲁士阿伦施泰因专区的佐尔道地区;(7)并入莱茵省亚琛专区的欧本(Eupen)、马尔梅迪(Malmedy)和莫雷斯纳(Moresnet)地区。

第二种为"民政长官管辖区"。虽然直到战争结束,德国没有通过法律宣布吞并这些地区,但是政府清楚地表明,它完全有意把这些地区最终并入德国。据纳粹官员供认,希特勒曾经限地方行政长官在 10 年内使阿尔萨斯和洛林完全德意志化。为了加快这一进程,这些地区的立法由各地的民政长官和柏林的政府部门共同提出,以便使那里的行政管理形式与德国完全一致。在这类地区,当局还采取各种步骤使地名甚至姓氏德意志化,强迫居民讲德语以代替当地的语言。在海关、邮电和铁道管理方面,这类地区中的阿尔萨斯、洛林和卢森堡完全被当作德国的组成部分。属于这类地区的,在东南方,希特勒曾于 1941 年 4 月 12 日颁布相关命令,规定将南斯拉夫的下斯蒂里亚(Steiersche)地区和上卡尔尼奥拉(Carniola)、米埃斯塔尔(Miesstal)和西兰(Seeland)乡地区分别划归施蒂里亚马克行政区和卡恩滕(Kärnten)行政区。在西方,洛林并入萨尔-法尔茨行政区,成为新的西马克(Westmark)行政区;阿尔萨斯并入巴登行政区,成为新的巴登-阿尔萨斯行政区;卢森堡并入科布伦茨-特里尔(Koblenz-Trier)行政区,成为新的摩泽尔(Mosel)行政区。在东方,原属波兰的比亚威斯托克(Białystok)省并入东普鲁士行政区。

第三种为"附属区"(Nebenland),主要包括保护国和总督(专员)辖区两种分类型。保护国即战前已经出现的"波希米亚和摩拉维亚保护国",自身

有着一个名义上自治的行政机构，该机构基本上与德国相仿，其首脑享有
"主权政府的首脑所享有的全部荣誉"，还保有在柏林派驻外交代表的权利。
但是保护国与德国之间的关系却始终没有很明确地规定过。它属于大德意
志国的组成部分，被剥夺了作为"国际法上一个实体"的全部地位，在其之上
还有一个德国监护机构。它被指定为一片专供掠夺的、可能加以德意志化
的地区，成为"德国关税区"的一部分，并受到德国许多法律的管辖。在总督
（专员）辖区中，比较稳定的是波兰总督辖区（全称是"波兰占领区的总督辖
区"）和乌克兰专员辖区，有变化的是奥斯兰专员辖区。奥斯兰（Ostland，意
为"东方之地"）专员辖区包含爱沙尼亚、拉脱维亚、立陶宛和白俄罗斯，后由
于爱沙尼亚、拉脱维亚和立陶宛的行政机构比较成熟，德国出于各种考虑，
给予它们更多的自治权，这样，属于附属区性质的只剩下白俄罗斯。对波兰
总督辖区，德国官方曾经声明：该地区的特殊地位"使之无法按照国内法和
国际法的一般概念来予以分类。它自身就代表一个独特的法律概念。它既
不是德国的一部分，也不是大德意志国的一部分，在关税和货币方面同德国
和大德意志国完全分隔开……。但是它是大德意志国的一个势力范围，也
是大德意志国权力范围的组成部分"①。然而关于乌克兰专员辖区和奥斯
兰专员辖区，官方的政策不太明确，也许是担心明确的政策会影响以后把这
些地方并入德国。罗森贝格原来曾经设想使奥斯兰成为一个广阔的殖民地
式的"保护国"，由来自各日耳曼民族国家的合适移民移居到那里，并使其德
意志化，而使乌克兰成为一个与德国紧密结盟的自治国。但最后的结果却
是，奥斯兰中的爱沙尼亚、拉脱维亚和立陶宛取得了自治地位，而乌克兰却
由一个德国人组成的行政机构统治。

　　第四种是"占领区"，这是含义比较宽泛、互相之间差异又比较大的类
型。在德国所有的占领地区中，除了其他四种，都属于这种类型。这些国家
或地区在军事上和战略上对德国有着程度不同的重要性，但德方又认为不
适宜立即将其并入。在行政管理方面，丹麦被德方树为"模范保护国"。德
方力图把军事占领同有限地干预当地事务结合起来，即通过德国驻丹公使

---

① ［英］阿诺德·托因比、维罗尼卡·M. 托因比合编：《希特勒的欧洲》，第 144 页。

实行控制。因而德国政府在入侵的当天就宣布无意破坏丹麦的领土完整或干涉其政治独立。结果，不仅丹麦的议会制度继续发挥作用，连军队也完整无损地在特定地区行动。然而另一方面，德方却强力干涉丹麦的内政外交政策，不仅要求丹麦政府在国内镇压共产党，而且在外交上要紧跟德国，尤其是1941年德国入侵苏联后，丹麦被迫同苏联断绝了外交关系。除了丹麦，比利时、法国占领区、希腊、南斯拉夫塞尔维亚的残余地区等，由于在战略方面极其重要，处置更为严厉。这些地区被置于军管之下，由德国武装部队通过军事司令官直接控制。其中的比利时和法国北部，在1944年7月发生变化，改由一个文职的德国专员前去主管，军事司令官的职位同党卫队与警察头目的职位合而为一。而挪威和荷兰，一开始就置于德国专员主持的民政机构的管理之下。

第五种是"行动区"（Operationszonen，一译"作战区"）。这是1943年9月意大利败降后，由德军占领的原来属于意大利拥有或管辖的区域。主要包含两个区域：亚得里亚沿海地区（Adriatisches Küstenland）和阿尔卑斯地区（Alpenvorland）。前者包括意大利的乌迪南（Udine）、戈里齐亚（Gorizia）、的里雅斯特（Trieste）、普拉（Pula）和阜姆（Fiume）等省，以及由意大利占领的卢布尔雅那（Ljubljana）省、苏沙克与巴卡尔地区、克尔克岛（Krk）、路辛岛和刻索岛，由卡恩滕行政区长官兼德国总督弗里德里希·赖纳（Friedrich Rainer，1903—1947）任该区最高专员（Oberster Kommissar）。后者包括意大利的贝卢诺（Belluno）、南蒂罗尔（Sudtirolo）和特兰托（Trentino）省，由蒂罗尔-福拉尔贝格（Tirol-Vorarlberg）行政区长官兼德国总督弗朗茨·霍弗尔（Franz Hofer，1902—1975）任最高专员。德国设立"行动区"的目的，据1944年4月希特勒向墨索里尼所作的解释，是考虑到德国人要在意大利继续作战，不得不使后方"畅通无阻"，而且还"不得不确保阿尔卑斯各山口，从而使游击队无法威胁这些狭隘的补给线"。[①] 然而实际上，德国当局并没有放弃最终吞并它们的目的。在南蒂罗尔（south tyrol），德国人鼓励同德国"重新联合起来"的运动，逐渐禁止使用意大利语，

① ［英］阿诺德·托因比、维罗尼卡·M. 托因比合编：《希特勒的欧洲》，第148—150页。

并有计划地替换原有的统治机构。德国本土的报刊在提到南蒂罗尔时，也与提到奥地利、苏台德区、东方合并区和阿尔萨斯-洛林一样，把它说成是德国居民重返了德国的土地。

德国控制了大半个欧洲，但这些被控制的地区并没有因此而打破长期阻碍互相交流沟通的壁障，甚至连德国的民众也不能自由地出入这些地方。这些地方同德国之间，隔着一道内部疆界。德国平民除非持有内政部颁发的特别许可证，否则就不能进入这些占领区。1940 年 7 月 20 日，内政部长弗兰克颁布一项法令，规定波希米亚和摩拉维亚、东方合并区、总督辖区和"内政部长规定的任何其他地区"，都是需要特别许可证才能进入的地区。以后又增加了乌克兰和奥斯兰，从而使德国占领下的东方地区几乎全部需要入境许可证。1942 年 5 月，希姆莱撤销了所谓"东方地区的警察界限"，从而使德国平民无须办理其他手续便能赴但泽-西普鲁士行政区和瓦尔塔兰行政区旅行。然而，放开的地方极为有限，赴其他地方的通行证"原则上只在申请的理由就作战努力而言是关系重大时，才予以颁发"，而接受这类申请的行政区警察当局都奉命"对每一份申请书进行严格的审查"，未经批准而偷越"内部疆界"的人，一经捕获就严加惩办。对西方的占领地区，尤其是比利时和法国的相关地区，希姆莱于 1942 年 4 月实施了一种特殊的签证办法，以代替先前发给来往于这些地区的平民的军事通行证。按规定，只有三种类型的旅行能获得批准：为国家和纳粹党出差，商业性的旅行，从比利时和法国来的外籍工人的旅行。除此之外，其他各种旅行一概都被禁止。在其他地区，甚至通常在社会上享有特权的那些人，如纳粹党各办事处和附属组织与相关团体的人员，没有特殊的许可都不能越过"内部疆界"。①

在经济上，纳粹政权秉承和发展了中世纪时代的野蛮做法，把占领区作为掠夺对象。不过，在具体手法上，因地而异，因时而异。

最直接的，是索取占领费。根据一般规律，占领者只能向占领区收取占领费，然而在欧洲战争期间，德国除了向法国、比利时、荷兰、挪威、希腊和南斯拉夫等典型的占领国收取这种费用，还以"上缴金""防务捐赠"等名义，向

---

① ［英］阿诺德・托因比、维罗尼卡・M. 托因比合编：《希特勒的欧洲》，第 150—152 页。

其他国家索取类似费用。根据 1907 年《海牙公约》第 49 条规定,占领费的数额,"只应限于驻军或该地行政管理的需要",然而纳粹当局却是根据自身的需要尤其是各个国家的支付能力来确定数额。

表 12-2 截至 1944 年 2 月底所征收的占领费用(单位:百万马克)①

1. 法国:甲项	2 287.0
乙项	23 561.0
2. 荷兰:用弗罗林现缴的费用	5 666.0
特别捐款	500.0
抗击布尔什维主义的捐款	1 550.0
3. 塞尔维亚	560.0
4. 比利时	4 517.6
5. 挪威(仅计预算上支付的费用)	1 278.4
6. 罗马尼亚	12.8
7. 匈牙利	51.8
8. 克罗地亚	118.5
9. 斯洛伐克	0.6
10. 希腊②	3 758.1
11. 意大利	1 432.6
12. 保加利亚	27.0
13. 芬兰	126.5
14. 乌克兰专员辖区	1 246.1
15. 乌克兰专员辖区(以卢布缴纳的)	107.9
16. 西班牙③	78.5
17. 奥斯兰专员辖区	753.6
18. 阿尔巴尼亚	29.1
总计	47 663.1

① [英]阿诺德·托因比、维罗尼卡·M. 托因比合编:《希特勒的欧洲》,第 436 页。
② 1943 年 3 月以后,希腊缴纳的占领费用通称"军饷的物价上涨津贴",实付的总额随着德拉克马的贬值而变动。
③ 西班牙何以同意向德国缴纳占领费用,原因不详。

在波兰,以"总督辖区为换得军事保护而对帝国防务的捐献"为名的"防务捐赠"逐年增加。1941 年的数额为 1.5 亿兹罗提(złote),招致德国财政部的恼怒,1942 年春天即增加到 5 亿兹罗提,晚些时候又猛增到 13 亿兹罗提。当时德方提出的理由是,它在总督辖区的驻军数约达 40 万人,每月需花费 1 亿兹罗提的费用,因而 1942 年全年需要 13 亿兹罗提,但实际上,当年德国的驻军仅为 8 万人。1943 年,德国财政部开出了 30 亿兹罗提的数额,并提出"总督辖区应将 2/3 的财政收入上缴给德国"的苛刻要求。[①] 在法国,根据占领军军需主任的指示,占领军将士的亲属安装的假牙,包括金银制作的牙套,所需费用也列入占领费之内。1941 年底,法国的首席谈判代表曾抱怨:"以占领费为名征收的捐税,往往大部分用于负担同占领军生计无关的支出。"据估计,这类支出所占的比重高达 75%。丹麦仅 1942 年一年,就向挪威的占领军总司令部输送了 2.2 万头牛、1.75 万只猪、2870 吨黄油、近 500 吨果酱、80 万只鸡蛋、3000 吨水果和蔬菜,另外还要将大量的活牲畜、黄油、奶酪、鸡蛋和海鱼直接运往德国。连德国士兵与丹麦妇女所生的孩子,其抚养费用也列入了占领费之中。1944 年上半年,丹麦每月支付的相关费用达 8600 万马克之多,超过了其 1941 年收入的三倍以上。[②] 在比利时,占领费用起初为每月 8000 万马克,1941 年初上升到 1.2 亿马克,很快危及比利时货币的稳定性,因而被迫下降到原来的数字。然而,德国军方总是会寻找各种借口,每月增加 2000 万—3000 万马克,因而到 1941 年 9 月,又回到 1.2 亿马克。这样,比利时每月必须交纳的款项超过其常规税收收入一倍多。为了占有比利时的 41 吨黄金,德国又提出收取"额外占领费"的要求。

与索取占领费用有一定关联的,是在使用外国劳工的过程中加重对占领区的盘剥。德国在使用外国劳工的过程中,对西欧国家的劳工,在招募和使用时都相对宽松,而在波兰和苏联,则大量使用了强制手段。但是在支付报酬的方式上,都使用了同样的手法。如对比利时工人,德国企业按规定不

---

① [德]格茨·阿利:《希特勒的民族帝国:劫掠、种族战争和纳粹主义》,第 78—79 页。
② [德]格茨·阿利:《希特勒的民族帝国:劫掠、种族战争和纳粹主义》,第 79—80 页。

能直接用马克支付工资,而应将马克转入德国政府管辖的一个集体户头上,工人拿到的,则是计入占领费预算的比利时法郎。这样,德国实际上是无偿地使用了外国劳工的劳动。1943年9月德国占领意大利部分领土后,抓走了50万战俘充当强制劳工。雇佣这些工人的企业,将工人工资汇入德意志银行的"工资储备金账户",冲抵意大利应缴的占领费,然后由意大利银行用里拉向工人家庭支付工资。而在乌克兰,根据1942年的相关规定,每从那里强征一名工人或年轻女人到德国,"其留下的全部财产及现金"就必须交给村中的长者保管,后者将其转让以实现其价值。"所有活物(马、奶牛、猪、羊、母鸡、鹅等)、草料、秸秆、农作物"必须即刻提供给占领军的经济主管部门出售。村中的长者必须将买卖所得收益和现金存入德国信贷银行的"限制使用账户"。按德方的说法,这些钱等到工人返回故乡后再归还,以便他们能够重购牲畜和物品。在工厂里,这些从东部强征来的劳工只能领取最低级别的非技术工人的工资。这还不算,1940年8月5日,德国军事部发布命令,规定在德国务工的波兰人必须缴纳"社会福利税作为所得税附加"。据此,在德国的波兰人,不管是自愿在德国充当劳工,还是在被德国吞并的国家劳动,原则上都要缴纳特别税,数额约占工人毛收入的15%,从事农业劳动者除外。以后,德国财政部又授权,将这一规定延伸至其他强制劳工群体,特别是受歧视的群体。不久,犹太人和吉普赛人也得缴纳这种附加税。作为最后的结果,东欧劳工、犹太人和吉普赛人所支付的税款是德国人的三倍以上。此外,东欧工人在剩余收入中还得被扣除每天1.5马克的所谓住宿费用。一般来说,他们每月的可支配收入为10马克。①

利用占领军将士驻扎在欧洲各地的机会,纵容甚至鼓励他们在各地大肆购买生活用品寄回德国,一方面用以释放国内通货膨胀的压力,另一方面通过操纵银行和货币系统,盘剥被占领国,通过一个举措达到从一条牛身上剥下两张皮的效果。自从1940年10月1日德国与波希米亚和摩拉维亚保护国之间关税规定被取消后,当地人开始抱怨德国人"毫无顾忌"的购买欲。"通往德国的快速列车的行李架经常被很重的箱子、形状不规则的包裹及鼓

---

① [德]格茨·阿利:《希特勒的民族帝国:劫掠、种族战争和纳粹主义》,第146—150页.

鼓囊囊的袋子所填满",人们甚至在军官和高级公务员的行李中发现毛皮、手表、药物、鞋子等令人惊奇的贸易商品,其数量令人无法想象。在法国,准备回乡探亲的德国士兵个个都带着沉重的包裹,"这些行李中装满了女士衣物、各式各样的巴黎特产和奢侈品。虽然都是少量购买,但对法国经济造成了重大伤害,出现了黑市和通货膨胀,使得法国居民越来越难买到生活必需品"。这些德国士兵被巴黎人鄙夷地称作"马铃薯甲虫"或"科罗拉多甲虫"。① 不能回家探亲的士兵则通过军邮包裹把世界各地的物品寄回国内,这些物品包括北非的鞋子,法国的天鹅绒和丝绸,希腊的利口酒、咖啡和雪茄,俄罗斯的蜂蜜和熏鱼,挪威的鲱鱼,等等。爱沙尼亚等波罗的海地区,由于物价较低,成了德国人的购物天堂,那里的商品经常被买空。一名士兵的女儿回忆道:"我父亲时不时从东部寄来的包裹总是令人很开心,当连队在里加停留时,父亲寄来了装着黄油的金属罐头和可口的红茶。我记得特别清楚的,是一双既粗糙又很大的鞋子和系带子的靴子,这两双鞋一直到战后都还可以穿,并且一点也不汗脚。还有一个我引以为豪的用上好的俄罗斯皮革做的公文包被我拿来当作书包。……一床很厚的绿色羊毛毯陪伴我度过了童年的寄宿时光,同样的,还有一件深咖啡色的羊毛衫,它的领子是白色和棕色相间的。"即使在苏联将士饱受饥饿之苦的列宁格勒前线,德国士兵也往家乡寄出了数量超过300万个的战地军邮包裹,里面的物品包括食品、烧酒和其他战利品。直到2003年,还有人在信中谈到当时的情况:"我现在还可以回忆起很多很棒的东西,亲戚和朋友们都以国外寄回来的包裹为荣……寄件人的威望也得到了明显的提高,并且经常会被人们用来和没寄任何东西的人进行比较。收到珍贵物品的人也经常对只收到战地军邮信件的人吹嘘自己的礼物。"②开始时,德方军政当局对德军将士购买物品和邮寄包裹的数量有所限制,但到1940年10月,戈林下令完全取消购物限制。他认为,"各方面对被占领区商品销售一空的顾虑是杞人忧天","与控制购买和限制邮寄相关的措施"是"心理上无法接受的"。他提出了"携带豁

① [法]亨利·米歇尔:《第二次世界大战》,九彻译,商务印书馆1980年版,上册,第197页。
② [德]格茨·阿利:《希特勒的民族帝国:劫掠、种族战争和纳粹主义》,第96页。

免"的概念:"对休假士兵携带的所购商品的限制应当放宽。士兵所能携带的东西以及他个人和其家庭成员的必需品允许被携带。"希特勒甚至称赞德国武装部队是"最天然的中继站,当每个士兵想给其妻子和孩子寄点什么的时候,它总是有求必应"。1942年夏天,他再三提醒海军总司令雷德尔:"士兵从东部前线往家乡带的东西",那是"对家乡非常有利的津贴啊。"当个别官员和海关公务员反对这种肆无忌惮的劫掠时,他大发脾气,因为他要让士兵保持健康的情绪:"我现在要像强盗一样地前进。我还能从东部带点什么呢?艺术宝藏?根本就没有这种东西!只剩下那么一点吃的了!这种情况下不可能有比让士兵们的家人得到它们更好的事情了。"在另一场合,他表示:人们必须"把回乡休假的士兵看作最完美、最简单的运输工具,允许他们给自己的家庭成员带回尽可能多的食品"。①

为了在第一时间更多地抢购占领区的商品,纳粹当局印制了"德国信贷银行"纸币(RKK)作为支付手段。该货币由国家货币印制厂印制,面额从0.5马克—50马克不等,与正常马克等值,被国家银行头目称为"披着货币外衣的征收收据"。通过这个形式,当局又找到了释放国内通胀压力的另一条通道。该货币不能在国内流通,也不能兑换成马克,以防止掠夺他国财产的手段反向冲击国内的金融市场。② 德国信贷银行设立于1939年9月,一直存在到1945年。管理委员会中有国家银行、财政部、经济部、武装部队最高统帅部和陆军总司令部的代表。成立初期,银行总部设置在波兰占领区内,1940年夏迁往布鲁塞尔,1941年6月迁往柏林。从成立到1941年8月,仅仅两年时间内,该银行就发出了54亿马克的纸币,以后发行的数额还是个谜。德方相关人士曾经得意地夸赞德国信贷银行是德国银行的速战队:"发行德国信贷银行纸币使德军每入驻一个新的地区即刻就能获得所需的金钱,而且该银行还可辅助承担德国与被占领国之间的清算交易。通过这样的方式,各国发行银行在货币政策上被步步紧逼,直到他们顺从并用本国货币负担德国军队的货币需要及预支清算账户。如果他们拒绝或不再发

---

① [德]格茨·阿利:《希特勒的民族帝国:劫掠、种族战争和纳粹主义》,第103—104页。
② [英]阿诺德·托因比、维罗尼卡·M. 托因比合编:《希特勒的欧洲》,第428页。

挥作用,就要建立一个新的发行银行来替代。"根据惯例,入侵国在控制住被占领国并实施正常统治后,就应该取消诸如此类的临时货币,将当地的货币作为唯一合法的支付手段。在丹麦,德国遵守了这一惯例。但是在法国,尽管法国中央银行期待"一定程度上相当于占领区第二发行银行的德国信贷银行在不久的将来也会在法国放弃这种纸币",但德方一直在使用这种披着货币外衣的收据。1943 年 7 月,德方的这种做法对法国经济造成极大的破坏,在法方和德方金融专家的压力下,这种纸币才于 1943 年 12 月初退出法国市场。① 德方还人为确定汇率,以掠夺更多的财物。其吞并整个捷克斯洛伐克后,即强制规定克朗贬值 1/3。占领法国后,法郎的汇率由之前的100 法郎兑 6.6 马克强制改为兑 5 马克,使法郎贬值近 25％。而 1941 年进攻苏联后,竟然强使占领区内的卢布贬值 470％。即使在意大利,1943 年占领其部分领土后,也将里拉的汇率由 100 里拉兑 13.10 马克降为兑 10马克。②

当使用货币手段抢购货物的效率逐渐受阻时,当局开始鼓励士兵们用家中的实物换取当地的有用之物。这一现象在乌克兰占领区尤其兴盛。德国士兵为了得到鸡蛋、食用油、肥肉、腌熏肉等乌克兰的产品,纷纷写信回家,要求妻子们清理储藏室,并且拜访亲戚朋友,把所有能收集到的东西都寄往占领区,旧衣服和旧家具自不待言,以下这些物品也是信件中经常提到的:盐、火柴、打火机火石、酵母、女士内衣、手袋、粉碎机、黄瓜刨皮刀、吊袜带、糖精、护肤霜、小苏打、指甲油、发酵粉、唇膏、牙刷。有人把盐论磅寄出,然后每两周能收到 5—10 只鸡蛋以补充营养。甚至有人向乌克兰运送了500 公斤盐,可以换得相当于 1 万马克的物品(1 磅盐可以换得 1 只母鸡,10磅盐可以换得 1 只羊)。有时德国士兵会用"非常便宜的玻璃首饰"换取一整箱大约 2000 只鸡蛋。甚至还出现了"链式交易":有人把 1 双新靴子寄到乌克兰,在那里换到 8 升食用油,以后再用这些油换到 1 件新大衣。如果他有兴趣,则可以用这件大衣换取更多的食物。一名德国士兵曾在两天内寄

① [德]格茨·阿利:《希特勒的民族帝国:劫掠、种族战争和纳粹主义》,第 106 页。
② [英]阿诺德·托因比、维罗尼卡·M.托因比合编:《希特勒的欧洲》,第 428 页。

回 23 个包裹,内中的物品包括:1 号包裹,2 只母鸡和蜂蜜;3—4 号包裹,母鸡;5 号包裹,鸡蛋;6 号包裹,面条;7 号包裹,粗面粉;8 号包裹,豌豆;9 号包裹,麦片;10 号包裹,肥肉;11—12 号包裹,菜豆;15—16 号包裹,肉类;17—19 号包裹,鸡蛋、肥肉、面粉;20—22 号包裹,鸡蛋、糖、黄油;23 号包裹,香肠和蛋糕。在其他时候寄出的包裹里,还包括"一箱酒和卡尔库拉绵羊皮,2300 只鸡蛋""一箱酒和两桶蜂蜜"。①

　　纳粹当局试图完成的最具有长期意义的行动,是在"建立欧洲经济新秩序"的旗号下,对各国经济结构实施强行改变。纳粹高层人士声称,欧洲经济新秩序的基础,是在欧洲组建一个单一的经济共同体,在德国的指导下进行工作。无组织的自由主义将被集中计划取代,通过创设充足的信贷,可以保证欧洲各地都达到高度的就业水平。1940 年 9 月,冯克在维也纳国家博览会上说,如果每个国家为了要生产从钮扣到火车头这一切东西,因而不得不以高昂的代价建立重工业,并且只能靠关税、补助金和限制进口来维持这种重工业,那么就是在经济上精神错乱。为了代替这种方式,欧洲各国之间应当发展专业分工,以有利于全体。② 纳粹当局最初的设想,是让德国成为欧洲的工业中心,其他国家则沿着非工业化的方向实施产业调整,为整个欧洲的粮食与饲料自给作出贡献。东南欧地区增加农业生产的政策将继续实施,同时放弃其军备及辅助工业;南斯拉夫的纺织工业也被某作家说成是"从欧洲的观点看来是不合理的"。甚至在西欧,虽然全面的非工业化根本办不到,但是他们也设想出某些改变:丹麦应当减少牛和乳类生产,增加谷类和饲料的产量;挪威应致力于在农业上自给自足;法国也应成为主要是农业经济单位和粮食输出国。然而,随着战争进程的延长和军火供应压力的增大,纳粹当局逐渐改变了原来的设想。如果其他国家的工业生产能力能够为战争服务,那里的生产就维持原状,有时甚至还可以扩充。但是,这些地方的工业生产,必须完全服从德国的战争需要。因此,军备产品和德国所需原料的产量,不少都增加了,而纺织品、玻璃器皿和德国够用的原料的产

---

① [德]格茨·阿利:《希特勒的民族帝国:劫掠、种族战争和纳粹主义》,第 112—113 页。
② 载于 1940 年 9 月 3 日《人民观察家报》,转引自[英]阿诺德·托因比、维罗尼卡·M. 托因比合编《希特勒的欧洲》,第 263 页。

量,则听任其下滑。如在比利时,2164 家纺织企业中就有 1360 家被关闭。

在随后处理占领区的工业问题时,德国当局把所有占领地区分成三大类。第一类是已经并入或预计将要并入德国的地区,如奥地利、波希米亚-摩拉维亚保护国、波兰的上西里西亚、阿尔萨斯-洛林、卢森堡,这类地区的经济生活由德国当局直接管理;第二类是被当作"殖民地"的地方,如波兰总督辖区、巴尔干诸国、波罗的海国家和苏联占领区,这类地区也由德国当局直接控制,不准当地人自行管理;第三类是西欧国家,包括挪威、丹麦、比利时、荷兰和法国,它们的日常管理工作由当地自行负责,但纳粹当局在其之上设立相应的机构加以监督,左右其决策。[①]

第一类地区中的重工业产业,不仅近期能够用于支撑德国的作战能力,从长期看,也有助于推动德国成为欧洲的工业中心。德国对这些地方的政策是把它们的经济完全并入德国的工业体系,因此,它们躲过了其他被占国家所遭遇到的大规模掠夺。如在捷克斯洛伐克,没有发生没收产业的事情,其斯科达工厂和布尔诺军备厂也很快融入德国的军备生产体系,接受德国的军备订货单。在上西里西亚,由于该地不易受到空袭,被占期间燃煤产量大为增加,重型工程和军备的生产能力都得到充分利用,还建造了合成石油厂。在战争末期,它已经成为德国东部和对苏前线的最重要中心。

德国对第二类地区的工业政策最为严苛。1939 年 10 月 19 日,戈林发布了一道关于在波兰各个地区所应采取的政策的指令,其中规定:"在总督辖区,凡是能够用于德国战时经济的原料、废铁、机器等等,都必须从该地运走。对于维持居民仅足糊口的低生活水平并非绝对必要的企业,必须迁移到德国去,除非这种迁移要花上异乎寻常的长时间,因而不如在原地完成德国的定货更为实际。"1941 年 11 月 25 日,最高统帅部军备采购局联络参谋处提出一份关于在东方占领区所应采取的经济政策一般原则的报告,由于当时德军刚刚侵占了大片的苏联领土,因而其针对的主要是苏联占领区。报告指出:"东方占领区的生产只有在下列这种绝对必要的情况下才应予以考虑:(1) 为了减少运输量(即制成钢锭或铝锭前的生产工序),(2) 为了顾

---

① 〔英〕阿诺德・托因比、维罗尼卡・M. 托因比合编:《希特勒的欧洲》,第 291、307 页。

及在该地区进行紧急修理的需要,(3)为了在战时利用军工部门的全部设备。剩下来尚待决定的是:鉴于欧洲工业能力的负担已经过重,卡车和拖拉机的生产在战争期间可以考虑恢复到何种程度。不准在东方占领区发展相当规模的消费品和制成品的工业。加工处理东方占领区出产的原料和半成品,并且照管这些东方地区——它们将像殖民地那样遭到掠夺——对工业消费品的最为迫切的需要,以及它们的生产资料,凡此都是欧洲工业,尤其是德国工业的任务。"

　　德国对第三类地区的工业政策,介乎于前两者之间。因为西欧国家的工业化程度远高于东欧国家,同时,德国也并未计划把这些国家全部并入自己的版图。占领初期,其对策主要是大肆掠夺这些国家储存的商品和设备,到了1940年9月,纳粹当局感到使用一部分西欧的庞大工业资源更为有利,于是很快改变对策。9月14日,陆军军械部门首领向其下属机构发出指示,称:"我极其重视下述建议,即西方占领区荷兰、比利时和法国的工厂,应尽可能加以利用,以减轻对德国军备生产的压力并增加战争的潜力。丹麦境内的企业也将日益用以承做转包工作。"然而,根据当局的规定,工业生产只允许在德国的需要所规定的范围内进行,倘若有些工业产品对于维持德国的作战行动并不重要,或者原料缺乏,生产就应大幅度削减,直至全部停止。如果这些机器对德国有用,就被运往德国,劳工则被送往军事工业中为"托特组织"工作,或者送往德国本土。那些被允许继续生产的工业部门,大部分产品都是保留给德国的。其中比例较高的如工业精密零件、重型铸件、镁、碳溶胶,100%的产品运往德国,比例最低的是麻棉混织品,12%的产品运往德国。直接为战争服务的产品中,航空器材,90%给德国;海军器材,79%给德国;石油和汽车燃料,80%给德国。[①]

第三节　走向"大屠杀"

　　自1938年3月德国吞并奥地利开始,纳粹政权正式走上了对外扩张的

---

① [英]阿诺德·托因比、维罗尼卡·M.托因比合编:《希特勒的欧洲》,第306—313页。

道路。欧洲大部分国家都有犹太人生活着(战前各国犹太人的数量,参见表12-3),德国的侵略铁蹄践踏到哪里,那里的犹太人就落入纳粹的魔掌。首先被吞并的奥地利拥有 25 万犹太人,随后遭到肢解的捷克斯洛伐克拥有 36 万犹太人。波兰的犹太人数量最多,达到 330 万,占全国居民总数的 10%。

德奥合并还在进行时,德国军官和奥地利纳粹分子就互相配合,对奥地利犹太人发起了一场肆无忌惮的暴力侵袭。前者是为了在新的地盘上拓展其统治体系,后者则是发泄压抑已久的仇犹情感。奥地利纳粹分子肆意掠夺犹太人的商店和住宅,当时常常会见到一些卑劣的街头场面,即粗鄙的暴徒们强迫犹太少年、老人和妇女跪在地上,用牙刷或是赤裸的指节刷洗街道。难以忍受的犹太人只能以自杀求得解脱,仅 1938 年 3 月一个月内,就有 1700 人自杀。其中之一是著名的文化历史学家埃贡·弗里德尔(Egon Friedell,1878—1938),为了免受盖世太保的凌辱,他从公寓的四楼跳下。[1]当时正值纳粹政权着手侵吞德国犹太人财产的前夕,合并后的奥地利犹太人,就与德国同类一起遭遇纳粹当局的掠夺。与此同时,新国境内犹太人总数的增加还推动当局加快犹太人外迁的速度。1938 年 8 月,纳粹当局在维也纳欧根亲王大街设立"犹太人出境办事处",专门处理犹太人外迁事务,由阿道夫·艾希曼主持。该办事处逼迫较为富裕的犹太人出资,资助犹太穷人出境,因而大大加快了总体进度。1939 年 1 月 24 日,戈林发布命令,决定在德国本土也实行同样的办法。于是在柏林也设立了"犹太人出境办事处",先置于海德里希的直接掌控之下,1939 年 10 月转而由艾希曼接掌。这些措施的效果比较明显,仅奥地利地区,犹太人的数量就很快从 25 万降低到 6 万。[2] 移民中包括著名的精神分析学家西格蒙德·弗洛伊德(Sigmund Freud,1856—1939),他在被没收了现金和银行存款后,离开奥地利来到英国,连事先已经发往瑞士的文集也被当局强令运回并烧毁。

1939 年春斯洛伐克在德国鼓动下宣布独立后,当地的反犹活动也急剧升温。1939 年 4 月 18 日,当地政府颁布条例,否决了犹太人在公共部门工

---

[1] [德]克劳斯·费舍尔:《德国反犹史》,钱坤译,江苏人民出版社 2007 年版,第 324 页。
[2] Jeremy Noakes and Geoffrey Pridham (ed.), *Documents on Nazism*, *1919 - 1945*, p. 493.

作的权利,并对他们进入某些学术职业岗位作了部分或全部限制。同时,政府对犹太人的农业和林业财产进行登记,并通过法令宣布对这些地产按照社会"公平"的方式进行划分和分配。1940年4月25日,政府又颁布了关于犹太公司"斯洛伐克化"的法令,该法令以创造"一个强大的斯洛伐克中产阶级"为理由,着手没收犹太人的工商业企业。至1942年初,斯洛伐克政府清算了总共将近1.2万家登记的犹太公司中的9987家,并对其中的1910家实施了雅利安化。从1941年冬天起,斯洛伐克政府开始驱赶犹太人,13个星期内将8.9万名犹太人中的5.3万人从斯洛伐克赶往奥斯维辛和卢布林。斯洛伐克政府每驱赶1名犹太人,就要向德国支付500德国马克的费用。据估计,斯洛伐克在二战期间总共向德国提供了至少价值70亿克朗的实物和服务,其中将近40%来自对犹太人的剥夺。①

德军入侵波兰时,党卫队和保安警察组织了五个特别行动队(Einsatzgruppen)尾随前进,每个行动队下辖四个特遣队,成员们身着党卫队特别机动部队军服,左臂佩戴保安处菱形标志。特别行动队的任务是多重的,包括猎杀波兰民族的精英,以便让波兰人群龙无首,从而成为德意志人的奴隶,搜寻和屠杀犹太人也是其重要的任务。党卫队领袖们以每天枪毙200名波兰人而引以为炫,引起德军将领对世界舆论的担心。② 德军侵占波兰后,掠夺行动大规模展开,当局冻结了所有犹太人名下的账户、银行保险箱和仓库,并颁布相关条例,强迫犹太人将所有银行存折和保险箱集中存放到一家银行。根据规定,犹太人拥有超过2000兹罗提的现金,必须存入银行账户,每周仅能提取250兹罗提用于生活开销。1939年11月,总督辖区政府还正式成立托管局,负责掌握以前的波兰国家财产,并负责没收战事结束后无人认领的财产和国家公敌及犹太人的财产。据统计,该托管局接收了约3600家企业,其中大多数都是犹太人的财产。由于波兰境内拥有数百万犹太人,需要加速向外输送,同时德国已与不少国家处于交战状态,犹太人出境的路径由此变得狭窄,故而犹太人问题进一步凸显。海德里希

---

① [德]格茨·阿利:《希特勒的民族帝国:劫掠、种族战争和纳粹主义》,第206—209页。
② [联邦德国]海因茨·赫内:《党卫队——佩骷髅标志集团》,第350页。

等人就势把波兰视作安置德国本土犹太人的场所。1939 年 9 月,他下达命令,要把德国本土的犹太人迁往波兰。同年冬天,迁徙行动开始实施。当局在卢布林附近划出一块 90—110 平方公里的地方,作为犹太人隔离区(ghettos)。起初仅把波兰各地的犹太人运入其中,1939 年冬,开始运送奥地利和捷克的犹太人,翌年 2 月起,又从德国本土遣送犹太人至此。担任德国驻波兰总督的汉斯·弗兰克反对这样做。他从本位利益出发,希望把波兰占领区建成一个能向德国作出重大贡献、经济上自给自足的区域。他认为,如果任凭党卫队行事,那里将成为一个社会和经济的荒地、卫生的死角。他就此向戈林求助,并凭借着与希特勒原有的良好私人关系,公开斥责党卫队的举措。戈林下令停止运送犹太人,规定今后类似的行动必须事先得到弗兰克的批准。希姆莱立即实施反击,很快编制了一份关于弗兰克在任内贪污和渎职的罪行报告送交希特勒。最后,弗兰克尽管保住了总督的职位,但被撤销了部长级别。在犹太人隔离区方面,尽管里面设施缺乏,人口拥挤,大批人死于痢疾、肺结核、消化道疾病或饥饿,成了"死亡陷阱",但由于纳粹高官们的争斗,其接收新人的进程却基本上被中止。

德国入侵西欧后,那里的犹太人也遭到了盘剥。各地犹太人的股票都被强制转化成利率为 3.5% 的德国债券,这些债券于 1941 年冬被德国官方宣布为无效。在法国,由于存在着维希傀儡政权,犹太产业雅利安化的进程由法国人具体操办,然后以占领费等形式转入德国国库。1941 年 12 月中旬,德军司令部强迫巴黎的犹太人缴纳 10 亿法郎的集体处罚金,其中 10%转交法方使用。[1] 在比利时,德军占领当局直接主管剥夺犹太人事宜。德国陆军总司令勃劳希契曾于 1940 年 11 月 16 日宣布:"在比利时加速将犹太人完全从经济界中驱逐出去,是具有重要价值的;犹太人商店的现有库存应该变现并由军队或者国家支配。"翌年 3 月 31 日,当地驻军当局颁布《针对犹太人的经济措施条例》,规定政府对犹太人占有的地产、有价证券和现金入账进行登记。然而在实际执行过程中,由于比利时的银行并不关心对其犹太储户进行识别,因而很多犹太人的流动资金、银行保险箱、账户和股

[1] ［德］格茨·阿利:《希特勒的民族帝国:劫掠、种族战争和纳粹主义》,第 199 页。

票情况并未被官方掌握。1942年4月2日,驻军当局再次颁布《关于犹太人财产由德意志国接管的条例》,规定由1940年10月成立的"布鲁塞尔信托有限责任公司"(简称B. T.)负责管理、清算犹太人的财产并没收"德国敌人"的财产。此后,没收行动的效率大幅度提高。在荷兰,对犹太人的盘剥也是从财产登记开始的,以后,犹太人的现金、票据、珠宝等都被存入一个为了雅利安化而改制的银行里面,其名称叫"利普曼·罗森塔尔有限责任公司"。据战后荷兰方面的统计,德军一共从荷兰的犹太人手中夺走价值为11亿至15亿荷兰盾的财产。[①]

在东南欧地区,塞尔维亚的犹太人遭到快速的灭绝。在德军入侵塞尔维亚一年后,即1942年4月中旬,该军事统治区的头目总结道:"几个月前,我已把附近大片土地上能抓到的犹太人都杀光了;把所有犹太妇女和儿童都送入了集中营,同时借助中央保安局的力量搞到一辆'除虱子'的汽车[②],二至四周后即将对集中营进行彻底清理。"几周后,约2.2万名塞尔维亚犹太人中的绝大部分遇难。5月23日,德国外交部的一位犹太问题负责人断言:"犹太人问题已不再是塞尔维亚的焦点,当务之急是如何对财产法问题进行规制。"[③]据1944年12月的统计数字,塞尔维亚犹太人的总资产约为30亿—40亿第纳尔(динар)。原先,德国占领当局和四年计划总办公室打算侵吞这些财产,但在遭到财政部和塞方反对后,改变了做法。塞尔维亚犹太人的财产名义上归塞方所有,德国则通过索要占领费等方法间接占有。在克罗地亚,当地政府于1941年4月冻结了由大约3万名犹太人支配着的所有账户,随后又颁布相关法令,要求犹太人对其财产进行申报并提交财产标志,"为了国家需要而缴纳犹太税"。大部分犹太人被关进克罗地亚的集中营并被折磨致死,小部分转入地下活动或者在1942年夏天被驱逐到奥斯维辛。1942年10月,当地政府将全部犹太人财产收入国库,并将其中一小部分转入德国账户。在保加利亚,当地政府于1941年1月21日颁布反犹法令,将犹太人视作外族人,规定不准从事特定的职业,必须到保加利亚国

---

① [德]格茨·阿利:《希特勒的民族帝国:劫掠、种族战争和纳粹主义》,第193页。
② 指毒气车。
③ [德]格茨·阿利:《希特勒的民族帝国:劫掠、种族战争和纳粹主义》,第173页。

家银行对所有财产进行登记。由于犹太人消极抵抗,政府于同年 7 月 14 日再次下令,规定每一个"具有犹太血统的人"必须向保加利亚国家账户缴纳一次性的财产税,凡超过 20 万列弗(约合 600 德国马克)的财产需缴纳其中的 20%,超过 300 万的需缴纳 25%。据统计,保加利亚一共剥夺了约 45 亿列弗的犹太人财产,其中大部分以各种形式转交给了德国。保加利亚本土的犹太人未被送进毒气室,保住了性命,但划归保加利亚的马其顿和色雷斯地区的犹太人就遭受了噩运。那里有 11 343 名犹太人被强行驱赶到特雷布林卡集中营,被屠杀。他们居住的房屋用于安置保加利亚人,成为新领土"保加利亚化"行动的组成部分。在罗马尼亚,政府在 1940 年 10 月至 1942年 6 月之间颁布了一系列没收本国犹太人财产的法令,先后把犹太人的地产、林木、医院和福利机构收归国有。1941 年夏天罗马尼亚参加侵苏战争后,又多次要求犹太人支付战争捐款,有明确记载的就有两次,一次在 1941年 7 月底,要求布加勒斯特的犹太教会认捐 100 亿列伊,另一次在 1942 年 5月,捐助数为 40 亿列伊。此外,还要求犹太人将黄金、白银、首饰等贵重物品上交给国家。在希腊,德占区里居住着约 5.5 万名犹太人。1942 年夏,德军征用了数千名犹太人从事强迫劳动,在机场及道路建设工地、铁轨制造厂和矿场从事繁重劳动。后由于缺少食物和宿营地,"大多数人只能睡在露天",工作效率相当低下,德军改而向犹太人征收黄金作为赎金。1943 年 3月起,开始没收犹太人的财产,并将大部分人赶出居住地。据 2000 年赛萨洛尼基犹太大会主席海因茨・库尼奥回忆:"(德军军官)马克斯・默滕是当时这个城市最有权力的人。他对我们说:'金条就是税收!'"犹太人在被驱赶到奥斯维辛之前,被关押在一个临时仓库里。"在那里他们必须把所有的东西交出来,尤其是首饰和所有含金物。首饰当时就不翼而飞,被默滕和他的同伙中饱私囊了。"①

随着纳粹政权直接或间接控制下犹太人数量急剧增加,而将犹太人迁往巴勒斯坦的打算随着德英交战彻底落空,于是在 1940 年 5 月,出现了替代性的"马达加斯加计划"。当时尽管西线战事还在进行,但法国战败已经

---

① ［德］格茨・阿利:《希特勒的民族帝国:劫掠、种族战争和纳粹主义》,第 233 页。

成为定局,德国外交部德国司犹太事务科科长弗兰茨·拉德马赫尔(Franz Rademacher,1906—1973)提出了此计划。计划要求在德法和约中,将法国殖民地马达加斯加岛出让给德国,然后迁走岛上所有的法国人,从而开辟一个能收容 400 万犹太人的"大隔离区",置于保安警察的管辖之下,让犹太人在德国人监督下从事苦役劳作。此计划获得希特勒等人的认可,但因德国缺乏海上运输工具而不了了之。

苏联在战前拥有约 500 万犹太人,数量居欧洲首位。而且在纳粹分子的话语体系中,经常把犹太人与布尔什维主义捆绑在一起,称犹太人是布尔什维主义的基础与后盾。因此,当初希特勒在制订和落实入侵苏联的计划时,即把抓捕和屠杀苏联犹太人的事务提上日程。1941 年 3 月 3 日,他向最高统帅部作战局长约德尔口授行将对苏作战的方针,提出让党卫队全国领袖希姆莱负责实施灭绝犹太-布尔什维克领导阶层的工作。他说:"犹太-布尔什维克知识分子一向是人民的压迫者,必须加以清除。"①同年 5 月,党卫队从各处抽调了约 3000 人,分别组成四个特别行动队,预定在入侵苏联时随军队行动。其中特别行动队 A 随"北方"集团军群沿波罗的海国家一带行动,目标为列宁格勒;特别行动队 B 随"中央"集团军群行动;特别行动队 C 在"南方"集团军群的西、北、东三个方向的地区内行动;特别行动队 D 在"南方"集团军群的南面,即比萨拉比亚和克里米亚半岛之间行动。海德里希在 6 月中旬举行的特别行动队行前训话中强调:"东方犹太人是布尔什维主义的后备军,因此根据元首的看法必须将其消灭。……共产党干部和积极分子、犹太人、吉普赛人、破坏分子和情报人员,原则上都定为有他们存在就会危害部队安全的分子,因此必须毫不犹豫地一律处死。"②在侵苏战争的进行过程中,特别行动队以积极和残忍的态度参与其中,往往军队正在围攻一座城市,特别行动队的首批先头部队已经开始动手杀人。各分队关于屠杀犹太人的汇报材料源源不断流向上级部门,每一份材料都使用了冰箱生产者或病虫害扑灭者的语言,冷峻地报告自己的"战绩"。截至 1941 年底

---

① [联邦德国]海因茨·赫内:《党卫队——佩骷髅标志集团》,第 413 页。
② Jeremy Noakes and Geoffrey Pridham (ed.), *Documents on Nazism, 1919–1945*. pp. 620–621.

至 1942 年初,各特别行动队消灭犹太人的汇总数字分别为:A 队 249 420 人,B 队 45 467 人,C 队 95 000 人,D 队 92 000 人,合计 481 887 人。而到 1943 年 9 月,这一数字上升到 90 万。①

德国原计划在三个月之内解决苏联问题,因而侵苏战争一爆发,各个部门即以德国占领整个欧洲大陆为基础,筹划下一步的行动计划。1941 年 7 月 31 日,戈林给海德里希下达命令,要求其"就最后解决(Die Endlösung)德国控制下欧洲的犹太人问题做好必要的组织、技术支持和经费支持等工作,并负责协调相关政府部门的工作"。命令还要求海德里希"尽快就有关执行拟议中的最后解决犹太人问题的组织工作、具体办法和物质措施,制定一份总计划送给我"。② 在执行命令的过程中,当局同时把打击矛头指向国内残存的犹太人。1941 年 9 月 1 日,海德里希颁布关于犹太人佩戴"大卫星"的法令,其中规定:6 岁以上的犹太人在外出时必须佩戴犹太标志,该标志为手掌大小的黄布,缀以六角星黑框,中间书写 Jude 字样,缝制在外套的左胸部;犹太人禁止佩戴奖章或勋章,没有地方警察局的许可证明书,禁止离开居住地;混合婚姻中拥有非犹太属性子女的犹太丈夫可以不执行上述规定;违者将处以 150 马克以下的罚金或 6 周以下的监禁。③ 在具体实施过程中,在德犹太人尽管还暂时逗留在原地,但不能外出,不能上餐馆,不能购买书籍,甚至不能使用公用电话。从 1941 年 10 月起,大批在德犹太人被送往位于罗兹(Lodz)、华沙、明斯克和里加(Rīga)的犹太人隔离区。

1942 年 1 月 20 日,为协调实施"最后解决"的各项事务,海德里希召开了臭名昭彰的"汪湖会议"。会址在柏林城以西汪湖(Wannsee,亦译"万湖"或"汪西湖")的国际刑警办公处内,与会者共 15 人,包括海德里希、艾希曼,以及内政部、司法部、四年计划办公室、东方部、外交部、总理府、中央保安局和波兰总督府的重要官员。海德里希在会上宣读了 1941 年 7 月 31 日戈林的命令信,并明确自己作为希姆莱的代表全权掌管"最后解决"事务的身份。会议决定从西向东对欧洲大陆作一次全面梳理,将全部犹太人送往东方占

① [联邦德国]海因茨·赫内:《党卫队——佩骷髅标志集团》,第 422—423、435 页
② Jeremy Noakes and Geoffrey Pridham (ed.), *Documents on Nazism*,1919–1945. p. 486.
③ Jeremy Noakes and Geoffrey Pridham (ed.), *Documents on Nazism*,1919–1945. pp. 487–488.

领区。会议明确说明,最好的解决办法是把犹太人移居海外,迁往东欧只是一种无奈的替代之举。会议决定,犹太人送到东方后,无劳动能力者和儿童直接处死,有劳动能力者组成劳动大队从事集体劳动,以道路建筑等繁重劳动让他们受折磨致死。其中的幸存者作为生存竞争的最适者,已拥有强大的忍受能力,必将成为犹太种族复兴的核心,必须予以清除。但是,年龄在65 岁以上者、一战中的致残者、获得过一级铁十字勋章的犹太人,以及犹太组织的代表人物或著名的艺术家和科学家等犹太社会名流,不应该简单地消失,而要暂时保留下来。此举在于在国内外公众面前掩盖"疏散"行动的真实特征。①

德国的罪恶之剑转而向西。1942 年 5 月起,荷兰犹太人被强令佩戴大卫星,一个月后,死亡的车轮滚滚东向,共有 11 万犹太人被押运出境,最后幸存者仅 6000 人。但在法国和比利时,由于德国驻军长官采取不同形式的阻挠行为,搜捕工作不太顺利。"艾希曼的密探们只能向柏林报告完成了一半任务:住在比利时的 5.2 万名犹太人中,被害者达 2.4 万,但几乎没有一个比利时籍犹太人被送进东方死亡工厂。"②希腊拥有约 7.5 万名犹太人,其中 1.3 万名在意占区,5000 名在保加利亚占领区,最后约有 5.7 万—6 万名遭屠杀。在其他地方的具体实施过程中,波兰、匈牙利、南斯拉夫等国的犹太人大部分在毒气室遇害,奥地利、斯洛伐克的犹太人半数遭杀,丹麦和保加利亚的犹太人在当地民众的保护下大部分幸存。

表 12-3　欧洲各国犹太人遇害数量估算③

国家	德国入侵前犹太人数量(人)	遇害人数与比重	
		最低估计数	最高估计数与比重
波兰	3 300 000	2 350 000	2 900 000,88%
苏联	2 100 000	700 000	1 000 000,48%

① Jeremy Noakes and Geoffrey Pridham (ed.), *Documents on Nazism*, *1919-1945*. p. 489.
②［联邦德国］海因茨·赫内:《党卫队——佩骷髅标志集团》,第 459 页。
③ 摘自 Jeremy Noakes and Geoffrey Pridham (ed.), *Documents on Nazism*, *1919-1945*. p. 493.

国家	德国入侵前犹太人数量（人）	遇害人数与比重	
		最低估计数	最高估计数与比重
罗马尼亚	850 000	200 000	420 000,49%
捷克斯洛伐克	360 000	233 000	300 000,83%
德国	240 000	160 000	200 000,83%
匈牙利	403 000	180 000	200 000,83%
立陶宛	155 000	—	135 000,87%
法国	300 000	60 000	130 000,43%
荷兰	150 000	104 000	120 000,80%
拉脱维亚	95 000	—	85 000,89%
南斯拉夫	75 000	55 000	65 000,87%
希腊	75 000	57 000	60 000,80%
奥地利	60 000	—	40 000,80%
比利时	100 000	25 000	40 000,40%
保加利亚	50 000	—	7 000,14%
卢森堡	—	3000	3000　—
挪威	—	700	1000
总计		4 194 200	约 5 721 000,68%

　　屠杀犹太人最初主要使用枪械击杀,死后尸体埋在大土坑里。但大规模枪杀的血淋淋场面常常造成部分执行士兵精神崩溃,故而自 1941 年底起改用毒气车杀人。经过改装的闷罐子卡车名义上运送犹太人到淋浴场,中途通过暗装的管道输入毒气毒杀,最后尸体由其他犹太人加以处理。1942 年初,开始使用伪装成"蒸汽浴室"的固定毒气室和焚尸炉,最初的毒气是由柴油发动机排出的废气,以后使用法本化学公司研制的高效杀菌杀虫剂氢氰酸"齐克隆－B"。此后,毒气室和焚尸炉成为绝大部分灭绝营的基本装备。

　　斯大林格勒会战结束后,德国劳动力紧缺的现象越来越严重,1942 年 4 月 30 日,党卫队中央经济管理总处(WVHA)处长奥斯瓦德·波尔(Oswald

Ludwig Pohl,1892—1951)写信给希姆莱,认为提高军备生产使"调动所有囚徒劳动力"势在必行,因此要求"采取措施,使集中营从它过去单一的政治形式逐渐过渡为适应经济任务的组织"。此后,对实施强制劳动者的挑选标准放宽,绝大部分犹太人都用于从事奴隶劳动。为了提高劳动效率,党卫队管理机构提出,必须不停地驱使囚徒干活,但"禁止对囚徒拳打脚踢或者哪怕只是去碰一碰囚徒"。希姆莱命令,可以"通过合理的、必要时额外改进伙食和衣着"的办法,提高囚徒的劳动生产率。然而事实上,犹太人在营养不良的情况下,每天的劳动时间都超过 11 小时。[1] 德国的卫星国也逐步放弃了屠犹暴行:1942 年秋,斯洛伐克政府停止押送任何犹太人去东方;同年 12月,罗马尼亚政府指令停止向德国交送犹太人;1943 年 4 月,保加利亚国王指示禁止所有押运犹太人的行动。

---

[1] ［联邦德国］海因茨·赫内:《党卫队——佩骷髅标志集团》,第 454 页。

第十三章　败退与灭亡

第一节　东线的战略转折

　　纳粹德国自实施对外扩张后,一直比较顺利地实现着预定的目标,然而在入侵苏联的过程中,虽然也占领了大片的空间,但离开既定目标还有相当的距离。同时,随着战争规模扩大和闪击战日益失效,德国兵力和军备不足的矛盾逐渐突显。尤其是在进攻苏联的过程中,兵力损伤非常严重。据德国陆军总参谋长哈尔德估计,从进攻苏联到 1942 年 2 月底,德军损失了 100 多万人,相当于全部兵力的 31％。在莫斯科战役快结束的时候,德军不少师的人员数,减少到仅及原数 1/3 的水平,个别师甚至仅拥有二三个营。不少将领向希特勒提出,如果要向苏联发起新的攻势,必须补充 80 万兵员。[①]然而施佩尔表示,为了保证军备生产的进行,工厂里根本腾不出如此数量的劳动力。无奈之下,德国只好更多地使用庖从国的军队,经希特勒、戈林等亲自出马,到意大利、匈牙利、罗马尼亚、斯洛伐克、西班牙去讨救兵,总算搞来 52 个师。这些盟邦军队,武器装备差、训练水平低、士气低落,成为德方进攻线上的薄弱点。与此同时,德军在优先保证战斗师数量的前提下,悄悄地缩小师的编制。德国步兵师原来由九个营编成,现在改为七个营;步兵连

---

① ［英］利德尔-哈特:《第二次世界大战史》,上册,第 339 页。

的战斗人员也从原先的 180 人改为 80 人。两者相叠加,师的规模缩小了约一半。通过这两方面的举措,德方军队的战斗力略有下降。

1942 年春,希特勒决定再次对苏联发起进攻。由于兵力兵器不足,不得不放弃全面的进攻计划,改而采取先南后北、逐次进攻的方式。1942 年 4 月 5 日,希特勒发布《第 41 号指令(东线作战)》。指令规定:"坚持关于东方战局的原来基本方针","一俟天气和地形条件具备,德军指挥官和部队的优势就必将再次赢得行动的主动权,迫使敌人就范。目标是,最终歼灭苏军残存的有生力量,尽可能多地夺取它的最重要的战争经济资源。为此,应投入德国军队和盟军的一切可供使用的力量"。指令还提出,作战的"要点是:中路陆军放慢进攻速度;在北面,应攻陷列宁格勒,并与芬兰军队建立陆上联系;在陆军战线的南翼,应突入高加索地区"。"东线主要作战的目的是,占领高加索,沉重打击并歼灭位于沃罗涅日以南、顿河以西及以北地区的俄军。由于参加此次作战的部队在抵达时间上不统一,此次作战只能通过一系列逐次进行但彼此互有联系或互为补充的进攻来完成。因此,从北到南,在时间上应协调好这一系列进攻,以便在实施每一次进攻时,都能保证将陆军,特别是空军的兵力最大限度地集中使用于关键地区。"[1]德方行动的近期目标很明确。在拿下哈尔科夫(Харьков)以东、顿河河曲所环绕的区域后,再实施两个后续行动。第一,南下高加索,夺取高加索地区的石油资源,顺路还可以占领顿涅茨克盆地(Донецкий бассейн)工业区和库班(Кубанская)的小麦产区,既可以补充自身的战争需求,又能切断苏军战略物资的供应来源。第二,攻占斯大林格勒。该城是苏联南部的工业重镇、交通枢纽和战略要冲,它拥有生产坦克和火炮的大型工厂,同时西通顿涅茨克盆地的工业区,南连库班粮仓和高加索油田,东接乌拉尔(Орал)新工业区和战略预备队集结地,北达莫斯科。德军攻占斯大林格勒,就能切断莫斯科同南方的联系。在实现这两个近期目标后,德军将沿着伏尔加河北上,到达喀山(Казайнь)以南后,西向迂回包围莫斯科,[2]东进攻取俄罗斯中部。同时,

---

[1] [联邦德国]瓦尔特·胡巴奇编:《希特勒战争密令全集(1939—1945)》,第 140—145 页。

[2] 当时,陆军总参谋部力主把进攻重点仍然放在中路,直接攻下莫斯科。

另一些部队将通过高加索突入近东地区，进一步摧折大英帝国的实力，迫使其投降。

　　苏联最高统帅部预计德军会在 1942 年发动夏季攻势，进攻重点将在莫斯科方向和南方，但斯大林认为莫斯科方向的可能性更大，因为德军在那里仍部署有重兵，且希特勒一定会念念不忘攻占苏联首都。在德军还占有优势的情况下，斯大林考虑不应单纯实行消极防御，而应该实施小规模的战略性积极防御，对当面的德军发起一些小型攻势。该主张获得高级将领们的一致赞同。但在选择出击点时，内部发生意见分歧。一种意见主张在莫斯科当面发动反击，以牵制敌人在短时间内不能发动大规模的进攻战役；另一种意见主张打击西南方向的德军，因为那里可能是德军的薄弱点。最后，斯大林选择了后一种主张，指示在克里米亚和哈尔科夫两处发动局部进攻战役。不幸的是，苏军的这两个打击点正是德军集结重兵准备进攻的地方，因而遭到失败，并给德军的进攻提供了便利。

　　当时，曼施坦因指挥的第十一集团军部署在克里米亚半岛，该部队自 1942 年 5 月 8 日起趁势发起反攻，于 16 日拿下刻赤（Керчь）。据德方宣称，通过这次战事，德军俘虏了苏军 15 万人和大量的坦克及火炮。德军继续进攻苏联黑海舰队的主要基地塞瓦斯托波尔（Севастополь），但遭到守军顽强抵抗。第十一集团军原计划从刻赤半岛渡过刻赤海峡进攻高加索，但由于在塞瓦斯托波尔延滞了进程，等到有能力发起进攻时，为时已晚。

　　当克里米亚战斗正在进行之际，苏军于 1942 年 5 月 12 日从西北、西南两个方向对哈尔科夫突出部的德军发起钳形攻势。由于此地正是德方集结进攻部队之处，因此苏军遇到了更硬的钉子。德方第六集团军和第一装甲集团军借机提前对苏军发起进攻，将苏军进攻部队分割得七零八落，并将其包围。到 5 月底，苏军有 24 万余人被俘。6 月中旬，德军趁势强渡顿涅茨河，在北岸构筑了一个出发阵地。

　　这时，希特勒再次狂妄起来，得意忘形地叫嚣要在 7 月 25 日攻占斯大林格勒，8 月 15 日攻占古比雪夫（Куйбышев），9 月 25 日攻占巴库，10—11月展开包围莫斯科的决定性战事。为了加强南线的攻势，他对"南方"集团军群实施整编,从中抽出部队组成 A 集团军群,由威廉·李斯特(Wilhelm List,1880—1971)任司令,下辖第一装甲集团军、第十七集团军和第十一集团军,主攻方向是高加索地区。剩余的第二集团军、第四装甲集团军、第六集团军和匈牙利第二集团军组成 B 集团军群,司令先由原"南方"集团军群司令博克担任,后由马克西米利安·冯·魏希斯(Maximilian von Weichs,一译"魏克斯",1881—1954)接任。

1942 年 6 月 28 日,德军的大规模进攻开始。在北起库尔斯克、南至黑海沿岸的塔甘罗格(Таганрог)的六七百公里长的战线上,德方投入连同盟军在内的 150 万以上的兵力。苏方在克里米亚和哈尔科夫战事受到挫折的情况下,面临德军的优势兵力,为了保存有生力量,采取机动防御的方针,且战且退,向顿河河曲地带和高加索山脉一线集结。苏军战术的改变,使德军在短期内进展较快。7 月下旬,德军攻陷位于顿河河口的罗斯托夫,并且进抵顿河河曲的底部。夜晚,苏军在斯大林格勒城内已经可以看到西方天际的隐隐火光了。

B 集团军群攻势的得利,使希特勒的头脑再次发热,以为不需要使用重兵就可以轻而易举地攻下斯大林格勒,而高加索石油对他的诱惑越来越强。7 月 23 日,他发布《第 45 号指令(继续实施"不伦瑞克"行动)》,对兵力部署作了调整,规定将 A 集团军群属下的第二十三装甲师和第二十四装甲师调给 B 集团军群,但用于"向东南方向实施突击",同时命令 B 集团军群属下的第四装甲集团军南下,与第一装甲集团军配合进攻第比利斯(Tiflis)-巴库一线。[1] A 集团军群得到增援后,向南猛攻,于 8 月 9 日占领已经遭到破坏的迈科普(Майкойп)油田。以后又兵分两路,一路沿着黑海海岸行进,企图绕过高加索山脉的西端,进窥外高加索,另一路向东冲向里海,企图夺取格罗兹尼(Гройзный)油田和巴库油田,并且占领高加索山脉的各个隘口,与前者形成夹击的态势。但后一路德军的攻势很快被阻止。苏军依托高山峡谷的有利地形顽强抵抗,苏联民众也武装起来保卫家园。而德军的战线突然间增长了数倍,补给线也大为拉长,弹药汽油供应不济,进攻能力顿时减弱,

---

[1] [联邦德国]瓦尔特·胡巴奇编:《希特勒战争密令全集(1939—1945)》,第 155—158 页。

再也突不破已有的战线。

斯大林格勒方向的攻势,由于调走了装甲兵团,一时遭到削弱。希特勒见南线的攻势受阻,便下令第四装甲集团军再次北上,但这一番周折便耽误了时间,给了斯大林格勒地区的苏军加强防御线的机会。8 月中旬,德军 B 集团军群发起强攻,在 1000 多架飞机的掩护下,向顿河各渡口发动猛烈攻势。20 日傍晚开始强渡顿河,取得成功。此时,该集团军群已作好进攻斯大林格勒的最后准备,组成南北两个突击集团,准备对斯大林格勒实施钳形向心突击。北部突击集团是弗里德里希·保卢斯(Friedrich Paulus,1890—1957)指挥的第六集团军,南部突击集团是刚刚北上的第四装甲集团军。在以后的战事中,该集团军由于兵力较弱,无法与第六集团军很好协同,实现预定的目标。8 月 23 日,德军对斯大林格勒发起强攻,25 个师的兵力,以半圆形的阵势,从北、西、南三个方向攻向长条形的城市。第十四装甲军在空降兵的配合下,甚至突破苏军的北部防线,冲到伏尔加河边,形成一条宽约 8 公里的走廊,把苏军的北翼防线切成两半。苏军防守部队退入城内,利用城市的特点,展开了争夺战。双方围绕主要的街区、楼房,甚至楼面,展开反复争夺。德军似乎包围了城市,在不同的时段又占领了部分不同的地方,但始终不能控制这座城市。

希特勒出于宣传的需要,开始公开宣布德军在斯大林格勒已经获得伟大的胜利。1942 年 9 月底,他在柏林为当年的“冬赈”运动揭幕,在演说中声称当前德国的军事攻势有四个目标:夺取俄国最后一个巨大的谷仓,夺取俄国“最后残存的”煤矿,夺取或切断俄国的石油供应,封锁伏尔加河这条俄国供应线。在提到斯大林格勒时,他宣称:“你们可以完全相信,现在没有人能把我们撵出来。”同年 11 月 8 日,他在慕尼黑纪念“啤酒馆政变”的集会上也宣布已攻占“这个巨大的运转中心”,并宣称这是德国的一个伟大胜利。他坚持说,他之所以要占领这个地方,是因为占领了它就可以切断俄国三千万吨物资的来源。“你们知道这个意义吗?”他诙谐似地说道,“我们的胃口并不大,不过,我们已经把它拿到手了。”戈林也跟着学样,他在 10 月初举行的农民集会上宣称,从今以后,一切都会越来越好。再也没有任何理由担心东线即将来临的冬季战役。前景一点也不可怕。“这一次我们已有免疫力了,我们早已知道俄国的冬天是什么样的。"①

随着这些言论通过德国电台向全世界大吹大擂,德国实际上已经失去了军事上的回旋余地。包括陆军总参谋长弗兰茨·哈尔德和保卢斯在内的不少高级将领,对德国进攻部队的楔形突出部感到不安,认为这里很容易遭到苏军钳形攻势的反击,但任何的机动撤退行动都将构成对元首"金口之言"的否定。第六集团军和第四装甲集团军被牵制在斯大林格勒城下,进退两难。它们与后方基地之间的侧翼线越来越长,只能由匈牙利、意大利、罗马尼亚等盟邦的军队填补,形成战场上的薄弱环节。同时,哈尔德所感受到的德军先头攻击部队中出现的"日益疲惫"的迹象,也是无法弥补的。

苏军最高统帅部及时抓住战机,利用斯大林格勒保卫者与敌鏖战的时候,向战线两翼隐蔽地调集了 14 个集团军,共 110.6 万兵力,准备围歼斯大林格勒附近的德军主力。1942 年 11 月 19 日晨,北翼苏军突破罗马尼亚军防线,向东南方向挺进。翌日,南翼苏军出动,同北翼配合,向卡拉奇(Калайч)方向发动钳形进攻。23 日,两支军队在苏维埃斯基(Советский)完成合围。24—30 日,苏军对被围德军展开攻击,德军被压缩到约 1500 平方公里的地域内。被包围的德军部队及人数,一般认为是第六集团军加上第四装甲集团军的部分兵力,共 22 个师,33 万人。但德方研究人员认为,当时第六集团军的实际兵力只有 30 万人,其中有些部队还在包围圈之外,如留在奇尔河(Чир)上的装甲和摩托化师的后勤保障部队、休假人员、训练部队、警卫部队供应及通信部队等等,总共约有 8 万人。因此,被包围的共约 22 万人,连同 100 辆坦克、1800 门火炮和 1 万辆各种车辆。②

第六集团军被包围后,希特勒见势不妙,急忙把曼施坦因从列宁格勒前线调来,任命他担任新组建的顿河集团军群司令。该集团军群由 B、A 两个集团军群的部分部队及其他部队构成,下辖第六集团军、第四装甲集团军、第十七集团军、罗马尼亚第四集团军,共 48 个师。保卢斯在下属的支持下,力主向西南方向突围,保存有生力量。刚刚上任的曼施坦因也建议第六集

---

① [德]汉斯-阿道夫·雅各布森等:《第二次世界大战的决定性战役(德国观点)》,第 226—227 页。
② [德]汉斯-阿道夫·雅各布森等:《第二次世界大战的决定性战役(德国观点)》,第 242 页。

团军向西突围,自己则率部朝东北方向进攻,合击苏联合围部队。但希特勒的初期反应仅仅是"固守住!"。他不愿意因为第六集团军的后撤而否定"元首永远是正确的"这一神话。戈林为了阻止自己的地位进一步下滑,夸口要以空运来保证第六集团军的所有补给。此举进一步坚定了希特勒的信念。他要让第六集团军充当铁砧,由顿河集团军群充当铁锤,砸向斯大林格勒。1942年12月12日,顿河集团军群的"冲砸"行动正式开始。实际上,被围的第六集团军在坚守阵地的同时,也在作突围努力。内外两军的距离,最近时只有40公里,夜晚时分,被围德军已能看到雪原西边的援兵发出的信号弹。然而,戈林作出的承诺根本无法兑现,被围德军每天需要700吨给养,而空军只能平均运送104.7吨。给养不足,造成战斗力大为缩减。而苏军最高统帅部根据形势变化及时调整计划,对保卢斯部围而不歼,同时巩固合围圈的对外正面,缩小外围切割部队的包围范围,命令侧翼部队猛攻曼施坦因部的后侧。此举不仅挡住了曼施坦因部的攻势,还迫使其后退了150公里。德军害怕遇上第二个斯大林格勒,由曼施坦因部死命顶住苏军的攻势,急忙把高加索地区的军队全数撤了回去。保卢斯部成了真正的孤军。

处于苏军重重包围之下的保卢斯部,粮尽援绝,上天无路,入地无门。1943年1月8日,苏军向保卢斯递交最后通牒,要求其率部投降。由于希特勒一贯禁止部下投降,保卢斯在与各军军长取得一致意见后,拒绝了苏方的要求。1月10日,苏军开始进攻保卢斯部,经过20天的战斗,德军的抵抗被彻底粉碎。1943年1月30日,正是纳粹党执政十周年纪念日,保卢斯所能提供的礼物,只是一封告知"最后崩溃不出24小时之内"的电报。希特勒赶紧对之封官加爵,提升保卢斯为陆军元帅,其他117名军官各升一级。1月31日和2月2日,被切割成两块的德军先后投降。这样,德方1名陆军元帅、24名将军和约9万名官兵当了俘虏。希特勒对保卢斯没有自杀颇有微词,称其在流芳百世的入口处失节了。但他仍为德军遭受巨大损失而痛心,宣布全国为此致哀四天,停止一切娱乐活动。

斯大林格勒会战是希特勒发动战争以来德国遭遇到的最具决定意义的失败,不仅近10万官兵成建制地被俘,而且在重点进攻方向上遭到摧折性打击。在国内,希特勒在民众心目中的神话色彩开始消退,军内的密谋活动加强。卫星国和中立国也开始怀疑希特勒的领导能力,墨索里尼尤为如此,匈牙利则设法与美英两国建立联系,拓展自己的回旋余地。

希特勒不甘心失败。为了动员人力和发掘战争经济资源,他于1943年1月13日在国内实施"总动员",规定凡是不在军事工业中从事熟练劳动的男子,年龄在17—50岁之间,均应入伍。为了配合该决策,同年2月18日,戈培尔在柏林体育馆向数千名现场听众发表了关于总动员的讲话,该讲话通过无线电波,传向全国各地事先被组织起来的各个分会场。① 当局采取了一系列政治和经济措施,关闭部分企业和商店,以最大限度地提高军备生产,保证所需原料,为军队和军备企业提供后备人力。希特勒声称自己发现了一个"规律":在苏德战场上,冬天苏联打胜仗,夏天德国打胜仗。因此他要在1943年的春夏季发动进攻,创造一个"德国的斯大林格勒"。4月15日,他发布《第6号作战命令("堡垒")》,规定"一俟气候情况允许,就实施今年一系列进攻中的第一次进攻,即'堡垒'进攻"。命令指出,"此次进攻具有决定性意义,它必须迅速和彻底地获得成功,必须为我们赢得今年春季和夏季的主动权"。命令指出此次进攻的关键点包括:"应尽可能达成突然性,尤其不要让敌人获悉进攻的时间;应最大限度地将进攻兵力集中使用在狭窄的正面上,以便以局部绝对优势的进攻兵器(坦克、突击火炮、火炮、化学火箭炮等)一举突贯敌人的阵地,实现两个突击集团军的会师,封闭合围圈……应尽早从四面八方突入合围圈,不让敌人有喘息之机,从而加速其灭亡;应快速实施进攻,使敌人既无法摆脱包围,又来不及从其他战线调来强大的预备队。"② 德国动用了"中央"集团军群和"南方"集团军群(1943年2月13日由顿河集团军群改编而来)的主力部队作战,由它们对苏军库尔斯克(Курск)突出部实施钳形向心突击,消灭苏联守军,并进而占领顿河和伏尔加河流域,进取莫斯科。其中"中央"集团军群的第九集团军从北面向库尔斯克进攻,第二集团军防守在突出部的西面。"南方"集团军群的第四坦克集团军和凯姆普夫集群(Gruppe Kempf)从南面发起进攻。德军为此会

---

① Jeremy Noakes and Geoffrey Pridham (ed.), *Documents on Nazism*, 1919 - 1945. pp. 664 - 666.
② [联邦德国]瓦尔特·胡巴奇编:《希特勒战争密令全集(1939—1945)》,第247—251页。

战集结的部队达 90 多万人，2700 辆坦克和强击火炮，2050 架飞机和 1 万门火炮。南北两翼的兵力大致相等，但南翼拥有较多的装甲部队。与之对阵的苏军有 133 万人，3600 辆坦克和强击火炮，3130 架飞机，2 万门火炮。希特勒希望"堡垒"战事能够成为一个转折点，使德国转败为胜。1943 年 5 月间，他在纳粹党领袖会议上发表了一个讲话。据戈培尔纪录，希特勒坚信，德国一定能够在成为整个欧洲主人的同时，成为世界霸主。①

在进攻前夕，1943 年 6 月，德苏之间出现了一个外交插曲。莫洛托夫和里宾特洛甫在当时由德国控制的基洛夫格勒（Кировградй）举行谈判，商议两国停战之事。里宾特洛甫提出的和平条件是，德苏两国应以第聂伯河为界。苏方坚决不同意，一定要恢复苏联原有的边界，舍此不作任何考虑。外交接触很快破裂。②

德军的进攻预定从 1943 年 7 月 5 日凌晨 3 时开始，但苏军侦察部门事先已经得到情报，于是苏军提前在 2：40 向德军进攻部队实施炮火反准备，三千余门各式火炮包括"喀秋莎"火箭炮，向德军射击了约 60 分钟。尽管由于不清楚德军的具体部署位置，只能进行面积射，因而杀伤力不是太强，但迫使德军把进攻时间推迟了两个半至三个小时。德军北翼第九集团军在 7 月 5 日一天内实施了 5 次强击，突入苏军防御 6—8 公里，但翌日即遭到苏军反击。至 11 日，德军才前进了 10—12 公里。无奈之下只得把重点转向南翼，由那里的德军从西面和南面进攻，企图围歼位于顿涅茨河与北顿涅茨河之间的苏军，在苏军防线上打开一个缺口，然后再从东南方向实施突击，夺占库尔斯克。然而苏军以强大兵力在 12 日实施反突击，苏近卫第五装甲集团军与进攻的德党卫装甲军及第三装甲军在普罗霍夫卡（Пройхоровка）相遇，于是爆发了第二次世界大战中最大的一次坦克遭遇战。双方共有 1200 辆坦克和自行火炮参加，还有大量的飞机支援战斗。激烈的战斗持续一整天，德军遭到惨败，损失了约 400 辆坦克和 1 万余人。7 月 13 日至 15 日，德军虽在突出部的南部向前推进了 35 公里，但因缺乏能坚守阵地的兵力，不得不于 7 月 16 日在后卫掩护下撤回

① Jeremy Noakes and Geoffrey Pridham (ed.), *Documents on Nazism*, *1919－1945*. pp. 605－606.
② ［英］利德尔-哈特：《第二次世界大战史》，下册第 138 页。

出发阵地。到 7 月 23 日,双方的阵线基本上恢复到会战发生前的位置。从 7 月 24 日开始,苏军转入反攻。8 月 5 日解放奥廖尔和别尔哥罗德 (Бейлгород),23 日解放哈尔科夫,取得了会战的胜利。

库尔斯克会战不仅打破了德军在夏天打胜仗的迷梦,而且完成了苏德战场自斯大林格勒会战开始的战略转折,从此德军在东线就无战略性还手之力,只有挨打的份了。东线是德国的主战场,东线的败局决定了纳粹政权灭亡的命运。

第二节　大西洋之战

德国的扩张步骤是"先大陆后海洋",导致欧战爆发前,海军的扩军计划远远落后于陆军和空军。另外,如本书第十一章所述,海军领导层内部在诸多问题上存在意见分歧,因此到大战爆发时,德国与英法两国的海军力量对比悬殊,无法同英法正面对抗。大战爆发后,海战在德国的战争行动中基本上处于从属的地位。

表 13-1　1939 年欧战爆发时欧洲四国海军力量对比①　　（单位:艘）

	德　国	英　国	法　国	意大利
战列舰	—	12	7	4
战列巡洋舰	2	3	2	—
袖珍战列舰②	3	—	—	—
航空母舰	—	7	1	
巡洋舰	8	64	18	19③
驱逐舰	22	184	60	59
潜水艇	57④	58	77	105

① 资料来源见温斯顿·丘吉尔:《第二次世界大战回忆录》,第一卷:风云紧急,第四分册,第 1040—1045 页。

② 袖珍战列舰是德国为逃脱《凡尔赛条约》的制约而设计制造的,排水量约 1 万吨,装有 6 门 11 英寸火炮,弱于一般战列舰,但强于巡洋舰的 8 英寸火炮。

③ 不包括 3 艘旧巡洋舰。

④ 这些潜艇中有 10 艘还不能完全使用,30 艘被称为"北海鸭",不适宜在大西洋作战。

　　由于德国的海军力量无法与英法两国正面对抗,它就分散使用大型水面舰只,派出以 1—2 艘战列舰或战列巡洋舰组成的小编队,将商船改装成袭击舰,并展开其潜艇,在广阔的大西洋海域对英国航运实施"打了就跑"的破袭战。早在欧战正式爆发前夕,即 1939 年 8 月 19 日,德国已向英国西部航道区及东北沿岸海域展开其潜艇,同时在 8 月下旬向大西洋派出 2 艘袖珍战列舰。9 月 1 日欧战爆发后,大西洋之战正式展开。不过在 1940 年 3 月以前,德国潜艇主要在北大西洋东部直布罗陀(Gibraltar)和赫布里底群岛(Hebrides)之间进行单艇作战,攻击的重点指向英吉利海峡和比斯开湾(Golfo de Vizcaya)以西,因为对手的大西洋海运航线在此汇合。9 月 3 日英国对德宣战的当天晚上,德国 U-30 号潜艇在北大西洋上向英国邮轮"雅典娜号"开火。希特勒曾经下令,进行潜艇战一定要遵守《海牙公约》,但潜艇艇长则声称自己认为该船是武装商船,以此证明其行动是正当的。最后邮轮中鱼雷沉没。在其后的几天里,德军潜艇又击沉数艘英方船只。9 月 17 日,德军 U-29 号潜艇在爱尔兰以西击沉英国"勇敢号"航空母舰。在欧战开始后一个月里,德军共击沉对方船只 41 艘,计 15.4 万吨。水面战舰也伺机活动,部署在北大西洋和南大西洋的"德意志号"和"格拉夫·施佩海军上将号"袖珍战列舰根据希特勒的命令不准在 9 月 26 日前攻击英国的运输船只,但过了限期后就积极活动,在短期内共击沉对方 57 051 吨登记总吨位的船只。但"格拉夫·施佩海军上将号"很快被困在南美洲阿根廷和乌拉圭交界处的拉普拉塔河(Rio de la Plata)河口,同年 12 月被迫自行凿沉。

　　1939 年底,德国调整了造舰计划,集中力量建造潜艇。然而在法国败降后,由于德国必须拨出一些潜艇用于大规模的训练计划,以便为新潜艇提供操作人员,投入实战的潜艇数量并未增加。但是由于在法国沿海取得了活动基地,到达作战地区所需的时间大为缩短,在一定程度上弥补了数量上的不足。同时,从 1940 年 7 月起,英国由于受到空战的威胁,被迫将航运集中到爱尔兰和苏格兰之间的北海峡,导致运输船只拥挤。如此,德国潜艇不论是分散作战还是聚集在一起作战,都能很快找到容易攻击的目标,并在发射完鱼雷后快速返回。据此,德国海军趁机在那里集中潜艇,根据邓尼茨提出的"狼群"战术,实施多艇结群攻击。这种作战方法大致为:德方在确定英国护航队的所在地点后,岸上潜艇统帅总部就通知附近的潜艇群;潜艇群派遣一艘潜艇去搜寻和跟踪这支护航队,并用无线电信号引导其他潜艇靠向护航队;潜艇群到达后,白天偃旗息鼓,一到晚上便抢占护航队的上风,以较快的航速在水面上发动夜袭,一连攻打数夜。1940 年 9 月 21 日深夜,德国 5 艘潜艇在北海峡首次结群攻击从加拿大驶往英国的 HX - 72 护航运输队,击沉 12 艘载重量共 7.7 万吨的货船。10 月 17—20 日,德国 8 艘潜艇在该海域再次结群攻击从北美驶往英国的 SC - 7 和 HX - 79 两支护航运输队,共击沉 31 艘货船,总载重量达 15.2 万吨。① 该月,德国潜艇共击沉 63 艘货船,总计吨位达 35 万吨以上。12 月 1 日深夜,德国 7 艘潜艇又结群攻击 HX - 90 护航运输队,击沉 10 艘货船和 1 艘护航的英国辅助巡洋舰,而德方无一损失。在这段时期内,德国海军击沉对方船只的月平均吨位数达到 25 万吨以上。②

　　1941 年初,英国接收了美国支援的 50 艘驱逐舰,它自己及加拿大建造的新式驱潜快艇也开始服役,海岸空军的巡逻力度得到加强,这样,德国被迫将潜艇作战活动从北海峡向西转移到冰岛以南和以西地区。1941 年 2—3 月份,德国潜艇作战远不如 1940 年秋季那样顺利,在一连 3 个月没有损失 1 艘潜艇之后,3 月份突然损失了 5 艘,其中包括 3 位出色的"王牌"艇长。但与此同时,部分新建成的潜艇开始入役,其中包括一批大型的 Ⅸ 型潜艇,加强了潜艇部队的战斗力。意大利潜艇也开始参加作战。5 月中旬,德国新战列舰"俾斯麦号"随带新巡洋舰"欧根亲王号"驶入大西洋参战,同月下旬即遭遇到英国"威尔士亲王号"战列舰等 4 艘军舰的围攻。德舰打沉了英方旗舰"胡德号",但"俾斯麦号"也被诸多炮弹和鱼雷击中,沉入海底。1941 年 8 月,新下水的德军潜艇组成了"北方潜艇群"。当该潜艇群发展到 15—17 艘潜艇时,它们便奉命从冰岛附近出发,向格陵兰和纽芬兰方向搜索。在这个过程中,德方潜艇在法韦尔角(Kap Farvel,一译"费尔韦尔角")附近发现了对方 SC - 42 号运输队,于是就爆发了至当时为止规模最大的袭击运

---

① 李巨廉、潘人杰:《第二次世界大战——专题评述》,华东师范大学出版社 1990 年版,第 299 页。
② [英]利德尔-哈特:《第二次世界大战史》,上册第 519 页。

输队的海战,运输队中 63 艘舰船被击沉 20 艘,后因起了大雾,其余舰船才幸免于难。

1941 年 12 月美国参战后,德国实施无限制的潜艇战,活动范围扩展到美国东海岸和加勒比海海域。1942 年,在大西洋活动的德国潜艇增至平均每天 75 艘。邓尼茨大打"吨位战",即选择对方防御薄弱的海域,集中潜艇发动结群攻击,力图使击沉商船的吨位数超过对方造船的吨位数。这一年,德国的攻击行动使盟国损失船只 769.9 万吨,超过美英两国所造的 718.2 万吨新船总吨位。邓尼茨的战术取得了一定的成功,使英国的进口量比 1939 年减少 1/3。为了对付德国的潜艇战,盟国于 1942 年夏调整大西洋护航体系,确定西经 52 度以西为西区,西经 52 度至 22 度为中区,西经 22 度以东为东区,分别由美国、加拿大和英国的海空军负责保障航渡安全。英国则专门成立了以丘吉尔为首的反潜艇战委员会,调集和投入三千多艘舰艇和两千多架飞机实施反潜作战。1943 年 3 月,美、英、加三国举行专门的大西洋护航会议,调整盟国护航体系,组建六支专门的反潜艇支援舰队,将护航运输队的反潜艇作战由消极防御转为积极进攻。德方则从 1943 年起,进一步发展"狼群"战术,集中 100 多艘潜艇,在盟国护航兵力薄弱的北大西洋中部,组织多个大艇群的集团共同作战。该战术在 3 月间达到高峰。3 月 14—15 日,邓尼茨调集 3 个潜艇群共 38 艘潜艇(后再加入 6 艘),对从纽约驶往英国的 SC - 122 护航运输队和从加拿大哈利法克斯(Halifax)驶往英国的 HX - 229 护航运输队实施截击。16—20 日,德国潜艇先后发现并持续追踪攻击这两支船队。盟军连忙从冰岛和北爱尔兰增派空军和舰艇支援,但德方仍击沉船队中 21 艘货船,载重量共约 14.1 万吨,而自己仅损失 1 艘潜艇。从美国参战到 1943 年 4 月止,盟国共损失约 1000 万吨船舰,其中 80％为潜艇所击沉,德国则损失潜艇 155 艘。①

1942 年 11 月 8 日盟军在北非登陆,德方事先并不知晓。11 月 4 日,当德国"海豚"潜艇群通过直布罗陀海峡进入地中海时,并未遇到障碍。该潜艇群与从意大利港口来的德国潜艇一起,攻击了停泊在阿尔及尔-奥兰航线

---

① 李巨廉、潘人杰:《第二次世界大战——专题评述》,第 301 页。

上的舰船和敌方返航的运输队。盟军登陆的消息传来后，邓尼茨立即采取行动，先后发出两份命令，要求德方所有在比斯开湾和佛得角（Cabo Verde）之间的潜艇开往摩洛哥海岸附近，以及所有在北大西洋的燃料充足的潜艇集中到直布罗陀海域。然而德方第一批潜艇到达卡萨布兰卡（Casa Blanca）海岸附近时，发现敌方的空中巡逻和海上防御力量都非常强大。两艘潜艇由于艇长的经验特别丰富，进入了预定航线，击沉了 4 艘运兵船，其他潜艇面临坚固的防御，只能一再潜入水中躲避，最后退回到相关港口避难。然而，邓尼茨意外地发现，那些因燃油不足而留在大西洋的潜艇，在遭遇敌方 ONS‐144 号运输队后，反而取得了较好的战果。他看出这是由于对方的护航力量抽调到登陆点附近，大西洋上的护航力量相对不足造成的。他试图利用这一机会，就势加强在大西洋上的攻势，但海军司令部作战局认为攻击开往北非的补给运输队更为重要，因而迟迟没有同意邓尼茨的建议。直到 11 月 26 日，该机构才作出妥协，允许邓尼茨使用"西壁"防线上剩余的德国潜艇，沿着直布罗陀到美国的航线向西横扫，但最后的战果却不如人意。

　　1943 年 1 月，希特勒任命邓尼茨担任海军总司令，接替了前任雷德尔。同年春夏，德国在大西洋上部署的潜艇数量达到战时的最高点，如 5 月初，60 艘潜艇部署成 4 条延伸的巡逻线，准备伺机攻击对方的 ONS‐5 号、SC‐127 号和 HX‐235 号运输队。然而，当时盟军的防潜反潜技术已达到较高的水平，护航舰艇都装备了雷达和高频测向仪。它们不仅绕开了德军的埋伏，当 5 月间德国潜艇对 HX‐237、SC‐129、SC‐130、HX‐239 等护航运输队发起结群攻击时，还成功地实施了反击，并在随后三周的后续攻击中，击沉德方 31 艘潜艇。大西洋之战的战争格局发生根本性转折。邓尼茨因为德国潜艇损失惨重，被迫在近四个月内停止对北大西洋盟国运输队发起攻击。

　　随着整个战争形势的发展，盟国的海空力量大增，而德国则遭到美英方面的大规模战略轰炸，军事工业和潜艇基地都遭受严重破坏，不仅潜艇活动日益困难，而且遭受的损失难以得到及时补充。1943 年 9—10 月，德国潜艇一度恢复对盟国大西洋护航运输队的大艇群攻击，但再次遭到惨败。邓尼茨不得不放弃"狼群"战术。此后德方的潜艇战，主要是为了牵制盟军的力量，带有垂死挣扎的性质。1944 年春，由于面临盟军在西欧登陆的威胁，德国潜艇收缩到沿海地区,基本上停止在大西洋作战。

第三节　东西受困

　　德国在东线遭遇战略转折性失败之时,在北非-意大利方向也受到不小的打击。1942 年 11 月阿拉曼战役结束后,隆美尔军团一路西撤至突尼斯边境。同年 11 月美英军队在西北非登陆,随后向东挺进。翌年 3 月下旬,北非地区的美英军队从东西两个方向夹击突尼斯。尽管希特勒强令德意军队坚守北非,然而 25 万德意军队在无力守住突尼斯,又没有运输船只可供撤退的情况下,全部向美英军队投降。

　　1943 年 7 月 10 日,盟军开始进攻意大利,经过一个月的战斗,于 8 月 17 日占领西西里岛。意大利内部发生政局变革,7 月 24 日法西斯最高委员会开会,以 19 票赞成、8 票反对、1 票弃权的优势通过决议,要求恢复宪制,由国王执掌军队指挥权。翌日,国王召见墨索里尼,命令其辞职,由意军总参谋长佩特罗·巴多格里奥(Pietro Badoglio,1871—1956)组阁,墨索里尼遭宪兵监禁。意大利新政府表面上宣布继续参战,以避免遭到德方的报复,暗地里却派出使者与盟国进行密谈。9 月 3 日,双方签订意大利无条件投降的停战协定,并于 8 日通过电台向全世界宣布。以后,意大利又于 10 月 13 日正式宣布退出法西斯集团,对德国宣战。9 月 3 日和 8 日,英美军队分别在意大利半岛的"靴尖"部和南部萨莱诺(Salerno)附近登陆。

　　意大利局势的变化,使希特勒一下子遭到政治和军事双重打击。意大利法西斯政权的快速垮台,显示出法西斯体制的脆弱,而且容易鼓励德国国内的反对派起而仿效。意大利的倒戈,又使德国的西南方向形势陡然发生转变。希特勒赶紧采取一系列行动来应付危机。1943 年 7 月 31 日,其下属曾拟订了《第 49 号指令》,规定实施"阿拉里希"方案(后改名"轴心"方案),一旦意大利要退出战争,就由德军对其实施占领。后该指令未下达,代之以若干个别命令。[1] 1943 年 8 月底,德军在意大利境内共有 17 个师,其中隆

---

① [联邦德国]瓦尔特·胡巴奇编:《希特勒战争密令全集(1939—1945)》,第 178 页。

美尔指挥的 B 集团军群驻守在意大利北部,阿尔伯特·凯塞林指挥的部队驻守在南部。9 月初,德军根据上述命令向意大利大量增派军队,严密监视新政府的行动,同时接管意大利在希腊和法国南部海岸占领的地区。9 月 8 日当天,驻意德军包围并占领罗马,解除意军武装并将其将士送进俘虏营,还占领了意大利北部和中部,以后逐渐把盟军的攻势遏制在古斯塔夫防线(Gustav Linie)①的前沿,驻意德军也重新组合成 C 集团军群,由凯塞林指挥。意大利王室和新政府成员仓惶乘坐两艘潜艇于 10 日清晨逃离罗马,以后在盟军占领区组建反法西斯的政府机构。希特勒还下令实施"橡树"方案,阻止巴多格里奥政府把墨索里尼引渡给盟军的企图,并抢过来另派用处。9 月 21 日,德方突击队分乘 12 架滑翔机从罗马飞抵意大利中部的大萨索山(Gran Sasso)。当时墨索里尼已被从蓬察岛转移到该山上的旅馆里。突击队员的突然出现,使看守人员惊恐万状,不知所措。墨索里尼先后被送往慕尼黑和罗马,并在希特勒授意下组建法西斯新党"法西斯共和党"(Partito Fascista Repubblicano)和最后定名为"意大利社会共和国"(Repubblica Sociale Italiano)的新政权,以保持法西斯集团继续存在的假象。

在苏德战场上,1943 年春德军决定修筑一条名为"东方壁垒"(Ostwall)的战略防线,该防线大致沿纳尔瓦河(Narva jōgi)、普斯科夫(Псков)、奥尔沙(Орша)、索日河(Сож)、第聂伯河中游直到亚速海,于当年秋季完成,其重点为第聂伯河一带。然而经过斯大林格勒会战和库尔斯克会战,德军的内部日见空虚,其防御工事并不坚固,许多步兵师的作战人员下降到一千人,已无法实施纵深配置的防御。

苏军在取得库尔斯克会战胜利后,希望乘胜追击,在更大的范围内发起总攻,但把主要突击放在西南方向,目标是歼灭德军"南方"集团军群的主力,解放顿巴斯工业区和乌克兰农业区。1943 年 8 月 7 日,苏军在"东方壁垒"的中央部分发起斯摩棱斯克进攻战役,以配合西南方向的进攻。苏军在斯摩棱斯克战役中,在宽约 400 公里的地带内向西推进 200—250 公里,收

---

① 该防线以卡西诺(Cassino)山隘为枢纽,横越亚平宁半岛,阻断盟军北上达 8 个月之久。

复了斯摩棱斯克州全部和加里宁州一部。德军"中央"集团军群中 7 个师被歼灭,14 个师遭到重创。与此同时,苏军在西南方向发起第聂伯河会战。苏军首先包围和歼灭第聂伯河以东地区的德军,在河西建立登陆场,随后利用这些登陆场,夺取西岸的乌克兰地区。德军从总体上来说只有挨打的份儿,然而在争夺基辅的过程中,"南方"集团军群司令官曼施坦因要求第七装甲师师长哈索-埃卡尔德·冯·曼陀菲尔(Hasso-Eccard von Manteuffel,1897—1978)从别尔季切夫发动一次反攻。后者大胆地采取迂回战术,通过一次夜袭,打击苏军的侧翼,夺回了日托米尔(Житомир),造成苏军一时的混乱。曼施坦因则抓住机会,调集数个装甲师,对基辅以西的苏军突出部发起钳形攻势。最后由于天气转寒,道路泥泞,攻势本身又后劲不足,无果而终。然而希特勒却格外重视这次行动,事后邀请曼陀菲尔与他共度圣诞节,并表示:"作为圣诞礼物,我将给你 50 辆坦克。"[①]但德军局部的挣扎不可能改变总体上的颓势,经过 1943 年秋季的战事,"东方壁垒"被摧垮,德军被迫后退 300—600 公里,失去了白俄罗斯东部、第聂伯河流域的乌克兰地区和北高加索。

1943 年底,苏军最高统帅部多次开会,研究如何利用有利形势发展胜利。最后决定连续实施数个高速度、大规模的战略性进攻战役,在 1944 年把德军赶出苏联领土,把战争推到国外进行,并迫使德国的仆从国退出战争。此种战法适用于胜利者扩展自己的战果,即对不同的据点实施交替打击,凡在打击点上遇到顽抗而自己的冲击力相应削弱时,就暂时放手让其搁置,每一次打击都旨在为下一次打击铺垫道路。而对防守方来说,防御的难度增大,因为不知道该把后备部队派往哪里,往往刚派到甲地,乙地就迎来了新一轮突击。

1944 年 1 月中旬至 2 月底,苏军在列宁格勒和诺夫哥罗德(Великий Новгород)附近实施第一次突击,即发动列宁格勒-诺夫哥罗德战役。对此次攻势,德方有所准备,因此希特勒命令"北方"集团军群要不惜任何代价坚守这一地区,保持德军对列宁格勒和整个苏军北翼的威胁,保障德国舰队在

---

① 〔英〕利德尔-哈特:《第二次世界大战史》,下册,第 150 页。

波罗的海的行动自由,并保证德国与瑞典及芬兰之间的联系畅通。1月14日,苏军发起进攻,经过1个半月的战斗,在列宁格勒附近摧毁德军的"永久性"防线,解放了列宁格勒州。德军被全歼3个师,另有23个师遭到重创,被迫后退220—280公里,龟缩至波罗的海沿岸地区。

苏军第二次突击又被称为第聂伯河右岸乌克兰进攻战役,是一次规模较大的战略进攻。由于战事发生地既是重要的战略区,掩护着克里米亚和巴尔干半岛的接近地,又是重要的经济区,是粮食和工业原料基地,因而德方认为坚守该地区对于阻止苏军继续前进具有重要作用。驻守此地的德军有"南方"集团军群和A集团军群,共96个师,180万人,其中装甲师占整个苏德战场德军装甲师总数的70%以上,摩托化步兵师近半数。战事从1943年1月24日开始,至4月17日结束,苏军通过两个阶段的进攻,先采取合围作战样式,歼灭浅近纵深内的德军重兵集团,尔后又以数个方面军同时对德军防御全纵深实施分割突击,迫使德军撤退,解放了从第聂伯河到德涅斯特河之间的领土,逼近罗马尼亚边境。德军10个师又1个旅被全歼,56个师遭重创,整个东线被打开一个宽650公里、纵深450公里的巨大突破口。德方为了堵住这个大缺口,从匈牙利、保加利亚、南斯拉夫以及德国本土调来40个师又2个旅,严重削弱了其他方向的防御力量。

苏军的第三次突击选择在敖德萨(Одесса)地域和克里米亚半岛,时间为1944年3月26日至5月12日。经过苏军的第二次突击,驻守此地的德军其实已经断绝了与其他德军的陆上联系,但希特勒还是希望A集团军群(4月5日起改称南乌克兰集团军群)固守,以掩护罗马尼亚和巴尔干半岛的接近地。苏军首先发动敖德萨战役,在十余天时间里向前推进180公里,解放了尼古拉耶夫州(Миколаївська область)和敖德萨州。德国第六集团军和罗马尼亚第三集团军遭到重创。4月8日起苏军又发动克里米亚进攻战役,经过一个月的战斗,解放了整个半岛。德国第十七集团军全部被分割歼灭。

苏军经过三次突击,已经解放了3/4以上的被占领土,有些地方已经到达甚至越过了边境。5月1日,斯大林发布《最高统帅命令》,指出,"我们的任务不能只限于把敌军驱逐出我们的国境……必须跟踪追击这只受了伤的德国野兽,并把它打死在自己的洞穴里。……同时就要把我们的波兰兄弟和捷克斯洛伐克兄弟以及其他和我们联盟的处于希特勒德国铁蹄之下的西欧各国人民,从德国人的奴役中解放出来"①。尽管对希特勒来说,从发动侵苏战争的那一刻起,纳粹政权与苏联之间就处于你死我活不共戴天的状态,一旦德国败退,苏军绝不会打到原边境处就止步,但斯大林的这一命令,还是彻底打破了德方可能存在的任何幻想。

1944 年 6 月 6 日,西方盟国多次延期的诺曼底登陆战终于打响了。世界反法西斯同盟形成后,德国的主力部队都在东线,留在西欧的只有 30 余个步兵师,其中不少还处于训练阶段。除潜艇部队外,海军和空军也缺乏战斗力。因此苏联一再要求西方国家在法国北部开辟第二战场,以减轻苏联的压力。1941 年底,英国突击队对挪威的小型基地发起突击,取得小胜。1942 年 3 月 28 日,美英军队对法国位于卢瓦尔(Loire)河口圣纳泽尔(Saint-Nazaire)的港口设施实施更大规模的突袭;同年 8 月 19 日,盟军又对英吉利海峡南岸的迪耶普(Dieppe)城和港口发起攻击。后两次行动基本上无果而终,②英美两国由此看到了在法国北部登陆的艰难之处。对德国来说,1942 年 3 月 23 日希特勒曾发布《第 40 号指令(关于海岸地区的指挥权)》。文件强调敌方的登陆行动会产生严重的后果:"哪怕是敌人有限目标的登陆行动,只要这些登陆行动会导致敌人在海岸地带建立立足点,那就无论如何也会严重打乱我方的计划。敌人可能会切断靠近海岸的我方海上交通线,牵制陆军和空军的大量兵力,使他们无法参加关键地区的作战。如果敌人成功地占领了我方机场或者在它已占领的地区建立了空军基地,那么就会出现特别严重的危险。"因此,德军应该坚决反击敌方的登陆行动,"使敌人的进攻尽可能在到达海岸之前、最迟在到达海岸之后就归于失败。对已上岸之敌,必须立即以反突击将其歼灭或赶进海里。……不准任何指挥机关和部队后撤"。根据文件的规定,在达到该目标的诸种手段中,有两种手段值得关注。一是强调实行统一指挥,"主管司令必须把武装部队各军种

---

① 《斯大林文选》,人民出版社 1962 年版,下册,第 383—384 页。
② 〔德〕汉斯-阿道夫·雅各布森等:《第二次世界大战的决定性战役(德国观点)》,第 333 页。

的、武装部队以外的组织与部队的,以及德国有关民事机关的所有可供使用的兵力兵器,都用于摧毁敌运输工具和歼灭敌登陆部队"。二是"在部署兵力和构筑工事时,应将防御的重点设在有可能首先成为敌人登陆场的海岸地段(筑垒地域)。对其他海岸地段,只要它们受到了哪怕是敌小股部队袭击的威胁,就应尽可能依靠海岸炮兵连实施支撑点式掩护。应将所有重要的军事和国防经济设施纳入支撑点式掩护的范围以内"。① 上述 1942 年 3 月 28 日和 8 月 19 日盟军对法国城市和港口的攻击,似乎进一步证明了该指令的重要性。随着德国总体形势的恶化,1943 年 11 月 3 日,希特勒发布了《第 51 号指令(优先给西线补充人员和物资)》,其中强调:"在东线危险依然存在,但在西线出现了更大的危险:盎格鲁-撒克逊人的登陆! 在东线,由于空间辽阔,在万不得已时,可能丧失较大数量的土地,但不致对德国构成致命的威胁。西线则不同! 如果敌人在宽大正面上突破了我们的防御,那么在短时间内后果就会不堪设想。"据此,希特勒下令"不能够为了增援其他战场而继续削弱西线",同时还要"加强西线的防御力量,尤其应加强我们即将开始对英国实施远距离战斗的那些地方的防御力量"。具体来说,"应有重点地把最近运到丹麦和西部占领区的固定武器(重型反坦克炮、埋入掩体的坦克、海岸火炮、抗登陆火炮、地雷等)集中配置在受威胁最大的海岸地段","未经我批准,所有配置在西线和丹麦的部队,所有在西线新组建的装甲部队、突击炮兵部队和反坦克部队,均不得调往其他战线"。② 然而,在诺曼底登陆发生时,《第 40 号指令》所规定的统一指挥权问题,却缺憾甚多。当时该地的作战主力是 1943 年 11 月组建的 B 集团军群,司令官为已在北非战场声名鹊起的隆美尔,他常常会在兵力部署和作战指挥上提出自己的看法,并能越过中间环节直接与希特勒沟通。然而,B 集团军群与武装部队最高统帅部之间,1944 年 5 月又增设了西线总司令部,由龙德施泰德任总司令。他尽管在欧战初期即已担任集团军群司令,然而在 1944 年 5 月之

---

① [联邦德国]瓦尔特·胡巴奇编:《希特勒战争密令全集(1939—1945)》,第 133—135 页。
② [联邦德国]瓦尔特·胡巴奇编:《希特勒战争密令全集(1939—1945)》,第 182—186 页。

前，只是担任与 B 集团军群平级的 D 集团军群①的司令，1944 年 5 月，即诺曼底登陆前夕，才成为隆美尔的顶头上司。作为最高指挥官的希特勒，尽管在指令中强调西线的重要性超过东线，然而却长期在临近东线的"狼穴"（Wolfsschanze）大本营指挥作战，直到西线战事爆发后，在龙德施泰德的一再请求下，才在 6 月 17 日匆忙到过法国一次，在苏瓦松（Soissons）指挥部与龙德施泰德和隆美尔面谈。

另外，军队的战斗力也不如人意。由于法国战役结束后，西线战事较少，因而得到的兵员补充非老即幼，或者是负伤痊愈者。部队承担的任务，除守备之外，还要为其他战场训练补充兵员。编制一再紧缩，从原来的一个师下辖三个团，每个团下辖三个营，改为每个师下辖两个团加一个营，或者虽下辖三个团，但其中两个团仅各辖两个营。

德国根据希特勒的上述两个指令，为了抵御盟军在西欧登陆，加紧修筑沿岸防御工事，该工事被称为"大西洋壁垒"（Atlantik-Wall）。工事从挪威一直延伸到西班牙，然而由于工程量过大，只能保证一线式筑垒配置，缺乏纵深梯次配置，各自独立的筑垒地段之间也无紧密联系。其中丹麦至法国的沿岸作为重点防御地区，工事的配置标准稍高些。1943 年底，德军统帅部预感到盟军会在 1944 年春进攻西欧，然而对具体的登陆点，却有不同的判断。龙德施泰德等现场指挥官，认为登陆会发生在英吉利海峡较狭窄的地方，即在加来与迪耶普之间。希特勒从 1944 年 3 月起，对诺曼底（Normandie）地区产生了"预感"，认为盟军可能会在瑟堡（Cherbourg）以东登陆。据其手下的参谋回忆，希特勒之所以作出这一判断，一是分析了盟军在英国的部署情况，因为处于强势地位的美军被安排在英军的西面，因此登陆点可能会安排在偏西的位置，二是相信盟军会谋求尽早占领一个大的港口，而瑟堡很可能就是他们心目中要占的地方。他的判断因侦察者的报告而得到加强，报告说，盟军在英国的德文（Devon）进行了一次大规模的海岸

---

① D 集团军群成立于 1940 年 10 月，驻守在法国，下辖费尔贝尔集群和第一、第七、第十五集团军。第七和第十五集团军于 1943 年拨归新建的 B 集团军群，第一集团军于 1944 年 5 月拨归新建的 G 集团军群。此时，D 集团军群司令部改组成西线总司令部。

登陆演习,那里的地形与诺曼底相似。① 不久,隆美尔也改变了想法,站到
了希特勒一边。然而,德军最高统帅部里的其他高级官员,都与龙德施泰德
的判断相同。由于龙德施泰德占据了西线总司令的职位,根据第 40 号指令
的规定,他在该地区拥有很大的决定权,因而在西线战事爆发前夕,德军在
法国北部的防御重点在加来一带,那里部署了较多的步兵师和强大的重型
炮兵群。

　　围绕着如何抗击登陆战的战术问题,西线指挥官之间也有意见分歧。
隆美尔强调要把来敌击溃在海上或滩头,因为盟军掌握着优势,一旦让他们
占领了滩头阵地,就等于开辟了新的战场,即使德军装甲部队能阻滞盟军的
登陆部队,也不可能把它们赶回去。他力主构筑起由一系列支撑点构成的、
纵深达三英里的防御地带来抗击敌军的登陆。各支撑点周围设有雷场,由
步兵坚守,并由具有良好防护设备的火炮提供掩护。防御地带的后面再配
置装甲部队,这些部队的前沿火力必须能够炮击到海滩地区。这样,连水雷
包括在内,就能构成三层防御线,当步兵遭到敌军的攻击,很快就能得到装
甲部队的支援。但是,龙德施泰德和西线装甲部队司令莱奥·冯·施韦彭
堡(Leo von Schweppenburg,1886—1974)认为该想法很好,但难以实现。
他们主张把守卫重点放在陆上,即先以靠近海岸的火炮尽量杀伤向登陆地
区靠拢的敌军舰队,同时利用守备部队构成力量较为薄弱的封锁线来拦阻
盟军登陆,当地预备队则负责反击夺取滩头阵地的敌军。等到敌军试图压
制这种抵抗时,再派出集结的机械化部队将他们赶回大海。但这两人在后
者这一大前提下,又有小的意见分歧。龙德施泰德设想反登陆的决战将在
海滩附近地区进行,而施韦彭堡则估计这一战役将在较远的内陆进行,因此
他将自己指挥下的装甲师隐蔽在诺曼底南面的森林地带和巴黎周围地
区。② 隆美尔认为,他们两人的意见不无道理,但当时战场制空权掌握在盟
军手中,等到敌人建立滩头阵地后,就很难再实施强有力的反击。高级指挥
官们的意见分歧不仅使得第 40 号指令确定的"统一指挥"原则难以真正实

---

① [英]利德尔-哈特:《第二次世界大战史》,下册第 225—226 页。
② [德]汉斯-阿道夫·雅各布森等:《第二次世界大战的决定性战役(德国观点)》,第 342 页。

现，甚至还影响到具体的兵力部署，严重损害了西线德军的防御能力。

从1944年春天起，隆美尔就在英吉利海峡的南岸加紧构筑水下防线，即在浅水区设置障碍物，在较深的海域敷设各种水雷。设置浅水区障碍物的目的是破坏对方的登陆艇，内容包括：坦克陷阱；面向大海斜插的木桩、角锥和轨条寨，中间杂以水雷，有些地方顶端安上铁质的"开听刀"。障碍物从高潮水线以下开始敷设，由于塞纳湾（Baie de la Seine）的高低潮之间落差达20英尺以上，工程需耗费巨大的人力和物力，到1944年6月还远未完工。在水雷敷设方面，海军坚持使用鱼雷艇和大型扫雷艇而不是小型快速扫雷艇作业，而前者容易遭到海上与空中的攻击和水雷袭击，因而损失较大。另外，为了提高水雷的有效性，避免误伤自己，海军坚持要在确认敌军将发动进攻前夕才派出全部舰船去突击敷设。隆美尔对这种无把握的措施提出过抗议，但没有任何效果。在诺曼底登陆当天，盟军舰船比德军布雷舰艇先到达攻击地区，造成在最需要的地方无一枚水雷的状况，使德军无端损失了一道防线。

1944年6月5日深夜，西线战役正式打响。美英空军先对塞纳湾地区德军防御阵地投下近万吨炸弹，为登陆部队清扫障碍。6日凌晨1∶30，美英三个空降师从英国起飞，在登陆地域两翼着陆，占领部分军事要地。凌晨6∶30，美英军队在诺曼底登陆。从德方来说，由于预计天气情况不适合登陆作战，因此出现了登陆地段上现场指挥官不在场的意外状况，因为此人到布列塔尼指挥演习去了。处于后备状态的装甲部队指挥官，已经离开现场前往比利时访问。隆美尔也离开了司令部，回到乌尔姆（Ulm）家中为妻子庆贺生日。希特勒像往常一样，昼夜颠倒，很晚才入睡。约德尔不敢打扰他上午的睡眠，因此用婉拒的方法实行"无为而治"。然而，希特勒睡醒后知晓了战况，却令人费解地断定，诺曼底登陆只是一种佯攻，在塞纳河以东地区还会有另一次规模更大的登陆行动，因此多次拒绝包括隆美尔在内的现场指挥官的要求，不同意把后备部队调往诺曼底。6月12日，盟军将五个登陆场连成一片，形成一个正面宽约80公里、纵深12—18公里的统一登陆场。希特勒还是不愿意调动兵力，只是安抚下属要使用神奇的V型飞弹，夸口它们将对战局产生决定性的影响。将领们纷纷要求用飞弹直接打击盟军的登陆场,或者打击英国南部后备登陆部队的集结地,但遭到拒绝。希特勒要用它们打击伦敦,"以便使英国转向和平"。从 6 月 12 日起,德军向伦敦发射了近 3000 枚 V－1 飞航式飞弹,从 8 月初起又发射 4300 枚 V－2 弹道式飞弹。这些飞弹尽管给伦敦造成了一些损失,但根本不可能影响战局。到 7 月 24 日,盟军的登陆场已扩展到正面宽 100 公里,纵深为 30—50 公里,打赢了诺曼底登陆战的起始硬仗。

7 月 25 日,登陆盟军转入进攻,在法莱兹(Falaise)地区包围了企图实施反突击的德军第七集团军。尽管德军利用控制的走廊撤出了约 1/3 的部队,但仍有 8 个步兵师和 2 个装甲师被俘。至 8 月 25 日,盟军几乎占领了整个法国西北部。8 月 15 日,盟军实施"铁砧-龙骑兵计划",在法国南部戛纳(Cannes)以西登陆。在法国抵抗战士的配合下,盟军于 8 月底占领了马赛(Marseille)和土伦(Toulon),并继续向北推进。9 月 12 日,北路盟军和南路盟军在蒙巴尔(Montbard)会师,继续向东挺进,不仅占领整个法国,还解放了比利时,进逼荷兰边境。

第四节　谋刺希特勒事件

纳粹德国的专制体制,使得不同的建议和意见根本无法得到正常表达,更遑论这些建议能影响当局的决策。随着专制体制日益强化并走上恶性发展的道路,国家体制中没有"刹车"装置的恶果日益暴露,明智人士和反对力量只有一条路可走——用谋刺等非法手段迫使灾难之车硬性瘫痪在地。

自希特勒从政以后,谋刺他的企图和事件就接连不断。1983 年,德国作家维尔·贝特霍尔德(Will Berthold,1924—2000)出版了《四十二起谋杀希特勒案件》①一书,较为系统地梳理出这些企图和事件中有案可查的部分。在这些谋刺事件中,发生在 1933 年希特勒就任总理之前的,更多地带有纳粹运动内部争权夺利的色彩。希特勒执政初期,谋刺行动的动因是多元的,实施者的国籍和信仰也五花八门。有来自国内的,也有来自瑞士的;

---

① Will Berthold,*Die 42 Attentate auf Adolf Hitler*. Wilhelm Goldmann Verlag,1983. 中译本为
　[联邦德国]维尔·贝特霍尔德:《四十二起谋杀希特勒案件》,龚新康译,群众出版社 1986 年版。

有共产党内的极左分子(个人的单独行为),纳粹运动中分裂组织"黑色阵线"的派遣者,意图维护基督教尊严的基督徒,反暴政的正义人士,也有军内的抵抗分子。然而随着欧战的爆发,专制统治越来越严酷,希特勒公开露面的机会日益减少,谋刺行动的难度也进一步增加。这时,军内抵抗组织的谋刺活动就成为除掉希特勒的唯一希望。

在民间人士的行动中,1939 年 11 月发生在慕尼黑贝格勒劳凯勒啤酒馆的爆炸案是影响最大、实施者最具有传奇色彩的一次。爆发案制造者约翰·格奥尔格·埃尔泽(Johann Georg Elser,1903—1945)出生于符腾堡一个工匠家庭,少年时学习成绩优秀,14 岁开始学习手艺,先后当过铁匠和木匠。[1] 他在周围共产党员的影响下,一度加入过共产党的防卫组织"红色前线战士同盟"。希特勒上台执政后,随着国内政策的一系列调整,埃尔泽的收入下降了。而希特勒政府一系列毁约扩军的冒险举动,使他坚信希特勒就意味着战争,将把整个德国推向崩溃的深渊。他决定依靠个人的力量,利用每年 11 月 8 日纳粹"老战士"纪念"啤酒馆政变"的时机,在希特勒发表演说时将其炸死。为此,他作了精心准备。为了获得炸药和雷管,身有手艺的工匠竟然自愿到采石场充当时薪仅 70 芬尼的辅助工。在工地上,他常常趁人不注意,捡拾掉落在地上的雷管,还直接仿制钥匙,到库房偷拿炸药。随后,他利用自己的技能,把钟表改装成定时装置。他变卖了自己的自行车和低音提琴,身揣近 400 马克,来到慕尼黑。最困难的工作是把炸药放入全年营业的啤酒馆中央的大柱子中。他每次都在晚上 8—10 时到啤酒馆吃晚饭,吃完后趁乱闪入二楼储藏室,等到所有的人离开后出来工作。凌晨天亮以前必须停止工作,回到储藏室等待,到早晨 7 时多酒馆开门营业后从后门离开。由于柱子是砖石结构的,外面蒙了一层木板,他首先在木板层上做出一扇隐蔽的门,便于每次开关。然后使用各种工具凿挖砖头。这项工作的难度,一是不能发出太大的声响,二是每天处理建筑垃圾。对第一个难题,他只能放慢工作进度,利用抽水马桶自动放水时发出较大的声音,加紧作敲打工作。至于建筑垃圾,他先把它们装袋倒入储藏室的纸箱里,等纸箱装满

---

[1] Robert Wistrich, *Who's Who in Nazi Germany*. p. 66.

后,再利用中午的时间使用手提箱把垃圾提到伊萨河(Isar)边,倒在垃圾堆上。经过 30 余个夜晚的辛苦工作,中间经过了许多次差点被人发现的风险,埃尔泽的双膝也由于长期跪在柱子旁工作而有擦伤和发炎,但是,带有定时装置的炸药终于放入了柱子,外表看不出破绽,钟表的声音也被掩盖住。可惜的是,往常都要在该场合演讲一个半小时的希特勒,这次由于面临是否要立即进攻西线的问题,必须提前返回柏林。1939 年 11 月 8 日晚上 9：20,放置在贝格勃劳凯勒啤酒馆柱子里的炸药准时爆炸。在场的 6 名纳粹"老战士"和 1 名女招待当场被炸死,以后又有 1 人在医院里死亡,63 人受伤,其中 16 人重伤,但希特勒在爆炸发生前 13 分钟已经离开了现场。埃尔泽在拉网式搜捕中很快被捕,但数天后才被确定身份。由于希特勒不相信他一个人能完成这么多工作,坚持认为其背后有英国间谍网或"黑色阵线"作支撑,所以不愿立即处决他。他长期被关押在集中营,直到 1945 年 4 月 5 日才被秘密处死。

战争期间军内密谋分子的数次谋刺行动中,两次颇具戏剧性,一次发生在苏德战场,另一次在柏林。1942—1943 年,苏德战场的战事正处于关键阶段,聚集在"中央"集团军群内的密谋分子打算利用希特勒视察前线的机会除掉他。他们使用假护照把格尔德勒送到斯摩棱斯克以增强力量。卡纳里斯也寻机来到东线,暗中部署"阿勃维尔"的力量加以配合。密谋分子打算在军官食堂里起事,由一支 10 人组成的军官特工队,在其他陪餐者的配合下,根据信号拔出手枪一齐向希特勒及其警卫开枪。然而司令官克卢格坚决不同意在餐桌上杀人。密谋分子被迫改用第二套方案,用炸弹谋刺。然而,1943 年 2 月 27 日凌晨 2 时,希特勒突然宣布前往西南战线,离开了"中央"集团军群。B 集团军群内的密谋分子立即接过接力棒,准备采取行动,但一直没有找到机会。同年 3 月 13 日早晨,希特勒又在返回东普鲁士途中停留斯摩棱斯克。原先的那批密谋分子立即继续行动。他们以托带礼物为名,将伪装成两瓶白兰地酒的英制定时炸弹送上希特勒的专机。这种炸弹不使用会发出声响的机械走时装置,改用化学酸液腐蚀金属丝的方法控制起爆时间。定时炸弹与希特勒同在一架飞机上,化学酸液蚀尽了金属丝,撞针向前击发,但炸弹却没有爆炸。密谋者百思不得其解,只能归因于苏联上空的气温太低。几天后,1943 年 3 月 21 日,希特勒将出席在柏林军械库举行的阵亡将士纪念仪式,事后将用半小时的时间参观由"中央"集团军群举办的缴获的苏联武器展示会。密谋分子冯·格斯多夫(Rudolf-Christoph von Gersdorff,1905—1980)上校在找不到合适的地方安放炸弹后,决定把炸弹放在大衣口袋里,在预定的爆炸时间前尽量靠近希特勒,与他同归于尽。然而,由于最细的金属丝被蚀断也需要十分钟,而希特勒在现场仅逗留了两分钟就匆忙离去,格斯多夫只得在希特勒离去后,急忙跑进卫生间,卸下已进入倒计时的雷管。

1944 年 7 月 20 日发生的"七二〇"谋刺希特勒事件是军内密谋集团谋划的一次重大事件。该事件的主要策划人克劳斯·申克·冯·施陶芬贝格伯爵(Claus Schenk Graf von Stauffenberg,1907—1944)是近代普鲁士军事改革家奈德哈特·冯·格奈森瑙(Neidhardt von Gneisenau,1760—1831)的后代,其父亲曾经当过符腾堡末代国王的枢密大臣。他头脑冷静周密,喜爱文学艺术,在职业选择上几经周折后,19 岁那年加入了国防军,在第十七骑兵团当见习军官,1930 年晋升为少尉。对于纳粹运动,他的态度比较矛盾。作为贵族世家出身的有教养者,他对纳粹领袖们野蛮的、无教养的、有时候完全是装腔作势的做法感到反感,但与生俱来的民族主义情感,又使他支持希特勒政权毁约扩军的举措。1936 年,他进入柏林陆军大学深造。学习期间,其全面的才华引起教官和陆军总司令部的注意,两年后他进入总参谋部供职。[1] 然而,当年发生的反犹高潮,尤其是他长期生活的班贝格所发生的焚烧犹太会堂事件,以及全国范围的"水晶之夜"事件,使他对纳粹运动和希特勒本人的看法发生根本性转变。而翌年夏天的战争危机,使他看到希特勒正在把德国引向战争,这场战争可能是长期而伤亡惨重的,将把德国引向失败的灾难。欧战爆发后,他到第十六装甲师当参谋,声名渐起。苏德战争爆发后,他被派遣到东线,协助在苏联战俘中组织俄罗斯"志愿部队"。在这期间,党卫队在苏联的暴行,以及希特勒要求枪杀所有苏军政委的命令,使他彻底看清了纳粹分子的真面目。他寻机加入了密谋集团,并很快成

[1] Robert Wistrich, *Who's Who in Nazi Germany*. pp. 298 - 300.

为其中的积极分子。

1943年2月,他被调到突尼斯战场,在装甲师任作战参谋。4月7日,他乘坐的汽车开进雷区,同时遇到盟军飞机的低空扫射,身受重伤。他的左眼全瞎,左手的两个手指和整个右手被炸掉,左耳和左膝盖也受了伤,医生们久久不能确定他是否能度过死亡的难关。然而其毅力过人,在治疗过程中甚至拒绝服用镇痛剂和安眠药,最后顽强地活了下来。还没等伤病全部养好,他就要求回部队继续服役,并更加积极地参加反抗活动。针对当时不少将军犹豫不决的态度,他明确地表示:"将军不行就该用上校。"[①]1943年9月,他晋升为中校,并调回柏林陆军总司令部任军械署参谋长,以更加有利的条件参加密谋活动。他一方面加紧练习定爆技术,学习用左手残存的三个手指夹碎定时炸弹的酸液瓶,另一方面与贝克等人一起,加紧修订《女武神计划》(Walküre,又译《伐尔克里计划》)。该计划有阴阳两个版本。提交希特勒批准的内容是,一旦在柏林和诸如慕尼黑、维也纳、科隆等大城市服劳役的千百万外国劳工发生暴动,即由武装部队国内驻防军接管这些城市的治安工作。由于外籍劳工既无武器也无组织,几乎不可能发生这种情况,因而很容易看出此举的真实意图。但此时希特勒早已是草木皆兵,眼见精壮将士都被牵制在国外,国内空虚,自然对国内驻防军产生兴趣。该计划的真实内容是,首先派专人刺杀希特勒,得手后即使用国内驻防军和警察发动政变,在尽可能短的时间里夺占位于柏林的全国广播总局和广播电台、电报局、电话局、总理府、政府各部和党卫队-盖世太保总部,解除党卫队和盖世太保的武装,然后通过广播、电话和电报,把先期拟好的公报发给其他城市的驻防军指挥官和境外军官,同时通电全国,宣布希特勒已死,成立以贝克为国家元首、格尔德勒为政府总理、维茨勒本为武装部队总司令的新政权。1944年6月,施陶芬贝格晋升为上校,担任国内驻防军参谋长,为主持《女武神计划》提供了更好的条件。6月7日,他在元首山庄首次见到希特勒,后者对他提交的修改版《女武神计划》很感兴趣,表示该版计划"特别出色",而他也看清了"在元首身边有随便活动的可能"。7月2日,他再去汇

---

① [联邦德国]维尔·贝特霍尔德:《四十二起谋杀希特勒案件》,第195页。

报工作,公文包中携带了定时炸弹。然而由于他想同时炸死的戈林和希姆莱都不在场,所以无功而返。① 7 月 15 日,施陶芬贝格第二次携带炸弹来到希特勒身边,但由于没有机会启动定时装置,又未能成功。

1944 年 7 月 20 日,数次都未成功的密谋反抗行动再一次启动。刺杀和政变两个环节的主角都是施陶芬贝格,由于刺杀舞台在东普鲁士拉斯腾堡(Rastenburg)以东 15 公里处的“狼穴”(Wolfsschanze)大本营,而政变舞台在德国本土的柏林,两处之间有一定的距离,当时的飞机需要飞行两个多小时,这给整个行动增添了不少难度。当天中午,施陶芬贝格顺利地进入会场,炸弹也准时爆炸,但由于会场临时从地下室转移到窗户大开的地面建筑内,装有炸弹的公文包也被人无意间从希特勒的脚边移到厚厚的橡木底座的另一侧,结果,尽管希特勒头发烧焦,两腿灼伤,右臂拧伤后暂时不能动作,耳膜震坏,脊背也被掉落的橡子划破,但生命无碍。站在会议室外 200 码处的施陶芬贝格看到会议室在爆炸声中烟火大作,人体从窗户里被抛出来,碎片飞到空中,推测包括希特勒在内的与会者都已经被炸死,至少也命在旦夕。他急忙通过重重关卡,坐车到了机场,乘坐原来的飞机原路返回。飞机上没有通讯设备,因而既无法指挥柏林的同谋者立即行动,也无法通过电台广播分析柏林的近况,只能一厢情愿地想象盟友们已经行动起来接管了柏林,并且正在发出给德国本土和西线军事指挥官的文告。而事实上,由于“狼穴”大本营与柏林之间的通话质量欠佳,同时密谋分子因害怕遭到窃听而匆忙挂机,因而柏林方面并不清楚希特勒是否已死,不敢有所动作。施陶芬贝格回到国内驻防军总部时,整个行动计划已经失去了宝贵的三小时时间。在施陶芬贝格的坚持下,政变行动开始启动,但“狼穴”大本营方面的防范和反击措施也已开始。② 密谋圈内的不坚定分子和圈外的骑墙分子一听说希特勒未被炸死,纷纷反戈一击,最后导致事件以失败告终。希特勒对密谋分子展开疯狂的报复,当天就枪杀了贝克、施陶芬贝格等主要人士,随后组织了“七二〇事件特别委员会”,由来自 11 个机构的 400 名盖世太保和

---

① Robert Wistrich, *Who's Who in Nazi Germany*. p. 300.
② Jeremy Noakes and Geoffrey Pridham (ed.), *Documents on Nazism,1919 - 1945*. pp. 324 - 325.

刑事警察组成,负责无情地清洗各军参谋部。整个报复行动导致4980人死亡,其中包括格尔德勒、卡纳里斯等人。不少遇害者生前遭到"人民法庭"羞辱性的审讯,死后骨灰被胡乱地撒入农田甚至臭水沟。

　　"七二〇"事件尽管没有达到消灭希特勒和纳粹政权的目的,但它给了两者以沉重的打击,使它们在声誉和实力方面遭遇到无可挽回的损失。战场形势和国内的动荡,使民众对希特勒政权更加不满。1944年11月斯图加特(Stuttgart)地区党卫队保安处的内部报告称,他们多次听到民众在口传,说"元首确实是上帝派来的,我们毫不怀疑,但上帝不是派他来拯救德国,而是毁灭德国"①。但希特勒还要竭尽全力来作最后的挣扎。1944年9月25日,他签署法令,动员国内全部16—60岁的公民来保卫国家。根据该法令,当局在国内组建了"人民冲锋队"(Volkssturm,亦译"人民突击队")和"德国护乡队"(Wachdienst)。前者由16—60岁非在役公民组成,绝大部分是伤残退役老兵和其他不适合服役者,这些人在纳粹官员的监督下入队。人民冲锋队的基本作战单位为营,但装备很差,几乎未受训练就被送上战场。以后,甚至妇女和少女也被征召入队,从事辅助性勤务工作。② 后者系地方半武装组织,由老人组成,用于守护本地区,也用于消防和搜索等工作。以后,随着人民冲锋队在战斗力方面的问题逐渐暴露,1945年1月28日,希特勒又下达了《关于人民冲锋队使用的命令》,其中表示:"东线的经验表明,陷入孤立无援境地的人民冲锋队部队、值班部队和后备部队只有微弱的战斗力,可能很快会被击溃。如果将它们编入野战陆军部队的编成内使用,那么这种数量上通常很多但没有充分地按照现代战斗进行武装的部队,其战斗力就会得到不同程度的提高。因此,我命令:……如果在一个战斗地段内,除野战陆军部队以外,还配置有人民冲锋队部队、值班部队和后备部队,就应该建立统一指挥下的合成战斗群(旅)。这种战斗群能给人民冲锋队部队、值班部队和后备部队以帮助和支援。"③然而,这种做法一方面把老弱病

---

① Jeremy Noakes and Geoffrey Pridham (ed.), *Documents on Nazism*, 1919–1945. p. 669.
② [民主德国]洛塔尔・贝托尔特等编:《德国工人运动史大事记》第二卷:从1917年至1945年,第520页。
③ [联邦德国]瓦尔特・胡巴奇编:《希特勒战争密令全集(1939—1945)》,第235页。

残者进一步送到死亡线上,同时也降低了部队的总体战斗力。

第五节　第三帝国覆灭

美英盟军在诺曼底登陆后,德国不得不抽调部分兵力应付西线,东线的兵力有所减少,苏联趁机继续实施打击。1944 年 6 月 10 日至 8 月 9 日进行的第四次突击,打击对象是芬兰。1941 年德国入侵苏联后,在苏芬战争后被迫签订城下之盟的芬兰也跟着向苏联宣战。随着苏德战场形势发生根本逆转,德军节节败退后,1944 年 2 月,芬兰政府通过驻瑞典代表向苏方征询关于芬兰退出战争的条件,苏联提出恢复 1940 年苏芬条约规定的国境线等条件,芬兰政府没有接受。在第四次突击中,苏军通过在卡累利阿(Карелия)地峡实施的维堡战役,以及在南卡累利阿实施的另一场战役,击溃了芬兰军队,迫使芬兰于 9 月初退出战争,东线德军的北翼也因此受到更大的压力。

同年 6 月 23 日至 8 月 29 日,苏军在白俄罗斯地区实施第五次突击。白俄罗斯地区在当时的苏德战场上占有较为特殊的位置,德军拥有它,其远程航空兵还能冒险袭击莫斯科地域,如果失去它,不仅使柏林-华沙方向暴露在苏军威胁之下,而且整个东线的战略正面也将被割裂。驻守该地区的德军有整个"中央"集团军群,以及"北方"集团军群和"北乌克兰"集团军群的部分兵力,共计 66 个师又 3 个旅。苏军先实施战役伪装,让德军最高统帅部产生下一个打击将在南翼发生的错觉,随后发起总攻,从六个地段同时实施突破,围歼德军侧翼集团。继之以主力实施向心突击,合围德"中央"集团军群基本兵力。而后扩大进攻正面,连续出击,前出至苏联西部边境。在这次战事中,德军被全歼 17 个师又 3 个旅,其他部队也损失过半。

当第五次突击还在进行之时,苏军又在乌克兰西部和波兰东南部实施第六次突击。德国的守军为"北乌克兰"集团军群,它们曾在西乌克兰地区修筑了纵深为 40—50 公里的三道防御线,试图据此强守。苏军的进攻从 7 月 13 日开始,至 8 月 29 日结束,在进攻中不仅解放了西乌克兰和波兰东南部,还强渡维斯瓦河,建立巨大的登陆场。德军 13 个师遭全歼。

8月20日至9月底,苏军在比萨拉比亚和罗马尼亚、保加利亚境内实施第七次突击。苏军先进攻比萨拉比亚,围歼了德国"南乌克兰"集团军群的主力第六集团军。8月23日,罗马尼亚共产党发动民众举行起义,赶走德国驻军,成立新政府。翌日,新政府宣布退出法西斯集团和侵略战争,原充当帮凶的罗马尼亚第三集团军很快调转枪口。希特勒为了拉住罗马尼亚,于8月24日命令德军向布加勒斯特进攻,结果被罗军击退。8月31日,苏军进入布加勒斯特,并很快前出到保加利亚边境。保加利亚在战争中维持了倾向德国的中立政策。9月5日,苏联向保加利亚宣战,8日,苏军进入保加利亚。翌日,保加利亚工人党建立新政权并对德国宣战,至21日,苏军前出到南斯拉夫边境。德军"南乌克兰"集团军群在苏军打击下几乎全军覆没。

至此,苏联被德国占领的国土只剩下战争期间并入苏联的波罗的海诸加盟共和国了。9—10月实施的第八次突击,目标即指向那里。通过两个阶段的交战,苏军解放了爱沙尼亚全部和拉脱维亚大部,9月19日,芬兰宣布退出法西斯集团并对德宣战。德军"北方"集团军群在这次突击及后续战斗中被消灭。

第九次突击在东南欧和中欧一带实施,时间为1944年9月28日至翌年2月13日。苏军首先突入匈牙利,匈牙利政府试图脱离德国集团,但很快被德国扶持的新政权取代。苏军同时在捷克斯洛伐克东部周围和南斯拉夫东部周围发起两个进攻战役,占领了这些地方,随后向布达佩斯发起总攻,解放了匈牙利。

1944年10月7日至11月1日展开的第十次突击发生在芬兰北部的北极圈内,主要对手是进驻此地和退守挪威北部的德军。尽管这里山重林密、风雪严寒,但德军的斗志不强,很快被击败。德军在东线的败退,使得希特勒不得不永久离开"狼穴"大本营。1944年11月20日,他将指挥部迁往柏林。

在西线,盟军早已抵达德国边境,只是出于各种原因——包括安特卫普港无法正常使用所造成的后勤运输困难,进攻暂告停顿。希特勒面临东西两线大兵压境的困局,试图孤注一掷,用一次大规模的反击来扭转颓势。在选择反击方向时,"他认为眼下西线比东线的机会要好。比起东线来,西线的距离较短,运送必要燃料的代价较低,重要战略目标处在现有兵力兵器更容易达到的地方。而在东线,战争需要在截然不同的条件下进行。另外,他认为英国人和美国人不是红军或苏联政治领导人那样的强硬对手。他相信,英国人即将山穷水尽,而美国人如果看到事态转而对他们不利,很可能垂头丧气"①。而具体的出击点,希特勒又一次选择了阿登地区。打算在盟军防御的薄弱地段实施突破,在列日和那慕尔一线强渡马斯河,进击荷兰与比利时境内的盟军,最后把目标指向安特卫普港,切断盟军的海陆联运线。希特勒曾向部下承认,攻击安特卫普这个目标有点冒险,或许是德国军队及其条件力所不及的,但他还是要尝试一下。除此之外,希特勒还有政治上的考虑,不过这些考虑很晚才向部下透露。他说:"在整个世界历史中,从来没有过像目前敌视我们的那样的联盟,成分那样复杂,而各自的目标又那样分歧。一方面是极端的资本主义国家,另一方面是极端的马克思主义国家。在资本主义国家中,一方面是垂死的世界帝国——大不列颠帝国,另一方面是一心想继承其衣钵的'殖民地'——美国。美国决心取代英国在世界上的地位。苏联急着要染指巴尔干、达达尼尔海峡、波斯和波斯湾。英国急于要保住它的不义之财,保住它在地中海的实力。这些国家已经在争吵不休,他们的对抗显而易见在随时增长。如果德国现在能给予几下沉重的打击,这个人为联合起来的战线将随时霹雳一声地垮台。最后,当一方或另一方承认谁也打不赢时,战争就告结束。"②

反攻计划由希特勒亲自主持制订,该计划被利德尔-哈特(Basil Henry Liddell Hart,1895—1970)称作"是一种才华横溢的设想,很可能成为一种了不起的成功,如果他拥有足够的人力物力来保证这一战役有达到它巨大目标所必不可少的条件的话"③。按照计划规定,德军行动的起步阶段将有两个主要行动。第一个行动是,一个会讲英语的德军突击连队,在德军制服外面套上美国陆军的外套,乘着美国吉普车,分成一个个小队,突破防线后就带头往前冲去,接着便切断电话线,倒转路标,将守方的后备部队引入歧

---

① [德]汉斯-阿道夫·雅各布森等:《第二次世界大战的决定性战役(德国观点)》,第422—423页。
② [德]汉斯-阿道夫·雅各布森等:《第二次世界大战的决定性战役(德国观点)》,第422页。
③ [英]利德尔-哈特:《第二次世界大战史》,下册,第372页。

途,挂上红色带子表示路上埋有地雷,并尽量制造其他混乱。第二个行动是,一个完整的装甲旅,穿着美军制服,长驱直入,并占领马斯河上的桥梁。然而,也许是长期脱离现实生活的缘故,陆军士兵出身的他,居然会忽视12月中旬夜长昼短的特点,拟出令人惊诧的作战时间表。按最初的计划,进攻当天的上午7:30开始炮击,11:00步兵发起冲锋,在这两个时间节点之间,德国空军应轰炸对方指挥部和交通线;装甲师要等到步兵完成突破后才出动。充当行动主力的第五装甲集团军司令冯·曼陀菲尔向希特勒据理力争,说:"要是我们7时30分万炮齐鸣,只会使美军警觉,同时在我们开始进攻前,他们将有三个半小时的时间来组织他们的反攻。"同时,这个季节"下午4时天就黑了,因此在上午11时进袭以后,你只有五小时的时间来完成突破"。他提出的建议是,炮击从5:30开始,可集中轰击预先侦察到的目标,如炮兵阵地、军火库和指挥部,来破解天未亮的难题;每个步兵师的突击营也在5:30开始出击,这样就多得到五个半小时的进攻时间;突击营完成纵深渗透后,大部队才开始行动;坦克则在暮色苍茫中出动,逐渐超越己方的步兵,在第二天黎明时向主要阵地进攻。希特勒一声不吭地接受了建议。①

1944年12月中旬,德军在阿登地区部署了B集团军群的党卫第六装甲集团军、第五装甲集团军和第七集团军,共25个师,其中7个为装甲师。16日凌晨,德军一支约800人的特遣队,穿着美国军服,佩美式武器,驾驶缴获的美军坦克和吉普车,口操英语,潜入美军驻地,切断交通线,杀死传令兵,搞乱交通运输,保护德军将要通行的桥梁。5:30,德军实施炮火准备,之后进攻部队在数百架探照灯照耀下发起攻击。美军麻痹大意,被打个措手不及,未作有组织抵抗便仓促退却。美军防御阵地被撕开一个大缺口,到12月20日,德军的突破正面扩大到100公里、纵深30—50公里,形成一个很大的突出部。德军还继续向马斯河推进。从整个欧洲战争的态势来看,德军已是强弩之末,缺少汽油和炮弹,掌握不了制空权,装甲部队被迫不断放慢进展速度。然而,其特遣队所带来的混乱却是难以很快排解的,除了原

---

① [英]利德尔-哈特:《第二次世界大战史》,下册,第380—382页。

地不动的美军将士受到的影响较小,运动中的部队或人互相间都难以辨认真假,只好依靠反复盘问涉及美国国内地理、人文、历史等问题来鉴别,严重影响了工作效率。当美军内部盛传德军特遣队将图谋暗杀盟军总司令艾森豪威尔时,大批保卫人员聚集在总司令周围,使后者有受"软禁"之感。盟军在适当调整部署后,从 12 月 23 日起实施反突击。航空兵对进攻德军实施大规模袭击,步兵部队也展开反攻,将德军的攻势阻挡住。德军重新调集兵力,发起新的攻势。1945 年 1 月 1 日,德国空军出动 1000 多架飞机,对突出部附近盟军的机场实施了数个月来最猛烈的轰炸,炸毁了约 260 架停放的飞机。地面部队也相应地发起攻击,先头部队攻至离美军第一集团军指挥部近 13 公里(8 英里)处,此处离美军供应站只有不到 2 公里(1 英里)的距离,供应站内储存着超过 11 356 229 升(300 万加仑)汽油。德方的行动使美英两国上下大为紧张。盟军统帅部决定于 1 月 3 日转入反攻,以彻底击退德军的反扑。1 月 6 日,英国首相丘吉尔给斯大林发电报,表示:"西线的战斗很激烈,随时都可能需要最高统帅部作出重大的决定。你从自己的经验中一定知道,暂时失去主动权而不得不防守一条很长的战线时,这种处境是多么令人焦急。……请告诉我,我们是否可以指望 1 月份苏军会在维斯瓦河战线或者在别处发动一次重大的进攻。"斯大林于 7 日回电,表示至迟在 1 月份的下半月内发动进攻。[①] 8 日,盟军击退了德军的攻势,随后乘胜追击,于 1 月底将德军赶回到原来的阵线。德军经过这番折腾,死伤和失踪人员达 8.2 万,损失坦克和强击火炮 600 辆、飞机 1600 架,其他车辆 6000 辆。此后,德国在西线也只有挨打的份了。

在东线,苏军原计划在 1945 年 1 月 20 日发起维斯瓦河-奥得河战役,后提前至 1 月 12 日行动。战役开始前,德军统帅部没有发现苏军在这一方向的进攻企图,故错误地认为苏军将在南北两翼实施重要战役,取胜后再在柏林方向上实施进攻。为此,德军统帅部反而将原来部署在此处的军队调往匈牙利和波美拉尼亚(Pomorze),试图以维斯瓦河至奥得河之间几乎贯穿

---

① 苏联外交部编:《1941—1945 年苏联伟大卫国战争期间苏联部长会议主席同美国总统和英国首相通信集》,潘益柯译,世界知识出版社 1961 年版,第 297 页。

整个波兰的七道防御线阻止苏军的行进,这些防御线的纵深达 500 多公里,但因兵力不足,防御力不强。12 日,苏方白俄罗斯第二方面军在北部作战,两周内向前推进 250 公里,于 1 月 26 日进入但泽,3—4 月占领整个东普鲁士,4 月 9 日攻占柯尼斯堡。白俄罗斯第一方面军从中路进攻,1 月 17 日协同波兰的武装力量解放华沙,40 天内进抵奥得河,接着在河西建立桥头堡,打开了冲击柏林的通道。乌克兰第一方面军在南部进攻,迅速攻占德国的重要工业区西里西亚。另两个方面军于 2 月 13 日攻克布达佩斯,4 月 13 日攻占维也纳。由于奥得河解冻,苏军后方还有残留的德军,苏方的进攻暂时停顿。

西线盟军在粉碎德军阿登地区的反扑后,以每周 1 个师的速度向前线增调兵力,计划首先歼灭莱茵河以西的德军,尔后强渡莱茵河攻占鲁尔区,继而发动最后的进攻。2 月 8 日—3 月 23 日,盟军分别在莱茵河下游、中游和萨尔盆地地区发动打击,肃清了河西的德军,并在河东雷马根(Remagen)建立桥头堡。3 月 23 日夜,蒙哥马利部在下游地区强渡莱茵河,26 日,中部盟军以雷马根桥头堡为出发点向东北方向进攻,于 4 月 1 日同下游盟军会师,包围鲁尔地区德军 18 个师,共 32.5 万人。

面临灭顶之灾的希特勒逐渐趋于疯狂。2 月 12 日,凯特尔以"元首名义"下令就地枪决德军的逃兵。2 月 19 日,希特勒在大本营军事会议上表示,打算撕毁《日内瓦公约》,就地枪决俘获的所有盟军飞行员和其他战俘,以此"让敌人知道我们决定用一切手段为我们的生存而战"。在场的将领们担心遭到盟军的报复,从国际法的角度提出反对。希特勒愤怒地驳斥说:"见他们鬼去吧……如果我表明,我毫不体恤俘虏,不管报复不报复,根本不考虑他们的权利,那么,不少人在开小差之前就会好好想一想!"3 月初,凯特尔又以希特勒的名义宣布:"凡是未受伤而被俘的军人,其国内的家属将要受到惩处。"不久,希姆莱又奉希特勒指示,下令对任何弃守市镇和交通枢纽的德军指挥官"均可处以死刑"。3 月间,弃守莱茵河雷马根大桥的 8 名德军军官,成了这道命令的第一批牺牲者。

3 月 15 日,施佩尔起草了一份致希特勒的备忘录。他在这份备忘录中坦率地表示,可以确实无疑地预期,在四至八周内,将发生"德国经济的最后崩溃",并且在这以后"战争也不可能根据军事计划继续打下去了"。他告诉希特勒:在战争的最后几周里,领导人的职责应是"凡是可能就帮助人民","我们无权在战争的这个阶段上由我们采取针对人民生存的破坏措施",破坏这么多的工厂和交通设备"不可能是在国内进行战争的宗旨……破坏它们意味着排除德国人民今后生存的任何可能性"。然而,施佩尔写完后却不敢贸然把它递交给希特勒,因为前不久希特勒就曾在军事会议上断然宣布,"今后,谁对别人说战争打输了,就要当卖国贼看待,一切后果由他和他的家属来负。我将不考虑其地位和威望而严加惩处"。无奈之下,施佩尔只得费尽心思地寻机安全"进谏"。他事先采取了一些向希特勒表忠心的举动,如请求获得希特勒亲笔题赠照片等,之后于3月18日出席大本营形势分析会后,在个别谒见时呈递给希特勒。① 后者虽然没有把他"当卖国贼看待"而加以惩处,但以冷冰冰的语调教训道:"如果战争打输了,人民也被输掉了。没有必要为德国人民基本生存将来需要什么而操心了。相反,对我们来说,连这些都破坏掉甚至反倒是上策。因为这个民族已经被证明是弱者……不管怎样,在这场斗争之后,只有劣等人会留下来,因为优等人已经被杀害了。"第二天,希特勒签发了被俗称为"焦土令"的《关于在德国领土上的破坏措施》(*Befehl betreffend Zerstörungsmaßnahmen im Reichsgebiet*)的专门命令。命令称:"为了我国人民的生存而进行的斗争,迫使我们在本国领土上也应千方百计地削弱我们的敌人的战斗力,阻止它继续向前推进。应利用一切可能,直接或间接地使敌人的打击力量连续不断地遭到损失。如果认为未被破坏的或仅短时期内陷入瘫痪的交通、通信、工业和补给设施,在夺回失去的领土时仍可重新供己方使用,那就错了。敌人在其撤退时留给我们的将只会是一片废墟,而根本不会顾及居民的生存。因此,我命令:1. 必须破坏德国领土上的一切军用的交通、通信、工业和后勤补给设施以及其他重要设施,因为敌人可能马上或在不久以后利用这些设施来继续进行战斗。2. 负责实施这些破坏行动的是:主管所有军事目标(包括交通和通信设施)的军事指挥机关;大区指导处领袖;主管所有工业设施、后勤补给设施以

---

① [德]阿尔贝特·施佩尔:《第三帝国内幕》,第481页。

及其他重要设施的全国防卫特派员。在各大区指导处领袖和全国防卫特派员遂行其任务时,部队应提供必要的支援。3.应以最快的速度将这一命令传达到所有部队指挥官;与此相违背的指令一律作废。"①3月20日,该命令正式下发,要求下属立即贯彻执行。由于德军将领大多持反对态度,3月23日,鲍尔曼又向纳粹党各大区领袖下发了一道补充命令,要求他们全权负责执行。该补充命令还规定:"凡是我们目前不能控制,而预计会被敌人占领的地区,均须疏散居民……保证全体公民一个不留地全部撤离。"在毫无准备,包括没有粮食供应的条件下,强迫多达百万的居民撤离,势必引起灾难性的后果。当有人提出交通运输已经完全停顿,无法组织这种全体居民的撤离时,希特勒固执己见,竟然表示"那就让他们步行"。② 幸好,"焦土令"的全权执行权授予了施佩尔,他暗中破坏,千方百计地阻止执行。而多数军政官员,包括一部分纳粹党官员也抵制"焦土令",悲剧才未在全国上演。

反法西斯国家继续进攻。1945年4月2日,艾森豪威尔命令盟军兵分三路,以中路为主要突击力量,向东推进。4月16日,苏军在东线发动最后冲击,19日即突破德军的三道防线。希特勒在同盟国集团的共同打击下,方寸大乱。4月7日,他发布《关于西线战场的新的指挥关系》的命令,其中规定将原本隶属于西线总司令部的B集团军群,与西线总司令部及新增设的西北线总司令部、西线海军总司令部一起,并列地接受武装部队最高统帅部的直接指挥。③ 4月15日,希特勒根据德国中部的陆上联系日益困难的现状,签署了《元首关于被分割的德国北部和南部地区指挥关系的命令》,对被分割后的指挥关系作了规定:如果希特勒留在南部,则由其直接指挥南部地区的军事抵抗,由邓尼茨任北部地区总司令;如果希特勒留在北部,则由凯塞林元帅任南部地区总司令。文件规定,在由邓尼茨或凯塞林执掌的地区,"武装部队三军种、各种阵线、后备军、武装党卫队、警察和其他组织在该地区的一切力量,均归该总司令指挥",然而,该"总司令只有在接到我的特

---

① Jeremy Noakes and Geoffrey Pridham (ed.),*Documents on Nazism*,*1919－1945*. pp.676－677.
② [德]阿尔贝特·施佩尔:《第三帝国内幕》,第482页。
③ [联邦德国]瓦尔特·胡巴奇编:《希特勒战争密令全集(1939—1945)》,第239—241页。

别命令后才可开始工作"。① 希特勒至死都要掌控实权,其中固然包含有日耳曼-德意志人的传统,即权利与责任的高度统一,但更主要的,则是其个人独裁欲的外在表现。4 月 25 日,苏联乌克兰第一方面军在托尔高(Torgau)地域的易北河上与美军第一集团军会师,东线和西线两个战场联结起来,德军完全被分割成南北两部分。同日,苏联白俄罗斯第一方面军和乌克兰第一方面军也完成对柏林的包围。希特勒原先打算在 4 月 20 日生日那天离开柏林,前往纳粹运动的故乡巴伐利亚州南部,在贝希特斯加登周围以阿尔卑斯山脉为中心的"民族堡垒"继续指挥德军作最后决战。但 20 日当天,他又决定留在柏林,想亲自调动军队到柏林作抵抗。南面的德军则奉命向捷克斯洛伐克地区集结,3 万名德军官兵进占了布拉格。

　　4 月 21—22 日,希特勒竭尽全力想调动部队向苏军发起反攻,甚至扬言"所有按兵不动的司令官,都要在五小时内处决"。然而,各处的德军都已经或即将陷入灭顶之灾,有些是心无斗志,有些是力不从心,根本不可能组织起有效的反击。4 月 22 日下午举行例行军事会议,希特勒在会上疯狂地叫骂:除了背叛、撒谎、腐化和怯懦,没有别的;一切都完啦;好吧,谁愿意走就可以走。他声称要在柏林了结自己的一生。他叫来一名秘书,当场口授指示,并命令立即通过电台广播出去:"元首将要留在柏林,保卫它到底。"随后,他开始挑选需要销毁的文件。戈林当时已经逃到南巴伐利亚的上萨尔茨堡(Obersalzberg),得悉希特勒决定留守柏林的消息后,立即发去一份电报,表示自己准备根据 1941 年 6 月 29 日的命令,"立即接管德国全部领导权……如果在今晚 10 时还没有从您那里得到回音,我将认为您已经失去行动自由,并且认为执行您的命令的条件已经具备"。希特勒本来已经处于低沉冷漠状态,看到电报后火冒三丈,很快口授一份电报给戈林,称其犯了叛国罪,理应处以死刑,念其长期效劳党国,如果立即辞去全部职务,可免一死。半小时后,戈林回电,宣布"因病"辞去一切职务。然而鲍尔曼私自发电报给当地党卫队总部,命令立即把戈林及其手下以叛国罪加以逮捕。希姆莱当时在北部海岸城市吕贝克(Lübeck),4 月 23 日深夜通过瑞典红十字会

---

① [联邦德国]瓦尔特·胡巴奇编:《希特勒战争密令全集(1939—1945)》,第 242—244 页。

副主席与西方国家接洽,表示德国愿意向西方国家投降,并在西方国家前来接管前继续同苏联作战。4月28日晚,戈培尔手下的无线电监听站收听到英国广播公司关于希姆莱接洽投降的消息。希特勒闻讯再次暴怒,甚至一度失去了知觉。

　　绝望中的希特勒决定自戕。4月29日凌晨1时,他与情妇爱娃·布劳恩(Eva Braun,1912—1945)正式结婚。4时起,开始口授政治遗嘱和私人遗嘱。他在政治遗嘱里,把挑起世界大战的责任归之于"那些犹太血统的或者为犹太人利益服务的国际政客",号召德国人"在任何情况下决不放弃斗争",声称"民族社会主义运动光辉复兴的种子将会在德国历史上萌发起来"。关于继承人问题,他宣布把戈林和希姆莱开除出党,解除一切职务,因为这两人"不仅对我不忠,还瞒着我,违背我的意志私自与敌人谈判,并非法地企图夺取国家控制权,从而给整个国家带来了无法弥补的耻辱"。他指定邓尼茨为自己的继承人,就任德国总统,兼任军事部长和海军总司令。指定戈培尔为新政府总理,鲍尔曼为新设立的党务部长,赛斯-英夸特为外交部长。他指定的其他人员还包括:内政部长保罗·吉斯勒(Paul Giesler,1895—1945),陆军总司令斐迪南·舍纳(Ferdinand Schörner,1892—1973),空军总司令奥古斯特·格莱姆(August Greim,1895—1975),党卫队全国领袖兼德国警察总监卡尔·奥古斯特·哈恩克(Karl August Hanke,1903—1945),经济部长冯克;农业部长赫尔伯特·巴克;司法部长蒂拉克,教育与国民礼仪部长古斯塔夫·阿道夫·舍尔,宣传部长维尔纳·瑙曼(Werner Naumann,1909—1982),财政部长施威林·冯·克罗西克,劳动部长台奥·胡珀法尔(Theo Hupfauer,1906—1993),军火部长卡尔-奥托·绍尔(Karl-Otto Saur,1902—1966),德意志劳动阵线领袖兼内阁不管部长莱伊。他在遗嘱的结语里,还念念不忘其纳粹主义的初衷:"最重要的是,我责成政府和人民要全力拥护种族法律,无情地打击各国人民的毒害者国际犹太人集团。"①在私人遗嘱里,希特勒回顾了其奥地利下层中等阶层的出身,

────────────

① [苏]麦尔扎诺夫:《希特勒最后十三天》,高运恰、陈德华译,军事译文出版社1984年版,第158页。

解释他为何要结婚并同新娘一起自杀，要求在所留财产中拨出一些留给亲属，让他们足够维持一个小资产阶级的生活水平。[①] 4 月 30 日下午，希特勒与爱娃·布劳恩双双自杀。第二天傍晚，戈培尔毒死六个子女后，开枪打死其妻子，然后自杀。

5 月 1 日，邓尼茨向全国发表广播讲话，谎称希特勒同苏军战斗到最后一息，已经"壮烈牺牲"，号召全体国民拯救德国"使它不致遭受布尔什维克政府的破坏"。5 月 2 日，柏林地区的德军向苏军投降。驻留吕贝克的邓尼茨派出海军上将汉斯－格奥尔格·冯·弗里德堡（Hans-Georg von Friedeburg，1895—1945）作为代表与盟军谈判停战事宜。4 日，北部和南部的德军残部相继向盟军投降。6 日，苏军开始围歼在布拉格地区顽抗的最后一个德军集团。

5 月 7 日 12：45，德国电台宣布德国无条件投降。同日 14：41，邓尼茨政府的代表约德尔在巴黎以东的兰斯（Reims）盟军总部，签署德国武装部队无条件投降初步议定书。翌日 24：00，在柏林城郊的苏军司令部，德国无条件投降仪式正式举行。5 月 23 日，盟军逮捕了邓尼茨政府全体成员，德国的最高权力由同盟四国接管。

罪恶滔天的第三帝国终于"翻篇"了，德国逐渐走上了新的道路。但纳粹运动并没有绝迹，新纳粹分子还在不断产生，并经常聚众活动。善良的人们还需警钟长鸣！

---

① Jeremy Noakes and Geoffrey Pridham（ed.），*Documents on Nazism*，*1919 -1945*. pp. 678 - 679.

附　录

一、大事年表

1918 年

11 月　德国十一月革命爆发

1919 年

1 月　国民会议在魏玛举行；德意志工人党成立

7 月　国民会议通过《魏玛宪法》

9 月　希特勒加入德意志工人党

1920 年

2 月　德意志工人党更名为民族社会主义德意志工人党

1921 年

7 月　纳粹党内实行独裁制，希特勒成为党的元首

1922 年

10 月　墨索里尼担任意大利首相

1923 年

1 月　鲁尔危机爆发

11 月　纳粹党发动"啤酒馆政变"

同年　文化史家范·登·布鲁克出版《第三帝国》一书

1924 年

2 月　希特勒等人在慕尼黑受审

1925 年

2 月　纳粹党重建

4 月　兴登堡当选总统

11 月　纳粹党举行汉诺威会议

1926 年

2 月　纳粹党举行班贝格会议

6 月　德国举行关于没收诸侯财产的全民公决

1929 年

7 月　纳粹党参与的民族主义右翼集团反《杨格计划》运动开启

10 月　纽约证券交易所"黑色星期四",世界经济大危机爆发

1930 年

3 月　布吕宁内阁执政,不久转化成"总统内阁"

6 月　协约国提前完成从莱茵兰的撤军

9 月　希特勒在莱比锡最高法院为军内纳粹分子辩护

9 月 14 日　国会选举,纳粹党成为国会第二大党

11 月　蒂森公开呼吁发挥纳粹党的领导作用

1931 年

10 月 11 日　"民族反对派"在哈尔茨堡集会,形成"哈尔茨堡阵线"

1932 年

1 月　杜塞尔多夫举行有 300 名垄断资本家参加的秘密会议,希特勒发表演讲

2 月　德国失业人数超过 600 万

4 月 10 日　兴登堡再度当选总统

4 月 13 日　纳粹冲锋队和党卫队被取缔

4 月 24 日　普鲁士、巴伐利亚、符腾堡、安哈特和汉堡地方议会选举,纳粹党获胜

6 月 1 日　巴本内阁执政

6 月 4 日　国会解散

6 月 16 日　取消对冲锋队的禁令

7 月 20 日　"巴本政变",普鲁士政府被解散

7 月 31 日　国会选举,纳粹党成为国会第一大党

8 月 13 日　兴登堡拒绝任命希特勒为总理

9 月 12 日　国会通过对巴本内阁的不信任案,国会被解散

10 月　339 名重要资本家呼吁民众投票支持巴本组阁

11 月 6 日　国会选举,纳粹党得票略有下降

11 月中旬　20 余名资本家签署致总统的请愿书,要求任命希特勒担任总理

12 月 2 日　施莱歇尔内阁执政

12 月 11 日　德国获得在裁军问题上的平等权

1933 年

1 月 4 日　希特勒和巴本秘密商讨联合政府问题

1 月 30 日　希特勒受命组阁,"民族团结政府"上台执政

2 月 1 日　希特勒发表《告德意志国民书》,宣布政府将实施伟大的四年计划,彻底
克服失业,拯救德意志的工人,拯救德意志的农民。同日解散议会

2 月 3 日　希特勒向国防军领导层阐述生存空间计划

2 月 27 日　国会起火,引爆国会纵火案

2 月 28 日　当局发布《总统关于保护人民和国家的命令》

3 月 5 日　国会选举日

3 月 13 日　成立政府系统的国民教育与宣传部,戈培尔任部长

3 月 21 日　波茨坦日

3 月 24 日　《消除人民与国家痛苦法》即《授权法》正式生效

3 月 31 日　政府颁布《各州与国家一体化法令》

4 月 1 日　抵制犹太人商店

4 月 7 日　政府颁布《各州与国家一体化的第二个法令》和《重设公职人员法》

4 月 25 日　政府发布《防止德国中小学校和高等院校过度拥挤法》

5 月 2 日　取缔工会

5 月 7 日　德国书商交易所协会列出黑名单

5 月 10 日　成立德意志劳动阵线；焚书

5 月 17 日　希特勒发表和平演说，获得国会各党团赞同

5 月 19 日　政府公布《劳动督察官法》

6 月 1 日　政府发布《扩充就业面纲领》（俗称"第一项莱因哈特纲领"）

6 月 2 日　社会民主党领导机构流亡布拉格

6 月 22 日　开始禁止和解散党派

7 月 7 日　全国广播协会成立

7 月 12 日　来自 21 个国家的 291 种印刷品被禁

7 月 14 日　政府颁布《禁止组织新政党法》、《塑造新德意志农民法》和《预防遗传病患者新生儿法》（通称《绝育法》）

7 月 15 日　全国电影协会成立

7 月 20 日　《国家宗教协议》签订。同日修改《政府议事规则》，规定立法工作毋需经过部长间讨论，只需将相关草案经由相关部长传阅后即可定稿

8 月 25 日　公布取消国籍者名单

9 月 1 日　政府发布"第二项莱因哈特纲领"

9 月 13 日　政府颁布《德国粮食总会法》

9 月 22 日　政府颁布《国家文化总会法》

9 月 28 日　禁止政府部门雇用非雅利安人和与他们通婚者

9 月 29 日　政府颁布《国家世袭农场法》

10 月 4 日　政府颁布《编辑法》和《报刊法》

11 月 12 日　国会选举日

12 月 1 日　政府颁布《党和国家统一法》

12 月 7 日　政府颁布《维持偿付残疾者、矿工和职员保险法令》，恢复社会保险制度

1934 年

1 月 12 日　内阁会议通过《国民劳动秩序法》,于 20 日颁布

1 月 30 日　国会和参议院通过《国家重建法》

2 月 14 日　希特勒颁布《全国参议院废止法》

2 月 27 日　 德国经济总会颁布《德国经济有机结构条例》

4 月 20 日　希姆莱成为盖世太保负责人

4 月 24 日　人民法庭建立

6 月 30 日　清洗冲锋队

7 月 20 日　党卫队脱离冲锋队领导

7 月 25 日　维也纳纳粹政变失败,奥地利总理陶尔菲斯被暗杀

8 月 2 日　兴登堡总统去世,媒体公布前一天晚上由内阁通过的《德国国家元首法》

8 月 19 日　就 8 月 2 日的举措举行全民公决年内当局发布《德意志大学生十诫》作为大学生的行为准则

1935 年

1 月 13 日　萨尔区举行公民投票,回归德国

1 月 30 日　政府颁布《乡镇法》和《德国总督法》

3 月 9 日　官方宣布德国已拥有空军

3 月 16 日　政府颁布《国防军重建法》,实施普遍兵役制

6 月 26 日　当局颁布《国家劳动服役法》

9 月 15 日　纳粹党代会上公布《保护德意志人血统与荣誉法》和《德国公民权法》

10 月 18 日　政府颁布《保护德意志民族遗传卫生法》(通称《婚姻法》)

1936 年

3 月 7 日　德军进驻莱茵非军事区

3 月 29 日　国会选举

3 月　举办第一次"颓废艺术"展览

4 月 24 日　骑士团城堡学校奠基

6 月 17 日　希姆莱担任全国警察首脑

7 月 11 日　《德奥协定》签订

7 月 16 日　西班牙内战爆发

8 月 1 日　柏林奥运会开幕

9 月 9 日　第二个四年计划公布

10 月 1 日　规定法官必须佩戴纳粹标志

10 月 18 日　希特勒签署《关于实施四年计划的命令》

11 月 1 日　墨索里尼宣布德意两国构成"轴心"

11 月 25 日　德日两国签署《反共产国际协定》

11 月 26 日　禁止艺术批评

12 月 1 日　希特勒发布《希特勒青年团成为国家青年组织》的命令

1937 年

1 月 26 日　当局颁布《文职人员法》

3 月 14 日　教皇发表通谕《痛心已极》

7 月 18 日　慕尼黑举办"大德意志艺术展览会"和第二次"颓废艺术"展览

11 月 5 日　希特勒在高层会议上谈扩张计划,会后形成《霍斯巴赫备忘录》

11 月 6 日　意大利加入《反共产国际协定》

11 月 17 日　英国大臣哈利法克斯造访希特勒

11 月 26 日　沙赫特辞去经济部长职务

12 月　当局颁布《扩大保险范围法令》

1938 年

1 月 3 日　当局颁布《无偿没收"颓废艺术"作品法》

2 月 5 日　德国武装部队最高统帅部成立,希特勒为总司令,勃洛姆贝格和弗立契
　　　　　被免职,里宾特洛甫任外交部长

3 月 13 日　德奥合并

4 月 10 日　德奥合并后的国会大选

4 月 24 日　苏台德德意志人党提出《卡尔斯巴德纲领》

4 月 26 日　当局颁布《犹太人财产登记条例》

5 月 20 日　德捷之间爆发"五月危机"

5 月 30 日　希特勒发布《关于"绿色方案"致德国武装部队二军总司令的命令》

6 月 22 日　当局颁布《特别任务劳动力需要法令》

6 月 25 日　当局颁布《工资条例》

8 月　当局在维也纳设立"犹太人出境办事处"

9 月 27 日　"大众收音机"投放市场

9 月 30 日　《慕尼黑协定》签字

11 月 9 日　"水晶之夜"

12 月　当局颁布《关于德国手工业者养老金法令》；开始颁发"德意志母亲荣誉十字勋章"

1939 年

1 月 20 日　沙赫特被解除国家银行总裁职务

1 月 24 日　柏林设立"犹太人出境办事处"

2 月 13 日　当局颁布《确保具有特殊国家政治意义任务所需劳动力条例》，规定在重要行业从业的职工更换工作必须征得劳动局同意

3 月 15 日　德国吞并捷克斯洛伐克残存地区

3 月 21 日　德国要求归还但泽并建造贯穿波兰走廊的铁路

3 月 23 日　立陶宛将梅梅尔地区割让给德国

3 月 25 日　希特勒发布《青年的服务义务命令》

3 月 26 日　波兰拒绝德国的要求

3 月 28 日　西班牙加入《反共产国际协定》

3 月 31 日　英国与法国宣布保证波兰的安全

4 月 11 日　希特勒下达《德国进攻波兰的计划（白色方案）》的命令

4 月 7 日　意大利入侵阿尔巴尼亚

4 月 20 日　德国举行庆祝希特勒 50 诞辰大阅兵

4 月 26 日　英国实行普遍兵役制

4 月 28 日　希特勒宣布废除与波兰签订的谅解条约和与英国签订的海军协定

5 月 22 日　德意两国签订《钢铁盟约》

5 月 23 日　希特勒在高级军事会议上发表重要讲话

8 月 23 日　《苏德互不侵犯条约》签订

8 月 25 日　英国与波兰正式签订互助条约

9 月 1 日　德国进攻波兰；当局颁布《限制工作岗位调换条例》，将 2 月份所颁条例的应用范围扩大到所有行业；海德里希颁布关于犹太人佩戴"大卫星"

的法令

9 月 3 日　英国和法国宣战

9 月 4 日　当局颁布《战时经济条例》

9 月 18 日　维斯瓦河战役

9 月 27 日　德国中央保安总局成立

10 月 7 日　"巩固德意志民族性全国委员会"成立，由希姆莱负责

10 月 25 日　波兰总督辖区成立

11 月 8 日　慕尼黑啤酒馆发生谋刺希特勒事件，未遂

11 月 23 日　波兰总督辖区规定犹太人必须佩戴大卫星标志

1940 年

4 月 9 日　德国进攻丹麦和挪威

4 月 30 日　罗兹的犹太人隔离区建成

5 月 10 日　德国入侵西欧

5 月 15 日　荷兰投降

5 月 28 日　德军占领比利时

6 月 10 日　德军完全占领挪威

6 月 17 日　法国新任总理贝当请求停战

6 月 22 日　法国败降

7 月 16 日　希特勒下达"海狮行动计划"

8 月 10 日　德国发动对英空战

9 月 27 日　德意日签订《三国同盟条约》

11 月 12 日　莫洛托夫造访柏林

11 月 15 日　华沙犹太人隔离区被关闭

12 月 18 日　希特勒下达进攻苏联的"巴巴罗萨计划"

1941 年

2 月 11 日　德国军队进入非洲

3 月 2 日　德军入侵保加利亚

3 月 31 日　德军进攻昔兰尼加

4 月 6 日　德军进攻希腊和南斯拉夫

4 月 17 日　南斯拉夫投降

4 月 21 日　希腊投降

5 月 10 日　赫斯飞往英国

5 月 20 日　德军进攻克里特岛

6 月 22 日　德国入侵苏联

7 月 17 日　罗森贝格担任东部特区部长

9 月 29 日　德国在基辅实施犹太人大屠杀

10 月 2 日　德军实施"台风行动计划",向莫斯科方向发起进攻

10 月 3 日　全德境内实施犹太人强制劳动制度

10 月 16 日　全德境内驱逐犹太人

12 月 7 日　德国发布《夜雾命令》;日本偷袭珍珠港

12 月 8 日　美国向日本宣战

12 月 11 日　德国和意大利向美国宣战

12 月 19 日　希特勒担任陆军总司令

1942 年

1 月 1 日　26 个反法西斯国家签署《联合国家宣言》

1 月 18 日　德意日划分作战地区的军事协定签字

1 月 20 日　万湖会议召开,讨论驱逐和灭绝犹太人事宜

2 月 9 日　施佩尔担任武装和弹药部长

3 月 21 日　绍克尔担任劳动力调配全权总代表

4 月 26 日　希特勒担任全国最高法官

5 月 26 日　海德里希被刺身亡;德军在北非发起进攻

6 月 10 日　利迪策大屠杀

6 月 30 日　德军在阿拉曼发起进攻

8 月 19 日　德军向斯大林格勒方向发起进攻

8 月 20 日　弗赖斯勒担任人民法庭庭长

8 月 25 日　希特勒下令建设"大西洋壁垒"

10 月 18 日　希特勒下达《突击队命令》

10 月 23 日　英军在阿拉曼发起反攻

11 月 7 日　盟军在北非登陆

11 月 19 日　苏联在斯大林格勒发动反攻

1943 年

1 月 24 日　卡萨布兰卡会议要求德国无条件投降

1 月 27 日　当局颁布《战时劳动力动员法》

2 月 2 日　斯大林格勒会战结束

2 月 18 日　"白玫瑰小组"发出最后一张传单

4 月 19 日　华沙犹太人隔离区发生大规模反抗

5 月 13 日　德国非洲军团投降

5 月 19 日　柏林宣布成为无犹太人区

7 月 5 日　德军发起库尔斯克会战

7 月 10 日　盟军进攻西西里岛

7 月 12 日　"自由德国民族委员会"成立

7 月 25 日　墨索里尼倒台被捕

9 月 12 日　希姆莱接任内政部长

9 月 3 日　盟军在意大利登陆

9 月 8 日　意大利投降

1944 年

3 月 4 日　苏军向南线德军发动进攻

3 月 18 日　德军占领匈牙利

6 月 6 日　盟军在诺曼底登陆

6 月 12 日　德国使用 V1 飞弹空袭伦敦

6 月 22 日　苏军向中路德军发动进攻

7 月 20 日　"七二〇"事件

7 月 25 日　戈培尔成为总体战总代表

8 月 7 日　人民法庭院开始审理"七二〇"事件参与者

8 月 15 日　盟军在法国南部登陆

8 月 25 日　罗马尼亚向德国宣战

9 月 8 日　保加利亚向德国宣战

11 月 26 日　希姆莱下令毁灭焚尸炉

12 月 16 日　德国发动阿登反击战

1945 年

1 月 12 日　苏联从维斯瓦河到奥得河展开进攻

1 月 30 日　希特勒发表最后一次广播讲话

2 月 4 日　雅尔塔会议开幕

3 月 7 日　盟军在雷马根桥越过莱茵河

3 月 19 日　希特勒发出《焦土令》

4 月 11 日　布痕瓦尔德集中营自行解放

4 月 13 日　苏联占领维也纳

4 月 15 日　盟军解放贝尔根-贝尔森集中营

4 月 16 日　苏联进攻柏林

4 月 23 日　希特勒罢免戈林

4 月 25 日　美国和苏联军队在易北河边会师

4 月 27 日　奥地利联合政府成立,宣布国家独立

4 月 29 日　墨索里尼被游击队员击毙

4 月 30 日　希特勒自杀

5 月 7—8 日　德国向同盟国集团投降

5 月 23 日　邓尼茨政府成员遭逮捕

6 月 5 日　盟军接管德国最高行政权

二、专有名词对照表

A

阿勃韦尔（Abwehr）

埃耶出版社（Eher-Verlag）

奥林匹亚（Olympia）

奥斯维辛集中营（KZ Auschwitz）

奥托方案（Fall Otto）

B

巴巴罗萨计划（Unternehmen Barbarossa）

白玫瑰小组（Die Weiße Rose）

白色方案（Fall Weiss）

班贝格会议（Bamberger Führertagung）

包豪斯（Bauhaus）

保安警察（Sicherheitspolizei）

保护德意志劳动行动委员会（Aktionskomitee zum Schutz der deutschen Arbeit）

保护德意志人血统与荣誉法（Gesetz zum Schutz des deutschen Blutes und der deutschen Ehre）

贝尔根-贝尔森集中营（KZ Bergen-Belsen）

贝尔赛克集中营（KZ Belzec）

北欧人（Nordic）

本部卫队（Saal-Schutz）

比克瑙集中营（KZ Birknau）

波茨坦日（Tag von Potsdam）

布痕瓦尔德集中营（KZ Buchenwald）

布拉格宣言（Prague Declaration）

C

长刀之夜（Nacht der langen Messer）

冲锋队（Sturmabteilung，SA）

冲锋队机动车驾驶组织（Kraftfahrwesens der SA）

冲锋队之家（Sturmabteilunghaus）

重设公职人员法（Gesetz zur Wiederherstellung des Berufsbeamtentums）

重新崛起之路（Der Weg zum Wiederaufstieg）

D

达豪集中营(KZ Dachau)

大德意志民族共同体(Grossdeutsche Volksgemeinschaft)

大德意志民族社会主义自由运动(Nationalsozialistische Freiheitsbewegung Grossdeutschlands)

大西洋壁垒(Atlantik-Wall)

大众汽车(Volkswagen)

大众收音机(Volksempfänger)

党和国家统一法(Gesetz zur Sicherung der Einheit Partei und Staat)

党内法庭(Parteigerichte)

党卫队(Schutzstaffel,SS)

党卫队保安处(Sicherheitsdienst des SS)

党卫队骷髅队(SS-Totenkopfverbände)

党卫队特别机动部队(SS-Verfügungstruppe)

党务办公厅(Parteikanzlei)

德奥关税同盟(Die deutsch-österreichische Zollunion)

德国福音青年会(Evangelische Jungendwerk Deutschland)

德国革命(The German Revolution)

德国公民权法(Reichsbürgergesetz)

德国国家统计局(Statistisches Reichsamt)

德国护乡队(Wachdienst)

德国经济有机结构条例(Gesetz über die Vorbereitung der organischen Aufbaus der deutschen Wirtschaft)

德国经济总会(Generalrat der deutschen Wirtschaft)

德国军官联盟(Bund Deutscher Offiziere)

德国粮食总会(Reichsnährstand)

德国社会民主党流亡执委会(SOPADE)

德国式问候(Deutscher Gruß)

德国式一瞥(Deutscher Blick)

德国武装部队(Wehrmacht)

德国犹太复国主义联合会(Zionistischen Vereinigung für Deutschland)

德国犹太人各州协会工作共同体(Arbeitsgemeinschaft der jüdischen Landesverbände des Deutschen Reiches)

德国中央保安局(Reichssicherheitshauptamt)

德意志大学学生会(Deutsche Studentenschaft)

德意志法律阵线(Deutsche Rechtfront)

德意志福音教会联合会(Deutschen Evangelischen Kirchenbundes)

德意志工人党(Deutsche Arbeiterpartei)

德意志工业全国联合会（Reichsverband der deutschen Industrie）

德意志公务员联盟（Deutscher Beamtenbund）

德意志公务员全国联盟（Reichsbund der Deutschen Beamten）

德意志国家党（Deutsche Staatspartei）

德意志基督教教会运动（Kirchenbewegung Deutsche Christen）

德意志基督教信仰运动（Glaubenbewegung Deutsche Christen）

德意志基督徒组织（Deutsches Christentum）

德意志劳动阵线（die Deutsche Arbeitsfront）

德意志民族社会主义工人党（Deutsche Nationalsozialistische Arbeiterpartei）

德意志民族阵线（Deutschnationale Front）

德意志母亲荣誉十字奖章（Ehrenkreuz der Deutsche Mutter）

德意志女青年团（Bund Deutscher Mädel）

德意志骑士团（Deutscher Orden）

德意志人民自由党（Deutschvölkisch Freiheitspartei）

德意志社会联盟（Deutsch-Soziale Union）

德意志通讯社（Deutsches Nachrichtenbüro）

德意志艺术宫（Haus der Deutschen Kunst）

德意志犹太人救助与建设中央委员会（Zentralausschuss der deutschen Juden für Hilfe und Aufbau）

德意志犹太人全国代表机构（Reichsvertretung der deutschen Juden）

迪纳瑞克人（Dinaric）

地产抵押马克（Rentenmark）

地产抵押银行（Rentenbank）

东波罗的人（East Baltic）

东部人（Eastern）

东方壁垒（Ostwall）

冬赈服务（Winterhilfswerk）

E

二十五点纲领（25 - Punkte-Programm）

儿童安乐死（Kinder-Euthanasie）

F

法兰克福报（Frankfurter Zeitung）

伐尔克里计划（Walküre）

法西斯共和党（Partito Fascista Repubblicano）

费利人（Phalic）

蜂鸟行动（Operation Hummingbird）

弗赖堡集团(Freiburger Kreis)

弗洛森堡集中营(KZ Flossenbrg)

福格尔桑城堡学校(Ordensburg Vogelsng)

附属区(Nebenland)

G

盖世太保(Gestapo)

钢盔团(Stahlhelm)

格尔德勒集团(Die Goerdeler-Gruppe)

格莱维茨事件(Überfall auf den Sender Gleiwitz)

格罗斯-罗森集中营(KZ Gross-Rosen)

革命的民族社会主义者战斗同盟(Kampfgemeinschaft Revolutionärer Nationalsozialisten)

工厂突击队(Werkschar)

工业瑞恩(Industieringe)

巩固德意志民族性全国委员会(Reichskommissariat für die Festigung deutschen Volkstums)

古斯塔夫防线(Gustav Linie)

罐装食品计划(Konserve)

国防军(Reichswehr)

国防区(Wehrkreise)

国防专员(Reichsverteidigungskommissare)

国家教育电影中心(Reichstelle für den Unterrichtsfilm)

国家科学与教育电影及映画中心(Reichsanstalt für Film und Bild in Wissenschaft und Unterricht)

国家劳动督察官(Reichsteuhänder der Arbeit)

国家劳动服役队(Reichsarbeitsdienst)

国家母亲服务站(Reichesmuetterdienst)

国家宗教协议(Unterzeichnung des Konkordats zwischen Vatikan und Reich)

国家总督 (Generalstaatskommissar)

国家专员(Reichskommissar)

H

哈尔茨堡阵线(Harzburger Front)

海上分团(die Marine-HJ)

海狮行动计划(Unternehmen Seelöwe)

海乌姆诺集中营(KZ Chelmno)

合并区(Eingegliederte Gebiete)

赫尔措格布什集中营(KZ Herzogenbusch)

赫尔曼·戈林国家工厂（Reichswerke Hermann Göring）

黑色军团报（Das Schwarze Korps）

黑色阵线（Schwarze Front）

红色方案（Fall Rot）

红色前线战士同盟（Roter Frontkämpferbund）

红色乐队（Rote Kapelle）

滑翔分团（die Flieger-HJ）

欢乐产生力量（Kraft durch Freude）

黄色方案（Fall Gelb）

会场防卫队（Saalschutzabteilung）

婚姻贷款（Ehestandsdarlehen）

霍恩施泰因集中营（KZ Hohnstein）

霍斯巴赫备忘录（Hoßbach Niederschrift）

J

基督教社会工人共同体（Christlich-Soziale Arbeitsgemeinschaft）

激进主义（Radikalismus）

集体规章（Tarifordnung）

集中营（Konzentrationslager）

家长理事会（Elternbeiräte）

教会斗争（Kirchenkampf）

金雉（Goldfasanen）

经济公会（Wirtschaftskammer）

经济组合（der Reichswirtschaftsrat）

纠察队（Ordnertruppen）

K

凯姆普夫集群（Gruppe Kempf）

凯普勒集团（Keppler-Gruppe）

考纳斯集中营（KZ Kaunas）

克拉科夫-普拉斯措夫集中营（KZ Krakau-Plaszow）

克莱骚集团（Kreisauer Kreis）

克罗辛泽城堡学校（Ordensburg Crössinsee）

扩充就业面纲领（Arbeitsbeschaffungsprogramm）

L

拉文斯布吕克集中营（KZ Ravensbrück）

狼穴大本营（Wolfsschanze）

民族社会主义法学家联盟(Bund Nationalsozialistischer Deutscher Juristen)

民族社会主义妇女联合会(Nationalsozialistischer Frauenschaft)

民族社会主义工商业中产阶层战斗同盟(Nationalsozialistischer Kampfbund für den gewerblichen Mittelstand)

民族社会主义公务员联盟(NS-Beamtenbund)

民族社会主义机动车驾驶团(Nationalsozialistischer Kraftfahrkorps)

民族社会主义教师联盟(Nationalsozialistische Lehrerbund)

民族社会主义摩托车驾驶团(Nationalsozialistischer Automobilkorps)

民族社会主义人民福利会(Nationalsozialistischer Volkswohlfahrt)

民族社会主义手工业、商业和小工业组织(Nationalsozialistische Handwerks-, Handels-und Gewerbeorganisation)

民族社会主义信札(Nationaler Sozialist Briefe)

民族社会主义战争受害者救济会(Nationalsozialistische Kriegsopferversorgung)

民族社会主义自由运动(Nationalsozialistische Freiheitsbewegung)

民族政治教育学院(Nationalpolitische Erziehungsanstalten)

明认信仰教派(Bekennenden Kirche)

明认信仰运动(Bekennentnisbewegung)

摩托分团(die Motor-HJ)

慕尼黑协定(Münchner Abkommen)

母亲学校(Mutterschule)

母亲与儿童帮护会(Hilfswerk Mutter und Kind)

母子救济(Hilfswerk Mutter und Kind)

牧师非常联盟(Pffarennotbund)

N

纳茨韦勒-斯特鲁特霍夫集中营(KZ Natzweiler-Struthof)

纳粹党高等学校(Hohe Schule der NSDAP)

纳粹党青年联盟(Jugendbund der NSDAP)

纳粹党元首希特勒的代表(Stellvertreter Hitlers als Parteiführer)

纳粹党政治中央委员会(Polititsche Zentralkommison)

牛排纳粹分子(Beefsteak Nazis)

农场卡(Hofkarte)

女武神计划(Walküre)

诺依恩加梅集中营(KZ Neuengamme)

P

啤酒馆政变（Beer Hall Putsch)

普通党卫队(Allgemeine-SS)

Q

齐克隆-B(Zyklon-B)

骑士团城堡学校(Ordensburgen)

企业规章(Betriebsordnung)

企业领袖(Betriebsführer)

前进报(Vorwärts)

青年电影时间(Jugendfilmstunden)

青年改革运动(Jungreformatorische Bewegung)

全国德意志商业企业共同体(Reichsstand d. Deutschen Handels)

全国德意志手工业企业共同体(Reichsstand d. Deutschen Handwerks)

全国经济公会(die Reichswirtschaftskammer)

全国领袖(Reichsführer;Reichsleiter)

全国文化总会(Reichskulturkammer)

全国宣传指导处(Reichspropagandaleitung)

全国犹太前线士兵联盟(Der Reichsbund jüdischer Frontsoldaten)

全国指导处(Reichsleitung)

R

人民冲锋队(Volkssturm)

人民法庭(Volksgericht)

人民观察家报(Völkischer Beobachter)

人民国家(Volksstaat)

人民军(Volksarmee)

人民突击队(Volkssturm)

日耳曼国家(der germanische Staat)

S

萨赫森豪森集中营(KZ Sachsenhausen)

三月殉道者(Märzgefallene)

三月紫罗兰(Märzveilchen)

少年队(Jungvolk)

少女队(Jungmädelbund)

社会民族共同体(Sozialitische Volksgemeinschaft)

社会荣誉(soziale Ehre)

生产战役(Erzeugungsschlacht)

生命之源(Der Lebensborn)

省政府首脑(Regierungspräsidenten)

省长（Oberpräsident）

松特霍芬城堡学校（Ordensburg Sonthofen）

斯特莱沙阵线（Stresa Front）

施图特霍夫集中营（KZ Stutthof）

使徒管理人（Apostolischen Administrator）

世袭农庄（Erbhof）

市场整顿（Marketordnungen）

死亡鸟（Totenvoegel）

四年计划全权总办（Beauftragter für den Vierjahresplan）

授权法（Ermächtigungsgesetz）

苏德互不侵犯条约（Deutsch-Sowjetische Nichtangriffspakt）

苏台德德意志人党（Sudetendeutsche Partei）

苏台德德意志祖国阵线（Sudetendeutsche Heimatfront）

舒尔策-博伊森-哈尔纳克抵抗组织（Schulze-Boysen/Harnack-Kreis）

双工（Doppelverdiener）

水晶之夜（Reichskristallnacht）

索比包集中营（KZ Sobibor）

T

台风计划（Unternehmen Taifun）

特别法庭（Sondergericht）

特别行动队（Einsatzgruppen）

特莱西恩施塔特集中营（KZ Theresienstadt）

特雷布林卡集中营（KZ Treblinka）

体育运动队（Turn- und Sportabteilung）

同志屋（Kameradschaftshäuser）

颓废艺术（Entartete Kunstc）

托特组织（Organisation Todt）

W

卫国军（Heimwehr）

魏玛共和国（Weimarer Republik）

魏玛宪法（Weimarer Verfassung）

卫国军（Heimwehr）

武装党卫队（Waffen-SS）

武装部队重建法（Gesetz für den Aufbau der Wehrmacht）

X

西壁防线(Westwall)

西部边区(Westmark)

西部人(Western)

希特勒奶油(Hitler-butter)

希特勒青年团(Hitlerjugend)

希特勒青年团员克韦克斯(Hitlerjunge Quex)

希特勒修剪(Hitlerschnitt)

下巴伐利亚突击大队 (Sturmbataillon Niederbayern)

消极抵抗 (passive Widerstand)

新加默集中营(KZ Neuengamme)

新前进报(Neuer Vorwärts)

新异教徒(Gottgläubig)

行动区(Operationszonen)

行动主义(Aktivismus)

信托人(Vertrauensmann)

信托人委员会(Vertrauensrat)

信仰上帝者(Gottgläubig)

学龄团员组织(Pimpf)

学校共同体(Schulgemeinde)

巡逻服务队(HJ-Streifendienst)

Y

严重遗传疾病科学登记全国委员会(Reichsausschuß zur wissenschaftlichen Erfassung von erb- und anlagebedingten schweren Leiden)

耶稣的冲锋队(SA Jesu Christi)

一体化(Gleichschaltung)

遗传健康法庭(Erbgesundheitsgericht)

意大利社会共和国(Repubblica Sociale Italiano)

意志的胜利(Triumph des Willens)

犹太保守联合会(Jüdisch-konservative Vereinigung)

犹太教信仰的德意志国民中央协会(Der Zentralverein deutscher Staatsbürger jüdischen Glaubens)

犹太人隔离区(ghettos)

犹太人剩余企业的强制雅利安化(Zwangsarisierung der letzten jüdischen Betriebe)

犹太人绥斯(Jud Süß)

元首代表(Stellvertreter des Führer)

元首条例(Führerverordnung)

英波互助协定(Britisch-polnischer Militärpakt)

英德海军协定(Deutsch-britisches Flottenabkommen)

Z

战斗出版社(Kampf-Verlag)

战旗团(Frontbann)

泽夫科夫-贝斯特兰-雅科勃抵抗组织(Saefkow-Jacob-Bästlein-Organisation)

争取和平独立工人委员会(Freien Arbeiterausschuss für einen guten Frieden)

政治工人集团(Politischer Arbeiterzirkel)

政治戒备队(Politische Bereitschaften)

忠诚与美丽(Glaube und Schönheit)

总督(Reichsstatthalter)

志愿兵团(Freikorps)

治安警察(Ordnungspolizei)

自由德国民族委员会(Nationalkomitee Freies Deutschland)

总统内阁(Präsidialkabinett)

周三社团(Mittwoch-Gesellschaft)

追随者(Gefolgschaft)

最后解决(Die Endlösung)

三、人名、地名对照表

A

阿贝,恩斯特·卡尔(Abbe, Ernst Karl, 1840—1905)

阿布维尔(Abbeville)

阿登(Ardenne)

阿尔卑斯地区(Alpenvorland)

阿尔汉格尔斯克(Архангельск)

阿尔萨斯(Elsass)

阿尔特豪斯,赫尔曼(Althaus, Hermann, 1899—1966)

阿曼,马克斯(Amann, Max, 1891—1957)

阿斯穆森,汉斯(Asmussen, Hans, 1898—1968)

艾登,安东尼(Eden, Anthony, 1897—1977)

艾克,西奥多(Eicke, Theodor, 1892—1943)

艾希曼,阿道夫(Eichmann, Adolf, 1906—1962)

埃卡德,卡尔(Eckhard, karl)

埃纳河(Aisne)

埃普,弗兰茨·里特尔·冯(Epp, Franz Ritter von, 1868—1946)

埃尔茨-吕本纳赫,保罗·冯(Eltz-Rübenach, Paul von, 1875—1943)

埃尔泽,约翰·格奥尔格(Elser, Johann Georg, 1903—1945)

爱因斯坦,阿尔伯特(Einstein, Albert, 1879—1955)

安特卫普(Antwerpen)

敖德萨(Одесса)

奥伯福伦,恩斯特(Oberfohren, Ernst, 1881—1933)

奥登堡(Oldenburg)

奥尔沙(Орша)

奥廖尔(Орёл)

奥伦豪尔,埃里希(Ollenhauer, Erich, 1901—1963)

奥内佐尔格,威廉(Ohnesorge, Wilhelm, 1872—1962)

奥斯兰(Ostland)

奥斯陆(Oslo)

B

巴本,弗兰茨·冯(Papen, Franz von, 1879—1969)

巴多格里奥,佩特罗(Badoglio, Pietro, 1871—1956)

巴尔特,卡尔(Barth, Karl, 1886—1968)

格莱维茨(Gleiwitz)

格勒纳,威廉(Groener, Wilhelm,1867—1939)

格雷比,海格(Grebing, Helga,1930—)

格立敏格,欧根(Grimminger, Eugen,1892—1986)

格立希,弗立茨(Gerlich, Fritz,1883—1934)

格林斯潘,赫舍尔(Grünspan, Herschel,1911—1940)

格鲁贝尔,库特(Gruber, Kurt,1904—1943)

格罗皮乌斯,瓦尔特(Gropius, Walther,1883—1969)

格罗兹尼(Гро́зный)

格奈森瑙,奈德哈特·冯(Gneisenau, Neidhardt von,1760—1831)

格斯勒,奥托(Geßler, Otto,1875—1955)

格斯多夫,鲁道夫-克里斯多夫·冯(Gersdorff, Rudolf-Christoph von,1905—1980)

葛斯坦迈亚,欧根(Gerstenmaier, Eugen,1906—1986)

根特(Gent)

古比雪夫(Ку́йбышев)

古德里安,海因茨(Guderian, Heinz Wilhelm,1888—1954)

古泽,京特(Guse, Günther,1886—1953)

H

哈恩,蒂丽(Hahn，Tilly)

哈恩克,卡尔·奥古斯特(Hanke, Karl August,1903—1945)1903—1945)

哈尔德,弗兰茨(Halder, Franz,1884—1972)

哈尔科夫(Ха́рьков)

哈尔纳克,阿尔菲德·冯(Harnack, Arvid von,1901—1942)

哈夫讷,塞巴斯蒂安(Haffner, Sebastian,1907—1999)

哈勒,卡尔(Harrer, Karl,1890—1926)

哈利法克斯(Halifax)

哈利法克斯,爱德华(Halifax, Edward,1881—1959)

哈默施坦因-埃克沃德,库特·冯(Hammerstein-Equord, Kurt von,1878—1943)

哈塞尔,乌尔里希·冯(Hassell, Ulrich von,1881—1944)

哈查,艾米尔(Hácha, Emil,1872—1945)

海德格尔,马丁(Heidegger, Martin,1889—1976)

海德里希,莱因哈德(Heydrich, Reinhard,1904—1942)

海斯迈尔,奥古斯特(Heißmeyer, August,1897—1979)

汉德逊,内维尔(Henderson, Nevile,1882—1942)

汉弗斯坦格尔,恩斯特(Hanfstaengl, Ernst,1887—1975)

豪斯霍夫,海因茨(Haushofer, Heinz,1906—1988)

郝巴哈,特奥多尔(Haubach, Theodor,1896—1945)

里宾特洛甫,约阿希姆·冯(Ribbentrop, Joachim von,1893—1946)

里茨勒,库尔特(Riezler, Kurt,1882—1955)

里芬斯塔尔,莱妮(Riefenstahl, Leni,1902—2003)

里加(Riga)

里特尔,格尔哈德(Ritter, Gerhard,1888—1967)

里特尔,卡尔(Ritter, karl,1888—1977)

里希特霍芬,曼弗兰德·冯(Richthofen, Manfred Baron von,1892—1918)

利伯,尤利斯(Lieber, Julies)

利德尔-哈特,巴塞尔·亨利(Liddell Hart, Basil Henry,1895—1970)

利迪策(Lidice)

利普斯基,约瑟夫(Lipski, Josef,1894—1958)

利沃夫(Lwów)

列勒,格哈尔德(Rühle, Gerhard,1905—1949)

列日(Liège)

林特伦,安东(Rintelen, Anton,1876—1946)

龙德施泰德,格特·冯(Rundstedt, Gerd von,1875—1953)

隆美尔,埃尔温(Rommel, Erwin Johannes Eugen,1891—1944)

卢贝,马里努斯·范·德(Lubbe, Marinus van der,1909—1934)

卢布尔雅那(Ljubljana)

卢布林(Lublin)

卢策,维克托(Lutze, Viktor,1890—1943)

卢瓦尔河(Loire)

鲁登道夫,埃里希(Ludendorff, Erich,1864—1937)

鲁多维基,约翰·威廉(Ludowici, Johann Wilhelm,1896—1983)

鲁尔(Ruhr)

鲁卡什科,汉斯(Lukaschek, Hans,1885—1960)

鲁斯特,贝恩哈德(Rust, Bernhard,1883—1945)

鹿特丹(Rotterdam)

吕贝克(Lübeck)

伦敦德里(Londonderry)

伦特,特奥多尔·冯(Renteln, Theodor von,1897—1946)

伦西曼,沃尔特(Runciman, Walter,1970—1949)

罗姆,恩斯特(Röhm, Ernst,1887—1934)

罗森贝格,阿尔弗雷德(Rosenberg, Alfred,1893—1946)

罗斯托夫(Росто)

罗兹(Łódź)

洛卡姆(Loccum)

洛林(Lothringen)

N

那慕尔（Namur）

纳尔瓦河（Narva jõgi）

纳尔维克（Narvik）

纳雷夫河（Narew）

纳姆索斯（Namsos）

南蒂罗尔（Sudtirolo）

瑙曼，维尔纳（Naumann，Werner，1909—1982）

内夫，赫尔曼（Neef，Herman）

尼古拉耶夫州（Миколаївська область）

尼默勒，马丁（Niemöller，Martin，1892—1984）

尼穆勒，马丁（Niemöller，Martin，1892—1984）

牛赖特，康斯坦丁·冯（Neurath，Konstantin von，1873—1956）

诺尔特，恩斯特（Nolte，Ernst，1923—）

诺夫哥罗德（Великий Новгород）

诺凯伦区（Neukölln）

诺库斯，海尔伯特（Norkus，Herbert，1916—1932）

诺曼底（Normandie）

诺依恩加梅（Neuengamme）

O

欧本（Eupen）

P

帕拉梯纳特（Palatinate）

皮克，威廉（Pieck，Wilhelm，1876—1960）

皮瓦（Pila）

朴次茅斯（Portsmouth）

普费弗尔，弗兰茨·冯（Pfeffer，Franz von，1888—1968）

普拉（Pula）

普劳恩（Plauen）

普伦（Plön）

普罗伯斯特，阿达尔贝特（Probst，Adalbert，1900—1934）

普罗霍夫卡（Пройхоровка）

普斯科夫（Псков）

Q

齐格勒，阿道夫（Ziegler，Adolf，1892—1959）

施尼茨勒,格奥尔格·冯(Schnitzler, Georg von,1884—1962)

施伦德,埃哈特(Schlund, Erhard,1888—1953)

施罗德,库特·冯(Schröder, Kurt von,1889—1966)

施佩尔,阿尔伯特(Speer, Albert,1905—1981)

施普兰格尔,雅可布(Sprenger, Jakob,1884—1945)

施塔恩贝格尔(Starnberger)

施塔克,约翰内斯(Stark, Johannes,1874—1957)

施泰因(Stein)

施泰因赫宁(Steinhoering)

施坦贝尔,奥斯卡(Stäbel, Oskar,1901—1977)

施陶芬贝格,克劳斯·申克·冯(Stauffenberg, Claus Schenk von,1907—1944)

施特尔策,特奥多尔(Steltzer, Theodor,1885—1967)

施特拉瑟,奥托(Strasser, Otto,1897—1974)

施特拉瑟,格雷戈尔(Strasser, Gregor,1892—1934)

施特赖歇尔,尤利乌斯(Streicher, Julius,1885—1946)

施滕纳斯,沃尔特(Stennes, Walther,1895—?)

施图尔纳格尔,卡尔·海因里希·冯(Stülpnagel, Karl Heinrich von,1886—1944)

施瓦茨,弗兰茨·克萨韦尔(Schwarz, Franz Xaver,1875—1947)

施韦彭堡,莱奥·冯(Schweppenburg, Leo von,1886—1974)

施维林·冯·克罗西克,约翰(Schwerin von Krosigk, Johann,1887—1977)

斯蒂里亚(Steiersche)

斯摩棱斯克(Смоленск)

斯塔万格(Stavanger)

斯坦普菲尔,弗里德里希(Stampfer, Friedrich,1874—1957)

斯图加特(Stuttgart)

斯托尔,海因里希(Stoll, Heinrich,1891—1937)

松特霍芬(Sonthofen)

舒尔,汉斯(Scholl, Hans,1918—1943)

舒尔,索菲(Scholl, Sophie,1921—1943)

舒尔策,瓦尔特(Schultze, Walther,1894—1979)

舒尔策-博伊森,哈惹(Schulze-Boysen, Harro,1909—1942)

舒茨,亚当·冯·特洛特·楚(Soltz, Adam von Trott zu,1909—1944)

舒伦堡,弗立茨·冯(Schulenburg, Fritz von der,1902—1944)

舒曼,瓦尔特(Schuhmann, Walter,1898—1956)

苏台德(Sudeten)

苏台德区(Sudetenland)

苏瓦松(Soissons)

朔尔茨-克林克,格特鲁德(Scholtz-Klink, Gertrud,1902—1999)

威尔逊,霍拉斯(Wilson, Horace,1882—1972)

威弗,瓦尔特(Wever, Walther,1887—1936)

韦尔斯,奥托(Welles, Otto,1892—1939)

维茨勒本,埃尔温·冯(Witzleben, Erwin von,1881—1944)

维尔纳,阿瑟(Werner, Arthur,1877—1967)

维滕贝格(Wittenberg)

维斯瓦河(Wisła)

维亚兹马(Вязьма)

魏茨泽克,恩斯特·冯(Weizsäcer, Ernst von,1882—1951)

魏德曼,弗里茨(Wiedemann, Fritz,1879—1970)

魏刚,马克西姆(Weygand, Maxime,1867—1965)

魏纳特,埃里希(Weinert, Erich,1890—1953)

魏希斯,马克西米利安·冯(Weichs, Maximilian von,1881—1954)

温得和克(Windhock)

温斯泰因(Wienstein)

文德齐奥(Wendzio)

乌布利希,瓦尔特(Ulbricht, Walter,1893—1973)

乌兹霍罗德(Uzhhorod)

乌迪南(Udine)

乌尔姆(Ulm)

乌拉尔(Орал)

沃尔夫(Wolf)

沃尔夫,奥托(Wolff, Otto,1881—1940)

沃尔塔特,赫尔穆特(Wohlthat, Helmuth,1893—1982)

X

西兰(Seeland)

西里西亚(Schlesien)

西马克(Westmark)

西门子,卡尔·弗里德里希·冯(Siemens, Carl Friedrich von,1872—1941)

西蒙,约翰(Simon, John,1873—1954)

西莫维奇,杜尚(Simovich, Dushan)

希尔,康斯坦丁(Hierl, Konstantin,1875—1945)

希法亭,鲁道夫(Hilferding, Rudolf,1877—1941)

希勒尔,马克(Hillel, Marc)

希默湖(hiemesee)

希姆莱,海因里希(Himmler, Heinrich,1900—1945)

席尔,斐迪南·巴普蒂斯塔·冯(Schill, Ferdinand Baptista von,1776—1809)

四、参考文献

外文：

Abel, Theodore, *Why Hitler Came into Power：An Answer Based on the Original Life Stories of Six Hundred of His Followers*. Cambridge, Mass.：Harvard University Press, 1986.

Abelshauser, Werner, u. a. (Hrsg.), *Deutsche Sozialgeschichte 1914 – 1945. Ein historisches Lesebuch*. München：Verlag C. H. Beck, 1985.

Allen, William Sheridan, *The Nazi Seizure of Power：The Experience of a Single German Town, 1922 – 1945*. London：Pengun Books, 1984.

Barkai, Avraham, *Das Wirtschaftssystem des Nationalsozialismus*. Köln：Fischer Taschenbuch Verlag, 1977.

Bessel, Richard, *Political Violence and the Rise of Nazism：the Storm Troopers in Eastern Germany, 1925 – 1934*. New Haven：Yale Univ. Press, 1984.

Beyerchen, Alan D., *Scientists under Hitler：Politics and the Physics Community in the Third Reich*. New Haven：Yale Uni. Press, 1977.

Bock, Gisela, *Zwangssterilisation im Nationalsozialismus*. Opladen：Westdeutscher Verlag, 1986.

Bons, Joachim, *Nationalsozialismus und Arbeiterfrage, Zu den Motiven, Inhalten und Wirkungsgründen nationalsozialistischer Arbeiterpolitik vor 1933*. Pfaffenweiler：Centaurus-Verlagsgesellschaft, 1995.

Bracher, Karl (Hrsg.), *Deutschland 1933 – 1945*. Bonn：Bouvier, 1993.

Bracher, K. D., Funke, M. & Jacobsen, H. -A. (Hrsg.), *Nationalsozialistische Diktatur, 1933 – 1945*. Bonn：Droste Verlag GmbH., 1986.

Brady, Robert A., *The Spirit and Structure of German Fascism*. New York：Viking Press, 1969.

Broszat, Martin, *Der Nationalsozialismus：Weltanschauung, Programm und Wirklichkeit*. Stuttgart：Klett-Cotta, 1960.

Broszat, Martin, *The Hitler State：The Foundation and Development of the Internal Structure of the Third Reich*. New York：Longman, 1981.

Bullock, Alan, *Hitler, A Study in Tyranny*. Harmondsworth：Penguin Books Ltd., 1962.

Campbell, Bruce, *The SA Generals and the Rise of Nazism*. Lexington：University Press of Kentucky, 1998.

Carroll, Berenice A., *Design for Total War：Arms and Economics in The Third*

Reich. Hague：UMI，1968.

Childers，Thomas，*The Nazi Voter：The Social Foundations of Fascism in Germany，1919－1933*. Chapel Hill：University of North Carolina Press，1983.

Cooper，Matthew，*The German Army，1933－1945*. London：Zebra，1981.

Corni，Gustavo&Gies，Horst，*Brot Butter Kanonen，die Ernährungswirtschaft in Deutschland unter der Diktatur Hitlers*. Berlin：Akademie Verlag，1997.

Cowling，Maurice，*The Impact of Hitler*. Cambridge：Cambridge University Press，2005.

Craig，Gordon. A. ,*Deutsche Geschichte 1866－1945*，Berlin：Beck，2006.

Czichon，Eberhard，*Wer verhalf Hitler zur Macht?：Zum Anteil der deutschen Industrie an der Zerstorung der Weimarer Republik*. Köln：Böhlau，1978.

Dahrendorf，Rolf，*Gessellschaft und Demokratie in Deutschland*. Munich：Piper Verlag，1965.

Darré，Richard. W. , *Um Blut und Boden*. München：Zentralverlag der NSDAP，1942.

Deist，Wilhelm，*The Wehrmacht and German Rearmament*. London：Macmillan Pr. Ltd. , 1981.

Deuel，Wallace R. , *People under Hitler*. New York：Harcourt，Brace and company，1942.

Dickinson，Edward Ross，*The Politics of German Children Welfare：from the Empire to the Federal Republic*. Cambridge，Mass. ：Harvard University Press，1996.

Diller，Ansgar，*Rundfunk in Deutschland：Rundfunkpolitik im Dritten Reich*. Stuttgart：Deutsche Verlags-Anstalt,1980.

Domarus，M. , *Hitler. Reden und Proklamationen 1932 bis 1945*. Würzburg：Domarus，1962.

Durham，Martin，*Women and Fascism*. London：Routledge Press，1998.

Dussel，Konrad / Frese，Matthias，*Freizeit in Weinheim：Studien zur Geschichte der Freizeit 1919－1939*. Weinheim：Frech-Verlag，1989.

Evans，Richard J. , *The Third Reich in Power*. New York：Penguin book，2006.

Farquharson，J. E. , *The Plough and Swastika，the NSDAP and Agriculture in Germany 1928－1945*. London and Beverly Hills：Sage Publications，1976.

Finker，Kurt,*Deutscher Widerstand，Demokratie Heute：Kirche，Kreisauer Kreis，Ethik，Militär und Gewerkschaften*. Bonn：Bouvier，1992.

Finker，Kurt,*Graf Moltke und der Kreisauer Kreis*. Berlin：Dietz Verlag，1993.

Fisher,Conan（ed），*The Rise of National Socialism and the Working Classes in*

Weimar Germany. Providence, R. I. : Berghahn Books, 1996.

Fisher, Conan,*Stormtrooper : A Social , Economic and Ideological Analysis ,1929 -1935*. London: George Allen & Unwin, 1983.

Fischer, Louis, *Russia's Road from Peace to War : Soviet Foreign Relations , 1917 - 1941*. New York: Harper & Row, 1969.

Frauendorfer, Sigmund von & Haushofer, Heinz, *Ideengeschichte der Agrarwirtschaft und Agrarpolitik im deutschen Sprachgebiet*. München: Deutsche Verlags-Anstalt, 1958.

Frese, Matthias, *Betriebspolitik. im „ Dritten Reich ", Deutsche Arbeitsfront , Unternehmer und Staatsbürokratie in der westdeutschen Großindustrie 1933 - 1939*. Paderborn: Klartext-Verl. , 1991.

Friemert, Chup, *Produktionsästhetik im Faschismus. Das Amt „ Schönheit der Arbeit" von 1933 bis 1939*. München: Deutsche Verlags-Anstalt, 1980.

Fromman, Bruno, *Reisen im Dienste politischer Zielsetzungen ;Arbeiter-Reisen und „Kraft durch Freude" -Reisen*. Stuttgart: Deutsche Verlags-Anstalt, 1992.

Genschel,Helmut, *Die Verdrängung der Juden aus der Wirtschaft im Dritten Reich*. Göttingen: Volksrepublik, 1966.

Gibbs, Norman Henry, *Grand Strategy. Vol. 1: Rearmament Policy*, London: HMSO, 1976.

Gordon. , Harold J. Jr. , *Hitler and the Beer Hall Putsch* , Princeton: Princeton University Press, 1972.

Graml, Hermann,*Reichskristallnacht : Anti-semitismus und Judenverfolgung im Dritten Reich*. Munich: Verlag C. H. Beck, 1988.

Grant, Thomas D. , *Stormtroopers and Crisis in the Nazi Movement : Activism, Ideology and Dissolution* , London & New York: Routledge, 2004.

Grebing, Helga,*Der Nationalsozialismus*. München: Günter Olzog Verlag, 1959.

Grunberger, Richard, *A Social History of the Third Reich*. England: Clays Ltd. 1971.

Grundmann, Friedrich, *Agrarpolitik im Dritten Reich ;Anspruch und Wirklichkeit des Reichserbhofgesetzes*. Hamburg: Hoffmann und Campe, 1979.

Hancock, Eleanor, *Ernst Röhm : Hitler's SA Chief of Staff*. New York: Palgrave Macmillan, 2008.

Hartmann, Gerhard, *Kirche und Nationalsozialismus*, Kevelaer: Drost Verlag, 2007

Heck, Alfons,*The Burden of Hitler's Legacy*. Frederick, Colo. : Renaissance House, 1988.

Heideking，Jürgen，Mauch，Christof & Frey，Marc，*American Intelligence and the German Resistance to Hitler：A Documentary*．Boulder：Westview Press，1996．

Helmreich，Ernst Christian，*The German Churches under Hitler：Background，Struggle and Epilogue*．London：Wayne State University Press，1979．

Herzstein，Robert Edwin，*The Nazis*．Chicago：Time-Live books，1980．

Herzstein，Robert Edwin，*The War that Hitler Won：The Most Infamous Propaganda Campaign in History*．London：Sage Publications，1979．

Hildebrand，Klaus，*The Foreign Policy of the Third Reich*．Berkeley：University of California Press，1973．

Hildebrand，Klaus，*The Third Reich*．London：George Allen & Unwin，1984．

Hitler，Adolf，*Hitlers Zweites Buch：Ein Dokument aus dem Jahr 1928*．Stuttgart：Deutsche Verlags-Anstalt，1961．

Hitler，Adolf，*Mein Kampf：der Fahrplan eines Welteroberers：Geschichte，Auszüge，Kommentare*．Bechtle，1976．

Hitler，Adolf，*Mein Kampf*．Translated by Ralph Manheim，Boston：Houghton Mifflin，1971．

Hitler，Adolf，*My New Order*．New York：Reynal & Hitchcock，1941．

Hofer，Walther，*Der Nationalsozialismus：Dokumente 1933 - 1945*．Frankfurt/M.：Fischer Taschenbuch Verlag，2004．

Holtmann，Everhard，*Der Parteienstaat in Deutschland：Erklärungen，Entwicklungen，Erscheinungsbilder*，Bonn：bpb，2012．

Jäckel，Eberhard，*Hitler's World View：A Blueprint for Power*．Cambridge，Mass.：Harvard University Press，1981．

Kater，Michael H.，*The Nazi Party：A Social Profile of Members and Leaders，1919 - 1945*．Oxford：B. Blackwell，1985．

Keeley，Jennifer，*Life in the Hitler Youth*．San Diego，Calif.：Lucent Books，2000．

Koch，H. W.（ed.），*Aspects of the Third Reich*．London：Macmillan，1985．

Koch，H. W.，*The Hitler Youth：Origins and Development，1922 - 1945*．New York：Andre Deutsch，1976．

Jochmann，Werner，*Im Kampf um die Macht，Hitlers Rede vor dem Hamburger Nationalclub von 1919*．Frankfurt/M.：Fischer Taschenbuch Verlag，1960．

Koonz，Claudia，*The Nazi Conscience*．Cambridge，Mass.：Belknap Press，2003．

Koop，Volker，*Dem Führer ein Kindschenken. Die SS-Organisation 'Lebensborn' e. V.*．Köln：Fischer Taschenbuch Verlag，2007．

Klee，Ernst，*„Euthanasie" im NS-Staat. Die „Vernichtung lebensunwerten Lebens*

". Frankfurt/M. : S. Fischer Verlag, 1983.

Kuczynski, Jurgen, *Germany: Economic and Labour Conditions under Fascism.* New York: Greenwood press, 1968.

Kühnl, Reinhard, *Der deutsche Faschismus in Quellen und Dokumenten.* Köln: Böhlau, 1978.

Lumans, Valdis O., *Himmler's Auxiliaries: The Volksdeutsche Mittelstelle and The German National Minorities of Europe, 1933 – 1945.* Chapel Hill and London: The University of North Carolina Press, 1993.

Manchester, William, *The Arms of Krupp: the Rise and Fall of the Industrial Dynasty That Armed Germany at War.* New York: Hachette Book Group, 2003.

Mansfeld, Werner, Pohl, W. , Steinmann, G. & Krause, A. B. , *Die Ordnung der nationalen Arbeit: Kommentar zu dem Gesetz zur Ordnung der nationalen Arbeit und zu dem Gesetz zur Ordnung der Arbeit im öffentlichen Verwaltungen und Betrieben unter Berücksichtigung aller Dürchführungsbestimmungen.* Berlin, Leipzig, Mannheim, München, 1934.

Marcowitz, Reiner, *Weimarer Republik 1929 – 1933.* Darmstadt: WEB, 2007.

Martel, Gordon(ed.), *The Origins of the Second World War Reconsidered: The A. J. P. Taylor Debate after Twenty-five years.* Boston: Routledge, 1980.

Mason, Timothy W., *Nazism, Fascism and the Working Class.* Cambridge: Cambridge University Press, 1995.

Mason, Timothy W., *Social Policy in the Third Reich: The Working Class and the National Community.* Leyden: Berg Editorial Offices, 1997.

Masser, Werner, *Der Sturm auf die Republik, Frühgeschichte der NSDAP.* Frankfurt: Ullstein Buchverlage, 1981.

Mechalka, Herausgeben von Wolfgang [Hrsg.], *Deutsche Geschichte 1933 – 1945: Dokumente zur Innen-und Außenpolitik.* Frankfurt/M. : Fischer Taschenbuch Verlag, 2002.

Medlicott, W. N. , Dakin, Douglas & Lambert, M. E. , *Document on British Foreign policy, 1919 – 1939.* ser. 2, vol. 5, London: Her Majesty's Stationery Office, 1970.

Moreau, Patrick, *Nationalsozialismus von Links.* Stuttgart: Fischer Taschenbuch Verlag, 1984.

Merkl, Peter H. , *The Making of a Stormtrooper.* Princeton: Princeton Uni. Press, 1980.

Mitchell, Otis C. , *Hitler's Stormtroopers and the Attack on the German Republic, 1919 – 1933.* Jefferson, N. C. : McFarland Company, 2008.

Mosse, George L. , *Nazi Culture: Intellectual, Culture and Social Life in the*

Third Reich. Madison, Wis.：University of Wisconsin Press，1966.

Mosse，George L.，*The Crisis of German Ideology：Intellectual Origins of The Third Reich*. New York：Schocken Books Inc.，1981.

Müller，Willy，*Das Soziale Leben im Neuen Deutschland unter Besonderer Berücksichtigung der Deutschen Arbeitsfront*. Berlin：Dietz Verlag，1938.

Nicholls，A. J.，*Weimar and the Rise of Hitler*. Basingstoke，Hamshire：Macmillan Press Ltd，2000.

Noakes，Jeremy & Pridham，Geoffrey(ed.)，*Documents on Nazism，1919－1945*. London：Jonathan Cape Ltd.，1974.

Noakes，Jeremy & Pridham，Geoffrey（ed.），*Nazism，1919－1945：A Documentary Reader. Vol. 2：State，Economy and Society，1933－1939*. Exeter：University of Exeter，1984.

Noakes，Jeremy(ed.)，*Nazism，1919－1945：A Documentary Reader. Vol. 4：The German Home Front in World War Ⅱ*. Exeter：University of Exeter，2006.

Nolte，Ernst，*Der Fachismus in seiner Epoche*. München：Deutsche Verlags-Anstalt，1963.

O'Neill，Robert J.，*The German Army and the Nazi Party. 1933－1939*. New York：Heineman，1966.

Pauwels，Jacques R.，*Women，Nazis，and Universities：Female University Students in the Third Reich，1933－1945*. London：Greenwood Press，1984.

Peter Reichel，*Der schöne Schein des Dritten Reiches：Faszination und Gewalt des Faschismus*. München：Verlag C. H. Beck，1991.

Petzina，Dieter，*Autarkiepolitik im Dritten Reich. Der Nationalsozialistische Vierjahresplan*. Stuttgart：Fischer Taschenbuch Verlag，1968.

Picker，Henry，*Hitlers Tischgespräche im Führerhauptquartier*. Frankfurt：Ullstein Buchverlage，1989.

Pine，Lisa，*Nazi Family Policy，1933－1945*. Oxford & New York：Berg Publishers，1999.

Prinz，Michael，*Vom neuen Mittelstand zum Volksgenossen. Die Entwicklung des sozialen Status der Angestellten von der Weimarer Republik bis zum Ende der NS-Zeit*. München：Südwest Verlag，1986.

Proctor，Robert，*Racial Hygiene：Medicine under the Nazis*. Cambridge：Cambridge University press，1988.

Reiche，Eric G.，*The Development of the SA in Nürnberg，1922－1934*.

Cambridge: Cambridge University press, 1986.

Rich, Norman, *Hitler's War Aims: Ideology, the Nazi State, and the Course of Expansion*. New York: Andre Deutsch, 1973.

Robertson, E. M. , *Hitler's Pre-war Policy and Military Plans*. London: Longmans, 1963.

Robinsohn, Hans, *Justiz als politische Verfolgung. Die Rechtsprechung in Rassenschande—Fällen beim Landgericht Hamburg 1936 – 1943*. Stuttgart: Deutsche Verlags-Anstalt, 1977.

Ruehl, Gerd, *Das Dritte Reich: dokumentarische Darstellung des Aufbaus der Nation*. Berlin: Hummelverl. , 1937.

Rupp, Leila J. , *Mobilizing Women for War: German and American Propaganda, 1939 – 1945*. Princeton: Princeton University Press, 1978.

Rüther, Martin, *Arbeiterschaft in Köln, 1928 – 1945*. Köln: Fischer Taschenbuch Verlag, 1990.

Samuel, R. H. &-Thomas, R. Hinton, *Education and Society in Modern Germany*. London: Greenwood press, 1971.

Sax, Benjamin C. &- Kuntz, Dieter, *Inside Hitler's Germany: A Documentary History of Life in the Third Reich*. Lexington, Mass. : D. C. Heath Company, 1992.

Schneider, Michael, *Unterm Hakenkreuz: Arbeiter und Arbeiterbewegung, 1933 bis 1939*. Bonn, Dietz: Droste Verlag GmbH. , 1999.

Schoenbaum, B. David, *Die braune Revolution, Eine Sozialgeschichte des Dritten Reiches*, Köln: Kiepenheuer &- Witsch, 1968.

Schumann, Dirk, *Political Violence in the Weimar Republic, 1918 – 1933: Fight for the Streets and Fear of Civil War*. New York: Berghahn Books, 2009.

Schweitzer, Arthur, *Big Business in The Third Reich*. Bloomington: Sage Publications, 1964.

Seligmann, Matthew, *Daily Life in the Hitler's Germany*. New York: Thomas Dunne Books, 2004.

Siegel, Tilla, *Leistung und Lohn in der Nationalsozialistischen „Ordnung der Arbeit"*. Opladen: Westdeutscher Verlag, 1989.

Snyder, Louis L. , *Encyclopedia of the Third Reich*. New York: McGraw-Hill Book Company, 1976.

Snyder, Louis L. , *Hitler's Third Reich: A Documentary History*. Chicago, Ill. : Nelson Hall, 1981.

Spohn, Wolfgang, *Betriebsgemeinschaft und Volksgemeinschaft. Die rechtliche und institutionelle Regelung der Arbeitsbeziehungen im NS-Staat*. Berlin: Dietz Verlag, 1987.

Stachura, Peter D. , *Nazi Youth in the Weimar Republic*. Santa Barbara, Calif. : Clio Books, 1975.

Stackelberg,Roderick & Winkle, Sally A. , *The Nazi Germany Sourcebook*: *An Anthology of Texts*. London: Routledge, 2002.

Steigmann-Gall, Richard, *The Holy Reich*: *Nazi Conceptions of Christianity*, *1919 - 1945*. New York: Andre Deutsch, 2003.

Stephenson, Jill, *Women in Nazi Germany*. New York: Longman, 2001.

Stibbe, Matthew, *Women in the Third Reich*. London: Oxford University press, 2003.

Stolleis, Michael,*Origins of the German Welfare State*: *Social Policy in Germany to 1945*, New York: Springer, 2013.

Sweet, Paul R. (ed.), *Documents on German Foreign policy*, *1918 - 1945*. Washington: Series C, V. 2, 1950.

Sweezy, Maxine Y. , *The Structure of the Nazi Economy*. Cambridge, Mass. : Harvard University press, 1968.

Sywottek, Jutta, *Mobilmachung für den totalen Krieg*. Cologne: Fischer Taschenbuch Verlag, 1976.

Tipton, Frank B. , *A History of Modern Germany since* 1815. London: Continuum, 2003.

Toland, John,*Adolf Hitler*. New York: Doubleday, 1976.

Tolstoy, Nikolai,*Night of the Long Knives*. New York: Ballantine Books, 1972.

Tornow, Werner, *Chronik der Agrarpolitik und Agrarwirtschaft des Deutschen Reiches von 1933 - 1945*, Bonn: Droste Verlag GmbH. , 1972.

Usborne, Cornelie, *The Politics of the Body in Weimar Germany*: *Women's Reproductive Rights and Duties*. Basingstoke, Hampshire: Macmillan Press, 1992.

Walther Hofer,*Der Nationalsozialismus Dokumente*, *1933 - 1945*. Frankfurt/M. : Fischer Verlag GmbH, 2004.

Wehler, Hans-Ulrich,*Deutsche Gesellschaftgeschichte*. *Vierter Band*:*Vom Beginn des Ersten Weltkriegs bis zur Gründung der beiden deutschen Staaten 1914 - 1949*, München: Verlag C. H. Beck, 2003.

Weinreich, Max, *Hitler's Professors*: *The Part of Scholarship in Germany's Crimes Against the Jewish People*. New York: Yiddish Scientific Institute-Yivo, 1946.

Welch, David, *Nazi Propaganda*: *the Power and the Limitations*. London: Croom Helm Barnes & Noble Books, 1983.

Wertn, A. ,*Rußland im Krieg 1941 - 1945*. München/Zürich: Verlag C. H. Beck,

1965.

Wheeler-Bennett, John W. (ed.), *Documents on International Affairs*, *1936*. Oxford: Oxford University Press, 1937.

Wheeler-Bennett, John W., *The Nemesis of Power*: *the German Army in Politics*, *1918 - 1945*. Hampshire: Palgrave Macmillan, 2005.

Wiedermann, Fritz, *Der Mann*, *der Feldherr Werden Wollen*: *Erlebnisse und Erfahrungen des Vorgesetzten Hitlers im Ersten Weltkrieg und Seines Spaeteren Personlichen Adjuntat*. Bonn: Droste Verlag GmbH., 1964.

Wistrich, Robert,*Who's Who in Nazi Germany*. New York: Macmillan Publishing Co.,Inc., 1982.

Wulf,Joseph, *Literatur und Dichtung im Dritten Reich*.: *Eine Dokumentation*. Frankfurt/M.: Gütersloh, 1963.

Zentner, Christian&Bedürftig, Friedemann, *Das Grosse Lexikon Des Dritten Reiches*. München: Südwest Verlag，1985.

中文：

[奥地利]尤利乌斯·布劳恩塔尔:《国际史》第二卷,杨寿国、孙秀民、汤成永、桂乾元译,上海译文出版社 1986 年版。

曹长盛主编:《两次世界大战之间的德国社会民主党(1914—1945)》,北京大学出版社 1988 年版。

陈晖:《1933—1941 年的苏德关系》,南京大学出版社 2005 年版。

陈祥超:《墨索里尼与意大利法西斯》,中国华侨出版社 2004 年版。

[德]阿尔贝特·施佩尔:《第三帝国内幕》,邓蜀生等译,三联书店 1982 年版。

[德]恩斯特·约翰、耶尔格·容克尔:《德意志近百年文化史》,史卓毅译,陕西人民出版社 1986 年版。

[德]格茨·阿利:《希特勒的民族帝国:劫掠、种族战争和纳粹主义》,刘青文译,译林出版社 2011 年版。

[德]古德龙·施瓦茨:《纳粹集中营》,樊哲等译,刘洪普校,军事科学出版社 1992 年版。

[德]古多·克诺普:《希特勒时代的孩子们》,王燕生、周祖生译,人民文学出版社 2006 年版。

[德]克劳斯·费舍尔:《德国反犹史》,钱坤译,江苏人民出版社 2007 年版。

[德]鲁道夫·赫尔佐克:《希特勒万岁,猪死了!》,卞德清等译,花城出版社 2008 年版。

[德]塞巴斯蒂安·哈夫讷:《解读希特勒》,景德祥译,中国青年出版社 2005 年版。

[德]托尔斯腾·克尔讷:《纳粹德国的兴亡》,李工真译,湖南人民出版社 2005 年版。

[德]瓦·巴特尔:《法西斯专政时期的德国(1933—1945)》上册,肖辉英等译,中国社会科学出版社 1979 年版。

德意志联邦共和国经济研究所编:《1939—1945 年德国的战时工业》,蒋洪举等译,三联书店 1959 年版。

[法]夏尔·贝特兰:《纳粹德国经济史》,刘法智、杨燕怡译,商务印书馆 1990 年版。

[法]雅克·德拉律:《盖世太保史》,黄林发、萧弘译,上海译文出版社 1984 年版。

汉斯-阿道夫·雅各布森等:《第二次世界大战的决定性战役(德国观点)》,中国人民解放军军事科学院外国军事研究部译,江苏人民出版社 1982 年版。

华东师范大学历史系第二次世界大战史研究室:《第二次世界大战起源研究论集》,华东师范大学出版社 1986 年版。

蒋劲松:《德国代议制》,第 2—3 卷,中国社会科学出版社 2009 年版。

[捷克]奥托·克劳乌斯、艾利希·库尔卡:《死亡工厂》,白林、魏友编译,重庆出版社 1983 年版。

李伯杰:《德国文化史》,北京对外经济贸易大学出版社 2002 年版。

李工真:《德国现代史专题十三讲——从魏玛共和国到第三帝国》,湖南教育出版社 2010 年版。

李工真:《德意志道路——现代化进程研究》,武汉大学出版社 1997 年版。

李巨廉、潘人杰:《第二次世界大战——专题评述》,华东师范大学出版社 1990 年版。

[联邦德国]海因茨·赫内:《党卫队——佩骷髅标志集团》,江南、杨西译,商务印书馆 1984 年版。

[联邦德国]海因茨·赫内:《德国通向希特勒独裁之路》,张翼翼、任军译,商务印书馆 1987 年版。

[联邦德国]卡尔·迪特利希·埃尔德曼:《德意志史·第四卷:世界大战时期 1914—1950)》(上册),高年生等译,商务印书馆 1986 年版。

[联邦德国]卡尔·哈达赫:《二十世纪德国经济史》,扬绪译,商务印书馆 1984 年版。

[联邦德国]瓦尔特·胡巴奇编:《希特勒战争密令全集(1939—1945)》,张元林译,军事科学出版社 1989 年版。

[联邦德国]维尔·贝特霍尔德:《四十二起谋杀希特勒案件》,龚新康译,群众出版社 1986 年版。

罗衡林:《通向死亡之路:纳粹统治时期德意志犹太人的生存状况》,人民出版社 2006 年版。

[美]格哈特·温伯格:《希特勒德国的对外政策:欧洲的外交革命,1933—1936 年》,何江、张炳杰译,商务印书馆 1992 年版。

[美]亨利·弗莱德兰德:《从"安乐死"到最终解决》,赵永前译,北京出版社,2000 年版。

[美]科佩尔·S. 平森:《德国近现代史:它的历史和文化》下册,范德一等译,范德一译,商务印书馆 1987 年版。

[美]克劳斯·费舍尔:《纳粹德国:一部新的历史》,佘江涛译,译林出版社 2016 年版。

[美]克劳斯·费舍尔:《纳粹德国:一部新的历史》,萧韶工作室译,江苏人民出版社2005年版。

[美]罗伯特·埃德温·赫泽斯坦:《纳粹德国的兴亡》上册,楼玲令译,中国社会科学出版社2005年版。

[美]威廉·夏伊勒:《第三帝国的兴亡——纳粹德国史》(共四册),董乐山等译,生活·读书·新知三联书店1974年版。

米尚志编译:《动荡中的繁荣——魏玛时期德国文化》,浙江人民出版社1988年版。

[民主德国]洛塔尔·贝托尔特等编:《德国工人运动史大事记·第二卷:从1917年至1945年》,孙魁等译,人民出版社1988年版。

[民主德国]P. A. 施泰尼格尔编:《纽伦堡审判》,王昭仁等译,商务印书馆1985年版。

[民主德国]维纳·洛赫:《德国史》(全三册),北京大学历史系世界近现代史教研室译,生活·读书·新知三联书店1976年版。

[日]桧山良昭:《希特勒的阴谋——国会纵火案内幕》,王泰平译,工人出版社1985年版。

时代生活编辑部编:《第三帝国:新秩序》,张显奎译,海南出版社2001年版。

时代生活编辑部编:《第三帝国:党卫队》,孙逊译,海南出版社2000年版。

时代生活编辑部编:《第三帝国:权力风云》,张显奎译,海南出版社2000年版。

[苏]德波林主编:《第二次世界大战史(1939—1945年)》第一卷,上海外国语学院西俄语系俄语教师译,上海译文出版社1978年版。

文暖根等:《欧洲反法西斯抵抗运动史》,陕西人民出版社1985年版。

[英]A. J. P. 泰勒:《第二次世界大战的起源》,潘人杰等译,华东师范大学出版社1991年版。

[英]阿诺德·托因比、维罗尼卡·M. 托因比:《大战前夕,1939年》,劳景素译,上海译文出版社1984年版。

[英]阿诺德·托因比、维罗尼卡·M. 托因比合编:《希特勒的欧洲》,孙基亚译,上海译文出版社1980年版。

[英]艾伦·布洛克:《大独裁者希特勒(暴政研究)》,朱立人、黄鹂、黄佩铨译,北京出版社1986年版。

[英]利德尔-哈特:《第二次世界大战史》,伍协力译,上海译文出版社1978年版。

[英]鲁珀特·巴特勒:《盖世太保——希特勒的秘密警察史(1933—1945)》,罗衡林译,湖南人民出版社2010年版。

[英]罗杰·曼维尔:《赫尔曼·戈林》,钟璜等译,群众出版社1986年版。

赵鑫珊:《希特勒与艺术》,百花文艺出版社1996年版.

朱庭光主编:《法西斯体制研究》,上海人民出版社1995年版。

朱庭光主编:《法西斯新论》,重庆出版社1991年版。

朱忠武等:《德国现代史(1918—1945)》,山东大学出版社1986年版。

后　记

　　作者对第三帝国的了解,是从阅读威廉·夏伊勒的《第三帝国的兴亡》一书开始的。从 20 世纪 80 年代起,华东师范大学历史系的同僚们承担了国家重点社科项目"第二次世界大战起源研究",郑寅达负责承担德国部分的研究工作。二次大战起源中的德国,就是纳粹德国,或者说第三帝国。以后,郑寅达又参加了两个由中国社会科学院世界历史研究所牵头的关于法西斯问题研究的国家重点社科项目。在研究的过程中,我们逐渐感觉到《第三帝国的兴亡》的局限性。该书对纳粹德国的毁约扩军、对外扩张的叙述比较深入,但是相比之下,对纳粹德国的内部改造,尤其涉及体制机制性改造的内容,却比较薄弱。想来也能理解。该书的副标题尽管叫"纳粹德国史",但是其主标题是第三帝国的兴亡史。作为兴亡史,希特勒的崛起,纳粹德国的强盛、扩张和覆灭,自然是全书的中心内容。更何况,该书的成书年代较早,作者辛勤写作的时候,正是史学界"正统学派"占据绝对统治地位的年代。然而,该书作为第三帝国史的开山之作,其贡献是绝对不能抹杀的。

　　我们在研究第三帝国的过程中,一直比较关注其改造和运行的内在逻辑。纳粹分子如何看待魏玛民主体制,他们最不能容忍的是什么? 纳粹头目们的主张是什么? 他们的总体主张是什么,在各个领域内的具体主张又是什么? 这些主张是否得到推行,怎样被推行? 在 20 世纪八九十年代撰写《法西斯体制研究》一书时,这些关注就得到了体现。不过由于全书的篇幅限制,更主要的,是研究人员的精力有限,因此,在作为法西斯体制研究的开山之作中,只能涉及政治、经济、文化等比较重大的领域。从《法西斯体制研究》定稿到这本《第三帝国史》开始写作,两者之间隔了一段时间,这使我们获得了喘息之机,可以深入到第三帝国其他领域进行探索。这就为这本书的写成提供了条件。

在正常情况下,要写好一个国家的某段历史,最有优势的应该是本国的历史学家。例如,我们中国人就很难想象,最早的中国历史书籍会出自一批外国人之手。事实上,我们在研究中一直关注着来自德国甚至奥地利这个德语国家的研究动态。《法西斯体制研究》的主编朱庭光研究员,在领受国家重点社科项目之后,就以中国社科院世界史所所长的名义出访德国,与德国同行交流。我系也利用各种机会,把青年学子送到德国访学,在德国教授的指导下从事学术研究。然而令人遗憾的是,我们至今还没有发现来自德国学界关于第三帝国的扛鼎之作。一本由德裔美籍学者克劳斯·费舍尔写作的《纳粹德国——一部新的历史》(已经由凤凰出版传媒集团译成中文),从书名来看,应该完成这个重任。然而看完后不得不承认,该书尽管很有特色,但还没有达到我们期望的水平。欧洲史学界以前曾经认为,一百年以前的事件与人物,才有资格成为历史学的研究对象,而百年以内的事物,在研究中很难摆脱各种因素的制约。尽管这一看法现在基本上已经遭到舍弃,但如果加上其他因素,很难保证不会部分复活。其他因素是什么?欧洲各国对法西斯的厌恶与恐惧,联邦德国希望融入欧洲的基本国策,等等。看来在短时间内,可能还难以盼到来自德语世界的满意之作。既然如此,中国学者为什么不把自己的研究成果奉献出来呢?

在史书写作中,很难兼顾到细腻与大气这两个极端。本书的第一章,所写的内容与后面的章节相比,时间跨度稍长一些。如果放开了写,全书的篇幅就很难控制。因此,这一章的写法以勾勒为主,只在重点问题上有所展开。而在1933年1月希特勒就任总理后,全书进入了主体部分,因此写得比较细腻。这种写法,可能会让读者产生"只见树木不见森林"之感。因此,想借这里的"地盘"说上几句。

我们如何看待纳粹德国的体制机制?在世界经济大危机的打击下,魏玛共和国的民主体制窘境毕露。政府中没有出现类似美国罗斯福总统那样的明智人士，同民主体制已经处于穷途末路，严格说来是两回事儿。但是，一般老百姓不一定能看出这两者之间的区别，纳粹宣传家们则有意把这两件事情混为一谈。希特勒上台后，一改魏玛体制的协商、表决、投票等程序，大刀阔斧，个人独裁，以凌厉的攻势，取得了明显的政绩效果。小试牛刀后，即向各个领域普遍推开。小尝甜头的德国人，上至总统兴登堡，下至普通百姓，先后认可了希特勒和他的纳粹党。为了提高所谓的效率，竟然容忍希特勒把国家运转机制中的刹车装置也卸掉了。等到国民发现"上帝不是派遣希特勒来拯救德国，而是派他来毁灭德国"时，居然已经找不到罢免希特勒的合法路径，只能借助于暗杀等非法手段。那么，纳粹政权从初期的成绩连连，到后期的恶行不断，快速走向灭亡，其中有没有必然性呢？有。其原因主要有二：第一，同纳粹主义理论有关。纳粹理论中，有不少违背历史发展潮流，甚至违背人类基本道德的内容，如极端民族主义、种族主义、社会达尔文主义等。这些理念依附于强势的国家权力，很容易导致灾难。纳粹德国鲸吞欧洲各国与屠杀犹太人等，激起了全世界的正义力量联合起来反击法西斯。同时，纳粹政权为了取悦国民，做了很多违背客观经济规律的事情，再加上疯狂扩军备战，导致财政赤字急剧上升。而指望占领他国来转嫁危机，这无异于饮鸩止渴。以至于第三帝国最终被鸩毒死。第二，纳粹体制把全国的命运寄托在一个人身上，而世界上任何个人都有自己的缺陷。从希特勒来说，他的一个特点就决定他不能终身担任独裁者。希特勒是一个只能胜利不能失败的人。面临胜利时，他神清气爽，妙招连连，很容易就能"从胜利走向胜利"；但是面临失败，他要么想自杀，要么就气急败坏，昏招连连，甚至破罐子破摔。纳粹德国发展轨迹的大起大落，应该同希特勒的这一特点有关。

　　尽管作者为写作本书已经尽了很大的努力，然才疏学浅，心余力薄，不足之处恳请读者不吝指正。